財務
ディスクロージャーと
会計士監査の
進化

千代田邦夫 [著]
Chiyoda Kunio

中央経済社

まえがき

　本書は，アメリカにおける法定監査（1933年証券法と1934年証券取引所法に基づく財務諸表監査）以前の製造会社の財務ディスクロージャーと会計士監査について研究するものです。

　第1章は，1870年代における Pennsylvania 鉄道と Baltimore & Ohio 鉄道の財務ディスクロージャーを紹介し，1896年，97年頃から鉄道会社の年次報告書に対する会計士監査が "fashion" から "custom" へと大きく展開した事実とその真の理由を究明します。

　第2章は，*The Commercial & Financial Chronicle* が絶賛していた American Cotton Oil Co. の1890年代の財務ディスクロージャーとニューヨーク証券取引所上場の製造会社8社の財務開示状況について検討します。

　第3章から第6章までは，General Electric Co. の第1期（1893年1月期）から1934年度まで42年間の年次報告書に見られる財務ディスクロージャーと監査報告書について詳細に分析します。この間における最高の財務ディスクロージャーは，なんと1896年1月31日に終了する第4期に係るものです。当社はその後も良好な財務ディスクロージャーを実践していましたが，第20期（1911年12月期）に至り突然大幅に後退します。その原因は何か。

　第7章は，名門 Westinghouse Electric & Manufacturing Co. の1913年度から1934年度までの財務ディスクロージャーと監査について明らかにします。この間，当社は GE を上回る良好な財務ディスクロージャーを実践していたのです。

　第8章から第14章までは，1900年中頃から1930年代前半までの製造会社の財務ディスクロージャーと監査報告書について時系列的に検討しています。すなわち，農機具メーカー最大手の International Harvester Co.，製鉄業界第2位の Bethlehem Steel Corp. と第3位の Republic Iron & Steel Co.，伝統ある Procter & Gamble Co. と American Sugar Refining Co.，ゴム業界ライバル3社の The Goodyear Tire & Rubber Co.，The B.F. Goodrich

Co., U.S. Rubber Co., 約40年間以上にわたって支配と従属の関係にあった E.I. du Pont de Nemours & Co. と General Motors Corp., 石油業界最大手の Standard Oil Co. とタバコ業界最大手の The American Tobacco Co., 1919年設立の The Coca-Cola Co., 製紙業界最大手の International Paper Co., 1920年代中頃の新興会社 Caterpillar Tractor Co. と Chrysler Corp., 業界を代表する The National Cash Register Co. と Eastman Kodak Co., National Biscuit Co. 等を取り上げています。

　第15章は United States Steel Corp. です。当社は1901年4月1日に組織されましたが，その年次報告書が当初からアメリカにおける他のすべての製造・商業会社のそれを量的にも質的にもはるかに抜きん出て高く評価されていることは周知の事実です。ここでは，それを再検討します。

　第16章と第17章は，約50年間の財務ディスクロージャーと会計士監査の進展について要約します。

　私は現在の世界各国の財務ディスクロージャー制度は1934年6月6日に創設された米国証券取引委員会（SEC）に依拠するところが極めて大きいと確信していますが，それ以前において財務ディスクロージャーの拡大と職業会計士監査の導入に最も積極的であった団体として，ニューヨーク証券取引所（NYSE）を挙げることができます。一方で，NYSEによる再々の財務ディスクロージャーの改善要求にもかかわらずこれを拒否しつづけ，遂にはNYSEから上場廃止の警告を受けた会社に Allied Chemical & Dye Corp. があります。第18章と第19章は，攻める NYSE と守る Allied 社について紹介します。

著　者

目　　次

まえがき・I

序章 ── アメリカ会計士監査制度の展開・1

第1章
鉄道会社の財務ディスクロージャーと職業会計士監査導入の真の理由

1 イギリス資本のアメリカ鉄道への投資・8

2 鉄道会社の財務ディスクロージャー・9

⑴ Pennsylvania Railroad ─ 1874年12月期　9

⑵ Baltimore & Ohio Railroad ─ 1874年9月期　14

⑶ Pennsylvania Railroad ─ 1887年12月期　17

3 州際通商委員会の要求する財務ディスクロージャー・22

⑴ 鉄道会社の会社内容の開示　22

⑵ 鉄道会社唯一の「外部監査」　24

4 鉄道会社の粉飾決算と経営者の「外部監査」への認識の高まり・25

5 鉄道会社の年次報告書に対する会計士監査・27

⑴ "fashion" から "custom" へ　27

⑵ 鉄道経営者のための会計士監査　31

⑶ 会計士監査導入の真の理由　34

⑷ 州際通商委員会の権限の強化と会計士監査の消滅　36

第2章
1900年頃までの製造会社の財務ディスクロージャー

1 American Cotton Oil Company・44

(1) American Cotton Oil Trust ― 1888年（明治31年）　44
(2) 第1期 ― 良好な財務ディスクロージャー　45
(3) 第2期 ― 完璧な報告書　47
(4) 第3期 ― 3つの財務諸表　51
(5) 第4期 ― 3期間比較財務諸表　54
(6) 第5期 ― かなり後退　59
(7) 第6期 ― 株主総会の15日前に年次報告書を配布　62
(8) 第7期～第8期 ― 大きく後退　63
(9) 第9期～第11期 ― 回復せず　65

2 The American Tobacco Company・71

3 National Linseed Oil Company・72

4 American Sugar Refining Company・74

5 National Lead Company・75

6 United States Rubber Company・78

7 United States Leather Company・79

8 Standard Rope & Twine Company・80

9 その他の製造会社・82

(1) National Cordage Company　82
(2) National Starch Manufacturing Company　82

(3) Distilling & Cattle Feeding Company　82

(4) Westinghouse Electric & Manufacturing Company　83

(5) Pierre, Lorillard Company　83

(6) Anaconda Copper Mining Company　83

(7) Federal Steel Company　84

(8) American Car & Foundry Company　86

(9) American Woolen Company　88

(10) Republic Iron & Steel Company　88

第3章

GEの創立（1892年度）～1900年度の財務ディスクロージャー

(1) 第1期 ― 合併に係る経過説明　95

(2) 第2期 ― 4社の連結財務諸表と有価証券明細表　101

(3) 第3期 ― 画期的進歩　106

(4) 第4期 ― 史上最高の財務ディスクロージャー　111

(5) 第5期 ― 不可解な特別引当金　121

(6) 第6期 ― 公認会計士監査の導入　125

(7) 第7期 ― 減資による黒字転換　132

(8) 第8期 ― 棚卸資産評価の微妙な相違　138

(9) 第9期 ―「売上原価」の消失　143

第4章

GEの1901年度～1910年度の財務ディスクロージャー

(1) 第10期 ― 東京の都電からの受注　157

(2) 第11期 ―「当期純利益」の表示と有価証券明細表の削除
165

(3) 第16期 ― 全33頁の回復　169

(4) 第17期 ― 同じ"トーン"での説明　175

(5) 第18期 ― 連結会社数の消失　178

(6) 第19期 ― 社長報告等の簡略化, 全26頁へ　182

第5章
GE の1911年度〜1925年度の財務ディスクロージャー

(1) 第20期 〜 第21期 ― 大幅な後退, 全15頁へ　185

(2) 第22期 〜 第25期 ―「量」(実質 8 頁),「質」(説明)とも後退　193

(3) 第26期 ― 多少の改善　202

(4) 第29期 〜 第34期 ― 回復の兆し　205

第6章
GE の1926年度〜1934年度の財務ディスクロージャー

(1) 第35期 ― 財務情報開示の工夫, P/L の前期比較, 減価償却方針等　213

(2) 第36期 ― B/S の前期比較, 棚卸資産回転率等　219

(3) 第37期 ― 福利厚生施策の拡充　223

(4) 第38期 〜 第39期 ― 財務情報11頁, 給与・福利厚生等情報11頁　225

(5) 第40期 〜 第41期 ― 全20頁と減少, 財務情報開示は改善　228

(6) 第43期 ― 現代的財務諸表　234

目　　次　　v

第7章

Westinghouse の財務ディスクロージャー

(1) 1912年度（1913年 3 月期）— 時代をリードする情報開示
251

(2) 1917年度（1918年 3 月期）～ 1926年度（1927年 3 月期）
—"トップレベル"の財務ディスクロージャー　258

(3) 1927年度（1928年 3 月期）— 連結範囲は不明瞭　262

(4) 1931年度（第46期）～ 1933年度（第48期）
— 他社を圧倒する優秀なディスクロージャー　267

(5) 1934年度（第49期）
—"トップレベル"の財務ディスクロージャーをキープ　274

第8章

1906，07，08年頃の製造会社の財務ディスクロージャー

1 International Paper Company・279

2 Corn Products Refining Company・282

3 American Sugar Refining Company・285

4 International Harvester Company・286

(1) 1907年12月期 — 最高のレベルにある結合財務諸表　286

(2) 1908年12月期 — 優秀なディスクロージャーをキープ　294

5 American Smelting and Refining Company・302

第9章
1910年代の製造会社の財務ディスクロージャー

 Bethlehem Steel Corporation・307

　(1) 1911年12月期 〜 1921年12月期 ― 良好,「売上高」は拒否　307

 Republic Iron & Steel Company・315

　(1) 1912年6月期 〜 1920年12月期 ― 優秀,「売上原価」は明示せず　315
　(2) 1933年12月期 ― 現̇代̇的̇損益計算書　320

③　The Procter & Gamble Company・324

　(1) 1913年6月期 〜 1919年6月期 ― 1̇枚̇の̇年次報告書　324
　(2) 1920年6月期 ― 超̇小型判の貸借対照表,損益計算書は開示せず　326

④　American Sugar Refining Company・328

　(1) 1914年12月期（第24期）― 平均以下の財務諸表　328
　(2) 1920年12月期（第30期）― 全48頁の報告書　329

⑤　American Car & Foundry Company・334

　(1) 1917年4月期（第18期）〜 1925年4月期（第26期）
　　　― まさに「純利益とその処分計算書」　334
　(2) 1935年12月期（第36期）― 2項目のみの損益計算書　338

⑥　The American Agricultural Chemical Company・342

第10章
1910年代中頃以降のライバル3社の財務ディスクロージャー

 The Goodyear Tire & Rubber Company・349

(1) 1916年10月期～1919年10月期
— B/S 良好，P/L 未発行　349
(2) 1920年10月期
— 会計処理に関する限定意見報告書　356
(3) 1921年12月期～1922年12月期
— 模範的 P/L と 2 社の連結 B/S，再建後の優秀なディスクロージャー　362
(4) 1923年12月期 — 連結 3 社の P/L と「製造原価」の消失　368
(5) 1925年12月期 — 良好なディスクロージャーをキープ　370

 The B.F. Goodrich Company・372

(1) 1915年12月期（第 3 期）— 良好　372
(2) 1920年12月期（第 8 期）～1924年12月期（第12期）
— 優良，営業権の水抜き，良質な監査証明書　377
(3) 1934年12月期（第22期）— 優良なディスクロージャーをキープ　384

3 United States Rubber Company・388

(1) 1920年12月期（第30期）— 平均的開示　388
(2) 1921年12月期（第31期）—「売上高及び利益」計算書の省略　392
(3) 1922年12月期（第32期）～1928年12月期（第38期）
— 依然として損益計算書を発行せず　393

第11章
支配会社と従属会社の財務ディスクロージャー

 E.I. du Pont de Nemours & Company・397

(1) 1920年12月期 ― 先進的開示　397
(2) 1928年12月期 ―「GMへの投資」の表示,「売上高」の消失　404

 General Motors Corporation・410

(1) 1919年12月期 ― 損益情報に問題　410
(2) 1922年12月期 ― B/Sは優良,「売上原価」等は拒否　417
(3) 1928年12月期 ― 全47頁,会社内容の開示は一級品　424

第12章
Standard Oil, American Tobacco, Coca-Cola の財務ディスクロージャー

 Standard Oil Company・431

(1) 1920年12月期 ～ 1924年12月期
　― Ａ3判1枚の年次報告書　431
(2) 1925年12月期 ― 全12頁,会社内容を初めて紹介　438
(3) 1927年12月期 ～ 1930年12月期 ― B/S, P/L とも多少の改善　440
(4) 1931年12月期 ～ 1933年12月期 ― B/Sのいっそうの改善　443
(5) 1934年12月期 ― 全米を代表する優秀な年次報告書　449

 The American Tobacco Company・458

目　次　ix

　　(1)　1919年12月期 〜 1929年12月期
　　　　　― 1枚の年次報告書，平均的財務ディスクロージャー　458
　　(2)　1930年12月期 〜 1931年12月期 ― 貧弱な利益計算書　461
　　(3)　1932年12月期 ― 利益計算書の多少の改善　462
　　(4)　1934年12月期 ― 創立45年にして初めての公認会計士監査
　　　　464

 The Coca-Cola Company・470

　　(1)　1920年12月期（第1期）― 1枚の用紙に"3点セット"　470
　　(2)　1921年12月期（第2期）―「売上原価」を明示　473

第13章
1920年代の製造会社の財務ディスクロージャー

 International Paper Company・479

　　(1)　1920年12月期（第23期）― 全38頁，財務データは貧弱　479
　　(2)　1926年12月期（第29期）― 四半期損益一覧を含み優秀　480
　　(3)　1930年12月期（第33期）― 1枚の用紙，大きく後退　485
　　(4)　1931年12月期（第34期）〜 1932年12月期（第35期）
　　　　―「総売上高」と「売上諸費用」の復活，多少の改善　490
　　(5)　1933年12月期（第36期）― 優良な財務ディスクロージャー
　　　　492
　　(6)　1935年12月期（第38期）― 連結範囲を含む重要な注記　497

 International Harvester Company・502

　　(1)　1920年12月期 ― P/Lは貧弱，財政状態の表示は良好　502
　　(2)　1925年12月期 ― 損益情報の消失　507
　　(3)　1930年12月期 ― 大きく後退　508

3 National Lead Company・512

(1) 1920年12月期(第29期) ― B/Sは平均的，P/Lは未発行　512
(2) 1930年12月期（第39期）― 創立以来初めの連結損益計算書　515
(3) 1935年12月期（第44期）― 3大費用項目が1項目へ　515

4 Allis-Chalmers Manufacturing Company・517

(1) 1920年12月期 ― カタチになっている損益計算書　517
(2) 1925年12月期 ―「売上原価」の消失　521

5 Anaconda Copper Mining Company・522

(1) 1920年12月期 ― 25年間の「混合勘定」　522
(2) 1935年12月期 ― 連結方針等の詳細な注記　525

6 American Zinc, Lead and Smelting Company・526

(1) 1920年12月期 ― 貧弱な損益情報　526
(2) 1930年12月期 ―「売上高」は表示されつつも……　529

第14章
「新興会社」と「名門会社」の財務ディスクロージャー

1 Caterpillar Tractor Company・533

(1) 1925年12月期（第1期）～1928年12月期（第4期）
　― 簡略な貸借対照表のみ，損益計算書は開示せず　533
(2) 1929年12月期（第5期）― 一転好転，5年間のB/SとP/L　539
(3) 1930年12月期（第6期）～1936年12月期（第12期）
　― 独立したP/Lは発行せず，6年間から11年間の財務情報を開示　543

2 Chrysler Corporation・550

(1) 1925年12月期（第 1 期）— 業界第 7 位の平均的財務諸表　550
(2) 1926年12月期（第 2 期）— 製造ライン建設支出の費用計上　555
(3) 1927年12月期（第 3 期）— 業界第 3 位，売上高は不明　557
(4) 1928年12月期（第 4 期）— かなりの改善，4 年間の損益情報　558
(5) 1929年12月期（第 5 期）— 平均を上回る　562
(6) 1935年12月期（第11期）— 水抜き完了，連結範囲は不明　562

3 National Steel Corporation・563

(1) 1929年12月期（第 1 期）— 全 8 頁，P/L はなし　563
(2) 1930年12月期（第 2 期）— 貧弱な損益情報　565

4 The National Cash Register Company・569

(1) 1925年12月期 — 簡易な P/L と平均的 B/S　569
(2) 1930年12月期 — "シンプル"な P/L　573

5 Eastman Kodak Company・575

6 Pullman Incorporated・578

(1) 1878年（明治21年） 6 月30日終了年度の財務諸表　578
(2) 1929年12月期 ～ 1931年12月期 — 平均的　581
(3) 1932年12月期 ～ 1934年12月期 — 平均をやや上回る　585

7 National Biscuit Company・593

(1) 1931年12月期 ～ 1933年12月期 — 超貧弱　593
(2) 1934年12月期 ～ 1936年12月期 — 初めての外部監査　595
(3) 1937年12月期 — 貧弱な P/L が続く　598

第15章

U.S. Steel の財務ディスクロージャー

(1) 第 1 期(1902年12月期)～ 第23期(1924年12月期)　601

(2) 第12期(1913年12月期)の財務諸表　609

(3) 第24期(1925年12月期)～ 第30期(1931年12月期)　617

(4) 第31期(1932年12月期)～ 第33期(1934年12月期)　620

(5) 第38期(1939年12月期)　628

第16章

要約：財務ディスクロージャー

1 財務ディスクロージャーの特徴とその背景・631

2 年次報告書の変容・642

(1) 従業員の賃金と福利厚生に関する情報　642

(2) 株主の増加　644

3 年次報告書の「量」・645

(1) General Electric Company　646

(2) U.S. Steel Corporation　646

(3) General Motors Corporation　647

(4) 主な特徴　648

4 会社法・653

5 財務諸表作成基準・657

(1) 『公認貸借対照表作成方法』(1918年)　657

(2) 『財務諸表の検証』(1929年)　660

第17章
要約：職業会計士による財務諸表監査

- ① 年次報告書の財務諸表に対する監査の展開・669
- ② GE の監査証明書と監査証明書のひな型・677
  - (1) GE の監査証明書　677
  - (2) 監査証明書のひな型　686
- ③ 監査証明書の役割・688
- ④ 監査証明書の特徴・693
  - (1) 用語と宛先　693
  - (2) 財務諸表作成主体と監査主体の「未分化」　696
  - (3) 「資産の実在性とその保守的評価」の位置づけ　698
- ⑤ 「経営者のための監査」・699
- ⑥ 監査証明書額縁説と限定付監査証明書・704
  - (1) 会計処理・手続に関する限定付監査証明書　706
  - (2) 当局による第一次大戦時の法人税や戦時利得税が調査中で更正未定の場合の限定付監査証明書　707
  - (3) 監査範囲の制限に関する限定付監査証明書　708

第18章
ニューヨーク証券取引所

- ① 上場申請書における財務情報の開示
  ― 1890年代前半まで・713

2 上場申請書に対する会計専門家の関与
— 1895年 〜 1902年・724

3 株主宛年次報告書の充実への要求
— 1895年 〜 1925年頃まで・734

4 株式上場委員会の決意・738

5 ニューヨーク証券取引所の攻勢とその背景・741

6 ニューヨーク証券取引所の画期的声明・745

7 監査報告書モデル・747

第19章
攻めるニューヨーク証券取引所と守る経営者

1 Allied 社の財務ディスクロージャー
— 1920年度 〜 1932年度・753

2 ニューヨーク証券取引所の対処・765

3 Allied 社の「主張」と「告白」そして「妥協」・770

4 Allied 社の財務ディスクロージャー
— 1933年度以降・774

あとがき・783

索　引・785

序章

アメリカ会計士監査制度の展開

アメリカ会計士監査制度に関するこれまでの研究書は，以下のとおりです。

『アメリカ監査制度発達史』（中央経済社，1984年）は，イングランドやスコットランドの会計士がアメリカに渡った1880年代から法定監査（1933年，34年）に至るまでの約50年間の職業会計士監査の展開について検討したものです。英国の対米投資と会計士の渡米，1898年～1902年の企業合同における会計士の活躍，鉄道会社による会計士監査の導入，会計職業団体の設立（1887年），ニューヨーク州公認会計士法の制定（1896年），株主宛年次報告書の財務諸表と監査の展開，会計士監査に対する社会的認識，第一次大戦と所得税法が会計士に与えた影響，監査証明書額縁説と限定付監査証明書，連邦有価証券二法の成立と会計士監査等が主要なテーマです。

　この50年間のアメリカ会計職業の発展は目覚しいものでした。量的発展は確かでした。一方で，「健全な会計原則」の欠如がもたらす大会社や大手会計事務所の不可解な会計・監査実践が1920年代中頃から識者の批判の対象となっていったのです。

『公認会計士―あるプロフェッショナル100年の闘い』（文理閣，1987年）は，1880年代から1980年代までの100年間におけるアメリカ職業会計士監査の展開を「闘いの歴史」として描いています。すなわち，会計士の存在を認識させ職域を獲得するための闘い，"bookkeeper"から"professional accountant"

への闘い，経営者の圧倒的な支配の下で監査人としての独立性を確保するための闘い，法定監査による責任の重圧との闘い，会計原則をめぐっての経営者との闘い，国家権力の介入と SEC の猛攻に対する闘い，訴訟の脅威との闘い，石油・ガス会計基準の設定に係る闘い，"ピア・レビュー"を通しての同僚との闘い，MAS（Management Advisory Services）と独立性との闘いなどです。

　100年間の歴史は，"コマーシャリズム"と"プロフェッショナリズム"との「葛藤」でもあります。コマーシャリズムが先行し，それが大きく台頭するにつれ，業界の指導者はプロフェッショナリズムの重要性を訴えたのです。第二次大戦後，大手会計事務所の MAS が拡大し，特に1960年代以降コンピュータの普及とともにコンサルティング業務が著しく増大する中で，業界のリーダー R.E. Palmer は，証券法の原点に還れと主張したのです。「次の事実を忘れてはならない。我々は財務諸表を監査するためのライセンスを国家から付与されているということである。」

　『アメリカ監査論─マルチディメンショナル・アプローチ＆リスク・アプローチ』（中央経済社，1994年）は，2つの「100年間の展開」を基軸にしています。1つは，1880年代から1980年代までの100年間の職業会計士監査制度の展開，他の1つは，General Electric Company の1892年創立から1991年度までの100年間の株主宛年次報告書における財務ディスクロージャーと監査の展開です。

　前者の100年間は，法定監査以前の会計職業の量的発展（1880年代から約50年間），法定監査の開始と会計原則設定主体論争（1930年代），会計士業界による会計原則の形成と失敗（1940年～1971年），嵐の中の会計士業界（1970年代），"エクスペクテーション・ギャップ"の顕在（1980年代），会計プロフェッションの危機（1990年代以降）に区分できます。後者の GE を取り上げた理由は，1890年代から今日までのアメリカ製造業において，当社が常にトップレベルの会社内容開示を実践しているからです。

　そして，これら2つの100年間の展開を基軸に，監査目的である財務諸表の適正性に関する意見の表明と不正の発見との関係，現代財務諸表監査のフレームワーク，内部統制概念の変容と監査人の評価責任の拡大，監査リスク・アプローチと重要性の基準値，監査戦略，統計サンプリングの監査への適用，企業

の存続能力についての監査，監査報告書と限定付適正意見報告書の展開，監査人の独立性，会計不正を未然に防止するための“マルチディメンショナル・アプローチ”等，監査論の重要課題について論じています。

アメリカ監査制度発達史を研究する過程で，法定監査以前の「貸借対照表監査」をどのように位置づけるかは，私にとって長年の研究テーマでした。貸借対照表監査について，我が国の「通説」は，次のように言います。

「貸借対照表監査は，およそ1900年代から1930年代初め頃までのアメリカにおいて，銀行が短期融資を求める者の返済能力や財政状態を判定するために，会計士による監査証明を添付した貸借対照表を提出することを要請したことにより発達したもので，銀行のための信用監査である。会計士は，借り手が銀行に提出する貸借対照表の資産の過大表示と負債の過小表示を発見するために資産の実在性と負債の網羅性を検証し，かつ，資産を保守的に評価することを判断基準とした。アメリカの会計職業は，この信用監査により発展した。」

『**貸借対照表監査研究**』（中央経済社，2008年）の目的は，「アメリカ式監査 ＝ 貸借対照表監査 ＝ 信用監査」と主張する我が国の通説の誤りを正すことです。信用監査の存在を否定するものではありません。問題は，銀行のための信用監査は通説が主張するほど一般化してはいなかったということです。一世を風靡したものではなかったということです。そして，資産の実在性と負債の網羅性の検証は，信用監査のためのみではなく，企業合併のための監査，プロスペクタス（目論見書）の財務情報に対する監査，株主宛年次報告書の財務諸表に対する監査等，当時の監査全般に係るチェックポイントであり，かつ，監査人はすべての監査において保守主義・安全性の原則を判断基準としていたのです。

そして，強調すべきことは，この貸借対照表監査の時代においても株主宛年次報告書の財務諸表に対する監査がニューヨーク証券取引所上場会社を中心に確実に制度化されていたということです。それが，法定監査以降の財務諸表監査に連続し，今日に継続しているのです。したがって，貸借対照表監査を信用監査とのみ結びつけ，それをアメリカ式監査と称することは誤りです。

『闘う公認会計士―アメリカにおける150年の軌跡』（中央経済社，2014年）は，アメリカにおける職業会計士の萌芽である1860年代から今日までの150年間を「闘いの歴史」として捉えています。前著『公認会計士―あるプロフェッショナル100年の闘い』を全面的に見直し，加えて，"エクスペクテーション・ギャップ"を埋めるための闘い，大手会計事務所間の闘い，再び訴訟の脅威との闘い，監査部門とMAS部門との闘い，監査人の独立性に対する投資者の"パーセプション"との闘い，世論の「経営者不正を発見せよ」との闘い，自らの職業的懐疑心（professional skepticism）との闘い，公開会社会計監督委員会（PCAOB: Public Company Accounting Oversight Board）からのプレッシャーとの闘い等について検討しています。

MASがいっそう拡大した1990年代の「繁栄する会計産業」において，プロフェッショナリズムを維持し高揚させることの主張は後退しました。そして，2001年末エンロンが倒産（過去最大），同社の監査人である会計産業の覇者アーサー・アンダーセンも崩壊したのです。監査の品質を高めるためのアメリカ公認会計士業界による自主規制（ピア・レビュー）が破綻し，業界が死守していた監査基準設定権限がPCAOBに委譲されたのです。

本書について，日本経済新聞の「読書」（2014年5月11日）は，次のように書評しています。

「公認会計士の仕事ぶりに目を光らせる公認会計士・監査審査会の会長を務める著者が日本にも共通する監査制度の問題点を米国の事例を通じて論じている。類書は見あたらない。会計監査に直接関係ない読者にとっても刺激と発見に満ちている内容だ。150年にわたる米会計監査制度を，起源となる英国の事情から解き明かしている第1章は，平明で独自性に富む。会計の知識がなくても読み進むことができる。第2章以降は『ピア・レビュー』『エクスペクテーション・ギャップ』『職業的懐疑心』など監査に特有の専門的な概念を論じる。一般の読者にはやや難しいと思われる部分もあるが，豊富な具体例がそれを補っている。…… 著者のメッセージには，日本の会計監査を向上させる闘いを今も続ける専門家としての自負が，強く表れている。」

このように，これらの5冊は，法定監査以前に係るもの（『アメリカ監査制度発達史』，『貸借対照表監査研究』）と，同国における職業会計士の萌芽である1860年代から今日までの150年間の通史（『公認会計士』，『アメリカ監査論』，『闘う公認会計士』）に分類できます。そして，今般，『**財務ディスクロージャーと会計士監査の進化**』を上梓することができました。本書により，34年前のデビュー作『アメリカ監査制度発達史』の空白部分を埋めることができました。

私はできるだけオリジナルな資料をベースにアメリカ会計士監査制度の展開を，各時代における経済的・社会的状況の中で捉えようと努力しました。

そこで，法定監査以前の経済的・社会的状況については，アメリカを代表する金融・証券の週刊誌である *The Commercial & Financial Chronicle* の1865年7月1日号（第1巻第1号）から1922年1月7日号までの56年間全114巻（合計2950号）に掲載された経済・経営・会計に関する情報を分析しました。加えて，アメリカ（公）会計士協会（AAPA：American Association of Public Accountants, 1887～1916, AIA：American Institute of Accountants, 1917～1956）の機関紙 *The Journal of Accountancy* の1905年11月号（第1巻第1号）から1935年12月号までの30年間全60巻の「論説」（editorial）と1907年から1940年までの34年間の『年次報告書』（Year Book）を吟味しました。

法定監査以降の経済的・社会的状況については，SEC会計連続通牒（SEC Accounting Series Releases）やニューヨーク証券取引所年次報告書，議会の報告書（モス報告書，メトカーフ報告書等）等を閲読し，*The Wall Street Journal, The New York Times, The Washington Post, Business Week, Fortune, Time, Dun's Review, Forbes, Financial Executives* 等も参照しました。

会計士監査の対象となる個別企業（ニューヨーク証券取引所上場の製造会社）の財務ディスクロージャーに関しては，上記の *The Commercial & Financial Chronicle* とともに，実際に発行された株主宛年次報告書を入手し分析しました。特に6冊の中核を占める General Electric Co. の100年間の財務ディスクロージャーの展開に関しては，1893年度第1期から1980年度まで90年間については当社の株主宛報告書のマイクロフィルム（Microfilm 35mm, Pergamon

Press, Inc., 1984）をニューヨークから取り寄せリーダーで読み取り，残り10年間は GE から直接入手した年次報告書で補充しました。

会計士監査の導入状況については，*The Commercial & Financial Chronicle* をベースに，"Big 8"会計事務所史や *Moody's Industrials* に掲載された1925年度4,070社，1932年度3,008社を克明に調査し，50社に対しては直接回答を求めました。

そして，ニューヨーク，ペンシルヴァニア，イリノイの3大公認会計士州を含む14州の公認会計士会史，英国の Price, Waterhouse & Co. と Deloitte & Co. の事務所史，G.O. May や R.H. Montgomery，Arthur Andersen 等の著名な公認会計士の著作や回顧録等も，監査環境と監査実践の理解に大いに役立ちました。

第1章
鉄道会社の財務ディスクロージャーと
職業会計士監査導入の真の理由

著者のアメリカ監査研究の底流にある歴史的事実の把握は，同国における金融・証券の週刊誌 The Commercial & Financial Chronicle の1865年7月1日号（第1巻第1号）から1922年1月7日号（第114巻2950号）まで56年間の分析に依拠することが大きい。その The Commercial & Financial Chronicle の信頼性について，ハーバード大学教授 A.S. Dewing は，次のように述べている[1]。

「一般に新聞雑誌（the press）に見られる企業に関する記事は，広報部門が発表する出来事や信用できない噂さらには株式市場が飯のタネにしている情報等から構成されている。場合によっては広告料と引き換えに褒め称え（"write up"）投資大衆を誤導するような記事も見られる。我々が有する最も有用な出版物は，まぎれもなく（distinctly）The Commercial & Financial Chronicle である。その正確性は際立っている（Its accuracy is striking.）。著者は Chronicle の記事を会社が発表するオリジナルな再建計画や報告書と突き合わせてみたが，エラーはまったく発見されなかった。」

そして，The Commercial & Financial Chronicle はたて32cm よこ20cm の大判（A4判のたてを2cm拡大しよこを1cm縮小したサイズ）を1頁とし，虫眼鏡を必要とするほどの細かな活字で印刷されていることも記憶しておこう。

アメリカにおける財務ディスクロージャーの展開は鉄道会社から始まる。

イギリス資本のアメリカ鉄道への投資

　イギリス資本のアメリカ鉄道への投資は1830年代から見られ，1850年代初期のロンドン証券取引所では，Pennsylvania, New York Central, Michigan Central, New York and Erie, Grand Trunk 等の鉄道会社の株式は，時折なかには定期的に相場が付けられていた[2]。そして，1850年代末までに Baltimore and Ohio, Philadelphia & Reading, Mobil & Ohio, Illinois Central, Erie Railroad 等の社債もロンドン市場で人気を博していた[3]。

　ところで，アメリカ商務省の統計によると，外国の対米資本輸出は以下のとおりである[4]。

　　　1869年 － 1,466（百万ドル）　　　1890年 － 3,000（百万ドル）
　　　1873年 － 1,500　　　　　　　　　1895年 － 2,500
　　　1883年 － 2,000　　　　　　　　　1899年 － 3,300
　　　1885年 － 1,900

　このうち鉄道証券に対しては，1869年に2億4,300万ドルであったものが1876年までに3億7,500万ドルに増加し，これによって1879年～1882年には鉄道建設が促進され，1883年には外資総額20億ドルのうち，鉄道証券投資は15億ドルにまで達した。それは同年の鉄道証券発行高75億ドルの20％を占め，若干の鉄道はイギリスによって所有支配されたのである[5]。

　1883年恐慌後の不況期には外資の流出が見られたが，1886年から1887年の鉄道建設に際してはまた大量の外資が流入し，1887年7月1日時点のロンドン証券取引所には82のアメリカ鉄道会社の185件もの有価証券が上場された[6]。

　そして，1890年には外資総額は30億ドルにも達しその大部分は鉄道証券に投資されたが，その輸出国は従来どおり主にイギリスであった[7]。その結果，1890年から1896年において，主要鉄道の外国人株主比率は次のような高率を示した[8]。

　　　Louisville & Nashville Railroad　　　　　　　　75（％）
　　　Illinois Central Railroad　　　　　　　　　　　65

New York Ontario & Western Railroad	58（%）
Pennsylvania Railroad	52
Philadelphia & Reading Railroad	52
New York Central & Hudson River Railroad	37
Great Northern Railway	33
Baltimore & Ohio Railroad	21
Chicago, Milwaukee and St. Paul Railroad	21

2 鉄道会社の財務ディスクロージャー

(1) Pennsylvania Railroad — 1874年12月期

1875年3月6日号の *The Commercial & Financial Chronicle* は Pennsylvania Railroad（1846年創立）の1874年（明治17年）12月31日に終了する年度の膨大な報告書（voluminous report）を要約し,「全社の1874年度末の純剰余金は＄3,168,332, 前年度末のそれは＄1,513,077。総収入は減少しているが支出の節約により業績は改善された」と伝え, 次のようなデータを掲載した[9]。

① Pittsburgh～Philadelphia の主要路線（17支線を含む）の1874年度総収入は＄22,642,371, 1873年度総収入は＄24,886,008で＄2,243,637減少しているが, 純利益は1874年度＄9,396,924〔＄22,642,371−＄13,245,447〕, 1873年度＄9,445,703〔＄24,886,008−＄15,440,305〕で, ＄48,779のわずかな減少である。ニュージャージー州のリース路線は, 1873年度＄685,689の損失であったが1874年度は＄31,161の損失にとどまった。Philadelphia & Erie Railroad は, 1874年度＄1,068,786の純利益, 1973年度は＄428,756の純利益である。

全社の業績は, 以下のとおりである。

総収入—	1874	1873	増加	減少
Pittsburgh～Philadelphia	＄22,642,371	＄24,886,008	—	＄2,243,637
New Jersey 州関係鉄道	8,700,969	8,516,739	＄184,229	—
受取利息	239,614	—	239,614	—

			増加	減少
Delaware & Raritan Canal	1,320,519	1,590,100	—	269,581
Belvidere Delaware RR	1,215,648	1,148,222	67,426	—
Philadelphia & Erie	3,506,919	3,842,067	—	335,147
総合計	$ 37,626,040	$ 39,983,136	$ 491,269	$ 2,848,365

総費用—	1874	1873	増加	減少
Pittsburgh～Philadelphia	$ 13,245,447	$ 15,440,305	—	$ 2,194,858
New Jersey 州関係鉄道	6,330,033	6,792,188	—	462,155
Delaware & Raritan Canal	768,416	883,321	—	114,905
Belvidere Delaware RR	773,647	825,912	—	52,265
レンタル料—				
Philadelphia & Erie	1,068,786	428,756	640,030	—
Harrisburg & Lancaster	132,572	132,651	—	79
New Jersey 州関係鉄道他	6,073,946	6,852,641	—	778,695
総合計	$ 28,392,847	$ 31,355,774	$ 640,030	$ 3,602,957

そして，次のように要約した。

		1874		1873
総収入		$ 37,626,040		$ 39,983,136
総費用		28,392,847		31,355,774
差額（Net result）		$ 9,233,193		$ 8,627,362
加算—受取利息・配当金		4,305,015		2,372,107
合計（Net resources）		$ 13,538,208		$ 10,999,469
社債利息	$ 2,514,459		$ 2,739,178	
PA 州税金	1,075,725		829,074	
配当金	6,779,692	10,369,876	5,918,140	9,486,392
剰余金		$ 3,168,332		$ 1,513,077

② Pittsburgh 西地区の鉄道を運営するグループ会社の Pennsylvania Company の1874年度の業績は，以下のとおりである。

総収入	$ 25,551,923.99
総費用（レンタル料を除く）	16,410,896.08
営業利益（1874年度）	$ 9,141,027.91
控除　レンタル料及び利息	8,296,689.48
純利益（1874年度）	$ 844,338.43

③　主要路線の Pittsburgh～Philadelphia の1874年度輸送人員は6,088,103人，1893年度は5,879,684人で208,419人の増加，貨物の輸送量は1874年度9,118,419トン（石炭4,209,337トンを含む），1873年度は9,998,791トンで880,372トンの減少である。

営業費の収入に占める割合は，1874年度は58.49％，支線を除くと54.25％，主要路線の貨物収入は1マイル1トン当たり1.255セント，その運送費は1マイル1トン当たり0.719セント，純利益は1マイル1トン当たり0.536セントである。

④　社長は現在建設中の路線を除いて基本的には新たな建設やリースを行わず現在の路線の拡張を目指すことを伝え，次のようなデータを開示した。

1873年度 Pittsburgh～New York 間の	
主要路線の建設・拡充支出	$ 10,906,155.00
1874年度の建設・拡充支出	3,430,498.33
減少	$ 7,475,656.67
1873年度支線及び関係路線建設前払金	$ 4,580,941.33
1874年度支線及び関係路線建設前払金	1,177,686.66
減少	$ 3,403,254.67
1875年度計画：	
New Jersey 路線	$ 1,911,800.00
建設中の路線の完成	1,288,200.00
必要資金	$ 3,200,000.00

⑤　社長は1874年度中に買収した鉄道会社に対する新規の株式発行や関係会社の株式と当社の社債との交換等について説明し，手形借入金を1875年度にはゼロにすること，建設資金調達のためロンドン市場で社債5,000,000ポンドを売却したが現金収入は3,000,000ポンドで残り2,000,000ポンドは1875年度に入金されること，期末現在所有する有価証券は額面$ 90,629,085，帳簿価額（取得原価）は$ 68,542,568.78であるが，将来の価値の減少に対しては偶発債務準備金（Contingent Fund，$ 2,000,000.00）と繰越剰余金（$ 9,021,643.16）でカバーしうること，所有する有価証券

からの1874年度受取利息は取得価額に対して5％であること，受取手形及び売掛金は1873年度末＄25,979,087.14であったが1874年度末は＄11,166,098.99に減少したことなどを報告した。

　　そして，次のような「総合勘定」（General Account）を示した。

貸方—

株式資本金		＄ 68,719,400.00
1880年償還抵当権付第1社債	＄ 4,970,000.00	
1875年償還抵当権付第2社債	4,835,840.00	
1910年償還抵当権付一般社債	19,934,760.00	
1905年償還抵当権付社債	14,550,000.00	
公共工事に係る州への担保提供	5,201,675.41	
レンタルに係る担保提供	94,809.32	49,587,084.73
支払手形		4,140,000.00
買掛金	323,127.93	
未払賃金等	2,308,102.23	
未払配当金	238,735.23	
分割払株式に係る配当金	2,206,406.66	
関係鉄道会社債務	2,190,683.33	7,267,055.38
所有有価証券評価準備金		3,900,434.60
修繕用原材料等準備金		354,658.53
リースに係る準備金		4,898,121.19
偶発債務準備金		2,000,000.00
損益勘定貸方残高		9,021,643.16
合　計		＄149,888,397.59

借方—

Harrisburg～Pittsburgh鉄道施設（325マイル）	
及びPhiladelphia～Pittsburgh鉄道施設	＄ 21,989,368.38
Philadelphia & Columbia鉄道買収勘定	5,375,733.43
車両（機関車882，客車394，荷物車154，貨車16,849等）	16,188,201.29
不動産及び電信ライン	6,831,366.82
Pennsylvania RR～Delaware River拡張工事	2,003,177.07
合　計	＄ 52,387,846.99

その他資産；
　鉄道会社社債　　　　　　　　　＄24,951,916.80

鉄道会社株式	32,821,953.60	
その他会社株式・社債	8,453,698.38	
保険準備金用社債	315,000.00	
偶発債務準備金用社債	2,000,000.00	
当社所有社債及び株式合計		$　68,542,568.78
炭田拡張資金		840,621.51
New Jersey 州関係鉄道有価証券		3,900,434.60
施設等		4,898,121.19
燃料及び修繕資材		4,022,849.43
受取手形・売掛金・貸付金等：		
Northern Great Railway Co.	$　　412,029.76	
Philadelphia & Erie Railroad	1,378,189.77	
United N.J. RR & Canal Co.	593,187.74	
United N.J. RR & Canal Co. 　（社債償還資金）	788,230.00	
United N.J. RR & Harrisburg Cove	242,931.08	
United N.J. RR（不動産）	384,165.50	
その他の会社	7,367,365.14	11,166,098.99
エージェント手元残高		1,631,185.69
財務部長手元残高		2,498,670.41
合　計		$149,888,397.59

　貸方は資金の調達を，借方は資金の運用を示す貸借対照表である。「損益勘定貸方残高（balance to credit of profit and loss）＄9,021,643.16」は未処分剰余金である。

　加えて，1871年～1874年の4年間の営業路線距離（マイル）・所有車両数・輸送人員と収入・貨物輸送量と収入，4年間の総収益・総費用・純利益（すでに紹介したものと同じ内容），4年間の主な総合勘定項目（社債等負債11項目，有形固定資産5項目，株式・社債，関係会社株式，売上債権，財務部長手許残高）を示す一覧表を添付した。

　これらのデータは Pennsylvania Railroad の膨大な1874年度株主宛報告書を *The Commercial & Financial Chronicle* が要約して掲載したものであるが，アメリカ企業の財務ディスクロージャーの先駆的事例である。

14

(2) Baltimore & Ohio Railroad — 1874年9月期

Baltimore & Ohio Railroad（1827年設立，1830年アメリカ最初の鉄道13マイル
を開通）の1874年9月30日に終了する年度の株主総会は1874年11月6日に開催
されたが，以下のような財務情報が株主に提示された[10]。

① 収入

主要路線（Winchester and Potomac, Winchester and Strasburg, Strasburg and Harrisonburg, Washington County, Metropolitan Branch Roads）	$ 11,693,955.55
Washington 路線	373,323.31
Parkersburg 路線	802,066.53
Central Ohio 地区	1,004,356.13
Lake Erie 地区	787,168.18
Chicago 地区	64,053.08
Hempfield Railroad	49,888.96
Newark Railroad	172,278.68
合 計	$ 14,947,090.42
1873年度収入に比し減少	$ 746,108.04
1872年度収入に比し増加	1,320,413.11
1871年度収入に比し増加	2,389,561.00
1870年度収入に比し増加	4,106,719.94

② 主要路線損益

	1872	1873	1874
収 益	$ 10,654,471.62	$ 12,252,843.78	$ 11,693,955.55
費 用	6,122,399.93	7,318,047.79	6,675,895.26
利 益	$ 4,532,071.69	$ 4,934,795.99	$ 5,018,060.29
費用比率	57.46%	59.72%	57.8%

③ 社長 J.W. Garrett は，重要なプロジェクトを完遂するために2,000,000
ポンドの社債（利率年6％）をヨーロッパで発行すること，全米を覆う不況
下においてもヨーロッパの投資家は当社の財務の健全性を認識しており，
ヨーロッパで発行されているアメリカ鉄道会社の有価証券の中で当社を

最高級（highest grade）に評価していると伝えた。

　そして，1874年9月30日現在，剰余金（Surplus fund）は＄32,144,160.15，負債は＄29,061,564.80で，剰余金が＄3,082,595.35上回っていること，2回の中間配当（5％）を実施したこと，新たに優先株＄95,500.00を発行し2,000,000ポンド（＄9,680,000.00，返済期限1910年）を借り入れたこと，損益勘定（Profit and Loss Account，未処分剰余金）は前年より＄3,111,028.97増加したことも指摘した。

④　以下のような路線別の業績も開示した。

	収　益	費　用	純利益
主要路線	＄11,693,955.55	＄6,675,895.26	＄5,018,060.29
Washington 路線	373,323.31	126,034.36	247,288.95
Parkersburg 路線	802,066.53	942,252.98	
Central Ohio 地区	1,004,356.13	843,049.77	161,306.36
Lake Erie 地区	787,168.18	624,066.63	163,101.55
Chicago 地区	64,053.08	36,857.60	27,195.48
Hempfield Railroad	49,888.96	48,547.61	1,341.35
Newark Railroad	172,278.68	119,946.37	52,332.31
純利益合計	＄14,947,090.42	＄9,416,650.58	＄5,670,626.29
欠損 Parkersburg 路線	—	—	140,186.45
			＄5,530,439.84

　ここでは，「収入」（Revenue）と収益（Earnings）は同一である。

⑤　1874年度において，機関車36両，特別車・普通車11両，貨物車1,026両を建造のため＄1,067,671.40が支出された。

⑥　当社の傘下にある Baltimore Short Line と Baltimore, Pittsburgh and Chicago Railroad 等の建設計画の進捗状況，これまでに要した建設費用（前者＄1,500,000，後者＄6,357,893.43）等についても，かなり詳細に報告した。

　The Commercial & Financial Chronicle の掲載する Pennsylvania Railroad と Baltimore & Ohio Railroad の財務情報は，それぞれ1874年12月31日と同年

9月30日に終了する年度に係るものである。両社の社長報告でも指摘されたように，これらの詳細な財務情報はロンドン市場での社債の募集や新株の発行そして銀行借入れに際して準備されたものであるが，同時に，両社の1874年度株主総会においても開示されたことは「投資者保護」の視点からも高く評価されるであろう。

しかしながら，両社の良好なディスクロージャーの背後に存在する以下のような事情も忘れてはならない。田島惠兒教授の論稿に依拠して紹介しよう[11]。

1870年代のアメリカ農民は農産物の輸送手段として鉄道に依存せざるを得なかった。ところが，この頃の鉄道会社はその独占的地位を利用して農民に対し不当に高率の料金を押し付け法外な利益を得ていたのである。

例えば，シカゴを中心としてその東と西では鉄道料金が著しく異なり，西に行くほど料金が高くなっていた。また，地方線のように主として農民が利用する短距離の輸送料金は高く，大都会を結ぶ長距離路線は主として資本家が利用するので低い料金を設定していた。1881年の調査によると，シカゴの東を走るPennsylvania Railroadは貨物積載量1トンにつき75セントであったが，シカゴの西を走るIllinois Central Railroadは1ドル52セントを，さらに西のUnion Pacific Railroadは2ドル18セントを，そしてTexas and Pacific Railroadは3ドル36セントを徴収していたのである（11頁③）。また，鉄道は穀物会社を支配し，農民より穀物を不当に安い価格で購入しあるいは小麦の品質をわざと低く決め安く購入するなどして農民より利益を収奪していた。

このような鉄道会社による行為は当然農民の抵抗やその政治化を促進するわけであるが，会社は上のような有利な諸条件を維持すべく州議会議員に無料定期券を寄贈した。かくしてカンザス州においてはThe Atchison, Topeka and Santa Fe Railroadが，ネブラスカ州においてはUnion Pacific Railroadが支配するところとなった。また，州政府は莫大な公債を募集し集めた資金を鉄道会社に寄贈した。カンザス州だけでもその額は1896年に至るまでに7,500万ドルにも及んだといわれている。

鉄道会社による搾取に対して農民は抵抗した。イリノイ州では早くも1867年に倉庫法が成立し鉄道会社の行為に制限が加えられ，1871年には州政府が貨物及び乗客の最高運賃を規定しうるに至った。また，1871年にはミネソタ州，

1874年にはアイオア州とウィスコンシン州においても，同様な規制の一部が実施された。そして，1876年の合衆国最高裁による諸判決，なかんずく"Munn vs. Illinois"や"Peik vs. Chicago Northwestern Railway"等により，最高料金の規定，長距離輸送と短距離輸送との差別的待遇廃止，平行鉄道線の合併禁止による鉄道間の競争維持，無料定期券制度の廃止等を定める法律が制定された。この頃より鉄道料金が低落し始めたことは事実であった。この種の立法は「グレンジャー（Granger）運動」と呼ばれる農民運動によってもたらされたのである。

このような背景からして，鉄道会社の良好なディスクロージャーも，農民の抵抗と地方政府による鉄道への規制を阻止するためのあるいは弱めるための一手段とも考えられるのである。

(3) Pennsylvania Railroad ― 1887年12月期

州際通商法施行直前の1887年12月31日に終了する Pennsylvania Railroad の第41期株主宛報告書は，*The Commercial & Financial Chronicle* 5頁において掲載された[12]。冒頭で紹介したように，同誌はA4判のたてを2cm拡大しよこを1cm縮小した大判を1頁とするが，それが5頁にもわたって掲載した情報量の膨大さを理解しよう。

開示された主な財務情報は，以下のとおりである。

① 営業収益・費用・純利益等

主要路線とその支線（Philadelphia～Pittsburgh）	
収益	$ 35,305,728.40
費用	22,328,536.29
営業純利益	$ 12,977,192.11
加算　受取利息（現金）・施設利用料等	5,162,808.59
合計	$ 18,140,000.70
控除　支線レンタル料・支払利息等	7,698,714.06
ペンシルヴァニア鉄道部門純利益〔A〕	$ 10,441,286.64

Philadelphia～New York とその支線（リース）

収益	$ 16,328,653.46
費用	12,301,000.96
営業純利益	$ 4,027,652.50
加算　受取利息	532,102.35
合計	$ 4,559,754.85
控除　配当金・支払利息等	4,787,745.63

United New Jersey RR & Canal Co.

からのリースによる純損失〔B〕	227,990.78
合計〔A−B〕	$ 10,213,295.86

Philadelphia & Erie Railroad〔レンタル〕

収益	$ 4,036,931.27
費用	2,457,047.55
純利益	$ 1,579,883.72
控除　施設利用料	167,341.43
レンタル先に対する持分	$ 1,412,542.29

要約

Pennsylvania 鉄道純利益	$ 10,441,286.64
New Jersey 地区純損失	227,990.78
鉄道純利益	$ 10,213,295.86
鉄道純利益	$ 10,213,295.86

控除：

当社保証の有価証券購入基金繰入額	$ 78,623.62	
減債基金繰入額	324,800.00	
Allegheny Valley RR Co. −		
支払利息	$ 697,865.00	
受取利息	345,030.00	352,835.00
American Steamship Co. −		
支払利息	90,000.00	
Trunk Line 和解金	167,183.28	
New Brunswick 火災損失	175,000.00	
特別修繕費及び改良費	1,241,115.30	2,429,557.20
当期純利益		$ 7,783,738.66

配当金（5.5%）	5,418,701.75
残高	$ 2,365,036.91
控除　その他損失	381,437.74
残高	$ 1,983,599.17
加算　前期繰越剰余金（1886年12月31日）	15,625,348.35
繰越剰余金（1887年12月31日）	$ 17,608,947.52

　社長は，次のようにいう。「1887年度の純利益は＄7,783,738.66，前期は
＄6,920,896.90，期末現在の剰余金は＄17,608,947.52である。製造業の
異常なほどの好況により当社の業績も好調で，11月に3％の配当を実施し
年5.5％となり前年の5％を上回った。鉄道路線を拡大するための他の
鉄道会社への投資は＄108,709,107.47，それからの現金収入は1887
年度＄4,488,027.18である。」

　そして，リース路線である United New Jersey Railroad & Canal Co.
の純損失＄227,990.78の原因等について説明した。

②　鉄道路線等の建設，施設や不動産の取得に係る現金支出は，以下のとお
りである。

Pennsylvania 鉄道と支線	$ 2,714,679.15
United Railroads of New Jersey	1,146,671.17
Philadelphia & Trenton 鉄道	217,096.87
当社が運営するその他の支線	2,211,867.92
合計	$ 6,290,315.11
いくつかの会社からの前受金	680,138.43
1887年度建設等支出合計	$ 5,610,176.68

　建設等資金は株式の発行により調達された。

③　建造及び修理した車両数（機関車124両，乗客車156両，荷物車・郵便車11
両，貨車2,600両，信号所180ヵ所），幹線取得に係るペンシルヴァニア州への
支払金は＄365,407.64（資産勘定へ振替），その残高＄1,616,663は1890年
7月31日までに完済する予定であること，社債発行に係る担保の提供や
関係会社の株式発行とその資金の運用（車両建設等）等について説明した。

④ 1886年との比較

(a) Pittsburgh and Erie 東全路線

	総収益	総費用	施設利用料・利息	純利益
1887	$55,671,313.13	$37,086,584.80	$4,699,211.13	$13,885,517.20
1886	50,379,077.00	32,619,594.61	4,453,745.87	13,305,736.52
増加	$ 5,292,236.13	$ 4,466,990.19	$ 245,465.26	$ 579,780.68
主要路線（358マイル）の1マイル当たり収入（1887）				$ 76,625.66
同	（1886）			68,084.25
増加				$ 8,541.41

　　収益に対する営業費率（percentage of operating expenses to earnings）
は，1887年66.62％，1886年64.75％で，1.87％改善している。

(b) 石炭・コークスの輸送量は1887年17,796,708トン，1886年15,359,606
トンで，2,437,102トン（15.87％）増加している。また，石油等の輸送量
は，1887年3,038,138バレル，1886年3,048,484バレルで，10,346バレル
減少している。

(c) 4路線（主要路線・支線，United Railroads of New Jersey, Philadelphia
& Erie, Pittsburgh and Erie）の1マイル貨物1トン当たり収入（例えば，
主要路線1887年度6.7セント，1886年度6.95セント）とコスト（例えば，主要
路線1887年度4.26セント，1886年度4.23セント〔16頁参照〕），その差額である
利益（例えば，主要路線1887年度2.44セント，1886年度2.72セント）。4路線
とも前年に比し，収入減，コスト増，利益減である。

(d) 4路線の1マイル乗客1人当たり収入（例えば，主要路線1887年度22.63
セント，1886年度22.45セント）とコスト（例えば，主要路線1887年度17.28
セント，1886年度17.97セント），その差額である利益（例えば，主要路線
1887年度5.35セント，1886年度4.48セント）。4路線とも前年に比し，
収入増，コスト減，利益増である。

(e) 関係会社である石炭会社4社の1887年度総収益（$8,820,718.93，前期
に比し$1,377,638.11増加），総費用（$7,976,370.48，前期に比し
$442,436.83増加），純利益（$844,348.45，前期に比し$935,201.28増加）。

(f) Pittsburgh 西路線及び当社グループに属する鉄道会社についても，前期と比較した総収益・総費用・純利益，貨物輸送量，乗客輸送量を示した。

(g) Pittsburgh 東路線と西路線全体の総収益・総費用・増減の前期比較

	1887	1886	増加
輸送総収益	$ 115,515,506.19	$ 101,697,980.78	$ 13,817,525.41
総費用*	77,238,082.23	67,102,715.59	10,135,366.64
	$ 38,277,423.96	$ 34,595,265.19	$ 3,682,158.77

＊ レンタル料・利息・配当金を除く

(h) Pittsburgh 東路線と西路線の貨物輸送量（トン数，1マイル当たりトン数）と乗客輸送量（総人数，1マイル当たり人数）の前期比較一覧表

このように，極めて詳細なデータを開示している。

⑤ Pennsylvania Railroad の概況について。産業の発達に伴い本線や支線の拡大（他の鉄道の買収を含む）が至上命題であるがそれには巨額な資本が必要なこと，従業員救済基金（The Employees' Relief Fund）が従業員とその家族の生活のために大きな役割を果たしていること〔1920年代以降の年次報告書に見られる特徴であるが（642頁），当社においてはすでに1887年度報告書に指摘されている〕。そして1887年に成立した州際通商法はこれまでの慣行と大きく異なることを要求しているので，同法が当社を含む鉄道会社にどのような影響を及ぼすのかについては定かではないこと。

Pennsylvania Railroad の1887年度報告書は，13年前の「総合勘定」（貸借対照表）は示していないが，営業路線とリース線の実績，鉄道部門全体の損益情報（鉄道純利益，有価証券購入基金繰入額，減債基金繰入額，支払利息，受取利息，和解金，火災損失，特別修繕費及び改良費，当期純利益，配当金，その他損失，期首及び期末剰余金），4路線への投資額等を示し，前期と比較した詳細な財務情報も開示した。このディスクロージャーが高く評価されることは言うまでもない。

3 州際通商委員会の要求する財務ディスクロージャー

(1) 鉄道会社の会社内容の開示

アメリカ経済の発展とともに鉄道会社の規模が拡大したため，鉄道に対する州政府の規制ではなく連邦政府による規制を求める声が高まっていった。1886年1月，上院特別委員会報告書（座長 S.M. Cullom 元イリノイ州知事）は，鉄道業における不当な高運賃，秘密リベート，無料パス，株式の水割り，放漫経営等を問題視し，独立規制委員会の創設を勧告した。また，同年10月の Wabash, St. Louis and Pacific Railway Co. vs. Illinois の合衆国最高裁判決は，州を越える輸送に対する州による運賃決定権限を否認した[13]。

このような状況において，1887年2月4日，州際通商法（ICA：Interstate Commerce Act）が成立したのである。これは連邦法であり，まさに鉄道規制法である。そして，この法の下での独立規制委員会として「州際通商委員会」（ICC：Interstate Commerce Commission）が設置され，ICC は同法の対象となる運輸会社に対し年次報告書の届出を要求する権限を付与されたのである[14]。

そして，ICC はあらかじめ項目をプリントした書込式の報告書の提出を運輸会社に求めたのである。**表1－1**がそれである。

表1－1 ICC への年次報告書

P.1	会社の歴史（会社名，創立年月日，チャーターされた法律名，連結構成会社名，連結日等）
P.2	組織（取締役名・住所・任期，株主数，本社・営業所所在地等）
P.3	役員（職責，氏名）
P.4	営業資産（鉄道名，起点，終点，幹線・支線・リース別，マイル数，炭田・橋梁・運河等所有資産名・所在地）
P.5	株式資本金（種類，額面額，授権資本金額，発行済資本金額，時価，配当率・配当金，株式資本金の払込方法等）
P.6	固定負債(種類，借入日，満期日，金額，利率，利息支払日，利息支払額)

P.7　流動負債とその支払源泉たる現金性資産，つまり運転資本一覧表

P.8　当期中の改善・改良費（建設，車両，総支出のうち営業費計上額）

P.9　鉄道及び車両建設コスト（フランチャイズ・鉄道資産・土地・施設・車両別の前期末残高，当期支出額，期末残高，1マイル当たり建設コスト）

P.10　損益計算書（営業総収益，総営業費，営業損益，営業外収益，営業外費用，純損益，配当金，前期末剰余金，当期末剰余金）

P.11　損益計算書（リース鉄道のみ）

P.12　営業総収益明細表（乗客，郵便，急行，特別荷物保管料，貨物等）

P.13　所有社債明細表（種類，金額，利率，受取利息）

P.14　所有株式明細表（銘柄，額面総額，帳簿価額）

P.15　営業費明細表（乗客・貨物別，維持費，車両維持費，輸送費）

P.16　営業費明細表（続）（乗客・貨物別の一般管理費）

P.17　賃借料明細表（リース鉄道，支線の利息保証）

P.18　貸借対照表（借方勘定科目—鉄道，車両，社債，株式，投資，支線，土地，減債基金，未収金，現金，その他資産。貸方勘定科目—株式資本金，固定負債，流動負債，未払利息，未払金，準備費）

P.19　資金運用表（源泉—6項目，運用—24項目）

P.20　当期中の重要な変更（営業路線の拡張，合併，再編，増資等）

P.21　契約書・同意書等（輸送に関する他社との契約，同意書等）

P.22　担保資産明細表

P.23　従業員数・報酬・賃金明細表

P.24　乗客数・貨物運搬数・走行マイル等の統計表

P.25　貨物輸送明細表（農作物，動物，鉱物，木材，製品）

P.26　車両明細表（所有車両，機関車，用途別車両数）

P.27　営業路線明細表（幹線，リース，その他）

P.28　機関車燃料消費量，事故明細表

P.29　鉄道路線明細表（起点，終点，距離，カーブ数，上り坂・下り坂数他）

P.30　鉄道路線明細表（続）（橋，橋梁，トンネル等）

P.31　誓約書（社長及び General Auditor）

　ICC は鉄道会社の会社内容の開示を要求したのであるが，その中心は財務情報である。貸借対照表と損益計算書それに資金運用表を中心に重要項目については明細表も求めた。貸借対照表は資産11項目，負債6項目の平均的なものであるが，営業資産明細表，社債明細表と株式明細表，担保資産明細表，運転資本一覧表への記載も求め，損益計算書についても営業総収益，総営業費，営業損益，営業外収益，営業外費用，純損益，配当金，期首及び期末剰余金を

記載させ，加えて営業総収益明細表や営業費明細表，賃借料明細表，報酬・賃金明細表も要請した。そして，改善・改良費の営業費処理〔収益的支出〕と鉄道及び車両建設コストの資産処理〔資本的支出〕の状況も求めた。これまでの鉄道会社の開示慣行をベースに農民層の関心も考慮してのことであろう。

ICC が要請した年次報告書（1888年 6 月30日現在）の初年度提出会社数は，全米の鉄道会社合計1,418社のうち1,018社，72％であった。未提出会社400社の中には管財人の手中にある鉄道，リース路線のみで営業している鉄道，建設中の鉄道等のほか，ほとんどが自社所有路線100マイル以下の小鉄道であった[15]。

(2)　鉄道会社唯一の「外部監査」

1888年 6 月30日当時，州際通商委員会の管轄する全米鉄道会社1,418社のうち，外部の会計士監査を利用していたのは New York Ontario & Western Railway ただ 1 社だけであった。当社は，1888年 6 月30日に終了する年度（第 9 期）より年次総会で選任した Barrow, Wade, Guthrie & Co. の監査を導入した[16]。営業路線417マイル（1888年 6 月30日現在）の小規模な鉄道会社であるが，会計士監査を導入した理由は次のように考えられる。

当社は1885年に財政難に陥ったため，ロンドンやアムステルダムに普通株主保護委員会が組織された。ロンドンの株主保護委員会の座長をつとめた Joseph Price はその後同社の副社長に就任しているが，1885年当時同社の株式はその半数以上を外国人によって所有されていたので[17]，彼のリーダーシップによりすでに1860年代からイギリスの鉄道会社で採用されていた「外部監査」を導入したものと思われる[18]。

なお，Barrow, Wade, Guthrie & Co. は，1883年10月，ニューヨークで開設された。マンチェスターにある Thomas, Wade, Guthrie & Co. の勅許会計士 Edwin Guthrie がイギリスの金融会社の破産管財人として渡米したのをきっかけに，イギリスの火災保険会社アメリカ支店に勤務していた保険計理士の J.W. Barrow とともにパートナーシップを結び事務所を開設したのである。

しかし，業務はそれまでの Barrow の保険業務のみであり，会計業務は将来発展してくれるであろうという「期待」(hopes) が込められていたにすぎず，

1886年までは会計士業務は行われていなかった[19]。

　ところで，アメリカ鉄道に莫大な資金を投じていたイギリス人投資家が，1890年になっても自国で採用されていた職業会計士による鉄道監査に興味を示さなかった理由は一体何であろうか。

　ひとつには，イギリス人投資家はアメリカ連邦政府が鉄道に付与した膨大な土地に注目したからかもしれない。鉄道会社に与えられた土地は1873年までに１億5,830万エーカーにものぼるが，これは，フランス，ベルギー，オランダ本国の合計面積にほぼ等しい。さらに，州からも5,200万エーカーを与えられていたという[20]。A.W. Currieは鉄道への投資を「おまけ付きの酒」（"Investment for the long pull"）と表現している[21]。イギリス人投資家にとっては膨大な土地を付与された鉄道は安全な投資対象物だったので，監査には関心を示さなかったのではなかろうか。

4　鉄道会社の粉飾決算と経営者の「外部監査」への認識の高まり

　1893年5月5日，ニューヨーク証券取引所上場会社である National Cordage Company（82頁）が崩壊した。"a great industrial corporation"[22] と呼ばれたこの大会社の倒産は，その後の大恐慌の前ぶれであった。6月に始まったパニックは急激に全土を覆い，9月中頃までに74鉄道，30,000マイルが管財人の手中に陥った[23]。

　ところで，多くの鉄道会社の再建過程において次のような事件が発覚した。まず，The Atchison, Topeka and Santa Fe Railroad の"スキャンダル"である。当社は1893年12月より管財人下にあったが，社長の関与する不正会計が発覚したため，ボストン，ニューヨーク，ロンドン，アムステルダムに結成された有価証券保有者からなる再建委員会は，当時の著名な会計士 Stephen Little に監査を委ねた。Little の長文の報告書（1894年11月1日付）は，社長 Joseph Reinhart による利益の過大表示（現金と受取手形及び売掛金の過大表示，

償却済車両の資産表示，流動負債の過小表示等）や州際通商法で禁止している
多くのリベートの存在を指摘し，当社は予想されているよりはるかに悪い
財政状態であり，その責任はほとんど Reinhart が負うべきであると結論した。
Reinhart は社長を辞任した[24]。

　次に，Philadelphia & Reading Railroad 事件である。当社は1888年以来再
建途上にあったが，1893年2月再び裁判所の管理下に置かれた。ニューヨーク
社債権者委員会から要請された Stephen Little は，1888年から1893年11月まで
の当社及び子会社 Philadelphia & Iron Co. を調査，資産に計上すべき修繕費
等の費用処理や車両減価償却費の過大計上を指摘し，これらの費用のうち半分
が経常的損益に計上され残り半分が未処分利益で処分されていたならば当期は
欠損ではなく黒字であったこと，株式取引に係る損失は未処分利益で処分され
るべきこと，関係会社に対する貸付金や未収利息の回収は困難であることなど
を報告した[25]。

　Norfolk & Western Railroad（営業路線1894年6月30日現在1,567マイル）
は，1890年3月から開始した200マイル〔320km，東京名古屋340km〕にも及ぶ
路線の拡張工事がほぼ半分完成した時点で大不況に遭遇し，1893年赤字に転落，
財政難に陥った。1894年12月26日に開かれた取締役会は Price, Waterhouse
& Co. をアドバイザー兼監査人として雇用したことを *The Commercial & Financial
Chronicle* は伝えた[26]。

　このような事件とその調査報告書の公開は鉄道経営者をして，外部監査の
必要性を強く認識させたに違いない。1895年10月12日号の *The Commercial &
Financial Chronicle* は，その論説「鉄道会計の独立監査」において次のように
いう[27]。

　「会計帳簿や諸記録の正確性を検証することの必要性は以前よりもはるか
　に強く認識され，また最近の各種の事件とその展開をみるとき，その重要性
　はますます理解される。かつては，独立監査はまったく必要ないということ
　で簡単に片づけられたものである。しかし，The Atchison, Topeka and
　Santa Fe 事件以来状況が変わった。監査人は利益の過大計上や誤った会計
　処理を明らかにしたのである。また，Philadelphia & Reading 事件も多くの
　人々に Atchison 事件を連想させた。」

さらに，1896年12月12日号の The Commercial & Financial Chronicle に掲載された Baltimore & Ohio Railroad についての Stephen Little の調査報告書も注目された[28]。当社の再建委員会から依頼された Little の調査は1888年度から1895年度まで 8 年間の事業年度に及んだが，調査報告書は，損益計算処理の誤りによる純利益の過大表示（＄2,721,067.81），車両の減価償却費を未処分利益で処理していることによる利益の過大表示（＄2,843,596.06），費用計上されるべき項目が建設勘定に計上されたことによる利益の過大表示（＄2,064,741.55），リース鉄道や関係会社鉄道の修繕費を資産計上〔資本的支出〕したことによる利益の過大表示（＄3,575,453.36）を指摘し，これら約1,120万ドルの利益の過大表示の結果，当社が行っていた配当は「たこ配当」であると結論した。また，関係会社の振り出した手形の保証が簿外負債となっていることも報告された。これに対し，The Commercial & Financial Chronicle は，Little の資本的支出に対する厳格な処理は当時のアメリカ鉄道の一般的会計実践とは反するとし，Baltimore & Ohio Railroad の会社処理に一部疑問を呈しながらも，全体的には会社側の処理の妥当性を支持し Little と対立した。

このように，鉄道会社の再建計画や会計疑惑のニュースが広く流れる中で，経営者が職業会計士による「外部監査」への認識を高めていったことは確かであろう。

5 鉄道会社の年次報告書に対する会計士監査

(1) "fashion" から "custom" へ

1893年パニックにより多くの鉄道が破綻した。The Atchison, Topeka and Santa Fe Railroad は1893年12月より 2 年間管財人下に置かれ，1895年12月，新たに The Atchison, Topeka and Santa Fe Railway として発足した（"Railroad" から "Railway" へ）。新会社の定款には，定時株主総会で独立監査人を選任し会計監査を実施させること，そしてその監査証明書を年次報告書で開示すべきことを定めた。これに従い1896年 6 月30日に終了する 6 ヵ月間の

第1期より Price, Waterhouse & Co.（PW）による監査が導入された。
その監査証明書は，次のとおりである[29]。

　我々は，New York, Chicago, Topeka, Los Angeles, Guaymas, Galveston
で管理されている会社の帳簿とともに貸借対照表及び関連する損益計算書につい
て監査した。そして，それらは〔帳簿に従って〕正確に作成されていることを
証明する。新会社の〔貸借対照表の〕"Prior Liabilities"〔新会社発足前の負債〕
の中には1896年1月1日以前に発生した未払営業費が含まれている。これは当社
が支払うべきものである。各種の借入金の担保に供している有価証券については
管理者から納得のいく証明書を入手している。

　Erie Railway は，1895年11月13日ニューヨーク州法人として再建されたが
〔前身の Erie Railroad は1862年1月営業を開始，1865年9月には営業路線808マイル
を有する大手の1つとなった〕，再建後の第1期（1896年6月30日終了の7ヵ月間）
より Patterson & Corwin（127頁）による外部監査を採用した。同会計事務所
は，「要約総合貸借対照表は1896年6月30日現在の同社の資産及び負債を正確
に示している。また，営業費として処理されなければならない費用は決して
建設勘定〔資産〕には計上されていない（下線著者）」と述べている[30]。下線部分
はいわば「収益的支出」と「資本的支出」の区分を意図したものであり，安全
性の原則が遵守されていることを意見表明している。次章以降で見るように，
監査人の意見表明の判断基準の1つである。なお，第3期からは Haskins &
Sells（1895年設立の生粋のアメリカ事務所）が監査人である。
　Columbia Hocking Valley & Toledo Railway（1888年6月30日営業路線309
マイル）のニューヨーク証券取引所上場申請書（1896年12月3日付）も，同社が
Barrow, Wade, Guthrie & Co. の監査を導入したことを記している[31]。
　The Central of Georgia Railway（1895年10月17日にジョージア州法人として
再編。1896年6月30日営業路線1,505マイル）の1896年12月7日付のニューヨーク
証券取引所上場申請書（A-1877）によると，新会社の会計計算書は Patterson
& Corwin により作成された。第1期（1896年度）報告書にも同会計事務所の
監査を受けた旨の報告が見られる[32]。

さらに，以下のような鉄道会社も再編後の第1期（1897年6月30日終了年度）から新たに会計士監査を採用した。

① Chesapeake & Ohio Railway（営業路線1,275マイル）― Patterson & Corwin[33]
② The Oregon Railroad & Navigation Co. ― Stephen Little[34]
③ 大手の Northern Pacific Railway（営業路線4,395マイル）― PW[35]
④ Norfolk & Western Railroad ― PW[36]
⑤ St. Louis & San Francisco Railway（営業路線1,162マイル）― The Audit Company of New York（33頁）[37]。

そして，1897年6月30日終了年度を第3期とする大手の Southern Railway（営業路線4,805マイル）も Patterson & Corwin の監査を[38]，Western New York & Philadelphia Railway も，フィラデルフィアの名門会計事務所 John, Heins & Co. の監査を導入した[39]。

なお，John Heins（1836-1900）は，1877年 Public Accountant として独立。この事務所から1898年，その後の"ビッグ8"の1つ Lybrand, Ross Bros. & Montgomery が誕生している（その後 Coopers & Lybrand を経て現 Pricewaterhouse Coopers）。John Heins & Co. は，1959年7月1日 Arthur Young & Co. と合併した[40]。

このような鉄道会社による職業会計士監査の導入は，著者が *The Commercial & Financial Chronicle* に掲載された年次報告書から拾いあげた一例にすぎない。しかしながら，1897年10月9日号の *The Commercial & Financial Chronicle* は，論説で次のようにいう[41]。

「鉄道会社では独立監査人による会計監査を採用することがまったくの流行（fashion）となった。」

このことから全体的にも相当多くの鉄道会社が1896年，97年を契機に会計士監査を導入したと解することができる。

そして，1898年以降も，鉄道会社は新たに会計士監査を採用している。

Central Pacific Railroad は1898年度より PW の監査を受けているが，監査証明書は「年次報告書に示されている政府に対する未払金に係る利息は未だ

処理されていない[42]」という未払利息の簿外負債の存在を指摘した。当時としては極めて稀な「限定事項」である。

The Philadelphia & Reading Railroad の再建計画に基づき同社の全株を取得することにより持株会社となった The Reading Co. の第1期報告書（1896年12月1日から1898年6月30日までの19ヵ月）の会計監査は Haskins & Sells によって実施された[43]。

大鉄道 Southern Pacific Railroad（営業路線6,912マイル）も1899年6月度より PW の監査を導入し[44]，1896年に破綻した Baltimore & Ohio Railroad も再建後の1900年度（第74期）より PW を利用するに至った[45]。

この間，以下のような中小鉄道も会計士監査を採用した[46]。

鉄道会社	営業路線	総収入	会計士名
	（マイル）	（＄1,000）	
Lake Erie & Western	725	3,467	a firm of Accountants
Santa Fe, Prescott & Phoenix	216	875	Patterson, Corwin & Patterson
Nashville Chattanooga & St. Louis	1,189	6,000	The Audit Co. of N.Y.
St. Joseph & Grant Island	312	1,261	The Audit Co. of N.Y.
Western Maryland	253	1,535	Stephen Little
Buffalo & Susquehanna	172	721	Patterson, Teele & Dennis
The Hocking Valley Scenic	－	4,417	Patterson, Teele & Dennis
Cincinnati, New Orleans & Texas Pacific	－	－	Haskins & Sells
Gulf & Ship Island	251	5	Patterson, Teele & Dennis

このうち，Nashville Chattanooga & St. Louis Railway は1899年度より The Audit Company of New York の監査を導入したが，社長は，1899年6月30日に終了する第48期報告書において，次のように述べている[47]。

「多くの有力な鉄道（a number of leading railroads）が年次報告書に対して会計士による監査を受けることを慣行（custom）としている。当社も年次会計監査を受けることが有益であると判断した。」

社長のこの陳述からも明らかなように，19世紀末までに鉄道会社に対する会計士監査は"ファッション"から"カスタム"になったとみることができる。

(2)　鉄道経営者のための会計士監査

ところで，このような鉄道経営者による「積極的」な会計士監査の導入も，多くの場合，経営者の支配力の及ぶ範囲内での出来事であった。次のような事例にその典型を見ることができる。

1851年に創立された名門 Louisville & Nashville Railroad（1897年 6 月30日営業路線2,980マイル）は1897年度（第46期）から PW の監査を採用したが，PW は以下のような限定事項を付した監査証明書（1897年 9 月23日付）を発行した[48]。

We have examined the books of the Company for the year ended June 30, 1897, and we certify that, subject to the remarks which follow the above Balance Sheet, of which a summary will be founded on pages 22 and 23〔of pamphlet〕, Balance Sheet is correct.

Before arriving at the balance of Profit and Loss, Operating Expenses have been charged with improvements and betterments, amounting $546,570.87. On the other hand, a further charge of about $80,000 would be necessary to make full provision for maintenance of Equipment for the year.

No provision has been made for any possible loss on the outstanding accounts and bills included under the head of "Other Assets".

September 23, 1897.　　　　　　　PRICE, WATERHOUSE & CO., Auditors,
　　　　　　　　　　　　　　　　　London, New York, Chicago
　　　　　　　*　　　　　*　　　　　*
　我々は1897年 6 月30日に終了する年度の会社の帳簿を監査した。そして，以下の所見，その要約については〔小冊子の〕22頁と23頁を参照，を除いて貸借対照表は正確であることを証明する。

　当期の損益残高を確定する以前に，改善及び改良に係わる支出合計546,570.87ドルが営業費として処理されている。一方，車両等維持のための十分な引当てとしてさらに80,000ドルを当年度に繰り入れる〔費用処理する〕必要がある。

　「その他資産」に含まれる売掛金及び受取手形残高に係る貸倒引当金は設定されていない。

つまり，PW は，当社の1897年度利益＄979,180は本来＄1,445,750であり，＄466,570（＄546,570－＄80,000）過小に表示されていると指摘したのである

〔売掛金及び受取手形に係る貸倒引当金の要設定額については PW も明らかにしていない〕。もちろん，著者の調査によっても1897年当時限定事項の付された監査証明書はまったくといっていいほどなかった。Louisville & Nashville Railroad の取締役会議長 August Belmont は，この限定事項に強く反対し除去するよう求めた。しかし，PW は応じなかった[49]。

このような PW の見解に対して，*The Commercial & Financial Chronicle* は論説で次のように異議を唱えている[50]。

「Louisville & Nashville Railroad は〔年次報告書に示してあるとおり〕1894年 7 月 1 日に〔資産としての〕建設勘定（construction account）を閉鎖し，それ以来，改善及び改良に係わる支出は費用処理することを慣習（custom）としてきた。この会計処理は同社のみならず他の多くの鉄道会社も採用しており長い間の経験の所産である。このような安全かつ保守的な処理は会社財政を強固にし，結局は株主にも社債権者にも役立つのである。これは，イギリスとアメリカの会計士の見解の相違によるもので，同社がイギリスの会計事務所を選任している以上，彼らが資本的支出と収益的支出について アメリカとは異なる見解をとることは別に驚くに価しない。…… また，『その他資産』に含まれる売掛金と受取手形に対する貸倒引当金を設定しない点についても，同社は回収不能なもの及び回収の疑わしいもの計47,739ドルをすでに貸倒損失として処理している。それ故，われわれは，『その他資産』に含まれる債権は完全に健全なものであり貸倒引当金は不必要であると理解する。」

PW から上のような限定付監査証明書をやむをえず受理した Louisville & Nashville Railroad は，翌1898年度（第47期）報告書で従来どおり「建設勘定は1894年 7 月 1 日に締め切り，以後，車両購入支出や改善等に係る支出は営業費で処理している[51]」ことを繰り返し指摘し，PW の意見を無視した。

しかも，同社は PW との監査契約を破棄し，新たに The Audit Company of New York と監査契約を締結，同事務所は以下のような無限定の監査証明書を発行したのである[52]。

第1章　鉄道会社の財務ディスクロージャーと職業会計士監査導入の真の理由　33

> August Belmont 取締役会議長殿
> 　我々は，Louisville & Nashville Railroad の1898年6月30日に終了する年度の帳簿及び計算書を監査した。そして，損益計算書，剰余金計算書及び総合貸借対照表は，それらに準拠し同事業年度の収益，費用ならびに1898年6月30日現在の同社の真実な状態を示していることを証明する。

　PW はこの間の事情を次のように記している[53]。Louisville & Nashville Railroad の取締役会議長 August Belmont は，イギリスの慣行に従って会計士による会計監査を受けることを株主に約束したことにより PW を選任した。イギリスから派遣された Albert Wyon 等は，監査の結果，改善及び改良に係る支出が営業費として処理されていること，車両維持及び修繕のための引当金が十分に設定されていないことを限定事項とした。August Belmont はこの限定事項に強く反対し削除するよう求めたが，Wyon と PW アメリカ事務所代表のW.J. Caesar はこれを拒否した。この論争の結果，August Belmont は The Audit Company of New York を自ら組織し社長となり，翌期自ら取締役会議長をつとめる Louisville & Nashville Railroad の年次監査を実施させたのである。なお，Caesar はこの The Audit Company of New York の社長のポジションを提供されたが拒否したという。

　The Audit Company of New York について補足しておこう。August Belmont を社長とする当社は，1897年7月17日，会社内容の調査，特に会計監査を専門とする株式会社（資本金$100,000，優先株$10,000，普通株$90,000）として組織された。Louis Fitzgerald や I.N. Seligman をはじめニューヨーク金融界の"ボス"を株主に，また一時著名な Stephen Little を"chief consulting auditor"として雇用し，「監査」を売りものに1899年度には普通株10%優先株8%の配当ができるほどに急成長した会社である[54]。

　1932年4月，The Atchison, Topeka and Santa Fe Railway がそれまで継続していた会計士監査を廃止することを株主に通知したことに関連し，*The Journal of Accountancy* の論説は，次のように述べている[55]。

「過去において多くの大手鉄道会社や中小鉄道会社も監査を採用していた。しかし，ほとんど例外なく（with very few exceptions），会社は（取締役といった方が正確であろうが）監査範囲を制約した。……監査人は実施したいと思っていた多くのことを実施することができなかった。そのことは会計士にとって不満であり，同時に鉄道会社にとっても慣習となっていたその種の監査は費用を正当化するものではなく，特に州際通商委員会による監視が強化されるにつれてそうであったように思える。」

このような事実の中に，鉄道会社に対する職業会計士監査は多くの場合経営者の支配力の及ぶ範囲内でのいわば内部監査であったと解することができる。

(3) 会計士監査導入の真の理由

鉄道の再建過程における経営者の不正や会計処理の問題が明るみに出る中で，鉄道経営者が再建後の新会社発足に当たっていわば「襟を正す」意味において会計専門家による外部監査を導入したと考えることは否定できない。しかし，実際には経営者は監査範囲等を制約することによって部分的な監査を許可したにすぎなかった。では，外部独立監査の名を借りた会計士監査は1896年，97年を契機として何故に突然「流行」したのだろうか。別の理由が求められなければならない。それは，1890年代における急激な社会的変化，特に鉄道経営者を脅かす勢力の台頭に危惧する経営者側の新たな方策に求めることができる。

1880年代には南部や西部の農村地帯に多くの農民クラブ（The Farmer's Club）が生まれた。それらは次第に結合して地方組織となり，1880年代後半には「南部同盟」（The Southern Alliance）と「北西部同盟」（The Northwestern Alliance）も形成された。両同盟は政治活動も展開し，1890年には50人の州下院議員，4人の州上院議員，3州の知事を選出，6つの州の政治を支配した。そして，この2つの同盟は大統領選挙を意識して，1892年に第3政党たる人民党（The Populist Party）を結成したのである[56]。

人民党はオマハの大会において，政府紙幣の増発，郵便貯金制度の創設，累進所得税の採用，鉄道の公有公営政策，外国人の土地所有の禁止等の急進的な政策を採択したが，特に注目すべきは鉄道の公有公営政策である。曰く。

「鉄道会社が人民を隷従せしめるか，または人民が鉄道を所有すべきかを決定すべき時が今や到来した。万一政府が全鉄道を所有し経営するに至るとすれば，政府事業に従事する者は全員最も厳格な公務員規制の下におかれるよう憲法を改正し，かかる公務員の使用によって連邦政府の権力が増大することのないようにすることにわれわれは賛同する[57]。」

そして，人民党は1892年の大統領選において候補者 James Weaver を擁立，敗れはしたものの100万を超える投票（1,026,595票，得票率8.5％）と22の大統領選挙人を獲得，また連邦下院議員10人と州知事4人を誕生させた。州知事4人の中には The Atchison, Topeka and Santa Fe Railway の本社があるカンザス州も含まれた。

翌1893年の大恐慌により多くの会社は倒産し労働者は失業した。この1893年には19州にわたって345人の人民党選出の議員が州政治に活躍した[58]。1894年5月に起きた Pullman（578頁）のストライキは，E.V. Debs が指揮するアメリカ鉄道労働組合のストライキで頂点に達した。ストライキはシカゴを中心とする26の鉄道路線に拡がり，20余州の運輸に大きな影響を与えた。シカゴ地方裁判所は，鉄道の営業を妨げるすべての者に対して，「包括的な」（特定人に限定しない）差止命令を発し，Debs は差止命令を犯したという理由で法廷侮辱罪により投獄された。そして，大統領 S.G. Cleveland（民主党）はイリノイ州知事の要求がないにもかかわらず連邦軍隊を出動させストライキを抑圧した。20人以上が殺され2,000台の車両が破壊された[59]。

1894年12月，人民党はセントルイスの大会において，先のオマハの政策をさらに拡大し，大衆の利益に影響を与えるすべての“モノポリー”の政府所有を主張した[60]。1894年の中間選挙には150万余の投票数を獲得し，連邦議会の下院に7人上院に6人の党員を送り，その勢力をますます伸ばしていった。人民党がアメリカの政治における無視できない数的な強さを獲得したことには疑いがなかった。彼らはカンザス州，ネブラスカ州をはじめ他の諸州でも鉄道料金の規制に関する法律等の成立に活躍した。鉄道経営者にとってはまさに脅威であった[61]。

かくするうちに1896年の大統領選挙戦が到来した。民主党の大統領候補者ネブラスカ出身36歳の W.J. Bryan は，不況と闘っている農民や労働者を熱烈

に支援し，国内に一大センセーションを巻き起こし共和党を脅かした。一方，共和党は William McKinley を立て，この攻撃に応戦するため下からの革命の脅威を煽動して，東部の資本の勢力を背景に富裕層の団結と支持とを求めた。Bryan は60万票の差でもって敗れたが（McKinley 7,112,138票，得票率51.7%，Bryan 6,510,807票，得票率46.7%），その得票数は1892年の当選者 Cleveland に約100万票もまさっていた[62]。このように，1896年の大統領選挙戦は，社会を水平的階層に横断する対立，すなわち「富者階級」と「下層中産者及び農民階級」の抗戦であった[63]。

　鉄道経営者が会計士監査を自発的に利用していった事実は，このような社会的背景の中で理解されなければならない。特に人民党が一貫して鉄道の公有公営政策を掲げたことである。このため鉄道経営者は，人民党や農民・労働者側の攻勢に対処する一手段として，自らコントロールできる範囲内において会計士監査を導入し，適正な会計・経理を実施していることの証明を通して経営者としての責任を遂行していることをアピールし一般大衆を鉄道に味方させることをねらったのである。職域の開拓を第一の目的としていた会計士は，明確化していく階級対立の中で資本の側の道具として利用されたのである。監査範囲の大幅な制約にもかかわらず，極めてわずかの例外を除いて会計士の発行する監査証明書がすべて無限定であったことは，このことを物語っている。

　そして鉄道経営者は，大衆感情を自らに引きつける手段としてのみ利用した会計士監査を，20世紀に入り，州際通商委員会の規制の強化を口実に容易に放棄していくのである。

　なお，人民党は Bryan の敗北とともに急速に衰退し，1898年と1900年の選挙に再び民主党と提携したが惨敗，その後10年もしないうちにその姿は永久に政治史上から消えてしまった[64]。

(4)　州際通商委員会の権限の強化と会計士監査の消滅

　州際通商委員会 (ICC) がすべての運輸会社に対して，あらかじめプリントした書込式報告書を提出させたことについてはすでに指摘した（22頁）。しかし，書込式報告書に示された各項目への記載は強制されたものではなく単に要請

されたにすぎず，また運輸会社の判断で適当に処理することができた。ICC が問題点に回答するよう要求しても，最高裁の見解は州際通商法に罰則や処分規定がないという理由で効果的とはならなかった。会社が情報の開示を拒否した場合，ICC は有効な手段をとることができなかったのである。

このため1906年の修正州際通商法（The Hepburn Act）は，統一会計分類を定める権限を ICC に付与するとともに，規則違反に対する ICC による罰則や処分執行命令等を規定し，さらに ICC の監査人（examiners）に運輸会社の計算書と諸記録を調査（inspection）する権限も付与した。ICC は1907年7月より鉄道の営業収入，営業費，資本的支出と収益的支出の分類基準の遵守を強制し，1915年までに州際通商法の管轄下にある会社の統一会計システムを設定した[65]。

1913年11月号の *The Journal of Accountancy* は，ある重要な鉄道会社が ICC の監視と監査を理由に会計士による監査を放棄したことを報じている。この時点では大手の鉄道と多くの中小鉄道は職業会計士による監査を継続していたという[66]。しかし，同誌の論説がこの問題を採り上げること自体，すでに鉄道会社の中には会計士監査を廃止する動きが現われつつあったと解することができよう。

1920年には ICC の視察権（visitorial power）はさらに強められ，ICC は，「すべての帳簿，記録，そしてメモ」（all accounts, records, and memoranda）のみならず「すべての文書，資料，通信文書」（all documents, papers, and all correspondence）をも調査することができるようになった[67]。Norfolk & Western Railroad は再建後の1897年6月31日に終了する第1期から PW の監査を導入していたが1922年度に廃止した。

The Atchison, Topeka and Santa Fe Railway は1932年4月28日の株主総会で会計監査人の選任に関する定款を改定し，1896年6月期より継続して採用してきた職業会計士による会計監査を廃止した。その理由について，社長は，「会社の帳簿及び諸記録は ICC の規定する方法及び様式で作成されており，また毎年 ICC の代理人や内国歳入局（The Bureau of Internal Revenue）によって検査されている。大手の鉄道会社（larger railroad）のほとんどは，もはや独立監査を受けていない。このような監査は意味のない費用だと信じている[68]」と述べている。

その時までに，ほとんどの大手の鉄道会社が職業会計士監査の慣習を放棄したことはまったくの事実（perfectly true）である[69]。そして，ICC 監査人による調査は，ICC 会計局長（director of the bureau of accounts of ICC）が証言しているように数年に1度しか実施されていなかったことも事実である（"As the accounting force available under the appropriations allowed the commission has other special duties to perform, it has not been possible to make these examinations oftener than once on several years."）[70]。1896年，97年頃から鉄道に対する職業会計士監査が「流行」（fashion）し，それは今世紀の曲り角には「慣行」（custom）となった程の勢いであったが，それも結局は「大流行」にすぎず，時の経過とともに消えていったのである。

30年後の1960年，Pennsylvania Railroad は，「会社は独立監査を導入すべきであり，独立監査人は株主総会に出席して株主の質問に答えるべきである」という数人の株主の提案を拒否した。その理由は，「当社は ICC の監査を受けており，また外部監査を導入すると約110,000ドルのコストを要するからである[71]」とのことであった。

◆注 ──────

1　A.S. Dewing, *Corporate Promotion And Reorganization*, Harvard University Press, 1924, p.12.

2　A.W. Currie, "British Attitudes Toward Investment in North American Railroads," *The Business History Review*, Summer, 1964, p.195, p.200.

3　尾上一雄「アメリカ資本主義発達史上におけるイギリス資本」『成城大学経済研究』，成城大学経済学会，第4号，昭和39年9月，133頁。

4　U.S. Department of Commerce, Foreign Investment in the United States, 1937, p.22. 石崎昭彦『アメリカ金融資本の成立』東京大学出版会，昭和50年，185頁。

5　石崎昭彦，前掲書，185頁。

6　A.W. Currie, *op. cit.*, pp.200-201.

7　石崎昭彦，前掲書，185頁。

8　C.K. Hobson, *The Export of Capital*, Constable and Co., Ltd., London, 1914, p.152.

9　*The Commercial & Financial Chronicle*, March 6, 1875, pp.243-244.

10　*The Commercial & Financial Chronicle*, November 21, 1874, pp.256-257.

11　田島惠兒「ポピュリズムの一考察―その経済的理解」『青山経済論集』，青山学院大学

経済学会，第 6 巻第 4 号，昭和33年 3 月，91-93頁。

12 *The Commercial & Financial Chronicle*, March 10, 1888, pp.322-326.

13 岡田　清「アメリカの鉄道政策史―州際通商法の成立とその後」全国通運連盟，2012年 1 月25日号。

14 Interstate Commerce Act, Section 20, Reports, records, and accouns of carriers, 1887.

15 ICC, *Second Annual Report of the Interstate Commerce Commission*, 1889, pp.264-369.

16 *The Commercial & Financial Chronicle*, September 7, 1895, p.397.

17 同社の1895年度 6 月30日終了年度（第16期）報告書。*The Commercial & Financial Chronicle*, September 7, 1895, p.426.

18 拙著『闘う　公認会計士―アメリカにおける150年の軌跡』中央経済社，2014年，2 - 4 頁。

19 J.T. Anyon, *Recollections of The Early Days of American Accountancy. 1883-1893*, Privately Printed, 1925, p.11.

20 尾上一雄，前掲稿，142頁。

21 A.W. Currie, *op. cit.*, p.208.

22 「*The Commercial & Financial Chronicle* は通常は控え目に形容するのだが，当社につい ては "a great industrial corporation" と呼んでいる」（A.S. Dewing, *op. cit.*, p.113)。

23 W.J. Schultz & M.R. Caine, *Financial Development of the United States*, Prentice -Hall, Inc., 1937, p.410.

24 K.L. Bryant, Jr., *History of The Atchison, Topeka And Santa Fe Railway*, McMillan Publishing Co., Inc., 1974, pp.163-168.

25 *The Commercial & Financial Chronicle*, April 28, 1894, pp.698-700.

26 *The Commercial & Financial Chronicle*, May 18, 1895, pp.885-886.

27 同誌は，イギリス流の株主総会で選任された独立監査人による監査の意義を認めなが ら も，アメリカでは株主が総会に出席せず委任状で総会が成立するので委任状を有する経営 者の意のままの監査人の選任となり独立監査の真の目的が失われてしまうこと，外部監査 といえども経営者の政策上の誤りや判断の誤りなどは対象とせず，また投資家が有価証券 を購入する際の判断の誤りも当然保護するものではないことなどについて 2 頁にわたって 解説し，独立監査が注目されつつある中でそれに対する誤ったあるいは過大な期待を戒め ている（*The Commercial & Financial Chronicle*, October 12, 1895, pp.635-637)。

その後，同年（1895年）12月 7 日号の論説では，10月12日号の大きな反響に応えて「独立 監査の限界」について論述，また，翌1896年 6 月27日号では，イギリスの Kingston Cotton Mill 事件の判決に疑問を投げかけている（*The Commercial & Financial Chronicle*, December 7, 1895, pp.988-990. June 27, 1896, pp.1160-1162)。

いずれもオピニオンリーダーとしてのクールな立場での解説である。

28 *The Commercial & Financial Chronicle*, December 12, 1896, pp.1040-1043.

29 *The Commercial & Financial Chronicle*, October 31, 1896, p.797.

30 *The Commercial & Financial Chronicle*, September 19, 1896, p.515.

31 *The Commercial & Financial Chronicle*, December 26, 1896, p.1162.

32 *The Commercial & Financial Chronicle*, December 26, 1896, p.1161.

33 *The Commercial & Financial Chronicle*, August 28, 1897, pp.369-370.

34 *The Commercial & Financial Chronicle*, September 11, 1897, p.470.

35 *The Commercial & Financial Chronicle*, October 2, 1897, pp.624-625.

36 *The Commercial & Financial Chronicle*, October 2, 1897, pp.628-631.

37 *The Commercial & Financial Chronicle*, October 9, 1897, p.683.

38 *The Commercial & Financial Chronicle*, October 23, 1897, pp.779-780.

39 *The Commercial & Financial Chronicle*, October 23, 1897, pp.781-782.
「ペンシルヴァニアの職業会計士を考える時，John Heins の名は際立っている」(Edward Ross, "Pennsylvania Institute of CPAs, Biographical Sketches," Papers read at Twenty -Fifth Anniversary Dinner, 1922. J.S. McAllister, *Fifty Years of the Pennsylvania Institute of CPAs*, 1949, p.9.)。

40 B.W. Marcus, Arthur Young & Co. からの私信，1981年 1 月15日付。

41 *The Commercial & Financial Chronicle*, October 9, 1897, p.649.

42 *The Commercial & Financial Chronicle*, December 3, 1898, pp.1163-1164.

43 *The Commercial & Financial Chronicle*, December 10, 1898, pp.1216-1219.

44 *The Commercial & Financial Chronicle*, January 13, 1900, p.183.

45 *The Commercial & Financial Chronicle*, April 3, 1900, pp.916-918.

46 以下の *The Commercial & Financial Chronicle* による。
April 15, 1899, p.720. September 9, 1899, pp.551-553. October 14, 1899, pp.806-807. November 4, 1899, p.953. March 10, 1900, p.478. September 21, 1900, p.670. October 20, 1900, p.814. November 3, 1900, p.908. Nobemver 15, 1902, pp.1099-1101.

47 *The Commercial & Financial Chronicle*, October 14, 1899, p.807.

48 *The Commercial & Financial Chronicle*, October 9, 1897, pp.670-678.

49 C.W, DeMond, *Price, Waterhouse & Co. In America, A History of a Public Accounting Firm*, New York, 1951, pp.32-33.

50 *The Commercial & Financial Chronicle*, October 9, 1897, pp.648-650.

51 *The Commercial & Financial Chronicle*, October 8, 1898, p.741.

52 *The Commercial & Financial Chronicle*, October 8, 1898, p.742.

53 C.W, DeMond, *op. cit.*, pp.28-33.

54 *The Commercial & Financial Chronicle*, July 10, 1897, p.98, January 20, 1900, p.152.
英国勅許会計士協会の機関紙 *The Accountant*（1899年 4 月 1 日号）は，「アメリカ人は profession と trade の本質的な相違を区別することができない。……会計士業務遂行のために有限責任会社を組織するなんてアメリカ以外では考えられない」と批判している (pp.361-362)。また，アメリカ人会計士 George Wilkinson は，過去数年の間に会計・監査を業とする会社が増加していることに対して，それらの会社は銀行家・商人・弁護士・保険会社の社長等人名録で目につく者を取締役に据え，彼らを通して監査会社に仕事をもたらしており，会計職を商業化するものだと批判している (George Wilkinson, "The CPA

第1章 鉄道会社の財務ディスクロージャーと職業会計士監査導入の真の理由 41

Movement and The Future of the Profession of Public Accountants in the USA," *The Accountant*, October 21, 1904, p.47)。

55 *The Journal of Accountancy*, Editorial, "Railways and Audits," April 1932, pp.243-246.

56 田島惠兒, 前掲稿, 99頁。

57 J.D. Hicks, *The Populist Revolt*, The University of Minnesota Press, 1931, pp.439-444. アメリカ学会訳編『原典アメリカ史』(第4巻), 1955年, 315頁。

58 C.A. ビアード著・斉藤 真・有賀 貞訳『アメリカ政党史』東京大学出版会, 昭和58年, 118頁。

59 東京大学アメリカ研究センター編『高木八尺著作集 第2巻アメリカ史II』東京大学出版会, 昭和46年, 88-95頁。ビアード著・松本重治ほか訳『新版アメリカ合衆国史』岩波書店, 昭和51年, 317頁。

60 Norman Pollack ed., *The Populist Mind*, The Bobbs-Merrill Co., Inc., Indianapolis, Chronology III.

61 田島惠兒, 前掲稿, 105頁。

62 C.A. ビアード著・松本重治ほか訳, 前掲書, 332-333頁。

63 東京大学アメリカ研究センター編, 前掲書, 93頁。

64 田島惠兒, 前掲稿, 107頁。

65 F.H. Dixon, *Railroads And Government, Their Relations In the U.S., 1910-1921*, Charles Scribner's Sons, 1922, pp.61-67.

66 *The Journal of Accountancy*, Editorial, "Railway Audits and the Interstate Commerce Commission," November 1913, pp.371-372.

67 F.H. Dixon, *op. cit.*, pp.304-305.

68 *The Journal of Accountancy*, Editorial, April 1932, p.243.

69 *Ibid.*, p.244.

70 Roger Burton, "Independent Audits for Investors," *The Journal of Accountancy*, August 1933, p.96.

71 *The Journal of Accountancy*, September 1960, p.37.

第2章

1900年頃までの製造会社の
財務ディスクロージャー

製造会社の株式を意味する"Industrials"という用語が使用されるのは1889年からであるが，それは1889年から1893年にかけての製造会社の合同と新たな株式会社の設立ゆえである[1]。例えば，本章で取り上げる以下のような製造会社はこの間に設立されている。なお，この企業合同運動過程における会計士の活躍については，拙著『アメリカ監査制度発達史』に詳しい[2]。

1889	American Cotton Oil Company
1890	American Tobacco Company
〃	National Linseed Oil Company
〃	National Starch Manufacturing Company
〃	National Cordage Company
〃	Procter & Gamble Company
1891	American Sugar Refining Company
〃	National Lead Company
〃	Westinghouse Electric & Manufacturing Company
〃	Pierre, Lorillard Company
1892	United States Rubber Company
〃	General Electric Company
1893	United States Leather Company

そして，著者の調査によると，ニューヨーク証券取引所上場会社のうち，1896年，1897年，1898年の36ヵ月間，*The Commercial & Financial Chronicle* の株式欄に毎日の高値・安値と1週間の売買高が示され取引が活発に行われて

いた株式（"Active Stocks"と名付けている）の発行会社はわずかに83社で，その内訳は次のとおりである。

鉄道（市電を含む）57社，運輸4社，石炭4社，ガス3社，鉱業1社，電信・電話3社，郵船1社，製造9社，その他1社，合計83社。

このうち製造業9社は，American Cotton Oil Co., American Tobacco Co., National Linseed Oil Co., American Sugar Refining Co., National Lead Co., United States Rubber Co., General Electric Co., United States Leather Co., Standard Rope & Twine Co. である。

本章は，次章以降で取り上げる General Electric Co. を除く8社すべてとその他の製造会社の年次報告書に見られる1900年頃までの財務ディスクロージャーと監査の状況について検討する。

American Cotton Oil Company

製造業時代の幕あけの中で積極的な財務公開を実施していた会社に American Cotton Oil Company がある。

(1) American Cotton Oil Trust — 1888年（明治31年）

まず，当社の前身の American Cotton Oil Trust について見よう。

同トラストは1884年に設立され，そのトラスト証券（trust certificates）は1886年5月よりニューヨーク証券取引所の「非上場証券部門」（1885年設置）で取引された[3]。同トラストは早くも1886年，アメリカで初の「連結財務諸表」（consolidated accounts）を作成したといわれている[4]。1888年（明治31年）8月4日号の *The Commercial & Financial Chronicle* は，次のように伝えた[5]。

「American Cotton Oil Trust の年次総会は，今週，Broadway 45番地の信託管理事務所において多くのトラスト証券保有者の出席のもとに開催された。社長 J.H. Flagler は年次報告書を読み上げ（傍点著者），トラストを構成している各社の報告書に基づき将来の明るい見通しを述べた。今後もパンフ

レット型の報告書（pamphlet reports）は発行されないであろうが，社長の陳述から以下の情報が得られた。

　綿実種（cotton seed）は豊作で収穫時期は早まることが予想され，種子を購入するために莫大な資金が必要とされるので今年度の配当は見送る決定をした。当トラストによって支配されている工場は163社であるが，トラストに参加していない南部の会社が約40社ある。発行されているすべてのトラスト証券は合計＄42,185,228で，これは昨年と同額である。新しい証券を発行せずに事業を展開すること，そして経費を節約することが経営方針である。

　財務情報は以下のとおりである。

純利益（net earnings）	＄2,371,376
控除　機械類の改善及び修繕に係る費用	350,931
当期純利益（net profit for the year）	＄2,020,445

(2)　第 1 期 ― 良好な財務ディスクロージャー

American Cotton Oil Company は American Cotton Oil Trust を再編し1889年10月12日ニュージャージー州法人として設立された。1890年11月 6 日に開催された第 1 期（1889年 9 月 1 日～1890年 8 月31日）株主総会において示された主な事項は，以下のとおりである[6]。

　①　発行済株式資本金

普通株（210,920株，1 株＄100）		＄21,092,000
優先株（授権株式数150,000株，1 株＄100）	＄15,000,000	
優先株（未発行）	4,363,700	
優先株（6 ％，非累積的）		10,636,300
資本金合計		＄31,728,300

　②　当社は1890年 5 月までは積極的な事業活動を行わなかった。以下は，当社と関係会社（the companies in which this company is interested）の製造等に係る純利益等である。

1889年8月31日までの累積純利益（公式報告済）		$ 5,698,685
控除：前期以前の修正		
商品等減耗損	$ 748,984	
未決勘定	371,796	
過去18ヵ月間の特別費用		
（創立費，訴訟関係費等）	195,075	
少数株主への配当金	13,921	1,329,777
累積純利益		$ 4,368,907
すべての会社の1890年8月31日終了年度の損失		411,576
1890年8月31日現在の累積純利益		$ 3,957,331

③　当社と関係会社の資産及び負債（1890年8月31日現在）は，以下のとおりである。

支払手形・買掛金等流動負債合計		$ 3,835,810
控除　現金	$ 608,794	
現金性資産	1,388,856	1,997,651
純流動負債（Net floating debt）		$ 1,838,159

④　利益（現金）の処分と資金調達（1890年8月31日まで）

1890年8月31日現在の累積純利益	$ 3,957,331	
支払手形・買掛金等負債合計	3,835,810	
現金調達合計		$ 7,793,141
現金及び現金性資産	$ 1,997,651	
市場性ある棚卸資産	2,479,909	
株式資本金のへ追加	3,315,580	$ 7,793,141

そして，社長は次のようにいう。

「上の1890年8月31日現在の累積純利益 $ 3,957,331 は社債発行時の同年6月30日の残高より少ないが，それは，在庫の商品をより保守的に評価し，夏季休暇期に工場を修繕し，流動負債に係る利息や一般管理費を支払ったからである。

この1年間に機械等の修繕費 $ 274,279 と建物の修繕費 $ 65,613合計

＄339,892を製造費用として処理したが，<u>これは，これらの資産に係る通常の減価償却費と相殺（offset）されるものと考えられる</u>〔下線部分は修繕費や維持費が減価償却費に代替するという考えであり，当時の支配的な見解である〕。プラントの建設，工場の拡大，新機械の購入等に＄1,096,512が支出された。

　また，各種の資産の状態と価値を決定するために，著名かつ有能な専門家による周到な監査・鑑定システム（a thorough system of examination and appraisement by well-known and competent experts）を導入した。これにより信頼しうるデータを提供することができる。

　当社及び関係会社の当年度の売上高（the volume of business）は＄23,750,000である。貸倒損失はわずかに＄38,995で，売上高＄1,000に対して＄1.64（0.164％）である。

　社債＄4,000,000を発行し4回に分割して販売されるが，すでに2回の入金が完了している。

　取締役会は，簡素化（simplification）の観点から工場をより徹底して統合すること，費用の削減を図ること，経営の効率性を高めること，営業成績を一層改善することの必要性を十分に認識している。これまでは財務問題が障害となっていたが状況が改善されてきたので，これらの方針を積極的に実行する所存である。」

1890年当時の財務ディスクロージャーとしては良好である。

(3)　第2期 — 完璧な報告書

第2期（1890年9月1日～1891年8月31日）報告書は1891年11月5日に開催された株主総会の決議により<u>すべての</u>株主に送付されたが，それは，*The Commercial & Financial Chronicle* をして「当社の財産，財政状態，経営成績に関する完璧な報告書（full report）[7]」といわせるほどのもので，同誌も4頁にわたって紹介した[8]。

　取締役会議長 E.D. Adams は，2年前の会社設立以降の経過，財務問題を処理するために銀行による経営への参画，会社の状況を最大限伝えるという方針に準拠してそれまでに株主に配布したステートメントについての概要（第1期

報告書やニューヨーク証券取引所上場申請書等），社債・優先株・普通株の発行状況とその内容（社債については償還日と利息，無担保社債であること），事業の概況（製品の内容，経営陣，所有機械の種類，製造工場名）等について説明した。

　また，不動産・建物等の鑑定評価は以下のように慎重に行われたという。土地及び建物については，まず各地区の最も著名な不動産エージェントや16州の保険会社の専門家等が鑑定し，次に所在地の銀行の責任者または公平な立場にある者が再鑑定する。機械装置については会社の専門家が鑑定評価する。最終的にはこれらの報告を各地区の責任者（Supervisor と General Manager）が監査（examination）する。その結果，有形固定資産の評価額は＄9,845,598.27，全資産の現金評価額（cash market value）は＄15,773,936.73である。

　そして，「資本運用計算書」(Statement of Capitalization)，「利益計算書」(Statement of Profits)，「損益勘定残高」(Balance of Profit and Loss Account)の３つの財務諸表を開示した。

1891年8月31日現在の資本運用計算書

株式資本金―			
普通株	＄20,237,100.00		
優先株	10,198,600.00	＄30,435,700.00	
負債―			
無担保社債	＄4,000,000.00		
流動負債	443,215.32	4,443,215.32	＄34,878,915.32
不動産・建物・機械等			
（1890年12月1日の鑑定評価）		9,845,598.27	
預金	＄1,452,606.03		
受取手形及び売掛金	1,328,788.37		
市場性ある棚卸資産*	3,146,944.06		
当座資産合計		5,928,338.46	
全資産現金評価額合計		＄15,773,936.73	
残高：営業権・契約・			
リース・パテント・ブランド等		19,104,978.59	＄34,878,915.32

　　＊　実地棚卸後に実現した価額はこの評価額を超過している。

このように，資本金と負債の合計額から実際に鑑定評価した有形固定資産と
当座資産（時価）の合計額（全資産現金評価額合計）を控除することにより，その
残高を「営業権・契約・リース・パテント・ブランド等」としている。つまり，
有形固定資産と当座資産を時価評価し，すでに発行している株式資本金と負債
の合計額とを比較することにより，株式資本金等が資産の時価を超過する分を
「営業権・契約・リース・パテント・ブランド等」としているのである。総資産
の55％を占める「営業権・契約・リース・パテント・ブランド等」は株式の
水割り発行の結果発生したのである。なお，「流動負債」（Current Liabilities）と
「当座資産」（Quick Assets）という用語の使用は1891年当時としては目新しい。
この資本運用計算書の開示は高く評価される。

1891年 8 月31日に終了する年度の利益計算書

当社及び関係会社の営業利益合計（製造費・販売費等控除後）	\$ 1,902,181.55
控除：管理費・エージェンシー費・社債利息等	579,187.47
当期純利益	\$ 1,322,994.08

1891年 8 月31日現在の損益勘定残高

1890年 8 月31日までの累積純利益〔46頁第 1 期〕	\$ 3,957,331.39
控除：資産の売却や社債発行費償却等	1,194,745.40
	\$ 2,762,585.99
当期純利益	1,322,994.08
1891年 8 月31日までの累積純利益	\$ 4,085,580.07

上の「資産の売却や社債発行費償却等」について，次のように説明している。
「1890年12月時点における鑑定評価により，会社によってはもはや資産
価値がないものをそのまま計上していたり，洪水や火災による損失を認識
していなかった事実が判明した。また，社債発行費については建設勘定への
振替や社債の償還期間である10年にわたって繰り延べることも検討したが，
一気に償却することが最善と判断した。」
そして，「株主にとって有益である」と判断する次頁のようなデータも開示
した。

当社及び関係会社の営業利益（支払利息及び本社経費を除く）

トラスト組織時点～1886年5月31日	$ 394,007.77
1887年5月31日終了年度（12ヵ月）	2,448,225.78
1888年5月31日終了年度（12ヵ月）	2,459,152.48
1889年8月31日終了年度（15ヵ月）	1,835,795.17
1890年8月31日終了年度（12ヵ月）	129,979.77
1891年8月31日終了年度（12ヵ月）	1,902,181.55

建物・機械等に係る維持費（大規模改善費も含む，製造経費に算入）

1887年5月31日終了年度（12ヵ月）	$ 191,669.75
1888年5月31日終了年度（12ヵ月）	350,931.71
1889年8月31日終了年度（15ヵ月）	488,964.71
1890年8月31日終了年度（12ヵ月）	339,892.96
1891年8月31日終了年度（12ヵ月）	379,521.33
合　計	$ 1,750,980.46

売上高と貸倒損失

	売上高*	貸倒損失	貸倒率（%）
トラスト組織時点～1887年5月31日	—	$ 33,944	—
1888年5月31日終了年度（12ヵ月）	—	34,676	—
1889年8月31日終了年度（15ヵ月）	$ 24,486,140	81,991	0.335
1890年8月31日終了年度（12ヵ月）	23,750,000	38,995	0.165
1891年8月31日終了年度（12ヵ月）	20,126,500	69,795	0.347

＊　一般の現金売上高であり，グループ会社間売上高は含まれていない。

　上の「売上高と貸倒損失」において1889年8月31日終了年度から3事業年度の売上高の明示とその売上高は「一般の現金売上高であり，グループ会社間売上高は含まれていない」との注記は高く評価される。また，貸倒損失の状況を売上高と対比させている情報も先進的である。

　そして，取締役会議長はこれまでの歴史を振り返り，当社の現状は最高の状況にあると誇った（The commercial and financial standing of this Company is now ranked among the highest.）。

最後に，取締役会メンバーや役員，工場責任者も紹介しているが，この中には全国を巡回する 3 名の（内部）監査人（travelling auditors）も含まれている。

The Commercial & Financial Chronicle によると，この第 2 期報告書は高い評価（much favorable comment）を得たという[9]。

(4)　第 3 期 ─ 3 つの財務諸表

The Commercial & Financial Chronicle に掲載された第 3 期（1891年 9 月 1 日～1892年 8 月31日）報告書は， 2 日前の1892年11月 3 日に開催された株主総会で配布されたものそのもの（in full）である[10]。同誌 4 頁にわたる取締役会議長 E.D. Adams による株主宛報告は，以下のとおりである。

① 　優先株に対する配当を初めて実施し，また社債償還のための減債基金を設定した。これらは好業績を達成したからである。

② 　優先株の授権株式＄14,562,300のうち＄4,363,700〔未発行分，45頁〕を発行する場合には取締役15人のうち12人の同意が必要である（1890年 9 月 9 日付の社債権者を代表する銀行団との契約による）。また，増資する場合には株主の 3 分の 2 の同意が必要である。

③ 　社債の発行と償還，利息の支払について説明し，1900年11月 1 日償還予定の社債＄4,000,000に対する減債基金として＄551,000を利益処分により繰り入れた。そして，今年度以降 9 年間の詳細な償還計画を明示した。

④ 　製造設備等に係る維持費＄512,544.83を営業費に計上した。

⑤ 　不動産・建物・機械装置等の1890年12月 1 日現在の鑑定評価額は＄9,845,598.27（48頁），同様な資産に対する最近の（1892年 8 月31日）鑑定評価額は＄9,567,531.03で大きな変動はない〔再鑑定は高く評価される〕。

続いて，以下のような 3 つの財務諸表を掲載した。なお，以下の計算書は1890年12月当時の鑑定と今年度の再鑑定そして1892年 8 月31日までのすべての変動を考慮したものであるという。

比較資本・負債・資産計算書（1892年8月31日）

	1892.8.31	1891.8.31	増　減
株式資本金：	$	$	$
普通株	20,237,100.00	20,237,100.00	
優先株	10,198,600.00	10,198,600.00	
合計	30,435,700.00	30,435,700.00	
無担保社債	3,790,000.00	4,000,000.00	210,000.00（減）
流動負債：			
買掛金	454,249.94	416,548.66	37,701.28（増）
未払社債利息	25,266.66	26,666.66	1,400.00（減）
未払配当金	152,979.00	—	152,979.00（増）
	632,495.60	443,215.32	189,280.28（増）
合　計	34,858,195.60	34,878,915.32	20,719.72（減）
不動産・建物・機械等			
（1890.12.1鑑定評価			
1892.8.31再鑑定）	9,567,531.03	9,845,598.27	278,067.24（減）
当座資産：			
預金	2,165,552.79	1,452,606.03	712,946.76（増）
受取手形及び売掛金	1,539,245.11	1,328,788.37	210,456.74（増）
市場性ある棚卸資産	3,408,541.09	3,146,944.06	261,597.03（増）
当座資産合計	7,113,338.99	5,928,338.46	1,185,000.53（増）
全資産現金評価額合計	16,680,870.02	15,773,936.73	906,933.29（増）
残高：営業権・契約・			
リース・パテント・			
ブランド等	18,177,325.58	19,104,978.59	927,653.01（減）
合　計	34,858,195.60	34,878,915.32	20,719.72（減）

　前期の「資本運用計算書」から「資本・負債・資産計算書」（Statement of Capitalization, Liabilities and Assets）と名称が変わった。そして，1892年当時における前期比較形式の報告は高く評価される。

利益計算書

	1892年度	1891年度
当社及び関係会社の営業利益合計 （製造費・営業費・維持修繕費・ 　貸倒損失控除後）	$ 2,527,698.57	$ 1,902,181.55
控除—		
管理費・エージェンシー費	$　225,920.33	$　174,918.48
社債利息年 8 ％	318,600.00	266,666.66
その他利息	70,704.82	137,602.33
オイルタンク車減価償却基金繰入額	37,500.00	—
社債償還差損	21,000.00	—
	$　673,725.15	$　579,187.47
当期純利益	$ 1,853,973.42	$ 1,322,994.08

　第 2 の財務諸表である「利益計算書」（Statement of Profits）も，前期との比較形式で開示された。「当社及び関係会社の営業利益合計」から「管理費等」を控除し「当期純利益」を算出する表示方法は前期と同様であるが，前期の「管理費・エージェンシー費・社債利息等」 1 項目が「管理費・エージェンシー費」「社債利息」「その他費用」の 3 項目に区分表示され，「オイルタンク車減価償却基金繰入額」と「社債償還差損」も新たに加わり，かなり改善された。

　そして，純利益の処分に関する取締役会の「方針」（Policy）を以下のように明らかにした。

・設備資産は最高の効率性を発揮できるように維持されなければならない。

・事業の成長のための現金性運転資本（cash working capital）の拡充は収益を源泉としなければならない。

・社債償還のために適切な準備がなされなければならない。

・配当は上の目的達成のための準備がなされた後に現金の状況を考慮して剰余金から支払われなければならない。

この方針は1892年11月 3 日に開催された株主総会において全員により承認されたという。

第 3 の財務諸表である「総合損益勘定残高」（Balance of General Profit and Loss Account）は，以下のとおりである。

総合損益勘定残高

1891年 8 月31日現在残高〔49頁〕		$ 4,085,580.07
当期純利益		1,853,973.42
		$ 5,939,553.49
控除―		
資産売却・除却	$ 58,620.70	
優先株配当金 3 ％（1892. 6 . 1 支払）	305,958.00	
優先株配当金 6 ％（1892. 6 . 1 ～ 8 .31）	152,979.00	
少数株主への配当金	3,405.00	520,962.70
残高（1892年 8 月31日）		$ 5,418,590.79

　総合損益勘定残高はいわば「剰余金処分計算書」であるが，当時多くの会社はこれを「損益勘定残高」（Balance of Profit and Loss Account）と呼んでいた。

　さらに，1886年 5 月31日終了年度から1892年 8 月31日終了年度まで 7 事業年度の「当社及び関係会社の営業利益合計」，同期間の「建物・機械等に係る維持費」，同期間の「売上高と貸倒損失」も継続して開示された（50頁）。

　最後に，議長は「今日，当社は全米製造会社の偉大なる 1 つ（one of the great national industries）である」と結んだ。

(5)　第 4 期 ― 3 期間比較財務諸表

　第 4 期（1892年 9 月 1 日～1893年 8 月31日）報告書も，「当社の年次報告書は，他のほとんどの製造会社に比べ情報量においてもその内容においてもはるかに優っている。この報告書は，American Sugar や National Lead, American Tobacco 等を含む他のすべての会社が何をすべきかを教えている（In fact, the issuing of this report shows what might be done by American Sugar, National Lead, American Tobacco, and all the others.）[11]」と言わせるほどであった〔 3 社については後述する〕。

その第 4 期報告書において[12]，取締役会議長 E.D. Adams は，まず，資本金と社債の現状，株主数（1892年の1,320人から1893年は1,760人）〔当時は株主数も一切明らかにされていなかったので，この点も評価される〕，社債の償還と詳細な減債基金計画について説明した。

次に，建物等の新設に係る支出（$ 953,827.73）を「永久投資」（Permanent Investment）勘定に計上し，維持・修繕に係る支出（$ 527,581.73）を費用処理したことを指摘した後，建設（construction）と費用（expenses）に係る処理方針について，次のように述べた。「生産能力（capacity）や生産高（output）の拡大をもたらす支出は有形固定資産または永久投資勘定に計上し，営業の便益や経済性に資するまたは生産物の品質を改善させるためのあるいは稼働設備等を第一級の状態に維持するための支出は営業費とする」〔この「資本的支出」と「収益的支出」の処理方針の明示も高く評価される〕。

そして，次のような「有形固定資産の評価」（Valuation of Properties）を示した。

当期中の建物等新設		$ 953,827.73
控除　不動産・建物・機械等売却	$ 110,510.21	
建物損壊・機械等除却損	23,182.30	133,692.51
当期中の資産現金価値増加額		$ 820,135.22
不動産・建物・機械等鑑定評価額		
（過去 2 度の鑑定評価による。		
1892.8.31現在〔51頁⑤〕）		9,567,531.03
不動産等〔比較資本・負債・資産計算書，57頁〕（1893.8.31)		$ 10,387,666.25

さらに，後に添付された「比較資本・負債・資産計算書」について，「<u>貸方（Credits）はいわば資本の調達，借方（Debits）は資本の運用であり</u>〔下線部分の説明は絶妙である〕，貸方合計金額から借方の当座資産（Quick Assets）と不動産・建物・機械等の有形固定資産（Tangible Assets）の合計金額を控除した残高が『営業権』（Good Will）である」と説明し〔営業権の算出方法は，第 2 期，第 3 期と同じ〕，以下のデータを示した。

	1891	1892	1893
全資産の現金評価額	45.2%	48%	50%
営業権勘定	54.8	52	50
資本合計	100%	100%	100%

　Adams議長は，1891年度においては営業権勘定が全資産の現金評価額を
＄3,331,041.86〔＄19,104,978.59－＄15,773,936.73，58頁〕上回っていたが，
1893年度は営業権勘定と製造設備資産及び当座資産への投資はほぼ同額
〔それぞれ＄17,664,677.88と＄17,485,311.43〕であることを紹介し，資産内容
が改善しつつあることを強調した。加えて，以下を示した。

当社グループの全資産現金評価額	
〔「比較資本・負債・資産計算書」参照，58頁〕	＄17,485,311.43
社債及びその他すべての負債	
〔＄3,566,000.00＋＄1,148,289.31，57頁〕	4,714,289.31
残高	＄12,771,022.12
このうち優先株相当分〔57頁〕	＄10,198,600.00
	＄ 2,572,422.12

　上の＄2,572,422.12は普通株に相当する資産現金評価額である〔普通株の
発行価額は＄20,237,100.00であるから＄17,664,677.88も水割りの状況にあり，
それを「営業権・契約・リース・パテント・ブランド等」として表示している（58頁）。
このデータは極めて貴重である〕。そして，資産の鑑定評価額は厳しく評価されて
いることに自信を持っているという。
　次に，最近急増しているヨーロッパ諸国との取引について詳細に説明して
いる。例えば，主たる輸出港としてニューオーリンズを選んだこと，ロッテル
ダムをヨーロッパの本拠地とする倉庫・施設等の建設計画，建造中の2隻の
蒸気汽船の概要，輸送会社としてHolland-American Cotton Oil Company
（資本金＄1,250,000）を設立する予定であること等々。また，火災保険や損害保
険に係る状況（当年度は受取損害保険金が＄39,368.18であることなど）についても
初めて紹介した。

第2章　1900年頃までの製造会社の財務ディスクロージャー　　57

　　第4期報告書の最大の特徴は，利益計算書と資本・負債・資産計算書を以下
のように3期間比較形式で開示したことである（開示項目は第3期と同じ）。

比較利益計算書

	1893	1892	1891
当社及び関係会社の営業利益			
合　計	$1,800,040.39	$2,527,698.57	$1,902,181.55
控除―			
管理費・エージェンシー費	220,992.83	225,920.33	174,918.48
社債利息等	301,706.67	318,600.00	266,666.66
その他利息	84,728.58	70,704.82	137,602.33
オイルタンク車等減価償却費	25,000.00	37,500.00	―
社債償還差損	20,504.48	21,000.00	―
当期純利益	$1,147,107.83	$1,853,973.42	$1,322,994.08

比較資本・負債・資産計算書

	1893.8.31	1892.8.31	1891.8.31
株式資本金：	$	$	$
普通株	20,237,100.00	20,237,100.00	20,237,100.00
優先株	10,198,600.00	10,198,600.00	10,198,600.00
合計	30,435,700.00	30,435,700.00	30,435,700.00
社債	3,566,000.00	3,790,000.00	4,000,000.00
	34,001,700.00	34,225,700.00	34,435,700.00
流動負債：			
支払手形	310,000.00	―	―
買掛金	661,536.98	454,249.94	416,548.66
未払社債利息	23,773.33	25,266.66	26,666.66
未払配当金	152,979.00	152,979.00	―
	1,148,289.31	632,495.60	443,215.32
合　計	35,149,989.31	34,858,195.60	34,878,915.32
資産：			
不動産・建物・機械等			
（1890.12.1鑑定，			
1892.8.31再鑑定）	10,387,666.25	9,567,531.03	9,845,598.27

預金	671,395.50	2,165,552.79	1,452,606.03
受取手形及び売掛金	2,046,490.83	1,539,245.11	1,328,788.37
市場性ある棚卸資産	4,379,758.85	3,408,541.09	3,146,944.06
当座資産合計	7,097,645.18	7,113,338.99	5,928,338.46
全資産現金評価額合計	17,485,311.43	16,680,870.02	15,773,936.73
残高：営業権・契約・ リース・パテント・ ブランド等	17,664,677.88	18,177,325.58	19,104,978.59
合　計	35,149,989.31	34,858,195.60	34,878,915.32

また，剰余金計算書である総合損益勘定残高は，以下のとおりである。

総合損益勘定残高

総合損益勘定残高（1892年8月31日現在）		$5,418,590.79
純利益（1893年8月31日終了年度）		1,147,107.83
		$6,565,698.62
控除―		
売却等資産の再評価による減価償却費不足	$ 23,182.30	
優先株配当金3％（1892.12.1）	305,958.00	
優先株配当金3％（1893.6.1）	305,958.00	
少数株主配当金	4,258.13	639,356.43
残高（1893年8月31日）		$5,926,342.19

　そして，1886年5月31日終了年度（50頁）から1893年8月31日終了年度までの8期間の「当社及び関係会社の営業利益合計」，7期間の「建物・機械に係る維持費」，7期間の「売上高と貸倒損失」も継続して開示した。また，Adams議長は「当期間中，お客様（the public）は当社製品に＄23,247,600を払ってくださった」と述べ〔当期売上高の指摘である〕，通貨危機（currency crisis）により当社が全米に開設している83の預金口座において＄7,000の損失が発生したことも指摘した。

　ところで，議長の以下の陳述は極めて興味深い。「前半の8ヵ月間は好調であったが，後半の4ヵ月（5月～8月）は景気後退により，主力製品の価格はおよそ40％も下落，年度末の8月31日の市場価格はこれまでの最低を記録した。

そこで，当年度の計算書を「化粧する」（"making up"）こととし，在庫の評価に際しては，取得原価が市場価額を下回った時は取得原価で評価するという確立された実務を採用した（These depressed quotations were adopted in making up the accounts for the year, pursuant *to the established practice of taking stock at cost when it is below the market price.*）。」

これは議長の正直な陳述ではあるが，保守的な評価に反するこのような会計処理はこれまでの当社の基本姿勢と矛盾する。しかし，このような評価方法が「確立された実務」との指摘は首肯できる。それは，1893年大不況に直面した全米の多くの会社が採用した実務と考えられるからである。

(6)　第 5 期 ― かなり後退

第 5 期（1893年 9 月 1 日～1894年 8 月31日）報告書についても，「当社は広範囲な年次報告書を提出している製造会社であるが，この業界では稀な（rare）ことである。当年度はどの産業にとっても不運な年（the late year was not a favorable period）であったが，当社の報告書はその結果をいつものように率直かつ正直な（frank and straight）方法で示している[13]」と称えられている。

取締役会議長 E.D. Adams は，「当年度は全米が厳しい不況下にあったが，当社は修繕費（repairs）を費用処理するという確立した方針を変更することなく利益を確保することができ，いつものように優先株に対して 6 ％の配当を実施することができた（下線筆者)」と胸を張った。下線部分については，他社が修繕費を資本的支出として利益を膨らませている状況と当社は異なることを強調している。そして，以下について報告した[14]。

資本金の現状，社債の償還，株主の増加（1893年の1,760人から1894年は1,864人），製造設備等の新設に＄773,497.48が支出されたこと，最近の再評価〔創立以来 2 年ごとに実施し 3 回目〕により製造設備等は＄11,161,163.73であること，当座資産は＄7,033,499.11，維持・改善費（cost of maintenance and improvement）＄432,987.77を営業費処理したこと，製造設備は担保に供されていないこと，年間の火災保険料は＄113,852.25，当期中に火災による損失＄3,759.70と海上事故による損失＄15,545.16が発生したこと。

次に，過去4年間に有形固定資産勘定が＄2,420,726.11増加し社債が＄674,000減少したことなどにより，営業権勘定が＄1,499,010.69減少したこと，その結果，以下が示すように全資産現金評価額が営業権勘定を上回り財政が改善されたと報告した〔水抜きが進んだこと〕。

	1891	1892	1893	1894
全資産現金評価額	45.2%	48%	50%	50.8%
営業権勘定	54.8	52	50	49.2
資本合計	100.0%	100%	100%	100.0%

また，運転資本として以下を示した。

現金及び売掛金（すべて健全なもの，流動負債控除後）	＄　925,255.75
製品及び原材料（すべて市場性あるもの）	4,069,312.62
純運転資本合計	＄4,994,568.37

　3つの財務諸表である資本・負債・資産計算書と利益計算書それに総合損益勘定残高は当期も開示されたが，前二者の3期間比較形式は変更され当該年度のみのデータに終わった。そして，第2期以降開示されていた5～8事業年度に係る「当社及び関係会社の営業利益合計」「建物・機械に係る維持費」「現金売上高と貸倒損失」の重要なデータ（50頁）も省略されてしまった。かろうじて，Adams議長により「大衆への売上（sales to the public）は＄23,879,400で，このうち不良債権として損失処理したのは1,000分の264，＄63,250である」とのみ指摘された。上述したように，*The Commercial & Financial Chronicle* は当該年度の報告書の情報開示を称えているが，財務ディスクロージャーはかなり後退した。

　一方で，興味ある説明は，次のような会計監査（Audit of Accounts）についてである。

　「監査は当社のすべての業務について年2回予告なしに異なる監査人によって行われる。5人の巡回監査人（travelling auditors）がこれに従事し，彼らは監査結果を主任監査人（Chief Auditor）に内密に報告する（傍点著者）。巡回監査人は長年この業務に従事しているエキスパートであり，製造や財務

を含む各部門からの報告書をチェックすることにより早期に誤りを発見することができる。そして，主任監査人と彼の下にいる経験を積んだ会計士（Accountants）は，これらの報告書を統計部門や財務部門，保険部門，販売部門等の記録と照合する。

コントローラーは副社長でありかつ〔取締役会に設置されている〕財務委員会の事務局長（Secretary）でもあるが，彼はこれらの監査の状況を全般的に監督し財務委員会へ直接報告する。コントローラーはまた『永久投資』と『製造費』（Permanent Investment and Manufacturing Expense Accounts）の適切な配分（apportionment）の責任者でもある（55頁）。

現金収入及び現金支出に責任を負う各役員は自らの義務を忠実に遂行することを約束するために，所有する社債を提供しなければならない。提供されている社債は現在177口＄1,287,500でコントローラーが保管している。

財務部門（Treasury Department）は，監査人（auditors）の監査を受けるとともに財務委員会の監督下にもある。監査人と財務委員会メンバーによる現金・株式・その他有価証券・受取手形とその割引等についての監査結果はコントローラーによって再度検証された後，取締役会に提出される。

さほど重要でない誤りや不正が時々発見されるが直ちに修正されるので会社の利益は守られている。このようなシステムは当社のビジネスにとって有効であるのみならず株主保護のためにもベストであると信じている。取締役会はここに提出された会計計算書の正確性と完全性（accuracy and completeness）を確信している。」

このように当社の会計監査システムを紹介しているが，外部監査人の利用についての指摘はまったく見られない。

最後に，Adams は，製品の販売量は前年比23％，売上高は2.75％増加したこと，不況下でも財政は安定していること，ヨーロッパへの輸出船 "Aco" も順調に船出したことなどを伝えた。ただし，社長の株主への報告はこれまでは *The Commercial & Financial Chronicle* 4頁にわたっていたが，第5期は2頁に縮小された。

(7) 第 6 期 ― 株主総会の15日前に年次報告書を配布

American Cotton Oil Co. の年次報告書は設立時（1889年10月12日）の内規（bylaws）に従って毎年度の株主総会に提示されたが，第 6 期（1894年 9 月1 日〜1895年 8 月31日）報告書は，「ニューヨーク証券取引所上場会社の年次報告書は株主総会の少なくとも15日前までに株主に配付されなければならない」との同取引所の勧告（734頁）に従って事前に株主に配付されたという[15]。

そして，Adams 議長は，株主が年次報告書を読む時間を十分に持てるように株主総会を12月の第 1 木曜日に変更したこと，不況により今期も大きな影響を受けたが当社の純利益（＄831,671）は前期（＄696,297）を上回り，優先株配当金を支払い，なお＄201,780の剰余金を生んだことを指摘した。

また，資本金と社債について簡単に触れたのち，製造設備と輸送設備の新設（＄120,218.12），不動産・建物等の売却（帳簿価額＄40,164.83）と売却損（＄16,749.80），輸送施設の減価償却費（＄59,102.15），維持費（＄339,578.20）は前期に比し＄93,409.57減少したこと，第 4 期で説明した「資本的支出」と「収益的支出」の区別の基準（55頁），30両のオイルタンク車の取得（＄564,508.38），製造設備のリスト（Crude Oil 70工場等），すべての製造設備は担保等に供されていないこと，当期純利益＄831,671.18のうち優先株配当金に＄611,916を充てたこと，大衆への売上（sales to the public）は＄21,096,821で，このうち不良債権として損失処理したのは0.21％，＄48,757であることなどについて報告した。

しかし，社長報告は前期より簡略化され，株主数，付保状況，会計監査等の説明は省略されて *The Commercial & Financial Chronicle* 1 頁半に縮小した[16]。

財務諸表はこれまでと同様，資本・負債・資産計算書と利益計算書それに総合損益勘定残高の 3 つを開示し，前二者については 2 期間比較形式へと復活した（開示項目はこれまでどおり）。しかしながら，数事業年度に係る当社及び関係会社の営業利益合計，建物・機械に係る維持費，現金売上高と貸倒損失の重要なデータは前年度に続いて開示されなかった。

(8) 第 7 期 〜 第 8 期 ― 大きく後退

第 7 期（1895年 9 月 1 日〜1896年 8 月31日）報告書は，*The Commercial & Financial Chronicle* 1 頁へと縮小された[17]。そして，以下の点に財務ディスクロージャーの大きな後退が見られる。

まず第 1 に，これまでの財務諸表は資本・負債・資産計算書と利益計算書それに総合損益勘定残高の 3 表であったが，このうち当該年度の利益計算書（57頁）が総合損益勘定残高と統合され「総合損益計算書」（General Profit and Loss Account）となり〔3 表から 2 表へ〕，前期まで個別に表示されていた「管理費・エージェンシー費」「社債利息」「その他利息」「オイルタンク車等減価償却費」の 4 項目が 1 項目にまとめられてしまったのである。その結果の総合損益計算書は，以下のとおりである。

総合損益計算書（1896年 8 月31日）

1895年 8 月31日現在残高		$6,184,739.75
1896年 8 月31日終了年度営業利益	$886,431.32	
控除：		
管理費・エージェンシー費，		
社債利息，その他利息，		
オイルタンク車等減価償却費，		
少数株主への配当金	551,632.22	334,799.10
		6,519,538.85
控除：		
No. 8 優先株配当金1895.12. 1, 3 %	$305,958.00	
No. 9 優先株配当金1896. 6. 1, 3 %	305,958.00	611,916.00
1896年 8 月31日残高		$5,907,622.85

このように総合損益計算書は「損益及び剰余金計算書」であり，上の$334,799.10は「当期純利益」を意味する。

第 2 の問題点は，「売上高」の指摘が消えてしまったことである。すでに紹介したように，第 2 期（1891年 8 月31日終了年度）において直近 3 事業年度〔トラスト時代 1 期を含む〕の「売上高（グループ会社間売上は含まず）と貸倒損失」

が開示され、それは、第3期は4事業年度の、第4期は5事業年度のと継続したが、第5期には省略されてしまった。それでも、議長は、「大衆への売上（sales to the public）は＄23,879,400で、このうち不良債権として損失処理したのは1,000分の264、＄63,250である」と指摘した（60頁）。第6期にも議長による同様な指摘が見られた（62頁）。ところが、Adams に代わり今期から取締役会議長に就任した G.A. Morrison は、「前例を見ない状況にもかかわらず、不良債権の損失処理は1％の4分の1以下にすぎない」とのみ報告し、売上高についてはまったく触れず貸倒損失についても具体的数値を示さなかった。

第3に、資本・負債・資産計算書（開示項目はこれまでと同じ資本2項目・負債4〜5項目、資産5項目、57頁）は、前期に復活した比較形式は再び消え、単年度のみの表示に終わってしまった。

ただし、以下のような「活動運転資本」（Active Working Capital）が第5期（1894年8月31日終了年度）以来復活した。

1896年8月31日現在預金	＄1,572,822.82
受取手形及び売掛金（流動負債控除後）	379,804.00
市場性ある製品・原材料・貯蔵品	2,581,861.35
運転資本合計	＄4,534,488.17

そして、Morrison は、「すべての製造会社に影響を与えている避けられないビジネスの傾向は、大規模化、利益率の低下ならびに競争の激化（increasing competition）である。このような状況に適切に対処し世界の市場でわが社のポジションを維持するために、我々取締役は強力な方策と経営の効率化を推進する」と述べた。

第8期（1896年9月1日〜1897年8月31日）報告書は、*The Commercial & Financial Chronicle* 1頁の4分の3のスペースに後退した[18]。そこでは、これまで継続して説明されてきた新設の製造設備等の金額、維持費の金額とその営業費処理等の指摘は省略され、わずかに、すべての製造設備は担保に提供されていないこと、支払手形はないこと、不良債権の損失処理は売上高の0.3％以下であることが報告されたにすぎない。

資本・負債・資産計算書（開示項目はこれまでと同じ）と前期と同じ様式の総合損益計算書は開示された。

取締役会議長 G.A. Morrison は，今期は不況下にあり前例を見ないほどの製品価格の低下に苦しめられたが，一方で新しい販路の開拓もでき，貸借対照表が示すように支払手形や買掛金は存在せず，現金預金残高は大きく〔＄1,681,467.58〕，財務の強固さと高い信用（financial strength and high credit）は維持できていると述べた。

(9) 第9期 〜 第11期 — 回復せず

第9期（1897年9月1日〜1898年8月31日）報告書も，*The Commercial & Financial Chronicle* 1頁である[19]。製造設備等の新設や改善に係る支出（＄397,863.56）は投資勘定に計上したこと及び維持費（＄372,949.56）は前期比＄64,428.11増加したが営業費処理したことの指摘は回復し，輸送船 "Aco" と不動産・建物・機械等の売却益（＄292,101.56）が発生したこと，製造設備は担保に提供されていないことなどについては報告されたが，不良債権の損失処理についての説明は消えた〔下線部分の経緯については64頁参照〕。そして，当期利益と社債利息及び配当金を示す以下のような「損益」（Profit and Loss）が開示された〔社債利息は費用，配当金は利益処分。これは後に続く「総合損益計算書」と重複している〕。

損　益

1898年度利益（総合損益計算書より）		＄1,559,661.55
控除　社債利息		245,440.00
純利益（Net Profits）		＄1,314,221.55
控除：		
優先株配当金6％	＄611,916.00	
普通株配当金3％	607,113.00	1,219,029.00
残高：当期純利益（Net profits for the year, 　総合損益計算書へ）		＄　95,192.55

運転資本は1898年 8 月31日現在＄4,809,350.42で，このうち＄1,845,905.11が預金，＄2,963,445.31が受取手形及び売掛金と棚卸資産である（64頁）。

資本・負債・資産計算書は単年度のみの開示である〔開示項目は同じであるが，比較形式はすでに紹介したように年度によって異なる〕。

総合損益計算書は，以下のとおりである。

総合損益計算書（1898年 8 月31日）

1897年 8 月31日残高			＄6,310,787.16
控除　未払優先株配当金			
（1897. 8 .31まで＄305,958－前期計上分＄152,979）			152,979.00
			＄6,157,808.16
1898年 8 月31日終了年度利益			
（製造及び営業に係るすべての費用，			
建物・機械等修繕費，不良債権損失，			
管理費・エージェンシー費，			
運送施設減価償却費，利息等控除後）	＄1,559,661.55		
控除―			
社債利息（ 8 ％）	＄245,440.00		
優先株配当金（ 6 ％）	611,916.00		
普通株配当金（ 3 ％，			
1898.12. 1 予定）	607,113.00	1,464,469.00	95,192.55
残高（1898年 8 月31日）			＄6,253,000.71

このように，第 2 期（1891年 8 月31日終了年度）以来表示されていた「当社及び関係会社の営業利益」と第 7 期に 1 項目にまとめられてしまった「管理費・エージェンシー費，その他利息，オイルタンク車等減価償却費，少数株主への配当金」（63頁）も省略され，「1898年 8 月31日終了年度利益」のみの表示となり，維持費（＄372,949.56）と固定資産売却益（＄292,101.56）を除くその他の損益データは一切明らかにされなかった。

G.A. Morrison 取締役会議長は，普通株に対する配当金は会社設立以来初めてであることを自慢し，また，当期は好況で売上げは前期に比し17.5％，販売量は27％も増加したことも報告したが，売上高の金額は示さなかった。

第 2 章　1900年頃までの製造会社の財務ディスクロージャー　　67

　第10期（1898年 9 月 1 日～1899年 8 月31日）報告書の構成・内容は，第 9 期報告書と同じである[20]。すなわち，資本金と社債の現状，設備・倉庫・研究所等への支出額（＄201,423.73），維持・修繕費（＄353,238.03）とその費用処理，有形固定資産は担保に供されていないことなどの指摘，原料の綿実（cotton seed）や会社の概況等についての説明，「損益」（65頁），運転資本，資本・負債・資産計算書と総合損益計算書の開示である。

　第11期（1899年 9 月 1 日～1900年 8 月31日）報告書も *The Commercial & Financial Chronicle* 1 頁である[21]。取締役会議長は，資本金（普通株＄20,237,100，優先株＄10,198,600）と無担保社債（当年度＄68,000を償還し現在は＄3,000,000，1900年11月から15年後償還，年利4.5％）について説明し，資産は担保に供されていないこと，社債を除き借入金及び支払手形はないこと，不動産・綿織機等については取得や増設（＄326,331.19）から不稼働資産の処分（＄228,875.52）を差し引き＄97,455.67増加したこと，維持・修繕費は＄326,078.38で費用処理したこと，すべての有形固定資産と完成品・原材料は保険の対象となっていること，運転資本＄4,828,571.49は銀行預金＄885,019.47と受取手形・売掛金・市場性ある棚卸資産＄3,943,552.02の合計であることを報告した。

　そして，以下の損益，資本・負債・資産計算書，総合損益計算書を開示した。

損　　益

当期利益		＄1,739,449.28
控除　社債利息		242,266.67
純利益		＄1,497,182.61
控除：		
優先株配当金	＄611,916.00	
普通株配当金	708,298.50	1,320,214.50
残高（総合損益計算書へ）		＄　176,968.11

資本・負債・資産計算書（1900年8月31日）

株式資本金：		
普通株	$ 20,237,100.00	
優先株	10,198,600.00	
合計	30,435,700.00	
社債	3,000,000.00	$ 33,435,700.00
流動負債：		
支払手形	None	
買掛金	$　　562,324.71	
未払社債利息	11,706.67	
未払優先株配当金（1900.12.1予定）	305,958.00	
未払普通株配当金（1900.12.1予定）	708,298.50	1,588,287.88
合計		$ 35,023,987.88
資産：		
不動産・建物・機械等		
（1892.8.31再評価と追加額）		$ 11,533,004.10
預金	$　　885,019.47	
受取手形及び売掛金	1,846,564.44	
市場性ある棚卸資産	3,685,275.46	
当座資産合計		6,416,859.37
全資産現金評価額合計		$ 17,949,863.47
残高：営業権・契約・		
リース・トレードマーク・		
パテント・ブランド等		17,074,124.41
合　計		$ 35,023,987.88

　資本・負債・資産計算書の様式と開示項目は第3期以降継続している（ただし，2～3期間比較形式は除く。57，62頁）。株式の水割りの結果である「営業権・契約・リース・トレードマーク・パテント・ブランド等」は，第2期（1891年8月31日終了年度）の$19,104,978.59から第11期は$17,074,124.41と$2,030,854.18減少したが，依然として総資産の49％を占めている。

1900年8月31日までの総合損益計算書

1899年8月31日残高			$ 6,443,744.21
不稼動資産売却に係る損失			99,966.92
			$ 6,343,777.29
1900年8月31日終了年度利益			
（製造及び営業に係るすべての費用，			
建物・機械等修繕費，不良債権損失，			
管理費等控除後）		$ 1,739,449.28	
控除―			
社債利息（8％）	$ 242,266.67		
優先株配当金（6％）	305,958.00		
優先株配当金（6％,			
1900.12.1 予定）	305,958.00		
普通株配当金（3.5%,			
1900.12.1 予定）	708,298.50	1,562,481.17	176,968.11
残高（1900年8月31日）			$ 6,520,745.40

　最後に，G.A. Morrison 議長は，社債$3,000,000の償還期間が1900年11月1日から15年間に延長されたことにより年間$105,000の社債利息が節約でき財政状態はますます強固になっていると結んだ。

〔小括〕

　American Cotton Oil Co. の年次報告書に見られる財務ディスクロージャーは，第2期より拡大し第4期（1893年8月31日終了年度）にはそのピークに達した。*The Commercial & Financial Chronicle* は絶賛した。第5期と第6期はかなり後退したが依然として良好なディスクロージャーであった。

　しかし，第7期（1896年8月31日終了年度）以降は大きく後退した〔それでも平均を上回るものである〕。その原因は何か？

　① 業績の悪化がその一因と思われる。表2－1が示すように，第5期は創立以来最大の売上高を記録し，第6期は「引き続く不況の中で販売価額が平均25％下落し売上高も減少した」が「優先株に対し十分な配当を実施しなお$201,780の剰余金を獲得することができた」（社長報告より。以下

同じ）。ところが，第7期に至ると「全米に浸透した深刻な経済不況のため，当社の最も重要な製品の価格は先例のないほど低下し」，その結果，営業利益は＄886,000，当期利益は＄334,000にとどまった。業績とディスクロージャーは密接な関係にあるといえる。

表2－1 American Cotton Oil Co. の業績

(単位：＄1,000)

	第1期 1890.8	第2期 1891.8	第3期 1892.8	第4期 1893.8	第5期 1894.8	第6期 1895.8	第7期 1896.8	第8期 1897.8	第9期 1898.8
売上高	23,750	20,126	20,263	23,247	23,879	21,069	—	—	—
営業利益	129	1,902	2,527	1,800	1,428	1,565	886	1,542	1,559
当期利益	—	1,322	1,853	1,147	696	831	334	1,015	1,314

② さらに注目される点は，第7期報告書で新取締役会議長 G.A. Morrison が「すべての製造会社に影響を与えている避けられないビジネスの傾向は，大規模化，利益率の低下ならびに競争の激化である」と指摘していることである。「競争の激化による利益率の低下」を理由に，売上高の指摘を省略し，従来どおり売上原価（製造原価）は示さず，管理費・エージェンシー費等も個別表示から一括表示に変更することにより損益情報の提供を拒否したのである。

③ 第7期において取締役会議長が E.D. Adams から G.A. Morrison に交代している点も指摘されなければならない。第1期の簡単な報告は社長 Jules Aldigé によるものであり，Adams は取締役に就任していなかった。第2期から第6期までの詳細な報告は Adams のリードによるものである。Adams は同社がトラストから会社組織に変更する際にその援助を求めた投資銀行の Winslow, Lanier & Co. から派遣された人物で[22]，その後の同社の発展に中心的役割を果たしている。ディスクロージャーの強制されない時代にあっての財務情報の公開は，いつに経営者の姿勢に負うところが大きい。

American Cotton Oil Co. の第1期（1890年8月31日終了年度）から第6期（1895年8月31日終了年度）までの良好な財務ディスクロージャーは，当時の

第2章　1900年頃までの製造会社の財務ディスクロージャー　　71

圧倒的な秘密主義の中で高く評価されなければならない。次章以降で検討する
1892年4月1日に創立された General Elecrtic Co. が American Cotton Oil
Co. の財務ディスクロージャーに大きな影響を受けたことは容易に想像できる。

2　The American Tobacco Company

　The American Tobacco Company は，いわゆる"タバコトラスト"から
1890年1月にニュージャージー州にて株式会社に組織変更された会社である。
その優先株は1890年からニューヨーク証券取引所に上場され，1900年にかけて
最も活発に取引されていた。

　1897年12月31日終了年度の株主宛報告書に見られる財務情報は，以下のとお
りである[23]。

当期純利益（すべての費用控除後）		$4,179,460.66
控除：優先株四半期配当金（2％）	$969,360.00	
仮株券（1896.5.1発行）利息（6％）	214,800.00	1,184,160.00
残高（剰余金勘定へ）		2,995,300.66
剰余金（1896年12月31日）		5,884,548.85
合計		$8,879,849.51
控除：普通株配当金（8％）		1,432,000.00
剰余金（1897年12月31日）		$7,447,849.51

財務諸表（1897年12月31日）

資　産

不動産・機械・設備等	$ 4,009,143.55	
葉タバコ・製品・その他	8,591,777.34	
外国会社の在庫	1,264,655.00	
現金	1,538,751.00	
受取手形及び売掛金	2,017,645.52	
パテント・トレードマーク・営業権等	24,867,263.91	
資産合計		$42,289,236.32

負　　債

株式資本金―普通株	$ 17,900,000.00	
優先株	11,935,000.00	
優先株仮株券	182,000.00	
	$ 30,017,000.00	
仮株券（1896年5月1日発行）	3,580,000.00	
優先株配当金準備金		
（1898.2.2予定）	$ 242,340.00	
普通株配当金準備金		
（1898.2.2予定）	358,000.00	
	$ 600,340.00	
仮株券未払利息	35,800.00	
未払費用等	206,900.10	
未払手数料	284,023.44	
広告基金	117,323.27	1,244,386.81
負債合計		$ 34,841,386.81
		$ 7,447,849.51
剰余金：		
1896年12月31日残高	$ 5,884,548.85	
加算1897年度分	1,563,300.66	$ 7,447,849.51

　損益については「純利益」と「配当金」それに期首及び期末の「剰余金」のみの表示であり，また，総資産の58.8%を占める「パテント・トレードマーク・営業権等」の内容も不明だが〔おそらく株式資本金の水割りの結果であろう〕，当時としては平均を上回る財務ディスクロージャーである。

3　National Linseed Oil Company

　National Linseed Oil Company は1890年4月イリノイ州で設立され，その株式は1890年10月よりニューヨーク証券取引所で取引されたが，同社の1891年6月30日に終了する年度の報告書は，次のようにいう[24]。

　「取締役会は当社の経営内容について詳細なステートメントを発行しない

ことが賢明だと判断した。マスコミ（Public Press）は我々のステートメント
を掲載するが，もし詳細な情報が競争相手に流れるならば当社は損失を被る。
そのことは我々の昨年の年次報告書が公にされるや新しい工場が作られ，そ
の結果競争が激しくなっていることをみても疑いない。」

このため，年次報告書は業界の一般的状況と「今年度は損失（＄20,469）で
配当金（＄720,000）を控除すると剰余金残高は＄453,293である」とのみ指摘し
たにすぎない。

会社のいう「昨年の年次報告書」とは1890年7月14日付のニューヨーク証券
取引所上場申請書（A-895）に掲載されたものと思われる[25]。そこでは，52工場
の所在地とそれらは3工場を除き担保に供せられていないこと，製品や原料の
紹介，業界全体の亜麻仁油と亜麻仁の固形油粕〔肥料や家畜の飼料〕の生産量
（約1,000万～1,300万ブッシェル），業界全体の売上高（約1,600万ドル），亜麻仁油
の全米年間平均消費量（約3,200万ガロン），当社の主力工場の状況等の指摘とと
もに，手許現金は買掛金や支払手形の決済に充てるのに十分であること，支払
手形は原料である亜麻の種子の購入のためであり，当社の必要とする亜麻の実
は600万～900万ブッシェルで1ブッシェル1.25ドルであること，その他の原料
は3～4ヵ月ごとに現金で購入されること，亜麻仁油と亜麻仁の固形油粕は
60～90日間の信用期間で取引されることなどが報告された。そして，1890年6
月30日現在の以下のような「財務諸表」（Financial Statement）を開示した。

資　　産

プラント投資及び設備		
（52工場の有形固定資産と		
トレードマーク・パテント・営業権を		
含む無形資産の取得に対し発行された		
株式額面価格合計）	＄16,802,481.47	
固定資産改良工事	270,481.49	
受取手形	322,557.38	
売掛金（このうち＄2,000,000は工場間の		
取引により買掛金と相殺される）	3,180,259.16	
現金	557,766.95	
棚卸資産	2,546,696.07	＄23,680,242.52

	負　債		
株式資本金		$18,000,000.00	
支払手形		2,085,329.19	
買掛金（このうち$2,000,000については			
売掛金と相殺される）		2,393,507.59	$22,478,836.78
資産超過高（12ヵ月間の純利益,			
資本金に対して6.67%）			$　1,201,405.74

　確かに，1890年（明治24年）当時における製造会社の貸借対照表の開示は稀である。そして，業界全体の生産量や売上高，製品の全米年間消費量，当社の原料の年間消費量や購入価格，若干の取引条件等は当時の他社の上場申請書には見られない情報である。とはいえ，これらの情報が他社の新工場の建設を促し競争を激化させたとは考えられないが，当社はステートメントの発行を拒否したのである。

　翌1892年7月31日終了年度の報告書は6ヵ月も遅れて1893年2月に発行された。ここでも収益や費用については一切触れず，開示されたのは貸借対照表のみで，*The Commercial & Financial Chronicle* は「極めて簡潔かつ要約された（brief and condensed）なステートメント[26]」と評している。

　1895年度報告書は，従来まったく明らかにしなかった損益について，「不良債権控除後総利益」から「販売費及び一般管理費」と「支払利息割引料」を控除して「純利益」を示した。また，直近3年間の修繕費も指摘した[27]。

　しかし，1896年度，97年度については，「例年の慣習と異なり当社は年次報告書を発行しなかった[28]。」

4　American Sugar Refining Company

　American Sugar Refining Company は，"シュガートラスト"（トラストの名称は1887年設立の Sugar Refineries Co.）から発展し1891年1月10日ニュージャージー州で設立された。同社は極めて「秘密的」な会社で，*The Commercial & Financial Chronicle* は，次のように伝える。

第2章　1900年頃までの製造会社の財務ディスクロージャー　75

　最初の株主総会は1892年1月13日 Jersey City で開かれたが，*The Commercial & Financial Chronicle* の要求にもかかわらず年次報告書を公開しなかった[29]。第1期末の株主は4,000人であった[30]。第2期株主総会は定足数を満たさず流会，年次報告書は発行されていない。第2期末の株主数は7,400人であった[31]。

　1894年9月12日，マサチューセッツ州最高法務官は，American Sugar Refining Co. が州の会社コミッショナー（Commissioner of Corporation）に財務報告書を届け出て罰金を支払うまで，同州での業務の停止を州最高裁に申請した[32]。1894年度株主総会は1895年1月9日開かれたが，出席した株主はたった4人であった。会社の財務に関するステートメントは一切発行されなかった[33]。

　1897年4月26日社長 T.A. Havemeyer が死去，後任に H.O. Havemeyer が就任した。社長の交代により会社内容の開示が注目されたが，1897年度株主総会も財務報告書は提出されず，マサチューセッツ州に届け出ざるを得なかった以下の貸借対照表のみが公にされたすべての財務データであった[34]。

貸借対照表（1897年12月31日）

資　産		負　債	
不動産等	\$ 37,691,872	資本金	\$ 73,936,000
現金・売掛金	25,582,503	債務	31,150,525
砂糖・原材料	22,489,384	準備金	11,024,890
他の会社への投資	30,347,656		
	\$ 116,111,415		\$ 116,111,415

　そして，このような簡易な貸借対照表のみの開示は，1898年度と1899年度も継続した[35]。

5　National Lead Company

　National Lead Company は1891年12月7日にニュージャージー州法人として設立された（前身は1887年設立の National Lead Trust）。1899年12月31日に

終了する第 8 期事業年度の株主総会は1900年 2 月15日に開催されたが，そこで
配布された株主宛報告書は，たて16.5cm よこ13cm の小型判（A 5 判のたて 5
cm よこ 2 cm を縮小したサイズ）を 1 頁とする11頁からなるものであった。11頁
といっても空白 2 頁，表紙 1 頁，商製品，取締役・役員，支店・倉庫所在地等
の紹介に 5 頁計 8 頁を費やし，残り 3 頁に以下の貸借対照表と前期比較貸借対
照表〔これは当時としては評価される〕，それに貸借対照表の内訳としての剰余金
勘定と配当金を示した。

貸借対照表（1899年12月30日現在）

資　産

プラント投資		23,476,673.60
その他投資		587,911.03
棚卸資産（完成品，仕掛品，原材料）		5,122,760.57
金庫株—普通株	94,600.00	
—優先株	96,000.00	190,600.00
預金		313,115.78
受取手形		198,618.54
売掛金		1,461,545.54
		＄31,351,225.06

負　債

株式資本金—普通株	15,000,000.00		
—優先株	15,000,000.00	30,000,000.00	
剰余金（1899年12月30日）		1,324,841.12	
抵当権設定債務（モーゲージ）		12,603.25	
買掛金		13,780.69	＄31,351,225.06

比較貸借対照表

資　産

	1898.12.31	1899.12.31	増加	減少
プラント投資	23,478,583.60	23,476,673.60	—	1,910.00
その他投資	230,990.02	587,911.03	356,921.01	—
棚卸資産	4,941,058.74	5,122,760.57	181,701.83	—
金庫株	190,600.00	190,600.00	—	—

			増加	減少
預金	555,060.89	313,115.78	—	241,945.11
受取手形	218,332.64	198,618.54	—	19,714.10
売掛金	1,578,679.30	1,461,545.54	—	117,133.76
	$ 31,193,305.19	$ 31,351,225.06	$ 538,622.84	$ 380,702.97

負　債

	1898.12.31	1899.12.31	増加	減少
株式資本金	30,000,000.00	30,000,000.00	—	
剰余金	1,143,269.06	1,324,841.12	181,572.06	
抵当権設定債務	12,603.25	12,603.25	—	—
買掛金	37,432.88	13,780.69	—	23,652.19
	$ 31,193,305.19	$ 31,351,225.06	$ 181,572.06	$ 23,652.19

剰余金勘定

1898年12月31日		$ 1,143,269.06
1899年度純利益		1,373,906.06
		$ 2,517,175.12

1899年度配当金

普通株				
3月1日			149,054.00	
優先株				
3月15日		260,820.00		
6月15日		260,820.00		
9月15日		260,820.00		
12月15日		260,820.00	1,043,280.00	1,192,334.00
剰余金（1899年12月31日）				$ 1,324,841.12

そして，社長 L. A. Cole は次のように報告した。

「上の貸借対照表と比較貸借対照表は当社の財政状態が健全であることを示している。純利益 $ 1,373,906.06 は，我々の慣行的な方法である棚卸資産に対する保守的な評価と回収の疑わしい債権を控除した後の金額である。当期の修繕・維持費 $ 222,116.14 は営業費処理した。有形固定資産の状態は良好で継続して改善されている。優先株配当金は $ 1,043,280.00，普通株配

当金は1％の＄149,054.00，合計＄1,192,334.00である。当社の唯一の債務は流動負債の買掛金＄13,780.69と担保権設定債務（モーゲージ）＄12,603.25のみである。1894年12月30日現在の剰余金は＄1,324,841.12で，これから普通株に対し1％の配当金を1900年3月1日に支払うことを取締役会は決定している。

　貸借対照表の『その他投資』は今後のビジネスの拡大に資するものである。1899年の売上高（volume of business）は前年を上回り喜ばしい〔金額は示していない〕。競争は激しいが（competitive is active），まだ耐えられる範囲内にある。今年度の第1四半期は好調であり今後も期待できる。」

　損益データは「当期純利益」と「修繕費」のみの指摘であるが，前期比較貸借対照表の開示を含み平均を上回る財務ディスクロージャーである。

---

6 United States Rubber Company

United States Rubber Company は1892年3月に設立され，その株式は同年10月よりニューヨーク証券取引所で取引されていた。しかし，第2期（1894年3月31日終了年度）報告書においては，収益についてはなんらの指摘もなく，資産5項目負債5項目からなる簡単な貸借対照表が会社の状態について株主に知らされたすべてであった[36]。

　以下は，1900年3月31日に終了する年度の損益データである[37]。

剰余金（1899年3月31日）		＄　823,522.96
営業利益及び受取配当金	＄2,246,030.42	
売掛金に係るコミッション	987,743.19	
利益合計	＄3,233,773.61	
控除　費用合計	225,886.07	＄3,007,887.50
		＄3,831,410.50
配当金		
優先株　1899.10.31	＄470,510.00	
1900. 1 .31	470,510.00	
1900. 4 予定	470,510.00	

第 2 章　1900年頃までの製造会社の財務ディスクロージャー　　79

		1900. 7 予定	470,510.00	$ 1,882,040.00	
普通株		1899. 7 .31	$ 236,660.00		
		1999.10.31	236,660.00		
		1900. 1 .31	236,660.00		
		1900. 4 予定	236,660.00	$ 946,640.00	

配当金合計		$ 2,828,680.00
		$ 1,002,730.50
減価償却費及び損失		170,026.89
剰余金		$ 832,703.61

United States Leather Company

　United States Leather Company は，1893年 2 月ニュージャージー州において設立され当時最大の資本金（授権資本 $ 120,000,000）を有する会社であった。当社の1893年 6 月21日付のニューヨーク証券取引所上場申請書（A-1444）によると，内規には十分かつ明瞭な営業及び会社内容に関するステートメントを年次株主総会に提出することが取締役会の責任であると定められていた[38]。

　しかし，1894年度報告書は資産11項目負債 8 項目の平均的貸借対照表と流動資産 6 項目流動負債 6 項目の比較を開示したものの，損益項目については一切明らかにしなかった[39]。そして，1896年度報告書も「資産負債のステートメントのみで詳細な情報を示さなかった[40]。」

　以下は，1899年12月31日終了年度の貸借対照表である[41]。これも平均的であるが，前期比較形式は評価される。

貸借対照表

資　　産

	1899	1898
現金	$ 3,014,000	$ 2,203,616
売掛金	6,996,057	3,448,782
受取手形	124,208	73,124

	1899	1898
不良債権（doubtful debts）	13,012	40,357
その他債権	96,274	59,799
皮製品	8,651,580	7,984,526
樹皮	928,292	1,177,224
雑貨	155,107	161,847
貸付金	11,483,621	15,433,345
未収金	460,782	155,687
鉄道社債	100,000	100,000
製革プラント	6,370,028	6,349,212
他社の株式	35,446,232	35,484,033
自社社債	100,000	100,000
営業権等	62,819,886	62,804,701
未経過保険料	28,070	31,039
	$ 136,787,149	$ 135,607,292

負　債

	1899	1898
未払利息	$　　63,390	$　　56,670
流動債務	127,129	118,549
未払金（外国為替）	1,321,543	1,014,727
社債（自社社債を除く）	5,280,000	5,280,000
優先株	62,269,800	62,254,600
普通株	62,869,800	62,854,600
その他	―	202
剰余金	4,855,487	4,027,944
	$ 136,787,149	$ 135,607,292

8　Standard Rope & Twine Company

　Standard Rope & Twine Company は1895年11月にニュージャージー州で設立され，その株式はニューヨーク証券取引所で活発に取引された。1897年7月31日に終了する第1期報告書は，T字型の混合勘定によって，貸方に「売上高」と「期末製品在高」それに「その他収益3項目」計5項目を，借方に

「原材料購入費」「期首製品在高」「工場生産費」「値引・割引」「販売・保険・運搬等費用」「一般管理費」の6項目を示し，両者の差額として「利益」を算出，利益処分として「社債利息等3項目」を表示した[42]。

第2期報告書も同様なフォームであった[43]。しかし，第3期（1899年7月31日終了年度）報告書は「以前に提供した詳しい情報（full particulars）は競争相手に利用され当社は損失を被った。そのため営業成績についてはこれまでより簡易に（less detail）に提供することがベストである[44]」と伝え，売上高とその他収益，原材料購入費や工場生産費等の費用6項目も省略し，わずかに「修繕・維持費」「社債利息」「減債基金繰入額」の3項目を示したにすぎなかった。

そして，1900年7月31日終了年度の貸借対照表は，以下のとおりである[45]。

貸借対照表

資　　産

不動産・建物・機械・営業権等		$ 20,934,151.40
原材料・完成品等		2,293,312.46
売掛金及び受取手形		708,828.48
現金		121,523.69
		$ 24,057,816.03

負　　債

普通株		$ 12,000,000.00
社債		7,500,000.00
第一抵当社債	$ 3,000,000.00	
償還済	122,000.00	2,878,000.00
買掛金及び支払手形		1,536,523.42
剰余金（1890年8月1日）	$　141,250.84	
当期増加	2,041.77	
利益（1900年7月31日）		143,292.61
		$ 24,057,816.03

極めて貧弱な貸借対照表である。

9 その他の製造会社

The Commercial & Financial Chronicle に掲載されたその他の製造会社の1890年代の財務ディスクロージャーの状況を見よう。

(1) National Cordage Company

National Cordage Company は，1887年7月20日ニュージャージー州で設立され，その優先株は1891年1月より，普通株は同年3月よりニューヨーク証券取引所で取引された。1891年10月末現在ヨーロッパとカナダの株主を含み約1,000人の株主がいたという[46]。

しかし，1892年10月31日終了年度の株主総会においては，この大製造会社[47]は「競争相手による大会社に対する攻撃が激しいので年次報告書を発行せず[48]」，前期繰越金，当期利益，配当金，次期繰越金のみを指摘したにすぎなかった。当社は1893年5月に倒産した（25頁）。

(2) National Starch Manufacturing Company

National Starch Manufacturing Company は1890年ケンタッキー州で設立され，その株式は1891年10月よりニューヨーク証券取引所に上場され1893年中は活発に取引されていた。しかし，「ケンタッキー州Covingtonで開かれた1892年度株主総会では何らの報告書も発行されなかった[49]。」

(3) Distilling & Cattle Feeding Company

Distilling & Cattle Feeding Company（前身は1887年設立の"ウイスキートラスト"）の株式は1890年5月よりニューヨーク証券取引所に上場された。1893年度株主総会において，社長は，過去4年間の販売数量と営業利益，その他収益，受取利息，支払配当金，支払費用，現金及び流動性資産を示したにすぎない[50]。

(4) Westinghouse Electric & Manufacturing Company

Westinghouse Electric & Manufacturing Company は1886年に George Westinghouse によって設立された。しかし，10年後の1896年度報告書は工場の East Pittsburgh への移転のため発行されなかった[51]。そのため，1897年 6 月23日に Pittsburgh で開催された1897年 3 月31日終了年度の株主総会は1896年と97年度の 2 年間にわたっての報告であったが，「不況や工場移転に伴う支出，新しい型をつくるための膨大な支出にもかかわらず， 2 年間の利益は優先株配当金を超えている[52]」ことのみが指摘されたにすぎない。もっとも，当社の株式は1892年よりニューヨーク証券取引所に上場されたものの1901年10月までほとんど取引されず，また1897年度の総資産は1,800万ドル弱であり，当時としては小規模の会社であった。

1900年 3 月31日に終了する第15期株主総会はなんと11ヵ月後の1901年 2 月20日に開かれたが，そこで配付された 2 頁の報告書には財務諸表は添付されず，売上高と1898年度から1900年度までの配当金，社債利息及び減債基金が指摘されたのみであった[53]。そして，以後は，「株主への公式の報告書」（formal report to the stockholders）は発行されなかったという[54]。

(5) Pierre, Lorillard Company

Pierre, Lorillard Company（1891年設立）の優先株は1891年10月よりニューヨーク証券取引所に上場され不活発ながらも取引されていたが，1897年度株主総会では営業に関する報告書は一切発行されなかった[55]。

(6) Anaconda Copper Mining Company

Anaconda Copper Mining Company の1896年度収支計算書は，「混合勘定」（Mixed Accounts）によって，貸方に「売上高」（これには金・銀・銅の販売数量も明示されている）と「ロイヤリティその他収入」及び「期末製品及び仕掛品」の 3 項目を示し，借方に「期首原材料」「採鉱費・製錬費」「運送費」「精製費」

「支払利息」「一般管理費」の6項目を示し，貸借の差額を「当期利益」として表示している。さらに，資産18項目と負債2項目の貸借対照表も開示している[56]。良好なディスクロージャーといえる。

(7) Federal Steel Company

Federal Steel Company は Minnesota Iron Co., Illinois Steel Co., The Lorain Steel Co. 等5社の持株会社として1898年9月にニュージャージー州で設立され，その株式は同年10月よりニューヨーク証券取引所で活発に取引された。社長 E.H. Gary と監査役（Auditor）W.J. Filbert のコンビはその後の U.S. Steel Corporation の財務公開に中心的役割を果たしたが，以下で見るように当社においても両者の財務公開に対する積極的な姿勢が表われている。

1900年版 *Moody's Manual of Securities* によると，同社の1899年度株主宛報告書による財務情報は，以下のとおりである[57]。

Federal Steel Company の1899年度利益

受取利息	$ 559,908.09
構成会社からの配当金	4,613,171.50
合計	$5,173,079.59
会社費用及び税金	112,993.29
当期純利益	$5,060,086.30
加算　1899年1月までの利益	50,951.89
当社純利益合計	$5,111,038.19

1899年度優先株配当金

1899.3.3　1.5%	$ 798,801.00	
1899.9.12　1.5%	798,913.50	
1899.12.12　3.0%	1,597,827.00	$3,195,541.50
剰余金（1899年12月31日）		$1,915,496.69

構成会社の純利益（1899年12月31日終了年度）

1899年度構成会社の純利益合計		
（すべての費用及び税金控除後）		$ 10,145,928.11
控除　改善及び特別更新支出	$ 1,234,045.82	
減価償却引当金繰入額	901,136.65	
償還社債プレミアム	153,995.54	2,289,178.01
構成会社の当期純利益		$ 7,856,750.10
加算　1898年度構成会社の純利益		1,163,727.91
合計		$ 9,020,478.01
控除　統合前の1899年に Federal Steel Co. が		
構成会社から受理した配当金		4,613,171.50
構成会社の剰余金（1899.12.31）		$ 4,407,306.51
Federal Steel Co. の剰余金（1899.12.31）		1,915,496.69
剰余金合計		$ 6,322,803,20

貸借対照表（1899年12月31日）

資　産

有形固定資産		$ 123,801,271.88
繰延費用：		
次期以降に係る改善及び改良費		398,951.42
その他投資：		
株式及び社債	$　930,481.56	
社債・モーゲージ	525,000.00	
新炭田前払金	1,663,135.87	
不動産	62,381.32	3,200,998.75
流動資産：		
棚卸資産	$ 10,930,450.03	
売掛金及び受取手形	8,589,729.09	
現金	3,157,402.09	22,677,590.21
		$ 150,078,812.26

負　債

株式資本金（Federal Steel Co.）：		
普通株	$ 46,484,300.00	

優先株	53,260,900.00	$ 99,745,200.00
構成会社のモーゲージ及び固定債務		26,557,056.00
転換社債（Illinois Steel Co.)		42,391.43
流動負債：		
買掛金及び未払賃金	$ 5,489,053.48	
鉄道に係る債務	298,340.42	
未払税金（納税締切日前）	297,163.23	
未払配当金等	12,787.28	
未払社債利息（1900.1.1予定）	103,050.00	
未払社債利息（償還前）	263,113.05	
未払優先株配当金（1900.1.20予定）	1,597,827.00	8,061,334.46
減債基金		894,766.79
更新引当基金		1,330,704.83
剰余金：		
統合前，1898年残高	$ 1,214,679.80	

1899年度純利益	$10,592,842.91		
控除　建設・改善・			
引当基金・			
減価償却費等	2,289,178.01	8,303,664.90	
		$ 9,518,344.70	
控除　1899年度優先株配当金		3,195,541.50	6,322,803.20
統合前利益残高			7,124,555.55
			$150,078,812.26

(8)　American Car & Foundry Company

　American Car & Foundry Company は1899年2月20日鉄道車両部品メーカー17社の合併によりニュージャージー州にて設立され，その株式は1899年5月よりニューヨーク証券取引所で活発に取引されていた。第1期株主宛報告書（1900年4月30日終了年度）は，たて20cm よこ13cm（A5判のたて1cm よこ2cmを縮小したサイズ）を1頁とするたった4頁であった。表紙と役員名2頁に続く「利益」（Earnins）及び「利益処分」（Disposition of Same）は，以下のとおりである[58]。

利　　益

1900年4月30日に終了する14ヵ月間の利益		$ 6,831,598.50
更新・置換・修繕・新型・フラスコ等		802,085.62
利益		$ 6,029,512.88
差引　新建設支出額		294,564.14
純利益		$ 5,734,948.74

利益処分

優先株配当金：

1899. 7. 1 $20,000,000.00に対し1.75%	$	509,075.00	
1899.11. 1 　　〃		509,075.00	
1900. 2. 1 　　〃		509,075.00	
1900. 5. 1 　　〃		509,075.00	2,036,300.00
第1期剰余金			$ 3,698,648.74

貸借対照表（1900年4月30日）

資　　産

有形固定資産	$52,862,165.60	
当期取得現金支出	350,000.00	$53,212,165.60
原材料：原価以下評価，		
75%は契約車両用製鉄，その他資材	$ 6,472,996.54	
木材等	2,098,076.06	8,571,072.60
売掛金		6,448,489.44
現金・預金		913,558.44
		$69,145,286.08

負　　債

優先株	$30,000,000.00	
控除　未発行	910,000.00	$29,090,000.00
普通株	$30,000,000.00	
控除　未発行	910,000.00	29,090,000.00
買掛金及び支払手形		6,956,480.45
未払給与（1900. 5 .19予定）		310,156.89

剰余金	3,698,648.74
	$ 69,145,286.08

そして，当社は第 1 期より The Audit Co. of New York の監査を導入した。平均を上回る財務ディスクロージャーである。

⑼ American Woolen Company

American Woolen Company は1899年 3 月ニュージャージー州で設立され，その株式は1899年10月よりニューヨーク証券取引所で活発に取引された。1900年度報告書は資産 7 項目負債 7 項目の貸借対照表と「純売上高」「その他収益」「総費用」「配当金」「少数株主持分配当金」「プラント償却費」を示す損益計算書を掲載している。また，創立以来1901年 1 月 1 日までの上と同様な損益計算書も添付している[59]。全体的には良好なディスクロージャーといえる。

⑽ Republic Iron & Steel Company

Republic Iron & Steel Company は1899年 5 月 3 日ニュージャージー州で設立された。1900年版 *Moody's Manual of Securities* には1900年 6 月30日に終了する以下のような14ヵ月間の第 1 期損益計算書と貸借対照表が掲載された[60]。

損益計算書

営業利益（修繕費・更新費・		
見積貸倒損失を除くすべての費用控除後）		$ 5,684,100.87
プラントの減価償却に代替する修繕費・更新費	$ 893,013.89	
原材料・完成品評価損	1,097,358.06	
売掛金・受取手形に対する貸倒引当金繰入額	50,000.00	2,040,371.95
14ヵ月間の純利益		$ 3,643,728.92
第 1 期優先株配当金		1,421,679.00
剰余金		$ 2,222,049.92

貸借対照表（1900年6月30日）

資　産

不動産・プラント・建物・機械・その他永久投資	$41,142,251.58
新建設施設（スチールプラント，溶鉱炉等）	1,218,203.44
工場在庫品（原価）	547,200.00
新ガスパイプライン，前払保険料・ロイヤリティ等	116,730.57
原材料・完成品・貯蔵品（市場価額）	4,132,730.01
売掛金及び受取手形	3,008,968.75
現金	1,203,132.59
	$51,369,216.94

負　債

株式資本金―			
優先株	$20,852,000.00		
金庫株	545,100.00	$20,306,900.00	
普通株	27,352,000.00		
金庫株	161,000.00	$27,191,000.00	$47,497,900.00
買掛金			1,023,907.92
未払優先株配当金（1900年7月支払済）			355,370.75
炭田購入分割未払金（年6回払）			214,000.00
引当金（納税，溶鉱炉更新等）			55,988.35
剰余金：当期（14ヵ月）純利益		$3,643,728.92	
控除　優先株配当金7％		1,421,679.00	2,222,049.92
			$51,369,216.94

　損益計算書及び貸借対照表とも説明的表示である。「原材料・完成品・貯蔵品」の市場価額評価や金庫株の表示も評価される。良好なディスクロージャーである。

　しかしながら，当社は，第2期（1901年6月30日終了年度）から第5期（1904年6月30日終了年度）までは年次報告書を発表しなかった[61]。

〔小括〕

　上で見たように，1900年以前にニューヨーク証券取引所に上場していた製造

会社の財務ディスクロージャーは多種多様であった。Federal Steel Co. や American Woolen Co. のような積極的な会社も稀には見られ，American Tobacco Co. や American Car & Foundry Co. のように平均を上回る会社もあったが，全体的には消極的であった。貸借対照表については良好な開示会社 (National Lead Co., Anaconda Copper Mining Co.) も見られたが，これすら拒否した会社 (National Linseed Oil Co., American Sugar Refining Co., Standard Rope & Twine Co., National Cordage Co., National Starch Manufacturing Co., Distilling & Cattle Feeding Co., Westinghouse Electric & Manufacturing Co., Pierre, Lorillard Co.) もあった。そして，損益情報の開示については否定的あるいは極めて消極的であった。また，Republic Iron & Steel Co. のように，当初良好なディスクロージャーを実践していた会社もその後は年次報告書を発行しなかった。

American Cotton Oil Co. の第3期報告書の良好な財務ディスクロージャーに関連して，1892年11月5日号の *The Commercial & Financial Chronicle* は，社説で次のように主張した[62]。

　「製造会社の証券はこの国では比較的新しいので，また，鉄道とはビジネスの業態が大きく異なるので，製造会社に対して鉄道会社と同じような年次報告書の提示を求めることはフェアーではなかろう (hardly fair)。そして，製造会社が開示すべき情報を決定するには時を必要とするであろう。さらに，取引上の秘密 (trade secrets) を明らかにしたくないという願望も理解できる。しかしながら，製造会社も現状よりも多くの情報を提供しなければならないという主張を抑えることはできない。

　ほとんどの企業 (most of the undertaking) の年次報告書は，12ヵ月の純利益は＄xxx である，会計事務所 (a firm of accountants) が監査証明している〔1892年当時，ほとんどの企業が会計事務所の監査を受けていただろうか？〕，各種の配当金や利息を支払うのに十分な剰余金を有している，といった型にはまった発表 (a printed announcement) に終わっている。このような貧弱な事実 (meager facts) は資産価値を判断する基礎としては不十分であり，また，証券が容易に投機的操作の対象になることも決して不思議ではない。

　鉄道会社への投資が確立しているように，この国において製造会社の

証券が投資の対象として認識されるためには，大衆が会社内容について十分な知識を持たねばならない。American Cotton Oil Co. の経営者がこのことの重要性を認識していることは明らかである。」

このような状況は20世紀曲がり角まで継続していたのである。

◆注 ────────

1 石崎昭彦『アメリカ金融資本の成立』東京大学出版会，昭和50年，195頁。
「1880年代後半と1890年代のはじめに産業合同の最初の波があった。それは10年後のそれと比較すると小さな波（small wave）であったが多くの注目を集めた」(A.S. Dewing, *Corporate Promotion And Reorganization*, Harvard University Press, 1924, p.141)。

2 拙著『アメリカ監査制度発達史』中央経済社，1984年，10-16頁。

3 *The Commercial & Financial Chronicle*, January 4, 1890, p.7.

4 G.J. Previts & B.D. Merino, *A History of Accounting in America*, A Ronald Press Publication, 1979, p.85.

5 *The Commercial & Financial Chronicle*, August 4, 1888, pp.139-140.

6 *The Commercial & Financial Chronicle*, November 8, 1890, p.645.
American Cotton Oil Co. は1932年 Gold Dust Corporation に買収され，後者は，1936年 Hecker Products Corporation，1942年 Best Foods, Inc. と名称変更し，1958年 Corn Products Refining Company（現 CPC International Inc.）と合併している。

7 *The Commercial & Financial Chronicle*, November 7, 1891, p.673.

8 *Ibid.*, pp.676-679.

9 *The Commercial & Financial Chronicle*, November 5, 1892, p.746.

10 *Ibid.*, pp.766-769.

11 *The Commercial & Financial Chronicle*, November 4, 1893, p.763.

12 *Ibid.*, pp.766-768.

13 *The Commercial & Financial Chronicle*, November 3, 1894, p.758.

14 *Ibid.*, pp.795-796.

15 *The Commercial & Financial Chronicle*, November 9, 1895, p.831.

16 *Ibid.*, pp.831-832.

17 *The Commercial & Financial Chronicle*, December 5, 1896, pp.1019-1020.

18 *The Commercial & Financial Chronicle*, November 20, 1897, pp.983-984.

19 *The Commercial & Financial Chronicle*, November 19, 1898, pp.1064-1065.

20 *The Commercial & Financial Chronicle*, November 11, 1899, pp.1016-1017.

21 *The Commercial & Financial Chronicle*, November 17, 1900, pp.1019-1020.

22 *The Commercial & Financial Chronicle*, November 7, 1891, p.673.

23 The American Tobacco Company, Stock List Application A-2036, May 18, 1898.

24 *The Commercial & Financial Chronicle*, August 15, 1891, p.223.

25 National Linseed Oil Company, Stock List Application A-895, July 14, 1890.

26 *The Commercial & Financial Chronicle*, February 11, 1893, p.244.

27 *The Commercial & Financial Chronicle*, February 8, 1895, pp.275-276.

28 *The Commercial & Financial Chronicle*, March 6, 1897, p.468, February 26, 1898, p.426.

29 *The Commercial & Financial Chronicle*, January 16, 1892, p.119.

30 *The Commercial & Financial Chronicle*, January 13, 1894, p.81.

31 *Ibid.*

32 *The Commercial & Financial Chronicle*, September 15, 1894, p.472.

33 *The Commercial & Financial Chronicle*, January 12, 1895, p.82.

34 *The Commercial & Financial Chronicle*, January 15, 1898, p.132.

35 *Moody's Manual of Securities 1900*, p.787.

36 *The Commercial & Financial Chronicle*, April 21, 1894, p.681.

37 *Moody's Manual of Securities 1900*, p.653.

38 U.S. Leather Company, Stock List Application A-1444, June 21, 1893.

39 *The Commercial & Financial Chronicle*, March 2, 1895, pp.390-391.

40 *The Commercial & Financial Chronicle*, February 27, 1897, p.422.

41 *Moody's Manual of Securities 1900*, p.652.

42 *The Commercial & Financial Chronicle*, September 25, 1897, p.569.

43 *The Commercial & Financial Chronicle*, October 22, 1898, p.840.

44 *The Commercial & Financial Chronicle*, September 23, 1899, p.644.

45 *Moody's Manual of Securities 1900*, p.643.

46 *The Commercial & Financial Chronicle*, February 6, 1892, pp.247-248.

47 本書第 1 章注22。

48 *The Commercial & Financial Chronicle*, February 11, 1893, p.247.

49 *Ibid.*

50 *The Commercial & Financial Chronicle*, April 15, 1893, p.621.

51 *The Commercial & Financial Chronicle*, June 26, 1897, p.1222.

52 *Ibid.*

53 N.L. McLaren, *Annual Report to Stockholders*, The Ronald Press Co., New York, 1947, p.5.

54 Westinghouse Electric & Manufacturing Company, Annual Report, 1906.

55 *The Commercial & Financial Chronicle*, July 3, 1897, p.26.

56 *The Commercial & Financial Chronicle*, December 26, 1896, pp.1156-1157.

57 *Moody's Manual of Securities 1900*, pp.421-423.

58 *Ibid.*, p.370.

59 *The Commercial & Financial Chronicle*, February 23, 1901, p.394.

60 *Moody's Manual of Securities 1900*, pp.453-454.

第 2 章　1900年頃までの製造会社の財務ディスクロージャー　93

61　R.H. Brook, Director of Financial Accounting, Republic Steel Corporationからの私信（1982年12月13日付）。

62　*The Commercial & Financial Chronicle*, November 5, 1892, p.746.

第**3**章

GE の創立（1892年度）〜1900年度の 財務ディスクロージャー

　本章は General Electric Company の第 1 期（1893年 1 月31日終了年度）から第 8 期（1900年 1 月31日終了年度）までの年次報告書に見られる財務ディスクロージャーと監査の状況について検討する。

　なお，年次報告書の作成義務が課せられていない時代における会社内容の開示はその「分量」において経営者の姿勢が問われるので，実際の年次報告書の 1 頁の大きさと総頁数を意識して検討している。この視点は，以後の各章においても継承される。

(1)　第 1 期 ― 合併に係る経過説明

　Thomas A. Edison が1879年に白熱電球を世に送り出した会社を起源とする General Electric Company（GE）は，1892年 4 月15日ニューヨーク州で設立された。 GE の第 1 期（1892年 6 月 1 日〜1893年 1 月31日までの 8 ヵ月間）報告書は，たて22 cm よこ14 cm（A 4 判の半分である A 5 判のたて・よこを 1 cm 拡大したサイズ）を 1 頁とする全12頁で，1893年（明治26年）4 月11日付で株主に提示された。

　T.A. Edison や J.P. Morgan ら11名の取締役会メンバーの紹介 1 頁に続いて，社長 C.A. Coffin は， 7 頁にわたって次のように報告した。

　GE は1892年 4 月15日に創立され同年 6 月 1 日より営業を開始したので，当期は 8 ヵ月間の状況である。当社は， Edison General Electric Co.（1889年

設立）, Thomson-Houston Electric Co.（1883年設立）, Thomson-Houston International Electric Co.（1884年設立, Thomson-Houston Electric Co. の海外販売会社）の3社（この3社を「基盤会社」(underlying companies) と呼んでいる）の株式を事実上すべて買収して組織された〔傍点の正確な占有率については当社の1892年4月4日付のニューヨーク証券取引所上場申請書が明らかにしている。719頁〕。これらの3社は独立した会社として存在しており, 特に前2社はこれまでどおりの製造会社である。GE は, 主としてこれら2社の製品を購入し販売している。

　当社の顧客は約6,000社で, 最大の得意先は地方電灯会社と鉄道会社（市電）である。ライセンスは製品価格の低廉化に貢献し会社の大きな財産である。ライセンス所有者との関係は良好であるが, 数件のパテントについては係争中である。配当金支払後の8ヵ月間の純利益は$1,024,954.59である。

　そして, 要約貸借対照表（99頁）を構成する「投資勘定」と「その他資産」について, 以下のように説明した。

　まず, 投資勘定について。GE の設立母体となった基盤会社3社に支払われた「パテント・権利・ライセンス・契約等」(patents, other valuable rights, license and other contracts) は合計約$8,000,000〔$8,159,264.02〕であるが, それは, 3社の製造設備や棚卸資産を保守的に評価した結果の金額である。当社は協力工場に対して約2,000件のパテントの利用を許可し13,000社に機械装置を提供しているが, それらからのロイヤリティーは年間$1,500,000から$2,000,000であり将来はさらに増加すると確信しているので, $8,000,000は実際の価値よりはるかに低いと考えられる。

　投資勘定に含まれている United Electric Securities Co. の優先株〔$408,870.00〕は当決算日後それ以上の価額で売却され, その普通株〔$825,500.00〕は額面価格で評価されている。Canadian General Electric Co. はカナダにおける Edison と Thomson-Houston のパテントを統括する製造・販売会社であるが, その株式〔$1,000,000.00〕は額面価格で評価されている。Fort Wayne Electric Co. と Northwest General Electric Co. の両社は貸借対照表に示されている価額〔それぞれ$352,350.00と$155,000.00〕の8％の配当金を支払っている。「その他の会社」〔$71,566.00〕はライセンス契約の

ない会社の株式である。

　次に，その他の資産について。「その他資産」の合計＄29,559,600.61は「その他流動負債」（current liabilities）の合計＄5,246,219.00を大きく上回っているので安全性が高いこと，そして，その他資産を構成する各項目について，以下のように述べた。

　「株式及び社債」（地方会社）のうち「株式」については，額面価格合計＄11,362,011.65に対して貸借対照表の金額は＄5,772,622.80である。なお，この金額に含まれている Edison Electric Illuminating Co. の額面価格は＄2,625,300であるが，貸借対照表上の取得価額は＄3,024,095，市場価額は＄3,400,000である。ここには今後の処分の対象となる137社の株式も含まれている。株式の評価は容易に現金化できるという観点からである。また，株式の額面価格合計＄1,301,940については各株＄1.00で評価したが，近い将来業績の改善が大きく見込まれる会社も含まれている〔保守的評価を強調している〕。

　所有する「社債」もほとんど地方会社のもので，ほぼすべてが第1位抵当権付である。貸借対照表の金額〔＄3,400,629.07〕は額面価格合計〔＄4,858,380.00〕の約70％である。帳簿価額合計＄251,088.07（額面価格合計＄439,000.00）の社債を除くすべての社債については，定期的に利息が支払われている。小額の社債が債務不履行（default）であるが，その貸借対照表の金額は回収可能と思われる金額よりも低く評価されている。また，いくつかの社債は決算日後帳簿価額以上の金額で売却された〔ここでも保守的評価を誇っている〕。

　株式及び社債に係る受取配当金及び受取利息〔金額は明示されていない〕は，当社の無担保社債＄10,000,000に係る支払利息を上回っている。

　売掛金及び受取手形については注意深く検証し，すべての不良及び回収の疑わしい項目を控除した後の金額である。

　棚卸資産には会社の所有する器具，原材料，機械，固定設備等が含まれ，仕掛品にはそれまでに要したすべての労務費と原材料費等が含まれている〔機械（machinery）と固定設備（fixtures）も棚卸資産（inventories）に含めている。また，貸借対照表で見るように棚卸資産の帳簿価額合計を10％評価減して表示している点も保守的である〕。

　当期に取得したパテント費用は営業費処理された。

なお，裏書手形と割引手形は貸借対照表の「受取手形」には含まれておらず，その額は1893年1月31日現在＄3,787,312.69である。

　次に，基盤会社と呼ぶ Edison General Electric Co. と Thomson-Houston Electric Co., Thomson-Houston International Electric Co. の3社に係る「パテント・権利・ライセンス・契約等」合計＄8,159,264.02（Edison General Electric Co. ＄4,239,168.32, Thomson-Houston Electric Co. ＄3,389,352.07, Thomson-Houston International Electric Co. ＄530,743.63）の計算過程を示している。

　例えば，Edison General Electric Co. については以下のとおりである。

Edison GE Co. の普通株		
149,699株取得費	＄14,969,900.00	
控除　同社純債務		
（GE の同社への貸付金や GE が		
引き継いだ顧客の手形と売掛金に		
係る保証債務等を控除）	6,336,691.54	
貸借対照表上の現在のコスト		＄8,633,208.46
この金額は以下を示す：		
製造設備，土地，建物，機械，工具等		
（Schenectady, N.Y., Harrison, N.J.）	＄2,677,548.09	
U.S. Wire & Cable Co. への		
機械・原材料等の売却未収入金	282,147.76	
棚卸資産（Schenectady と Harrison 工場）	2,576,887.14	
現金・売掛金・受取手形	409,117.86	
合計	＄5,945,700.85	
控除　負債	1,551,660.71	＄4,394,040.14
残高		＄4,239,168.32

　残高は，Edison General Electric Co. の所有するパテント約＄2,000,000と同社の子会社が所有するパテント，それに Edison GE Co. の所有するライセンスを意味する。

　このように，発行済株式総額から純債務を控除し，その残高から継承した資産評価額（純資産）を控除することによって，当該残高を「パテント・権利・ライセンス・契約等」としたのである。この「パテント・権利・ライセンス・

契約等」はいわば株式の水割り分であるが，GE はその内容について上の脚注
のように指摘した。なお，基盤会社 3 社の「パテント・権利・ライセンス・
契約等」は貸借対照表の「基盤会社の株式」に含まれているので独立表示され
てはいない。

　続く GE のコントローラー（Comptroller）の発表する「要約貸借対照表」
（Condensed Balance Sheet）と「損益計算書」（Statement of Profit and Loss）
は，以下のとおりである〔貸借対照表も損益計算書と同様に勘定式のフォームで
あるが，紙幅の関係で報告式により示す〕。

要約貸借対照表（1893年 1 月31日）

資　　産

投資勘定：			
基盤会社の株式：			
Thomson-Houston Electric Co.	$ 8,416,851.78		
Edison General Electric Co.	8,633,208.46		
Thomson-Houston International Electric Co.	1,212,000.00	$ 18,262,060.24	
不動産：			
Edison Building, N.Y. City	410,804.62		
控除　モーゲージ	200,000.00		
	210,804.62		
その他不動産	87,922.12	298,726.74	
United Electric Securities Co. の			
株式：優先株（額面 $ 459,300）	408,870.00		
普通株（額面 $ 825,500）	825,500.00	1,234,370.00	
製造会社その他会社の株式：			
Canadian General Electric Co. （額面 $ 1,000,000）	$ 1,000,000.00		
Excelsior Electric Co. （額面 $ 6,000）	1,300.00		
Fort Wayne Electric Co. （額面 $ 704,700）	352,350.00		
Northwest General Electric Co. （額面 $ 155,000）	155,000.00		
その他会社（額面 $ 481,033）	71,566.00	1,580,216.00	$ 21,375,372.98

その他資産：			
株式及び社債（地方会社）：			
株式（額面 $11,362,011.65）	$5,772,622.80		
社債（額面 $4,858,380.00）	3,400,629.07	$9,173,251.87	
現金	3,871,033.58		
受取手形	5,151,950.64		
売掛金	7,078,879.15	16,101,863.37	
棚卸資産	2,307,225.13		
10%控除	230,722.51	2,076,502.62	
仕掛品		2,207,982.75	29,559,600.61
			$50,934,973.59

負　債

株式資本金：			
普通株		$30,426,900.00	
優先株		4,236,900.00	$34,663,800.00
社債（5％利付）			10,000,000.00
その他負債：			
未払社債利息		$ 83,333.32	
未払配当金		608,538.00	
支払手形及び買掛金		4,554,347.68	5,246,219.00
剰余金（Surplus，1893年1月31日）			1,024,954.59
			$50,934,973.59

損益計算書（1893年1月31日）

費　　用		収　　益	
支払利息割引料	$ 89,513.42	当期純利益（すべての費用と	
社債利息	152,917.17	貸倒損失等控除後，	
		8ヵ月間）	$3,356,593.10
配当金			
（未払配当金を含む）	1,971,056.50		
パテント償却費	118,151.42		
繰越剰余金	1,024,954.59		
	$3,356,593.10		$3,356,593.10

第 3 章　GE の創立（1892年度）～1900年度の財務ディスクロージャー　101

　第 2 章で検討したような秘密主義の状況において，このような詳細な情報を開示すること自体まずもって高く評価される。そして，合併により設立された多くの会社がパテントやライセンス等の無形資産の内容を明らかにしないことが20世紀に入っても慣行となっていたので，合併に係る経過説明は特筆しうる。

　しかし，損益計算書は，「すべての費用と貸倒損失等控除後当期純利益」から「支払利息割引料」「社債利息」「配当金」「パテント償却費」の 4 項目を控除して「繰越剰余金」（Surplus carried forward，次期繰越利益）を示したにとどまった。また，社長は受取配当金や受取利息，有価証券売却益，貸倒損失等を指摘したものの具体的な数値は示さなかった。

(2)　第 2 期 ― 4 社の連結財務諸表と有価証券明細表

　第 2 期（1893年 2 月 1 日～1894年 1 月31日）報告書は10頁増えて全22頁である。社長は次のように報告した。

　GE は Edison Electric Light Co. と Edison General Electric Co., Thomson-Houston Electric Co.，Thomson-Houston International Electric Co. の 4 社の連合体（union）である〔前年度より Edison Electric Light Co. が加わる〕。これら 4 社を買収するために，普通株＄30,459,700と優先株＄4,251,900を発行，その後に社債＄10,000,000（利子率 5 ％）も発行した。大不況〔1893年大不況，25頁〕により 4 社が著しい影響を被ったため，受取手形と売掛金，投資有価証券，棚卸資産等について大幅な評価減を実施，評価損は約＄12,600,000にも上った〔連結損益計算書の「償却費」を参照〕。

　そして，当社の財務状況について，以下のデータを示した。

GE（ 4 社を含む）の1893年 7 月31日現在の債務（社債は除く）

直接債務―		
支払手形	＄4,446,000	
未払配当金	609,000	
買掛金及び未払利息	1,579,000	＄6,634,000
現金		1,294,000
直接債務合計		＄5,340,000

間接債務—

裏書手形割引	$3,394,000
1893年7月31日現在の債務	$8,734,000

GE（4社を含む）の1894年1月31日現在の債務（社債は除く）

直接債務—

支払手形	$ 744,000	
買掛金及び未払利息	406,000	$1,150,000
現金		591,000
直接債務合計		$ 559,000

間接債務—

裏書手形割引	$1,425,000
1894年1月31日現在の債務	$1,984,000
1893年7月31日以降の債務の減少	
〔$8,734,000−$1,984,000〕	$6,750,000
このうち市電からの債権回収による債務の返済	$4,050,000
主に受取手形及び売掛金の回収による債務の返済	$2,700,000

　なお，年次報告書日現在（1894年4月2日）においては，支払手形・買掛金・未払利息は$1,150,000から約$750,000に，裏書手形割引は$1,425,000から$750,000に減少した〔財務の短期的安全性を強調している〕。

　また，当社の主たる顧客である地方の電灯会社数と鉄道会社数の状況を以下のように示した〔その増加を暗に誇っている〕。

	1892年2月1日	1893年2月1日	1894年2月1日
電灯会社	1,158社	1,277社	1,479社
鉄道会社	214	435	541

　ライセンスについては〔第1期と同様に〕それが製品価格の低廉化に貢献し会社の大きな財産であること，パテントについては係争中の事件の進捗状況とパテントに係る支出及び訴訟経費等はすべて営業費処理したことを指摘した。

　社長は，会計計算書（Statements of Accounts）はGEと基盤会社3社の「連結貸借対照表」（Consolidated Balance Sheet）〔第1期は要約（Condensed）

貸借対照表〕と「連結損益計算書」(Consolidated Statement of Profit and Loss)
であることを指摘した後，貸借対照表の項目について以下のように説明した。

① 製造プラント (Manufacturing Plants)

Edison General Electric Co. のプラント	$2,677,548.09〔98頁〕
Thomson-Houston Electric Co. のプラント	1,240,066.77
Lynn 工場における小額の機械類等	40,913.35
1893年1月31日現在〔前期末〕の製造プラント	$3,958,528.21

今年度 $884,659.11が製造プラント勘定に追加され，一方で減価償却費
$902,058.34 (the sum of $902,058.34 has been written off to Profit and
Loss for depreciation)を計上，結果として期末の帳簿価額は $3,941,128.98
で，前期に比し $17,399.23減少した〔このような「資本的支出額」と減価償
却費の明示は評価できる〕。

② 「その他不動産」に計上されている製造会社等の株式については保守的
(conservatively) に評価した。そして，Schedule A を添付した。

③ 地方会社の株式及び社債については，各社の実数値以内 (within their
real value) に抑えるために大幅に評価減を実施した。そして，Schedule B
と C を添付した。

④ 工場における原材料，完成品，仕掛品については，項目ごとに注意深く
実地棚卸を行った。棚卸資産は前年に比し $1,217,142.81減少した。地方
の営業所にある完成品や委託品についても同じように実地棚卸を行い
$940,365を償却した。

⑤ 受取手形及び売掛金は6,000社以上の顧客に対する債権で，その回収可能
性については顧客ごとに最低価額で評価した〔以下の貸借対照表は債権金額
と評価額を明示している〕。貸借対照表の売上債権〔$8,934,159.75〕のうち
関係会社である Fort Wayne Electric Co. と Northwest GE Co. の2社及
びその他関係会社 (other allied interests) に対する債権は $2,531,609.88
である〔関係会社債権の指摘もよい〕。

⑥ 仕掛品についても慎重に (safely) 評価している。

連結貸借対照表は，次頁のとおりである〔実際は勘定式である〕。

連結貸借対照表（1894年1月31日）

資　産

パテント及びフランチャイズ		$ 8,159,264.02
製造プラント		3,941,128.98
不動産（工場を含む）：		
Edison Building, N.Y. City	$ 412,356.13	
控除　抵当権	200,000.00	
	$ 212,356.13	
その他不動産	111,329.10	323,685.23
製造会社の株式（Schedule A）	$ 2,767,470.58	
地方会社の株式及び社債		
（Schedule B, C）	2,723,493.17	5,490,963.75
現金	$ 591,143.88	
受取手形及び売掛金		
（債権 $ 14,984,697.42）	8,934,159.75	9,525,303.63
棚卸資産：		
工場	$ 3,349,042.94	
営業所（委託品を含む）	1,485,749.68	4,834,792.62
仕掛品		1,198,343.58
損益（Profit and Loss）		12,454,967.42
		$ 45,928,449.23

負　債

株式資本金：		
普通株	$ 30,459,700.00	
優先株	4,251,900.00	$ 34,711,600.00
無担保社債（5％クーポン付）		10,000,000.00
モーゲージ		26,200.00
未払社債利息	$ 83,333.32	
支払手形	744,341.31	
買掛金	323,084.82	1,150,759.45
その他債務		39,889.78
		$ 45,928,449.23

　第1期要約貸借対照表の「投資勘定」と「その他資産」の区分表示が消えた。「パテント及びフランチャイズ」が独立表示された〔これは第1期の「パテント

第3章　GEの創立（1892年度）～1900年度の財務ディスクロージャー　105

・権利・ライセンス・契約等」（合計＄8,159,264.02）であるが（98頁），第1期報告
書での経過説明を知らないとこの金額の根拠は理解できない）。棚卸資産に含まれ
ていた「製造プラント」も独立表示され，その内訳も報告された（103頁①）。
なお，当期は欠損であるが，貸借対照表は「損益」（Profit and Loss）と表示
している。

連結損益計算書は，以下のとおりである。

連結損益計算書（1894年1月31日）

借　　方			貸　　方	
社債利息	$　499,893.62		GE Co. 剰余金	
配当金	1,655,150.50		（1893年1月31日）	$　1,024,954.59
税金	195,457.31		営業利益	
世界博覧会費用	241,877.52	$ 2,592,378.95	（一般管理費控除後）	3,189,884.37
償却費：			受取利息・配当金	433,293.06
パテント		733,870.75	受取利息割引料	76,745.63
受取手形・売掛金及び				
株式・社債		10,444,318.78	繰越残高	12,454,967.42
製造プラント		902,058.34		
棚卸資産・委託品		2,157,507.84		
機械・器具等（工場以外）		224,505.10		
その他損失		125,205.31		
		$17,179,845.07		$17,179,845.07

「繰越残高」（Debit Balance Carried Forward）＄12,454,967.42は「次期繰越
欠損金」である。第1期の損益計算書に比し，収益が「営業利益」「受取利息・
配当金」「受取利息割引料」の3項目となり，費用も「税金」と「世界博覧会費
用」に加え「償却費」（Amounts Now Charged Off）6項目が開示された。
　GEとその構成会社4社の所有する有価証券明細表は，以下のとおりである。

Schedule A（製造会社等の株式）－20社の会社名，所在地，各株の額面価格，
　　額面価格合計＄8,279,706.00（貸借対照表計上額＄2,767,157.58），その他製
　　造会社等の株式額面価格合計＄6,037,310.00（貸借対照表計上額＄313.00），
　　貸借対照表計上額合計＄2,767,470.58。

Schedule B（地方会社の株式）— 61社の会社名，所在地，各社の額面価格，額面価格合計＄2,750,313.79（貸借対照表計上額＄1,362,294.62），その他会社等の株式額面価格合計＄3,713,717.03（貸借対照表計上額＄4,754.75）。

Schedule C（社債）— 56社の会社名，所在地，各社の額面価格，額面価格合計＄2,785,940.00（貸借対照表計上額＄1,356,431.80），その他会社の社債額面価格合計＄146,621.80（貸借対照表計上額＄12.00）。

Schedule B と C の貸借対照表計上額は合計＄2,723,493.17である。

　所有する株式や社債は総資産の12％を占めているので，明細表を添付する意義は大きい。もっとも，所有株式と社債の取得価額ではなく額面価格とその合計額を示す意味は理解できない。額面価格合計に比し，貸借対照表計上額を大幅に評価減し保守的に評価していることを知らせるためであろうか。

　財務ディスクロージャーは第1期より確実に改善している。

　ところで，当期の貸借対照表と損益計算書は"Consolidated"と名付けられているが，それらが関係会社間の取引や内部利益を除去した「連結」なのか，それとも単なる「結合」なのかは明らかではない。後で見るように他のほとんどの有力会社もこの点については明示していない。

(3)　第3期 — 画期的進歩

　第3期（1894年2月1日～1895年1月31日）報告書（全22頁）において，社長 C.A. Coffin は次のように報告した。

①　前期（1894年1月31日終了年度）以前の状況と当期（1895年1月31日終了年度）の業績を区分し，次のようなデータを示した。

1894年1月31日現在の繰越欠損金	＄12,454,967.42
清算損失及び特別引当金繰入額	2,754,392.27
繰越欠損金合計	15,209,359.69
1894年度利益	414,642.72
繰越欠損金（1895年1月31日現在）	＄14,794,716.97

② ①の「清算損失及び特別引当金繰入額」は，関係会社である Fort Wayne Electric Co. と Northwest General Electric Co. の破綻に伴う清算損失（未解決の契約を整理するための解決金約＄500,000を含む），それに1893年パニックによる予想される損失を処理するための引当金（＄2,000,000）である〔109頁。ただし，この「引当金」は貸借対照表には掲載されていない。110頁〕。なお，＄2,000,000については特に根拠がないという（arbitrarily）。

③ 当期純利益は＄414,642.72である。

④ パテント訴訟が GE にとって有利に解決した。

⑤ 売上げはほとんど現金決済で平均的な条件は出荷後40日である〔この指摘は高く評価される〕。

第2副社長は，まず，連結貸借対照表は GE と Edison General Electric Co., Edison Electric Light Co., それに Thomson-Houston Electric Co. の資産及び負債を含んでいること，第2期で連結の対象であった Thomson-Houston International Electric Co. は GE に吸収されたので除外されたこと，また，連結損益計算書もこれらの会社の損益勘定のすべてを含んでいることを伝えた。そして，以下の項目について報告した。

① 貸借対照表のパテント及びフランチャイズは過去2年間同額である。当年度はパテント取得に＄94,917.11，ライセンス取得に＄67,381が支出されたが，パテント訴訟に係る支出と同様費用処理された。

② 建物建設に＄61,124.34，機械購入に＄268,079.73が支出されたが，減価償却費（allowance for depreciation）＄370,333.05を計上，結果として帳簿価額は＄3,900,000で，前年に比し＄41,128.98減少した。

③ 不動産の増加は抵当権を設定するための支出＄100,098.19である。

④ 市場価格を有している株式と社債については最近の取引価格よりもわずかに低い金額で評価し，市場価格のないものについてはそれぞれの会社の財務諸表に基づいて金額を見積った。地方会社の株式と社債については現在の現金価値まで評価減を行った。また，その他の会社の株式と社債の額面価格合計＄3,500,000については，"スペキュレイティヴ"なのでロットごとに＄1.00，全体を＄82と評価した。この中には価値のないものも含まれているがメリットを有するものもあり，＄82は相当と考える。

⑤ 受取手形及び売掛金は，不良債権と判断される＄234,973.69を控除した後の金額である〔不良債権＄234,973.69の明示はよし〕。

⑥ 工場における原材料，完成品，仕掛品については項目ごとに注意深く実地棚卸を行い評価減も実施した。

⑦ 債務の状況は，以下のとおりである。

	1894	1895
支払手形	$ 744,341.31	None
買掛金・未払利息等	446,307.92	$ 494,258.01
合計	$ 1,190,649.23	$ 494,258.01
控除　現金	591,143.88	404,236.48
流動負債計	$ 599,505.35	$ 90,021.53
裏書手形・割引手形	1,422,949.48	None
合計	$ 2,022,454.83	$ 90,021.53
流動負債の減少〔＄599,505.35－＄90,021.53〕		$ 509,483.82
不動産抵当権の抹消による減少		26,200.00
社債償還		1,250,000.00
当期中の債務の減少		$ 1,785,683.82
保証債務の減少		1,422,949.48
債務の減少合計		$ 3,208,633.30

第2副社長はいう。「当年度中に確認された損失を当期の損失と前期以前の損失とに区分することは難しいが，できる限り両者を区分するという立場から，以下のような補足連結損益計算書（Supplementary Consolidated Profit and Loss Account）と連結損益計算書（Consolidated Profit and Loss Account）の2つの計算書を添付した」。

補足連結損益計算書―1894年1月31日現在

借　　　方		貸　　　方	
1894年1月31日残高	$12,454,967.42	前期以前に属する利益：	
前期以前の損失：		社債償還差益	$ 141,931.67

第 3 章　GE の創立（1892年度）〜1900年度の財務ディスクロージャー

清算損失	$264,048.36		株式・社債売却益	147,067.37	
Northwest GE Co. に対する債権償却	456,484.43		繰越残高〔繰越欠損金〕	15,209,359.69	
US Electric Securities Co. との和解金	46,382.86				
受取手形・売掛金償却	234,973.69				
固定資産売却損	41,501.97	1,043,391.31			
特別引当金繰入額		2,000,000.00			
		$15,498,358.73		$15,498,358.73	

連結損益計算書（1895年1月31日）

1894年1月31日残高		$15,209,359.69	当事業年度の業績―		
当事業年度の業績―			売上高	$12,540,395.12	
売上原価	$9,557,327.69		ロイヤリティ・その他利益	420,818.17	
法定費用・一般費・税金	1,894,536.29			$12,961,213.29	
	$11,451,863.98				
社債利息	464,583.33	11,916,447.31	有価証券利息・配当金	$187,946.81	
損失（一部前期以前・一部当期）―			受取利息割引料	114,451.48	
委託品等償却	$134,772.96			$302,398.29	13,263,611.58
追加償却費：					
パテント等	$177,417.50				
受取手形及び売掛金	130,833.50				
	$308,251.00				
	$443,023.96				
当期償却費―					
パテント・フランチャイズ	$162,298.11				
棚卸資産	288,401.14				
その他損失	38,798.34				
	$489,497.59	932,521.55	残高（1895年1月31日）	14,794,716.97	
		$28,058,328.55		$28,058,328.55	

「連結貸借対照表」(Consolidated Balance Sheet) は，以下のとおりである。

連結貸借対照表（1895年1月31日）

資　産			負　債		
パテント及びフランチャイズ	$8,159,264.02		株式資本金：		
製造プラント	3,900,000.00		普通株	$30,460,000.00	
不動産（工場プラントは除く）：			優先株	4,252,000.00	$34,712,000.00
Edison Building, N.Y. City			社債（5％利付）		8,750,000.00
	$412,584.63		未払利息	$72,916.65	
控除　抵当権	200,000.00		買掛金	421,341.36	494,258.01
	$212,584.63				
その他不動産	211,198.79				
		423,783.42			
株式及び社債（Schedule A, B）		5,079,012.51			
現金	$404,236.48				
受取手形・売掛金	6,550,499.50				
仕掛品	757,087.04	7,711,823.02			
棚卸資産：					
工場	$3,046,014.59				
販売事務所					
（委託品を含む）	813,654.39	3,859,668.98			
その他債権		27,989.09			
損益（Profit & Loss）		14,794,716.97			
		$43,956,258.01			$43,956,258.01

有価証券明細表は，第2期の Schedule A と B が合体し Schedule A となり，そこでは，所有する地方会社の株式109社の会社名，所在地，額面額，それに製造会社の株式85社の会社名，所在地，額面価格，両者の額面価格合計$14,902,164.13が示された〔貸借対照表計上額は省略された〕。また，これまでの Schedule C は Schedule B となり，社債の発行会社56社の会社名，所在地，額面価格，額面価格合計$4,354,040.00が示された。

ところで，貸借対照表の製造プラントは$3,900,000.00ときりのよい数値である。前期からの繰越高は$3,941,128.98，これに建物建設$61,124.34と機械購入$268,079.73の合計$329,204.07を加算し，減価償却費$370,333.05を

控除，結果として帳簿価額は＄3,900,000.00である。＄3,900,000.00を捻出するために減価償却費を調整したのであろう。

第3期報告書は，財務ディスクロージャーにおいて画期的といえる進歩を示した。それは，損益計算書において初めて「売上高」（Sales）と「売上原価」（Cost of Goods Sold）それに「法定費用・一般費・税金」（Legal and General Expenses & Taxes）を明示したからである。そして，その貸方には，「売上高」と「ロイヤリティ・その他収益」の営業収益，「有価証券利息・配当金」と「受取利息割引料」の営業外収益とを区分表示したからである。また，「補足連結損益計算書」と「連結損益計算書」の2つの計算書を示し，当期の業績を明示しようとする姿勢も評価できる〔前期は赤字なので当期の黒字（＄414,642.72 ＝ ＄13,263,611.58 － ＄11,916,447.31 － ＄932,521.55．109頁）を示そうとする意図もうかがえる〕。

貸借対照表の様式と開示項目は前期と同様であるが，それを構成するすべての項目について〔今期から負債についても〕，その内容を説明している。

(4) 第4期 — 史上最高の財務ディスクロージャー

第4期（1895年2月1日〜1896年1月31日）報告書は過去3期間と異なり社長報告，第1副社長の営業・販売報告，第3副社長の製造・エンジニアリング報告，それに第2副社長の財務報告から構成され全36頁である〔1890年代における年次報告書としては極めて膨大である〕。報告書の約60％は財務報告である。

社長C.A. Coffinは，後に続く営業・販売報告や製造・エンジニアリング報告，財務報告を要約しつつ，前期に設定した特別引当金（Special Allowance, ＄2,000,000）によって古い資産（＄530,152.16）を処理したこと〔特別引当金の「簿外」処理は不可解である。107頁の②〕，当期純利益＄877,615.49を確保したこと，売上の90％以上は出荷後60日以内の現金販売であること〔前期に比し回収期間を20日延長している。107頁〕，パテントその他の権利に関してWestinghouse Electric & Manufacturing Companyとの間で契約が結ばれたこと，そして訴訟の進捗状況等について報告した。

第1副社長は，当期売上高は＄12,730,058.07で，これは10,000社を超える

顧客に対してであること，104,000件の注文があったことなどを伝え，第3副社長は，製造原価の削減に成功していること，製品の質の向上を継続して図っていること，完成した発電設備やエンジンなどについて説明した。

第2副社長は，冒頭，これまでと同じように連結貸借対照表と連結損益計算書は，GE と Edison General Electric Co., Edison Electric Light Co., Thomson-Houston Electric Co. の連結であることを指摘し，「すべての損失は確認され次第処理され（written off），見越しの利益は一切考慮されていない」ことも伝えた。そして，貸借対照表を構成する項目について次のように報告した。

① パテント及びフランチャイズ

前期繰越高	$ 8,159,264.02
パテント取得等当期支出額	433,361.02
期末合計額	$ 8,592,625.04
当期償却額	592,625.04
貸借対照表計上額	$ 8,000,000.00

当期償却額（Now written off to Profit and Loss）＄592,625.04の根拠は示していない。おそらく貸借対照表計上額を＄8,000,000と"ラウンド・ナンバー"にするための操作であろう。

② 工場プラント（Factory Plants）については，土地の面積（70エーカー）と工場の床面積（1,350,000スクエアフィート），それらが担保に供せられていないことが初めて報告され，維持及び修繕のための支出は営業費処理されたこと，年度末ごとに取替価値（replacement value）まで大幅な償却を実施していることも指摘された。そして，工場プラントの貸借対照表価額の内訳を以下のように示した。

	追加原価	減価償却費
1893年1月31日現在の3工場の帳簿価額		$ 3,958,528.21
それ以来の変動		
土地・建物	$ 288,581.00	$ 231,487.64
機械・器具	999,347.77	1,003,855.21
パテント・型	177,644.23	447,876.64

その他	48,631.61	321,511.33
合計	$1,514,204.61	$2,004,730.82

3年間の償却額〔減価償却費の追加原価超過額〕	490,526.21
貸借対照表計上額（1896年1月31日）	$3,468,002.00

「追加原価」（Cost of additions）とはすべての維持費（maintenance），修繕費（repairs），取付・増築（additions）等を意味し，「減価償却費」は"Written off for depreciation"である。追加原価（現金支出）により生産能力が約35％増大したという。そして，工場プラントを以下のように第1期（1893年1月31日終了年度）と比較した。

工場プラント要約

工場別	1893.1.31	1896.1.31
Schenectady 工場	$2,215,364.17	$2,135,000.90
Lynn 工場	1,280,980.12	1,038,000.80
Lamp 工場	462,183.92	295,000.30
合計	$3,958,528.21	$3,468,002.00

形態別（3工場）	1893.1.31	1896.1.31
土地・建物	$1,742,906.64	$1,800,000.00
機械・器具	1,672,507.44	1,668,000.00
パテント・型	270,233.41	1.00
その他	272,880.72	1.00
合計	$3,958,528.21	$3,468,002.00

「パテント・型」及び「その他」は$1.00に評価された〔③参照〕。

③ 株式及び社債―市場価格を有している株式や社債については最近の取引価格よりもわずかに低い金額で評価した。また，容易に売却できない株式や社債についてはそれぞれの会社の役員や銀行等に問い合わせその金額を決定したが，その合計額は現在価値を超過していないと信じている。添付した Schedule A に含まれる株式及び社債のうち額面価格合計

$2,897,103.30についてはその現在価値は疑わしくかつ"スペキュレイティヴ"なので，全体を＄96（ロットごとに＄1.00）と評価した。しかし，この中には相当な額が実現すると思われるものも含まれている。その理由は，同様な証券を当期に売却したことによって＄41,640.77の利益が実現しているからである〔116頁⑦〕。さらに，24社の株式（額面価格合計＄40,654,900）を1ドルで評価し（合計＄24），取得原価との差額については〔工場プラントに含まれる〕パテント勘定（113頁）を取り崩して損失処理した。24社の中には完全子会社である Brush Electric Co. の株式も含まれている〔「過去の清算」(117頁)〕。なお，社債の明細表であった Schedule B は Schedule A に含まれ消失した。

④ 受取手形及び受取勘定に関しても，以下のような詳細なデータを示した。

貸倒引当金前期末残高		$ 2,457,625.98
和解による当期取崩額		1,419,576.36
帳簿締切前残高		$1,038,049.62
旧債権に対する追加引当金繰入額	$ 152,882.79	
新ビジネスに対する引当金繰入額	216,346.79	369,229.58
貸倒引当金当期末残高		$ 1,407,279.20
償却済受取手形及び売掛金に		
対する実現価額		$ 473,458.68
引当金繰入額		369,229.58
昨年度引当金超過額		$ 104,229.10
健全な受取手形残高（額面）	$1,522,178.46	
短期売掛金残高（額面）	2,910,443.41	$ 4,432,621.87
旧債権		
受取手形	$1,371,561.59	
長期売掛金	494,176.70	1,865,738.29
関係会社債権		516,304.65
販売した債権に係る持分		1,431,469.83
対 The Brush Electric Co. 売掛金		479,755.78
1ドル評価債権		2,432,860.88
合計（額面）		$ 11,158,751.30

〔この＄11,158,751.30（額面）から後述する貸倒引当金＄4,574,628.00を控除すると〕受取手形及び売掛金の貸借対照表計上額は＄6,584,123.30である。第2副社長はこの見積実現価値は適正であると信じているという。

さらに，受取手形と売掛金を以下のように分析した。

受取手形については312件保有しているが＄10,000以上は58件である。売掛金の口座数は4,000件であるがほとんどが少額で，＄5,000以上の大口得意先は108件である。

受取手形

健全な手形	額面金額	額面金額	帳簿価額
短期満期日	＄663,515.33		
長期満期日	858,663.13	＄1,522,178.46	
旧手形		1,371,561.59	
合計		＄2,893,740.05	
すべての手形の帳簿価額〔A〕			＄2,107,168.69

売掛金

	額面金額	帳簿価額
販売した債権に係る持分	＄1,431,469.83	
対 The Brush Electric Co.	479,755.78	
その他		
短期売掛金	2,910,443.41	
長期売掛金	494,176.70	
	＄5,315,845.72	
上記売掛金の帳簿価額		＄4,122,743.19
地方電灯会社・市電24社に対する債権〔B〕	＄516,304.65	
上記債権の帳簿価額		＄353,775.42
1ドル評価の受取手形及び売掛金436件（額面＄2,432,860.88）〔C〕		＄436.00
受取手形及び売掛金帳簿価額合計〔A＋B＋C，貸借対照表計上額〕		＄6,584,123.30

要約すると次頁のとおりである。

受取手形及び売掛金帳簿価額（貸借対照表計上額）		$6,584,123.30
貸倒引当金		
受取手形・売掛金・地方電灯会社・		
市電に対する貸倒引当金	$1,407,279.20	
1ドル評価受取手形・売掛金*1	2,432,424.88	
特別引当金の半分*2	734,923.92	4,574,628.00
上記額面金額		$11,158,751.30

〔*1〕　$2,432,860.88 − $436 = $2,432,424.88

〔*2〕　(2,000,000 − 530,152.16（111頁）) ÷ 2 = 734,923.92

⑤　現金 — 資金を借り入れる必要はなく，これまでも資金借入手形の発行や手形の割引，関係会社による借入金の保証を行ったことはない。<u>当期の現金の平均残高は$578,000で，すべての購入は現金払いである</u>〔下線部分は極めて"ユニーク"な指摘である〕。

⑥　売上債権の回収状況 — 貸倒れが稀に発生するが重要な金額ではない。しかし，不測の事態に備えるために当期は$216,346.79（114頁の④）の引当金を設定した。当期の回収状況は以下のとおりである。

現金	$11,005,220.26	83.57 %
手形	1,888,106.80	14.34
有価証券（額面）	275,637.50	2.09
合計	$13,168,964.56	100.00 %

古い契約により一部の回収は，社債と株式による。

社債（額面）$259,000.00，株式（額面）$16,637.50，合計 $275,637.50

⑦　売却した有価証券の明細は，以下のとおりである。

額面価格	帳簿価額	売却額	
$783,490.00	$467,858.50	$627,277.53	$159,419.03（利益）
423,710.00*	6.00	41,646.77	41,640.77（利益）
152,620.00	46,189.19	38,475.16	7,714.03（損失）
$1,359,820.00	$514,053.69	$707,399.46	$193,345.77（利益）

　*　ロットごとに$1.00評価したもの

第3章　GEの創立（1892年度）～1900年度の財務ディスクロージャー　117

⑧　仕掛品の内容は，以下のとおりである。

285件の仕掛品に係る労務費及び原材料費等	$ 1,406,261.77
工事の進捗状況に応じて受け取った前受金	444,875.39
残高	$ 961,386.38

　　仕掛品から発生する見積利益はない〔仕掛品の件数の明示は評価される〕。

⑨　棚卸資産 ─ すべての棚卸資産を実際にカウントし項目ごとに評価した。
原材料は1896年1月31日現在の市場価額，半製品はこれまでの労務費及び
原材料費，完成品の装置（finished apparatus）は工場原価，回転の遅い
完成品は工場原価の50%，陳腐化した完成品は残存価額（scrap value）に
より評価した。地方事務所に保管されている完成品や原材料については，
健全なものは工場原価，回転の遅いものは市場価額（これらは工場原価の
50%から70%の販売価値を有している），陳腐化したものは残存価額により
評価した。地方事務所分については＄101,191.43を償却費処理した（120頁）。
委託品（帳簿価額＄129,906.71）は評価引当金（＄43,136.46）を控除し
＄86,770.25とした（119頁）〔棚卸資産評価方法に関する詳細な説明である〕。

⑩　負債 ─ 支払手形と割引手形はない。買掛金＄428,152.78には帳簿を締
め切った3月10日（決算日は1月31日）までの請求額が含まれている〔下線
部分の指摘もよい〕。

そして，以下のような計算書を開示した。これは，「前期以前の損益」と
「当期の損益」を区分表示するためである。

過去の清算（Liquidation of Old Matters）

過去の事象に係る清算費用		$ 524,209.82
旧受取手形及び旧売掛金の損失処理		369,229.58
Brush Electric Co. 株式1ドル評価損		351,505.63
		$ 1,244,945.03
株式及び社債評価益（1896年1月31日）	$ 47,988.42	
旧受取手形及び売掛金の実現利益	473,458.68	
株式及び社債売却益〔116頁⑦〕	193,345.77	714,792.87
清算損失（「特別引当金」で処理）		$ 530,152.16

当期の業績 (Business of The Year)

総収益 (Ggross earnings)		$ 13,315,667.12
総費用 (Gross expenses)		11,910,240.26
		$ 1,405,426.86
控除―		
社債利息	$ 437,500.00	
差引　受取利息・配当金等	421,040.60	16,459.40
当期利益		$ 1,388,967.46
控除　償却額：		
パテント及びフランチャイズ	$ 159,264.02	
工場プラント	322,339.43	
その他不動産	29,718.52	511,321,97
繰越欠損金の縮小		$ 877,645.49

将来の損失に対する引当金

貸倒引当金〔114頁〕	$ 1,407,279.20
委託品評価引当金〔117頁〕	43,136.46
特別引当金残高〔2,000,000.00−530,152.16〕	1,469,847.84
引当金または保証基金 (guarantee fund)	
(欠損金として処理)	$ 2,920,263.50

　「過去の清算」は第3期に開示された「補足連結損益計算書」(108頁) に代わるものである。また,「当期の業績」のうち「総収益 $ 13,315,667.12」は後に示す連結損益計算書の「売上高」と「ロイヤリティ・その他利益」の合計額であり,「総費用 $ 11,910,240.26」は「売上原価」「一般費・パテント償却費・法定費用・税金」「その他損失」「棚卸資産償却費」「委託品償却費」の合計額 ($ 11,759,857.08 + $ 150,383.18) である。「社債費用」は総費用には含まれていない。

第3章　GEの創立 (1892年度)～1900年度の財務ディスクロージャー　119

連結貸借対照表は，以下のとおりである。

連結貸借対照表（1896年1月31日）

資　　産			負　　債		
パテント及びフランチャイズ		$ 8,000,000.00	株式資本金：		
製造プラント		3,468,002.00	普通株	$30,460,000.00	
不動産（工場プラントは除く）：			優先株	4,252,000.00	$34,712,000.00
Edison Building, N.Y. City			社債（5％利付）		8,750,000.00
	$ 412,584.63		未払利息	$ 72,916.65	
控除　抵当権	200,000.00		買掛金	428,152.78	501,069.43
その他不動産	241,000.00				
	$ 453,584.63				
株式及び社債					
（Schedule A）	5,479,332.23				
受取手形・売掛金	6,584,123.30	12,517,040.16			
現金		879,685.75			
仕掛品		961,386.38			
棚卸資産：					
工場	$3,418,572.60				
地方事務所	714,540.81				
委託品	86,770.25	4,219,883.66			
損益（Profit & Loss）		13,917,071.48			
		$43,963,069.43			$43,963,069.43

「パテント及びフランチャイズ」は $ 8,000,000 で，創立以来動きはない。

「その他不動産」は前期の $ 211,198.79 から $ 241,000.00 へときちんとした数値に収まっている。

連結損益計算書は，以下のとおりである。

連結損益計算書（1896年 1 月31日）

費　　用			収　　益		
売上原価	$9,860,216.09		売上高	$12,730,058.07	
一般費・パテント費・			ロイヤリティ・		
法定費用・税金	1,899,640.99		その他利益	585,609.05	
		$11,759,857.08			$13,315,667.12
			有価証券利息・配当金		
				$　320,256.54	
その他損失	$27,178.31		受取利息割引料	100,784.06	
棚卸資産償却費	101,191.43				$　421,040.60
委託品償却費	22,013.44	150,383.18			
社債利息		437,500.00			
		$12,347,740.26			
当期利益		1,388,967.46			
		$13,736,707.72			$13,736,707.72
残高（1895年 1 月31日）		$14,794,716.97	当期利益		$ 1,388,967.46
償却費（Written off）					
一工場プラント	$　322,339.43		残高（1896年 1 月31日）		13,917,071.48
一その他不動産	29,718.52				
一パテント・					
フランチャイズ	159,264.02				
		511,321.97			
		$15,306,038.94			$15,306,038.94

　連結損益計算書において，借方の「残高（1895年 1 月31日）＄14,794,716.97」〔前期繰越欠損金〕が当期の業績〔当期利益＄1,388,967.46〕を表示した後に移された。「残高（1896年 1 月31日）＄13,917,071.48」は「次期繰越欠損金」である。

　36頁にも及ぶ1896年 1 月31日終了年度（第 4 期）の報告書は，GE の総務，製造，販売，技術，財務に関する詳細な報告で他に類を見ない。そして，この報告書の財務ディスクロージャーはその後の100年間を含み GE 史上最高のレベルに位置するものなのである[1]。

(5)　第5期 — 不可解な特別引当金

第5期（1896年2月1日〜1897年1月31日）報告書（全29頁）において，社長 C.A. Coffin は，冒頭，次のように報告した。

「当社の事業はすべての製造会社と同様苦境であった。それは，全米を覆った混乱した経済状況と政治状況に起因している〔この状況については第1章35頁で指摘した〕。特に事業年度後半の受注は激減した。2年前の1895年1月31日終了年度において資産の目減りに備えるため＄2,000,000を留保したが（set aside），当時は金額を決めることは非常に難しかった（it was then extremely difficult to fix.）。しかし，その後の状況を見るとこの金額はまったく正確かつ十分であると取締役会は判断しこれを活用している〔これは「特別引当金」のことである。同引当金繰入額は第3期において欠損金に含められたが（107頁②，109頁），特別引当金は貸借対照表には計上されていない。「将来の損失に対する引当金」（118頁）も含み，不可解な会計処理である〕。」

そして，後に開示された連結損益計算書を以下のように要約した。

当期の業績

総売上高		$ 12,820,395.87
総費用		11,207,388.65
		$ 1,613,007.22
控除：		
社債利息	$ 431,250.00	
差引　受取利息・配当金	370,479.70	60,770.30
当期利益		$ 1,552,236.92
控除：		
その他損失・損失引当金繰入額	$ 318,531.13	
パテント・フランチャイズ費用	349,919.20	
棚卸資産・委託品償却費	61,084.36	
	729,534.69	
差引：有価証券売却益等	136,955.85	592,578.84
繰越欠損金の縮小		$ 959,658.08

このように,「当期純利益」ではなく,「繰越欠損金の縮小」(Reduction of the deficit of previous years) という用語を使用している。

また,社長は,昨年締結されたパテント等の権利に関する Westinghouse Electric & Manufacturing Co. との契約に満足していること,重要なパテントに対して多くの訴訟が提訴されているが積極的に対処していると述べた。

第2副社長は,連結貸借対照表と連結損益計算書は GE と Edison General Electric Co., Edison Electric Light Co., Thomson-Houston Electric Co. の連結であることをこれまでと同様に指摘した。しかし,前期に登場した「すべての損失は確認され次第処理され,見越しの利益は一切考慮されていない」は省略された。そして,貸借対照表項目について以下のように説明した。

① パテントの新規取得とパテント訴訟に係る支出は合計$349,919.20であるが全額を費用処理し,当期末残高は$8,000,000である〔前期に開示された算出プロセス(112頁)は削除された〕。

② 工場プラント ― 土地の面積(72エーカー)と工場床面積(約1,416,000スクエアフィート)とそれらが担保に供せられていないこと,それに維持及び修繕のための支出は営業費処理されたことは前期に引き続き指摘されたが,前期の「1893年1月31日現在の3工場の帳簿価額」と「それ以来の変動」(112頁)に代わって,以下の当期の動きを示した〔この方がよい〕。

	1896. 1 .31	追加原価	減価償却費	1897. 1 .31
土地・建物	$1,800,000.00	$92,092.45	$97,092.45	$1,795,000.00
機械・器具	1,668,000.00	205,321.90	268,321.90	1,605,000.00
パテント・型	1.00	47,794.34	47,794.34	1.00
その他	1.00	34,361.68	34,361.68	1.00
合計	$3,468,002.00	$379,570.37	$447,570.37	$3,400,002.00

そして,減価償却費と追加原価の差額$68,000.00〔$447,570.37 ― $379,570.37〕を費用処理したことを指摘した〔これまでと同じ会計処理である。113頁〕。

工場別の内訳は以下のとおりである。

工　場	1896. 1. 31	1897. 1. 31
Schenectady 工場	$ 2,135,000.90	$ 2,157,000.90
Lynn 工場	1,038,000.80	993,000.80
Lamp 工場	295,000.30	250,000.30
合計	$ 3,468,002.00	$ 3,400,002.00

　3 工場の形態別表示（113頁）は省略された。

③　株式と社債については，「市場価格を有しているもの」「容易に販売でき
ないもの」「その他の有価証券」の3種類に分類し，それぞれの評価方法
について説明している〔この点は従来と同様である〕。そして，Schedule A
の「その他の有価証券」の現在価値は疑わしくかつ"スペキュレイティヴ"
なので全体を $ 135（ロットごとに $ 1.00）に評価したこと，その結果，貸借
対照表上の株式及び社債は合計 $ 8,545,795.68で昨年の $ 5,479,332.23を
$ 3,066,463.45上回ったこと。得意先の債務の弁済として受け取った鉄道
会社や電灯会社等11社の株式または社債の額面価格とその合計額
（$ 5,274,950.00）も明示した〔下線部分の指摘は評価される〕。

　また，特に保有することに意味をもたない有価証券を売却し，売却収入
は上の有価証券の取得に充てられた。

有価証券（額面 $ 326,115）の売却収入	$ 285,829.56
同帳簿価額	206,012.80
売却益	$ 79,816.76

④　現金について。過去2年間の方針は今年度も遵守され，現金販売をベー
スに望ましい（desirable）顧客に対してのみ短期の掛売りが行われたこと，
資金を借入れる必要はないこと，これまでも資金借入手形を発行したこと
や手形の割引，関係会社による借入金の保証は行ったことのないこと。
すべての購入は現金払いであること。ただし，前期に指摘された「現金の
平均残高は $ 578,000」は省略された。

⑤　受取手形及び売掛金について。貸借対照表の金額 $ 4,578,600.96は見積
実現価額であること，つまり貸倒引当金控除後の金額であること〔ただし，

貸倒引当金は省略された〕，そしてその内訳を以下のように示した。

	額　面	
受取手形	$1,196,715.81	
売掛金	2,901,773.96	$4,098,489.77
長期の受取手形	766,974.05	
回転の遅い売掛金	207,188.16	974,162.21
		5,072,651.98
地方電灯会社・市電に対する債権		217,700.92
Brush Electric Co. に対する債権		194,516.85
額面合計		$5,484,869.75

　また，435件の得意先に対して受取手形と売掛金合計 $2,644,547.59が
存在するが，これらは1ドルに評価され〔$435〕，差額は当期の損失とし
て処理したこと，前期から繰り越された旧債権に対する回収は満足する
状態であること。これらがすべてである。第4期で開示された受取手形や
売掛金についての分析や貸倒引当金との関係（114頁④），売上債権の回収
状況（116頁⑥）はすべて省略された。

⑥　仕掛品の内訳についての説明は第4期と同じである（117頁⑧）。

⑦　棚卸資産の実地棚卸と項目ごとの評価方法についての説明はこれまで
どおりである。そして，工場の棚卸資産価額は帳簿価額を $141,184.98
上回ったが，その差額は当期の利益ではなく引当金（reserve）として保持
されていること(retained)，その他の棚卸資産の評価減 $50,354.85を工場
原価に含めて処理したこと，委託品については帳簿価額 $73,729.85から
評価損 $33,977.15を控除し残額 $37,752.65を評価額としたこと。

⑧　負債についての説明は前期と同じである（117頁⑩）。

⑨　Edison Building, N.Y. City の抵当権設定 $200,000.00は1897年2月
26日に抹消された。

なお，前期以前の損益と当期の損益を区別するために第3期に導入され第4
期報告書にも踏襲された「過去の清算」（Liquidation of Old Matters）と「当期
の業績」（Business of the Year）はともに省略された（117-118頁）。

連結貸借対照表の様式及び開示項目は，第4期と同じである（119頁）。

連結損益計算書は以下のとおりである。第3期（1894年1月31日終了年度）の様式に戻った。

連結損益計算書（1897年1月31日）

費　　用			収　　益		
1896年1月31日残高		$13,917,071.48	売上高	$12,540,993.88	
売上原価	$9,691,501.12		ロイヤリティ・		
一般費・税金	1,515,887.53		その他利益	279,401.99	
		11,207,388.65			$12,820,395.87
			受取社債利息・		
			配当金	$　282,143.69	
社債利息		431,250.00			
その他損失	$　318,531.13		受取利息割引料	88,336.01	
棚卸資産償却費	50,354.85				370,479.70
委託品償却費	10,729.51	379,615.49	有価証券売却益	$　79,816.76	
パテント及びパテント費		349,919.20	社債償還差益	57,139.09	
					136,955.85
			残高1897年1月31日	12,957,413.40	
		$26,285,244.82			$26,285,244.82

連結損益計算書において，前期の「一般費・パテント費・法定費用・税金」が「一般費・税金」と「パテント及びパテント費」（Patent and Patent Expenses）に区分表示された。

第5期報告書は，貸借対照表と損益計算書を構成する項目の説明が省略あるいはやや簡略化され（特に受取手形と売掛金について），総頁数は前期の36頁から29頁に減少したが，優良な財務ディスクロージャーをキープしている。

(6)　第6期 ― 公認会計士監査の導入

第6期（1897年2月1日～1898年1月31日）報告書は全32頁と若干盛り返した。社長は，経済環境の回復と当社の業績の向上を指摘した後，帳簿上のパテント

勘定が創立以来同じ額なので適切な時期に再評価することの必要性を述べた。そして，連結損益計算書を要約した「当期の業績」（Business of The Year）を今期も開示〔様式・開示項目は前期と同じ。118頁〕，繰越欠損金が＄1,231,852.37縮小したことを伝えた。

また，鋳造工場や機械工場の建設に必要な資金＄500,000のうち＄250,000を利益処分として引当金（Reserve for Extensions to Factory Plants）に計上したこと，工場施設拡充のための支出は費用処理すること（to write off the accounts expended for additional factory facilities）が当社のこれまでの慣行であること〔すでに見たとおりである〕，4年前の株主総会で配当を再開するために減資が提案されたが〔第1期と第2期は優先株については配当を実施〕，この問題を検討するために近いうちに計画を提出すること，パテントその他の権利に関しては重要な変動はないことなどを報告した。

第2副社長は，連結貸借対照表と連結損益計算書はGEとEdison General Electric Co.，Edison Electric Light Co.，Thomson-Houston Electric Co. の連結であること，そして，「貸借対照表の各項目を説明するに当たっては，これまでと同じ方法を用いた」（"In explaining what each item on the Balance Sheet represents, the language of previous years is again used."）と述べ，以下のように説明した。

① パテントの新規取得とパテント訴訟に係る支出は合計＄333,334.68で費用処理した。したがって，当期末残高は＄8,000,000である。

② 3工場の土地の面積（約160エーカー）と工場床面積（約1,600,000スクエアフィート），それらが担保に供せられていないこと。維持及び修繕のための支出それに減価償却費（allowance to provide against depreciation）は営業費処理したこと。そして，以下の表を当期も開示した。

	1897.1.31	追加原価	減価償却費	1898.1.31
土地・建物	＄1,795,000.00	＄164,715.35	＄102,670.70	＄1,857,044.65
機械・器具	1,605,000.00	183,879.85	245,924.50	1,542,955.35
パテント・型	1.00	71,450.87	71,450.87	1.00
その他	1.00	18,874.06	18,874,06	1.00
合計	＄3,400,002.00	＄438,920.13	＄438,920.13	＄3,400,002.00

③　株式及び社債の帳簿価額は昨年から変更されておらず，評価方法についてもこれまでの方法を踏襲し，所有するすべての株式と社債の現在価値は帳簿金額と同じ＄7,455,872.96であると信じていること。添付した Schedule A は当社の所有する最も重要な会社の株式と社債の一覧表であるが，その帳簿価額は＄7,195,471.72である。それ以外に有価証券合計＄260,401.54（地方電灯会社や市電会社の株式と社債合計＄196,941.77，その他＄63,327.77，1ドル評価有価証券＄132.00）を所有しているが，それらの価値は現在も将来も疑わしいこと。

　　　有価証券売却益（＄116,355.94）は，有価証券売却額（＄1,038,054.80）から帳簿価額（＄921,698.86）を控除した残高であり，売却収入は当社の社債償還資金に充てたこと。

④　受取手形及び売掛金については第5期と同じ説明である（123頁⑤）。ただし，貸倒引当金（＄662,614.66）が復活した。

⑤　現金と仕掛品，棚卸資産(棚卸資産評価益＄275,097.72)，負債についての説明も，従来どおりである（123-124頁）。

　連結貸借対照表と連結損益計算書はこれまでの様式と開示項目を踏襲したが，連結貸借対照表の負債の部に「工場プラント拡張引当金＄250,000.00」と連結損益計算書に「工場プラント拡張引当金繰入額＄250,000.00」が登場した。

　このように，第6期報告書の財務報告も，前期とまったく同じ項目をほとんど同じ"トーン"で説明した。

　ところで，第6期報告書の最大の特徴は，当期より Patterson & Corwin の監査を導入したことである。Andrew S. Patterson（ニューヨーク州公認会計士証書第41号）と Hamilton S. Corwin（ニューヨーク州公認会計士証書第56号）は，ともにアメリカ生まれである[2]。両者が1898年4月18日に発行した監査証明書の全文は，以下のとおりである。

Certified Public Accountants' Certificate

New York, April 18, 1898

To the Board of Directors of the General Electric Co.:

We have made a critical examination of the books and accounts of the General Electric Co., the Edison General Electric Co., the Edison Electric Light Co. and the Thomson-Houston Electric Co. for the two years ended January 31, 1898, and hereby certify that the consolidated income accounts published in the Annual Reports of the General Electric Co. as of January 31, 1897, and January 31, 1898, correctly state the results of the business for the periods, and that the balance carried down in profit and loss accounts includes the closing of all income and expense accounts; also accrued interest to January 31, 1898.

We further certify that the consolidated condensed balance sheet published herewith correctly sets forth the assets and liabilities of the Company at January 31, 1898, as shown by the books.

The operations of the Company for the two-year period under consideration may be condensed into the following brief statement:

Resources:

Net profits	$ 3,206,093.80
Net amount realized from the sale of assets	548,489.55
Total resources	$ 3,754,583.35

Disposition of resources:

Interest on Debenture Bonds	$ 764,583.35
Debenture Bonds purchased and retired	2,750,000.00
Mortgages on Edison Building and	
Ave. B property, New York City, paid off	240,000.00
Total accounted for	$ 3,754,583.35

In the course of this examination we audited the payrolls, checked all vouchers for disbursements and found that such disbursements were correctly carried into the general books of account; also traced the sales from the requisitions and shipments through the sales journals into the general ledger.

We verified the cash balances by comparison with pass books or statements of the various banks of deposit and by actual count of cash in the Treasurer's office. The only cash items not verified were the various small balances carried in the distant branch offices.

We verified the amounts of stocks, bonds and bills receivable owned by the Company, either by actual count of the securities in the office of Treasurer or by receipts and certificates of the Trust Companies and other custodians of the same.

We examined, item by items, into the books values of the stocks and bonds

第 3 章 GE の創立（1892 年度）～1900 年度の財務ディスクロージャー　129

owned, and we are satisfied that in the aggregate the actual value of the securities is equal to the amount at which they are carried on the books.

We observed the methods employed by those familiar with circumstances to determine the estimated amount charged off as a reserve against bad debts and other possible losses on notes and accounts receivable, and are satisfited that such estimates were carefully and fairly made.

The technical nature of the business of the Company, and the wide range, number and variety of the articles manufactured, render it impracticable for any persons not mechanically expert in the various lines and familiar with the goods, to correctly identify and inventory them ; therefore, the inventories at January 31, 1898, were necessarily taken and priced by the Company's own experts. We, however, noted the manner in which the inventories were compiled, item by item, and verified the computation. Our knowledge of the instructions given and the methods and precautions followed to insure correctness leads us to believe that said inventories were carefully and conservatively taken, and that the amount carried over in the balance sheet fairly represent the value of the goods.

We have not attempted to appraise the manufacturing plants, but in our opinion, which is based upon our observations of the methods of treating improvements to the plants and and the amounts charged off for depreciation and appropriated for extensions, the policy of the management regarding charges to plant is conservative.

As to the value of the patents and franchises, we are not competent to express an opinion.

We observed the instructions given and the precautions taken to enter all existing current liabilities on the books at the time of closing and are satisfied that all known accounts payable of the Company are included in the balance sheet.

We have read the explanations of the balance sheet and profit statements submitted herewith by the Second Vice-President and concur therein.

Patterson & Corwin,

Certified Public Accountants.

*　　　　*　　　　*

公認会計士の証明書

1898 年 4 月 18 日

General Electric Co. 取締役会殿

我々は，General Electric Co.，Edison General Electric Co.，Edison Electric Light Co. ならびに Thomson-Houston Electric Co. の1898年1月31日に終了する2年間の帳簿及び計算書について批判的に調査した。そして，我々は，General Electric Co. の年次報告書において発表された連結損益計算書は1897年1月31日及び1898年1月31日に終了する各事業年度の営業の結果を正確に示しており，また，連結損益計算書に計上された金額もすべての損益勘定の締切後の数値であり，1898年1月31日までに発生した利息も含んでいることを証明する。

我々は，ここに発表された連結要約貸借対照表は帳簿が示しているように1898年1月31日現在の資産及び負債を正確に表示していることも証明する。

2年間の経営は，簡潔に示すと以下のようになる。

源泉：

純利益………………………………………	$3,206,093.80	
資産売却益…………………………………	548,489.55	
合　計	$3,754,583.35	

運用：

無担保社債利息……………………………	$764,583.35	
無担保社債購入及び償還…………………	2,750,000.00	
エジソンビル等の抵当権		
設定に係る支出……………………………	240,000.00	
合　計	$3,754,583.35	

我々は，この監査の過程で，賃金台帳を監査しすべての支払証憑をチェックした。その結果，支出は総勘定元帳に正確に記録されていることを認める（found）。また，売上高についても売上台帳を通して入手した売上請求書と出荷伝票から総勘定元帳へとトレースした（traced）。

我々は，現金預金残高を銀行の通帳や銀行の預り証と照合（comparison）し，さらに財務部長室で現金を実際に数える（actual count）ことによって検証した（verified）。検証しなかった現金は，地方事務所の小口現金のみである。

我々は，会社所有の株式，社債，受取手形の金額について財務部長室で証券を実際に数え，また信託会社等が作成した預り証や証明書によって検証した。

我々は，会社所有の株式及び社債の帳簿価額を個々に調査し，全体としてこれらの有価証券の実際の価値は帳簿価額と等しいことに満足している。

我々は，不良債権や売掛金及び受取手形に対する貸倒引当金の見積繰入額を決定するためにこれらに精通している者が採用している方法を観察し（observed），それらの見積りが注意深くかつ適正になされていることに満足している。

会社の業務の専門的な性質や多種多様な製品からして，これらに精通していな

い者がそれらを正確に識別することや実地棚卸をすることは不可能である。したがって，1898年1月31日現在の棚卸資産については会社の専門家によって棚卸しが行われ，金額の決定も彼らによって実施されている。しかしながら，我々は，棚卸資産が項目ごとに集計される方法に注意し（noted），またその計算を検証した。会社の実地棚卸に関する指示，棚卸方法，正確を期そうとする彼らの注意からして，実地棚卸は注意深くかつ保守的に行われ，貸借対照表の棚卸資産の金額はその価値を適正に表示していると信じる。

　我々は，設備プラントを鑑定評価する（appraise）ことはしなかったが，改良費のプラント勘定への振替や減価償却費の額及び設備拡張のための処分額を根拠に判断すると，プラント勘定への振替に関する経営者の方針は保守的であることを認める。

　我々は，パテントとフランチャイズの価値については意見を述べる資格を持たない。

　我々は，期末現在のすべての流動負債を帳簿に計上するための会社側の指示事項や注意の程度を観察した。その結果，明らかとなっているすべての支払勘定項目は貸借対照表に計上されていることに満足している。

　我々は，ここに提出された第2副社長の貸借対照表と損益計算書についての説明を読み（read），それに同意する。

　このように，Patterson & Corwin は，GE とそれを構成する3社の2年間の会計監査を実施し，1898年1月期の連結損益計算書は営業の結果を正確に示し，連結貸借対照表は帳簿に準拠して作成され資産及び負債を正確に表示していることを証明した。次に，財務諸表には示されていない2年間の純利益とその処分状況について説明した。そして，賃金に関する支出と売上高については現在の監査手続でいう証憑突合や帳簿突合等により内部証拠を収集したこと，現金，預金，有価証券，受取手形については実査や第三者作成の証書・預り証により外部証拠を入手したことを指摘している。さらに，有価証券が帳簿価額と等しいこと，貸倒引当金の見積方法が妥当であること，棚卸資産の評価が保守的であること，プラントへの支出が保守的に処理されていること，明らかになっているすべての負債が計上されていることについて満足の意を表明し，同時にパテント及びフランチャイズについては意見を差し控えている。実地棚卸の立会の省略についても指摘した。また，年次報告書中の第2副社長の財務諸表項目の説明についても同意している。119年も前の監査証明書である。

(7) 第7期 ─ 減資による黒字転換

　第7期（1898年2月1日～1899年1月31日）報告書は全27頁とまた後退した。社長は，好況を背景とする工場建設の拡張が業績の拡大をもたらしたこと，前期の報告書で指摘したように累積赤字を解消するために40％の減資を実施，普通株資本金は＄30,460,000から＄18,276,000へ，優先株資本金は＄4,252,000から＄2,551,200へ減少したこと，「パテント・リース・フランチャイズ・ブランド」＄8,000,000を半分の＄4,000,000に評価減したことを株主に伝えた。

　そして，当期の業績を以下のように要約した。

当期利益（売上原価，一般費・税金， 　パテント費等すべての費用控除後）		＄3,896,884.10
控除　1898年8月18日現在の欠損金 　（減資及びパテント等評価損計上後）	1,840,761.03	＄2,056,123.07
控除　社債利息及び優先株配当金〔連結損益計算書〕 　（＄290,000.00＋＄81,638.40）		371,638.40
		＄1,684,484.67
1898年1月31日までに支払われた 　優先株配当金（累積分）〔137頁の連結損益計算書〕		1,527,913.68
剰余金（1899年1月31日）		＄　156,570.99

　このように，当期利益＄3,896,884.10（136頁）から減資（1898年8月17日）後も残存していた欠損金＄1,840,761.03を控除し，当期に係る社債利息と優先株配当金＄371,638.40を処理，さらに，累積的優先株に対する未払配当金＄1,527,913.68を支払った後に，剰余金が第2期以降初めて黒字に転換した。

　第2副社長によるGEと子会社3社に係る財務報告は，以下のとおりである。

① 　パテント・フランチャイズ・営業権（Goodwill）─「営業権」が当期から加わった。

過去3年間の年次報告書繰越額	＄8,000,000.00
パテント取得及び訴訟費用等当期支出額	269,440.41
期末合計額	＄8,269,440.41

特別償却（1898年6月30日開催取締役会決議）		4,000,000.00
当期償却額		269,440.41
貸借対照表計上額		$4,000,000.00

　パテント取得及び訴訟等当期支出額を費用処理する方法はこれまでどおりである。当期に＄4,000,000の特別償却を実施している。創立時のいわば資本の水割りとしての「パテント・権利・ライセンス・契約等＄8,159,264.02〔98頁〕を40％の減資により水抜きしたのである（137頁）。
② 　工場プラントについては，3工場の土地の面積（約160エーカー）と工場床面積（約1,800,000スクエアフィート），それらが担保に供せられていないこと，Schenectady工場に＄500,000，Lynn工場等の改良や機械取得に＄786,000を支出したが費用処理したこと，維持及び修繕のための支出も費用処理したこと，そして以下の2つの表も引き続き開示した。

	1898.1.31	追加原価	減価償却費	1899.1.31
土地・建物	$1,857,044.65	$387,353.66	$387,353.66	$1,857,044.65
機械・器具	1,542,955.35	399,132.60	399,132.60	1,542,955.35
パテント・型	1.00	70,483.81	70,483.81	1.00
その他	1.00	40,769.51	40,769.51	1.00
合計	$3,400,002.00	$897,739.58	$897,739.58	$3,400,002.00

工　場	1898.1.31	1899.1.31
Schenectady 工場	$2,300,000.90	$2,300,000.90
Lynn 工場	900,000.80	900,000.80
Harrison 工場	200,000.30	200,000.30
合計	$3,400,002.00	$3,400,002.00

③ 　株式及び社債の帳簿価額は2年前の評価以降重要な変更は行われていないこと，市場性のない有価証券については1897年1月31日現在の価値を注意深く検討し固定した（fix）こと，市場価格を有している有価証券については当時の取引価額で評価しそれが繰り越されていること。
　そして，貸借対照表の＄7,226,422.45の内訳として，Schedule A（株式，

58社名，住所，額面価格，額面価格合計＄8,831,411，帳簿価額＄3,801,827.41）と Schedule B（社債，60社名，住所，額面価格，額面価格合計＄4,914,131，帳簿価額＄3,182,948.03）を添付し〔Schedule B が復活〕，加えて地方の電灯会社や市電会社の株式及び社債（額面価格合計＄288,560，帳簿価額＄116,053.45）とその他有価証券（額面価格合計＄301,116，帳簿価額＄125,461.56），それに1ドル評価有価証券＄132.00を示した。これらの有価証券の現在価値は帳簿価額に等しいと信じているという。

　また，当年度の有価証券売却益についても以下を示した。

有価証券（額面＄1,180,115.00）の売却収入	＄1,070,960.39
同帳簿価額	746,498.36
有価証券売却益	＄　324,462.03

　「売却収入は工場プラント取得の一部と社債償還資金，それに新たな16社の株式及び社債（会社名と額面価格を明示）の購入に充てられた」〔特に下線部分はよい〕。

④　現金についての説明はすべて省略された（123頁）。

⑤　受取手形及び売掛金については，以下のような詳細なデータが復活した。

　貸借対照表の金額＄5,086,679.82は見積実現価額である。つまり，受取手形及び売掛金合計（＄5,806,961.75）から貸倒引当金（＄720,412.93）を控除した後の金額である〔帳簿上は1ドル評価債権＄131を加算する〕。

	受取手形	売掛金	合　計
債権金額（1898．1．31）	＄1,909,465.27	＄3,290,194.27	＄5,199,659.54
当期回収額	1,014,112.78	2,825,896.11	3,840,008.89
残高	＄　895,352.49	＄　464,298.16	＄1,359,650.65
当期発生額	598,278.50	3,849,032.60	4,447,311.10
債権金額（1899．1．31）	＄1,493,630.99	＄4,313,330.76	＄5,806,961.75

　前期以前の債権については前年の評価額を上回る＄49,799.21が回収されたが，それを下回る＄4,982.41の損失も発生し，差額＄44,816.80を利益に計上したこと，そして「直近3ヵ月の売上高は＄4,151,904.62である」

と初めて指摘し，受取手形及び売掛金の残高＄5,806,961.75はそれを1.4倍上回ること〔つまり4.2ヵ月分の売上高に相当すること〕を報告している〔この指摘は特筆しうる〕。

　　貸倒引当金＄720,412.93の明細は，以下のとおりである。

	受取手形	売掛金	合　計
前期末貸倒引当金	＄　343,895.52	＄　318,719.14	＄　662,614.66
当期取崩額	76,559.10	107,979.40	184,538.50
旧債権に係る残高	＄　267,336.42	＄　210,739.74	＄　478,076.16
当期増加額	0	67,007.47	67,007.47
旧債権に係る貸倒引当金	＄　267,336.42	＄　277,747.21	＄　545,083.63
新債権に係る貸倒引当金	30,793.58	144,535.72	175,329.30
貸倒引当金合計	＄　298,130.00	＄　422,282.93	＄　720,412.93
債権金額（1899.1.31）	＄1,493,630.99	＄4,313,330.76	＄5,806,961.75
			＄5,086,548.82
1ドル評価債権			131.00
貸借対照表計上額	＄1,195,500.99	＄3,891,047.83	＄5,086,679.82

　　なお，131件の得意先に対する受取手形と売掛金合計＄1,374,703.69を1ドルに評価し（＄131），差額を当期の損失として処理したが，この種の債権については和解により＄62,190.62が回収された。受取手形と売掛金の期末残高と両者に係る貸倒引当金の関係が第4期（114頁④）に比し明瞭になった。

⑥　315件の仕掛品についての説明はこれまでどおりである（117頁⑧）。

⑦　棚卸資産について次のようにいう。すべての棚卸資産を実際にカウントし項目ごとに評価した。原材料は1899年1月31日現在の市場価額により，健全な販売用完成品と半製品は工場原価により，回転の遅い製品は工場原価の約50％で評価した。陳腐化した製品は残存価額により，工具・器具・備品等は現在価値で評価した〔ここまではこれまでどおりである〕。

　　以下は，若干の変動である。「これらの評価の結果，工場の棚卸資産については帳簿価額を上回り，超過額は，その全額を利益とするのでなく，一部は原材料価格の上昇による製造原価の増大に対処するため引当金に組

み入れた」と指摘している。前2期は超過額全額を引当金に繰り入れたが，当期はその一部であるとのこと。なお，超過額は明示していない〔前期は＄275,097.72，前々期は＄141,184.98（124，127頁）〕。そして，「地方事務所で出し入れされる棚卸資産は工場原価により評価し，当年度は＄26,153.47の評価損を計上した」こと，「すべての事務所の家具と設備は＄47,259.75，器具等は＄27,222.91であるが，これらはそれぞれ＄30,000と＄20,000に評価し，差額は当期の評価損とした」ことも指摘した。

⑧　負債については，支払手形や割引手形がないこと，資金借入手形はこれまでも発行したことがないこと，顧客の手形割引に対する保証も行ったことがないこと。社債（1922年6月1日満期，利率5％）＄300,000を買入償還したこと，未払社債利息（＄47,500.00）は社債＄5,700,000（利率5％）に対する1899年1月31日までに発生したものであること。買掛金については1899年1月31日現在＄146,195.19，同日以降2月27日までの請求額＄285,301.25，合計＄431,496.44であること。

連結貸借対照表（1899年1月31日）の様式及び開示項目については，第4期と大きな変動はない（119頁）。ただし，資産の「パテント・フランチャイズ」が「パテント・フランチャイズ・営業権」となり，「Edison Building, N.Y. City」と「その他不動産」が「不動産（工場プラントは除く）」にまとめられた。また，負債に「未請求配当金」（Unclaimed Dividend）が初めて登場し，「工場プラント拡張引当金」は姿を消した。減資の結果，総資産は前期の＄41,275,525.75から＄27,174,506.57へと大幅に減少した。

連結損益計算書は，右頁のとおりである。

社長が冒頭で指摘した「当期利益（すべての費用控除後）＄3,896,884.10」（132頁）は，連結損益計算書の収益合計（＄17,260,858.76）から売上原価と一般費・税金等（＄13,094,534.25）それにパテント取得・費用（＄269,440.41）の合計＄13,363,974.66を控除した残額である。したがって，社債利息＄290,000は優先株配当金と同様に利益処分項目である〔第4期（1896年1月31日終了年度）は営業外費用処理であり（120頁），社債利息の扱いが定まっていない〕。そして，すでに指摘したように減資により創立以来の繰越欠損金が消え，わずかながら剰余金＄156,570.99が借方（黒字）に残った。

第3章　GE の創立（1892年度）〜1900年度の財務ディスクロージャー　137

連結損益計算書（1899年1月31日）

借　方			貸　方		
1898年1月31日残高（欠損）		$11,725,561.03	減資（1898.8.17）：		
パテント・フランチャイズ・			優先株―40％減資		$ 1,700,800.00
営業権償却（1898.6.30）		4,000,000.00	普通株―40％減資		12,184,000.00
					$13,884,800.00
			残高〔欠損〕		1,840,761.03
		$15,725,561.03			$15,725,561.03
残高〔欠損〕		$ 1,840,761.03	売上高		$15,679,430.86
売上原価	$11,275,612.18				
一般費・税金，その他損失・					
損失引当損	1,818,922.07	$13,094,534.25	ロイヤリティ・		
パテント取得・パテント費		269,440.41	その他利益		792,590.82
					$16,472,021.68
社債利息		290,000.00	有価証券利息・		
優先株配当金：累積的			配当金	$341,999.76	
1893.7.1〜1896.12.31			受取利息	119,953.61	461,953.37
	$ 1,041,740.00				
1896.12.31〜1898.8.17					
	486,173.68				
1898.8.17〜1899.1.31					
	81,638.40				
		1,609,552.08	有価証券売却益	$324,462.03	
剰余金（1899年1月31日）		156,570.99	社債償還差益	2,421.68	326,883.71
		$17,260,858.76			$17,260,858.76

　そして，当年度の Patterson ＆ Corwin の監査証明書には，新たに次頁の2つの文章が挿入された。

> 「貸倒れの見積りは前期以前と同じ方法に基づいているが，従来も実際の貸倒損失は貸倒見積額より少なかったので〔今期の設定額も〕十分に正当化しうる。回収は厳格に実施され，回収の結果が示すように債権は十分に管理されている。」
>
> 「会社の方針は，年次報告書に示されているように，価値の減少や損失が確認された場合には直ちに償却すること，起こりうる損失に対しては期末に十分な引当てをすること，しかし，利益は売上げが実現するまでは決して計上しないことである。」

(8) 第 8 期 ─ 棚卸資産評価の微妙な相違

　第 8 期（1899年 2 月 1 日～1900年 1 月31日）報告書（全27頁）において，社長 C.A. Coffin は，当期の業績を以下のように要約した。

当期利益（特別な有価証券売却益 $ 838,857.73を含み一般費，パテント費及びその他費用，工場に係る支出，減価償却費，損失等すべて控除後）	$ 5,479,130.20
控除　優先株・普通株配当金及び社債利息	1,282,670.67
	$ 4,196,459.53
パテント評価損	2,000,000.00
剰余金へ加算	$ 2,196,459.53

　当期利益のカッコ書き（特別な有価証券売却益 $ 838,857.73を含み，一般費，パテント費及びその他費用，工場に係る支出，減価償却費，損失等すべて控除後）(including an unusually large profit, amounting to $ 838,857.73, derived from the sale of securities, after deducting all general, patent and miscellaneous expenses, expenditures on factories and allowances for depreciations and losses) の下線項目が加わり前期に比しやや詳細になったが，実質は変わりない（132頁）。そして，当期の業績には全体として満足しているが，原材料価格の変動が激しくコストを見積ることや価格を一定に据え置くことの難しさを述べた。これが主な社長報告であり，簡略化された挨拶である。

　その後に，第 1，第 2，第 3 副社長の報告が続く。

第 2 副社長は，連結貸借対照表と連結損益計算書は GE と Edison General Electric Co., Edison Electric Light Co., Thomson-Houston Electric Co. の連結であることをこれまでと同じように指摘した後，次のように報告した。

① パテント・フランチャイズ・営業権

前期の年次報告書繰越額	$4,000,000.00
パテント取得及び訴訟費用等当期支出額	353,333.87
期末合計額	$4,353,333.87
特別償却（1900年1月31日開催取締役会決議）	2,000,000.00
当期償却額	353,333.87
貸借対照表計上額	$2,000,000.00

第1期で算出され，第2期の貸借対照表で「パテント及びフランチャイズ $8,159,264.02」と明示されたが，第7期で $4,000,000 が償却され，当期でさらに $2,000,000 の水抜きが行われた。パテント取得や訴訟費用等の当期支出額を費用処理する方法は創立以来一貫している。

② 工場プラント―3工場の土地の面積（約174エーカー）と工場面積（約2,000,000スクエアフイート），それらが担保に供せられていないこと，建物等の建設・拡張と機械取得の支出や維持・修繕のための支出の費用処理の指摘はこれまでどおりであるが，以下の7年間の動向が第4期以来復活した。

1893年1月31日現在の3工場の帳簿価額	$3,958,528.21
1893年度〜1899年度までの土地・建物・ 機械器具等の取得支出額	4,560,863.09
	$8,519,391.30
減価償却費（7年間合計）	5,119,389.30
1900年1月31日現在帳簿価額	$3,400,002.00

「減価償却費（7年間合計）」は，"During those seven years there have been written off to provide for depreciation on these plants." である。

加えて，以下の2つも表示した。

	1899.1.31	追加原価	減価償却費	1900.1.31
土地・建物	$1,857,044.65	$ 390,327.12	$ 389,327.12	$1,858,044.65
機械・器具	1,542,955.35	650,633.10	651,633.00	1,541,955.35
パテント・型	1.00	161,157.42	161,157.42	1.00
その他	1.00	128,310.86	128,310.86	1.00
合計	$3,400,002.00	$1,330,428.40	$1,330,428.40	$3,400,002.00

工　場	1900.1.31
Schenectady 工場	$2,300,000.90
Lynn 工場	900,000.80
Lamp 工場	200,000.30
合計	$3,400,002.00

　　工場別プラント額に関する前期のデータは削除された（133頁）。

③　株式及び社債の評価方法については 3 年前の第 6 期（1897年 1 月31日終了年度）以降重要な変更は行われていないこと，そして，添付した Schedule A（株式，49社名，額面価格，額面価格合計 $8,574,163，帳簿価額 $3,674,947.86），Schedule B（社債，46社名，額面価格合計 $2,892,146，帳簿価額 $2,079,800.17），地方の電灯会社や市電会社の株式及び社債（額面価格合計 $151,516，帳簿価額 $41,852.00），その他有価証券（額面価格合計 $418,882，帳簿価額 $335,547.01），それに 1 ドル評価有価証券 $121を加算し，貸借対照表価額 $6,132,268.04を示した。これらの有価証券の現在価値は帳簿価額に等しいと信じているとのことである。

④　受取手形及び売掛金については，前期と同様，受取手形及び売掛金の回収額と当期発生額，両者に係る貸倒引当金等の詳細なデータを今期も開示した（134頁⑤）。特に，貸借対照表の金額 $6,978,002.30は，帳簿上の債権 $7,314,930.12と192件 の 受取手形及び売掛金 $1,272,665.95を $1.00で評価した $192を加えた合計 $7,315,122.12から貸倒引当金 $337,119.82を控除した残高であることを指摘した。

　　そして，帳簿上の債権 $7,314,930.12は当期の直近90日間の売上高約 $7,500,000より少額であること〔つまり債権残高は平均 3 ヵ月以内に回収されること〕を前期に引き続き強調した。さらに，得意先勘定に記録され

ている定期的な顧客は11,800先であるが，このうち期末現在約4,600先に残
高があることを初めて明らかにした。

⑤　棚卸資産についての説明は期によって微妙に異なる〔傍点箇所〕。当期は
以下のとおりである。

すべての棚卸資産を実際にカウントし項目ごとに評価した。原材料は
事業年度の最後の3ヵ月間の仕入価格のうち最低価格で評価したが，期末
日である1900年1月31日現在の市場価格が最低価格よりも低い場合に
は市場価格により評価した〔前期は「期末日現在の市場価格により評価」〕。
健全な販売用完成品と半製品は見積工場原価（estimated factory cost）によ
り，回転の遅い製品は見積工場原価の約50％で，陳腐化した製品は残存
価額により評価した。その結果，工場の棚卸資産価額は帳簿価額を上回っ
たが，超過分についてはこれまでと同様にすべてを当期の利益ではなく，
一部は原材料価格の上昇による製造原価の増大に備えるため引当金に繰り
入れた〔金額は明示していない〕。前期に比べ工場の棚卸資産が非常に多い
理由は，1900年1月31日現在の受注残が前年比$3,000,000上回っている
からであり，また原材料の増加によるものである。

地方事務所の棚卸資産の出し入れ価格は見積工場原価により評価し期末
に修正する。当年度は帳簿価額を$33,286.04増額したが，それを利益では
なく引当金に繰り入れた。

すべての事務所の家具・設備・機械・器具等は$78,921.99であるが，
これらを1ドルで評価し差額は損失処理した。

委託品については，帳簿価額$69,988.96から評価損$24,654.11を控除
し$45,334.85と評価した〔第4期以降変化なし〕。

⑥　負債について。当社は支払手形と割引手形はないこと，すべての購入は
現金で行われていること，資金を借り入れる必要はないこと，買掛金
$1,003,364.05には帳簿を締め切った3月10日までの請求額が含まれて
いること。

連結貸借対照表（1900年1月31日）と連結損益計算書も，次頁のように基本的
には第4期と同じである。

連結貸借対照表 (1900年1月31日)

資　産			負　債		
パテント及びフランチャイズ		$ 2,000,000.00	株式資本金：		
製造プラント		3,400,002.00	優先株7％	$ 2,551,200.00	
不動産			普通株	18,276,000.00	$20,827,200.00
（プラントは除く）	$ 563,643.44		無担保社債（5％利付）		5,300,000.00
株式及び社債	6,132,268.04	6,695,911.48			
現金		1,537,071.86	買掛金	$ 1,003,364.05	
受取手形・売掛金	6,978,002.30		未払社債利息	44,166.67	
仕掛品	874,128.36	7,852,130.66	未請求配当金	4,935.85	1,052,466.57
棚卸資産：					
工場	7,264,666.01				
本社・地方事務所	737,580.23				
委託品	45,334.85	8,047,581.09	損益（Profit & Loss）		2,353,030.52
		$29,532,697.09			$29,532,697.09

連結損益計算書 (1900年1月31日)

費　用			収　益		
			残高（1899.1.31, 剰余金）		$ 156,570.99
売上原価	$16,436,935.19		売上高	$22,379,463.75	
一般費・税金・減価償却費・損失・			ロイヤリティ・		
損失引当損	2,136,668.38		その他利益	868,706.70	23,248,170.45
パテント費	353,333.87	$18,926,937.44			
社債利息		281,666.67	有価証券利息・		
配当金：			配当金	309,428.23	
優先株（7％）	178,584.00		受取利息割引料	80,322.06	389,750.29
普通株（各1.5％					
1899.7.15,					
1899.10.14,					
1900.1.15）	822,420.00	1,001,004.00			
パテント・営業権償却		2,000,000.00	有価証券売却益	$ 838,857.73	
剰余金（1900年1月31日）		2,353,030.52	社債償還差損	70,710.83	768,146.90
		$24,562,638.63			$24,562,638.63

そして，第8期のPatterson & Corwinの監査証明書は，さらに以下の2つの文章が追加されますます長文となった〔すなわち，第6期（127頁）＋第7期（138頁）＋第8期である〕。

「過去数年間の各期の有価証券売却益が大きい要因は，過去の有価証券の評価が保守的であったことを示している。会社所有の株式と社債は，ロットごとの1ドル評価分を除いて過去2年間以下のように評価された。

	1899.1.31	1900.1.31
株　式	42.95 %	44.53 %
社　債	63.79 %	70.45 %

「パテント・フランチャイズ・営業権勘定は現在＄2,000,000であり，その内容は妥当である。」

このように，会社が資産を保守的に評価していること，そのことが公認会計士の意見表明の判断基準であることが再確認できる。

(9)　第9期 ―「売上原価」の消失

第9期（1900年2月1日〜1901年1月31日）報告書（全27頁）において，創立以来続投している社長C.A. Coffinは，冒頭，業績を以下のように要約した。

当期利益（有価証券売却益＄419,066.80を含み 一般費，パテント費及びその他費用，工場に係る支出，減価償却費，損失等すべて控除後）	＄6,244,439.45
控除　優先株・普通株配当金及び社債利息	1,968,289.33
残高　剰余金へ加算	＄4,276,150.12

そして，法務部門のリーダーHinsdill Parsonsが第4副社長に就任したことを伝えた〔これら以外には注目すべき情報はない〕。

第1副社長（販売担当）は，以下のような5年間の受注額を初めて開示した。

1897年1月31日終了年度	$11,170,319
1898年1月31日終了年度	$14,382,342
1899年1月31日終了年度	$17,431.327
1900年1月31日終了年度	$26,323,626
1901年1月31日終了年度	$27,969,541

　第3副社長の製造報告は，今期の建設計画と実行状況，従業員数（約15,000人），完成した水力発電装置，鉄道施設，技術開発等についてである。

　第2副社長（財務担当）は，これまでと同じように貸借対照表を構成する各項目について10頁にわたって説明したが，冒頭，連結貸借対照表と連結損益計算書はGEとEdison General Electric Co.及びThomson-Houston Electric Co.の連結であることを指摘した〔これまでのEdison Electric Light Co.は連結対象外となったが，その理由については述べていない〕。

① パテント・フランチャイズ・営業権

前期の年次報告書繰越高〔139頁〕		$2,000,000.00
パテント取得・訴訟費用等当期支出額	$360,258.99	
Siemens & Halske Electric Co.と		
Marks Co.等に係るパテント・		
営業権取得	604,672.27	964,931.26
帳簿締切前合計		2,964,931.26
社債の普通株への転換に係る差額調整	$618,057.23	
当期償却額	346,874.03	964,931.26
貸借対照表計上額		$2,000,000.00

　パテント等に係る期間中の変動はすべて第1期から費用処理されているが，当期償却額$346,874.03も貸借対照表計上額を$2,000,000とするための調整であろう。

② 工場プラント―3工場の土地の面積（約174エーカー）と工場床面積（約2,300,000スクエアフィート），それらが担保に供せられていないことの指摘はこれまでどおりである。そして，前期に続いて以下を開示した。

第 3 章　GE の創立（1892年度）〜1900年度の財務ディスクロージャー　145

1893年 1 月31日現在の 3 工場の帳簿価額	$ 3,958,528.21
1893年度〜1900年度までの土地・建物・	
機械器具等の取得支出額	6,127,770.92
	$ 10,086,299.13
減価償却費（ 8 年間合計）	6,686,297.13
1901年 1 月31日現在帳簿価額	$ 3,400,002.00

　「減価償却費（ 8 年間合計）」は，"To offset depreciation there have been written off during those eight years"である〔前期の下線部分は "to provide for depreciation" であった。139頁〕。

　加えて，これまでと同様，以下の 2 つを表示した。

	1900. 1 .31	追加原価	減価償却費	1901. 1 .31
土地・建物	$ 1,858,044.65	$ 549,255.10	$ 549,255.10	$ 1,858,044.65
機械・器具	1,541,955.35	846,420.28	846,420.28	1,541,955.35
型	1.00	82,365.46	82,365.46	1.00
その他	1.00	88,866.99	88,866.99	1.00
合 計	$ 3,400,002.00	$ 1,566,907.83	$ 1,566,907.83	$ 3,400,002.00

工　場	1901. 1 .31
Schenectady 工場	$ 2,300,000.90
Lynn 工場	900,000.80
Lamp 工場	200,000.30
合計	$ 3,400,002.00

　ここでも当期中の変動額は費用処理され，帳簿価額は前期と同じである。
③　株式及び社債—1897年 1 月31日から所有している株式及び社債の帳簿価額については 4 年前の評価以降重要な変更は行われていないこと，市場性のない証券については1897年 1 月31日現在の価値を固定化していること，市場性ある株式や社債については当時の取引価額で評価されそれが繰り越されていること，最近取得したものについては取得原価で繰り越されていること。

　添付された Schedule A（株式，41社名，住所，額面価格，額面価格合計

＄8,182,333，帳簿価額＄3,269,832.84）と Schedule B（社債，24社名，住所，額面価格，額面価格合計＄2,218,715，帳簿価額＄1,569,418.89）は，当社が所有する最も重要な会社の株式と社債の一覧表である〔傍点部分がこれまでと異なる〕。また，当社が所有するすべての株式と社債の額面価格合計は＄13,128,766.20，帳簿価額は＄6,012,191.20，それに1ドル評価有価証券は＄109，したがって，貸借対照表の金額は＄6,012,300.20である。これらの有価証券の現在価値は帳簿価額に等しいと信じているという。

そして，当年度の有価証券の売却について以下を示した。

有価証券（額面＄1,384,375.00）の売却収入	＄1,070,272.03
同帳簿価額	651,205.23
有価証券売却益	＄　419,066.80

売却収入は新たな株式と社債（取得価額＄1,126,416.03）の購入に充てられた〔第7期に報告された「新たに取得した株式と社債の会社名と額面価格」（134頁）については当期は示していない〕。

④ 受取手形及び売掛金については，第7期以降と同様，以下のような詳細なデータを開示した。

貸借対照表の金額（＄9,597,587.53）は見積実現価額である。つまり，債権金額＄10,001,719.48から貸倒引当金＄404,131.95を控除した後の金額である。全米の現況からして，貸倒引当金は適正かつ十分であると信じている。＄10,001,719.48は当期の最後100日間の売上高〔金額は明示せず〕より少額である（140頁）。

当期の純売上高は＄28,000,000を超えたが，そのうち受取手形と売掛金を通しての現金回収高は＄26,500,000以上であった。得意先勘定に記録されている定期的な顧客は約12,600先であるが，期末現在の残高は約4,900先に係るものである。

以下で見るように，前期の1900年1月31日現在の債権＄7,314,930.12はほとんど回収され，残高は＄516,429.19である。「前期以前から繰り越さ

れている債権のうち依然として未回収の受取手形は56件，売掛金は47件，
これらに係る貸倒引当金＄228,888.85」である〔この指摘は初めてであるが
高く評価される〕。

	受取手形	売掛金	合　計
債権金額（1900.1.31）	＄　978,066.68	＄6,336,863.44	＄7,314,930.12
当期回収額	767,528.68	6,030,972.25	6,798,500.93
残高（このうち前期以前からの繰越， 　受取手形56件，売掛金47件，貸倒 　引当金＄228,888.85）	＄　210,538.00	＄　305,891,19	＄　516,429.19
当期発生額	1,518,002.56	7,967,087.73	9,485,090.29
債権金額（1901.1.31）	＄1,728,540.56	＄8,272,978.92	＄10,001,519.48

　得意先200件に対する債権合計＄1,281,087.90については各得意先債権
を＄1.00で評価（合計＄200），残額を損失処理した。これら200件について
は順次処分しつつあるが，当年度に＄18,070.78を回収した。
　また，貸倒引当金の状況は，以下のとおりである。

	受取手形	売掛金	合　計
前期末貸倒引当金	＄　72,191.31	＄　264,928.51	＄　337,119.82
当期取崩額	32,276.91	164,534.57	196,811.48
旧債権に係る残高	＄　39,914.40	＄　100,393.94	＄　140,308.34
当期増加額	25,282.07	63,298.44	88,580.51
旧債権に係る貸倒引当金	＄　65,196.47	＄　163,692.38	＄　228,888.85
新債権に係る貸倒引当金	16,936.36	158,306.74	175,243.10
貸倒引当金	＄　82,132.83	＄　321,999.12	＄　404,131.95
債権金額	＄1,728,540.56	＄8,272,978.92	＄10,001,519.48
			＄　9,597,387.53
1ドル評価債権			200.00
貸借対照表計上額	＄1,646,407.73	＄7,950,979.80	＄　9,597,587.53

⑤　仕掛品の説明は第5期（1897年1月31日終了年度）以来同じである。

586件の仕掛品に係る労務費及び原材料費等	$1,280,938.60
工事の進捗状況に応じて受け取った前受金	226,280.03
残高	$1,054,658.57

　仕掛品から発生する利益はない。また，将来の損失可能性に対する引当金も設定していない。

⑥　棚卸資産について。すべての棚卸資産を実際にカウントし項目ごとに評価した。原材料は事業年度の最後の3ヵ月間の仕入価格のうち最低価格で評価したが，期末日である1901年1月31日現在の市場価格が最低価格よりも低い場合には市場価格により評価した〔第8期と同じ〕。健全な販売用完成品と半製品は見積工場原価により，回転の遅い製品は見積工場原価の約50%で，陳腐化した製品は残存価額により評価した〔第4期以降変化なし〕。その結果，工場の棚卸資産価額は帳簿価額を上回ったが，超過分については当期の利益ではなく，原材料価格の上昇による製造原価の増大に備えるため引当金に繰り入れた〔超過分の扱いが前2期と異なる。前2期にはその一部を引当金に繰り入れたが，当期はすべてを引当金に繰り入れている。金額を示していない点は前期と同じである。141頁〕。

　地方事務所の棚卸資産の出し入れ価格は見積工場原価により評価し期末に修正する〔前期と同じ〕。当年度は$59,030.80の評価損を計上した。

　すべての事務所の家具・設備等は$94,989.22であるが，これらは1ドルで評価し，差額は当期の評価損として損失処理した〔前期と同じ。141頁〕。

　委託品については，帳簿価額$127,805.49の50%の評価損（50% allowance for depreciation）$63,902.75を控除し，残額463,902.75を評価額とした〔下線部分は新規〕。

⑦　負債についての説明はこれまでと同様である。すなわち，支払手形と割引手形はないこと，すべての購入は現金で行われていること，1895年1月以来資金を借り入れていないこと〔下線部分は新規〕，買掛金$820,450.35には帳簿を締め切った3月10日までの請求額$742,021.78が含まれていること。

また，社債の現況について，以下を示した。

1900年1月31日現在	$5,300,000	
当期償還（平均価額$1,270.83）	3,000	$5,297,000
当期株式転換（社債額面$120を株式額面 　$100へ転換，3,763口に対して31,240株 　発行）		3,763,000
1901年1月31日現在		$1,534,000

「連結貸借対照表」（Consolidated Balance Sheet）は，以下のとおりである。

連結貸借対照表（1901年1月31日）

資　　産			負　　債		
現金		$2,373,683.22	無担保社債		
株式及び社債	$6,012,300.20		（5％利札付）	$1,534,000.00	
不動産	522,452.80		未払社債利息	12,783.33	
受取手形・売掛金	9,597,587.53		買掛金	820,450.35	
仕掛品	1,054,658.57	17,186,999.10	未請求配当金	3,749.59	$2,370,983.27
棚卸資産：					
工場	7,061,751.17		株式資本金：		
地方事務所	865,325.67		7％累積的優先株	$2,551,200.00	
委託品	63,902.75	7,990,979.59	普通株	21,400,300.00	23,951,500.00
工場プラント		3,400,002.00			
パテント・フランチャイズ・			剰余金		6,629,180.64
営業権		2,000,000.00			
		$32,951,663.91			$32,951,663.91

　現金が最初に記載されたが流動性配列法ではない。開示項目は基本的には第2期（1894年1月31日終了年度）以降変わらず，また「工場プラント」価額（$3,400,002.00）は第5期（1897年1月31日終了年度）以降同一金額である。

「連結損益計算書」（Consolidated Profit and Loss Account）は，以下のとおりである。

連結損益計算書（1901年1月31日）

費　　用			収　　益		
			剰余金（1900年1月31日）		$ 2,353,030.52
売上諸費用		$23,585,212.78	売上高	$28,783,275.75	
社債利息		240,040.33	ロイヤリティ・		
配当金			その他利益	298,366.55	29,081,642.30
優先株	178,584.00		受取社債利息・		
普通株	1,549,665.00	1,728,249.00	配当金	232,041.25	
			受取利息割引料	96,901.88	328,943.13
剰余金（1900.1.31）	$2,353,030.52		有価証券売却益		419,066.80
当期未処分利益	4,276,150.12				
剰余金（1901.1.31）		6,629,180.64			
		$32,182,682.75			$32,182,682.75

この第9期連結損益計算書の最大の問題点は，第3期（1894年度）から第6期までの「売上原価」（Cost of Goods Sold）と「法定費用・一般費・税金等」の2項目，第7期の「売上原価」「一般費・税金・その他損失・損失引当損」「パテント費」の3項目，第8期の「売上原価」「一般費・税金・減価償却費・損失・損失引当損」「パテント費」の3項目の個別表示が消え，「売上諸費用」（Cost of Sales）1項目にまとめられてしまったことである〔ただし，パテント費については社長報告で知ることができる（144頁①）〕。財務ディスクロージャーの大きな後退である。

なお，連結損益計算書の「当期未処分利益（undivided earnings during the year）$4,276,150.12」は「配当金控除後当期利益」のことである（売上高・その他利益$29,081,642.30 ＋ 受取社債利息等$328,943.13 ＋ 有価証券売却益$419,066.80 － 売上諸費用$23,585,212.78 － 社債利息$240,040.33 － 配当金$1,728,249.00）。

第 3 章　GE の創立（1892年度）～1900年度の財務ディスクロージャー　151

　そして，この第 9 期に係る Patterson, Teele & Dennis の監査証明書は，
従来の半分程度に縮小している。

GE 取締役会殿

　　　　　　　　　　　　　　　　　　　　　　　　　　1901年 4 月20日

　我々は，General Electric Co. と Edison General Electric Co. 及び Thomson
-Houston Electric Co. の1901年 1 月31日に終了する年度の会計帳簿及び証憑書
類を監査し，そして，ここに発行されている連結損益計算書と連結貸借対照表を
検証した。

　当年度の全支出をカバーする支払証憑は十分かつ明瞭である。帳簿は原則に
従って記帳され極めて正確である。

　利益の決定及び検証に当たっての資産評価は，前年と同じような配慮がなされ
ている。

　棚卸資産の監査の結果，第 2 副社長報告の評価方法が完全に遵守されていたこ
とに我々は満足している。我々の意見では，帳簿価額を上回る棚卸資産に対する
引当金は十分である。

　売掛金及び受取手形は，前年と同様な方法で評価された。そして，これらの
資産の回収額は，これまでも財務諸表の価額を超えるものであった。

　所有株式と社債の評価についても，売掛金と受取手形の評価に関する意見が
妥当する。これらについての全体的な評価は受取利息や受取配当金の価額から
も正当化される。

　工場プラント及びパテントの評価についてのコメントはほとんど必要としない。
当年度中のこれらへの支出額は同額償却され，その評価額は1900年 1 月31日現在
と同じである。この点については第 2 副社長報告に十分に述べられている。工場
プラント及びパテントの当期償却額は，これらの資産の貸借対照表の価額のほぼ
半分に達している。この事実は，これらの資産の価値を十分に安定させている。

　すべての存在する負債を貸借対照表に計上することについても，これまでと
同様の配慮が払われている。

　　　　　　　　　　　　　　　　　　　　　　Patterson, Teele & Dennis

過去 3 年間の監査証明書と比較すると，

①　会計帳簿や証憑書類を監査し財務諸表を検証したことについては指摘
　　しているものの，財務諸表の正確性についての証明あるいは意見が見られ
　　ない。この点は，監査機能との関連で問題である。

② 監査人が適用した監査手続，例えば，証憑突合，帳簿突合，計算突合，実査等についての指摘が省略された。そして，監査人は棚卸資産を監査したことは指摘しつつも，棚卸資産の実地棚卸の「立会」については指摘していない。おそらく立会は行われなかったのであろう。

そして，ここでも公認会計士は，会社の採用する会計処理が，特に資産の評価が保守的であることを是としている。なお，下線部分は"ユニーク"な指摘であるが，工場プラントやパテントに係る減価償却が十分に行われていることを強調しているのである。

〔小括〕

1890年代初頭の秘密主義の中でGEの全12頁の第1期（1892年度）報告書は，当時のビジネス界を驚かせたに違いない。特に基盤会社3社に支払われた「パテント・権利・ライセンス・契約等」約＄8,000,000の算出過程の明示は高く評価される。第2期（1893年度）報告書は，10頁増え全22頁となり，3期間比較形式の財務諸表と連結貸借対照表を構成する主たる項目についての説明に加え，有価証券明細表も添付した。第3期（1894年度）は，当期の業績を明らかにするための損益計算書の工夫とともに，「売上高」と「売上原価」それに「法定費用・一般費・税金」の3大損益項目を明示した。そして，第4期（1895年度）報告書は，全36頁という膨大な量とともに，有価証券や棚卸資産の評価，受取手形及び売掛金の分析と回収状況，前期以前の損益と当期の損益の分離表示，3大損益項目の明示等の質の面においても，これまでのアメリカ企業には見られない，かつ，その後の同社の100年間を含み史上最高のレベルにある財務ディスクロージャーを実践した。

第5期（1896年度）報告書は，社長報告が省略（特に受取手形と売掛金と貸倒引当金との関係）あるいはやや簡略化され全29頁と後退したが，優良な財務ディスクロージャーをキープした。第6期（1897年度，全32頁）において，GEは初めて公認会計士監査を導入した。製造業においては早期の導入である。第7期（1898年度，全27頁）には，受取手形及び売掛金に関する詳細な情報も復活し，第8期（1899年度，全27頁）も"トップレベル"の財務ディスクロージャーを堅持した。

第3章　GEの創立（1892年度）～1900年度の財務ディスクロージャー　153

表3－1　GEの業績の推移

（単位：＄1,000）

	第1期 (1893)	第2期 (1894)	第3期 (1895)	第4期 (1896)	第5期 (1897)	第6期 (1898)	第7期 (1899)	第8期 (1900)	第9期 (1901)
売上高	－	－	12,540	12,730	12,540	12,396	15,679	22,379	28,783
当期純利益	1,024	▲13,479	415	877	959	1,231	3,606	2,196	6,004
未処分利益	1,024	▲12,454	▲14,794	▲13,917	▲12,957	▲11,726	156	2,353	6,629

＊　当期純利益は社債利息や特別費用等控除後の金額である（配当金は除く）。
　　第2期の大幅な未処分損失は，大不況の結果，売掛金，受取手形，有価証券そして棚卸資産について評価損約＄12,600,000を計上したからである。また，第7期には繰越欠損金を埋合わせるため40％減資を行っている。

　ところが，第9期（1901年1月31日終了年度）に至り，第3期（1894年度）以降，個別に表示されていた「売上原価」と「一般費・税金・減価償却費・その他損失」と「パテント費」の3費用項目が「売上諸費用」1項目にまとめられてしまった。財務ディスクロージャーの中核が消失してしまったのである。

　GEが何故，それまでの方針を変更したのかは明らかでない。もちろん，年次報告書でも一切触れられていない。ディスクロージャーが強制されていない時代にあっての財務情報の公開は，それが"PR"の意味もあって企業業績と密接な関係にあり，そして経営者の姿勢に負うところが大きい。しかしながら，GEの業績は表3－1が示すように，第3期から第6期までの売上高の横ばいも第7期以降は順調に伸び，ディスクロージャーが後退した第9期（1901年12月31日終了年度）は創立以来最高の売上高と利益を計上している。また，第9期の取締役13名のうち7名も第1期からのメンバーであり，社長C.A.Coffinも創立以来の社長である。

　考えられる要因は，当時の社会状況にある。

　1893年の大恐慌後の深刻な不況は97年まで続いたが，1898年には景気は好転し，鉄鋼業等の重工業を中心とする大企業合同が展開された[3]。企業合同は事実上「独占」（monopoly）を形成し市場と価格を支配した。競争企業を抹消するか無力化させ買収に応じさせるための価格の切り下げや，他の独立企業をグループに引き入れるための供給手段や供給源泉を支配する巨大企業の冷酷なやり方は広範囲にわたって大衆の憤りをかった。

このためアメリカ議会は，1898年，「労働，農業，資本に関する諸問題を解決するための立法化を考慮し勧告すること」を目的とする「産業委員会」（Industrial Commission）を設置した[4]。この委員会の課題の1つが大企業の会社内容開示（publicity）である。そして1900年，同委員会は，公聴会での多くの証言や調査を基礎に「会社内容開示」に関する中間報告書を議会に提出した[5]。

「企業または企業合同の指導者が重要な事実の削除または誤導するようなステートメントを作成することにより，投資者や大衆を欺くことを防止するために，当委員会は以下のことを勧告する。

(a) 株式や有価証券を購入したり取引したりすることを大衆に期待する企業または企業合同のプロモーターは，株式または有価証券発行会社に係る組織，資産，有価証券の種類と金額，そして安全かつ賢明な投資に必要な重要な情報を提供しなければならない。

(b) 株式の引受けを要請するプロスペクタスなどが上の事項について十分に開示していない場合または虚偽の場合は詐欺とみなされるべきであり，当該プロモーターは関係者とともに法的責任を負わなければならない。」

「大企業（the larger corporations）―いわゆる『トラスト』―は，年1回，合理的な詳細さで利益または損失とともに資産及び負債を開示しなければならない。そして，この年次報告書には有能な監査人（a competent auditor）による監査が要求されるべきであり，さらに，年次報告書と監査は政府の検査を受けなければならない。このような会社内容開示によって，過大な利益は競争を促進し消費者は高い価格から保護され，従業員は会社の財政状態を知ることによって自らの利益を守ることができるのである。」

このように，産業委員会は企業の設立とその後の営業に関して適切な会社内容の開示と有能な監査人による監査を要求し，特に大企業にあっては適正に監査された報告書を毎年発行し，それは政府の検査に服すべきことを勧告した。このような中間報告書の勧告は，1902年の最終報告書でも確認された[6]。

なお，報告書は「有能な監査人」について明らかにしていないが，それは，英国の会社法で定める監査役（auditor）の導入を意図していたものと考えられる。なぜなら，この産業委員会の報告書が英国の商務省に設置された会社法の調査委員会（座長 Lord Davey，Davey 委員会）の報告書（1895年，Davey Report）

とこれを受けて成立した1900年会社法に大きく依拠しているといわれているからである[7]。英国の1900年会社法は発起人の詐欺的行為防止のため会社設立に厳格な規定をおくとともに，すべての会社に対し監査役監査を強制したのである。

産業委員会の報告書は，商工業会社の会社内容開示に関する連邦法の樹立を要求した最初のものであった。しかし，結局，産業委員会の“publicity”についての基本的勧告事項は実を結ばなかった。

GE は，売上原価や営業費用を明示することによって売上総利益や営業利益が明らかとなり，過大な利益に対する批判を恐れてそれらを年次報告書から削除したのかもしれない。そして，このような損益計算書でも，貸借対照表のすべての項目についての12頁にも及ぶ説明を含む財務公開は，他社を圧倒的にリードしているという経営陣の自信もあったのかもしれない。いずれにしろ，「原価の非公開」は以後65年もの長きにわたって貫徹されるのである（249頁）。

◆注 ─────────

1 拙著『アメリカ監査論 ─ マルチディメンショナル・アプローチ＆リスク・アプローチ』第4章・第5章「株主宛年次報告書の財務ディスクロージャーと監査の展開─General Electric Company の100年間の推移」，中央経済社，1994年，130-215頁。

2 Norman E. Webster, *The American Association of Public Accountants, Its First Twenty Years 1886-1906*, AIA, 1954, p.342, p.368.

3 当時の組織変更・合同・再建計画と会計士の関与については，拙著『アメリカ監査制度発達史』（中央経済社，1984年）に詳しい。

4 Act Creating the Commission, Acts of 1898, Public-No. 146.

5 Preliminary Report on Trusts and Industrial Commission, Vol. 1, 1900.

6 House Document No. 380, Fifty-Seventh Congress, First Session, 1902, pp.649-652.

7 D.F. Hawkins, *Corporate Financial Disclosure, 1900-1933, A Study of Management Inertia Within a Rapidly Changing Environment*, Doctorial Thesis, Harverd University, 1962, pp.73-74.

第**4**章

GE の1901年度〜1910年度の
財務ディスクロージャー

(1) 第10期 ― 東京の都電からの受注

General Electric Company の第10期（1901年2月1日〜1902年1月31日）報告
書は，創立以来同じ大きさのたて22cm よこ14cm（A4判をたて7.5cm よこ7cm
縮小したサイズ）を1頁とする全29頁である〔前期は全27頁。これまでの最高は
第4期（1896年1月31日終了年度）の全36頁〕。13人の取締役，役員，財務・製造・
法律各部門の責任者の紹介2頁，社長報告1頁，第1副社長の販売報告4頁，
第3副社長の製造報告4頁，従来の第2副社長に代わる財務部長（Treasurer）
と監査部長（General Auditor）による財務報告12頁，公認会計士の監査証明書
1頁，貸借対照表及び損益計算書1頁という構成も変わっていない。

創立以来続投している社長 C.A.Coffin は，株主に次の事項を報告した。

当期利益（有価証券売却益 $938,587.77を含み， 　一般費，パテント費及びその他費用， 　工場プラント・機械に係る支出 $1,131,583.98, 　減価償却費（allowances for depreciation） 　及び損失等すべて控除後）	$8,598,241.34
優先株・普通株配当金及び社債利息	1,997,966.40
	6,600,274.94
所有株式及び社債の評価益	2,057,685.07
剰余金へ加算	$8,657,960.01

「所有株式及び社債の評価益」の表示は初めてである（160頁③）。

なお，「剰余金へ加算 $8,657,960.01」は，〔期末剰余金 $15,287,140.65 － 期首剰余金 $6,629,180.64〕に一致する（164頁）。

第1副社長は，損益計算書に表示されている売上高（$32,338,036.64）と売上諸費用（$25,254,122.00），両者の差額である営業利益（Profit on Sales, $7,083,914.64）を指摘した後，1895年1月31日終了年度から8事業年度の売上高と受注額を開示した〔前期に5年間の受注額を初めて明示した。143頁〕。

終了年度	売上高	受注額
1895	$12,540,395	$12,160,119
1896	12,730,058	13,235,016
1897	12,540,994	11,170,319
1898	12,396,093	14,382,342
1899	15,679,430	17,431.327
1900	22,379,463	26,323,626
1901	28,783,275	27,969,541
1902	32,338,036	34,350,840

当年度の受注額には東京の都電の3,600キロワットの発電機や250車両の装置等アジア最大の電気プラントも含まれていること（The entire equipment of the tramways of Tokyo, Japan, including 3600 kw. in generators, 250 car equipment, and all accessary apparatus. This will be the largest electric plant in Asia.），受注件数は当年度160,000件，1日平均528件（1897年度は1日平均380件），製品出荷後60日以内の現金回収を販売条件としていること。そして，以下のような1897年度以降5年間の回収状況を報告した〔これも初めてでありかつ極めて稀なデータである。回収状況は改善している〕。

終了年度	船荷証券付	30日	60日	90日	90日超	株式・社債
1898	20.9%	41.9%	22.8%	4.6%	9.8%	0.0%
1899	28.8	35.7	18.7	8.9	6.1	1.8
1900	12.9	61.6	12.5	10.0	3.0	0.0
1901	17.7	57.9	11.5	8.4	4.3	0.2
1902	12.3	65.6	11.4	6.3	4.3	0.1

第3副社長は，建物・設備等の拡大に約＄1,500,000を支出したこと，型製造工場が完成したこと，各工場の設備等の建設計画，新製品の開発，ナイヤガラ水力発電の設計，パテントの取得，技術部門の状況等について報告した。ここまでで13頁である。

残りの15頁がこれまでの第2副社長に代わる財務部長（Treasurer）と監査部長（General Auditor）が社長 C.A. Coffin に宛てた財務報告である。そこでは，まず，報告書で "the Company" というときは，GE と Edison General Electric Co. それに Thomson-Houston Electric Co. の3社であることを指摘した〔創立以来継続している〕。そして，貸借対照表のすべての項目について説明しているが，特徴的な事項は以下のとおりである。

① パテント・フランチャイズ・営業権 ―

前期の年次報告書繰越高		＄2,000,000.00
当年度のパテント取得・		
パテント訴訟費用・ロイヤリティ支出額		452,072.14
		＄2,452,072.14
転換社債の普通株転換に係る差額	＄181,281.24	
子会社所有パテント清算費用	54,665.53	
パテント償却費	216,125.37	452,072.14
貸借対照表計上額		＄2,000,000.00

パテント取得等支出＄452,072.14は同額が償却されている〔創立以来同じ会計処理である〕。なお，パテント償却費＄216,125.37は〔＄452,072.14 － ＄181,281.24 － ＄54,665.53〕によって算出されたものであろう。

② 工場プラント―これには土地・建物・機械・型等が含まれるが，担保等に供せられていないこと。そして，以下を示した。

1893年1月31日現在の3工場の帳簿価額	＄ 3,958,528.21
1893.1.31〜1902.1.31の通常の維持・修繕費超過分支出	
及び土地・建物・機械等の取得額	7,859,352.90
プラント帳簿価額合計	11,817,881.11
減価償却費（9年間合計）	7,817,881.11
1902年1月31日現在帳簿価額	＄ 4,000,000.00

「通常の維持・修繕費超過分支出」をプラント勘定に加算している。論理的ではあるが，同額を減価償却している。「減価償却費（9年間合計）」は，"To offset depreciation there have been written off during the above nine years"である〔第9期と同じ表現〕。

$4,000,000の内訳は，以下のとおりである。

Schenectady 工場 ………………………… 319（エーカー）	$2,749,998.90
Lynn 工場 ……………………………… 43	1,000,000.80
Harrison 工場 ……………………………… 4	250,000.30
366（エーカー）	$4,000,000.00

そして，以下も示した。

	1901.1.31	追加原価	減価償却費	1902.1.31
土地・建物	$1,858,044.65	$ 718,398.71	$ 378,398.71	$2,198,044.65
機械・器具	1,541,955.35	774,954.55	514,956.55	1,801,953.35
パテント・型	1.00	135,197.81	135,197.81	1.00
その他	1.00	103,030.91	103,030.91	1.00
合計	$3,400,002.00	$1,731,581.98	$1,131,583.98	$4,000,000.00

これまでは，追加原価と減価償却費は同額で両者は相殺され，期首帳簿価額と期末帳簿価額は同一であったが，当期は両者に差異が発生している。期末帳簿価額をきりのよい$4,000,000とするために減価償却費を調整したからであろう。

③ 所有する株式と社債（その多くは地方電灯会社と鉄道会社）については，1897年1月以来5年間帳簿価額を維持してきたが時価や市場での取引価額を基準に1902年1月31日時点で見直した結果，$2,057,685.07の評価益を計上した。なお，Schedule Aのうち重要な33社の株式（額面価格合計$9,781,917）を$6,698,961.19と評価し，Schedule Bのうち重要な14社の社債（額面価格合計$1,543,500）を$1,297,194.99と評価，その他113社を$1.00（合計$113）と評価した〔これまでと同様，保守的処理である〕。

また，有価証券売却収入＄2,182,687.20（帳簿価額＄1,244,102.43，有価証券売却益＄938,584.77）は，British Thomson-Houston Co. に対する経営統制強化のための同社の株式購入＄1,544,810.76と他社の社債の購入に充てた。

④　受取手形及び売掛金については，当期も前期と同様詳細かつ完璧なデータを開示した。表現も多少異なるので紹介しよう。

貸借対照表の金額＄11,364,345.05は見積実現価額である。すなわち債権金額＄11,900,992.94から貸倒引当金＄536,807.89を控除した金額である〔帳簿上は1ドル評価債権合計＄160を加算する〕。貸倒引当金については現状では十分（ample）であると判断している。

当年度の売上高は＄32,000,000を超えた。元帳に記載されている通常の顧客は13,300社であるが，このうち5,400社に債権残高が存在する。当年度の現金回収額は＄30,500,000を超えた。1901年1月31日現在（期首）の受取手形及び売掛金残高は＄10,001,519.48であったが，未回収分＄846,238.70を除きすべて回収された。

そして，以下のような詳細なデータを示した。

	受取手形	売掛金	合　計
1901年1月31日残高	＄1,728,540.56	＄8,272,978.92	＄10,001,519.48
当期回収額	1,361,919.10	7,793,361.68	9,155,280.78
未回収額（受取手形50件，売掛金74件，これらに対する貸倒引当金＄272,081.32）	366,621.46	479,617.24	846,238.70
当期発生額	1,201,853.68	9,852,900.56	11,054,754.24
1902年1月31日残高（1ドル評価を除く）	1,568,475.14	10,332,517.80	11,900,992.94

なお，残高＄11,900,992.94は当期の直近4ヵ月の売上高よりも少ないとのことことである〔つまり，売上げから遅くとも4ヵ月以内には現金回収されている〕。そして，得意先160社の合計＄1,237,950.48については各社

1ドルで評価し（合計＄160）残額を貸倒損失としたが，このうち和解により＄24,126.37が回収された。

貸倒引当金の状況は，以下のとおりである。

	受取手形	売掛金	合　計
貸倒引当金（1901.1.31）	＄　82,132.83	＄　321,999.12	＄　404,131.95
和解による当期取崩額(注)	15,007.58	233,987.23	248,994.81
残高	67,125.25	88,011.89	155,137.14
当期増加額	1,504.10	115,440.08	116,944.18
旧債権に対する貸倒引当金	68,629.35	203,451.97	272,081.32
当期貸倒引当金繰入額	3,028.98	261,697.59	264,726.57
貸倒引当金合計	71,658.33	465,149.56	536,807.89
債権金額	1,568,475.14	10,332,517.80	11,900,992.94
帳簿価額	1,496,816.81	9,867,368.24	11,364,185.05

加算　受取手形及び売掛金

（160件については1ドル評価）　　　　　　　　　　　160.00

貸借対照表の帳簿価額合計　　　　　　　　　　　11,364,345.05

（注）　和解により前年の評価額を＄150,719.30上回る回収が実現したが，一方で，それを＄44,376.55下回る回収もあった。差額＄106,342.75は収益とした。

⑤　683件の仕掛品＄1,717,142.65に対して，契約条件により＄378,883.72が入金済みで，結果として貸借対照表計上額は＄1,338,258.93である。なお，仕掛品に係る見積利益は一切計上していない〔これまでと同様である〕。

⑥　棚卸資産の評価方法を中心とする詳細な説明は，基本的には前期を踏襲している（148頁）。すなわち，すべての棚卸資産を実際にカウントし項目ごとに評価した。原材料は事業年度の最後の3ヵ月の仕入価格のうち最低価格で評価したが，期末日である1902年1月31日現在の市場価格が最低価格よりも低い場合には市場価格により評価した。健全な販売用完成品と半製品は見積工場原価により，回転の遅い製品は見積工場原価の約50％で，陳腐化した製品は残存価額により評価した〔第4期以降変化なし〕。

その結果，工場の棚卸資産価額については帳簿価額を上回ったが，超過

分については当期の利益ではなく，原材料価格の上昇による製造原価の増大に備えるため引当金に繰り入れた。

　地方事務所の棚卸資産の出し入れ価格は見積工場原価により評価し期末に修正する。当年度は＄48,496.89の評価損を計上した。

　すべての事務所の家具・設備等は＄124,269.54であるが，これらは１ドルで評価し差額は損失処理した。

　委託品については，帳簿価額＄192,618.93から50％の＄96,309.46を控除し，残額96,309.47を評価額とした。

⑦　負債については，支払手形と割引手形はなく，買掛金は帳簿締切日の３月10日までの請求額を含むことなど，前期と同じ説明である（148頁）。

　転換社債については，転換条件（社債額面＄120に対して株式額面＄100）と当年度に転換した社債1,162口に対して普通株9,594株＄1,162,000を発行したことを指摘した。

続く連結貸借対照表と連結損益計算書は，以下のとおりである。

連結貸借対照表（1902年１月31日）

資　産			負　債		
現金		＄ 4,058,448.00	社債（５％利付）	＄ 372,000.00	
株式及び社債	9,825,120.93		未払社債利息	3,100.00	
不動産	464,195.68		買掛金	1,349,335.33	
受取手形・売掛金	11,364,345.05		未請求配当金	4,775.79	＄ 1,729,211.12
仕掛品	1,338,258.93		株式資本金		24,910,900.00
	22,991,920.59		剰余金		15,287,140.65
棚卸資産：					
工場在庫	7,742,605.55				
本社・事務所	1,037,968.16				
委託品	96,309.47				
	8,876,883.18	31,868,803.77			
工場プラント	4,000,000.00				
パテント・フランチャイズ・					
営業権	2,000,000.00	6,000,000.00			
		＄41,927,251.77			＄41,927,251.77

連結損益計算書（1902年1月31日終了年度）

費　　用			収　　益		
			剰余金（1901.1.31）		$ 6,629,180.64
売上諸費用		$ 25,254,122.00	売上高	$ 32,338,036.64	
			ロイヤリティ等	141,391.33	32,479,427.97
社債利息		42,309.89			
支払配当金：			受取配当金・利息	259,094.24	
普通株	$ 1,871,968.00		受取利息割引料	175,256.36	434,350.60
優先株	83,688.51	1,955,656.51			
期首剰余金	6,629,180.64		有価証券売却益		938,584.77
未処分利益	8,657,960.01				
剰余金（1902.1.31）		15,287,140.65	株式及び社債評価益		2,057,685.07
		$ 42,539,229.05			$ 42,539,229.05

　連結貸借対照表の様式及び開示項目は前期とまったく同じであり，連結損益計算書についても，「株式及び社債評価益」が計上されたことを除いて，前期を踏襲した。

　そして，Patterson, Teele & Dennis の監査証明書は，以下のとおりである。

GE 取締役会殿

1902年4月16日

　我々は，General Electric Co. と Edison General Electric Co. 及び Thomson-Houston Electric Co. の1902年1月31日に終了する年度の会計帳簿及び証憑書類を監査し，そして，ここに明らかにされている連結損益計算書と連結貸借対照表を検証した。

　会社の高い水準の帳簿組織は十分に維持され，かつ，我々が以前から注目していた会計の保守的処理は今年度も継続された。

　我々は，棚卸資産を監査し，それらが注意深くかつ安全に評価されていることに満足している。

　売掛金と受取手形の評価については以前と同様な方法でなされた。そして，これらの資産の回収額は公表された金額を超えるものである。

　財務部長と監査部長の共同の報告書で陳述された所有株式と社債の再評価に

ついてはバランスの取れた扱いがなされており，安全性のマージンは十分である
ことをあらゆる証拠が示していることを認める。
　当期の工場プラントの減価償却費は，貸借対照表のそれらの評価額の28％を
わずかに超過した額である。
　我々は，すべての現金及び有価証券について実際に数えあるいは銀行や信託
会社の証明書で監査した。
　当社のすべての知られている負債を貸借対照表に含めるために，以前と同様な
注意が払われている。

　当期も連結貸借対照表と連結損益計算書を検証したことについては指摘しつ
つも，それらの「正確性」（当時）についての監査証明は見られない（151頁）。
なお，下線部分（著者）は"ユニーク"な「意見表明」である。

(2)　第11期 ―「当期純利益」の表示と有価証券明細表の削除

　第11期（1902年2月1日～1903年1月31日）報告書（全26頁）において，社長
C.A. Coffin は，次の事項を報告した。

社債利息控除前当期利益（有価証券売却益＄973,649.74を含み， 　一般費及びその他費用，減価償却費，損失， 　パテント勘定償却費＄386,875.93， 　工場プラント・機械償却費＄1,908,324.11等すべて控除後）	＄10,277,169.16
社債利息	44,331.17
	＄10,232,837.99
控除　Sprague Electric Co. のパテント取得額償却費	1,613,879.82
	＄ 8,618,958.17
前期末剰余金	15,287,140.65
	＄23,906,098.82
当期配当金	2,677,263.50
	＄21,228,835.32
増資（1898年8月の減資を回復）	16,746,133.33
剰余金（1903年1月31日）	＄ 4,482,701.99

1898年の減資を回復し剰余金処分により増資を行ったこと，工場プラント及びパテントの両勘定に係る当期償却額（amounts written off）は前期の償却額に比し＄2,500,000も上回ったことも伝えた〔当期償却費合計（パテント勘定償却費＄386,875.93＋減価償却費＄1,908,324.11＋Sprague Electric Co.のパテント償却費＄1,613,879.82）－前期償却費合計（パテント償却費＄216,125.37（159頁）＋減価償却費＄1,131,583.98（160頁））＝＄3,909,079.86－＄1,347,709.35＝＄2,561,370.51〕。このように，社長報告を裏付けるデータが期間を継続して開示されていることも高く評価される。

第1副社長は，以下のような1899年1月31日終了年度から当年度まで5事業年度〔前期の8年から5年に後退〕の売上高と受注額それに受注額の増加率を示した〔下線部分は新設〕。

終了年度	売上高	受注額	増加率
1899	15,679,430	17,431.327	21.8%
1900	22,379,463	26,323,626	51.1
1901	28,783,275	27,969,541	6.3
1902	32,338,036	34,350,840	22.7
1903	36,685,598	39,944,454	16.4

そして，主な受注内容についても説明したが，5年間の回収状況（158頁）は省略された。

財務部長と監査部長が社長C.A. Coffin に宛てた財務報告は，以下のとおりである。

① パテント・フランチャイズ・営業権 ―

前期の年次報告書繰越高		＄2,000,000.00
当年度のパテント取得・		
パテント訴訟費用・ロイヤリティ支出額	＄　386,875.93	
同上（主に Sprague Co）	1,613,879.82	2,000,755.75
		＄4,000,755.75
転換社債の普通株転換に係る差額	38,361.55	
パテント償却費	1,962,394.20	2,000,755.75
貸借対照表計上額		＄2,000,000.00

パテント取得等支出＄2,000,755.75は同額が償却され，貸借対照表残高
＄2,000,000.00が継続している。

② 工場プラントについては前期と同じ内容の開示である（159頁）。なお，
以下の表は示しておこう。

	1902.1.31	追加原価	減価償却費	1903.1.31
土地・建物	＄2,198,044.65	＄1,171,045.04	＄ 493,045.04	＄2,876,044.65
機械・器具	1,801,953.35	1,367,610.47	1,045,610.47	2,123,953.35
パテント・型	1.00	195,861.48	195,861.48	1.00
その他	1.00	173,807.12	173,807.12	1.00
合計	＄4,000,000.00	＄2,908,324.11	＄1,908,324.11	＄5,000,000.00

減価償却費は帳簿価額を＄5,000,000.00とするために調整された（160頁）。

③ 所有株式及び社債は前期に比し約＄3,000,000増加したが，それは
Sprague Electric Co. の株式と社債の取得，それに British Thomson-
Houston Co. の優先株を購入したからである。

すべての株式及び社債	
（額面額＄17,489,363.07）の帳簿価額	＄12,682,103.63
1ドル評価有価証券	111.00
貸借対照表計上額	＄12,682,214.63

上記有価証券の実現価額は帳簿価額に等しいと信じていること，また，
当年度の有価証券売却収入は＄3,680,988.74，その帳簿価額は
＄2,707,339.00，有価証券売却益は＄973,649.74である〔ただし，売却収入
の使途については省略された〕。

注意すべきは，第2期（1894年1月31日終了年度）から継続して添付され
ていた株式と社債の明細表である Schedule A と Schedule B が削除され
たことである。当期末の株式及び社債の貸借対照表価額（＄12,682,214.63）
は総資産（＄49,893,507.03）の25％にも相当するので，その明細表が削除さ
れたということはディスクロージャーの大きな後退である。

④ 受取手形及び売掛金についての詳細な説明は今期も踏襲されている。

⑤ 棚卸資産の評価方法と仕掛品についての説明もこれまでどおりである。

⑥ 負債，転換社債，買掛金についても，前期と同じ"トーン"で説明して
いる。なお，資本金は増資等により＄41,880,733.33となった。

連結貸借対照表は，前期（第10期）の様式とまったく同じである（163頁）。
そして，連結損益計算書は以下のとおりである。

連結損益計算書（1903年 1 月31日終了年度）

費　　用		収　　益		
売上諸費用	＄28,844,881.40	売上高	＄36,685,598.00	
社債利息	44,331.17	ロイヤリティ等	814,958.66	＄37,500,556.66
当期純利益	10,232,837.99			
	＄39,122,050.56	受取配当金・社債利息	393,961.49	
		受取利息割引料	253,882.67	647,844.16
		有価証券売却益		973,649.74
				＄39,122,050.56
控除　Sprague Electric Co. の		繰越剰余金		＄15,287,140.65
パテント取得額償却費	＄ 1,613,879.82			
現金配当金	2,677,263.50			
増資（1898年減資を回復）	16,746,133.33			
次期繰越剰余金	4,482,701.99	当期純利益		10,232,837.99
	＄25,519,978.64			＄25,519,978.64

これまで損益計算書の貸方の最初に記載されていた「繰越剰余金」（164頁）
は下半分のいわば剰余金計算領域に移され，上半分において当期の業績
〔「当期純利益」（Profits for the current year）〕が明示された。また，社債利息
も経常損益計算領域で示されている。かなり大きな質的改善である。

公認会計士 Patterson, Teele & Dennis の監査証明書は，前期（1902年 1 月31
日終了年度）のそれを踏襲した（164頁）。

(3) 第16期 ― 全33頁の回復

　第16期（1907年2月1日～1908年1月31日）報告書は，創立以来同じ大きさの
たて22cm よこ14cm を1頁とする全33頁である〔全頁数の回復〕。その構成は，
取締役15名・役員（General Auditor と2人の Assistant Auditor も含む）及び
販売・財務・製造・法律各部門の責任者の紹介2頁，社長報告2頁，副社長の
販売報告5頁，副社長の製造報告6頁，財務部長と監査部長による財務報告
11頁，貸借対照表1頁，損益計算書1頁，関係会社の連結貸借対照表1頁，
Price, Waterhouse & Co. の監査証明書1.5頁である。
　創立以来の社長 C.A. Coffin は，まず，これまでと同じように当期の業績を
要約した。

1908年1月31日終了年度利益	
（有価証券売却益＄9,778.93，ロイヤリティ・	
受取配当金・受取社債利息・社債及び株式再評価益・	
その他利益合計＄1,010,961.63を含み，	
パテント費，一般費及びその他費用，	
減価償却費及び損失，工場プラント償却費	
＄3,745,989.06等すべて控除後）	＄ 6,586,653.37
支払配当金	5,183,614.00
剰余金勘定へ	＄ 1,403,039.37
前期末剰余金	15,110,796.77
剰余金（1908年1月31日）	＄16,513,836.14

　そして，銅の激しい価格下落により棚卸資産を約＄2,000,000評価減したこ
と，創立以来最大の帳簿残高である受取手形及び売掛金についても細心の注意
を払い貸倒引当金を見積ったこと，これらにより当期利益は大幅に減少した
こと，所有する株式及び社債についても注意深く再評価したことなどを伝えた。
　販売担当副社長は，以下のような1903年1月31日終了年度から当年度まで
6事業年度の売上高と受注額を示した〔受注額の増加率は省略された（166頁）。
当期の受注額が前期を下回ったからであろうか〕。

	売上高	受注額
1903	$ 36,685,598	$ 39,944,454
1904	41,699,617	39,060,038
1905	39,231,328	35,094,807
1906	43,146,902	50,044,272
1907	60,071,883	60,483,659
1908	70,977,168	59,301,040

そして，この10年間で売上高は＄12,396,093（第 6 期）から＄70,977,168（第16期）へと年平均19.8％の伸びであると述べた。

第 3 副社長は，建物・設備等の拡大に＄6,350,576.74を支出したこと，以下のような従業員数を示し，当事業年度後半の受注の激減が大幅な労働力の削減をもたらしたと指摘した。1904年17,000人，1905年18,000人，1906年22,500人，1907年28,000人，1908年20,000人。ここまでで17頁である。

残りの14頁が財務部長と監査部長が社長に宛てた財務報告である。冒頭，当報告書で "the Company" というときは，GE と Edison General Electric Co., Thomson-Houston Electric Co. それに Stanley G.I. Electric Manufacturing Co. が含まれること指摘した〔下線 1 社が増加〕。

そして，これまでと同じように貸借対照表で開示されたすべての項目についてその内容を説明している。特徴的な事項は，以下のとおりである。

① パテントやライセンスの取得と訴訟等に係り＄872,345.67が支出されたが，同額費用処理され，貸借対照表計上額は前期（1907年 1 月31日終了年度）と同じ＄ 1 である〔1907年 1 月31日終了年度までに完全に水抜きされた〕。

② 工場プラントには建物・土地・機械・型等が含まれるが，担保権や先取特権の対象となっていないこと。そして，以下のデータを添付した。

1893年 1 月31日現在の 3 工場の帳簿価額	$ 3,958,528.21
1893.1.31から1908.1.31まで15年間の土地・建物・機械器具等の取得支出額	30,892,485.72
合 計	34,851,013.93
プラント償却費（15年間合計）	21,951,013.93
1908年 1 月31日現在帳簿価額	$ 12,900,000.00

プラント償却費（15年間合計）は，"There has been written off during those fifteen years a total allowance for depreciation and replacement" である〔下線部分については，第 8 期は "to provide for depreciation"（139頁），第 9 期と第10期は "to offset depreciation"（145，160頁）と微妙に異なる〕。

$ 12,900,000の内訳は，以下のとおりである。

Schenectady 工場 ………………………………………………	$ 7,494,876.14
Lynn 工場 ……………………………………………………	3,360,067.06
Lamp 工場………………………………………………………	905,056.80
	11,760,000.00
Pittsfield Works ……………………………………………	1,140,000.00
	$ 12,900,000.00

また，以下も示した。

	1907. 1 .31	Pittsfield 工場*	追加原価	減価償却費	1908. 1 .31
土地・建物	$5,363,812.88	$ 566,910.06	$2,488,314.15	$ 622,078.54	$ 7,796,958.56
機械類	3,636,185.12	688,478.40	3,441,121.23	2,662,745.30	5,103,039.44
型	1.00	2.00	128,638.13	128,640.13	1.00
備品・その他	1.00	40,021.86	292,503.23	332,525.09	1.00
合計	$9,000,000.00	$1,295,412.32	$6,350,576.74	$3,745,989.06	$12,900,000.00

* Pittsfield 工場とは，1907年 2 月 1 日に買収した Stanley G.I. Electric Manufacturing Co., Pittsfield, Massachusetts のことである。

期末価額を $ 12,900,000とまるめるための減価償却費の調整はこれまでどおりである（160，167頁）。

③ 銅鉱山投資 — これは Bully Hill Copper Mining and Smelting Co., Calif. 等への投資である。合計 $2,701,976.00のうち株式資本の取得が $1,129,961.63，残り $1,572,014.37は貸付金である。

④ 株式及び社債については以下を開示した。これは，貸借対照表の「株式及び社債」（$18,000,089.85）の内訳表である。

1ドル評価有価証券		$ 97.00
すべての株式及び社債の帳簿価額		
（額面 $17,268,001.55）		17,999,992.85
関係会社株式（額面 $2,900,000,		
連結貸借対照表に含まれる会社。		
Stanley G.I. Electric Co. の株式は		
$1 に評価）	$ 3,356,775.52	
以下の会社の株式及び社債		
United Electric Securities Co.,		
Electrical Securities Corporation,		
Electric Bond and Share Company	5,979,250.17	
地方電灯・鉄道会社の株式及び社債	4,196,197.11	
その他の株式及び社債	2,648,895.34	
外国会社の株式（額面 $3,162,994.00）	1,818,874.71	
	$17,999,992.85	
合計（貸借対照表計上額）		$18,000,089.85

　関係会社（Affiliated Companies）や販売会社等が相当な利益（considerable profits）を確保し，一部（a small portion）は配当金の財源となったが，多くは各社の剰余金勘定に組み入れられた〔金額は示していないが，この指摘はよい〕。

　所有することに特に意味をもたない有価証券は処分するという会社の方針に従って有価証券を売却，有価証券売却益 $9,778.93（有価証券売却収入 $66,330.19 − 有価証券簿価 $56,551.26）を計上した。

⑤　受取手形及び売掛金の金額（$29,857,726.84）は見積実現価額である。すなわち，債権金額 $31,957,999.73から貸倒引当金 $2,100,272.89を控除した金額である〔なお，第10期（1902年1月31日終了年度）以降に指摘されていた「貸倒引当金については現状では十分（ample）であると判断している」は削除された。ただし，Price, Waterhouse & Co. の監査証明書は "Full provision has been made for Bad and Doubtful Notes and Accounts Receivable and for all ascertainable liabilities." と，これを補っている〕。

　当年度の売上高は $70,977,168.46である。元帳に記載されている通常の顧客は約21,000社であるが，このうち10,000社に債権残高が存在する。

当年度の現金回収額は約＄66,000,000である。1907年 1 月31日現在（期首）受取手形及び売掛金残高は＄27,094,347.85であったが，未回収分＄3,544,586.13を除きすべて回収された。そして，以下の詳細なデータを示した。

	受取手形	売掛金	合　計
1907年 1 月31日残高	＄2,965,872.20	＄24,128,475.65	＄27,094,347.85
当期回収額	1,527,506.36	22,022,255.36	23,549,761.72
未回収額（受取手形58件，売掛金1,090件）	1,438,365.84	2,106,220.29	3,544,586.13
当期発生額	7,957,876.75	20,455,536.85	28,413,413.60
1908年 1 月31日残高	＄9,396,242.59	＄22,561,757.14	＄31,957,999.73

貸倒引当金の状況は，以下のとおりである。

	受取手形	売掛金	合　計
貸倒引当金残高（1907.1.31)	＄　142,709.51	＄1,165,174.01	＄1,307,883.52
和解による当期取崩額	40,169.16*	687,536.25	647,367.09
残高	182,878.67	477,637.76	660,516.43
当期増加額	245,332.09	1,194,424.37	1,439,756.46
貸倒引当金合計	428,210.76	1,672,062.13	2,100,272.89
債権金額	9,396,242.59	22,561,757.14	31,957,999.78
帳簿価額	＄8,968,031.83	＄20,889,695.01	＄29,857,726.84

＊　貸方

⑥　仕掛品 ― 546件の仕掛品の原価（労務費，原材料費等を含む）は＄1,276,294.22である〔ただし，工事に係る前受金や仕掛品から発生する見積利益はない旨の指摘は削除された〕。

⑦　棚卸資産 ― アイテムごとに数量を数え評価した。よく取引されている製品や半製品，貯蔵品については見積工場原価（estimated factory cost）により，あまり売れない回転の遅いものについては見積工場原価の50％で，陳腐化した貯蔵品等は残存価額により評価した。地方事務所にある器具や

貯蔵品は帳簿価額を＄350,000下回っていたので評価損を計上した。事務所の家具・備品等＄124,269.54は＄1.00で評価，委託品については見積工場原価＄469,450.32の50％で評価し＄234,725.16を貸借対照表価額とした〔162頁に比し評価基準等を含む説明が簡略化された〕。

⑧　負債についての説明はこれまでどおりである（163頁）。

連結貸借対照表は第10期（1902年1月31日終了年度）と同じである（163頁）。

連結損益計算書は，以下のとおりである。

連結損益計算書（1908年1月31日終了年度）

費　　用		収　　益		
売上諸費用（プラント償却費 ＄3,745,989.06を含む）	＄65,536,305.06	売上高		＄70,977,168.46
社債利息	362,029.63	ロイヤリティ，受取配当金，		
		社債利息，社債・株式再評価益，		
		その他利益	＄1,010,961.63	
		受取利息割引料	487,079.04	1,498,040.67
当期利益	6,586,653.37	有価証券売却益		9,778.93
	＄72,484,988.06			＄72,484,988.06
現金配当金	＄ 5,183,614.00	繰越剰余金（1907.1.31）		＄15,110,796.77
繰越剰余金（1908.1.31）	16,513,836.14	当期純利益（1908.1.31終了年度）		6,586,653.37
	＄21,697,450.14			＄21,697,450.14

このように，連結損益計算書は第11期（1903年1月31日終了年度，168頁）のそれを踏襲した。ただし，第3期（1895年1月31日終了年度）から独立表示されていた「ロイヤリティ・その他利益」と「受取配当金・社債利息」の収益2項目は，「ロイヤリティ，受取配当金，社債利息，社債・株式再評価益，その他利益」1項目に統合されてしまった。

第14期（1906年1月31日終了年度）より添付されていた右頁のような「関係会社連結貸借対照表」（Consolidated Balance Sheet of Affiliated Companies）も引き続き開示された〔関係会社とは Edison General Electric Co., Thomson-Houston Electric Co., Stanley G.I. Electric Manufacturing Co. の3社である〕。

第4章　GEの1901年度〜1910年度の財務ディスクロージャー　175

関係会社連結貸借対照表（1908年1月31日）

資　産			負　債		
有形固定資産		$4,523,284.93	株式資本金		$4,015,000.00
パテント・フランチャイズ・					
営業権		3.00	社債		535,000.00
流動資産：			流動負債		223,382.42
製品・原材料・			GE Company		2,860,935.66
貯蔵品	$2,560,100.01				
仕掛品	114,389.20		剰余金：		
受取手形・売掛金	1,642,752.98		1907.1.31	1,309,982.23	
株式及び社債	7,426.70		当期利益	365,438.94	
現金	301,782.43	4,626,451.32	控除 配当金	160,000.00	1,515,421.17
割引手形		246.48	裏書（endorsement）		246.48
		$9,149,985.73			$9,149,985.73

　第14期（1906年1月31日終了年度）から第17期（1909年1月31日終了年度）まで
は Price, Waterhouse & Co. が監査人である。その監査証明書は，680-682頁
に掲載した。

(4)　第17期 ― 同じ"トーン"での説明

　第17期（1908年2月1日〜1909年1月31日）報告書（全32頁）において，社長
C.A. Coffin は，従来と同様以下を示した。

1909年1月31日終了年度利益	
（有価証券売却益 $35,912.48，ロイヤリティ・	
受取配当金・利息等 $1,453,942.63を含み，	
パテント費，一般費，固定費，減価償却費及び損失，	
工場プラント償却費 $1,524,295.32等すべて控除後）	$ 4,802,252.67
支払配当金	5,214,026.00
欠損金（剰余金勘定へ）	$ 411,773.33
前期末剰余金	16,513,836.14
剰余金（1909年1月31日）	$16,102,062.81

関係会社（Affiliated Companies）を除く GE が支配している製造会社等の配当後純利益は約＄900,000，このうち当社持分は＄750,000で上の「受取配当金」に含まれている〔この重要な指摘は初めてである〕。

　販売担当副社長は，これまでと同じように1904年1月31日終了年度から当年度まで6事業年度の売上高と受注額（例えば，1909年1月31日終了年度売上高＄44,540,676，受注額＄42,186,917），それに，1909年1月31日現在の受注残（約＄13,000,000，前期末は＄14,500,000）を示した。

　また，以下のような直近5年間の回収状況一覧表も復活した。

	1904	1905	1906	1907	1908
船荷証券付	13.0%	16.3%	13.7%	17.8%	16.6%
30日	68.5%	63.1%	68.6%	68.5%	68.0%
60日	9.0%	12.7%	10.1%	9.7%	6.0%
90日	5.7%	5.3%	3.0%	2.5%	3.9%
90日超	3.8%	2.6%	4.6%	1.55%	5.5%

　製造・エンジニアリング担当副社長は，新しい重要な建物の建設は行われなかったが建設中の建物や機械，型，特殊な器具等に合計＄2,524,295.32を支出したことや4工場の概況について説明し，以下のデータを示した。

	床面積	従業員数
1905	4,100,000（スクエアフィート）	18,000（人）
1906	4,350,000	22,500
1907	4,770,000	28,000
1908	6,460,000（Pittsfield工場を含む）	20,000
1909	7,000,000（同上）	18,000

　ここまでで16頁である。残りの14頁が財務部長とコントローラー〔当期から監査部長に代わる〕が社長 C.A. Coffin に宛てた財務報告である。両者は，貸借対照表で開示された「パテント・フランチャイズ・営業権」「工場プラント」「銅鉱山投資」「株式及び社債」「受取手形及び売掛金」「仕掛品」「棚卸資産」「社債」「株式資本金」「買掛金」の各項目について，これまでと同じ〝スタイル〟と〝トーン〟で説明した。

連結貸借対照表（1909年１月31日）は，以下のとおりである。

連結貸借対照表（1909年１月31日）

資　産			負　債	
パテント・フランチャイズ・営業権	$	1.00	社債（5％利札付，1892）	$　41,000.00
			社債（3.5％利札付，1902）	2,047,000.00
			社債（5％利札付，1907）	12,875,000.00
			未払社債利息	107,633.36
			買掛金	2,836,834.51
			未請求配当金	1,469.86
現金		$22,233,671.29		17,908,937.73
株式及び社債	21,922,189.21			
不動産	85,124.66			
受取手形・売掛金	18,873,057.63			
仕掛品	607,276.59			
	41,487,648.09			
棚卸資産：				
工場在庫	15,682,255.88			
本社・事務所	2,547,326.08			
委託品	164,317.44		株式資本金	65,178,800.00
	18,393,899.40	59,881,547.49		
工場プラント	13,900,000.00			
銅鉱山投資	3,174,580.76	17,074,580.76	剰余金	16,102,062.81
		$99,189,800.54		$99,189,800.54

　この連結貸借対照表は，第10期（1902年１月31日終了年度，163頁）をベースに「パテント・フランチャイズ・営業権＄1.00」を資産の最上部へ掲示し，「銅鉱山投資＄3,174,580.76」（171頁）を加え，３種の社債を表示している。

　連結損益計算書（1909年１月31日終了年度）も，すでに指摘した「関係会社を除く製造会社等の配当後純利益に対する当社持分＄750,000」が営業外収益区分に表示されたが，それ以外は前期（174頁）と同じである。

　関係会社連結貸借対照表（1909年１月31日）も継続して開示された（175頁）。

(5) 第18期 ― 連結会社数の消失

　第18期（1909年 2 月 1 日～1909年12月31日の11ヵ月間）報告書は全30頁で，その構成は，「関係会社連結貸借対照表」（175頁）が削除されたことを除いて，これまでどおりである。なお，その削除は特に重要性をもつものではない。

　社長 C.A. Coffin は，連結損益計算書を要約（「1909年12月31日終了の11ヵ月間の利益」「支払配当金」「前期末剰余金」「期末剰余金」）した後〔ただし，前期に初めて指摘された「関係会社を除く GE が支配している製造会社等の配当後純利益は約＄900,000，このうち当社持分は＄750,000である」は削除された。残念である〕，主要な株式及び社債の評価額は前期と同じであること，設備等の拡大により減価償却費が前期より増大したこと，外国での発明品に対するパテント取得費が増大していること，受取手形及び売掛金の回収状況に満足していること，連邦会社税法（Federal Corporation Tax Law）に準拠して決算日を12月31日に変更したことを株主に伝えた。

　販売担当副社長も，これまでと同様，1905年 1 月31日終了年度から当年度まで 6 事業年度の売上高と受注額，過去 5 年間の回収条件一覧を示した。また，製造・エンジニアリング担当副社長も当期中の資本的支出額（＄2,878,942.37）と 5 年間の従業員数（1909年12月31日現在30,000人）を示し，主要工場の概況について説明した。

　財務部長とコントローラーの財務報告においては，これまでは冒頭で「報告書で "the Company" というときは，GE と Edison General Electric Co., Thomson-Houston Electric Co. それに Stanley G.I. Electric Manufacturing Co. が含まれる」（例えば第16期，170頁）と指摘されていたが，これが省略された。連結会社数の消失という意味で，財務ディスクロージャーの大きな後退である。

　連結貸借対照表で開示されたすべての項目についての説明は，以下の①を除いて前期を踏襲した。

① 受取手形及び売掛金の説明が以下のように変更された。

1909年1月31日の状況

	金額	貸倒引当金	帳簿価額
売掛金	$13,658,809.08	$1,076,733.18	$12,582,075.90
受取手形	7,121,073.18	830,091.45	6,290,981.73
	$20,779,882.26	$1,906,824.63	$18,873,057.63

1909年12月31日の状況

	金額	貸倒引当金	帳簿価額
売掛金	$15,159,133.27	$1,140,000.00	$14,019,133.27
受取手形	6,058,839.10	700,000.00	5,358,839.10
	$21,217,972.37	*$1,840,000.00	$19,377,972.37

*1909年1月31日　貸倒引当金	$1,906,824.63
当期貸倒引当金取崩額	776,294.13
	$1,130,530.50
1909年12月31日新規貸倒引当金繰入額	709,469.50
	$1,840,000.00

1909年1月31日以前に起因する受取手形及び売掛金の未回収額は1909年12月31日現在＄958,781.32である〔未回収額の受取手形や売掛金の件数（前期は受取手形109件，売掛金は967件を明示）は省略された〕。

これまでの詳細な説明（172頁）からは後退したが，売掛金及び受取手形と貸倒引当金との関係表示は維持された。

連結貸借対照表（1909年12月31日）は，負債に「契約による前受金」（＄777,133.34）が新たに掲載された以外は前期とまったく同じである（177頁）。

連結損益計算書も第16期（1908年1月31日終了年度，174頁）のそれを踏襲した。

そして，監査人がPrice, Waterhouse & Co. からMarwick, Mitchell & Co. に交代した。監査証明書は以下のとおりである。

Marwick, Mitchell & Company

Chartered Accountants

79 Wall Street, New York, March 24, 1910

To the Board of Directors of General Electric Company

We have examined the books and accounts of the General Electric Company for the eleven months ended December 31, 1909, and certify that the Balace Sheet appearing on page 27 of this report is correctly prepared therefrom and is, in our opinion, drawn up so as to show the true condition of the affairs of the Company as at December 31, 1909, and that the relative Profit and Loss Account on page 28 is a correct statement of the transactions of the eleven months ended on that date.

We have verified the cash and securities by actual count and inspection or by proper certificates received from the depositaries. The aggregate value at which the Stocks and Bonds are carried is, in our opinion, conservative and proper.

We are satisfied that the Notes and Accounts Receivable included among the assets correctly represent the amount realizable therefrom, due provision having been made for possible losses through bad and doubtful items.

Certified Inventories of Work in Progress, Finished Goods, Materials and Supplies have been submitted to us and we have satisfied ourselves that these inventories have been carefully taken and that they have been valued at or below cost price, proper allowance having been made for reductions in market values and for goods for which there is a slow market or which are practically obsolete. Full provision have also been made for possible losses on consignments and for claims which may have to be met on contracts recently completed or uncompleted at December 31, 1909.

All the charges made against the Factory Plant Accounts during the year have been for expenditures properly chargeable to Capital and full provision has been made for Repairs, Renewals and Depreciation. The changes in the Copper Mining Investments during the period have been unimportant.

The accounts and records of the Company are full and clear and disclose its transactions in a direct and concise manner.

Yours truly,

Marwick, Mitchell & Company,

Chartered Accountants.

＊　　　＊　　　＊

GE 取締役会殿

1910年3月24日

　我々は，General Electric Company の1909年12月31日に終了する11ヵ月間の帳簿及び計算書を監査した。そして，この報告書の27頁に示されている貸借対照表はそれらから正確に作成されていることを証明する。また，我々の意見では，貸借対照表は1909年12月31日現在の同社の真の状況を示しており，さらに28頁の損益計算書は同日に終了する11ヵ月間の取引の正確なステートメントであることを認める。

　我々は，現金と有価証券を実際に数えかつ調査しあるいは保管者からの適切な証明書によって検証した。帳簿に記載されている株式及び社債の総額は，我々の意見では，保守的かつ適正である。

　我々は，資産に含まれる受取手形及び売掛金は実現可能価額を正しく示しており，不良及び回収の疑わしい項目について発生する可能性のある損失に対しては十分な引当金が設定されていることに満足している。

　仕掛品，完成品，原材料，貯蔵品についての証明された在庫目録が我々に提出された。我々は，実地棚卸が注意深く行われ，かつ，棚卸資産は原価または原価以下で評価され，市場価値の下落や回転の遅い製品または陳腐化した製品に対しては適正な引当てがなされていることに満足している。委託商品に生じる可能性のある損失や最近締結された契約及び1909年12月31日現在交渉が継続している契約に係り発生するかもしれないクレームに対しても十分な引当てがなされている。

　当期の工場プラント勘定への付加はすべて資本的支出のみであり，修理，更新及び減価償却に対して十分な引当てがなされている。当期の銅鉱山投資における変更は重要ではない。

　当社の帳簿及び計算書は，十分かつ明瞭で，率直かつ簡潔な方法で取引を示している。

　Marwick, Mitchell & Co. は，まず，帳簿と計算書を監査し，貸借対照表はそれらに準拠して正確に作成され会社の真の状況（the true condition of the affairs）を示していることを証明し，損益計算書も11ヵ月間の収引についての正確なステートメントであることを認めた。そして，現金と有価証券については実査あるいは受託者からの証明書により検証し，有価証券については保守的に評価されていること，受取手形と売掛金は実現可能価額であり，不良債権等については十分な引当てがなされていること，棚卸資産は原価以下で評価され，

市場価値の下落や陳腐化した製品等に対する引当て，委託商品や契約に係るクレーム等に対しても十分な引当てがなされていること，工場プラントの増加は資本的支出のみであり，修理・更新・減価償却に対しても十分な引当てがなされていることに満足の意を表明した。

この監査証明書の最大の特徴は，GE が監査を導入した第6期（1898年1月31日終了年度）以来これまでの監査人が明示してきた監査範囲，すなわち監査対象会社名を省略したことである。これは，GE が年次報告書において連結対象会社の指摘を省略したからであろう（178頁）。そして，Marwick, Mitchell & Co. の監査証明書も，これまでの Patterson & Corwin（Patterson, Teele & Dennis）や Price, Waterhouse & Co. と同様，安全性や保守主義の見地からの陳述である。

(6)　第19期 ― 社長報告等の簡略化，全26頁へ

第19期（1910年1月1日～1910年12月31日）報告書は，創立以来同じ大きさのたて22cm よこ14cm を1頁とする全26頁で，第16期の全33頁，第17期の全32頁，第18期の全30頁からやや後退した。社長報告等が簡略化されたからである。「要約貸借対照表」（Condensed Balance Sheet）と「要約損益計算書」（Condensed Profit and Loss Account）は，これまでの様式を踏襲した。ただし，要約貸借対照表については，資産に「関係会社債権」と「備品・家具＄1.00」，負債に「未払税金」と「未払配当金」が新たに掲載された。そして，両財務諸表とも，これまでの"Consolidated"から"Condensed"に代わった。

〔小括〕

GE の1900年代最初の10年間における財務ディスクロージャーは，第9期（1901年1月31日終了年度）に消えた「売上原価」（Cost of Goods Sold）は復活せず，第16期（1908年1月31日終了年度）には収益項目が2項目から1項目に統合され（174頁），第18期（1909年12月31日終了年度）には連結会社数も省略された（178頁）。連結会社数の省略は大きな後退である。

しかしながら，この間，年次報告書は26頁から33頁（平均30頁）で構成され，

数事業年度の売上高と受注額，売上債権の回収状況，貸借対照表のすべての項目について説明，特に受取手形及び売掛金と貸倒引当金の関係，棚卸資産の評価方法についての詳細な説明も継続された。連結損益計算書も，これまでと同様「売上高」「売上諸費用」を開示した。全体としては優良な財務ディスクロージャーをキープしたといえる。

第**5**章

GE の1911年度〜1925年度の
財務ディスクロージャー

(1)　第20期 〜 第21期 ― 大幅な後退，全15頁へ

ところがである。

第20期（1911年 1 月 1 日〜1911年12月31日）報告書は，創立以来同じ「面積」を 1 頁とする全15頁と従来の約半分に縮小している。その主たる要因は，これまで別々に掲載されていた販売担当の第 1 副社長報告約 5 頁と製造担当の第 3 副社長報告約 6 頁それに財務部長と監査部長（またはコントローラー）による財務報告が当期より社長報告 6 頁に収められ，しかも，財務報告がこれまでの貸借対照表を構成するすべての項目の説明から主要項目の説明へと簡略化されたからである。従来10頁から13頁を要した財務報告は，たった 2 頁である。

C.A. Coffin 社長は，まず当期の業績を前期と比較した。

	1911	1910
売上高	$ 70,383,854.34	$ 71,478,557.66
売上諸費用	62,460,557.36	63,134,601.63
営業利益	$ 7,923,296.98	$ 8,343,956.03
加算　受取利息・割引料，		
ロイヤリティ・その他利益	1,358,859.68	1,370,928.57
	$ 9,282,156.66	$ 9,714,884.60
控除　社債利息	371,015.07	717,395.02
	$ 8,911,141.59	$ 8,997,489.58

加算 有価証券からの利益,		
有価証券売却益・評価益	1,651,664.02	1,858,202.55
当期純利益	$10,562,805.61	$10,855,692.13
支払配当金	5,806,344.00	5,214,368.00
当期剰余金	$ 4,756,461.61	$ 5,641,324.13

　これらは後に続く損益計算書から読み取れるものであるが,「売上諸費用」(Cost of Sales) には, これまでと同様, 開発費, 製造費, 販売費, 管理費, パテント関係費, 工場プラント償却費等すべての費用が含まれることが指摘された。

　関係会社である Fort Wayne Electric Works と Sprague Electric Companies の 2 社が解散しそれぞれの資産及び負債を GE が引き継いだ結果, 添付した貸借対照表の資産は $1,517,335.81, 負債は $276,610.72,〔両者の差額である〕剰余金は $1,240,725.09 増加し, 期末の剰余金は以下のとおりである。

当期剰余金	$ 4,756,461.61
Fort Wayne と Sprague Companies の剰余金	1,240,725.09
増加高	$ 5,997,186.70
1911年 1 月 1 日現在剰余金	23,022,705.82
1911年12月31日現在剰余金	$29,019,892.52

　また, 受注に係るデータは, 以下のとおりである〔受注件数は増加したが, 受注額は減少している〕。

	1911	1910
受注件数	388,520	338,272
受注額	$69,851,275	$71,182,391
受注残	$15,200,000	$15,500,000

　そして, 社長は「〔前期 (1910年度) に比し〕受注件数の増加は販売費の増加をもたらした。販売費の増加はすべての部門における熾烈な競争 (severe competition) の結果である。工場の生産量は前年度に比し増大したが, 販売価格の低下により売上高は減少した」と指摘し, 続けて以下を報告した。

第 5 章　GE の1911年度〜1925年度の財務ディスクロージャー　　187

① 　7 工場の土地面積（921エーカー）と製造現場のスペース及び従業員数

	製造現場のスペース	従業員数
1907	6,460,000（スクエアフィート）	23,000（人）
1908	7,000,000	26,300
1909	7,180,000	33,500
1910	8,530,000	36,200
1911	9,770,000	41,300

　　前期に比し，製造現場は拡大し，従業員は5,100人も増加している。

② 　パテントやライセンスの取得，パテント関係の訴訟等に＄769,842.44が支出されたがすべて費用処理され，また，パテント勘定は＄1.00である。

③ 　有価証券については多少の取得と売却それに再評価が行われ，結果として1911年12月31日現在，額面価格合計＄27,264,086.22に対して帳簿価額は＄28,707,843.22である〔Schedule A と B が添付されていた第 2 期（1894年 1 月31日終了年度）から第10期（1902年 1 月31日終了年度）に比べると説明が極めて簡略化されている〕。

④ 　銅鉱山投資は剰余金で償却された〔したがって，貸借対照表には掲載されていない〕。

⑤ 　受取手形及び売掛金は＄19,084,105.81（貸倒引当金控除後），このうち前期以前に係るものは＄871,514.80，関係会社（製造・販売）に対する債権は＄2,891,760.79である〔これがすべてであり，これまでの詳細な分析と貸倒引当金に関する説明は消えた〕。

⑥ 　棚卸資産についても，「製品は前期以前と同様保守的な基準で評価された」（Merchandise inventories have been valued on the same conservative basis as in prior years）とのみ指摘されたにすぎない〔極めて大きな後退である。例えば，第10期（1902年 1 月31日終了年度）を参照しよう。162頁〕。

⑦ 　工場プラントについては，以下のとおりである。

工場プラント（1893年 1 月31日）	＄ 3,958,528.21
それ以来1911年 1 月31日まで19年間の建設支出額等	46,212,476.05
合 計	＄50,171,004.26

19年間の償却費合計

　（Written off during the nineteen years）　　　　　　33,297,949.45

1911年12月31日帳簿価額　　　　　　　　　　　　　　$ 16,873,054.81

　　これらに Fort Wayne Electric Works と Sprague Electric Companies
のプラントが加えられ合計$ 19,538,921.80が貸借対照表に計上された。
そして，当期の動きを以下のように示した。

	1911.1.31	F. Wayne, Sprague	追加原価	減価償却費	1911.12.31
土地・建物	$ 9,504,826.17	$1,782,352.12	$1,320,829.89	$ 674,979.94	$11,933,028.24
機械装置	6,011,486.30	1,247,335.58	2,139,374.28	1,792,305.10	7,605,891.06
型	1.00	215.74	90,289.57	90,505.31	1.00
器具・備品等	1.00	35,963.55	519,727.26	555,690.31	1.50
合計	$15,516,314.47	$3,065,866.99	$4,070,221.00	$3,113,480.66	$19,538,921.80

⑧　1907年発行の社債が株式に転換され，株式資本金は$ 77,335,200となっ
　た。四半期配当金（年8％）が支払われた。支払手形も保証手形もない。
ここまでが社長報告である。

　　そして，今期より「要約貸借対照表」（Condensed Balance Sheet）より前に
添付された「要約損益計算書」（Condensed Profit and Loss Account）は，以下
のように報告式に変更された。

要約損益計算書（1911年12月31日終了年度）

収　益（Income）

売上高	$ 70,383,854.34
控除　売上諸費用（Cost of Sales）	62,460,557.36
	$ 7,923,296.98
受取利息・割引料，ロイヤリティ，その他利益	1,358,859.68
有価証券からの利益	1,285,278.65
有価証券売却益	240,009.66
有価証券評価益	126,375.71
	$ 10,933,820.68

控　　除（Deductions）

社債利息	$ 371,015.07	
配当金	5,806,344.00	6,177,359.07
当期剰余金増加		$ 4,756,461.61
加算　Fort Wayne と		
Sprague Companies 剰余金		1,240,725.09
合　計		$ 5,997,186.70
剰余金（1911年 1 月 1 日）		23,022,705.82
剰余金（1911年12月31日）		$ 29,019,892.52

　「売上原価」（Cost of Goods Sold）から「売上諸費用」に後退した第 9 期（1901年 1 月31日終了年度。150頁）以降，そして「ロイヤリティ・その他利益」と「受取配当金・社債利息」の 2 項目から「ロイヤリティ，受取配当金，社債利息，社債・株式再評価益，その他利益」1 項目に統合された第16期（1908年 1 月31日終了年度。174頁）以降，開示項目に変動はない。まさに要約損益計算書である。

　要約貸借対照表は，見開きで左頁に資産，右頁に負債を示している。

＊要約貸借対照表（1911年12月31日）

資　　産

パテント・フランチャイズ・営業権		$	1.00
現金			17,898,709.40
株式及び社債		$ 28,707,843.22	
不動産（工場プラントを除く）		448,094.43	
受取手形及び売掛金		19,084,105.81	
関係会社債権		2,891,760.79	
仕掛品		399,707.95	
		$ 51,531,512.20	
棚卸資産：			
工場在庫	$ 22,709,581.39		
地方事務所・積送品	3,352,929.95		
委託品	367,472.68	26,429,984.02	77,961,496.22

工場プラント

（土地・建物・機械を含む） $19,538,921.80

器具・備品等（工場以外） 3.00 19,538,924.80

$115,399,131.42

負 債

社債 5 ％利札付, 1892	$ 38,000.00	
社債 3.5%利札付, 1902	2,047,000.00	
社債 5 ％利札付, 1907	721,000.00	$ 2,806,000.00
買掛金	$ 4,305,172.93	
未払税金	207,043.94	
契約による前受金	147,153.45	
未払社債利息	33,014.58	
未払配当金（1912.1.15予定）	1,545,654.00	6,238,038.90
株式資本金		77,335,200.00
剰余金		
剰余金（1911年1月1日）	$ 23,022,705.82	
加算当期剰余金	5,997,186.70	
剰余金（1911年12月31日）		29,019,892.52
		$ 115,399,131.42

＊ Fort Wayne Electric Works と Sprague Electric Works の勘定も含む。

要約貸借対照表の開示項目は，基本的にはこれまでと同じである（177頁）。
Marwick, Mitchell, Peat & Co. の監査証明書は，以下のとおりである。

Marwick, Mitchell, Peat & Company
Chartered Accountants
79 Wall Street, New York,

March 21, 1912

To the Board of Directors
General Electric Company

Dear Sirs :

We have examined the books and accounts of the General Electric Company
for the year ended December 31, 1911, and certify that the Condensed Profit

and Loss Account and Balance Sheet appearing on pages 11-13 of this report are in accordance with the books and in our opinion correctly record the results of the Company's operations for the year and the condition of its affairs as at December 31, 1911.

We have verified the cash and securities by actual count and inspection or by certificates received from the depositaries. The stocks and bonds held have been appraised by a committee of the Board of Directors on a conservative basis. The Copper Mining Investments was also considered by this committee and the whole amount invested has been written off.

The notes and accounts receivable are included in the Balance Sheet at their realizable value, due provision having been made for possible losses through bad and doubtful debts.

Certified inventories of work in progress, merchandise, materials and supplies have been submitted to us, and we have satisfied ourselves that these inventories have been taken in a careful and conservative manner, that they have been valued at or below cost price and that ample allowance has been made for old and inactive stocks. Full provision has also been made for possible allowances or additional expenditures on recently completed contracts or on installation work in progress.

All expenditures capitalized in the factory plant accounts during the year were properly so chargeable, being in the nature of additions or improvements and full provision has been made in the accounts for repairs, renewals and depreciation.

Yours truly,

Marwick, Mitchell, Peat & Co.

＊　　　　　＊　　　　　＊

GE 取締役会殿

1912年 3 月21日

　我々は，General Electric Company の1911年12月31日に終了する年度の帳簿及び計算書を監査した。そして，この報告書の11-13頁に示されている要約損益計算書と要約貸借対照表は帳簿に準拠していることを証明し，かつ，我々の意見によると，それらは，当該年度の会社の経営成績と1911年12月31日現在の状況を正確に記録していることを認める。

　我々は，現金と有価証券を実際に数えかつ調査しあるいは保管者からの証明書によって検証した。株式及び社債は取締役会の一委員会によって保守的な基準で評価された。鉱山投資についても同じ委員会で検討され全投資額が償却された。

　貸借対照表の受取手形及び売掛金は実現可能価額であり，不良及び回収の疑わ

しい債権について発生する可能性のある損失に対しては十分な引当金が設定されている。

仕掛品，商品，原材料，貯蔵品についての証明された在庫目録が我々に提出された。我々は，実地棚卸が注意深くかつ保守的に実施されたこと，そして棚卸資産は原価または原価以下で評価され，陳腐化した回転の遅い在庫に対しては十分な引当てがなされていることに満足している。最近締結した契約や進捗中の据付工事に係る値引きや追加的支出の可能性についてもまた十分な引当金が設定されている。

当期の工場プラント勘定へのすべての資本的支出は価値の付加または改善という点から妥当であり，かつ，修繕・更新・減価償却に関する勘定についても十分な引当金が設定されている。

冒頭の「監査意見」によれば，これまでの監査証明書（180頁）が「貸借対照表は会社の真の状況（the true condition of the affairs）を示しており，損益計算書は取引の正確なステートメントである」という表現であったが，今期は「要約損益計算書と要約貸借対照表は帳簿に準拠して（in accordance with the books）いることを証明し，かつ，我々の意見によると，それらは，当該年度の会社の経営成績（the results of the Company's operations）と1911年12月31日現在の状況〔真のは削除〕を正確に記録していることを認める」と変更された。また，最終行（180頁）の「当社の帳簿及び計算書は，十分かつ明瞭で，率直かつ簡潔な方法で取引を示している」は削除された。多少の前進とみることができる。その他，現金及び有価証券の実査と有価証券の保守的評価，受取手形・売掛金の回収可能性，棚卸資産の保守的評価と損失引当金の十分性，工場プラント勘定の資本的支出の妥当性と減価償却等の十分性についての意見はこれまでと同じである。

第21期（1912年1月1日～1912年12月31日）報告書は全14頁で，その構成及び内容とも前期とほとんど変わらなかった。なお，前期に比し1頁の減少は監査証明書における会計事務所の所在地が省略され2頁から1頁に縮小したためである。

(2) 第22期 〜 第25期 ―「量」（実質 8 頁），「質」（説明）とも後退

第22期（1913年 1 月 1 日〜1913年12月31日）報告書はさらに 2 頁削減され全12頁，表紙と取締役・役員の紹介等 4 頁を除くと実質 8 頁で，創立以来20年社長を務め今期から取締役会議長に就任した C.A. Coffin の報告 4 頁，要約損益計算書 1 頁，要約貸借対照表 2 頁，Marwick, Mitchell, Peat & Co. の監査証明書 1 頁で構成されている。

C.A. Coffin は，以下の事項について株主に報告した。

1913年度受注額			$ 111,819,142.00
売上高			106,477,438.76
実績（Net results）：			
営業利益			$ 10,269,605.45
その他収益			3,796,184.43
			$ 14,065,789.88
控除 社債利息・割引料・借入金利息	$	1,007,910.69	
支払配当金		8,149,204.55	9,157,115.24
剰余金勘定へ			$ 4,908,674.64

第20期と第21期はそれぞれ前期のデータも開示していたが，当年度は単年度のみと後退した（185頁）。そして，次のようにいう。「600,000件以上の注文を受けたが，受注件数の増加と平均受注額の低下という傾向は継続している〔1913年度受注額は上で報告されたが，受注件数と受注残の指摘は消えた〕。この特徴（feature）は，競争の激化（increased competition）とともに，受注を確保しかつその要求を満たすために避けられない費用の増加をもたらしている。」

パテントやライセンスの取得，パテント関係の訴訟等に $ 662,925.40 が支出されたがすべて費用処理され，パテント勘定は $ 1.00 である。

株式及び社債 $ 25,964,316.94 のうち子会社株式は $ 17,574,843.79，公益企業（public utilities）等の社債・株式は $ 8,389.473.15 である〔説明の簡略化が続く。なお，「子会社」（subsidiary companies）という用語が初めて登場したが，その内容は不明である〕。

「売掛金及び受取手形については，注意深くレビューしかつ保守的に評価し，また損失の危険性に対して十分な引当てを行い，結果として$26,210,458.94を貸借対照表に計上した。子会社の急激な成長による施設の拡大や運転資本の増大のために当年度に相当な貸付金が発生した。子会社に対する債権は$6,817,563.44で，これを含み売掛金及び受取手形の合計は$33,028,022.38である」〔これが売掛金及び受取手形に関するすべての説明である〕。

棚卸資産についての説明はまったくない。驚くべきことである。

製造プラントの取得及び改善に対して$11,373,118.10が支出され，$6,502,060.40が償却された。そして，創立以来の概要と当年度の動きを以下のように示した。

工場プラント（1893年1月31日）	$ 3,958,528.21
それ以来1913年1月31日まで21年間の建設支出額等	69,314,629.88
合計	$73,273,158.09
21年間の償却費合計	43,845,989.80
帳簿価額（1913年12月31日）	$29,427,168.29

	1913.1.31	追加原価	減価償却費	1913.12.31
土地・建物	$15,379,122.73	$ 5,440,956.09	$2,053,785.01	$18,766,293.81
機械	9,176,985.86	5,115,882.44	3,631,995.82	10,660,872.48
型	1.00	124,850.82	124,850.82	1.00
器具・家具等	1.00	691,428.75	691,428.75	1.00
合計	$24,556,110.59	$11,373,118.10	$6,502,060.40	$29,427,168.29

製造現場の床面積は1,740,000スクエアフィート増設され，製造プラントは以下のように拡大し続けている〔"good news"については開示している〕。

1908	7,000,000（スクエアフィート）
1909	7,180,000
1910	8,530,000
1911	9,770,000
1912	12,160,000
1913	13,900.000

第5章　GEの1911年度〜1925年度の財務ディスクロージャー　　195

子会社を含む全従業員数は，1913年12月31日現在65,000人超である。

株式資本金は以下のような状況である。

株式資本金（1913年1月1日）	$ 101,202,000.00
増資：	
1892年発行社債の転換	20,000.00
1907年発行社債の転換	159,200.00
株式資本金合計	$ 101,381,200.00
準備金（Reserve）	
1892年発行社債の転換時	13,333.33
1907年発行社債の転換時	88,500.00
未発行	3,516,966.67
授権資本	$ 105,000,000.00

四半期配当金（年8％）が支払われたこと，緊急な資金が必要とされたため1913年7月に＄8,000,0000の借入手形（満期1914年4月16日，9ヵ月間，利率年6.25％）を発行したこと，通常の支払手形や保証手形はないこと。

最後にCoffinは次のようにいう。

"The certificate of Messrs. Marwick, Mitchell, Peat & Company, chartered accountants, attesting the correctness of the published balance sheet and profit and loss statement will be found on page 12." （下線著者）

貸借対照表と損益計算書は将来事象の見積りを反映しているので，Coffinが主張するようなそれらの「正確性」を公認会計士は保証することはできないが，以下のようなMarwick, Mitchell, Peat & Co.の監査証明書の冒頭部分からすると，そう解釈されてもやむを得まい。

We have examined the books and accounts of the General Electric Company for the year ended December 31, 1913, and hereby certify that the Condensed Profit and Loss Account and Balace Sheet appearing on pages 9-11 of this report are in accordance with the books and, in our opinion, correctly record the results of the Company's operations for the year and the condition of its affairs as at December 31, 1911. （下線著者）

要約損益計算書は，以下のとおりである。

要約損益計算書（1913年12月31日終了年度）

売上高		$ 106,477,438.76
控除　売上諸費用		
（すべての営業費，維持費，減価償却費を含む）		96,207,833.31
		$　10,269,605.45
受取利息・割引料，ロイヤリティ等	$ 1,478,721.64	
有価証券からの利益	1,281,462.79	
有価証券評価益		
（各社の剰余金が増加したため）	1,036,000.00	
	$ 3,796,184.43	
控除：		
社債利息	$ 576,432.10	
社債発行差金償却	37,438.82	
手形発行・割引費用	394,039.77	1,007,910.69
		$　　2,788,273.74
		$　13,057,879.19
配当金		8,149,204.55
当期剰余金		$　　4,908,674.64
剰余金（1913年 1 月 1 日）		12,031,144.86
剰余金（1913年12月31日）		$　16,939,819.50

　この要約損益計算書は，営業損益と営業外損益の区分を意識したものとなっている。1911年度（188頁）に比し，「社債発行差金償却」（Balance of discount on debenture bonded issued in 1912）と「手形発行・割引費用」（Discount and expenses on note issued）が追加表示され，「社債利息」とともに営業外費用として表示された。また，営業外収益に属する「有価証券評価益」の理由として「各社の剰余金が増加したため」が明示された〔興味ある指摘である〕。

　要約貸借対照表も，これまでの様式及び開示項目（189頁）を踏襲した。ただし，資産の「工場プラント」が「製造プラント（土地，建物，機械を含む）」と「不動産，建物，倉庫等（製造プラント以外)」の 2 つに区分表示された。

Marwick, Mitchell, Peat & Co. の監査証明書（1914年 4 月10日付）も多少の表現の違いが見られるが，基本的には1911年度と同じである（190頁）。

第23期と第24期の報告書も実質 8 頁であり，第22期の構成・内容を踏襲した。

第25期（1916年 1 月 1 日〜1916年12月31日）報告書も全12頁で，表紙と取締役・役員の紹介等 4 頁を除くと実質 8 頁である。取締役会議長 C. A. Coffin は，株主に以下を伝えた。

1916年度は異常ともいえるほどの好況で設備の稼働はフル回転であった。電気機器に対する受注額はこれまでの最高である1913年度のそれを50％以上も上回る＄167,169,058.00で，戦時の特別受注も＄2,416,000であった。そして，損益計算書を以下のように要約した。

売上高		134,242,289.99
営業利益		＄ 15,294,091.41
その他収益		3,866,881.95
純利益		＄ 19,160,973.36
控除　社債利息	＄　　571,444.96	
配当金	8,121,646.00	8,693,090.96
剰余金勘定へ		＄ 10,467,882.40

パテントやライセンスの取得，パテント関係の訴訟等に対し＄891,880.30が支出されたが，これまでの慣行に従ってすべて費用処理され，パテント勘定は＄1.00である（第22期と同じ）。

有価証券＄33,773,678.08のうち子会社株式は＄21,675,213.78，公益企業等の社債及び株式は＄12,098,464.30である（第22期と同じ）。

「売掛金及び受取手形は＄26,816,297.28である。これらは特別委員会によって注意深く評価され，また損失の可能性に対しての引当ては適切（adequate）であると考える（regard）」〔これがすべてである〕。

「商製品や原材料の在庫は，売上げの拡大により，また，価格の騰貴に備えて通常より多めである。棚卸資産全体の価値の低下に対しては十分な引当金が

設定されている」〔これがすべてである〕。

　製造プラントを緊急に拡大したため＄8,828,254.80が支出されたが，
＄8,486,822.00が償却された。工場の床面積は，以下のとおりである。

1908	7,000,000（スクエアフィート）
1909	7,180,000
1910	8,530,000
1911	9,770,000
1912	12,160,000
1913	13,900,000
1914	14,840,000
1915	14,830,000
1916	15,300,000

工場プラント（1893年1月31日）	＄ 3,958,528.21
それ以来1916年1月31日まで24年間の建設支出額	88,634,909.55
合　計	92,593,437.76
24年間の償却費合計	
（Written off during the twenty-four years）	62,688,673.44
帳簿価額（1916年12月31日）	＄29,904,764.32

	1916.1.31	追加原価	減価償却費	1916.12.31
土地・建物	＄20,038,337.31	＄ 1,860,729.25	＄ 2,452,875.44	＄19,446,191.12
機械・器具	9,524,992.21	5,732,187.13	4,798,608.14	10,458,571.20
型	1.00	113,888.06	113,888.06	1.00
器具・家具等	1.00	1,121,450.36	1,121,450.36	1.00
合　計	＄29,563,331.52	＄ 8,828,254.80	＄ 8,486,822.00	＄29,904,764.32

　社債の株式への転換により新株式資本金は＄101,512,500.00となった。四半
期配当金（年8％）が支払われた。支払手形も手形保証もない。

　ここまでの4頁が議長報告である。続く要約損益計算書と要約貸借対照表は，
右頁のとおりである。

第 5 章　GE の1911年度〜1925年度の財務ディスクロージャー　199

要約損益計算書（1916年12月31日終了年度）

売上高		$ 134,242,289.99
控除：売上諸費用		
（すべての営業費，維持費，減価償却費を含む）		118,948,198.58
		$ 15,294,091.41
受取利息・割引料	$ 1,539,499.08	
有価証券からの利益	1,844,644.82	
その他収益	482,738.05	3,866,881.95
		$ 19,160,973.36
控除：社債利息		571,444.96
配当可能利益		$ 18,589,528.40
支払配当金		8,121,646.00
当期剰余金		$ 10,467,882.40
剰余金（1916年1月1日）		23,692,871.03
剰余金（1916年12月31日）		$ 34,160,753.43

要約貸借対照表（1916年12月31日）

資　　産

パテント・フランチャイズ・営業権		$ 1.00	
現金		12,167,706.92	
株式・社債・その他	$ 33,773,678.08		
受取手形及び売掛金	26,816,297.28		
子会社貸付金	4,739,818.68		
仕掛品	4,196,020.35		
	$ 69,525,814.39		
棚卸資産：			
工場	$ 43,963,220.49		
地方事務所・委託品等	7,197,418.68	51,160,639.17	120,686,453.56
製造プラント			
（土地，建物，機械を含む）	$ 29,904,764.32		
不動産，建物，倉庫等			
（製造プラント以外）	863,187.70		
備品・家具（工場以外）	1.00	30,767,953.02	
		$ 163,622,114.50	

負　債

社債：

3.5%利付，1902	$ 2,047,000.00	
5 ％利付，1907	500.00	
5 ％利付，1912	10,000,000.00	$ 12,047,500.00
買掛金	7,874,872.89	
未払税金	1,149,256.36	
未払社債利息	196,518.68	
未払配当金（1917. 1 .15予定）	2,030,154.00	11,250,801.93
契約による前受金		4,650,559.14
株式資本金		101,512,500.00
剰余金		
剰余金（1916年 1 月 1 日）	$ 23,692,871.03	
加算　当期剰余金	10,467,882.40	34,160,753.43
		$ 163,622,114.50

　損益計算書において第 3 期（1895年 1 月31日終了年度，109頁）から開示されてきた「ロイヤリティ」が消滅した。また，貸借対照表の棚卸資産も第 4 期（1896年 1 月31日終了年度）からの「工場」「地方営業所」「委託品」の 3 区分表示（119頁）が「工場」と「地方事務所・委託品等」の 2 区分に変更された。明らかに財務データの開示は継続して後退している。

　Marwick, Mitchell, Peat & Co. の監査証明書（1917年 3 月29日付）は，用語の多少の変更はあるが1911年度のそれを踏襲した（190頁）。

〔小括〕

　創立年度（1893年 1 月31日終了年度）から19年間，トップレベルにあった GE の財務ディスクロージャーは，第20期（1911年12月31日終了年度）に至り突然大幅に後退した。年次報告書の総頁数（全15頁）もこれまでの半分に縮小され，それまで報告されてきた数年間の売上高と受注額，売上債権の回収状況，有価証券や棚卸資産の評価基準，受取手形及び売掛金と貸倒引当金等についての詳細な説明は省略された。

第5章 GEの1911年度～1925年度の財務ディスクロージャー 201

　表5－1が示すように，第18期と第19期の業績は1908年不況（第17期）を克服し，第20期は，売上高，営業利益，配当前当期利益とも前年にわずかに及ばなかったものの回復基調にあり，業績がディスクロージャー後退の原因とは思えない。また，取締役会のメンバー14人のうち12人は「善きディスクロージャー時代」と同じ顔ぶれであり，しかも，C.A. Coffin は創立以来の社長である。注意すべきは，Coffin は第20期社長報告の中で「〔前期に比し〕受注件数の増加は販売費の増加をもたらした。販売費の増加はすべての部門における熾烈な競争（severe competition）の結果である」と指摘し，第22期議長報告においては，「600,000件以上の注文を受けたが，受注件数の増加と平均受注額の低下という傾向は継続している。この特徴は，競争の激化（increased competition）とともに，受注を確保しかつその要求を満たすために避けられない費用の増加をもたらしている」とも述べたことである。Coffin は創立以来「競争の激化」を指摘したことは一度もない。あえてディスクロージャー後退の要因を求めるならば，競争の激化を挙げることができるであろう。

表5－1　GE の業績の推移

（単位：＄1,000）

	第16期 （1908.1）	第17期 （1909.1）	第18期 （1909.12）	第19期 （1910.12）	第20期 （1911.12）
売　　上　　高	70,977	44,540	51,656	71,478	70,383
売　上　費　用	65,536	41,649	46,950	63,134	62,460
営　業　利　益	5,441	2,891	4,706	8,344	7,923
配当前当期利益	6,586	4,802	6,493	10,855	10,562

	第22期 （1913.12）	第25期 （1916.12）	第26期 （1917.12）
売　　上　　高	106,477	134,242	196,926
売　上　費　用	96,207	118,948	167,921
営　業　利　益	10,269	15,294	29,004
配当前当期利益	13,057	18,589	26,903

(3) 第26期 ― 多少の改善

第26期（1917年1月1日～1917年12月31日）報告書は2頁増え全14頁である。要約損益計算書は，以下のとおりである。

要約損益計算書（1917年12月31日終了年度）

売上高		$196,926,317.79
控除　売上諸費用		
（すべての営業費，維持費，減価償却費を含む）		167,921,777.86
		$ 29,004,539.93
その他利益（Sundry income）：		
受取利息・割引料	$ 1,433,317.11	
有価証券からの利益	2,661,150.47	
その他収益（Sundry revenue）	417,822.35	4,512,289.93
純利益		$ 33,516,829.86
控除：社債利息	$　　71,644.96	
支払手形利息	541,356.84	1,113,001.80
		$ 32,403,828.06
控除：超過利得税（見積り）		5,500,000.00
配当可能利益		$ 26,903,828.06
控除：現金配当金8％	$ 8,120,648.00	
現金配当金1％「赤十字」	1,015,078.00	
株式配当2％	2,030,156.00	11,165,882.00
当期剰余金（Net surplus for the year）		$ 15,737,946.06
剰余金（1917年1月1日）		34,160,753.43
剰余金合計（Total surplus）		$ 49,898,699.49

　前期に比し基本的様式は変わらないが，「超過利得税」が登場し，「配当金」が多少分解表示された。第1次大戦に勝利するための「赤十字」（"Red Cross"）と名付ける現金配当金（1％と低率）も見られる。

要約貸借対照表は，以下のとおりである。

要約貸借対照表（1917年12月31日）

資　　産

固定投資：

製造プラント
（土地・建物・機械
を含む）　　　　$ 77,028,908.71

控除：総合プラント
引当金　　　　38,090,498.58

　　帳簿残高　　　　　　　　　$ 38,938,410.13

不動産，建物等（製造プラント以外）　　　794,210.61

器具・備品（工場以外）　　　　　　　　　　1.00

パテント・
フランチャイズ　$ 3,097,444.00

控除：引当金　　　3,097,443.00　　　　　1.00　$ 39,732,622.74

投資有価証券：

　株式・社債・その他　　　　　　　　　　　　37,348,608.46

流動資産：

棚卸資産

　工場在庫　　　$ 71,490,866.43

　地方事務所・
委託品等　　10,360,444.33　$ 81,851,310.76

仕掛品　　　　　　　　　　　6,244,690.56

受取手形及び売掛金　　　　　38,406,993.08

子会社に対する貸付金　　　　5,578,518.37

繰延費用　　　　　　　　　　1,277,062.78　133,358,575.55

現金　　　　　　　　　　　　　　　　　　　21,190,675.33

　　　　　　　　　　　　　　　　　　　　$ 231,630,482.08

負　　債

社債：

　3.5％利札付，1902　　　　$ 2,047,000.00

　5 ％利札付，1907　　　　　　　500.00

　6 ％利札付，1912　　　　10,000,000.00　$ 12,047,500.00

支払手形		
6％1920.7.2満期	$ 15,000,000.00	
6％1919.12.1満期	10,000,000.00	
4％1918.2.13満期	2,507,721.00	
5.5％1918.5.19満期	250,000.00	27,757,721.00
流動負債：		
買掛金	$ 8,009,909.97	
未払税金（見積り）	7,855,748.37	
未払利息	254,210.72	
未払配当金（1918.1.15予定）	2,030,156.00	18,150,025.06
契約による前受金		8,233,880.53
未払配当金（株式配当）		2,030,156.00
株式資本金		101,512,500.00
総合引当金（General Reserve）		12,000,000.00
剰余金：		
剰余金（1917年1月1日）	34,160,753.43	
加算　当期剰余金	15,737,946.06	49,898,699.49
		$ 231,630,482.08

　要約貸借対照表は固定性配列法に変更された。そして，「固定投資」（Fixed investments），「投資有価証券」，「流動資産」，「流動負債」といういわば中項目を示して小項目を整理した。また，製造プラントが取得原価から「総合プラント引当金」（general plant reserve）を控除する間接法で示され，「パテント・フランチャイズ＄1.00」についても取得原価と引当金が表示された。

　取締役会議長 C.A. Coffin はいう。「長期間にわたり当社は偶発事象に対処するために引当金〔特別引当金〕を別に設定してきたが（setting aside, 107頁②），それを検証したところ，一部は当初の目的のために使用されていないことが判明した。その額はおよそ＄12,000,000にも上る。そこで，プラント投資以外のすべての資産の減損に対する引当金として，『総合引当金』（general reserves）を貸借対照表に表示することにした〔この処理は依然として不可解である。121頁〕。また，パテント関係についてもこれまで＄1と表示してきたが，パテントの有効期間に対応する＄3,097,444を貸借対照表に表示し，同時に引当金＄3,097,443を設定，差額＄1.00を期末現在の価額とした。」

「支払手形」4種類も明示された。前年の1916年度貸借対照表に比しかなり
の改善である。

(4) 第29期 〜 第34期 ― 回復の兆し

第29期（1920年1月1日〜1920年12月31日）報告書は創立以来同じ大きさの
たて22cm よこ14cm を1頁とする全16頁で，表紙，取締役・役員の紹介等4頁
と取締役会議長 C.A. Coffin の報告7頁，要約損益計算書1頁，要約貸借対照表
2頁，それに Marwick, Mitchell & Co. の監査証明書1頁で構成されている。

C.A. Coffin の株主への報告は，まず，1920年度の受注額（$318,470,438,
前年度は $237,623,932），期末現在の受注残（$111,778,000, 前年度末は
$98,880,000），売上高（$275,758,487.57, 前年度より $45,778,504.16増加）に
ついて指摘し，これまでと同じように後に続く損益計算書を以下のように要約
した。

営業利益（通常の減価償却費控除後）		$44,264,042.95
棚卸資産評価損		
（1920年12月31日現在の市場価額に調整）		17,803,985.38
		$26,460,057.57
その他利益		8,960,558.03
利益合計		$35,420,615.60
控除　社債利息・割引料	$ 1,969,111.65	
手形借入金利息	2,319,216.08	$ 4,288,327.73
連邦税及び配当金支払前利益		$31,132,287.87
連邦税・超過利得税（見積り）	9,000,000.00	
現金配当金	10,656,222.43	19,656,222.43
当期剰余金		$11,476,065.44

当年度は当初7ヵ月間において前例を見ないほどの受注が製造設備の拡大を
もたらし，土地・建物・機械装置に $31,300,496.10が支出された。同時に
「総合プラント引当金」（general plant reserve）に $15,577,359.92を繰り入れ
た結果，プラント・施設の帳簿価額は前年度に比し $15,723,136.18増加した。

1920年12月31日現在のプラント勘定は以下のとおりである。

	帳簿価額合計	総合プラント引当金	純帳簿価額
土地・建物	\$ 56,098,327.09	\$ 17,128,427.05	\$ 38,969,900.04
機械・器具	49,262,663.81	21,695,883.32	27,566,780.49
型	1,899,059.46	1,899,058.46	1.00
器具・家具等	5,361,292.50	5,361,291.50	1.00
合 計	\$ 112,621,342.86	\$ 46,084,660.33	\$ 66,536,682.53

製造プラント（1893年1月31日）	\$ 3,958,528.21
それ以来1919年1月31日まで27年間の建設等支出額	147,012,087.28
1920年度支出額	31,300,496.10
合 計	\$ 182,271,111.59
28年間の償却費または総合プラント引当金繰入額合計	115,734,429.06
1920年12月31日現在純帳簿価額	\$ 66,536,682.53

工場の床面積は，以下のとおりである〔これまでと同様に事業の拡大を誇示している〕。

1908	7,000,000（スクエアフィート）
1909	7,180,000
1910	8,530,000
1911	9,770,000
1912	12,160,000
1913	13,900,000
1914	14,840,000
1915	14,830,000
1916	15,300,000
1917	17,573,000
1918	19,581,000
1919	20,681,000
1920	24,501,000
（1920—自社所有22,733,000とリース1,768,000）	

工場と倉庫にある棚卸資産は，期末頃の市場価格の異常なほどの急激な下落により合計＄17,803,985.38が償却された。これは当社が長年採用している「取得原価と市場価格を比較して低い方で評価する」という方法に従ったからである。この評価減に加えて更なる価格低下に対処するため引当金（reserves）を設定した。その結果，貸借対照表の棚卸資産は＄118,109,173.99である（前年度は＄83,978,463.02）〔評価基準の説明が復活した〕。

売掛金及び受取手形は，取締役会の一委員会によって注意深く評価され，十分な引当てを控除した結果の帳簿価額は＄64,962,682.28で，前期より＄19,077,154.36増加した〔貸倒引当金は不明〕。

投資有価証券については，戦時（第一次大戦）中は多くの不確定事象のゆえに再評価しなかったが，1920年末に取締役会の一委員会によって再評価された〔ただし，その結果については指摘せず，損益計算書にも示されていない〕。当期は主として子会社及び関連会社への投資が行われ，前期より＄12,624,334.70増加し，期末現在の帳簿価額は＄63,766,644.50である。

パテント勘定はいつものように＄1.00である。ただし，パテント及びライセンスの未消化期間に相当する金額を引当金として表示している。

「資本の要請」（Capital Requirements）というタイトルにおいては，棚卸資産や受取手形・売掛金の増加，追加的な投資，＄31,000,000を超えるプラントへの投資等のために短期の手形借入れを行い，1920年12月31日時点では支払手形は＄45,192,000であるが1921年1月以降＄41,992,000を返済し，年次報告書発表日（1921年3月28日）では＄3,200,000であること，輸出事業拡大のためにInternational General Electric Corp. が振り出した手形の連帯保証人となったこと，各種の社債の発行と償還計画，3度にわたる増資等について2頁にわたって説明した。

GE発行の社債と株式に対する従業員の引受け（Employees' Subscriptions to Company Security）については，給与から差し引く分割払制度により12,000人の従業員が社債（利率7％）合計＄4,031,800を購入したこと，株式についても1株から10株までの範囲で従業員の36％に相当する30,747人が購入したこと，1920年12月31日現在の株主は21,461人でそのうち10,626人は女性であること。

また，1921年1月1日から始まる事業年度より International General Electric Corp. は連結対象外となることが指摘された〔年次報告書において指摘されていた連結対象会社名は第18期（1909年12月31日終了年度）に省略されたが，その後も復活していない。連結対象会社数は依然として不明である〕。

そして，Coffin 議長は公認会計士が貸借対照表と損益計算書の「正確性」を証言していると当年度も述べた（The customary certificate of the certified public accountants, <u>testifying</u> to the <u>correctness</u> of the published financial statements will be found on page 16. 下線著者）〔後に添付した Marwick, Mitchell & Co. の監査証明書の冒頭部分からすると，今回もやむを得まい。195頁〕。

要約損益計算書は，以下のとおりである。

要約損益計算書（1920年12月31日終了年度）

売上高		$ 275,758,487.57
控除　売上諸費用		
（すべての営業費，維持費，減価償却費を含む）		231,494,444.62
		$ 44,264,042.95
棚卸資産評価損		
（1920年12月31日現在の市場価額に調整）		17,803,985.38
		$ 26,460,057.57
その他利益：		
受取利息・割引料	$ 2,219,415.97	
有価証券からの利益	5,044,840.45	
その他収益	1,696,301.61	8,960,558.03
純利益		$ 35,420,615.60
控除：社債利息	$ 1,969,111.65	
支払手形利息	2,319,216.08	4,288,327.73
		$ 31,132,287.87
控除：法人税・超過利得税（見積り）		9,000,000.00
配当可能利益		$ 22,132,287.87

控除：現金配当金 8 ％	$ 10,651,306.36	
従業員が所有する		
International GE Co.		
優先株現金配当金 7 ％	4,916.07	10,656,222.43
当期剰余金		$ 11,476,065.44
剰余金（1920年 1 月 1 日）		64,010,245.13
		$ 75,486,310.57
控除：株式配当 4 ％		5,437,700.00
剰余金合計		$ 70,048,610.57

　この要約損益計算書は1917年度のそれ（202頁）とほぼ同じ内容であるが，巨額な「棚卸資産評価損」を明示した。「法人税・超過利得税（見積り）」は$9,000,000と"アバウト"の数値であるが，これは第一次大戦時の法人税に対する当局の調査が進行中であることを示している（224頁⑤，707頁）。売上原価や主要な営業費を含む「売上諸費用」の一本化には問題が残るものの，1920年度においては平均を上回る損益計算書といえよう。

　要約貸借対照表は，以下のとおりである。

要約貸借対照表（1920年12月31日）

資　　産

固定投資：				
製造プラント				
（土地・建物・機械				
を含む）	$ 112,621,342.86			
控除：総合プラント				
引当金	46,084,660.33			
帳簿残高		$ 66,536,682.53		
不動産，建物等（製造プラント以外）		1,407,262.63		
器具・備品（工場以外）		1.00		
パテント・				
フランチャイズ	$ 3,875,139.16			
控除：引当金	3,875,138.16	1.00	$ 67,943,947.16	

投資有価証券：

株式・社債・その他		63,766,644.50

流動資産：

棚卸資産

工場在庫	$ 93,574,114.79		
倉庫・委託品等	24,535,059.20	$ 118,109,173.99	
仕掛品		5,543,623.52	
受取手形及び売掛金		64,962,682.28	
子会社に対する貸付金		5,097,613.86	
現金		33,240,766.50	226,953,860.15
繰延費用			3,111,636.69
Libbey Glass Co. 発行（対照勘定）			2,265,000.00
受取手形 War Finance Corp. への預託金			10,796,537.00
			$ 374,837,625.50

負　　債

社債：

3.5%, 1942年償還	$ 2,047,000.00		
5 %, 1952年償還	15,082,500.00		
6 %, 1940年償還	15,000,000.00		
従業員による投資	2,563,900.00	$ 34,693,400.00	
Libbey Glass Co. 社債（対照勘定）		2,265,000.00	
購入代価抵当（Purchase Money Mortgage）		638,000.00	

流動負債：

支払手形（Notes payable）*	$ 45,979,357.41		
買掛金	17,026,691.96		
未払税金（見積り）	14,256,563.70		
未払利息	757,334.84		
従業員当社有価証券申込金	996,981.11		
未払配当金（1921. 1 .15予定）	2,736,316.00	81,753,245.02	
War Finance Corp. からの借入金（1925年満期）		10,796,537.00	
合衆国政府からの借入金（1928年満期）		1,500,000.00	
契約による前受金		17,148,641.91	
未払配当金（1921. 1 .15, 株式配当）		2,736,316.00	
株式資本金		139,026,900.00	
株式資本金申込金		117,100.00	
従業員所有 International Co. 優先株		134,600.00	

総合引当金（General Reserve）	$ 10,700,000.00	
株式売却プレミアム	3,279,275.00	13,979,275.00
剰余金：		
剰余金（1920年1月1日）	$ 64,010,245.15	
加算　当期剰余金	11,476,065.44	
	$ 75,486,310.57	
控除　株式配当4％	5,437,700.00	70,048,610.57
		$ 374,837,625.50

＊ このうち$41,992,000は1921年1月1日から3月26日までに決済された。

1917年度以降の貸借対照表（203頁）に比し，下線〔著者〕の項目が新たに表示された。International General Electric Corp. による War Finance Corp. からの借入金に対する保証に係り，資産に「受取手形 War Finance Corp. への預託金」と負債に「War Finance Corp. からの借入金（1925年満期）」と両建て表示したこと，Libbey Glass Co. 発行の社債の保証に関しても両建て表示している。良好なディスクロージャーである。

Marwick, Mitchell & Co.〔Marwick, Mitchell, Peat & Co. から名称変更〕の監査証明書（1921年3月21日付）は，以下のとおりである。

To the Board of Directors of the General Electric Company,
120 Broadway, New York

March 21, 1921

Dear Sirs:

We have examined the books and accounts of the General Electric Company and of the International General Electric Co., Inc., for the year ended December 31, 1920, and hereby certify that the Condensed Profit and Loss Account and Balance Sheet appearing on pages 13-15 of this report are in accordance with books and, in our opinion, correctly record the combined results of operations of the Companies for the year and the condition of affairs as at December 31, 1920.

We have verified the cash and securities by actual count and inspection or by certificates which we have obtained from the depositories. The valuations at which the investment securities are carried have been approved by a

Committee of the Board of Directors and, in our opinion, are conservative. Our audit has not included the examination of the accounts of companies which are controlled through stock ownership, but Balance Sheets of these companies have been submitted to us.

We have scrutinized the notes and accounts receivable and are satisfied that full provision has been made for possible losses through bad and doubtful debts.

The merchandise, work in progress, and materials and supplies on hand are based on physical inventories taken on November 30, 1920, in the case of Apparatus factories and on December 31, 1920, at the Lamp factories and District offices, certified inventories of which were submitted to us. We have satisfied ourselves that these inventories have been taken in a careful manner, that full allowance has been made for old or inactive stocks, and that they are conservatively stated, at or below cost price, after applying adjustments to reduce to approximate market prices obtaining at December 31, 1920. Provision also has been made for possible allowances or additional expenditures on recently completed contracts.

Expenditures capitalized in the Property and Plant accounts during the year were properly so chargeable as representing additions or improvements. Ample provision has been made in the operating accounts for repairs, renewals and depreciation, as also liberal reserves for contingencies.

この監査証明書は, これまでの監査証明書 (1911年12月31日終了年度, 190頁) と下線部分 (著者) が異なる。つまり, 監査範囲として International General Electric Co. Inc. が新たに追加されたこと, GE が株式所有を通じて支配している会社の計算書については監査しなかったが, 当該会社の貸借対照表が監査人に提出されたこと〔ただし, 当該会社数は明らかにされていない〕, 会社の実地棚卸は製品製造工場については1920年11月30日に, Lamp 工場と地方事務所については1920年12月31日に行われたこと, 棚卸資産については1920年12月31日に入手されたおおよその (approximate) 市場価額まで評価減した後の原価またはそれ以下でもって保守的に評価されたこと, 偶発債務については十分な引当金が設定されていること。

第29期 (1920年度) 報告書の構成及び内容は, 第34期 (1925年度) まで続く。

第 **6** 章

GE の1926年度〜1934年度の
財務ディスクロージャー

(1) 第35期 — 財務情報開示の工夫，P/L の前期比較，減価償却方針等

GE の第35期（1926年 1 月 1 日〜1926年12月31日）報告書は，創立以来同じ大きさのたて22cm よこ14cm を 1 頁とする全25頁で，1920年度報告書に比し9 頁増加した。第 1 期の1893年 1 月31日終了年度から1926年度までの34年間の受注額の棒グラフ〔これは初めてである〕，C.A. Coffin 等役員 3 名への追悼文，リサーチラボ（1926年完成）等の写真，20人の取締役と役員の紹介に続き，1903年度から1926年度まで24年間の普通株 1 株当たり配当可能利益と現金配当及び株式配当の一覧表も初めて添付された（ここまでで 8 頁）。

取締役会議長 O.D. Young と社長 Gerard Swope は，14頁〔1920年度以降は財務諸表を含み10頁〕にわたって次のように株主に報告した。

1926年度の受注額は＄327,400,207，1925年度のそれは＄302,513,380で 8 ％の増加，受注残は1926年度＄72,297,000，前年度は＄77,860,000であった。そして，今年度より損益計算書と貸借対照表が両財務諸表の項目の説明より前に掲載された。

「比較損益計算書」（Comparative Statement of Income and Expenses）は，次頁のとおりである。

比較損益計算書

	1926	1925
売上高	$ 326,974,103.84	$ 290,290,165.97
控除：売上諸費用（営業費，維持費，減価償却費，引当金繰入額，納税引当金繰入額等を含む）	289,878,335.40	257,479,490.61
営業利益	$ 37,095,768.44	$ 32,810,675.36
その他利益：		
関係会社からの利益	$ 4,937,901.17	$ 3,411,292.02
その他有価証券からの利益	915,835.86	751,142.69
受取利息・割引料	3,047,048.71	2,838,513.87
合衆国有価証券からの利益	2,647,502.31	2,394,398.77
ロイヤリティ・その他収益	1,013,238.27	964,720.54
	$ 12,561,526.32	$ 10,360,067.89
利益合計	$ 49,657,294.76	$ 43,170,743.25
控除：支払利息，社債償還損	436,511.81	1,925,696.99
総合引当金繰入額	2,548,284.31	2,603,828.81
配当可能利益	$ 46,672,498.64	$ 38,641,217.45
控除：特別株現金配当金 6 ％	2,357,614.20	1,735,576.20
普通株配当可能利益	$ 44,314,884.44	$ 36,905,641.25
控除：普通株現金配当金	19,828,896.75	14,407,544.00
当期剰余金	$ 24,485,987.69	$ 22,498,097.25
1月1日現在剰余金	85,848,170.72	72,362,223.47
	$ 110,334,158.41	$ 94,860,320.72
控除：特別株配当金	7,210,810.00	9,012,150.00
12月31日現在剰余金	$ 103,123,348.41	$ 85,848,170.72

　前期比較形式の損益計算書は初めてである。また，「その他利益」において，「関係会社からの利益」と「合衆国有価証券からの利益」も初めて開示され，「ロイヤリティ・その他収益」（Royalties and sundry revenue）も復活し（200頁），従来からの「その他有価証券からの利益」と「受取利息・割引料」を合わせ5項目となった。そして，「総合引当金繰入額」も明示された。

「要約貸借対照表」（Condensed Balance Sheet）は，以下のとおりである。

要約貸借対照表（1926年12月31日）

資　産

固定投資：

製造プラント

（原価，土地，建物，機械を含む）　　　$192,095,670.76

控除：総合プラント引当金及び

減価償却引当金　　　　　　　141,538,281.13

　　　　　　　　　　　　　　　　$ 50,557,389.63

倉庫・事務所建物等　　　　　　　　2,558,789.98

備品・器具（工場以外）　　　　　　　　　　1.00

パテント・フランチャイズ・営業権　　　　1.00　$ 53,116,181.61

関係会社　　　　　　　　　　　　　　　　　71,472,186.58

その他有価証券　　　　　　　　　　　　　　13,162,091.63

流動資産：

棚卸資産

工場在庫　　　　　　　$44,451,119.51

倉庫・積送品・

委託品　　　　　20,844,035.37　$ 65,295,154.88

仕掛品　　　　　　　　　　　　22,324,783.36

受取手形及び売掛金　　　　　　54,889,207.78

合衆国有価証券　　　　　　　　68,935,000.00

現金　　　　　　　　　　　　　78,601,549.18　　290,045,695.20

繰延費用　　　　　　　　　　　　　　　　　　532,608.79

　　　　　　　　　　　　　　　　　　　　　$428,328,763.81

負債及び資本

社債3.5%1942年償還　　　　　　　　　　$ 　2,047,000.00

合衆国政府からの借入金（1928年満期）　　　　1,200,000.00

流動負債：

買掛金　　　　　　　　$ 13,903,682.45

未払税金等　　　　　　　15,582,048.99

未払配当金（1927．1．28予定）　6,051,721.35　　35,537,452.79

契約による前受金　　　　　　　　　　　　25,980,527.58

保険・従業員補償引当金		4,866,717.22
年金給与引当金		4,260,486.00
Charles A. Coffin 基金		400,000.00
総合引当金:		
1926年1月1日現在	$ 25,148,266.50	
当期繰入額	2,548,284.31	27,696,550.81
株式資本金及び剰余金:		
特別株（授権資本 $55,000,000）		42,929,635.00
普通株（授権資本7,400,000株,		
無額面発行済株式7,211,481.84株）	$180,287,046.00	
剰余金	103,123,348.41	283,410,394.41
		$ 428,328,763.81

　1920年度要約貸借対照表に比し（209頁），「製造プラント」が原価評価であることが明示され，「パテント・フランチャイズ・営業権 $ 1.00」は引当金控除後の金額となり，「不動産，建物等（製造プラント以外）」が「倉庫・事務所建物等」と名称変更された。また，「投資有価証券」が「関係会社」（Associated Companies）に代わり関係会社に対する株式及び債権が一本化され，繰延費用は資産の最後尾に移された。負債のタイトルは「負債」から「負債及び資本」となり，「保険・従業員補償引当金」や「年金給与引当金」が新たに登場した。固定性配列法であるが，表示はすっきりした。

　主な貸借対照表項目についての説明は，以下のとおりである。

　①　製造プラント―

GE の1892年設立以来1925年12月31日		
までの製造プラントへの支出額		$ 245,308,866.69
1926年度支出額		15,017,401.24
合　計		$ 260,326,267.93
処分・売却等		68,230,597.17
現在の取得原価		$ 192,095,670.76
総合プラント引当金及び		
減価償却引当金（1925.12.31）	$ 129,675,338.01	
両引当金繰入額（1926年度）	11,862,943.12	141,538,281.13
帳簿価額（1926.12.31）		$　50,557,389.63

総合プラント引当金及び減価償却引当金（1925.12.31）と両引当金の当期繰入額の表示，結果としての当期末の両引当金合計が明示された〔貸借対照表の＄141,538,281.13〕。そして，次のようにいう。

「建物や設備等の通常の減価償却は見積平均耐用年数に基づいているので，プラントや機械の急激な陳腐化を考慮していない。それゆえ，『取得原価あるいは再取得原価に基づく鑑定評価額』から『通常の減価償却引当金』を控除する方式では，プラントの価値を安全に維持することはできない。そこで，当社は通常の減価償却率を超える分については，これまでも『総合プラント引当金』（general plant reserve）を設定してきた〔同引当金繰入額を当該期間に計上〕。このような引当金により非効率的な建物や設備を適時に廃棄することが可能となり，競争に耐えうる状況を作り出すことができる。

このことは，次のような例で明らかである。過去4年間15の工場の資産（総取得原価＄3,727,749，通常の減価償却引当金＄1,005,930，帳簿価額＄2,721,819）を＄2,410,028で売却し，売却損＄311,791〔＄2,721,819－＄2,410,028〕は『総合プラント引当金』でカバーした。この例は機械装置を含んでいないので，これを含めると総合プラント引当金の意義を確認することができるであろう。」

なお，これまで報告されていた数年間の工場の床面積（スクエアフィート）は省略された。

② 関係会社（Associated Companies）への投資は期末現在＄71,472,186.58，前期末は＄56,265,398.28で，その主たる増加は，16社のGE Distributorsへの資金融資，Contract Purchase Corporations（GE製品の分割払販売のための会社）への貸付金，GE Employees Securities Corporation（1922年設立の当社は電灯会社等の公益企業の株式に投資しかつGEの最大株主である。従業員は給料から有利な条件で同社の社債を購入することができる）の株式の追加取得である。

③ その他有価証券（＄13,162,091.63，前期＄12,393,271.00）は，公益企業等の株式や社債，個人顧客の発行した手形等で，多くは売掛金の回収に当って取得したものである。

④　流動資産（Current Assets）のうち，棚卸資産の評価は原価時価比較低価
　法による。受取手形及び売掛金は貸倒引当金控除後の金額である。

⑤　固定債務（Founded Debt）は1942年償還の社債のみで，流動負債（Current
　Liabilities）に属する支払手形や裏書手形はない。

⑥　保険・従業員補償引当金は１年以内に支払われるもの。年金給与引当金
　は20年以上勤務した男性70歳以上，女性60歳以上の退職者に支払われる
　年金のための引当で，1926年度は562人に＄302,084.02が給付された。

⑦　株主は1926年12月15日現在46,305人（そのうち半分は女性），98％は米国
　在住，２％は海外在住である。そして，1893年（約3,500人）以来1926年
　までの株主数がグラフで示された。

⑧　GE製品の輸出会社であるInternational General Elecrtic Co.の1926
　年度の受注額は＄20,824,000（1925年度＄25,710,000），売上高は
　＄22,696,577.37（1925年度＄21,981,951.56），配当可能利益は
　＄1,538,306.99（1925年度＄2,617,204.18）である。GEは同社からの配当
　金＄1,375,772を「関係会社からの利益」として損益計算書に計上した。
　また，同社の資産はGEと同じ方法で評価され，財務諸表もGEと同じ
　公認会計士事務所により監査されている。要請があれば同社の年次報告
　書を送付する〔下線部分にGEの姿勢の変化を見ることができる〕。

⑨　C.A. Coffin基金（1922年設立）は，GE創立からの社長歴21年，取締役会
　議長歴９年，取締役を34年間務めたC.A. Coffinを称えた基金で，全米の
　電気・物理・化学専攻の大学院生に対する奨学金の給付や経営改善に貢献
　した従業員，電気・電灯・輸送に大きな業績を上げた会社等を表彰する
　ための基金である。

⑩　従業員数は1926年度平均75,711人（1925年度約70,969人）。1926年度と
　1914年度を比較した従業員の所得は118％の増加，生活費は68％の増大，
　卸売物価価格は54％の上昇である〔それぞれを棒グラフで示しGEの所得の
　伸びの大きさを誇っている〕。

⑪　従業員のための団体生命保険と損害保険の実績，持家のための援助制度
　（1926年度は354軒に対し＄8,394,424を支出），従業員貯蓄計画（例えば，②の
　GE Employees Securities Corp.は，同社の社債年利６％をGEの従業員には

20％を加算して7.2％で販売）等についての説明。

Peat, Marwick, Mitchell & Co.〔1925年１月１日より名称変更〕の監査証明書（1927年３月12日付）は，1920年度のそれとまったく同一である（211頁）。

当期の報告書は全25頁で構成され，これには同社の創立者C.A. Coffin を含む３名への追悼文も含まれているが，それを差引いても直近15年間の12頁ないし16頁に比べると量的には相当回復している。

そして，質的改善も見える。例えば，損益計算書の前期比較形式が初めて登場し，貸借対照表の開示項目も整理され，減価償却費と機能的減価を考慮した総合プラント引当金や関係会社への投資金額と関係会社からの利益，輸出部門を担当する子会社の売上高・利益・配当金等も報告された。

また，従業員補償引当金や年金給与引当金の開示，従業員の所得が平均的生活費を上回っていること，従業員のための生命保険や損害保険，持家制度，貯蓄計画等も紹介され，さらに，1903年以降1926年までの24年間の普通株１株当たり配当可能利益とその間の現金配当及び株式配当の一覧表，そして末尾には創立以来の株主数や受注件数のグラフも掲載された。

(2) 第36期 ― B/S の前期比較，棚卸資産回転率等

第36期（1927年１月１日〜1927年12月31日）報告書は全24頁で構成された。1893年１月期（第１期）から1927年度まで35年間の受注額のグラフ〔1893年１月期約＄10,000,000，1927年度は約＄310,000,000〕，取締役・役員の紹介，1903年１月期から1927年度まで25年間の普通株１株当たり配当可能利益と現金配当及び株式配当の一覧表（ここまで４頁）に続いて，取締役会議長 O.D. Young と社長 Gerard Swope は，12頁において次のように株主に報告した。

1927年度の受注額は＄309,784,623，1926年度は＄327,400,207，受注残は1927年度＄68,916,000，1926年度は＄72,297,000で，ともに５％の減少である。

損益計算書は1926年度の前期比較形式及び開示項目を踏襲した（214頁）。

見開き２頁の要約貸借対照表は，次頁のように初めて前期比較方式となった。

要約貸借対照表（1927年及び1926年12月31日）

資　産

	1927	1926
固定投資：		
製造プラント		
（原価，土地・建物・機械を含む）	$ 200,896,984.37	$ 192,095,670.76
控除：総合プラント引当金及び		
減価償却引当金	150,558,612.38	141,538,281.13
	$ 50,338,371.99	$ 50,557,389.63
倉庫・事務所建物等	2,496,892.36	2,558,789.98
備品・器具（工場以外）	1.00	1.00
パテント・フランチャイズ・営業権	1.00	1.00
固定投資合計	$ 52,835,266.35	$ 53,116,181.61
関係会社	90,330,622.16	71,472,186.58
その他有価証券	12,618,703.77	13,162,091.63
流動資産：		
棚卸資産	67,213,705.87	65,295,154.88
仕掛品	16,789,740.17	22,324,783.36
受取手形及び売掛金	33,969,497.14	54,889,207.78
合衆国有価証券	76,371,000.00	68,935,000.00
現金	77,393,006.92	78,601,549.18
	$ 271,736,950.10	$ 290,045,695.20
控除：契約による前受金	19,068,609.07	25,980,527.58
流動資産合計	$ 252,668,341.03	$ 264,065,167.62
繰延費用	627,590.56	532,608.79
	$ 409,080,523.87	$ 402,348,236.23

負債及び資本

	1927	1926
社債3.5%1942年償還	$ 2,047,000.00	$ 2,047,000.00
合衆国政府からの借入金（1928年満期）		1,200,000.00
流動負債：		
買掛金	12,721,346.48	13,903,682.45
未払税金等	12,571,539.45	15,582,048.99
未払配当金（1927.1.28予定）	7,854,563.05	6,051,721.35

流動負債合計	$ 33,147,448.98	$ 35,537,452.79
保険・従業員補償引当金	5,014,514.74	4,866,717.22
年金給与引当金	*	4,260,486.00
Charles A. Coffin 基金	400,000.00	400,000.00
総合引当金：		
1927年1月1日現在	27,696,550.81	25,148,266.50
当期利益処分繰入額	2,461,712,00	2,548,284.31
一般引当金合計	$ 30,158,262.81	$ 27,696,550.81
特別株（Special stock）：		
授権資本5,500,000株，額面 $ 10	42,929,635.00	42,929,635.00
普通株式及び剰余金：		
普通株（授権資本7,400,000株，		
無額面発行済株式7,211,481.84株)	180,287,046.00	180,287,046.00
剰余金（1926.1.1）	103,123,348.41	85,848,170.72
当期剰余金	11,973,267.93	17,275,177.69
普通株式及び剰余金合計	$ 295,383,662.34	$ 283,410,394.41
	$ 409,080,523.87	$ 402,348,236.23

＊　年金トラストへ委譲

　開示項目は，前期に比し，棚卸資産の「工場在庫」と「倉庫・積送品・委託品」の2項目が「棚卸資産」1項目にまとめられたが，「固定投資合計」と「流動資産合計」「流動負債合計」等が明示され比較及び比率算定の上でも容易になり，「契約による前受金」が間接法表示のため負債から資産表示へ移動した。

① 　製造プラントについて，「GE の1892年設立以来1926年12月31日までの製造プラントへの支出額」に「1927年度支出額」を加算，「処分・売却等」を控除して「現在の取得原価」を算出，これから「前期末の総合プラント引当金及び減価償却引当金」と「当期両引当金繰入額」を控除して「帳簿価額」を算出するプロセスを，前期と同様示した（216頁）。

② 　関係会社への投資は期末現在 $ 90,330,622.16，前期は $ 71,472,186.58で，増加（$ 18,858,435.58）の主たる要因は，関係会社の製造設備への投資や社債償還に伴う融資である。関係会社からの受取利息や配当金は $ 5,642,884.668〔損益計算書で開示〕で投資額の約6％に相当するとのこと〔下線部分の指摘は初めてである〕。

③ 棚卸資産はこれまでの慣行に従って原価時価比較低価法により評価した。
そして，以下の重要なデータを初めて開示した。

	期末棚卸資産	売上高	両者の比率
1920	$118,109,173.99	$275,758,487.57	42.8 %
1921	64,848,188.87	221,007,991.64	29.3
1922	75,334,561.79	200,194,294.09	37.6
1923	83,746,031.05	271,309,695.37	30.9
1924	68,485,161.08	299,251,869.15	22.9
1925	67,798,190.20	290,290,165.97	23.4
1926	65,295,154.88	326,974,103.84	20.0
1927	67,213,705.87	312,603,771.53	21.5

これは，いわば「棚卸資産回転率」を示すもので，1927年度の21.5％は，
期末在庫有高が2ヵ月と17日分であることを示している。

④ 流動負債は$33,147,448.98（前期は$35,537,452.79）で，支払手形も
裏書手形もないこと。唯一の偶発債務は従業員持家制度に係わる保証
$1,882,756である〔下線部分も初めて明示された〕。

⑤ 年金給与引当金を取り崩し年金信託（pension trust，$5,000,000）を
設定，1927年度673人の退職者に対して$378,468.51の年金を給付した。

⑥ 連邦取引委員会（Federal Trade Commission）がGEのエネルギー分野の
モノポリー（monopoly）に関する調査を行ったが，最終報告書（1928年1月
12日）はモノポリーを形成しておらず法規に違反していないと報告した。

⑦ 普通株及び特別株（special stock）の株主は，1927年12月21日現在49,841
人，前年の1926年12月15日現在は46,305人〔3,536人の増加〕。そして，1893
年創立以来1927年までの株主数を棒グラフで示した。

⑧ GE製品の輸出会社であるInternational General Electric Co.の配当
可能利益は$1,556,335.82（1926年度$1,538,306.99）で，GEは同社から
の配当金$1,368,163.53を損益計算書に「関係会社からの利益」として
計上した〔1926年度に比し同社の受注額と売上高は省略された〕。同社の
資産はGEと同じ方法で評価され，財務諸表はGEと同じ公認会計士
事務所によって監査された。

⑨　従業員は1927年度平均72,981人〔1926年度は平均75,711人で2,730人の減少〕，賃金総額は1927年度＄130,798,000（1926年度＄134,003,000），従業員1人当たりの賃金は＄1,792（1926年度＄1,770）で1.2％増加した。一方，National Industrial Conference Board の発表による1927年度の生活費（the cost of living）は1926年度に比し2.4％減少している〔ここでも，GE 従業員への待遇のよさを誇っている〕。

⑩　当社製品の販売価格は製造方法の改善と「厳しい競争」（keen competition）により下落傾向にある。特に Mazda lamps の価格は1914年の半値である。

⑪　従業員のための団体生命保険（1920年度より8年間継続）と損害保険の実績，持家制度（1927年度365軒に対し＄2,777,767を支出），従業員貯蓄計画（1927年度33,000人の従業員が GE Employees Securities Corp. の社債を購入，218頁⑪）等について説明。そして，直面する失業（unemployment）問題に対して，当社は "Relief and Loan Plan" を導入，362人の従業員に対し＄42,877を無利子で貸し付けた。

Peat, Marwick, Mitchell & Co. の監査証明書（1928年3月14日付）は，1920年度とまったく同一である（211頁）。

そして，特約店，販売事務所，工場所在地，戦艦 "SARATOGA" の写真等を7頁にわたって掲載した。

(3)　第37期 — 福利厚生施策の拡充

第37期（1928年1月1日～1928年12月31日）報告書（全23頁）は，これまでと同様1893年度から1928年度まで36年間の受注額のグラフと1903年度から1928年度まで26年間の普通株1株当たり配当可能利益と現金配当及び株式配当の一覧表を掲載した。そして，取締役会議長と社長は16頁にわたって以下の事項について報告した。

1928年度の受注額＄348,848,512は1927年度の＄309,784,623を13％上回り，本年度の受注残＄72,953,000は前年度の＄68,916,000を6％上回った。

前期比較形式の損益計算書は,「普通株現金配当金」に加えて「普通株特別現金配当金」を表示したことを除いて, 第35期と同じである (214頁)。

前期比較形式の貸借対照表も, 期首剰余金に「Contract Purchase Corp. への投資引当金戻入」〔以下の②〕と「連邦税引当金戻入」〔以下の⑤〕が加算表示されたことを除いて第36期と同じである (220頁)。

貸借対照表項目等についての主な説明は, 以下のとおりである。

① 製造プラントについては重要な設備は建設されなかったが, 冷蔵庫の需要が急激に増大したため施設を有効に利用したこと。そして, 1926年度の減価償却方針 (217頁) の意義を強調した。

② 関係会社有価証券は, 取得原価または各社の資産を鑑定することにより評価されている。ほとんどの関係会社の有価証券は市場で取引されていないので, 長年この方法を用いている。Contract Purchase Corp. とその関係会社 (affiliated companies) の株式を全株 Industrial Acceptance Corp. に売却し, 前社に係る貸倒引当金 $ 5,043,613 を剰余金に戻し入れた。

③ 棚卸資産はこれまでの慣行に従って原価時価比較低価法により評価した。そして, 1920年度以降 9 年間の「期末棚卸資産」と「売上高」と「両者の比率」を今期も表示した (222頁)。

④ 運転資本 (流動資産－流動負債) は, 1928年度末 $ 239,182,922.77, 1927年度末 $ 219,520,892.05 で $ 19,662,030.72 増加した。

⑤ 連邦所得税と利益税については長期間未決定であり両者に対して引当金を設定してきたが, 最終的に解決したので引当金 $ 4,220,928.20 を剰余金に戻し入れた。

⑥ 特別配当を実施した。株主は1928年12月21日現在51,882人 (1927年12月21日現在49,841人, 2,041人の増加) である。

⑦ 当社製品の販売価格は1928年も下落した。それは, 製造方法の改善と同時に "keen competition" のゆえである。価格削減により約 $ 9,000,000 の節約を顧客等にもたらした。

最後に, 取締役会議長と社長は, 従業員の給与と福利厚生施策について約 6 頁にわたって以下のように説明した〔財務諸表 3 頁を含む議長・社長報告 16頁のうち約40%をこれらに充てている〕。

従業員は1928年度平均73,526人（1927年度72,981人），賃金総額は1928年度＄134,056,000（1927年度＄130,798,000），従業員1人当たりの賃金は1928年度＄1,823（1927年度＄1,792）で2％増加したが，National Industrial Conference Board が発表する生活費は，1928年度は1927年度に比し1.2％減少している。1914年に比較すると，従業員1人当たりの給与は126％増加したが，生活費は62％の増加に留まっている〔いずれも従業員への待遇のよさを自慢している〕。1928年7月1日現在当社に5年以上勤務している従業員は全従業員の約58％で，1903年は19％，1908年は26％であった〔定着率のよさを強調している〕。

前年の1927年に設定した年金信託（＄5,000,000）の基金は1928年度末＄7,909,191.99，1928年度は953人の退職者に対して＄514,495.30の年金を給付，また，「新年金計画」の概要を紹介した。そして，従業員のための団体生命保険（これまで9年間継続）と損害保険の実績，持家制度（1928年度は347軒に対し＄2,656,394を支出），従業員貯蓄計画（1928年度34,000人の従業員が GE Employees Securities Corp. の社債を保有），従業員による業務改善提案制度（"*There Is Always a Better Way*"，「賞」は最高＄1,200，多くは＄50〜＄500，1928年度は18,077件が提案され＄62,381を支給，1922年の創立以来合計＄263,800），従業員が高賃金を得ることのできるシステムの開発等についても説明した。

Peat, Marwick, Mitchell & Co. の監査証明書（1929年3月14日付）は1920年度とまったく同一である（211頁）。

(4)　第38期 〜 第39期 ─ 財務情報11頁，給与・福利厚生等情報11頁

第38期（1929年1月1日〜1929年12月31日）報告書と第39期（1930年1月1日〜1930年12月31日）報告書は，過去3事業年度より5頁増加し全28頁である。ここでは，第39期報告書について検討しよう。

第39期報告書は，まず，1893年1月期から1930年度まで38年間の受注額のグラフ（1893年1月期約＄10,000,000，1929年度約＄440,000,000，1930年度約＄340,000,000），20人の取締役と21人の執行役員の氏名，1903年度から1930年度まで28年間の普通株1株当たり配当可能利益と現金配当及び株式配当の一覧表を掲載した。

続いて，取締役会議長 O.D. Young と社長 Gerard Swope は，22頁にわたって主に以下の事項を株主に報告した。

　1930年度の受注額は＄341,820,312，1929年度は＄445,802,519で23％の減少，受注残は1930年度＄56,062,000，前年度は94,623,000で41％もの減少であった。

　前期比較形式の損益計算書は，以下のとおりである。

比較損益計算書

	1930	1929
売上高	＄376,167,428.42	＄415,338,094.39
控除：売上諸費用（営業費，維持費， 　　減価償却費，引当金繰入額， 　　納税引当金繰入額等を含む）	335,717,167.11	365,942,197.41
営業利益	＄ 40,450,261.31	＄ 49,395,896.98
その他利益：		
関係会社及びその他有価証券からの利益	＄ 13,453,654.25	＄ 9,681,386.98
受取利息・割引料	3,258,498.99	3,153,044.41
合衆国有価証券からの利益	1,757,715.15	3,929,834.13
受取ロイヤリティなど	1,605,334.28	4,661,814.07
	＄ 20,075,202.67	＄ 21,426,079.59
利益合計	＄ 60,525,463.98	＄ 70,821,976.57
控除：支払利息	＄ 313,078.69	＄ 450,806.53
総合引当金繰入額	2,721,470.03	3,081,289.64
	＄ 3,034,548.72	＄ 3,532,096.17
配当可能利益	＄ 57,490,915.26	＄ 67,289,880.40
控除：特別株現金配当金6％	2,574,952.95	2,574,819.45
普通株配当可能利益	＄ 54,915,962.31	＄ 64,715,060.95
控除：普通株現金配当金	46,150,203.60	32,449,285.00
普通株特別現金配当金	—	7,210,949.00
当期剰余金	＄ 8,765,758.71	＄ 25,054,826.95

　これまで独立表示されていた「その他有価証券からの利益」が「関係会社及びその他有価証券からの利益」に統合され，脚注に次の事項が掲載された。

　「貴社のラジオ及び真空管事業は1930年1月1日をもって Radio Corporation of America に譲渡された。したがって，1930年度の受注額，受注残，売上高と純利益には当該事業に係る分は含まれていない。ただし，1930年代後半から発売された General Electric 製ラジオに係る分は含まれている。」

前期比較形式の要約貸借対照表は，これまでの「その他有価証券」と「関係会社」が合体し「関係会社及びその他有価証券」となったが，この若干の後退を除いては，第36期（1927年度）とまったく同一である（220頁）。

① 製造プラントについては，これまでと同様以下を示した。

GE の1892年設立以来1929年12月31日		
までの製造プラントへの支出額		$ 313,659,221.35
1930年度支出額		13,566,076.00
合 計		$ 327,225,297.35
処分・売却等（1929年度まで）	$ 104,125,767.56	
処分・売却等（1930年度）	24,795,567.13	128,921,334.69
現在の取得原価		$ 198,303,962.66
総合プラント引当金及び		
減価償却引当金（1929.12.31）	$ 160,297,165.03	
1930年度取崩額	7,861,131.95	152,436,033.08
帳簿価額（1930.12.31）		$ 45,867,929.58

製造プラントへの支出額は前期よりも $ 6,451,740.13 少なかったこと，当期におけるプラントの最大の処分はラジオ・真空管事業に係る土地・建物・製造設備等を Radio Corporation of America へ売却したこと，上で見るように総合プラント引当金及び減価償却引当金を $ 7,861,131.95 取り崩したが，これは売却した同事業に係る分であること。

② 「関係会社及びその他有価証券」は関係会社への貸付金も含むが，期末現在 $ 204,810,328.13，前年度は $ 183,778,636.76 である。これらの有価証券に係る受取利息や配当金は $ 13,453,654.25 で〔損益計算書で開示〕，これは期首と期末の平均投資額の約6.9%に相当する。

海外事業の中心会社は Canadian General Electric Co., Ltd. と International General Electric Co. であるが，両社の業績や配当金，GE の両社への貸付金の増加等について数値を用いて詳細に説明した。また，世界中を

覆っている厳しい経済不況のゆえに International General Electric Co. が所有する株式を時価で評価したこと〔その影響については示していない〕。

　　Radio Corporation of America の株式＄3,948,225株を取得，これまでの分と合わせ＄5,188,755株を所有していること，The General Electric Realty Corporation は工場プラント以外の GE の不動産を管理する目的で1930年に設立されたが，GE がその全株を所有していること。

③　棚卸資産はこれまでの慣行に従って原価時価比較低価法により評価したこと，1920年度以降11年間の期末棚卸資産有高と売上高の関係（222頁③），受取手形及び売掛金，現金と政府有価証券，固定債務，流動負債と偶発債務，運転資本についての前期比較を中心とした簡単な説明。

④　無額面株の授権資本を7,400,000株から４倍の29,600,000株へ拡大し，発行済株式１株につき３株を発行，発行済株式は7,211,481.84株から28,845,927.36株となった。

⑤　1893年度から1930年度までの株主数のグラフ。1930年12月19日現在116,750人，このうち半分は女性，前年の1929年12月16日時点では60,374人で１年間に56,376人も増加した〔その要因については説明していない〕。

⑥　前年度と同様に従業員の賃金や福利厚生関係の説明に９頁も費やした。

Peat, Marwick, Mitchell & Co. の監査証明書（1931年３月５日付）は，1920年度とまったく同一である（211頁）。

　このように，第39期報告書（全28頁）において，取締役会議長と社長は，貸借対照表と損益計算書を含む財務情報に11頁を，株主数や従業員の給与，福利厚生施策等の説明にも11頁を充てた。

⑸　第40期 〜 第41期 ― 全20頁と減少，財務情報開示は改善

　第40期（1931年１月１日〜1931年12月31日）と第41期報告書は８頁縮小され全20頁となった。その主たる要因は，取締役会議長及び社長報告が前年の22頁から15頁に縮小され，特に従業員の失業・年金・雇用保証，従業員による業務改善提案制度等に係る説明が簡略化されたからである。ここでは第41期報告書について検討しよう。

第41期（1932年 1 月 1 日～1932年12月31日）報告書（全20頁）は，創立年度の1893年 1 月期から1932年度まで40年間の売上高の棒グラフによる表示〔1929年度が最高の約＄410,000,000，以後 3 ヵ年は著しく減少し1932年度は約＄147,000,000で1929年度の36％〕，30人を超える取締役・役員の紹介，1899年度から1932年度まで34年間の普通株 1 株当たり配当可能利益と現金配当及び株式配当の一覧表に続いて，議長と社長は，15頁にわたって次のように株主に報告した。

1932年度の受注額は＄121,725,772，1931年度は＄252,021,496で52％の減少，受注残は1932年度＄20,142,000，1931年度＄49,308,000で59％もの減少であった〔不況の真っ只中にある〕。

続く前期比較形式の損益計算書は，以下のとおりである。

比較損益計算書

	1932	1931
売上高	＄147,162,290.95	＄263,275,255.37
控除：原価，利息を除くすべての費用		
（減価償却費，1932 ＄6,254,717.66，		
1931 ＄8,859,062.05は含まれる）	143,532,246.11	234,884,372.57
営業利益	＄　3,630,044.84	＄　28,390,882.80
その他利益：		
関係会社・その他有価証券からの利益	＄　7,322,160.28	＄　8,657,110.67
受取利息・割引料	3,052,087.18	3,819,280.21
合衆国有価証券・その他市場性ある有価		
証券からの利益	227,083.92	21,533.46
受取ロイヤリティなど	487,125.33	501,422.20
	＄　11,088,411.71	＄　12,999,346.54
利益合計	＄　14,718,456.55	＄　41,390,229.34
控除：支払利息	314,346.11	433,233.73
配当可能利益	＄　14,404,110.44	＄　40,956,995.61
控除：特別株現金配当金 6 ％	2,575,032.90	2,575,005.15
普通株配当可能利益	＄　11,829,077.54	＄　38,381,990.46
控除：普通株現金配当金	15,864,157.15	46,150,256.80
当期欠損金	＄　*4,035,079.61*	＄　*7,768,266.34*

これまでの損益計算書は、「売上諸費用（営業費，維持費，減価償却費，引当金繰入額，納税引当金繰入額を含む）」（Cost of sales, including operating, maintenance, and depreciation charges, reserves, and provision for all taxes）であったが、当期は「原価，利息を除くすべての費用（減価償却費，1932 $6,254,717.66, 1931 $8,859,062.05は含まれる）」（Cost, expenses, and all charges except interest including plant depreciation amounting to $6,254,717.66 in 1932 and $8,859,062.05 in 1931）となり、「減価償却費」も明示された。

見開き2頁の要約貸借対照表は、以下のとおりである。

要約貸借対照表（1932年及び1931年12月31日）

資　産

	1932	1931
固定投資：		
製造プラント（原価，土地，建物，機械を含む）	$190,727,867.72	$199,129,732.92
控除：総合プラント引当金及び減価償却引当金	145,938,347.56	153,068,713.66
	$ 44,789,520.16	$ 46,061,019.26
その他固定資産	194,079.05	228,445.67
備品・器具（工場以外）	1.00	1.00
パテント及びフランチャイズ	1.00	1.00
固定投資合計	$ 44,983,601.21	$ 46,289,466.93
Radio Corp. of America 普通株（対照勘定）	26,440,264.58	—
関係会社及びその他有価証券	153,579,518.49	179,308,010.36
流動資産：		
棚卸資産	41,686,432.47	57,335,498.53
仕掛品	6,304,820.34	10,603,820.42
受取手形及び売掛金	23,976,484.40	39,192,433.60
市場性ある有価証券（原価時価比較低価法）	8,303,852.50	7,122,820.00
現金	107,804,164.38	115,056,113.22
	$188,075,754.09	$228,770,685.77
控除：契約による前受金	8,187,288.94	9,684,175.13

流動資産合計	$179,888,465.15	$219,086,510.64
繰延費用	228,898.63	241,948.86
	$405,120,748.06	$444,925,936.79

負債及び資本

	1932	1931
社債3.5％1942年償還	$ 2,047,000.00	$ 2,047,000.00
流動負債：		
買掛金	13,050,988.39	16,301,469.11
未払配当金	3,528,152.30	12,181,318.95
流動負債合計	$ 16,579,140.69	$ 28,482,788.06
Radio Corporation of America 普通株に		
係る未払配当金（対照勘定）	26,440,264.58	—
保険・従業員補償引当金	5,058,890.84	4,063,496.81
Charles A. Coffin 基金	400,000.00	400,000.00
総合引当金（1932年パテント・フランチャイ		
ズ訴訟に＄5,363,546を適用）	9,154,051.21	14,517,597.21
特別株：		
授権資本5,500,000株，額面＄10		
発行済株式4,292.963.50株	42,929,635.00	42,929,635.00
普通株式及び利益剰余金：		
普通株（無額面授権資本29,600,000株		
発行済株式28,845,927.36株）	180,287,046.00	180,287,046.00
利益剰余金（1月1日）	172,198,373.71	179,966,640.05
関係会社及びその他有価証券再評価損	*19,498,309.78*	—
RCA 普通株未払配当金	*26,440,264.58*	—
当期損失	*4,035,079.61*	*7,768,266.34*
普通株式及び剰余金合計	$302,511,765.74	$352,485,419.71
偶発債務：従業員持家計画＄1,475,748		
	$405,120,748.06	$444,925,936.79

＊ イタリックは欠損

この貸借対照表には以下のような改善点（下線部分）が見られる。

① 「市場性ある有価証券」は「原価時価比較低価法」により評価されている
　ことを初めてカッコ書きで示した。

② パテント及びフランチャイズ訴訟に係り総合引当金$5,363,546を取り崩した旨がカッコ書きされた。

③ 「剰余金」から「利益剰余金」（earned surplus）へ変更された。

④ 利益剰余金処分としての「関係会社及びその他有価証券再評価損」が表示された。

⑤ 利益剰余金処分としての「RCA普通株未払配当金」が表示された。

⑥ 「偶発債務：従業員持家計画$1,475,748」を掲記した。もっとも、負債・資本合計の上に記載していることは課題が残る。ただし、金額は合計に含まれていない。

そして、製造プラントについて、これまでと同様以下を示した。

GEの1892年設立以来1931年12月31日		
までの製造プラントへの支出額		$336,825,471.15
1932年度支出額		5,747,432.06
		$342,572,903.21
処分・売却等（1931年度まで）	$137,695,738.23	
処分・売却等（1932年度）	14,149,297.26	151,845,035.49
現在のプラントの原価		$190,727,867.72
総合プラント引当金及び		
減価償却引当金（1931.12.31）	$153,068,713.66	
両引当金繰入額（1932年度）	6,254,717.66	
1932年度施設等売却に係る調整	764,213.50	
	$160,087,644.82	
控除：処分・売却等（1932年度）に		
係るプラント減価償却引当金	14,149,297.26	145,938,347.56
帳簿価額（1932.12.31）		$ 44,789,520.16

Radio Corporation of America と GE のライセンス契約に係る合衆国政府による同意命令に基づき、Radio 社の当社に対する債務$11,695,546について、同社のビル$4,745,000相当額と同社の社債$1,587,000を当社に譲渡し、残り$5,363,546は当社の同社に対する権利とすることになった。

関係会社及びその他有価証券を再評価し評価損$19,498,309.78を剰余金で処理したこと、これらの有価証券に係る受取利息や配当金は$7,322,160.28

で投資額の4.4%に相当すること，倒産した Insull Companies に対する貸付金
＄2,000,000についての報道は必ずしも正しくなく，事実は貸付金を超える
担保を保有していること，Canadian GE Co. やInternational GE Co. の業績
や配当金，Electrical Securities Corp. 等関係会社 3 社の業務内容と業績，
棚卸資産の評価方法，期末棚卸資産と売上高の関係等についても，これまでと
同様に簡単に説明した。総頁数は縮小されたが（全28頁から全20頁へ），財務
情報の開示（全11頁）は後退せず，むしろ改善された。

　また，当年度も GE 従業員の賃金と National Industrial Conference Board
による「生活費」を対比し従業員に対する待遇のよさと福利厚生施策（生命保
険，持家制度，社債購入制度，年金・退職金制度等）について紹介した（全 4 頁）。

　Peat, Marwick, Mitchell & Co. の監査証明書は，以下のとおりである。

To the Board of Directors of the
General Electric Company,
　120 Broadway, New York　　　　　　　　　　　　　　　March 3, 1933

Dear Sirs :

　We have examined the accounts of the General Electric Company for the
year ended December 31, 1932, and certify that the Condensed Balance Sheet
and Statement of Income and Expenses appearing on pages 5-7 of this Annual
Report are in accordance with books and, in our opinion, based on our
examination and information furnished to us, set forth the condition of its
affairs as at December 31, 1932 and the results of the operations of the
Company for the year.

　We have confirmed the cash and securities by count and inspection or by
certificates which we have obtained from the depositories. The valuation at
which the investment in Associated Companies and Miscellaneous Securities
is carried is, in our opinion, conservative. We have examined the accounts of
the International General Electric Company, Incorporated, and the G.E.
Employees Securities Corporation. No examination has been made by us of
other companies which are controlled through stock ownership, but Balance
Sheets of these companies have been submitted to us.

　We have scrutinized the notes and accounts receivable and believe that full
provision has been made for possible losses through bad and doubtful debts.

> Certified inventories of merchandise, work in progress, and material and supplies have been submitted to us and we have satisfied ourselves that these inventories have been taken in a careful manner, that <u>ample allowance</u> has been made for old or inactive stocks, and that they are conservatively stated on the basis of cost or market, whichever is lower. Provision has also been made for possible allowances or additional expenditures on completed contracts.
>
> Expenditures capitalized in the property and plant accounts during the year were properly so chargeable as representing additions or improvements. <u>Adequate provision</u> has been made in the operating accounts for repairs, renewals and depreciation.
>
>
>
> Yours truly,
> PEAT, MARWICK, MITCHELL & Co.
>
>

すでに検討したように、Peat, Marwick, Mitchell & Co. の監査証明書は1920年度のそれを一貫して踏襲してきた (211頁)。1932年度の監査証明書は下線部分が異なるが、第2パラグラフの2社に対する監査範囲の拡大の指摘とともに、第1パラグラフの "correctly record" が "set forth" へ、第4パラグラフの "full provision" が "ample allowances" へ、最後のパラグラフの "ample provision" が "adequate provision" へと洗練された用語に代わった。

(6)　第43期 ― 現代的財務諸表

連邦有価証券二法が制定された直後の第43期 (1934年1月1日～1934年12月31日) 報告書も、創立以来同じ「面積」を1頁とする全20頁で構成されたが、そこに掲載された資料の順序がこれまでと異なる。すなわち、1899年度から1934年度まで36年間の普通株1株当たり配当可能利益と現金配当及び株式配当の一覧表に続いて前期比較形式の損益及び利益剰余金計算書、前期比較形式の貸借対照表、Peat, Marwick, Mitchell & Co. の監査報告書、その後に取締役会議長O.D. Young と社長 Gerard Swope の株主宛報告12頁、そして取締役・役員等の紹介、最後に1893年度から1934年度までの売上高の棒グラフである。

まず，最初に開示された前期比較形式の「損益及び利益剰余金計算書」
（Statement of Income and Earned Surplus）は，以下のとおりである。

損益及び利益剰余金計算書

	1934	1933
売上高	$ 164,797,317.19	$ 136,637,268.03
原価及びすべての費用		
（減価償却費と支払利息を除く）	145,716,209.84	123,585,652.40
	$ 19,081,107.35	$ 13,051,615.63
プラント・施設減価償却費	7,335,997.07	6,179,511.26
営業利益	$ 11,745,110.28	$ 6,872,104.37
その他利益：		
関係会社及びその他投資		
からの利息・配当金*	$ 5,608,910.72	$ 4,376,970.69
市場性ある有価証券利息	1,339,881.37	717,342.24
銀行預金・債権等利息	742,831.12	1,266,460.44
ロイヤリティ等	655,462.34	606,574.85
	$ 8,347,085.55	$ 6,967,348.22
利益合計	$ 20,092,195.83	$ 13,839,452.59
支払利息	366,152.26	409,713.72
当期純利益	$ 19,726,043.57	$ 13,429,738.87
期首利益剰余金	117,621,616.44	122,224,719.74
	$ 137,347,660.01	$ 135,654,458.61
投資有価証券再評価損	*1,195,792.85*	*3,920,209.62*
	$ 136,151,867.16	$ 131,734,248.99
特別株現金配当金（6 ％）	2,575,074.00	2,575,056.75
特別株配当金		
（1935.4.15支払予定，1 株¢15）	643,770.15	－
特別株プレミアム	4,292,963.50	－
普通株配当可能利益剰余金	$ 128,640,059.51	$ 129,159,192.24
普通株配当金	17,306,379.30	11,537,575.80
期末利益剰余金	$ 111,333,680.21	$ 117,621,616.44

＊ 関係会社の未処分損益に対する当社持分・負担分については〔本報告書〕9 頁を
　参照

このように，1932年度損益計算書の「原価，利息を除くすべての費用（減価償却費，1932 $6,254,717.66，1931 $8,859,062.05は含まれる）」〔229頁〕のうち「プラント・施設減価償却費」が独立表示された〔実質的な影響はない〕。

この1934年度損益及び利益剰余金計算書は，営業損益と営業外損益を区分して当期業績（当期純利益）を示し，投資有価証券再評価損と配当金を利益剰余金で処分するという現代的な計算書である。

続く見開き2頁の「貸借対照表」（Balance Sheet）は，以下のとおりである。

貸借対照表（1934年及び1933年12月31日）

資　産

	1934	1933
流動資産：		
現金	$ 58,667,466.42[*]	$ 60,901,643.87
市場性ある有価証券		
（原価時価比較低価法）	49,282,533.00[*]	50,976,864.16
売掛金及び受取手形		
（貸倒引当金控除後）：		
顧客売掛金	10,566,640.27	11,594,524.34
関係会社売掛金	3,821,206.54	3,487,891.24
その他売掛金	1,994,237.11	1,685,273.24
顧客発行手形	2,900,023.03	1,539,758.05
その他手形	68,500.00	33,430.90
仕掛品（引当金控除後）	3,947,307.20	3,527,922.54
棚卸資産		
（原価時価比較低価法，引当金控除後）	51,313,973.01	45,467,409.19
	$182,561,886.58	$179,214,717.53
控除：契約による前受金	5,292,836.64	3,900,323.36
流動資産合計	$177,269,049.94	$175,314,394.17
その他資産：		
長期売掛金及び受取手形		
（貸倒引当金控除後）	1,467,835.65	2,268,763.47
従業員貸付金（貸倒引当金控除後）	115,127.06	277,795.53
旅費前払金	122,574.54	125,807.13
前払費用	141,433.16	225,107.12

	1934	1933
その他資産合計	$ 1,846,970.41	$ 2,897,473.25
投資：		
関係会社（貸付金を含む）：		
International General Electric Co.	51,140,924.00	61,860,300.00
その他関係会社	56,190,795.35	49,856,490.35
製造・販売・不動産等会社	42,439,472.20	33,559,051.82
その他—有価証券	6,501,951.01	7,651,581.77
—州寄託金**	2,698,769.00	1,754,917.00
投資合計	$158,971,911.56	$154,682,340.94
固定資産：		
プラント・施設（原価）	186,645,688.55	191,640,236.87
控除：減価償却引当金	146,793,494.65	149,397,744.11
	$ 39,852,193.90	$ 42,242,492.76
パテント・フランチャイズ	1.00	1.00
固定資産合計	$ 39,852,194.90	$ 42,242,493.76
	$377,940,126.81	$375,136,702.12

* 　このうち$47,866,368.65は特別株償還（1935年4月15日）のための資金
** 州の給与法等による保証金としての預け入れ

負債及び資本

	1934	1933
流動負債：		
買掛金	$ 5,730,806.92	$ 4,385,522.40
未払税金，未払賃金等	5,591,395.41	4,813,893.49
関係会社債務	525,000.00	575,000.00
未払配当金：		
特別株—第4四半期	643,770.15	643,765.95
特別株—1935.4.15支払予定	643,770.15	
普通株—第4四半期	4,326,595.20	2,884,394.90
流動負債合計	$ 17,461,337.83	$ 13,302,576.74
1年超買掛金	587,221.10	626,762.08
従業員預り金	2,759,859.96	3,904,690.80
Charles A. Coffin 基金	400,000.00	400,000.00
保険・従業員給与補償等引当金	6,687,332.00	4,863,323.85
総合引当金	9,154,051.21	9,154,051.21

社債3.5%1942年償還		
（1935年4月1日に買入償還予定）	2,047,000.00	2,047,000.00
特別株プレミアム		
<u>（1935年4月15日に償却予定）</u>	4,292,963.50	
特別株（6％累積株）：		
授権資本5,500,000株，額面＄10		
発行済株式4,292.963.50株		
<u>（1935年4月15日に償却予定）</u>	42,929,635.00	42,929,635.00
普通株及び利益剰余金：		
普通株（無額面授権資本29,600,000株		
発行済株式28,845,927.36株）	180,287,046.00	180,287,046.00
利益剰余金	111,333,680.21	117,621,616.44
普通株式及び利益剰余金合計	＄291,620,726.21	＄297,908,662.44
	＄377,940,126.81	＄375,136,702.12
偶発債務：		
従業員持家計画	＄ 837,800.00	＄ 1,180,925.00

上記とその他の偶発債務は総合引当金でカバーされている。

　当期より流動性配列法となった。そして，1932年度要約貸借対照表（230頁）に比し，下線部分が明示された。すなわち，「売掛金及び受取手形」の内容が5項目示され，棚卸資産についてはその評価方法と「引当金控除後」であること，その他資産4項目が示され，特に「長期売掛金及び受取手形」と「従業員貸付金」が表示されるとともに両者とも「貸倒引当金控除後」であること，また，これまでの固定投資（Fixed Investments）が「投資」（Investments）と「固定資産」（Fixed Assets）に区分表示され，「投資」のうち「関係会社」3項目とその他2項目も掲記された。流動負債の「未払税金，未払賃金等」と「関係会社債務」，「未払配当金」3項目，「1年超買掛金」〔この勘定科目は極めて稀である〕と「従業員預り金」も初めて登場した。そして，特別株に係る「1935年4月15日に償却予定」も指摘され，偶発債務も負債及び資本合計の後に記された。最高水準にある貸借対照表といえる。

　Peat, Marwick, Mitchell & Co. の監査報告書（1935年3月4日付）は，右頁のとおりである。

第6章　GEの1926年度〜1934年度の財務ディスクロージャー　239

March 4, 1935

To the Board of Directors of the General Electric Company,
570 Lexington Avenue, New York City

Dear Sirs :

We have made an examination of the Balance Sheet of the General Electric Company as at December 31, 1934, and of the Statement of Income and Earned Surplus for the year 1934. In connection therewith, we examined or tested accounting records of the Company and other supporting evidence and obtained information and explanations from officers and employees of the Company ; We also made a general review of the accounting methods and of the operating and income accounts for the year, but we did not make a detailed audit of the transactions.

We have confirmed the cash and securities by count and inspection or by certificates which we have obtained from the depositories. We have made independent examinations of the accounts of the International General Electric Company, Incorporated, G.E. Employees Securities Corporation, General Electric Realty Corporation and General Electric Contracts Corporation, on which we have separately reported. The accounts of the Electrical Securities Corporation have been examined and reported upon by other independent public accountants. No examination has been made by us of other companies which are controlled through stock ownership, but Balance Sheets of these companies have been submitted to us. The amounts at which the Investment in Affiliated Companies (including advances) are carried are based on the accounts thus examined and The Balance Sheet submitted, and including Miscellaneous Investments, in our opinion, are conservatively stated.

We have scrutinized the accounts and notes receivable and believe that full provision has been made for possible losses through bad and doubtful debts.

Certified inventories of merchandise, work in progress, and material and supplies have been submitted to us and we have satisfied ourselves that these inventories have been taken in a careful manner, that ample allowance has been made for inactive and obsolete stocks, and that they are conservatively stated at not in excess of cost or market, whichever is lower. Provision has also been made for possible allowances or additional expenditures on completed contracts.

Expenditures capitalized in the plant and equipment accounts during the year were properly so chargeable as representing additions or improvements.

Adequate provision has been made in the operating accounts for repairs, renewals and depreciation.

In our opinion, based upon such examination, the accompanying Balance Sheet and related Statements of Income and Earned Surplus fairly present, in accordance with accepted principles of accounting consistently maintained by the Company during the year under review, its position at December 31, 1934, and the results of its operations for the year.

Yours truly,
PEAT, MARWICK, MITCHELL & CO.

この監査報告書の最初のパラグラフと最後のパラグラフは，1933年12月にアメリカ会計士協会（AIA：American Institute of Accountants）によって発表された「監査報告書モデル」に準拠している[1]。監査報告書モデルについては第18章（747頁）で検討するが，以後の説明の都合上，ここで紹介しておく。

Accountants' Report

To the XYZ Company

We have made an examination of the balance-sheet of the XYZ Company as at December 31, 1933 and of the sytatement of income and surplus for the year 1933. In connection therewith, we examined or tested accounting records of the Company and other supporting evidence and obtained information and explanations from officers and employees of the Company ; we also made a general review of the accounting methods and of the operating and income accounts for the year, but we did not make a detailed audit of the transactions.

In our opinion, based upon such examination, the accompanying balance -sheet and related statement of income and surplus fairly present, in accordance with accepted principles of accounting consistently maintained by the Company during the year under review, its 〔financial〕 position at December 31, 1933 and the results of its operations for the year.

第2パラグラフ（239頁）は，現金と有価証券については実査または預金先からの証明書と照合したこと，GEの関係会社4社についてはPeat, Marwick, Mitchell & Co. が監査し各社に監査報告書を提出したこと〔この指摘は稀である〕，関係会社1社については他の独立監査人が監査したこと，その他の関係会社については監査しなかったが各社の貸借対照表を入手したこと，関係会社の投資勘定についてはPMMの監査結果と提出された貸借対照表に依拠したがそれらは保守的に評価されていることを指摘した。

第3・第4・第5パラグラフにおいては，売掛金及び受取手形のうち不良もしくは回収の疑わしい債権については十分な引当金が設定されたこと，棚卸資産については会社側の証明書が提出されたが，実地棚卸は注意深く行われ，回転が遅くかつ陳腐化した在庫については十分な引当金が設定され，また，原価時価比較低価法により保守的に評価されていること，締結した契約に係る将来の割引や追加支出についても引当金が設定されていること，資本的支出は適切に処理され，修繕・更新・減価償却についても引当金が適切であることが意見表明された。

このように，PMMの監査証明書は，「監査報告書モデル」と実施した監査手続それに貸倒引当金や棚卸資産の評価等に関する「個別意見」からなる混合型のものである。

そして，取締役会議長と社長は，次のように株主に報告した。

① 1934年度の受注額は＄183,660,303，1933年度は＄142,770,791で29％の増加，売上高は1934年度＄164,797,317，1933年度＄136,637,268で21％の増加〔期末の受注残の指摘は省略された〕，「合衆国商務省の統計によると，当社は製造業全体の中で同じ割合のシェアを確保し続けている」とのことである〔シェアの率は示していない〕。

② 現金及び市場性ある有価証券の当期末残高と前期末残高を示し，市場性ある有価証券＄49,282,533は額面（par）と時価（market）のいずれか低い方で評価した結果であること，＄49,282,533のうち＄30,900,533は合衆国債券，残りの＄18,382,000は連邦信託発行の手形と州や自治体の上級な債券であり，およそ99％が5年以内に現金化されるものであること。

③ 棚卸資産についてはこれまでの慣行に従って原価時価比較低価法で評価
した。期末在庫は前期末より29％増加したが，その要因は受注高及び受注
残の増加にあること。

④ 閉鎖された銀行の1933年末における預金残高は＄2,750,326でこれに対
する引当金は＄1,261,990であったが，1934年末平均残高は＄1,436,351，
引当金は＄713,539であり，1934年中に発生した損失は＄219,956である
〔他社には見られない指摘である〕。従業員に対する貸付金は減少し現在
＄43,563，取締役や役員に対する貸付金はない。

⑤ 投資については3頁にわたって説明した。再評価の結果の投資評価損
＄1,195,792.85を利益剰余金で補填し〔損益及び利益剰余金計算書，235頁〕，
当期末の投資残高は＄158,971,911.56である（昨年は＄154,682,340.94）。
「関係会社」はすべて株式所有を通じてコントロールしている会社であり，
これまでどおり当該会社の純資産価値をベースに毎年評価している。
その他の投資有価証券は市場価値または確立した市場がない場合は見積
公正価値（estimated fair values）で評価しているが，原則はいかなる場合
にも取得原価を超えてはならないということである。

外国為替は1934年12月31日現在のレートあるいはそれ以下で換算されて
いる〔これは初めての指摘である〕。

「関係会社及びその他の投資からの利息・配当金」は＄5,608,910.72
（このうち関係会社からの配当金は＄4,314,200.86）で，これは投資額の
約3.6％（1933年度は2.8％）に相当する。また，関係会社の未処理損失に
対する当社負担分は約＄75,000であるが，これは株式の再評価に当たって
考慮されている〔下線部分の指摘は初めてである〕。

以下の7社への投資は関係会社への投資額の90％を占めており，これら
7社からの利益は関係会社からの利益の93％にも相当する〔この重要な
指摘も初めてである〕。

International General Electric Co., Canadian General Electric Co.,
Ltd., G.E. Employees Securities Corp., United Electric Securities Co.,
Electrical Securities Corp., General Electric Contract Corp., General
Electric Realty Corp.

これら 7 社うち，United Electric Securities Co. を清算し，清算価額
＄16,658,884 と GE の帳簿価額＄2,015,117 の差額は投資勘定で調整，
同社の資産等を Electrical Securities Corp. に譲渡したこと，それに伴う
Electrical Securities Corp. の増資と GE による同社への貸付け，同社の
利益と配当の状況等について説明した。

⑥　これまで報告されていた期末棚卸資産・売上高・両者の比率の一覧表は
削除された（222頁③）。

⑦　固定資産については，「プラント・施設」に関して以下が開示された。

原価（1933年12月31日）		＄191,640,236.87
加算（1934年度支出額）		5,263,322.47
		＄196,903,559.34
処分・売却等（1934年度）		10,257,870.79
原価（1934年12月31日）		＄186,645,688.55
減価償却引当金（1933年12月31日）	＄149,397,744.11	
1934年度減価償却費	7,335,997.07	
1934年度売却に係る調整	317,624.26	
	＄157,051,365.44	
控除：1934年度施設処分等による取崩	10,257,870.79	146,793,494.65
純帳簿価額（1934年12月31日）		＄ 39,852,193.90

⑧　株主は1934年12月28日現在 196,248人（1933年12月29日時点188,316人），
このうち184,973人は普通株のみを所有し，11,275人は特別株のみを所有
している〔1930年度末116,750人で 4 年間に約80,000人も増加〕。

⑨　当年度も，従業員の賃金や福利厚生関係の説明に 4 頁を充てた。1934年
度平均従業員49,642人（関係会社従業員を含まず。1933年度41,560人），賃金
総額（1934年度＄75,227,000，1933年度＄55,287,000），従業員 1 人当たりの
賃金（1934年度＄1,515，1933年度＄1,330，14％増加）。1934年度従業員の年
平均賃金は10年前（1923年）に比し5.5％減少したが，National Industrial
Conference Board が発表する「生活費」は 20.6％ も減少している。
従業員のための団体生命保険と損害保険の実績，持家のための援助制度，
従業員貯蓄計画，年金・退職金の実績，失業補償，従業員安定雇用計画に

ついても説明した。

　また，議長及び社長は，"The report of the independent auditors, attesting to the correctness of the financial statements, appears on page 6." と述べている（これまでの "testfying" に代わり "attesting" を用いている）。そして，195頁と208頁で指摘したように，1914年と1921年当時の監査証明書では PMM が貸借対照表と損益計算書の正確性を証明していると解釈されてもやむを得ない状況にあったが，「監査報告書モデル」に準拠した1934年度監査報告書においては監査人は財務諸表の "correctness" については証明しておらず，議長及び社長の指摘は誤りである。

〔小括〕

　GE の第35期（1926年度）以降の年次報告書における財務ディスクロージャーは，第20期（1911年度）から第34期（1925年度）に比し大きく改善された。その要因の１つは，次のように考えられる。

　1926年８月，ハーバード大学教授 W.Z. Ripley は，*The Atlantic Monthly*（1857年にボストンで創刊された評論誌）において大企業経営者を痛烈に批判した[2]。そこでは，株主は企業の内容について適正な情報を得る権利を有しているにもかかわらず，ニューヨーク証券取引所等に上場している代表的企業の中にも，年次報告書をまったく発行せず，あるいは会社の概況のみの説明で財務情報を明らかにせず，また貸借対照表のみを開示し損益計算書を示さない会社もあり，さらに，減価償却や減耗償却，資産の評価，営業権，剰余金，無額面株等に関して明らかに経営者の意のままの「不可解な」（enigmatic）会計実践が行われている事実を，会社名を挙げて暴露した〔本書で取り上げている National Biscuit Co., American Can Co., Standard Oil Co., U.S. Rubber Co., National Cash Register Co., Corn Products Co. 等〕。しかも，これらの年次報告書には多くの場合会計士による無限定の監査証明書が含まれていることも指摘，不十分かつ不適正な財務情報によって株主の利益は保護されていないと非難した。そして，これら大企業の「悪習」（abuses）を取り除く手段として，Ripley は連邦取引委員会がこの分野へ介入すべきことを主張したのである。

1926年8月28日の *The Commercial & Financial Chronicle* は，次のように
いう[3]。「火曜日の午前中の市況は GM の業績の好調を反映して買があった。
……しかし，その日が終わらぬうちに売が洪水のごとく行われた。それは，
疑いもなくハーバード大学教授 W.Z. Ripley の連邦取引委員会が製造企業の
会計に関与すべきだという提案が原因である。」

しかし，1920年代中頃のビジネス全盛の中で，政府機関のビジネスへの介入
の主張は受け入れられなかった。J.C. Coolidge 大統領も「株主が保護されるべ
き権利を有していることは認めるが，民間企業は州政府の管轄下にあるので，
連邦政府が企業会計に介入する権限を持っているかは疑問である[4]」と述べ，
問題にしなかった。

W.Z. Ripley は GE についてはプラント等の減価償却や除却，営業権等に対
する「超過小評価方針」（"policy of extraordinary undervaluation"）を批判した
が[5]，GE 経営者は W.Z. Ripley の論稿を同社の財務ディスクロージャーへの
警鐘として受け止めたのかもしれない。そして，次章以降で検討するように
International Harvester Co. や Westinghouse Electric & Manufacturing Co.,
Goodyear Tire & Rubber Co. や B.F. Goodrich Co., Bethlehem Steel
Corp. や Republic Iron & Steel Co., Coca-Cola Co. 等の良好なディス
クロージャーに刺激を受けたのかもしれない。

さらに，次の点も指摘しておこう。それは，GE が従業員の給料からの天引き
として自社や関係会社の社債や株式の購入を奨励したため多くの従業員社債
権者や従業員株主を生み出したという事実である。すなわち，GE は，1920年
12月31日終了年度（第29期）報告書において，給与から差し引く分割払制度
により12,000人の従業員が社債（利率7％）合計＄4,031,800を購入したこと，
株式についても1株から10株までの範囲で従業員の36％に相当する30,747人が
購入したこと，1920年12月31日現在の株主は21,461人でそのうち10,626人は
女性であることを初めて指摘した（207頁）。

その後，株主は増加の一途をたどる。1926年12月15日当時46,305人（うち
半分は女性，98％は米国在住，2％は海外在住），翌1927年12月21日は49,841人で
前年より3,536人の増加，1928年12月21日は51,882人で前年より2,041人増加，
1930年12月19日時点116,750人，前年の1929年12月16日は60,374人なので1年

間に56,376人も増加，1933年12月29日には188,316人，1934年12月28日現在
では196,248人，4年間に約80,000人も増加したのである。

　その結果，1920年以降の年次報告書の社長報告も彼らを意識したものへと
変化してきたという事実である。例えば，1926年度報告書においては，貸借
対照表において「保険・従業員補償引当金」を独立表示するとともに（216頁），
1914年と比較したGE従業員の所得と卸売物価等の率をグラフで示し従業員
給料・賃金の高さを強調し，従業員のための生命保険や損害保険制度，持家
プラン，貯蓄プラン等の概要とその実施状況を3頁にわたって説明している。
そして以後も，従業員雇用安定計画，失業補償，新年金計画，退職金制度，
従業員が高賃金を得るためのシステムの開発，従業員の年平均賃金と
National Industrial Conference Board が発表する「生活費」(the cost of
living)との比較等を紹介し，1930年度報告書においては財務情報11頁とともに
株主数や従業員給与福利厚生施策等の説明にも11頁を充てているのである。

　また，1926年度貸借対照表において「Charles A. Coffin 基金」が表示されて
いる。この基金は，大学院生への奨学資金の提供や優秀な従業員の表彰を目的
とするものである。その基金総額40万ドルはGEの総資産4億3,000万ドルの
わずか0.1％であるにもかかわらず，それを貸借対照表に独立して表示しかつ
その内容を詳細に説明しているところに，GEの社会への奉仕や利益の還元を
強調する姿勢が見られる。

　このように，年次報告書は，これらの情報を通じて従業員に対し会社と彼ら
との運命共同体の意識を植え付け会社への忠誠心を間接的に要求しているので
あり，同時に，一般消費者に対して「社会に奉仕するGE」をアピールして
いるのである。年次報告書が投資者や債権者への財務情報の提供のみを目的と
するのでなく，会社と従業員そして一般消費者とのコミュニケーションの重要
な手段として利用されてきたと見ることができる。

　最後に，GEの第1期から検討対象として第43期までの年次報告書の総頁数
と監査人を紹介しておこう（表6－1）。

　なお，1頁の大きさは，たて22cmよこ14cm（A4判の半分であるA5判の
たて・よこを1cm拡大したサイズ）で，第1期以来第43期まで同じである。

第6章　GE の1926年度～1934年度の財務ディスクロージャー　247

表 6 ― 1　GE の年次報告書の総頁数と監査人

期	終了年度期日	総頁数	監査人
第 1 期	（1893年 1 月31日）	12頁	—
第 2 期	（1894年 1 月31日）	22頁	—
第 3 期	（1895年 1 月31日）	22頁	—
第 4 期	（1896年 1 月31日）	36頁	—
第 5 期	（1897年 1 月31日）	29頁	—
第 6 期	（1898年 1 月31日）	32頁	Patterson & Corwin
第 7 期	（1899年 1 月31日）	27頁	〃
第 8 期	（1900年 1 月31日）	27頁	〃
第 9 期	（1901年 1 月31日）	27頁	Patterson, Teele & Dennis
第10期	（1902年 1 月31日）	29頁	〃
第11期	（1903年 1 月31日）	26頁	〃
第12期	（1904年 1 月31日）	29頁	〃
第13期	（1905年 1 月31日）	29頁	〃
第14期	（1906年 1 月31日）	30頁	Price, Waterhouse & Co.
第15期	（1907年 1 月31日）	32頁	〃
第16期	（1908年 1 月31日）	33頁	〃
第17期	（1909年 1 月31日）	32頁	〃
第18期	（1909年12月31日）	30頁	Marwick, Mitchell & Co.
第19期	（1910年12月31日）	26頁	〃
第20期	（1911年12月31日）	15頁	Marwick, Mitchell, Peat & Co.
第21期	（1912年12月31日）	14頁	〃
第22期	（1913年12月31日）	12頁	〃
第23期	（1914年12月31日）	12頁	〃
第24期	（1915年12月31日）	12頁	〃
第25期	（1916年12月31日）	12頁	〃
第26期	（1917年12月31日）	14頁	〃
第27期	（1918年12月31日）	16頁	〃
第28期	（1919年12月31日）	16頁	〃
第29期	（1920年12月31日）	16頁	Marwick, Mitchell & Co.
第30期	（1921年12月31日）	14頁	〃
第31期	（1922年12月31日）	14頁	〃
第32期	（1923年12月31日）	16頁	〃
第33期	（1924年12月31日）	16頁	〃
第34期	（1925年12月31日）	16頁	Peat, Marwick, Mitchell & Co.

第35期	（1926年12月31日）	25頁	Peat, Marwick, Mitchell & Co.
第36期	（1927年12月31日）	24頁	〃
第37期	（1928年12月31日）	23頁	〃
第38期	（1929年12月31日）	28頁	〃
第39期	（1930年12月31日）	28頁	〃
第40期	（1931年12月31日）	20頁	〃
第41期	（1932年12月31日）	20頁	〃
第42期	（1933年12月31日）	20頁	〃
第43期	（1934年12月31日）	20頁	〃

〔追記〕

1892年4月に創立された General Electric Company は，1941年に創立50周年を迎えた。第二次世界大戦中の第50期（1941年1月1日～1941年12月31日）報告書は，GE の工場で生産される大砲や GE と陸軍が共同開発した航空機用のスーパーチャージャー（過給器）の写真等を含み全31頁で構成されている。

まず1899年度から1941年度まで43年間の1株当たり利益と現金配当金のグラフが掲載され，1934年度と同じフォームの損益及び利益剰余金計算書と貸借対照表〔1934年度（236頁）に比し，「市場性ある有価証券」の時価がカッコ書きされたこと，「その他資産」に「担保差入有価証券」が表示されたこと，投資に「自己株式」（株数，時価，取得価額）が独立表示されたことに改善が見られる〕，そしてPeat, Marwick, Mitchell & Co. の監査報告書が続く。取締役と役員の紹介の後の「当期業績のハイライト」（Highlights of the Year's Operations）には，前年の1940年度と比較した受注額，売上高（史上最高），納税引当金，当期利益，配当金，従業員数，従業員1人当たりの利益が示されている。ここまでで10頁である。

続く20頁が取締役会議長と社長による株主宛報告で，このうち12頁が財務報告である。まず，経営成績については，四半期毎の受注額を前期と比較しその増加率を示し，4事業部門の状況を簡単に紹介している。四半期毎の受注額は重要な情報である。続いて，売上高，営業利益，営業外収益，特別損益，税金，配当金について説明しているが，これらの内容については，「税引前利益が前期

より80％増加したにもかかわらず，税率の上昇により配当可能利益は 2 ％の伸びにすぎなかったこと」を除いて損益計算書から読み取れるものである。

財政状態については，特に投資勘定を構成する関係会社名とその他の投資及び自己株式の内容，これらの評価方法，国外の関係会社株式の評価方法，投資有価証券評価損と売却損，関係会社の未処分利益金に対する GE の持分，さらに関係会社 4 社の概要と GE の株式所有持分について詳細に説明している。また，プラント・施設については，当期中の取得価額と減価償却費，処分資産に係る減価償却引当金の取崩し，戦時施設の拡充と政府の補助金等について指摘している。財政状態については良好なディスクロージャーといえる。

最後の 4 頁は，従業員122,840人のための各種プラン（利益分配，生命保険，年金，貸付金，国債購入補助金等）の概要と実績である。

GE は，第55期（1946年度）報告書（全32頁）において，財務諸表は親会社 GE のみのものであるが関係会社からの配当金は財務諸表に含め，投資勘定は「持分法」により評価していることを注記（Notes）した。そして，第56期（1947年度）報告書（全37頁）において「連結会計」を採用した。したがって，連結損益計算書と連結貸借対照表それに両者に係る注記，GE の個別損益計算書と個別貸借対照表ならびに注記が掲載された。財務諸表の様式や開示項目は，基本的には1934年度（235-238頁）と同じである。また，連結範囲は100％の子会社で国内の製造会社が対象であることを指摘した。しかし，連結会社数は明らかにしていない。さらに，第57期（1948年度）報告書において連結会社は13社であること，それに13社の会社名を財務諸表の注記で明らかにした。

また，GE は第74期（1965年度）報告書（全33頁）において「売上原価」と「販売費及び一般管理費」を明らかにした。すでに第 3 章で検討したように，売上原価は第 3 期（1896年 1 月31日終了年度）報告書で自主的に開示されたのであるが，第 9 期（1901年 1 月31日終了年度）に消滅して以来，65年振りに明示されたのである。その事情は，以下のとおりである。

SEC は，1964年 5 月に委任状勧誘規則を改正し，SEC に提出する報告書（Form 10-K）と株主宛報告書に含まれる財務諸表との間で連結方針や会計処理・手続の適用に差異があり，そのことが財政状態や経営成績に重大な影響を

与えている場合には，株主宛報告書でその旨を注記しその影響を説明すること
を要求した[6]。すでに SEC 宛報告書には「売上原価」と「販売費及び一般管
理費」の独立表示が要求されていたので[7]，GE は，1965年度報告書で「売上
原価」と「販売費及び一般管理費」を，財務諸表本体においてではなく
"Financial Summary"（1957年度報告書に初めて登場）において開示したの
である。

　なお，「売上原価」と「販売費及び一般管理費」が損益計算書において独立
表示されるのは，第88期（1978年度）報告書においてである[8]。実に78年振りの
復活である。

◆注 ───────

1　AIA, *Audits of Corporate Accounts*, January 21, 1934, p.29.

2　W.Z, Ripley, "Stop, Look, Listen!, The Shareholder's Right to Adequate Informa-
tion" *The Atlantic Monthly*, Vol. CXXXVIII, September 1926, pp.380-399.

3　*The Commercial & Financial Chronicle*, August 28, 1926, p.1013.

4　*The Commercial & Financial Chronicle*, September 4, 1926, pp.1200-1211.

5　W.Z, Ripley, *op. cit.*, p.393.

6　Securities Exchange Act of 1934 Release No. 7324, May 1964.

7　B. Bernard Greidinger, *Accounting Requirements of the Securities and Exchange
Commission for the Preparation of Financial Statements*, The Ronald Press Co., 1939,
pp.99-101, 321-334.

8　拙著『アメリカ監査論—マルチディメンショナル・アプローチ＆リスク・アプローチ』
中央経済社，1994年，182頁。

第7章

Westinghouse の
財務ディスクロージャー

Westinghouse Electric & Manufacturing Company は1886年に設立され，その株式は1892年よりニューヨーク証券取引所に上場されたが，すでに第2章で検討したように財務ディスクロージャーについては1900年代に入ってからも消極的であった（83頁）。しかし，1910年代からは General Electric Company を上回る良好な財務ディスクロージャーを実践していたのである。

⑴　1912年度（1913年3月期）─ 時代をリードする情報開示

当社の1913年3月31日に終了する年度の報告書（1912年度報告書という）は同年6月11日に開催された株主総会に提示されたが，それは，たて27cm よこ21cm のほぼA4判を1頁とする全13頁であった。取締役や役員，部門責任者の紹介に続いて，子会社の製造会社4社（Subsidiary Companies : Westinghouse Lamp Co., The Bryant Electric Co., The Perkins Electric Switch Manufacturing Co., R.D. Nuttall Co.）を明示した〔製造子会社4社の明示は当時としては高く評価される〕。

そして，取締役会議長は，4頁余において以下の事項について報告した。

①　後に開示された連結損益及び剰余金計算書（256頁）の「総売上高 $39,977,565.89」から「配当その他目的に利用可能な純利益 $3,164,032.25」までを示す計算書〔損益計算書といえる〕。

② 以下のような4年間の比較損益計算書（3月31日終了年度）

	1910	1911	1912	1913
総売上高	$29,248,682	$38,119,312	$34,196,446	$39,977,565
売上諸費用（販売費・ 一般管理費を含む）	25,695,704	32,510,547	30,604,850	35,406,293
純製造利益	$ 3,552,978	$ 5,608,765	$ 3,591,596	$ 4,571,272
その他利益	1,616,561	1,515,531	1,160,442	996,564
当期総利益	$ 5,169,539	$ 7,124,296	$ 4,752,638	$ 5,567,836
控除－棚卸資産調整損・ 減価償却費等	419,692	657,704	708,917	791,388
利息等支払可能利益	$ 4,749,847	$ 6,466,592	$ 4,043,121	$ 4,776,448
支払利息	1,689,183	1,585,487	1,599,028	1,612,416
配当等可能純利益	$ 3,060,664	$ 4,881,105	$ 2,444,093	$ 3,164,032

③ 当期末と前期末の受注残（$12,061,473，$8,137,961），当期と前期の
平均従業員数（20,542人，16,000人）

④ 期首剰余金$6,648,964.2が期末には$7,348,522.14に増加したこと，
優先株配当金$279,909.00と普通株配当金$1,053,665.60を支払ったこと。

⑤ 連結貸借対照表を構成する項目についての詳細な説明 — 有形固定資産
の増加の要因，減債基金の現状，投資勘定の内容（外国の関係会社やその
他製造会社等の業務と資本の増減，Russian Companyの清算に伴う評価損
の発生等），棚卸資産・売掛金・受取手形等に係る引当金は十分であること，
外国関係会社（ロシア・フランス・オーストラリア）への貸付金，棚卸資産
（受注残の増加による期末在庫の増加）とその評価基準（取得原価以下），「その
他資産」に含まれるパテント・ライセンスへの追加支出額（$26,381.70）と
研究開発費〔金額は示さず〕を費用計上したこと，固定債務の動向等。

次に，貸借対照表の「投資勘定明細表」を添付した。そこには，自己株式
（金庫株，$2,415,050.00），子会社1社と外国関係会社10社の会社名及び当社所
有の株式・社債金額（子会社1社の株式は$1,875,000.00，10社の株式・社債合計は
$11,439,805.41），その他製造会社・輸送会社等の当社所有の株式・社債合計
金額（$8,010,041.86），その他投資先3社名と投資金額（$142,963.27）が前期
比較かつ増減形式で示されている。1910年代におけるこのような詳細な投資

勘定明細表は稀であり，また，投資勘定（＄23,882,860.54）は総資産の27％を占めるだけに極めて有用な資料である。ただし，明示された製造子会社4社と子会社1社及び外国関係会社10社に対する当社の株式持分は不明である。

　続いて，Haskins ＆ Sells の監査証明書が添付された（下線著者）。当社は1905年度から Haskins ＆ Sells の監査を導入している[1]。

New York. May 14, 1913.

To the Board of Directors,
　Westinghouse Electric & Manufacturing Company

　We have made an audit, for the year ended March 31, 1913, of the books and accounts of the Westinghouse Electric & Manufacturing Company, and the following subsidiary companies, viz.: Westinghouse Lamp Company, The Bryant Electric Company, The Perkins Electric Switch Manufacturing Company, R.D. Nuttall Company and Westinghouse Electric & Manufacturing Company of Texas.

　We have verified the Stocks and Bonds owned, the Cash and the Notes Receivable, by count or by proper certificates from the depositaries. The Stocks and Bonds owned are stated at the book value, which is considerably less than the aggregate cost.

　We have examined the Accounts Receivable and in our opinion the reserves created therefor are sufficient to cover probable losses.

　The inventories of Raw Materials and Supplies, Finished Parts and Completed Apparatus, and Work in Progress were accurately and properly taken under our general supervision and valued at cost, and

　We Hereby Certify that, in our opinion, the accompanying Consolidated General Balance Sheet, March 31, 1913, of the Westinghouse Electric & Manufacturing Company and subsidiary companies named above, properly presents the financial condition on that date, that the accompanying statements of Income and Profit and Loss for the year ended March 31, 1913, correctly states the result of operations for that period, and that the books of the companies are in agreement with these statements.

Haskins & Sells,
Certified Public Accountants

Haskins & Sells は，監査した当社と子会社 5 社名〔子会社の製造会社 4 社と Westinghouse Electric & Manufacturing Company of Texas〕を明示し，所有する有価証券と現金ならびに受取手形については実査あるいは預け先からの証明書により検証し，有価証券については帳簿価額で評価されているが額面総額よりかなり低いこと，売掛金についても検証し十分な貸倒引当金が設定されていること，棚卸資産の実地棚卸は同会計事務所の監督の下で正確かつ適切に行われ〔"our general supervision" はおそらく「立会」ではなかろう。701頁〕，それらは原価で評価されていることを指摘している。そして，連結貸借対照表は1913年 3 月31日現在の財政状態を適切に（properly）示していることを，損益及び剰余金計算書は同日をもって終了する期間の経営成績を正確に（correctly）示していることを，また，帳簿はこれらの計算書と一致していることを証明した〔"properly" の使用は珍しい〕。

Westinghouse Electric & Manufacturing Co. と合衆国にある子会社〔会社数は不明〕の「連結総合貸借対照表」（Consolidated General Balance Sheet）は，以下のとおりである〔実際は 1 頁の勘定式であるが報告式で示す〕。

連結総合貸借対照表（1913年 3 月31日）

資　産

有形固定資産：		
工場プラント—建物・不動産・装置等		$ 20,467,224.74
減債基金：5 ％転換社債償還のため		160.20
投資：外国関係会社を含む株式及び社債等		23,882,860.54
流動資産：		
現金	$ 5,259,335.49	
支払利息・配当金用預金	99,606.76	
1913. 1 . 1 返済借入手形用預金	5,500.00	
受取手形	3,796,941.06	
売掛金	8,920,820.19	
対株式引受権者債権	44,788.03	
流動資産合計		18,126,991.53
棚卸資産（委託販売品も含む）		18,510,222.56
その他資産：		
パテント・チャーター・フランチャイズ	$ 6,124,123.92	

前払保険料等	74,071.11	
社債発行費・差金等	813,333.33	
その他資産合計		7,011,528.36
合 計		$ 87,998,987.93

負 債

株式資本金：			
優先株		$ 3,998,700.00	
普通株			
一般株主	$ 35,193,237.50		
金庫株	1,507,050.00	36,700,287.50	
株式資本金合計			$ 40,698,987.50
固定債務：			
転換社債5％1931.1.1償還			
発行済	$ 23,460,000.00		
償還済	3,198,000.00		
現在		$ 19,504,000.00	
当社所有		758,000.00	$ 20,262,000.00
債務証書1913.7.1満期			
発行		$ 1,390,000.00	
当社所有		150,000.00	$ 1,540,000.00
社債―関係会社発行（当社保証）			850,000.00
固定債務合計			$ 22,652,000.00
手形借入金（担保提供）：			
6％1913.6.23満期		$ 2,000,000.00	
6％1913.8.1満期		4,000,000.00	
6％1913.9.27満期		1,500,000.00	
5％1917.10.1満期		2,720,000.00	
手形借入金合計			$ 10,220,000.00
長期支払手形：			
4年5％1913.1.1満期		$ 5,500.00	
5年5％1914.1.1満期		429,500.00	
6年5％1915.1.1満期		425,500.00	
15年5％1924.1.1満期		98,750.00	
長期支払手形合計			959,250.00
不動産購入モーゲージ			483,000.00

シンジケート契約債務		300,000.00
流動負債：		
買掛金	$ 3,361,359.26	
未払利息等	559,752.29	
関係会社株式引受未払金	60,850.00	
未払優先株配当金（1913.4.15）	69,977.25	
未払普通株配当金（1913.4.30）	351,469.00	
未払利息	99,606.76	
流動負債合計		$ 4,503,014.56
引当金（棚卸資産調整，受取債権等）		834,213.73
剰余金		7,348,522.14
合　計		$ 87,998,987.93

　流動資産やその他資産，固定債務，手形借入金，長期支払手形等の説明的表示を含み優秀な貸借対照表である。すでに指摘したように，これらの項目については社長がその内容や前期との増減要因を説明している。

　「連結損益及び剰余金計算書」（Consolidated Statement of Income and Profit and Loss）は，以下のとおりである〔"Surplus"という用語は使用していないが，実質は連結損益及び剰余金計算書である〕。

連結損益及び剰余金計算書（1913年3月31日終了年度）

総売上高		$ 39,977,565.89
売上諸費用：		
製造原価，すべての型・工具に係る支出， 　改良・改善費，棚卸資産調整費， 　販売費，一般管理費，開発費を含む		35,406,293.69
純製造利益		$ 4,571,272.20
その他利益：		
受取利息・割引料	$ 294,887.22	
所有株式に係る配当金・利息	647,908.46	
その他—ロイヤリティ等	53,768.20	996,563.88
総利益		$ 5,567,836.08
控除：		
社債利息	$ 1,103,423.77	

支払手形に係る利息	409,672.34	
長期支払手形に係る利息	99,319.32	
減価償却費	606,128.73	
社債発行費等	90,000.01	
その他	95,259.66	2,403,803.83
配当その他目的に利用可能な純利益		$ 3,164,032.25
損益貸方（Profit and Loss Credits）:		
剰余金—1912年3月31日	$6,648,964.29	
社債償還差益	1,747.40	
有形固定資産評価益	27,220.51	
その他	90,238.97	6,768,171.17
剰余金合計（Gross Surplus）		$ 9,932,203.42
損益借方（Profit and Loss Charges）:		
優先株配当金	$ 279,909.00	
普通株配当金	1,053,665.60	
投資評価損	966,919.56	
その他	283,187.12	2,583,681.28
剰余金（Surplus, 1913.3.31, 貸借対照表）		$ 7,348,522.14

「総売上高」（Gross Earnings）と「売上諸費用」（Cost of Sales）の表示，「純製造利益」（Net Manufacturing Profit）である営業利益の表示，その他利益3項目の営業外収益での表示，3項目の「支払利息」と「減価償却費」及び「社債利息」の営業外費用での処理，当期純利益である「配当その他目的に利用可能な純利益」の明示，特別利益の剰余金への計上，配当金と投資評価損等の剰余金での処分等は，時代をリードする財務ディスクロージャーである。残念ながら，「売上原価」（Cost of Goods Sold）は明示されていない。

翌1913年度報告書は1912年度の構成・内容を踏襲したが，1914年度報告書は「投資勘定明細表」（252頁）を省略した。これはディスクロージャーの後退である。

(2) 1917年度（1918年 3 月期）～1926年度（1927年 3 月期）
—"トップレベル"の財務ディスクロージャー

1918年 3 月31日終了年度（1917年度）の報告書は全11頁であるが，その構成は
1912年度と同じである（ただし，投資勘定明細表は1914年度から削除されたままで
ある）。

取締役会議長 G.E. Tripp は，総売上高（＄95,735,407）には1917年 6 月15日
に統合した Westinghouse Machine Co. の売上高と〔第一次大戦に係る〕軍需品
売上高（＄4,536,000）が含まれているが，通常のビジネスにおいても史上最高
の売上げを達成したこと，1912年度から1917年度まで6 年間比較の要約損益
計算書を添付したこと〔開示項目は1912年度報告書と同一であるが同年度は 4 年間。
252頁〕，期末現在の受注額＄147,857,580のうち＄110,185,007は通常の取引に
係るもので軍需品関係のものではないこと，棚卸資産の帳簿価額を維持するた
めそして研究開発基金創設のために剰余金処分により引当金勘定に繰り入れた
こと〔金額は不明〕，期末現在の剰余金残高は＄26,404,694.73で前年度末より
＄8,299,296.07増加したこと，Russian Rifles や Browning Machine Guns を
製造している New England Westinghouse Co. については，英国政府や米国政
府のキャンセルにより＄5,000,000を超える損失が発生し剰余金で処分したの
で同社に対する投資勘定を評価減したが，同社所有の不動産・建物等の評価額
はこれを上回っていることなどについて 3 頁にわたって株主に伝えた。

続く Haskins & Sells の監査証明書は，以下のとおりである（下線著者）。

New York, May 13, 1918.
To the Board of Directors,
　Westinghouse Electric & Manufacturing Company

　We have made an audit, for the year ended March 31, 1918, of the books and
accounts of the Westinghouse Electric & Manufacturing Company, and the
following proprietary companies, viz.: Westinghouse Lamp Company, Wes-
tinghouse Lamp Corporation, H.W. McCandless & Company, The Bryant
Electric Company, The Perkins Electric Switch Manufacturing Company, R.
D. Nuttall Company, Westinghouse Electric Export Company, Westinghouse

第 7 章　Westinghouse の財務ディスクロージャー　　259

Electric & Manufacturing Company of Texas, Copeman Electric Stove Company, Krantz Manufacturing Company, Inc., and Pittsburgh Meter Company.

We have verified the Stocks and Bonds owned, the Cash and the Notes Receivable, by count or by proper certificates from the depositaries.

The investments in Stocks and Bonds of other Companies are conservatively valued on appraisals made by us from market quotations and financial reports and other available data as to operating results.

We have examined the Accounts Receivable and in our opinion the reserves created therefor are sufficient to cover probable losses.

The inventories of raw materials and supplies, finished parts, completed apparatus, and work in progress of the proprietary companies, and the inventories of raw materials and supplies and finished parts and completed apparatus (the latter aggregating approximately $25,000,000.00), at the works of the Westinghouse Electric & Manufacturing Company were taken under our general supervision and valued at cost or less.

Because of the extensive demands upon the Company for production, it was not considered practicable to close the works and the usual inventories of Work in Progress at the works of the Westinghouse Electric & Manufacturing Company, aggregating approximately $20,000,000.00 in value, were not taken. We have, however, made a careful examination of the book accounts covering this item. The book records under the comprehensive system of accounting installed some years ago have been proven by past experience to be reliable. Based on such examination and past experience and considering the reserves created to provide for possible shortage in such Work in Progress accounts, we believe that the inventory values as a whole are conservatively stated, and

WE HEREBY CERTIFY that, in our opinion, the accompanying Consolidated General Balance Sheet of March 31, 1918, and Consolidated Statement of Income and Profit & Loss for the year so ended are correct ; and we further certify that the books of the Companies are in agreement therewith.

Haskins & Sells
Certified Public Accountants

　1912年度の監査証明書に比し，監査対象会社の子会社が 5 社から11社に増加した。なお，これまでの "subsidiary companies" に代わって，ここでは "proprietary companies" という用語を使用している。その後の1927年度

報告書は "proprietary（wholly owned）companies" と記しているところから，完全子会社のことである。

　所有する有価証券と現金，受取手形については実査または預け先からの証明書で検証した。また，他社の株式及び社債への投資については，時価や財務報告書その他営業成績に関する利用可能なデータによって Haskins & Sells が保守的に評価した。また，売掛金についても検証し貸倒引当金は十分であるとの意見を表明している。棚卸資産のうち，完全子会社の原材料・貯蔵品，完成部品，完成品，仕掛品，それに親会社の Westinghouse Electric & Manufacturing Co. の工場にある原材料・貯蔵品・完成部品・完成品（親会社分は合計約 $25,000,000）については Haskins & Sells の全般的な監督の下で実地棚卸が行われそして原価以下で評価された。

　一方，生産の拡大により工場の操業を停止することは実際的ではないと考え，Westinghouse Electric & Manufacturing Co. の工場の仕掛品約 $20,000,000 分については実地棚卸は行われなかったが，この仕掛品の帳簿を注意深く検証したこと，帳簿記録は数年前から導入している会計システムが有効に機能しているので経験上も信頼できること，このような監査と過去の経験そして仕掛品の減耗に係る引当金（provision for possible shortage）を考慮すると，棚卸資産価値は全体として保守的に評価されていると信じていること。最後に，連結貸借対照表と連結損益及び剰余金計算書は「正確」（correct）であること，そして会社の帳簿と財務諸表は一致していることを証明している。

　Westinghouse Electric & Manufacturing Co. と合衆国にある子会社（ただし，New England Westinghouse Co. は除く）の1917年度連結総合貸借対照表は，その様式及び開示項目とも1912年度と同じである〔連結対象会社数は依然として不明である〕。そして主要な項目については，1912年度報告書と同様に議長がその内容や前期との増減要因を株主に説明している。なお，「パテント・チャーター・フランチャイズ」は1912年度 $6,124,123.92であったが，当年度は $4,992,266.65である〔5年間で $1,131,857.27の償却〕。

　「連結損益及び剰余金計算書」（Consolidated Statement of Income and Profit and Loss）は，次頁のとおりである。

第7章　Westinghouse の財務ディスクロージャー　261

連結損益及び剰余金計算書

総売上高		$95,735,406.75
売上諸費用：		
製造原価（すべての型・工具に係る支出，改良・改善費，有形固定資産減価償却費，棚卸資産調整費，販売費，一般管理費，開発費，税金を含む）		80,225,936.91
純製造利益		$15,509,469.84
その他利益：		
受取利息・割引料	$ 308,834.71	
所有株式に係る配当金・利息	903,559.19	
その他—ロイヤリティ等	112,869.62	1,325,263.52
総利益		$16,834,733.36
控除：		
社債利息	$ 303,916.68	
支払手形に係る利息	1,108,046.38	
その他支払利息	17,089.41	1,429,052.47
配当等可能純利益		$15,405,680.89
剰余金（貸方）		
剰余金—1917年3月31日		18,105,298.66
剰余金合計		$33,510,979.55
剰余金（借方）：		
優先株配当金	$ 299,902.50	
普通株配当金	5,310,945.61	
引当金繰入額	1,360,036.19	
その他（純）	135,400.52	7,106,284.82
剰余金（貸借対照表）		$26,404,694.73

　基本的な様式や開示項目は1912年度と同じである。ただし，1912年度の減価償却費は社債利息や支払利息等と同じ営業外費用に含められ独立して表示されていたが，1917年度では「売上諸費用」（Cost of Sales）に含められている。論理的には正しい表示であるが，金額は消失してしまった。また，1912年度の"Profit and Loss Credits（or Charges）"は"Surplus Credits（or Charges）"と明示された。

このように，1917年度報告書は1912年度報告書に比し，議長の株主報告の簡略化（1頁縮小）や投資勘定明細表の省略（1914年度より）等，会社内容の開示は若干後退した感もあるが，それでも"トップレベル"の財務ディスクロージャーをキープした。

この1917年度報告書の様式及び内容は1926年度まで続く。

(3)　1927年度（1928年3月期）— 連結範囲は不明瞭

1928年3月31日に終了する年度（1927年度）の報告書は全10頁であるが，これまで冒頭に示されていた連結損益及び剰余金計算書の要約（251頁）が省略された。しかし，後に損益及び剰余金計算書が開示されているので財務ディスクロージャーの後退とはいえない。

取締役会議長代理 P.D. Cravath と社長 E.M. Herr は，過去6年間（1922年度〜1927年度）比較の要約損益計算書（「総売上高」「売上諸費用」「純製造利益」「その他利益」「当期総利益」「支払利息等」「配当等可能純利益」の7項目）を示し，1927年度のプラントなどへの支出額は合計 $39,715,000で，「売上諸費用」に含まれている減価償却費よりも少額であったこと，確立されかつ利用されている減価償却率は十分であると信じていること〔減価償却費は明示していない〕，流動資産 $122,005,715は流動負債 $15,063,281の8倍以上であること，必要のなくなった連邦所得税引当金 $3,000,000を取り崩し「パテント・チャーター・フランチャイズ」の償却に充てたこと，従業員貯蓄基金（$3,704,021）やグループ生命保険（$88,366,000），従業員持家制度の実績（合計772棟），従業員数（平均41,787人）と賃金総額（$71,865,944）等について報告した〔これらの社長等報告はこれまでの3頁から2頁弱に縮小された〕。

Westinghouse Electric & Manufacturing Co. と完全子会社（Proprietary Companies）の「連結比較総合貸借対照表」（Consolidated Comparative General Balance Sheet）は，右頁のとおりである。

連結比較総合貸借対照表（1928年3月31日）

資　産

	1928.3.31	1927.3.31
流動資産：		
現金	$ 19,585,023.85	$ 13,477,607.05
コールローン・合衆国有価証券	13,247,687.50	4,006,000.00
社債償還・利息・配当金用預金	139,729.38	2,914,178.38
受取手形及び売掛金（引当金控除後）	27,559,849.13	26,576,200.56
棚卸資産―工場・サービスショップ	45,937,250.12	53,485,395.91
―倉庫・委託品・積送品	15,536,165.44	19,060,554.92
流動資産合計	$ 122,005,705.42	$ 119,519,936.82
投資：		
関係会社株式・貸付金（引当金控除後）	$ 18,443,283.57	17,638,283.57
外国会社の株式・社債	5,364,296.59	5,260,211.85
国内会社の有価証券	5,129,699.25	6,297,401.87
投資合計	$ 28,937,279.41	$ 29,195,897.29
繰延費用：		
前払保険料・税金等	$ 1,626,558.79	$ 1,457,150.16
固定資産：		
工場―土地・建物・装置等（減価償却後）	$ 70,057,005.74	$ 70,948,933.88
パテント・チャーター・フランチャイズ	5.00	4,674,405.37
固定資産合計	$ 70,057,010.74	$ 75,623,339.25
合　計	$ 222,626,554.36	$ 225,796,323.52

負　債

	1928.3.31	1927.3.31
流動負債：		
買掛金	$ 6,165,897.61	$ 6,859,935.64
未払利息・税金・ロイヤリティ等	4,300,058.97	3,143,343.58
未払優先株配当金（4.16予定）	79,974.00	79,974.00
未払普通株配当金（4.30予定）	2,289,080.00	2,289,040.00
前払金	1,692,541.26	990,419.92
有価証券引受未払金	396,000.00	1,776,897.75
未払社債利息等	139,729.38	2,914,178.38
流動負債合計	$ 15,063,281.22	$ 18,053,789.27

固定負債：		
社債5%，1946.9.1償還	$ 30,000,000.00	$ 30,000,000.00
引当金	$ 2,127,924.67	$ 5,077,550.11
株式資本金：		
優先株（79,974株発行済 額面$50）	$ 3,998,700.00	$ 3,998,700.00
普通株（2,290,089株発行済 額面$50）	114,504,450.00	114,504,450.00
株式資本金合計	$118,503,150.00	$118,503,150.00
剰余金	$ 56,932,198.47	$ 54,161,834.14
合 計	$222,626,554.36	$225,796,323.52

このように，貸借対照表は流動性配列法となり，その様式も前期比較形式と
なった。また，これまでの貸借対照表（1912年度と1927年度）と同じように「流
動資産」や「流動負債」という用語の使用とともに，「棚卸資産」と「投資」も
2～3項目明示され，「受取手形及び売掛金」と「関係会社株式・貸付金」に
ついては「引当金控除後」が，また「工場」については「減価償却後」がそれ
ぞれカッコ書きされた〔ただし，両者とも金額は不明である〕。そして，「繰延
費用」も初めて登場し，「パテント・チャーター・フランチャイズ」は$5.00と
備忘価額で評価され水抜きが完了した〔1912年度末$6,124,123.92,
1917年度末$4,992,266.65,　1926年度末$4,674,405.37,　1927年度末$5.00〕。

Westinghouse Electric & Manufacturing Co.と完全子会社の「連結損益
及び剰余金計算書」（Statement of Consolidated Income and Profit & Loss）は，
以下のとおりである。

連結損益及び剰余金計算書（1928年3月31日終了年度）

総売上高		$175,456,815.73
売上諸費用：		
製造原価（有形固定資産減価償却費， 販売費，一般管理費，税金を含む）		161,347,356.69
純製造利益		$ 14,109,459.04
その他利益：		
受取利息・割引料等	$1,684,014.13	
所有株式に係る配当金・利息	1,347,690.80	3,031,704.93

総利益	$ 17,141,163.97
控除：	
支払利息	1,501,991.83
当期純利益	$ 15,639,172.14
優先株及び普通株配当金	9,476,048.00
当期剰余金	$ 6,163,124.14
剰余金（1927年3月31日）	54,161,834.14
剰余金合計	$ 60,324,958.28

調整：		
関係会社への投資調整引当金・		
年金引当金・貸倒引当金の繰入額等		
（投資有価証券売却益等控除後）	$ 1,770,975.54	
パテント・チャーター・		
フランチャイズ償却	4,621,784.27	
合計	$ 6,392,759.81	
控除　納税引当金戻入	3,000,000.00	3,392,759.81
剰余金（1928年3月31日）		$ 56,932,198.47

　1917年度の連結損益及び剰余金計算書に比し，「配当等可能純利益」に代わって「当期純利益」が登場し，優先株及び普通株配当金が剰余金ではなく当期純利益により処分された〔初めてである〕。関係会社への投資調整引当金・年金引当金・貸倒引当金の繰入額とパテント・チャーター・フランチャイズ償却も剰余金で処分された。これらに質的改善が見られる。一方で，これまでの「社債利息」「支払手形に係る利息」「その他支払利息」の3項目の開示が「支払利息」に一本化されてしまった〔総額はほぼ同じ〕。

　Haskins & Sells の監査証明書は，以下のとおりである。

May 7, 1928.

To the Board of Directors,

　Westinghouse Electric & Manufacturing Company, New York

　We have made an audit for the year ended March 31, 1928, of the books and accounts of the Westinghouse Electric & Manufacturing Company and its proprietary companies, viz : Westinghouse Electric International Company,

Westinghouse Lamp Company, The Bryant Electric Company and R.D. Nuttall Company.

We have verified the securities owned and the cash and the notes receivable by count or by certificates from depositaries, and have examined the detailed records of accounts receivable. The investment in securities of other companies is conservatively valued.

We consider the reserves created for notes and accounts receivable sufficient to cover any probable losses therein.

The inventories of raw materials and supplies, finished parts, completed apparatus, and work in progress were taken under our general supervision and are valued at cost or less.

WE HEREBY CERTIFY that in our opinion the accompanying Consolidated Comparative General Balance Sheet at March 31, 1928, and Statement of Consolidated Income and Profit and Loss for the year ended that date, are correct ; and we further certify that the books of the companies are in agreement therewith.

HASKINS & SELLS
Certified Public Accountants

この1927年度監査証明書は，1917年度の監査証明書に比し，監査対象の「完全子会社」(proprietary companies) が1917年度の11社から 4 社へと激減している。また，有価証券，現金，受取手形・売掛金，他の会社への投資等についての監査手続の指摘や貸倒引当金の十分性と棚卸資産の原価以下評価についての意見表明は継続しているが，説明が簡略化されている。

なお，年次報告書の最後の頁には，完全子会社（Proprietary (wholly owned) Companies）として，製造会社 3 社（Westinghouse Lamp Company, The Bryant Electric Company, R.D. Nuttall Company）と海外販売担当の貿易会社（Westinghouse Electric International Company）それに Westinghouse Broadcasting Stations の合計 5 社とその所在地が掲載されている。

(4) 1931年度（第46期）～1933年度（第48期）
― 他社を圧倒する優秀なディスクロージャー

1931年12月31日に終了する年度（「第46期」と表紙に初めて明記）の報告書は，たて28cm（これまでより1cm長くなる）よこ21cmのA4判を1頁とする全23頁から構成された。取締役14名と会社役員21名の紹介に続く取締役会議長 A.W. Robertson と社長 F.A. Merrick は，8頁にわたって以下の事項について株主に報告した。

① Westinghouse Electric & Manufacturing Co. と製造子会社の総売上高は1931年度 $ 115,393,082, 1930年度 $ 180,283,579, 1929年度 $ 216,364,588であった〔大幅な減少である〕。

② Westinghouse Electric & Manufacturing Co. と製造子会社の連結受注額は1931年度 $ 128,014,820で1930年度に比し $ 42,295,4447，24％減少，1929年度に比し46％も減少した。また，1931年度受注残は $ 40,024,390で1930年度とほぼ同じである。

③ 1931年度は純損失（ $ 3,655,659），1930年度は純利益（ $ 11,881,705）。1931年度純損失の主な原因は第4四半期の著しい景気後退にある。純損失には完全子会社（wholly owned companies）のうち非連結子会社の営業損失も含まれている〔連結損益及び剰余金計算書（269頁）〕。

④ 建物・装置等の減価償却費は $ 5,173,914で営業費処理した〔1917年度に消えた減価償却費の指摘が復活した。261頁〕。

⑤ 市場性ある有価証券評価損，パテント訴訟に係る損失，棚卸資産評価損，非連結会社投資評価損等合計 $ 5,671,379.44を剰余金で処理した（269頁）。

⑥ 配当金合計 $ 6,996,548.99を剰余金で処理した〔当期は赤字である〕。

⑦ 経営者が知りえる損失（将来の可能性を含み）はすべて費用または剰余金で処理した〔初めての指摘である〕。

⑧ 連結損益及び剰余金計算書と連結貸借対照表に含まれる会社は，Westinghouse Electric & Manufacturing Co. と子会社5社及び子会社の完全子会社である。子会社5社は，Westinghouse Lamp Co., Westinghouse Electric Elevator Co., The Bryant Electric Co., Westinghouse X-Ray

Co., Inc., Westinghouse Electric International Co. である〔連結子会社数を初めて明示した〕。また，いくつかの子会社は連結対象外であるが，当該会社名を〔本報告書の〕15頁に示している。

⑨ 現金性資産と受取手形及び売掛金については「認められた保守的会計実務」(accepted conservative accounting practices) に従って評価し，考えられる損失に対しては十分な引当金を設定した。完成品と原材料については原価またはそれ以下の基準で評価し，陳腐化及び回転の遅い棚卸資産については適切な引当て (adequate provision) を行った。売上債権の回収は通常どおりである。流動資産は＄100,522,486，流動負債は＄7,368,011，結果として運転資本は＄93,154,475，両者は13.6対1の関係にある。

⑩ 1930年に設立された Westinghouse X-Ray Co., Inc. と1922年に組織された Westinghouse Electric Supply Co.（販売店）についての概況

⑪ 有形固定資産については重要な拡充は行わなかった。

⑫ 研究開発の状況 ― 冷蔵庫の (electric refrigerator) の売上拡大への貢献やエックス線分野 (x-ray field) への参入等。

⑬ 輸出部門の概況，不況下での従業員保護施策，賃金カットの状況，株主数（1931年度末優先株主・普通株主合計53,079人，1930年度末48,454人，1929年度末44,088人）

そして，取締役会議長と社長は「株主，従業員，当社関係者に完全な情報 (complete information) を提供することが経営者の基本方針である」と伝えた。

連結損益及び剰余金計算書は，以下のとおりである。

連結損益及び剰余金計算書（1931年12月31日終了年度）

総売上高	＄115,393,082.44
売上諸費用：	
製造原価（運送費，販売費，	
一般管理費，税金，年金費用，	
建物・装置減価償却費を含む）	119,931,062.54
営業損失（Loss from Sales）	＄ 4,537,980.10

その他費用：		
非連結子会社の営業損失		1,645,381.23
総損失		$　6,183,361.33
控除：		
受取利息・割引料等（純）	$ 1,715,841.52	
投資に係る受取配当金・利息	1,434,310.70	3,150,152.22
1931年度純損失		$　3,033,209.11
外国会社流動資産評価減		622,450.76
為替差損控除後純損失		$　3,655,659.87
剰余金（1931年1月1日）		95,373,912.36
調整前剰余金		$ 91,718,252.49
調整：		
非連結会社への投資評価損等	$ 3,617,373.99	
有価証券評価損	2,054,005.45	5,671,379.44
配当前剰余金		$ 86,046,873.05
配当金：		
優先株	$　209,934.35	
普通株	6,786,614.64	6,996,548.99
剰余金（1931年12月31日）		
—1929年の普通株発行に係る		
プレミアムである資本剰余金		
$ 16,293,860.00 を含む		$ 79,050,324.06

注記—上の計算書に含まれるすべての会社の有形固定資産に係る減価償却費は
　　　$5,173,914である。

　1927年度の連結損益及び剰余金計算書（264頁）に比し様式は変わっていない
が，当期は「営業損失」である。「支払利息」は「受取利息・割引料」と相殺
され消失したが，「非連結子会社の営業損失」や「非連結会社投資評価損等」，
「新株式発行に係る資本剰余金」の明示，減価償却費の注記等は大きな改善
である。そして，「外国会社流動資産評価減」や「為替差損控除後純損失」の
ように時代を反映する新しい勘定科目が登場している。

　Westinghouse Electric & Manufacturing Co. と完全子会社の「連結貸借対
照表」（Consolidated Balance Sheet）は，次頁のとおりである。

連結貸借対照表（1931年12月31日）

（非連結子会社については〔本報告書〕15頁参照）

資　産

	1931.12.31	1930.12.31
流動資産：		
現金	$　20,585,563.75	$　24,081,334.36
合衆国有価証券（市場価額）	1,828,583.75	3,450,275.00
その他市場性ある有価証券（市場価額）	9,734,579.98	5,091,124.72
社債償還及び配当・利息用預金（両建）	—	37,861.50
受取手形及び売掛金（引当金控除後）	28,754,287.78	37,206,125.08
棚卸資産（原価以下評価）	39,619,471.52	45,237,404.78
合計	$100,522,486.78	$115,104,125.44
投資：		
非連結完全子会社	$　10,816,467.48	$　23,707,165.27
関係会社（Associated Companies）	31,863,701.80	31,926,390.02
その他	4,565,157.12	2,048,847.76
合計	$　47,245,326.40	$　57,682,403.05
固定資産：		
工場，サービスショップ，倉庫，		
事務所等の土地・建物・装置等―		
1911年5月31日鑑定評価と		
その後の取得原価を加算	$124,066,029.65	$119,489,351.84
控除　減価償却引当金	50,526,093.48	47,217,223.40
	$　73,539,936.17	$　72,272,128.44
パテント・チャーター・フランチャイズ	7.00	5.00
合計	$　73,539,943.17	$　72,272,133.44
繰延費用	$　　1,512,021.59	$　　1,094,185.17
資産合計	$222,819,777.94	$246,152,847.10

負　債

	1931.12.31	1930.12.31
流動負債：		
買掛金	$　　4,277,266.17	$　　6,216,938.48
未払利息・税金・ロイヤリティ等	1,105,174.81	3,912,719.62
未払優先株配当金	—	99,967.50

第7章　Westinghouse の財務ディスクロージャー　271

未払普通株配当金	―	3,231,755.00
前受金	1,873,650.08	931,772.78
有価証券引受未払金	111,920.00	755,843.75
未払社債利息・配当金（両建）	―	37,861.50
合計	$ 7,368,011.06	$ 15,186,858.63
その他負債	$ 1,000,192.88	―
繰延負債	$ 493,200.84	―
引当金	$ 1,600,299.10	$ 2,276,326.11

株式資本金：

優先株（79,974株発行済，額面 $ 50）	$ 3,998,700.00	$ 3,998,700.00
普通株（2,586,341株発行済，額面 $ 50）　129,317,050.00		129,317,050.00
控除　金庫株160株　　　8,000.00	129,309,050.00	―
合計	$ 133,307,750.00	$ 133,315,750.00
剰余金（1929年の普通株発行に係るプレミアムである資本剰余金 $ 16,293,860.00を含む）	$ 79,050,324.06	$ 95,373,912.36
負債合計	$ 222,819,777.94	$ 246,152,847.10

　前期比較形式の流動性配列法による連結貸借対照表は，基本的には1927年度のそれを踏襲している。しかし，「合衆国有価証券」と「その他市場性ある有価証券」をこれまでの「原価」から「市場価額」で評価したこと，投資勘定において「非連結完全子会社」を初めて明示し，固定資産についても「工場，サービスショップ，倉庫，事務所等の土地・建物・装置等―1911年 5 月31日鑑定評価とその後の取得原価を加算」と経過を説明したこと，「減価償却引当金」を示して間接法表示としたこと，剰余金にも「1929年の普通株発行に係るプレミアムである資本剰余金を含む」と示したこと，繰延費用を資産の最後に表示したこと，「繰延負債」も初めて示したことなどに改善を見ることができる。

　続く Haskins & Sells の監査証明書（1932年 2 月19日付）は，次頁のとおりである。

February 19, 1932.

To the Board of Directors,
  Westinghouse Electric & Manufacturing Company, New York

  We have audited for the year ended December 31, 1931, the books and accounts of the Westinghouse Electric & Manufacturing Company and all its Subsidiaries.

  We have verified the securities owned and the cash and the notes receivable by count or by certificates from the depositaries, and have examined the detailed records of accounts receivable. The reserves created for notes and accounts receivable are considered by us to be sufficient to cover any probable losses therein.

  The inventories of raw materials and supplies, work in progress, finished parts, and completed apparatus were taken under our general supervision, and are valued at cost or less.

  WE HEREBY CERTIFY that in our opinion the accompanying Consolidated General Balance Sheet at December 31, 1931, and statement of Consolidated Income and Surplus for the year ended that date, are correct.

1927年度の監査証明書 (265頁) に比し,「すべての子会社」を監査対象としたことが指摘されたが,当該子会社名は省略された〔年次報告書に連結対象となった5社の子会社名が記載されたからであろう。267頁⑧〕。また,"we further certify that the books of the companies are in agreement therewith." は省略された。適切である。

　加えて,年次報告書には以下のような詳細かつ有用な「内訳表」や「一覧表」が添付された。

　① 非連結完全子会社6社と Westinghouse Electric & Manufacturing Co. の各社への投資額 (合計 $ 13,102,868.71) を示す内訳表

Interborough Improvement Company	$ 1,549,864.71
The Laurentide Mica Company, Limited.	25,000.00
The Turtle Creek & Allegheny River Railroad Co.	68,000.00
Westinghouse Electric Supply Company	11,360,000.00
Westinghouse Inter-Works Railway Company	100,000.00

第 7 章　Westinghouse の財務ディスクロージャー　273

Inactive companies, nominal book values	4.00
	$ 13,102,868.71
控除（上記会社の営業損失と棚卸資産内部利益）	2,286,401.23
純投資額	$ 10,816,467.48

　上の「純投資額＄10,816,467.48」は貸借対照表の非連結完全子会社への投資額である。また，「上記会社の営業損失と棚卸資産内部利益＄2,286,401.23」を控除している旨の指摘も評価される。なお，5社のうちWestinghouse Electric Supply Co. は全米で展開する販売会社であり製造業ではないので連結対象外としたこと，そして同社の1931年12月31日現在の連結貸借対照表（資産8項目負債7項目）を添付した。

②　1912年度から1931年度まで21年間の「売上高」「支払利息」「純利益」「優先株配当金」「普通株配当金」の一覧表

③　1912年度から1931年度まで21年間の優先株及び普通株（額面価格＄50）の1株当たりの配当率と配当金額一覧表

④　1926年度から1931年度まで6年間の製造子会社を含む期末受注残一覧表

⑤　1922年度から1931年度まで10年間の製造子会社を含む期末棚卸資産（原価以下評価）一覧表

⑥　1926年度から1931年度まで6年間の平均従業員数と賃金総額一覧表。例えば1929年度49,985人（＄88,303,365），1930年度43,827人（＄81,921,432），1931年度31,276人（＄55,980,470）〔不況の大きな影響を知ることができる〕。

⑦　1922年度から1931年度まで10年間の優先株・普通株合計株主数一覧表（例えば1931年度末53,079人）

⑧　15工場の所在地と製造製品名等全4頁

このように，Westinghouse Electric & Manufacturing Co. の1931年度報告書は他社を圧倒する優秀なディスクロージャーである。

1932年度（第47期）報告書においては，連結損益及び剰余金計算書も前期比較形式となった〔開示項目は1931年度と同じ〕。

1933年度（第48期）の貸借対照表は，1931年度の様式・内容を踏襲しつつ，「合衆国有価証券」と「その他市場性ある有価証券」についてはこれまでの「市場価額」に代わって「市場価額またはそれ以下（at market or less）」で評価したことを示し，「受取手形及び売掛金」の内訳として「対役員及び従業員＄33,347.85」と「対関係会社＄1,059,430.22」を明示，剰余金も「利益剰余金」（Earned Surplus）と「払込剰余金」（Paid-in Surplus）に区別した。脚注にも非連結子会社を含む受取手形の割引に伴う偶発債務（＄700,594.91）が存在することを記した。財務ディスクロージャーは一段と改善された。

(5) 1934年度（第49期）
—"トップレベル"の財務ディスクロージャーをキープ

1934年12月31日に終了する第49期報告書は，たて28cm よこ21cm の A 4 判を1頁とする全19頁から構成された。取締役会議長と社長は，1931年度とほとんど同じ事項について 6 頁にわたって報告した。

① 1934年度は純利益＄189,562を確保した（1933年度は＄8,636,841の純損失）。これは，減価償却費及びその他引当金繰入額控除後の金額である。1934年度売上高（Nets Sales）は＄92,158,893，1933年度は＄66,431,591で39％の増加である。

② 製造設備等を効率的に維持するために減価償却，陳腐化，除却等に適切に対処することが会社の方針であり，これらに係る費用は1934年度＄5,210,848，1933年度は＄5,081,299である。

③ 連結対象子会社は全部で 5 社である〔267頁⑧と同じ会社〕。すべての子会社は独立監査人の監査を受けている。

そして，取締役会議長と社長は，「この年次報告書は会社の事象に関して完全な情報を株主に提供することを意図している」とも述べている（268頁）。

前期比較形式の連結損益及び剰余金計算書は，1931年度の様式及び開示項目を踏襲した（268頁）。

連結貸借対照表も前期比較形式で，前1933年度の開示項目（274頁）に加えて，流動資産の「棚卸資産」について「引当金控除後（1934年＄5,534,784.81，

第 7 章　Westinghouse の財務ディスクロージャー　275

1933年＄5,347,243.57）」が記載された。

1905年度から継続して監査人であった Haskins & Sells から交代した Main and Company の監査証明書（Audit Certificate）は，以下のとおりである。

To the Board of Directors
Westinghouse Electric & Manufacturing Company, New York

AUDIT CERTIFICATE

February 20, 1935

We made an examination of the consolidated balance sheet of the Westinghouse Electric & Manufacturing Company and its subsidiaries as at December 31, 1934 and of the related statements of income and surplus for the year 1934. In connection therewith, we examined or tested the accounting records of the company and reviewed and made use of the reports prepared by the company's own auditors. In the case of foreign subsidiaries we accepted reports prepared by other accountants or by the companies.

The cash and securities were duly verified.

The receivables, which we did not verify by correspondence with the debtors, are, in our opinion, conservatively stated, in view of the reserves set aside to provide for possible losses in collection.

The inventories, after deducting reserves of $5,534,784.81 for variations and contingencies, are stated at cost or less in accordance with the method consistently followed by the company in previous years. The major part of the inventories was verified at various times during the year by actual inspections under our general supervision.

The investments in wholly-owned and majority-owned companies not consolidated are valued at the company's equity therein or less, as reflected by reports of these companies as at December 31, 1934, except as to one company whose statement of October 31, 1934 was used. The investments in minority-owned associated companies are carried at cost or less.

The company's policy during 1934 with reference to additions to and retirements of its properties, as well as the reserves for depreciation, is, in our opinion, conservative and consistent with previous years.

The ascertainable direct and contingent liabilities are as shown upon the accompanying consolidated balance sheet.

The miscellaneous reserves are in the main set aside for contingencies.

> Foreign current accounts have been converted into dollars at the approximate rates of exchange prevailing at December 31, 1934.
>
> We hereby certify that in our opinion, based upon the examination made, the accompanying consolidated balance sheet of the Westinghouse Electric & Manufacturing Company and the balance sheet of the Westinghouse Electric Supply Company and the related statement of income and surplus for the year 1934 are <u>correctly</u> stated in accordance with accepted principles of accounting consistently maintained by the companies, and fairly present the financial position of the companies as at December 31, 1934 as well as the operating results for the year 1934.
>
>
>
> MAIN AND COMPANT
>
> *Certified Public Accountants*
>
>

　この監査証明書は1935年2月20日に作成されているので最初と最後のパラグラフについては「監査報告書モデル」（240頁）に依拠しつつも，タイトルの「監査証明書」を含み全体的にはこれまでの慣行〔他の監査人も指摘しまた意見表明していた事項〕を踏襲している。ただし，下線部分〔著者〕は“ユニーク”である。

　最初のパラグラフにおける監査対象会社の監査人〔内部監査人〕が作成した報告書も利用した旨の指摘は極めて稀である。また，外国の子会社については他の監査人あるいは当該会社の作成した報告書を受理している。

　現金と有価証券についてはしかるべく（duly）検証し，売掛金については債務者とやり取り（correspondence）はしなかったが，貸倒引当金の設定状況から判断して保守的に表示されていると考えていること，棚卸資産は価格変動や偶発事象に備えて引当金を設定しているが，それを控除した後の金額は原価以下で評価されており，この評価方法は前期以前から会社の採用する方法であること，棚卸資産の主要部分は監査人の監督の下で何度も検査されていること，連結対象となっていない完全子会社と議決権を有する会社への投資については，それらの会社の1934年12月31日現在の報告書に依拠し（ただし，1社については1934年10月31日現在の計算書）当社の持分に応じた価額あるいはそれ以下で評価したこと，少数株主持分を有する関係会社への投資については原価以下で評価

第 7 章　Westinghouse の財務ディスクロージャー　277

したことを指摘した。

　さらに，有形固定資産への資本的支出やその除却，減価償却に対する当社の方針は保守的であり前期以前の方法を継続して適用していること，確認できる負債や偶発債務については連結貸借対照表に表示していること，その他引当金は主に偶発債務のためにあること，外国の流動資産については1934年12月31日現在の為替レートでドルに換算していることも指摘した。

　最後の意見表明も "We hereby certify that in our opinion" とこれまでの用語を使用し，連結対象外とした完全子会社の Westinghouse Electric & Supply Co. （販売会社）の貸借対照表（年次報告書に添付，273頁①）についても意見を表明している。ただし，下線部分の "correctly" はモデル以前の名残で適切ではない。

　1934年度報告書にも以下のような「内訳表」や「一覧表」が添付された。

①　非連結完全子会社17社名と非連結支配従属会社 2 社名。これらの会社の純営業損益は連結損益及び剰余金計算書に含まれており，また，これらの会社の純資産価値は連結貸借対照表の投資金額を下回っていないこと。しかし，1931年度報告書で開示されていた Westinghouse Electric & Manufacturing Co. のこれらの会社への投資額（272頁①）は削除された。この点は，連結貸借対照表の「投資」の内訳（金額）が削除されたという意味で財務ディスクロージャーの後退であるが，「これらの会社の純資産価値は連結貸借対照表の投資金額を下回っていない」との指摘をもって多少 "カバー" されている。

②　1915年度から1934年度まで20年間の売上高・支払利息・純利益・優先株配当金・普通株配当金の一覧表，1923年度から1934年度まで12年間の株主数一覧表，1927年度から1934年度まで 8 年間の平均従業員数と賃金総額一覧表（1929 年度 49,985 人（$ 88,303,365），1930 年度 43,827 人（$ 81,921,432），1931年度31,276人（$ 55,980,470），1932年度23,756人（$ 36,532,031），1933年度29,980人（$ 36,047,031），1934年度35,281人（$ 47,321,400）〔不況から脱出しつつあることがうかがえる〕），1926年度から1934年度まで 9 年間の製造子会社を含む期末受注残一覧表，1927年度から1934年度まで 8 年間の製造子会社を含む期末棚卸資産一覧表，従業員福利厚生施策（グループ保険，

貯蓄基金, 損害補償, 年金, 住宅貸付) の実績一覧, 1929年から6年間の米国国勢調査局 (U.S. Bureau of the Census) による全米の電気製品製造会社78社の受注件数 (1929年を100%とする) と当社の受注件数との比較線グラフ, 当社の6年間の売上高の棒グラフ, 当社の1933年度及び1934年度の月別受注額の線グラフ, 14工場の所在地と製造製品名等。

この1934年度報告書のディスクロージャーも"トップレベル"にある。

なお, 当社の新たな監査人である Main & Company は純大手会計事務所であり, 同じ準大手の F.W. Lafrentz & Co. と合併 Main Lafrentz となり, Main Hurdman を経て Main Hurdman & Cranstoun となる。1979年, オランダとデンマーク, スイス, 西ドイツ, カナダの大手会計事務所が Main Hurdman & Cranstoun に呼びかけ当時の"ビッグ8"に対抗する国際会計事務所 Klynveld Main Goerdeler (KMG) を組織した。そして1987年, 世界ランキング第2位の Peat Marwick International (アメリカでは Peat, Marwick, Mitchell & Co.) と同7位の KMG が合併, 世界最大 (当時) の会計事務所 Klynveld Peat Marwick Goerdeler (KPMG) が誕生するのである[2]。

◆注 ─────────

1　J.E. Condrick, Director of External Financial Reporting, Westinghouse Electric Corp. からの私信 (1983年1月13日付)。

2　拙著『公認会計士─あるプロフェッショナル100年の闘い』文理閣, 1987年, 292-293頁。

第 8 章

1906，07，08年頃の製造会社の
財務ディスクロージャー

　本章は，1906，07，08年頃の International Paper Company, Corn Products Refining Company, American Sugar Refining Company, International Harvester Company, American Smelting and Refining の財務ディスクロージャーと監査について検討する。

1　International Paper Company

　製紙業界最大手の International Paper Company は，1898年1月3日合衆国北東部の18社の合併によりニューヨーク州法人として設立され，その株式は同年8月ニューヨーク証券取引所に上場され以後も活発に収引されていた。

　1906年6月30日に終了する第9期報告書は，たて19 cm よこ15 cm（A5判のたてを2 cm 縮小したサイズ）を1頁とする全12頁で構成され，赤い表紙に金文字で "NINTH ANNUAL REPORT OF THE INTERNATIONAL PAPER COMPANY FOR THE FISCAL YEAR ENDED JUNE 30ᵀᴴ 1906" と印した立派な装丁であった。

　本店等所在地，名義書換機関，取締役と役員，常務委員会と財政委員会のメンバー，法律顧問の紹介（ここまでで5頁）に続いて，H. J. Chisholm 社長は，すべての費用と優先株配当金を控除した後の当期純利益は $ 641,138で，これは前期とほぼ同額であること，全米の紙の消費量は拡大しつつあるが販売価格は

低迷していること，プラントの性能は高い水準で維持されていることを株主に伝えた。

そして，財務部長（Treasurer）は，以下の「貸借対照表」（Balance Sheet）と「利益計算書」（Statement of Earnings）を示した。

貸借対照表（1906年6月30日）

資　産

製造工場	$ 43,291,873.74
森林地	4,126,522.87
有価証券	8,088,426.38
減債基金	308,476.31
パテント	6,000.00
機械装置	33,653.11
現金	1,244,454.80
売掛金及び受取手形	6,169,624.77
棚卸資産及び森林事業に係る貸付金	4,741,253.44
	$ 68,010,285.42

負　債

普通株	$ 17,442,800.00
優先株	22,406,700.00
担保付社債	10,000,000.00
地域向社債	2,811,000.00
転換社債 5 %	5,000,000.00
買掛金及び支払手形	3,405,246.98
未払利息・税金・河川賃借料	283,252.85
剰余金	6,661,285.59
	$ 68,010,285.42

利益計算書（1906年6月30日終了年度）

総売上高（Gross Income）		$ 21,837,815.55
原材料費・製造費・販売費・管理費	$ 18,679,296.31	
税金・保険料・支払利息（純）	1,172,978.28	19,852,274.59
		1,985,540.96

優先株配当金（6％）

1905年 9 月30日支払	336,100.50	
1905年12月30日支払	336,100.50	
1906年 4 月 2 日支払	336,100.50	
1906年 6 月30日支払	336,100.50	1,344,402.00
利益（配当金を含むすべての支出後）		641,138.96
剰余金（1905年 6 月30日）		6,020,146.63
剰余金（1906年 6 月30日）		$ 6,661,285.59

　貸借対照表項目については一切の説明もなく，数値を羅列した簡易なもので ある。利益計算書も「総売上高」と「総費用」，「税金・保険料・支払利息」， それに利益処分としての「配当金」の 4 項目の表示に終わっている。ただし， 総売上高の明示は評価される。

　その後に以下のような監査証明書が添付された。

Corinth, New York, October 24th, 1906

　I have examined the books and accounts of the International Paper Company from which the Treasurer's report contained in the forgoing statements was made up, and I hereby certify that said report and statements correctly show the condition of the International Paper Company, June 30th, 1906.

Benjamin O. Booth, *Acting Auditor*

　私は，International Paper Company の帳簿ならびに計算書を監査した。上の ステートメントに含まれる財務部長の報告はそれらから作成されたものである。 そして，私は，これらの報告書とステートメントは International Paper Company の1906年 6 月30日現在の状況を正確に示していることを証明する。

　この Benjamin O. Booth（監査人代理）は，おそらく社内の監査人と思われ る。

　貸借対照表と利益計算書そして監査証明書による当社の財務ディスクロー ジャーは，1906年当時としては平均を下回るものといえる。

2 Corn Products Refining Company

　Corn Products Refining Company は1906年2月に設立されたが，1907年2月28日に終了する第１期報告書は，たて22cm よこ14cm（ほぼＡ５判）を１頁とするたった２頁であった。社長から株主へのメッセージはなく，以下のような「要約総合貸借対照表」（Condensed General Balance Sheet）と「損益計算書」（Income Account），それに公認会計士による監査証明書のみであった[1]。

要約総合貸借対照表（1907年2月28日）

資　　産

プラント及び有価証券		$77,190,342.03
事務所家具・備品・装置		13,492.46
流動資産：		
現金	$ 575,005.28	
受取手形及び売掛金	2,169,433.34	
商品	1,181,162.28	
前払保険料	23,069.21	3,948,670.11
資産合計		$81,152,504.60

負　　債

株式資本金：		
優先株	$28,293,200.00	
普通株	49,167,600.00	$77,460,800.00
社債（6％）		300,000.00
流動負債：		
買掛金	2,016,518.59	
未払社債利息	5,500.00	
未払配当金（1907.4.10予定）	1,131,652.00	3,153,670.59
引当金：		
納税引当金	16,120.90	
利益共有引当金	100,000.00	
科目調整引当金	80,372.26	196,493.16
剰余金		41,540.85
負債合計		$81,152,504.60

まさに要約された（condensed）貸借対照表である。3項目の引当金の開示は
評価されつつも，1907年当時としては平均を下回るものといえる。

損益計算書（1907年2月28日終了年度）

営業利益		$1,822,824.25
New York Glucose Co. 株式配当金		510,000.00
受取利息		18,444.86
利益合計		2,351,269.11
控除：		
社債利息	$ 18,000.00	
税金	25,013.21	
保険料	46,812.04	
その他費用	7,522.32	
利益共有引当金繰入額	100,000.00	
7％優先株配当金	1,978,296.00	
減価償却費に代替する更新費及び改善費	134,084.69	
控除合計		2,309,728.26
剰余金		$ 41,540.85

営業利益算定プロセスは示されていない。「減価償却費に代替する更新費
及び改善費」（Additions and Betterments charged off in lieu of depreciation），
つまり，更新及び改善に係る支出を費用処理し減価償却費を計上しないことは，
当時の多くの会社が採用していた会計処理方法である。

　損益計算書の下に，以下のようなグループ会社全体の「総合損益計算書」
（General Profit and Loss Account—All Companies）が掲載された〔グループ会社
数は不明〕。

総合損益計算書（1907年2月28日終了年度）

グループ会社営業利益合計		$6,157,742.58
控除：		
社債利息	$ 538,082.27	
利益共有引当金繰入額	375,000.00	

減価償却費に代替する更新費及び改善費	1,306,430.27	
Corn Products Refining Co. 優先株配当金	1,978,296.00	$4,197,808.54
未処分利益（建設・改善・運転資金等のため）		$1,959,934.04
うち Corn Products Refining Co. 持分		$1,802,968.41

「総合損益計算書」の下に添付された公認会計士による監査証明書は，以下のとおりである。

I have made an audit of the books and accounts of the Corn Products Refining Company and its affiliated Companies, for the year ending February 28, 1907 ; and hereby certify that the foregoing Balance Sheet and Income Accounts are in accordance with the books, and are correct.

New York, July 7, 1907

Chas. S. McCulloh,
Certified Public Accountant

　貸借対照表と損益計算書は貧弱であるが，監査証明書を添付した点は1907年当時としては評価される。

　なお，公認会計士 C.S. McCulloh は1881年会計業務を開始，1898年に Haskins & Sells のメンバーとなり，その後パートナー，1917年に独立し，1923年準大手の F.W. Lafrentz & Co. のパートナー，1910年から1926年までニューヨーク州公認会計士審査会や同州公認会計士会会長を務めるなど，アメリカ会計士業界のリーダーの一人である[2]。また，F.W. Lafrentz & Co. は，Main Lafrentz, Main Hurdman を経て KMG (1979年)，そして KPMG (1987年) 形成の母体となった。すでに指摘したとおりである (278頁)。

3　American Sugar Refining Company

American Sugar Refining Company（1891年1月10日，ニュージャージー州で設立）の徹底した秘密主義については74頁で指摘したが，当社の前身の1887年設立の Sugar Refineries Co.（トラストの名称）以来21年間墨守してきた方針を変更し「印刷された報告書」（printed report）を初めて発表したのは1908年1月8日に Jersey City で開かれた株主総会においてであった[3]。

1907年12月4日死去したオーナーの H.O. Havemeyer に代わって W.B. Thomas（社長代理）は，過去における Havemeyer の秘密主義のメリットを評価しながらも，「新しい状況の下で今や大企業として "Publicity" に取り組まなければならない」と述べた。そして，以下のような1907年12月28日に終了する年度の「損益計算書」（Profit and Loss Account）と「貸借対照表」（Balance Sheet）を明らかにした。

損益計算書

1907年12月28日終了年度の純利益	$ 8,749,291
配当金7％（1908年1月2日支払済も含む）	6,299,930
当期剰余金	$ 2,449,361

貸借対照表（1907年12月28日）

資　　産		負　　債	
製糖施設・機械等	$ 48,825,336	優先株資本金	$ 45,000,000
Brooklyn Corp. 資産	5,645,193	普通株資本金	45,000,000
Brooklyn 運輸会社	373,816	買掛金及び支払手形	9,327,269
Brooklyn 蒸留会社	599,436	未払配当金	1,585,418
Insular Improvement Co.	250,000	建設引当金	1,500,000
製糖資材等	1,764,584	火災保険準備金	5,459,908
原材料等	17,532,226	剰余金	25,576,936
現金	5,016,986		
貸付金	17,666,550		
受取手形及び売掛金	5,934,482		

社債及び株式	6,933,870	
投資株式	22,907,052	
	$133,449,531	$133,449,531

　社長代理の主張と裏腹に両計算書とも極めて貧弱である。この時，株主は19,513人もいたのである。

　そして，翌1908年度（1909年１月２日終了年度）の損益計算書と貸借対照表も，前年度の様式と開示項目を踏襲し簡易なものであった[4]。

4 International Harvester Company

(1)　1907年12月期 ― 最高のレベルにある結合財務諸表

　農機具メーカー最大手の International Harvester Company は1902年８月12日ニュージャージー州で創立されたが，同社が年次報告書を最初に公にしたのは1907年12月31日に終了する年度の株主総会（1908年５月15日シカゴで開催）においてである[5]。*The Commercial & Financial Chronicle* が3.5頁にわたって掲載する株主宛報告書（Report To The Stockholders）に見られる特徴は，次のように要約しうる[6]。

① 　まず，C.H. McCormick 社長は，International Harvester Co. とその関係会社ならびに子会社（affiliated and subsidiary companies）の以下の「損益計算書」（Income Account）を示した。これは後に示される５期間比較損益計算書の当期分である。

損益計算書（1907年度）

営業利益（維持・修繕費 $1,973,677.99，試験研究費及びパテント費 $755,419.27控除後）	$11,228,317.87
控除：	
更新費・小額改善費	$　307,821.08

減価償却引当金繰入額	1,000,000.00	
偶発損失引当金及び		
債権回収引当金繰入額	700,000.00	2,007,821.08
		9,220,496.79
支払利息		1,140,039.28
純利益（Net Profit）		$ 8,080,457.51

控除：優先株配当金

No.1	1.75%	1907. 6 . 1	$1,050,000.00	
No.2	1.75%	1907. 9 . 3	1,050,000.00	
No.3	1.75%	1907.12. 2	1,050,000.00	
No.4	1.75%	1908. 3 . 2 （予定）	1,050,000.00	4,200,000.00

未処分利益（undivided profits，剰余金へ）	$ 3,880,457.51

② 次に，「剰余金（1907年12月31日）」（Surplus at December 31, 1907）を開示した。

剰余金

	純利益	配当金	未処分利益
1903年度	$5,641,180.61	$3,600,000.00	$ 2,041,180.61
1904年度	5,658,534.68	4,800,000.00	858,534.68
1905年度	7,479,187.36	4,800,000.00	2,679,187.36
1906年度	7,846,947.32	4,800,000.00	3,046,947.32
			$ 8,625,849.97
控除：債権回収引当金繰入額（1906.12.31）			500,000.00
未処分利益（1906.12.31）			$ 8,125,849.97
加算：1907年度未処分利益			3,880,457.51
未処分利益（1907.12.31）			$12,006,307.48

　1902年10月１日時点（事業開始時）の有形固定資産と棚卸資産の鑑定評価額＄67,076,229.65のうち株式発行価額＄60,000,000を上回る＄7,076,229.65については，〔過去において〕剰余金で償却した〔早期における水抜きである〕。

③ 創立以来５年間の各期のプラント減価償却費及び減耗償却費，期末現在の減価償却及び減耗償却引当金は，次頁のとおりである。

1903年度		$ 408,162.51
1904年度		736,703.04
1905年度		788,639.82
1906年度		1,000,000.00
1907年度		1,000,000.00
		$3,933,505.37
特別更新のための取崩		92,003.26
減価償却及び減耗償却引当金（1907.12.31）		$3,841,502.11

　減価償却は「権威ある機関」（recognized authorities）の定める率に従って行われており〔興味ある稀な指摘である〕，現在の引当金は新たな有形固定資産の買替に十分であること〔保守的処理を強調している。ただし，1906年度と1907年度の減価償却費及び減耗償却費は＄1,000,000.00と"アバウト"の金額である〕。

④　以下のような直近 3 工場別の「修繕・更新・維持費」を示した。

	1905年度	1906年度	1907年度
Harvester 工場	$ 999,878.15	$1,190,939.73	$1,599,116.13
溶鉱炉・鋼鉄工場	210,323.44	240,840.70	231,873.99
その他プラント	87,162.58	102,829.83	142,687.87
	$1,297,364.17	$1,534,610.26	$1,973,677.99

　これらの費用は製造原価（Cost of Manufacturing）へ算入された。なお，特別更新及び若干の改善（special renewals and minor improvements）に係る当年度支出＄307,821.08は，〔製造原価ではなく〕費用処理された〔「結合損益計算書」（293頁）参照〕。

⑤　受取手形及び売掛金に対する貸倒引当金は，過去の経験に基づき算出されている〔ただし，貸倒引当金は貸借対照表には示されていない〕。期末現在の受取手形と売掛金の約半分は，農民発行の手形あるいはエージェントの保証するもので健全な債権（excellent credits）である。新規の顧客に対する信用調査は組織的にかつ注意深く行われている。受取手形及び売掛金の貸倒引当金控除後の残高は，「偶発損失引当金」（＄1,802,878.06）と「債権回収に係る引当金」（＄600,000）の対象でもある。

⑥　機械・建物や棚卸資産等の火災による損失に対処するための保険引当金を設定している〔1907年12月31日現在＄325,231.64〕。

⑦　会社創立時の普通株式（＄120,000,000，うち＄60,000,000が入金，他の＄60,000,000は不動産・プラント・棚卸資産鑑定評価額分）の半分を1907年1月8日時点で優先株に変更，1907年12月31日現在，優先株＄60,000,000（7％累積的，1株＄100），普通株＄60,000,000（1株＄100）である。

　　創立時に引き継いだ不動産とプラントは American Appraisal Co. と American Manufacturers' Co. によって鑑定評価され，また，原材料・仕掛品・製品については Jones, Caesar & Co.〔Price, Waterhouse & Co. アメリカ事務所〕の監督の下で実地棚卸が行われかつ評価された。社債は発行せず，また有形固定資産は担保に供せられていない。

⑧　設備購入のための手形借入金は＄3,450,194.63，このうち1908年12月31日までに＄3,173,398.21が完済される予定である。支払手形残高＄10,465,775の満期日とその金額，買掛金の内容（12月購入分は1月支払予定）と未払優先株配当金（1908年3月2日支払予定）について説明。

⑨　以下の有形固定資産の内訳を添付した。

創立時の有形固定資産（棚卸資産も含む）評価額	＄67,076,229.65
棚卸資産の営業費処理及び設立時の過大評価額償却等	22,881,725.18
創立時の有形固定資産	＄44,194,504.47
新規取得額（1902.10.1～1907.12.31）	18,335,091.50
控除：資産売却等	235,751.85
	＄62,293,844.12
加算：鉱山への追加支出	550,292.36
	＄62,844,136.48

　　さらに，新規取得額（1902.10.1～1907.12.31）の内訳として，当社と子会社及び関係会社8社が取得した主要な有形固定資産の内容とその金額も示している。

⑩　創立時のパテント・商標権等については，株式も発行せず現金も支払わなかったこと〔この指摘は水割り株式の結果として同勘定が発生している他社の現状と当社は異なることを主張しているのである〕，購入したものについて

は費用処理していること。試験研究費についても費用処理しているが，直近 3 年間の試験研究開発費及びパテント取得費は，1905年 $ 732,407.34，1906年 $ 819,649.18，1907年 $ 755,919.27である。

⑪　棚卸資産の実地棚卸は製造シーズン末である 9 月 1 日に注意深く行われ，その評価は原価時価比較低価法による〔1908年当時における棚卸資産評価方法の指摘は評価される〕。また，品質の低下したものについては評価損処理を実施した〔ただし，金額は示していない〕。

⑫　直近 3 年間のグループの従業員数（1907年末28,680人）と支払賃金総額（1907年末 $ 21,763,070.95），従業員株式ボーナスプラン等について説明した〔これらの説明も先進的である〕。

⑬　国内及び国外（カナダ，スウェーデンなど）の製造会社や販売会社の概況

⑭　当社の帳簿・計算書・諸記録は，創立（1902年 8 月12日）以来継続して公認会計士 Haskins & Sells の監査を受けていること。

次に，貸借対照表を掲載した。当時の多くの企業が"Consolidated Balance Sheet"という表題を付けているのに対して，当社は"Combined Balance Sheet"と名付けている。グループ会社間取引や内部利益を控除した本来の連結財務諸表か，それとも単なる結合財務諸表かを明らかにしていない当時の状況において，当社は「結合貸借対照表」であることを明示した。

結合貸借対照表（1907年12月31日）

資　　産

有形固定資産（Property Accounts）：

創立時の評価額と現在までの取得価額	$ 62,293,844.12	
鉱山への追加支出	550,292.36	$ 62,844,136.48

繰延費用：

鉱山のロイヤリティ等		285,287.66

流動資産：

棚卸資産：

完成品・原材料等	$ 35,140,415.69	
追加購入分	15,147,210.08	$ 50,287,625.77

第8章　1906, 07, 08年頃の製造会社の財務ディスクロージャー　291

受取手形及び売掛金：
　農民及びエージェント
　　からの手形　　　$ 26,583,001.10
　売掛金　　　　　　14,511,387.27
　　　　　　　　　　$ 41,094,388.37
　控除：
　　偶発損失引当金　 1,802,878.06　　39,291,510.31
　現金　　　　　　　　　　　　　　 3,573,893.94　　93,153,030.02
　　　　　　　　　　　　　　　　　　　　　　　　　 $ 156,282,454.16

負　　　債

株式資本金：
　優先株　　　　　　$ 60,000,000.00
　普通株　　　　　　$ 60,000,000.00　$ 120,000,000.00
設備購入のための手形借入金　　　　　　　　 3,460,194.63
支払手形　　　　　　　　　　　　　　　　 10,455,775.36
買掛金：
　買掛金・未払利息・未払税金等　$ 4,543,442.94
　未払優先株配当金（1908. 3 . 2予定）　 1,050,000.00　　5,593,442.94
引当金：
　減価償却引当金　　$ 3,841,502.11
　債権回収引当金　　　 600,000.00
　保険引当金　　　　　 325,231.64　　4,766,733.75
剰余金：
　未処分利益（1907年12月31日）　　　　　12,006,307.48
　　　　　　　　　　　　　　　　　　　　　　 $ 156,282,454.16

注記
　・株式資本金のうち$60,000,000.00は入金され運転資金として活用，他の
　　$60,000,000.00は引き継いだ不動産・プラント・棚卸資産のために発行された
　　が，独立鑑定士の評価額はこれ以上の金額である。営業権・パテント・仲介手数
　　料・組織費用に係る株式は発行されていない。
　・剰余金は創立以来の純利益（配当金支払後）の累積額である。

　受取手形及び売掛金は「農民及びエージェントからの手形」と「売掛金」に
区別し貸倒引当金を控除した残高に対して偶発損失引当金を控除しているが，
1907年当時としては斬新である。「減価償却引当金」の明示も評価される。
注記も模範的である。

続いて，以下のような創立以来 5 年間の「結合損益及び剰余金計算書」（Combined Income and Profit and Loss Account）を掲載した。

結合損益及び剰余金計算書

	1903	1904	1905	1906	1907
営業利益	$6,980,296	$7,099,544	$9,208,483	$10,007,987	$11,228,317
控除：					
更新費・小額改善費	—	—	—	—	307,821
減価償却等引当金繰入額	408,162	736,703	788,639	1,000,000	1,000,000
偶発損失引当金繰入額	450,000	350,000	400,000	400,000	600,000
債権回収引当金繰入額	—	—	—	—	100,000
控除合計	858,162	1,086,703	1,188,639	1,400,000	2,007,821
Net Income	6,122,133	6,012,840	8,019,843	8,607,987	9,220,496
支払利息	480,953	354,306	540,655	761,040	1,140,039
Net Profit	5,641,180	5,658,534	7,479,187	7,846,947	8,080,457
配当金	3,600,000	4,800,000	4,800,000	4,800,000	4,200,000
未処分利益	2,041,180	858,534	2,679,187	3,046,947	3,880,457
期首剰余金	—	2,041,180	2,899,715	5,578,902	8,125,849
期末剰余金	2,041,180	2,899,714	5,578,902	8,625,849	12,006,307

"Net Income" と "Net Profit" の相違は不明確である。様式から判断すると，"Net Income" は「支払利息控除前利益」，"Net Profit" は「当期純利益」であろう。なお，1906年度の期末剰余金と1907年度の期首剰余金には $500,000 の差異が見られる。

1907年当時 5 年間比較形式の損益及び剰余金計算書は極めて稀であるが，これは当社がこの 4 年何らの報告書を公表しなかったことへの反省によるのかもしれない。

さらに，直近 3 期間比較形式の「結合損益計算書」（Comparative Combined Statement of Profits）も提示した。

1905年度・1906年度・1907年度結合損益計算書

	1905	1906	1907
売上高	$55,687,978.27	$67,589,056.27	$78,206,890.36

製造費及び運送費	46,784,246.57	57,731,804.80	66,874,279.51
	$ 8,903,731.70	$ 9,857,251.47	$11,332,610.85
加算：その他収益（純）	825,916.73	717,179.50	425,455.92
	$ 9,729,648.43	$10,574,430.97	$11,758,066.77
控除：管理費及び一般費	521,165.37	566,443.13	529,748.90
控除：	$ 9,208,483.06	$10,007,987.84	$11,228,317.87
更新費・小額改善費	—	—	307,821.08
減価償却等引当金繰入額	788,639.82	1,000,000.00	1,000,000.00
偶発損失・債権回収			
引当金繰入額	400,000.00	400,000.00	700,000.00
控除合計	$ 1,188,639.82	$ 1,400,000.00	$ 2,007,821.08
	$ 8,019,843.24	$ 8,607,987.84	$ 9,220,496.79
支払利息	540,655.88	761,040.52	1,140,039.28
純利益（Net Profit）	$ 7,479,187.36	$ 7,846,947.32	$ 8,080,457.51

注記―「製造費及び運送費」のうち「製造費」には，製品を製造するためのコスト（減
　　　価償却費は除く），通常の修繕・維持費，パテント取得費が含まれる。また，
　　　「運送費」は会社負担の発送費や製品を販売するための費用である。

　加えて，売上高については以下のように 3 期間比較形式で主たる製品別そし
て国内及び国外別にその内訳を示している。

	1905年度	1906年度	1907年度
刈取り機・附属装置・ワゴン等			
合衆国	$ 36,193,001.88	$ 42,017,760.73	$ 46,402,585.05
外国	16,914,913.77	20,199,259.71	24,478,544.17
	$ 53,107,915.65	$ 62,217,020.44	$ 70,881,129.22
スチール製品・ファイバー等	2,580,062.62	5,372,035.83	7,325,761.14
売上高合計	$ 55,687,978.27	$ 67,589,056.27	$ 78,206,890.36

International Harvester Co. の1907年度の財務報告は最高のレベルにある。
特に，損益計算書において「売上高」とともに「製造費及び配送費」（Cost of
Manufacturing and Distributing）と「管理費及び一般費」（Administrative and
General Expenses）を区分表示したこと，売上高を主たる製品別かつ国内及び
国外別に明示したこと，創立以来 5 年間の各期のプラント減価償却費・減耗

償却費と直近 3 年間の修繕・更新・維持費を明らかにしたことなどは高く評価される。

(2) 1908年12月期 ― 優秀なディスクロージャーをキープ

1908年度報告書も *The Commercial & Financial Chronicle* 4 頁にわたって掲載された[7]。今年度も詳細な開示である。C.H. McCormick 社長は，株主に以下の事項を報告した。

① 前期と同様，当期の業績と配当金を示す「損益計算書」と「剰余金」を示し，創立時の有形固定資産と棚卸資産の鑑定評価額が株式発行価額を上回る＄7,076,229.65については〔過去において〕剰余金で償却したこと。

② 減価償却及び減耗償却引当金について。プラントと鉱山の減価償却，材木の減耗償却は，権威ある機関等によって定められた率に従って行われており，現在の引当金は新たな有形固定資産の買替に十分であること。そして，以下を示した。

減価償却及び減耗償却引当金（1907.12.31）	＄3,841,502.11
当期繰入額	1,471,203.49
	5,312,705.60
控除：特別更新のための取崩	302,861.60
減価償却及び減耗償却引当金（1908.12.31）	＄5,009,844.00

③ プラントの効率性を最高に維持するために十分な支出が行われ，支出額は製造原価へ算入されたこと，そして，以下のような直近 3 年間の工場別の「修繕・更新・維持費」も前年同様開示した。

	1906年度	1907年度	1908年度
Harvester 工場	＄1,190,939.73	＄1,599,116.13	＄1,445,445.68
溶鉱炉・鋼鉄工場	240,840.70	231,873.99	251,842.32
その他固定資産	102,829.83	142,687.87	142,556.40
	＄1,534,610.26	＄1,973,677.99	＄1,839,844.40

また，特別更新及び若干の改善に係る支出（1907年度＄307,821.08，1908年度＄447,819.47）は，〔製造原価ではなく〕費用処理された。

④　ドックやハーバーなどの特別修理のために特別維持引当金を設定，期末現在＄469,653.14である。

⑤　機械・建物や棚卸資産等の火災による損失に備えるための保険引当金〔＄671,093.23〕を設定している。棚卸資産については1ヵ所＄150,000以内の損失を対象とする。

⑥　債権回収引当金は債務者の倒産に係るものであり，1907年12月31日現在＄600,000，当期繰入額＄100,000，1908年12月31日現在＄700,000である。

⑦　受取手形及び売掛金に対する貸倒引当金は過去の長い経験に基づき算出されているが，貸倒損失をカバーするのに十分であると考えている。1908年12月31日現在の受取手形及び売掛金残高の3分の2は農民発行の手形あるいはエージェントの保証するもので健全である。新規の顧客の財務能力に対しては組織的な調査が注意深く行われている。受取手形及び売掛金の帳簿価額合計＄38,536,059.92は子会社の貸倒引当金＄567,917.09と当期の貸倒引当金見積額＄750,000も控除した後の残高である〔貸倒引当金の金額が指摘された〕。さらに，受取手形及び売掛金については以下の偶発損失引当金が設定されているが，1903年から1906年の回収実績等から判断して同引当金は十分である。

1907年12月31日現在	＄1,802,878.06
当期繰入額	650,000.00
	＄2,452,878.06
控除：1908年度貸倒損失に係る取崩	228,048.15
1908年12月31日現在	＄2,224,829.91

⑧　当社は社債を発行しておらず，その他の固定債務もない。<u>有形固定資産を担保に供する場合は発行済株式総数の3分の2以上の決議を必要とする</u>〔下線部分は稀な指摘である〕。

⑨ 流動負債は，以下のとおりである。

	1907.12.31	1908.12.31
設備購入のための手形借入金―	$ 3,460,194.63	―
支払手形―		
1910～1913満期	$ 7,000,000.00	$ 6,000,000.00
1908.1～1908.2満期	2,272,615.36	680,884.95
海外発行手形	778,560.00	1,605,780.00
不動産購入手形	414,600.00	―
	$ 10,455,775.36	$ 8,286,664.95
買掛金―		
監査済買掛金（1月決済）	$ 4,543,442.94	$ 4,729,387.58
未払優先株配当金（2月支払予定）	1,050,000.00	1,050,000.00
	$ 5,593,442.94	$ 5,779,387.58
流動負債合計	$ 19,509,412.93	$ 14,066,052.53

1908年12月31日現在，負債は流動負債のみである。

⑩ 以下の有形固定資産の内訳を添付した。

創立時の有形固定資産		$ 44,194,504.47
新規取得額（1902.10.1～1908.12.31）		
原材料施設：		
鉄鉱山関係（South Chicago）	$ 5,485,615.07	
材木関係施設（Mississippi 他）	514,579.10	6,000,194.17
製造施設・装置：		
国内	$ 9,254,706.66	
国外（Canada, Sweden, France, Germany）	2,663,651.97	11,918,358.63
エージェンシー倉庫・輸送設備等		867,692.40
鉄道関係		349,186.67
		$ 63,329,936.34
控除：その他資産売却		388,631.85
		$ 62,941,304.49
加算：鉱山の開発前払		739,471.57
1908年12月31日現在		$ 63,680,776.06

さらに，当年度の新規取得額（＄1,021,340.37）と売却額（＄373,880.00），当社と関係会社10社が取得した主要な有形固定資産の内容も紹介している。

⑪ 創立時のパテント・商標権等については株式も発行されず現金も支払われなかったこと，購入したパテント等については費用処理していること。1908年度の試験研究開発及びパテント取得費用は＄743,557.71である。

⑫ 棚卸資産は，実際製造原価または取得原価あるいは1908年12月31日現在の時価で評価され，品質の低下したものについては評価損処理を実施している。完成品は収穫期末に，仕掛品は9月1日に実地棚卸が行われた。

そして，期末現在の棚卸資産の内訳が前期比較形式でHarvester工場やエージェンシー倉庫等4ヵ所別に開示された。例えば，Harvester工場においては以下のごとくである〔詳細なデータである〕。

	1907年度	1908年度
原材料及び資材：		
銑鉄・屑	＄ 529,067.43	＄ 313,028.66
鋼（スチール）	2,040,752.33	1,075,901.71
木材	6,383,786.61	5,567,011.39
綿ズボン等	213,837.49	139,394.78
ファイバー・ストロー等	1,857,089.21	2,312,571.12
パイプ・チューブ・ボルト等	1,591,692.90	1,167,060.70
	＄12,616,225.97	＄10,574,968.36
仕掛品	6,387,030.93	5,176,514.98
完成品	1,984,156.85	2,266,263.84
修繕部品	853,183.55	827,193.78
撚糸	389,428.93	546,135.80
	＄22,230,026.23	＄19,391,076.76
控除：		
実地棚卸後12月31日までに 出荷し販売された製造原価	3,168,802.83	3,103,337.64
	＄19,061,223.40	＄16,287,739.12

⑬　売上高は不況にもかかわらず他の産業に比べその影響をさほど受けなかった。それは，当社のマーケットが世界中に存在していること，多種類の製品を扱っていること，農業への影響が少なかったことによる。国外での売上げは史上最高を記録した。そして，今期も以下を開示した。

	1906年度	1907年度	1908年度
刈取り機・附属装置等			
合衆国	$ 34,516,847.70	$ 35,415,774.98	$ 30,919,177.16
外国	17,974,447.26	21,338,003.86	21,225,716.72
	$ 52,491,294.96	$ 56,753,778.84	$ 52,144,893.88
ワゴン車・エンジン・トラクター等			
合衆国	$ 7,371,107.25	$ 10,772,071.24	$ 10,618,816.87
外国	1,214,238.33	2,017,147.00	2,544,817.81
	$ 8,585,345.58	$ 12,789,218.24	$ 13,163,634.68
その他製品	$ 1,140,379.90	$ 1,338,132.14	$ 1,320,262.80
	$ 62,217,020.44	$ 70,881,129.22	$ 66,628,791.36
スチール製品等	5,372,035.83	7,325,761.14	5,912,979.80
売上高合計	$ 67,589,056.27	$ 78,206,890.36	$ 72,541,771.16

⑭　直近3年間のグループの従業員数(1906年度末26,560人，1907年度末28,680人，1908年度末25,679人)と支払賃金総額（1906年度$ 19,655,123.75，1907年度$ 21,763,070.95，1908年度$ 19,664,494.17）〔不況の影響で従業員は減少〕。

⑮　創立時と1908年12月31日現在の運転資本の比較

創立時：	
株式発行による入金（289頁⑦）	$ 60,000,000.00
流動資産（棚卸資産，その他債権，負債を控除）	15,805,495.53
創立時の運転資産	$ 75,805,495.53
1908年12月31日現在：	
流動資産（流動負債控除後）	79,271,288.64
創立以後の運転資本の増加	$ 3,465,793.11

　農機具の製造準備から完成までは長期を有し，しかも製品の使用期間が限られているので，多額の運転資本を必要とすること。

⑯　年金基金とその実績，1908年9月1日に組織された従業員共済組合（従業員の疾病や事故に対する保証等），労働環境の改善（衛生設備や談話室の設置，医師の常勤等）について説明した〔このような従業員に関する情報も早期における開示である〕。

「結合貸借対照表」（Combined Balance Sheet）は，以下のとおりである。

結合貸借対照表（1908年12月31日）

資　　産

有形固定資産（Property Accounts）：
　土地，建物，鉱山，炭田，森林地

（1907.12.31）		$ 62,293,844.12	
1908年度追加支出		647,460.37	
		$ 62,941,304.49	
鉱山開発支出		739,471.57	$　63,680,776.06
繰延費用：			
鉱山のロイヤリティ等			189,683.08
<u>保険基金資産</u>			400,832.20
流動資産：			
棚卸資産：			
完成品・原材料等		$ 33,854,932.88	
1909年度購入分		13,832,123.38	
		$ 47,687,056.26	
受取手形及び売掛金：			
農民・エージェント			
からの手形	$ 25,471,132.81		
売掛金	13,064,927.11		
	$ 38,536,059.92		
控除：			
偶発損失引当金	2,224,829.91	36,311,230.01	
現金		9,339,054.90	93,337,341.17
			$ 157,608,632.51

負　債

株式資本金：

優先株	$ 60,000,000.00	
普通株	60,000,000.00	$ 120,000,000.00

流動負債：

支払手形	$ 8,286,664.95	
買掛金：		
買掛金・未払利息・未払税金等	$ 4,729,387.58	
未払優先株配当金（1909．3．1予定）	1,050,000.00	14,066,052.53

引当金：

減価償却及び減耗償却引当金	$ 5,009,844.00	
特別維持引当金	469,653.14	
債権回収引当金	700,000.00	
保険引当金	671,093.23	6,850,590.37

剰余金：

未処分利益		16,691,989.61
		$ 157,608,632.51

　前期に比し，下線の項目が新たに登場したが注記（291頁）は削除され， 5 期間の「結合損益及び剰余金計算書」（292頁）も省略された。

　3 期間の「比較結合損益計算書」は，以下のとおりである。

1906年度・1907年度・1908年度結合損益計算書

	1906	1907	1908
売上高	$ 67,589,056.27	$ 78,206,890.36	$ 72,541,771.16
製造費及び運送費	57,731,804.80	66,874,279.51	59,615,222.27
	$ 9,857,251.47	$ 11,332,610.85	$ 12,926,548.89
加算：その他収益（純）	717,179.50	425,455.92	524,598.20
	$ 10,574,430.97	$ 11,758,066.77	$ 13,451,147.09
控除：管理費及び一般費	566,443.13	529,748.90	520,769.41
控除：	$ 10,007,987.84	$ 11,228,317.87	$ 12,930,377.68
保険引当金繰入額	—	—	250,000.00
更新費・小額改善費	—	307,821.08	447,819.47
年金基金繰入額	—	—	250,000.00

減価償却等引当金繰入額	1,000,000.00	1,000,000.00	1,471,203.49
偶発損失・債権回収			
引当金繰入額	400,000.00	700,000.00	750,000.00
控除合計	$ 1,400,000.00	$ 2,007,821.08	$ 3,169,022.96
	$ 8,607,987.84	$ 9,220,496.79	$ 9,761,354.72
支払利息	761,040.52	1,140,039.28	875,672.59
純利益（Net Profit）	$ 7,846,947.32	$ 8,080,457.51	$ 8,885,682.13

注記―「製造費及び運送費」には，製品を製造するためのコスト（減価償却費及び減
　　耗償却費は除く），運送費，関税，製品の販売に係るすべての費用が含まれる。

今期も良好な損益情報の開示である。

そして，Haskins & Sells の監査証明書は，以下のとおりである。

New York, April 7, 1909

The Board of Directors,
International Harvester Company, Chicago, Illinois.

We have made an audit of the books, accounts and records of the International Harvester Company and of affiliated and subsidiary companies for the year ended Dec. 31, 1908.

We have examined the charges to capital accounts, have verified the Cash and other Current Assets at Dec. 31, 1908, including the inventories of Raw Materials and Supplies, Work in Progress, and Finished Product, and have verified the Income and Profit and Loss accounts.

We find that Raw Materials and Supplies in store-rooms and in process of manufacture were priced at cost, except where market values at Dec. 31, 1908 were less than cost, in which cases the inventories were reduced to market values ; that Finished Machines and Attachments were inventoried at cost, Repair Parts at proper percentages of list prices and Twine at a slight reduction from cost to meet market conditions.

The company has pursued a conservative policy in relation to charges to capital accounts. Adequate reserves have been provided for depreciation of fixed assets and for possible losses, and full provision has been made for all known liabilities.

We hereby certify that, in our opinion, the Statement of Combined Assets and Liabilities submitted herewith reflects the true financial condition at Dec.

31, 1908 and that the accompanying Statement of Profits is correct.

HASKINS & SELLS,
Certified Public Accountants.

　Haskins & Sells は，International Harvester Co. と関係会社そして子会社の帳簿，計算書，諸記録等を監査した。資本勘定への計上や1908年12月31日現在の現金と棚卸資産を含む流動資産と損益計算書についても検証した。倉庫にある原材料と貯蔵品と仕掛品については原価で評価した。ただし，原価が期末現在の市場価格を下回っている場合には市場価値まで評価減した。完成品と付属品は原価により，修繕用部品は価格表を基準に適切な価格で，麻ひも（twine）は市場価格よりわずかに低い価格により評価した。会社は資本勘定への計上〔資本的支出〕については保守的な方針を追求しており，固定資産の減価償却と将来の損失に係る引当金は適切であり，すべての知りうる債務についても十分な引当金が設定されている。そして，結合資産負債表は1908年12月31日現在の真の財政状態を反映し，損益計算書は"correct"であると証明した。

　1909年に発行された監査証明書としては平均的であり，ここでも安全性の原則が監査人の判断基準であった。"We hereby certify that, in our opinion, that～"も定型的である。

　このように，International Harvester Co. の1908年度の財務ディスクロージャーも優秀である。

5 American Smelting and Refining Company

　American Smelting and Refining Company は1899年4月4日ニュージャージー州で設立され，その株式は同年4月以来ニューヨーク証券取引所で活発に取引されていた。

　1908年4月30日に終了する第9期報告書は，たて23 cm よこ15 cm（A 5 判のたてを2 cm 長くしたサイズ）を1頁とする実質10頁であった。取締役・役員・

外国会社の代表者・名義書換機関等の紹介に続いて，社長は以下の事項を株主に伝えた。

① 改善及び通常の維持に係る費用（betterments and ordinary repairs）＄933,129.53控除後の当期純利益は＄7,633,286.64である。

② 前期（1907年4月30日終了年度）は従業員利益共有基金に＄540,419.64，新建設・改良工事に＄1,054,996.32，合計＄1,595,415.96を費用計上したが，当期は，前者は0，後者は＄622,096.09である。

③ 配当可能利益額は前期に比し＄2,903,062.69減少した。

④ 不況により多くの企業が困難な状況にあるが，当社には影響なく剰余金は現在＄13,408,218.67である。

⑤ 配当金は優先株2種と普通株2種に対して合計＄7,000,000が支払われた。最終の四半期普通株配当金は1％に下げる予定で，その分を建設・改良工事に充てる計画である。

⑥ 鉛・銅の精錬工場がメキシコで完成し1908年7月から操業を開始した。工場の全建設額は費用計上されたが，これは，過去5年間において当社の採用する新建設に係る統一的な慣行である（The entire cost of the construction of this plant has been charged to Profit and Loss as has been the universal custom of the Company in connection with new construction for the past five years.）。

⑦ 投資の増加はわずかであるが，United States Zinc Company の再建に係るものである。

⑧ 社債の減少は Omaha and Grant Company 発行分である。

これらは，後に続く財務データから読み取れるもの（①～⑤）あるいは内容の説明であるが（⑦と⑧），⑥の新工場の全建設額の費用計上が過去5年間において当社の採用する新建設に係る統一的な慣行であるとの堂々とした主張は，当時の多くの企業の会計実践に裏付けられたものであろう。

「比較資産負債表」（Comparative Statement of Assets and Liabilities）は，次頁のとおりである。

比較資産負債表

資　産

	1908．4．30	1907．4．30	増　減
有形固定資産	$ 86,845,670.51	$ 86,845,670.51	—
投資	3,950,087.54	3,810,595.41	$　139,492.13
金属	17,519,663.83	18,251,586.66	*731,922.83*
原材料	1,380,741.94	1,317,544.33	63,197.61
流動資産	500,526.39	—	500,526.39
現金預金	5,629,034.34	6,706,983.72	*1,077,949.38*
合計	$115,825,724.55	$116,932,380.63	$　1,106,656.08

負　債

	1908．4．30	1907．4．30	増　減
株式資本金	$100,000,000.00	$100,000,000.00	—
社債	349,000.00	457,000.00	$　108,000.00
流動負債	—	439,050.90	*439,050.90*
前受金	2,068,505.88	2,639,301.61	*570,795.73*
剰余金	13,408,218.67	13,397,028.12	11,190.55
合計	$115,825,724.55	$116,932,380.63	$　1,106,656.08

＊　イタリックは減少

　このように，資産負債表は簡略なものであるが，前期比較・増減形式は1908年当時としては評価される。

　「比較損益計算書」（Comparative Statement of Income Account）は，以下のとおりである。

比較損益計算書

	1908．4．30	1907．4．30	増　減
利益（Earnings）	$　9,403,282.07	$13,250,058.27	$ *3,846,776.20*
控除：			
税金・一般費用	836,865.90	763,854.42	73,011.48
修繕費・改良費	933,129.53	976,534.65	*43,405.12*
控除合計	1,769,995.43	1,740,389.07	29,606.36
純利益（Net Earnings）	7,633,286.64	11,509,669.20	*3,876,382.56*

控除：
従業員利益共有基金
繰入額	—	540,419.64	*540,419.64*
合計	7,633,286.64	10,969,249.56	*3,335,962.92*
新建設・改良工事	622,096.09	1,054,996.32	*432,900.23*
純利益（Net Income）	7,011,190.55	9,914,253.24	*2,903,062.69*

控除：

優先株配当金	3,500,000.00	3,500,000.00	—
普通株配当金	3,500,000.00	3,500,000.00	—
配当金合計	7,000,000.00	7,000,000.00	—
当期剰余金	11,190.55	2,914,253.24	*2,903,062.69*
剰余金繰越高	$ 13,397,028.12	$ 10,482,774.88	2,914,253.24
剰余金合計	$ 13,408,218.67	$ 13,397,028.12	$　　11,190.55

＊　イタリックは減少

「利益」算定プロセスは示されていない。それでも，前期比較・増減形式の財務諸表を含み1908年当時としては平均をやや上回るものといえる。

なお，1900年の *Moody's Manual of Securities* や *Moody's 1905* 年度版に掲載されている当社の貸借対照表や損益計算書も第9期とまったく同じフォームからして，当社は創立以来このような年次報告書を発行していたと考えられる。

◆注 ────

1　K. Schlatter, Comptroller, CPC International Inc. からの私信（1982年12月13日付）。

2　F.W. Lafrentz & Co., *A Half Century of Accounting, 1899-1949*, 1949, p.24.

3　*The Commercial & Financial Chronicle*, March 28, 1908, p.793. House of Representatives, *Hearings Held Before The Special Committee on the Investigation of the American Sugar Refining Co., And Others*, Government Printing Office, 1911, Vol. 3, pp.2972-2975.

4　*The Commercial & Financial Chronicle*, March 27, 1909, p.820.

5　Department of Commerce and Labour, Bureau of Corporations, *The International Harvester Co.*, Government Printing Office, 1913, p.190, pp.192-193.

6　*The Commercial & Financial Chronicle*, June 13, 1908, pp.1471-1474.

7　*The Commercial & Financial Chronicle*, April 24, 1909, pp.1067-1070.

第9章
1910年代の製造会社の財務ディスクロージャー

本章は，1910年代における Bethlehem Steel Corporation, Republic Iron & Steel Company, The Procter & Gamble Company, American Sugar Refining Company, American Car & Foundry Company, The American Agricultural Chemical Company の財務ディスクロージャーと監査について検討する。

Bethlehem Steel Corporation

(1) 1911年12月期 〜 1921年12月期 ― 良好，「売上高」は拒否

　Bethlehem Steel Corporation の1911年12月31日に終了する第7期報告書は，たて22.5cmよこ15cm（A5判のたてを約2cm長くしたサイズ）を1頁とする上質の用紙の全23頁で構成されていた。表紙，取締役・役員名，子会社5社（Bethlehem Steel Co., Union Iron Works Co., Harlan & Hollingsworth Corp., Samuel L. Moore & Sons Corp., Bethlehem Iron Mines Co.）と各社の所在地の紹介に6頁を要しているが〔子会社5社の明示は評価される〕，C.M. Schwab 社長は12頁にわたって株主に次頁の事項を伝えた。

① 後に開示された連結損益計算書を以下のように要約した。

連結損益計算書（1911年度）

当社及び子会社の営業からの純利益合計
　（通常かつ特別の維持・修繕費，鉱山の開発・減耗償却費，
　　パテント償却費等約＄2,850,000控除後）　　　　　　　　　　＄4,579,565.16
以下に適用：
　　子会社の社債利息及び借入手形利息　　　＄1,865,586.19
　　減価償却費及び更新費　　　　　　　　　　675,000.00　　　2,540,586.19
　　　　剰余金へ　　　　　　　　　　　　　　　　　　　　　　＄2,038,978.97
　　　　1911年1月1日剰余金　　　　　　　　　　　　　　　　　5,269,687.89
　　　　1911年12月31日剰余金　　　　　　　　　　　　　　　　＄7,308,666.86

② 「純製造利益」「その他利益」「支払利息」「減価償却費及び更新費」「当期
　純利益」「期末剰余金」で構成する3期間（1911，1910，1909年度）比較形式
　の損益計算書を開示した〔様式及び開示項目は後に示す連結損益計算書と同じ
　である。この3期間比較損益計算書は高く評価される〕。

③ 創立以来7年間（1905年度〜1911年度）の「剰余金計算書」（Summary of
　Surplus Account）— 各年度の「営業利益」「支払利息」「減価償却費」「特別
　損失引当金繰入額」「当期純利益」「配当金」「期末剰余金」で構成されて
　いるが，単に各年度の純利益を比較するだけでなく，それがどれほどの
　減価償却費や特別引当金繰入額を計上した後の純利益かを見ることができ
　るので有用な一覧表である。

④ 創立以来7年間合計の「剰余金処分計算書」（Disposition of Undistrib-
　uted Surplus）も添付した〔実質は資金の調達と運用に関する計算書である〕。

剰余金処分計算書

資金の調達

剰余金　　　　　　　　　　　　　　　　＄7,308,666.86
創立時の現金（社債償還のため）　　　　　3,000,000.00
有価証券の発行：
　第1回担保付社債　　　　　＄12,000,000.00

借入手形（1907.7.1)	2,500,000.00	
借入手形 $7,500,000.00		
返済 2,500,000.00	5,000,000.00	
関係会社引受社債	500,000.00	
関係会社発行社債	1,000,000.00	
コマーシャルペーパー 3,420,500.00	24,420,500.00	
有価証券売却収入	606,603.55	
準備金・基金の増加	974,566.17	$36,310,336.58

資金の運用

有形固定資産の増加：		
実際の支出高（控除 売却等）		$27,945,723.63
控除：減価償却引当金等		1,221,211.57
		$26,724,512.06
有価証券の償還：		
社債	$3,000,000.00	
関係会社社債（BI）	1,351,000.00	
第1回担保付社債	1,332,000.00	
借入手形	838,000.00	
関係会社社債（UI）	172,466.66	
減債基金残高		
（管財人へ預託）	117,671.88	6,811,138.54
棚卸資産・売掛金・現金等増加		2,774,685.98 $36,310,336.58

⑤　費用計上した「修繕費」「溶鉱炉更新引当金繰入額」「鉱山・砕石採掘費」
「パテント等償却費」と利益処分とした「減価償却費」〔減価償却費を認識し
つつも利益処分としている〕の5年間（1907年度～1911年度）の一覧表

⑥　棚卸資産内訳表（銑鉄，鉱石，レールなど14項目の期末有高）と評価基準
（取得原価または製造原価以下評価）。在庫には部門間取引による内部利益
（inter-department profit）は含まれていないこと〔この指摘はよい〕。

⑦　資本的支出（Capital Expenditures）──有形固定資産から直接控除してい
た創立以来の減価償却費を減価償却累計額（$2,270,731.81）として表示
し，当期の資本的支出（$2,128,846.48）も連結貸借対照表に表示した。
子会社の Bethlehem Steel Co. を含む17社が当期に取得した機械装置等の
内容について3頁にわたって詳細に紹介した〔これは財務データではない〕。

⑧　創立以来 7 年間の受注額と受注残一覧表〔これもよし〕

年度	受注額	受注残
1905	$ 18,123,129.22	$ 14,466,307.01
1906	16,216,570.47	13,300,885.36
1907	15,615,018.69	8,425,736.88
1908	14,458,997.82	7,592,502.62
1909	28,696,516.96	14,073,834.25
1910	29,580,572.56	17,370,660.17
1911	28,607,561.24	15,885,198.70

⑨　従業員数及び給与・賃金総額

	平均従業員数（国内）	給与・賃金合計（国内）
1910年	11,034人	$ 8,211,838.15
1911年	11,802人	$ 9,218,049.80

　前期比従業員数は 7 ％の増加，給与・賃金は12％の"アップ"である。また，当社は長年にわたって救済慈善協会（Relief and Beneficial Association）にスタッフを派遣し寄付をして同協会を支援していること，その基金で従業員の疾病等に対して補償していること。

　続く Price, Waterhouse & Co. の監査証明書は，以下のとおりである。監査証明書が財務諸表に先立って添付されている点は興味深い。また，1912年 2 月時点においても，タイトルに "Chartered Accountants" を使用している。当時のアメリカにおいては依然として "Certified Public Accountant" よりも通用するということか。

CERTIFICATE OF CHARTERED ACCOUNTANTS

New York, February 27, 1912

To the President and Directors of the Bethlehem Steel Corporation :

　We have examined the books and accounts of the Bethlehem Steel Corporation and its Subsidiary Companies for the year ending December 31, 1911, and certify that the Balance Sheet at that date and the relative Profit and Loss Account are correctly prepared therefrom.

第 9 章　1910年代の製造会社の財務ディスクロージャー　311

During the year only actual additions have been charged to Property Account and sufficient provision has been made for Depreciation and Accruing Renewals and for Exhaustion of Minerals.

The inventories of Stocks on hand, as certified by the responsible officials, have been carefully and accurately valued at or below cost ; full provision has been made for bad and doubtful Accounts and Bills Receivable, and for all ascertainable liabilities : and we have verified the Cash and Securities by actual inspection or certificates from the Depositaries.

The Deferred Charges represent expenditures reasonably and properly carried forward to the operations of subsequent years.

We certify that in our opinion the Balance Sheet is properly drawn up so as to show the true financial position of the Company on December 31, 1911, and that the relative Profit and Loss Account is a fair and correct statement of the Net Profits for the fiscal year ending at that date.

PRICE, WATERHOUSE & CO.

Price, Waterhouse & Co. は，貸借対照表と損益計算書は監査した帳簿及び計算書から正確に作成されていること，実際の資本的支出のみが資産勘定に加算され，減価償却引当金及び更新引当金さらに鉱物の減耗償却引当金は十分であること，棚卸資産の在庫については会社の責任者が証明しているが，それらは注意深くかつ正確に原価またはそれ以下で評価されていること，不良及び回収の疑わしい売掛金及び受取手形に対する引当金とすべての確認された債務に対する引当金は十分であること，現金及び有価証券は実査あるいは預け先からの証明書で検証したこと，繰延費用は当該年度の支出のうち将来年度の営業に係るものが合理的かつ適切に配分されているものであること，と意見表明し，そして，貸借対照表は真の財政状態を示し，損益計算書は当期純利益についての適正かつ正確な計算書であると証明している。

1910年代初頭の平均的な監査証明書であるが，最後の「損益計算書は当期純利益についての適正かつ正確な計算書（a fair and correct statement of the Net Profits）である」という表現は珍しい。

そして，以下のような「連結損益計算書」(Consolidated Profit and Loss Account) と「利益処分計算書」(Disposition of Earnings) を開示した。

連結損益計算書（1911年12月31日終了年度）

純製造利益（Net Manufacturing Profits）			$ 4,392,261.94
その他利益：			
受取利息・配当金		$　51,557.46	
その他利益（賃貸料等）		101,241.87	
社債等の償還に伴う利益		34,503.89	187,303.22
利益合計			$ 4,579,565.16
控除：			
利息・その他費用：			
借入手形等利息		$　210,886.44	
固定債務利息：			
Bethlehem Steel Co.			
社債 6 ％	$ 450,000.00		
社債 5 ％	613,707.92		
手形借入金 6 ％	514,630.50		
Union Iron Works Co.			
社債 5 ％	25,000.00		
社債 6 ％	51,361.33	1,654,699.75	
減価償却費及び更新費		675,000.00	2,540,586.19
当期純利益			$ 2,038,978.97
剰余金（1911年 1 月 1 日）			5,269,687.89
純剰余金			$ 7,308,666.86

利益処分計算書（1911年12月31日終了年度）

純利益（1911年12月31日終了年度）		$ 2,038,978.97
引当金の純増		1,138,184.20
		$ 3,177,163.17
以下のように処分：		
プラント改善等支出高	$ 2,435,388.60	
控除：減価償却等引当金取崩	306,542.12	$ 2,128,846.48

固定債務の減少：

社債償還及び借入手形の返済		1,036,803.48
運転資本（流動資産－流動負債）の純増		11,513.21
		$ 3,177,163.17

　さらに，固定債務明細表（Bethlehem Steel Co. と Union Iron Works Dry Dock Co. 発行の 6 種類の社債及び借入手形の発行価額，利率，償還日・満期日，期末残高 $ 26,291,533.34）も添付した。これは，貸借対照表の固定債務（Funded Debt）の内訳である。

　最後は見開きの Bethlehem Steel Corp. と子会社の「連結貸借対照表」（Consolidated Balance Sheet）である。

連結貸借対照表（1911年12月31日）

資　　産

資本性資産（Capital Assets）：			
有形固定資産			
1911年 1 月 1 日現在		$ 54,305,935.53	
当年度追加支出額		2,128,846.48	
有形固定資産から直接控除していた			
減価償却累計額		2,270,731.81	$ 58,705,513.82
モーゲージ償還のための特別基金			
（管財人へ預託）			251,671.88
流動資産：			
棚卸資産：			
原材料・貯蔵品	$ 3,337,147.07		
完成品・仕掛品			
（前受金控除後）	3,936,727.96	$ 7,273,875.03	
売掛金及び受取手形		5,778,396.03	
その他投資		30,191.45	
利付債のための預金		286,080.00	
現金預金		1,126,390.60	14,494,933.11
繰延費用（社債発行差金等）			1,625,136.35
			$ 75,077,255.16

負　　債

資本性負債（Capital Liabilities）：
　株式資本金
　　優先株（非累積 7 ％, 150,000株,

1 株 $ 100）	$ 15,000,000.00	
控除：会社所有920株	92,000.00	$ 14,908,000.00
普通株（150,000株, 1 株 $ 100）	$ 15,000,000.00	
控除：会社所有1,380株	138,000.00	14,862,000.00
		$ 29,770,000.00
固定債務（明細表参照）		26,291,533.34
		$ 56,061,533.34
流動負債：		
支払手形	$ 3,420,500.00	
買掛金（未払賃金等を含む）	2,987,729.79	
未払社債利息	162,366.31	
利付債務（Coupons Payable）	286,080.00	6,856,676.10
引当金：		
減価償却・鉱物減耗償却引当金	$ 4,151,257.02	
溶鉱炉更新引当金	333,222.96	
偶発債務引当金	365,898.88	4,850,378.86
剰余金		7,308,666.86
		$ 75,077,255.16

　このように，Bethlehem Steel Corp. の財務ディスクロージャーは良好である。連結貸借対照表は，一覧性と説明的表示を加味した模範的なもので，"full publicity" といえる。また，（308-310頁の）②の主要な損益項目の 3 期間比較表，③の創立以来 7 年間の剰余金計算書，⑤の修繕費，溶鉱炉更新引当金繰入額，鉱山・砕石採掘費，パテント等償却費，減価償却費の 5 年間の一覧表，⑥の棚卸資産の在庫分については部門間の取引による内部利益は含まれていないことの指摘，⑧の創立以来 7 年間の受注額と受注残の表示等も高く評価される。しかし，子会社 5 社を指摘しながらも（307頁），「連結対象会社は子会社 5 社」とは明示していない。そして，売上高と売上原価そして販売費・一般管理費の開示は当社においてすら拒否された。

このような1911年度の良好な財務ディスクロージャーは，多少の変動を伴いながらも1921年度報告書まで続く。

Republic Iron & Steel Company

(1) 1912年 6 月期 ～ 1920年12月期 ― 優秀，「売上原価」は明示せず

Republic Iron & Steel Company は1899年 5 月 3 日ニュージャージー州で設立され，1900年 6 月30日に終了する第 1 期の貸借対照表と損益計算書は発表したが，第 2 期から第 5 期までの年次報告書は発表しなかった（88頁）。

1912年度（第13期）報告書は，たて21.5cm よこ16.5cm（A 5 判のよこを約 2 cm 長くしたサイズ）を 1 頁とする全24頁である。まず，「損益及び剰余金計算書」（Income Account and Statement of Surplus）が開示された。

損益及び剰余金計算書（1912年 6 月30日終了年度）

営業利益（プラントの維持・修繕費 $ 1,634,145.84控除後）		$ 2,384,851.67
受取利息・配当金（支払利息控除後）		99,565.57
当期利益合計		$ 2,484,417.24
控除―減価償却費及び更新引当金繰入額	$ 268,440.20	
鉱物減耗償却引当金繰入額	213,730.72	482,170.92
当期純利益		$ 2,002,246.32
控除―社債利息	$ 728,983.85	
優先株配当金（3.5％）	875,000.00	1,603,983.85
当期剰余金		$ 　398,262.47
加算―剰余金（1911年 7 月 1 日）		5,362,445.85
		$ 5,760,708.32
控除―社債発行費用等	$ 170,817.11	
特別減価償却費	250,000.00	420,817.11
剰余金残高（1912年 6 月30日）		$ 5,339,891.21

注記：配当金に適用可能な純利益　$ 1,273,262.47

収益は「営業利益」と「受取利息・配当金」のみの表示である。注記の「配当金に適用可能な純利益＄1,273,262.47」は，「当期純利益＄2,002,246.32」から「社債利息＄728,983.85」を差し引いた残高である。このうち優先株主に対してのみ配当金＄875,000が支払われた。「社債発行費用等」と「特別減価償却費」を剰余金処分としている点は注目される。この損益及び剰余金計算書は当時の平均を多少上回るものである。

　「貸借対照表」（Balance Sheet）は，以下のとおりである。

貸借対照表（1912年 6 月30日）

資　　産

資本性資産（Capital Assets）：		
有形固定資産（1911年 7 月 1 日）		＄64,151,272.82
当年度支出額		1,536,729.29
		＄65,688,002.11
投資：		
子会社（Potter Ore Co.）	＄　　401,000.00	
その他の会社	559,984.02	960,984.02
資本性資産合計		＄66,648,986.13
預託金（社債償還のため）		218,300.02
流動資産：		
棚卸資産（原価以下評価）	＄　6,646,447.69	
前払金（鉱石）	704,383.23	
売掛金及び受取手形		
（回収の疑わしい債権控除後）	5,233,653.65	
現金	2,717,829.80	
流動資産合計		15,302,314.37
繰延費用（ロイヤリティ等）		897,906.15
		＄83,067,506.67

　純流動資産　＄12,650,534.75〔＄15,302,314.37−＄2,651,779.62（流動負債）〕

負　　債

株式資本金：

普通株―273,520株，1株＄100	＄27,352,000.00	
控除―金庫株	161,000.00	＄27,191,000.00
優先株7％累積的		
―250,000株，1株＄100		25,000,000.00
株式資本金合計		＄52,191,000.00

社債担保付5％：

総発行額	＄10,000,000.00	
控除―受託者へ提供	2,216,000.00	
	＄　7,784,000.00	
控除―減債基金	6,206,000.00	
残高		＄　1,578,000.00

社債10-30年5％：

（公認発行額　＄25,000,000.00）			
発行済		＄17,000,000.00	
控除―			
自社社債（担保提供）			
	＄3,583,000.00		
減債基金で購入	684,000.00	4,267,000.00	12,733,000.00

子会社 Potter Ore Co. 社債：

発行額　＄618,000.00	
Tennessee Coal, Iron & Railroad と	
連帯保証（同社分控除）	309,000.00
社債及び借入手形（The Martin Coke 工場）	312,286.80
借入手形（1913年11月24日満期）	3,000,000.00
	＄70,123,286.80

引当金：

鉱物減耗償却引当金	＄　1,608,110.52	
減価償却及び更新引当金	1,787,234.00	
溶鉱炉更新引当金	318,564.16	
火災・事故保険引当金	407,503.94	
偶発債務引当金	82,504.42	4,203,917.04
保証配当金（1912.10.1～1915）		748,632.00

流動負債：

買掛金	$ 1,789,772.03
仮受金	475,801.52
未払税金	199,445.67
未払費用	184,014.65
未請求配当金	2,745.75
流動負債合計	2,651,779.62
剰余金（1912年6月30日）	5,339,891.21
	$ 83,067,506.67

　「子会社への投資」と「その他の会社への投資」の区分表示，棚卸資産の評価方法（原価以下評価）を含む資産項目のカッコ書きでの説明，株式資本金と金庫株，社債と自社社債及び借入手形についての詳細な表示，5項目の「引当金」の明示等は当時としては先進的であり，"ベスト"な貸借対照表といえる。

　Price, Waterhouse & Co. の監査証明書は，以下のとおりである。

PRICE, WATERHOUSE & CO.

Chartered Accountants

54 William Street

New York, August 8, 1912.

To the Directors of THE REPUBLIC IRON & STEEL COMPANY :

　We have examined the books and accounts of the Republic Iron & Steel Company for the year ending June 30, 1912, and find that the Balance Sheet at that date and the relative Income Account are correctly prepared therefrom.

　During the year only actual additions have been charged to Property Account and sufficient provision has been made for Exhaustion of Minerals. The provision for Depreciation made out of earnings when supplemented by the further charge to Surplus, is sufficient for the year.

　The Inventories of Stocks on hand as certified by the responsible officials have been carefully and accurately valued at or below cost ; full provision has been made for bad and doubtful Accounts and Bills Receivable, and for all ascertainable Liabilities ; and we have verified the Cash and Securities by actual inspection or by certificates from the depositories.

　The Deferred Charges represent Expenditures reasonably and properly

> carried forward to the operations of subsequent years.
>
> WE CERTIFY that in our opinion the Balance Sheet is properly drawn up so as to show the true financial position of the Company on June 30, 1912, and that the relative Income Account is a fair and correct statement of the Net Earnings for the fiscal year ending at that date.
>
> PRICE, WATERHOUSE & COMPANY

　Price, Waterhouse & Co. は，Republic Iron & Steel Company の帳簿及び計算書を監査し，貸借対照表と関連する損益計算書はそれらから正確に作成されていると判断した。そして，資本的支出の妥当性と鉱物の減耗に対する十分な引当金が設定されていること，減価償却引当金は通常の費用処理〔損益及び剰余金計算書での減価償却費及び更新引当金繰入額，315頁〕とともに剰余金処分〔特別減価償却費，315頁〕としても繰り入れたので十分であること，棚卸資産の在庫については会社の責任者が証明しているが，それらは注意深くかつ正確に原価またはそれ以下で評価されていること，不良及び回収の疑わしい売掛金と受取手形に対する引当金とすべての確認しうる負債についての引当金も十分であることも認め，現金及び有価証券については実査または預け先からの証明書により検証したと述べた。繰延費用は当該年度の支出のうち将来年度の営業に係るものが合理的かつ適切に配分されているものであること。そして，貸借対照表は1912年 6 月30日現在の財政状態を，損益計算書は同日をもって終了する年度の純利益に関する適正かつ正確なステートメントであると証明している。

　先の PW による Bethlehem Steel Corp. の監査証明書（310頁）とほぼ同じ内容である。そして，ここでも "Chartered Accountants" が使用されている。

　加えて，当社は，以下の情報も開示した。

① 棚卸資産明細表 ― 棚卸資産12項目の 5 年間の有高と評価基準

② 創立以来13年間合計の資金の調達と運用に関する一覧表，5 年間の運転資本（流動資産－流動負債）一覧表

③ 5 年間の要約損益及び剰余金計算書（315頁と同じ様式及び開示項目）

④ 5 年間の売上高一覧表〔これは高く評価される〕

⑤ 5 年間の維持・修繕費，減価償却費・更新費，引当金明細表

⑥　5年間の建設支出額，有形固定資産売却額，減価償却引当金

⑦　9頁にわたる工場別生産状況，埋蔵量，工場所在地，5年間の工場別
　　従業員数と賃金等

　この Republic Iron & Steel Co. の1912年度報告書における財務ディス
クロージャーは当時を代表するものである。しかし，同社においてさえも
「売上原価」は明らかにされなかった〔売上高は④で明示〕。

　このような優秀な財務ディスクロージャーは，〔検討した〕1920年12月31日
終了年度まで続く。

　当社のこの間の1917年度，18年度，19年度，20年度の財務諸表について，Price,
Waterhouse & Co. は，戦時利得税及び法人税に関する法規の解釈については
確定されていないため納税引当金の正確性について検証することができないと
して「限定意見」を表明している。以下は，1919年度の例である（1920年2
月10日付）。

Subject to the correctness of the provision for war profits taxes and income
taxes for the years 1917, 1918 and 1919, which we are unable to verify, owing
to the uncertainties as to the interpretation of the laws, WE CERTIFY that
the balance sheet is, in our opinion, properly drawn up so as to show the true
financial position of the company on December 31, 1919, and that the relative
income account is a fair and correct statement of the net earnings for the year
ending at that date.

---

(2)　1933年12月期 ― 現代的損益計算書

　Republic Iron & Steel Co. は1927年に再編され Republic Steel Corporation
となり，U.S. Steel Corp. と Bethlehem Steel Corp. に次ぐ全米第3位の鉄鋼
メーカーとなった。そして，1933年度報告書の連結損益計算書において営業
損益計算と営業外損益計算を区分し，前者において「売上高」と「現金割引」，

「売上原価」（Manufacturing cost of product sold）」及び「販売費・一般管理費」（Selling, general and administrative expenses）を，後者においてその他収益2項目，その他費用5項目を明示した。現代的連結損益計算書である。以下がそれである。

連結損益計算書（1933年12月31日終了年度）

売上高（顧客への純売上高，グループ会社間の出荷は含まず）		$80,337,224.18
控除：現金割引		530,024.72
純売上高		$79,807,199.46
売上原価（原材料費，労務費，税金，経費，修繕・維持費 $6,225,918.07，遊休プラント費等）		66,573,073.37
総利益		$13,234,126.09
販売費及び一般管理費（製品の販売・営業のための費用，役員・従業員給与，広告費等を含む）		$ 5,876,246.14
営業利益		$ 7,357,879.95
その他収益		
社債償還差益	$ 473,246.48	
投資利益（受取利息・配当金 $257,664.49を含む）	795,462.53	1,268,709.01
		$ 8,626,588.96
控除：		
減価償却費及び減耗償却費	$7,610,502.31	
固定債務・銀行借入金利息等	3,181,038.31	
貸倒引当金及び投資損失引当金繰入額	796,955.09	
預金・債権損失等引当金繰入額	270,022.69	
その他費用	609,156.02	12,467,674.42
営業損失		*$ 3,841,085.46*
子会社優先株配当金		208,167.93
純損失		*$ 4,049,253.39*

（注記）　子会社の Republic Supply Company の計算書は上の損益計算書には含まれていない。同社の1933年度損失に係る当社負担分は $11,706.40である。

注記はニューヨーク証券取引所株式上場委員会の要請（1931年2月20日付）に応えるものである（742頁）。

Price, Waterhouse & Co. に代わる Ernst & Ernst（1929年度に交代）の監査証明書は，以下のとおりである。

CERTIFICATE OF INDEPENDENT AUDITORS

February 16, 1934

Republic Steel Corporation,
Youngstown, Ohio.

Gentlemen : ─

We have examined the general accounts of REPUBLIC STEEL CORPORA-TION and its SUBSIDIARY COMPANIES, as of December 31, 1933, and have made a general review of the operating accounts for the year ended at that date.

We accounted for the recorded cash balances including certificate of deposit, and customers' notes and acceptances were inspected or otherwise verified. Unpaid balances on customers' accounts were listed from the subsidiary ledgers and after review of the receivables with the officials of the Companies, it is our opinion that sufficient reserve has been provided for anticipated losses in realization thereof.

The inventories as stated herein have been certified to by responsible officials of the Companies as to quantities, salability and valuation, the basis of pricing being the lower of cost or market. We made test checks of the prices used and accuracy of mathematical computations.

The cost value of marketable securities owned by a subsidiary exceeded the indicated market value at December 31, 1933, by the amount of $3,287,634.72. This difference compares with an indicated shrinkage of $5,623,288.89 at December 31, 1932.

In accordance with the practice of previous years the accounts of Republic Supply Company, a controlled subsidiary, are not consolidated in the accompanying statements. The investment in this company is shown separately in the balance sheet and information regarding the proportion of current year's loss applicable to this investment is given in the income and expense statement.

Charges to the permanent asset accounts, representing additions for the current year, were supported as to the principal items, by appropriations and other data on file which evidenced the capitalizable nature of the expenditures. A portion of the special reserve for co-ordination of plant facilities was used during the year for adjustments in connection with abandoned plant property and the remaining balance in this reserve is available to a substantial extent for further charges of similar character.

In our opinion, based upon the records examined and information obtained, the accompanying consolidated balance sheet and related statements of income and expense and surplus fairly present, in accordance with accepted principles of accounting consistently maintained by the Companies during the year under review, their consolidated financial position as of the close business December 31, 1933, and the results of their operations for the year then ended.

Very truly yours,

ERNST & ERNST

Certified Public Accountants

タイトルの「独立監査人の証明書」の傍点部分は評価されるが,「証明書」は問題である(748頁)。第1パラグラフと最後のパラグラフは,「監査報告書モデル」に準拠している。

加えて,第3パラグラフにおいて棚卸資産の価格と計算の正確性について試査によりチェックしたこと,第4パラグラフにおいてある子会社の所有する市場性ある有価証券の原価が時価を$3,287,634.72も上回っているが,その評価損は前年の$5,623,288.89よりも縮小していること〔会社の会計処理の妥当性については触れていない〕,第5パラグラフでは注記が示しているように子会社であるRepublic Supply Companyの計算書はこれまでと同様連結損益計算書には含めていないが,同社に対する投資は貸借対照表に表示しかつ損失に対する当社負担分は損益計算書に示していること,第6パラグラフにおいてプラント施設に係る特別引当金の適用について補足説明している(689頁)。

3 The Procter & Gamble Company

(1) 1913年6月期〜1919年6月期 — 1枚の年次報告書

The Procter & Gamble Company は，1890年にパートナーシップから株式会社へと組織変更された。しかしながら，積極的なディスクロージャーは行わなかった模様である。当社がファイルしている最も古い年次報告書は，1913年6月30日終了年度のものである。それは，たった1枚の用紙に以下の事項が記載されていたにすぎない〔入手した325頁の用紙はコピーのため正確な大きさは不明である〕[1]。

　「The Procter & Gamble Company 株主殿

1913年8月15日

　会社に関する情報を求める株主の要求に応えて，我々は，当事業年度の当社及び構成会社の売上高（total volume of business）は $55,913,796.68 であることを報告します。

　引当金繰入額及び減価償却費，損失，広告費，特別準備作業に係るすべての費用控除後の当期純利益は $3,813,111.08 です。

　当社の事業は成長しつつあり，将来の展望も大いに期待できます。

　関心をお持ちの信任された株主（accredited stockholder）が個人的に本社に申し込んでいただければ更なる情報を喜んで提供いたします。　敬具

The Procter & Gamble Co.

社長　Wm. Cooper Procter」

このような1枚の用紙の年次報告書はなんと1919年6月期まで続く。

The Procter & Gamble Co. の1913年6月期報告書

Office of
THE PROCTER & GAMBLE COMPANY.

Cincinnati, Ohio, August 15, 1913.

To the Stockholders of The Procter & Gamble Company:

In recognition of the general desire of our stockholders for information regarding the Company, we would say that during the fiscal year just ended the total volume of business done by this Company and constituent companies amounted to $55,913,796.68.

The net earnings for the year, after all reserves and charges for depreciation, losses, advertising and special introductory work have been deducted, amount to $3,813,111.08.

The business is growing, and the outlook so far as this Company is concerned is satisfactory.

We shall take pleasure in furnishing further information to any accredited stockholder who is interested and who will apply, in person, at the Company's office in Cincinnati.

Yours respectfully,

THE PROCTER & GAMBLE CO.,

Wm. Cooper Procter, President.

(2) **1920年 6 月期 — 超小型判の貸借対照表，損益計算書は開示せず**

　1920年 6 月30日終了年度の報告書は，たて19.5cm よこ10.5cm（A 4 判の約 4 分の 1 の大きさのたてを4.5cm 長くした超小型）を 1 頁とする全 5 頁で，社長から株主への報告 1 頁，貸借対照表 2 頁，役員・取締役の紹介 2 頁で構成されていた。

　社長は，第一次大戦後の原材料価格の再調整が行われていること，当社及び構成会社の総売上高は＄188,800,667.86で，減価償却費，損失，納税引当金繰入額，棚卸資産特別評価損等すべての費用を控除した後の当期純利益は＄4,191,057.27であること，多くの株主の要求に応えて初めて導入した外部監査人の証明済みの連結貸借対照表を開示したことを伝えた。

　The Procter & Gamble Co. とその構成会社の「要約総合貸借対照表」（Condensed General Balance Sheet）は，見開き 2 頁で左頁に資産，右頁に負債を示している〔構成会社数は明示していない〕。

要約総合貸借対照表（1920年 6 月30日）

資　　産

固定資産：		
不動産・建物・機械・装置	＄32,233,660.93	
営業権・パテント・ライセンス等	2,883,055.17	＄　35,116,716.10
流動資産：		
商品・原材料	＄54,718,891.12	
売掛金及び受取手形	7,542,628.25	
投資：		
合衆国及びカナダ政府証券	5,059,953.40	
その他投資	1,455,315.66	
貸付金	5,266,892.00	
現金	3,543,769.79	77,587,450.22
繰延費用		1,551,080.21
		＄114,255,246.53

負　　債

株式資本金：		
普通株	$19,732,111.00	
優先株	12,181,100.00	$ 31,913,211.00
手形借入金（7％）		15,000,000.00
流動負債：		
支払手形	$10,950,000.00	
買掛金（未払利息を含む）	1,424,150.94	12,374,150.94
引当金：		
減価償却引当金	$12,062,129.33	
納税引当金等	2,645,450.53	14,707,579.86
剰余金及び未処分利益		40,260,304.73
		$114,255,246.53

1920年当時の貸借対照表としては平均を下回るものである。

この貸借対照表の脚注部分に Deloitte, Plender, Griffiths & Co. の以下の監査証明書が添付された。

　We have audited the books and accounts of The Procter & Gamble Company and of its Constituent Companies for the year ended June 30th, 1920, and Certify that the above Condensed General Balance Sheet, in our opinion, correctly sets forth the combined financial condition of the Companies as at June 30th, 1920.

Deloitte, Plender, Griffiths & Co.

49 Wall Street, New York City
July 29th, 1920

　要約総合貸借対照表がグループ会社の結合財政状態（combined financial condition）を正確に示していることの監査証明である。貸借対照表に対してのみの監査証明である。

　このように，社長はグループ全体の総売上高と当期純利益については指摘したが，損益計算書は開示しなかった。当社が損益計算書を初めて開示したのは

1929年6月30日に終了する年度の報告書においてである[2]。

なお,当社のパートナーシップから株式会社への組織変更(1890年)は,Deloitte, Dever, Griffiths & Co.の支援により行われた[3]。そして,上で指摘したように1920年6月期からDeloitte, Plender, Griffiths & Co.による財務諸表監査を導入したが,現在の監査人もDeloitte & Toucheである。監査に係る両者の関係は97年間にも及ぶ。

American Sugar Refining Company

(1) 1914年12月期(第24期)— 平均以下の財務諸表

1891年1月に設立されたAmerican Sugar Refining Companyが初めて印刷された報告書(printed report)を発表したのは,1908年1月8日に開催された株主総会であった。そして,そこで発表された損益計算書と貸借対照表は貧弱なものであった(285頁)。

1914年12月31日に終了する第24期報告書は,たて22cmよこ14cm(ほぼA5判)を1頁とする全14頁で,セクレタリー(Secretary)から株主へのメッセージ8頁,連結貸借対照表1頁,連結損益計算書とその下にG.H.Churchによる監査証明書1頁,1912・13・14年度の3期間比較損益計算書1頁,会社組織・取締役の紹介等で構成されていた。

セクレタリーは株主に対して,砂糖を取り巻く世界的な需要と供給,価格の推移,所有する株式の会社名,当期の株式売却益〔損益計算書に表示されている〕,砂糖業界の厳しい競争に対処するためプラントの効率性を重視しその修理・改善に$718,283.54を支出し費用処理したこと,建設・改良に係る支出$707,178.50は資産計上せずにプラント・装置に係る減価償却費と相殺したこと(offset of depreciation of plant and equipment),遊休土地と交換したオフィスビルディングを「投資勘定」に含めていること〔金額は不明〕,152人の退職者に対して年金資産から合計$800,000を支出したこと,ルイジアナ州

との訴訟問題等について説明した。

連結貸借対照表は，資産 8 項目（「有形固定資産（不動産・プラント，鉄道，タンカーなどすべてを含む）」「投資」「棚卸資産」「前払金（保険，税金）」「貸付金」「受取勘定」「未収金」「現金預金」），負債 9 項目（「株式資本金（優先株と普通株）」「その他準備金（火災保険，プラント改良，年金，偶発債務の 4 項目）」「支払手形」「買掛金」「未払配当金」「剰余金」）を開示した。

連結損益計算書は，「営業利益」「前期修正益」「受取利息」「準備金戻入益」「受取配当金」「有価証券売却益」の 6 項目を表示した。売上高や営業費等については明らかにしていない。

1914年当時としては平均をやや下回る財務ディスクロージャーである。

(2) 1920年12月期（第30期）— 全48頁の報告書

創立30周年に当たる1920年度報告書は，これまでと同じほぼＡ 5 判を 1 頁と<u>する全48頁</u>からなる膨大なものである。しかし，このうち24頁は砂糖の全米生産量や国別輸入量，国別の卸売価格，原料価格の推移等を示す「統計資料」と製糖業に関する法案や政府の規制，第一次大戦とストライキが業界に与えた影響等についての説明である。

18頁を占める E.D. Babst 社長の株主宛報告は，当社の全事業（砂糖，シロップ，木材，タンカー，鉄道等）の売上高は＄350,000,000，営業利益（profit of operations）は＄1,802,437 で，売上高 1 ドルについて0.5セントに相当し儲けの薄い事業であること，ボストン精製所の拡張等に＄8,179,926が支出されたこと，プラント改善基金（Improvement of Plants Fund）は＄7,367,514.84であること，剰余金処分として＄10,195,811.98を「その他準備金」に繰り入れた結果その残高は＄33,562,231.70となり，これは，火災，従業員年金，従業員保険，広告，貸倒損失，原料の購入，偶発債務等に充てられること，そして，「投資」勘定に含まれる主な 5 社について，次頁の情報を開示した。

	所有株式数	1株の額面額	額面総額	所有割合
Continental Sugar Co.	93,540	$ 10.00	$ 935,400.00	29 (%)
Great Western Sugar Co.				
普通株	36,496	100.00	⎰3,649,600.00	—
優先株	51,592	100.00	⎱5,159,200.00	31
Iowa Sugar Co.	4,165	100.00	416,500.00	75
Michigan Sugar Co.				
普通株	175,740	10.00	⎰1,757,400.00	—
優先株	204,380	10.00	⎱2,043,800.00	34
Spreckels Sugar Co.	25,000	100.00	2,500,000.00	50

　このように，American Sugar Refining Co. の5社に対する所有割合は50%以上2社，29%以上3社である〔これは有用な情報である〕。

　そして，グループ会社において医療検診を実施していること，労働者災害補償法（Workmen's Compensation Acts）の下で医療保険制度を導入していること（過去7年間の医療費の支払実績。1920年は$ 38,721.39），年金の受給状況（1920年度は年間$ 3,000～$ 5,000受給者4人，$ 1,500～$ 3,000受給者6人，$ 1,000～$ 1,500受給者5人，$ 500～$ 900受給者17人，$ 400～$ 500受給者12人，$ 200～$ 400受給者259人，$ 200以下の受給者24人）とこの制度を採用した1912年度以降の年金支給額（1920年度$ 113,273.39，1919年度$ 120,780.43，1918年度$ 109,910.64，1917年度$ 96,425.24，1916年度$ 83,897.41，1915年度$ 55,266.63，1914年度$ 45,030.03，1913年度$ 37,030.99，1912年度$ 15,783.33，合計$ 677,398.09）を示した。

　また，2年前から実施している団体生命保険についても，以下のデータを開示した。

	従業員数	保険総額	死　者	支給額
1920	9,286（人）	$ 6,158,500.00	62（人）	$　47,100.00
1919	9,464	5,755,600.00	69	55,800.00
				$ 102,900.00

　加えて，すべての従業員に対する株式購入計画とその実績（購入株式数1920年度8,254株，額面合計$ 825,400，1919年度5,823株，額面合計$ 582,300）につい

ても紹介した。

この1920年末の株主は22,311人（前年は20,877人），うち約半数は女性，1人当たりの所有株式数は40株であった。

当社とその構成会社の「要約総合貸借対照表」（Condensed General Balance sheet）は，以下のとおりである〔構成会社数は示していない〕。

要約総合貸借対照表（1920年12月31日）

資　産

土地・プラント・設備等（完全子会社を含む）	\$ 51,322,189.97
製品・原材料・貯蔵品	45,405,154.81
前払保険料・税金	2,339,255.03
売掛金	12,546,855.56
未収利息・未収配当金	784,903.25
貸付金	3,823,910.58
投資	30,283,551.48
合衆国自由公債	14,371,999.45
受取手形	1,897,912.15
現金・預金	8,839,932.49
	\$ 171,615,664.77

負　債

株式資本金：		
優先株	\$ 45,000,000.00	
普通株	45,000,000.00	\$ 90,000,000.00
その他準備金		33,562,231.70
未払利息・税金等		6,839,136.29
支払手形		27,150,000.00
未払配当金		1,598,438.75
剰余金：		
1919年12月31日残高	\$ 23,152,138.41	
控除　剰余金へ（損益計算書参照）	10,686,280.38	12,465,858.03
脚注：割引手形　\$ 2,730,709.80		
		\$ 171,615,664.77

社長報告での「投資」の内訳を除いて，総資産の56％を占める「土地・プラント・設備等」と「製品・原材料・貯蔵品」についての説明はない。1920年当時としては平均を下回る貸借対照表である。なお，割引手形の脚注表示は評価されるが，その金額は負債合計には含まれていないものの合計金額の前に表示されている。

　当社と構成会社の「損益計算書」（Income and Profit and Loss for the Year 1920）は，以下のとおりである。

連結損益計算書

貸　　　方（Credits）：

営業利益	$ 1,802,437.65	
貸付金・預金利息	313,292.49	
投資からの収益	4,289,185.65	
準備金戻入益	2,417,085.56	$ 8,822,001.35

借　　　方（Debits）：

減価償却費・修繕費・改良費	$ 2,000,000.00	
その他準備金繰入額	10,195,811.98	
配当金	7,312,469.75	19,508,281.73
剰余金から控除される残高		$10,686,280.38

　売上高は$350,000,000であることを社長は指摘したが，営業利益算定プロセスは不明である。なお，「減価償却費・修繕費・改良費$2,000,000.00」は，恣意的である。そして，当期は大幅な欠損であるが，会社は，「剰余金から控除される残高」（Balance deducted from Surplus）という。

　連結損益計算書の下に Geo.H. Church と Deloitte, Plender, Griffiths & Co. の共同監査による監査証明書（1921年2月21日付）が添付された。

　We have examined the books and accounts of The American Sugar Refining Company and the statements of the several constituent companies, and verified the cash, the loans and the securities owned. The foregoing Condensed General Balance Sheet and Income and Profits and Loss Statement agree with the said

第9章 1910年代の製造会社の財務ディスクロージャー　333

> *books and accounts. Inventories have been adjusted to cost for undelivered sugar sold and to market prices at end of the year for unsold stock, and we are of the opinion that ample reserves have been made for depreciation and for renewal or replacement of fixed assets and for other purposes, including taxes ; that the value of the investments, as a whole, is conservatively stated and that the foregoing Condensed General Balance Sheet presents the true financial position of the corporation and its constituent companies on December 31, 1920.*
>
> > *GEO. H. CHURCH. C.P.A.,*
> > *DELOITTE, PLENDER, GRIFFITHS & CO.* } *Auditors*
>
> *New York, February 21, 1921*

　両監査人は，The American Sugar Refining Co. の帳簿及び計算書といくつ
かの構成会社のステートメントを監査し〔会社数は示していない〕，また，現金
と貸付金及び有価証券について検証した。要約総合貸借対照表と損益計算書は
それらの帳簿と計算書に一致している。棚卸資産のうち販売されたが未出荷の
ものについては原価に修正し，また，在庫品については期末の価格〔時価〕に
合わせて修正した。固定資産の減価償却や更新，取替のための引当金と納税等
の目的のための引当金は十分であり，棚卸資産の価値は全体として保守的に
評価されている。そして，要約総合貸借対照表は1920年12月31日現在の同社と
その構成会社の真の財政状態を表示していると意見を表明した。

　上の下線部分は興味ある指摘であるが，売上高を取り消し棚卸資産原価に
加算したのかどうかは必ずしも明らかではない。また，"We certify that"
ではなく，"We are of the opinion that" は1920年代初頭としては目新しい。
しかし，損益計算書については「帳簿及び計算書に一致している」(Income and
Profits and Loss Statement agree with the said books and accounts) と指摘して
いるが，「損益計算書は経営成績を正確に示している」(当時) という監査意見
は表明していない。

　さらに，年次報告書は，1913年度から1920年度までの8年間の比較損益計算
書（開示項目は332頁の連結損益計算書と同じ）と比較貸借対照表（開示項目は基本
的には331頁の貸借対照表と同じ）を添付した。8年間の営業利益と純損益の動

き（1920年度は5年ぶりの赤字），総資産の動向（1913年度末＄122,984,785.88，1920年度末＄171,615,664.77）や資産構成の変動〔黒字の年度は投資基金が増加〕等を見るうえで有用である。

この1920年度報告書は財務ディスクロージャーという観点からは平均をやや上回る程度であるが，会社内容の開示という意味では良好である。

そして，当社が「売上高及びその他収益」と「原価及びすべての費用」（Cost and All Expenses）を初めて明示したのは，会社成立後47年を経過した1937年度の以下のような損益計算書においてである。1937年度においても極めて簡易な損益計算書である。

連結損益計算書（1937年度）

売上高及びその他収益		＄113,058,747.47
原価及びすべての費用		107,707,695.65
営業利益		＄ 5,351,051.82
受取利息・受取配当金		1,485,423.26
		＄ 6,836,475.08
減価償却費	＄2,150,000.00	
支払利息・社債利息	43,337.00	
法人税（見積り）	500,000.00	2,693,337.00
純利益（剰余金へ加算）		＄ 4,143,138.08

5 American Car & Foundry Company

(1) 1917年4月期（第18期）～1925年4月期（第26期）
― まさに「純利益とその処分計算書」

1899年2月に設立された American Car & Foundry Company（ニュージャージー州法人）の第1期（1900年4月30日終了年度）株主宛報告書は，当時の平均を

第 9 章　1910年代の製造会社の財務ディスクロージャー　335

上回る財務ディスクロージャーであった（86頁）。

　1917年 4 月30日に終了する第18期報告書は，たて21.5cm よこ14cm（ほぼ A 5 判）を 1 頁とする全 9 頁である。社長は，業績が好調なので貸借対照表で見るように財務状態も満足できコメントをほとんど必要としていないこと，Steel Car の生産設備は当面十分なのでその建設・拡張のための準備金は設定していないこと，棚卸資産の実地棚卸は慣習的な方法に従って行われ，その評価は原価以下で市場価額を超過していないこと，純利益は＄10,310,871.64で，これから優先株配当金（ 7 ％，＄2,100,000）と普通株配当金（6.5%，＄1,950,000）を分配し，さらに分解修理・改良・維持引当金に＄2,500,000，普通株配当準備金に＄2,250,000，従業員労働条件改善引当金に＄500,000を繰り入れ，〔純利益の〕残高＄1,010,871.64を剰余金勘定に振り替えたことなどについて 5 頁にわたって株主に伝えた〔これらの記述は後に添付された「純利益とその処分計算書」から読み取れる〕。

　「総合貸借対照表」（General Balance Sheet）は，以下のとおりである。

総合貸借対照表（1917年 4 月30日）

資　　　産

有形固定資産		＄ 66,782,532.51
1916年 4 月30日原価	＄66,640,421.15	
加算：当期支出額	142,111.36	
流動資産		43,910,122.60
棚卸資産（原価以下評価で市場価額を　　超過していない）	＄19,211,220.83	
売掛金及び受取手形	17,713,438.35	
他社株式・社債（原価以下評価）	968,243.83	
現金預金	6,017,219.59	
		＄110,692,655.11

負　　　債

優先株資本金	＄ 30,000,000.00
普通株資本金	30,000,000.00
流動負債	17,350,941.47

未払勘定：

税金，支払手形，給料		
（1917.5.10支払済）	$ 16,225,941.47	
未払優先株配当金(1917.7.2支払予定)	525,000.00	
未払普通株配当金(1917.7.2支払予定)	600,000.00	
引当金		6,520,748.46
保険引当金	$ 1,000,000.00	
分解修理・改良・維持引当金	2,620,748.46	
普通株配当準備金	2,400,000.00	
従業員労働条件改善引当金	500,000.00	
剰余金		26,820,965.18
		$ 110,692,655.11

　平均的な貸借対照表である。上で見るように，配当金は次期以降に支払うものであっても当期中に係るものは剰余金で処分し未払金として計上している〔多くの会社も同様な処理である〕。

　「純利益とその処分計算書」（Statement of Net Earning and Disposition of Same）は，以下のとおりである。

純利益とその処分計算書

すべての源泉からの利益（修繕・更新費等控除前）		$ 17,522,908.92
控除：修繕・更新・取替費，新型・鋳型等費用，		
特別軍需品生産設備等取得原価		7,212,037.28
純利益		$ 10,310,871.64
控除：配当金		
優先株配当金7％	$ 2,100,000.00	
普通株配当金6.5％	1,950,000.00	
分解修理・改良・維持引当金繰入額	2,500,000.00	
普通株配当準備金繰入額		
（8％の配当金$2,400,000のため）	2,250,000.00	
従業員労働条件改善引当金繰入額	500,000.00	9,300,000.00
当期剰余金		$ 1,010,871.64
前期繰越剰余金		25,810,093.54
剰余金（1917年4月30日）		$ 26,820,965.18

「すべての源泉からの利益」が算出されるまでのプロセスは不明である。いわば総利益から総費用を控除して「純利益」を算出している〔総費用には「特別軍需品生産設備等取得原価」も含まれている〕。経営者もこのことを承知しているらしく，この計算書を"Profit & Loss Statement"や"Income Statement"とは呼ばず，"Statement of Net Earning and Disposition of Same"と名付けている。まさに，純利益の表示とその処分に関する計算書である。

続いて，「運転資本計算書」（Statement of Working Capital）が添付された。

運転資本計算書

運転資本（1916年 4 月30日）	$ 19,027,561.03
加算　1917年 4 月30日終了年度の剰余金	1,010,871.64
純運転資本（1917年 4 月30日，引当金を除く）	$ 20,038,432.67

運転資本計算書の下に掲載された監査証明書は，以下のとおりである。

W.H. Woodin, Esq., President American Car and Foundry Co., New York

Dear Sir—We have made an audit of the books and accounts of the American Car and Foundry Company for the fiscal year ending April 30th, 1917, and in accordance therewith, we certify that, in our opinion, the foregoing statements of Income and the General Balance Sheet are true exhibits of the results of the operation of the Company for said period, and of its condition as of April 30th, 1917.

The Audit Company of New York,
June 21st, 1917.

The Audit Company of New York は，"Statement of Net Earning and Disposition of Same"を"statements of Income"と呼んでいるが，これと貸借対照表は当社の経営成績とその状況を正しく表示していると証明している。

この程度でも，当社の財務ディスクロージャーは当時の平均をやや上回るものといえる。

このような構成・内容の報告書は1925年4月期（第26期）まで続く。

なお，当社は，第1期（1900年6月30日終了年度）から第32期（1931年4月期）まで The Audit Co. of New York の監査を継続した[4]。

(2) 1935年12月期（第36期）— 2項目のみの損益計算書

1935年4月30日に終了する第36期報告書（1頁の大きさは上の第18期と同じで全10頁）の「連結貸借対照表」（Consolidated Balance Sheet）は，以下のとおりである。

連結貸借対照表（1935年4月30日）

資　産

有形固定資産		$72,962,584.57
流動資産		18,660,830.02
現金・預金	$5,473,060.46	
合衆国有価証券		
（原価，市場価額 $3,464,732.26）	3,408,509.41	
売掛金（貸倒引当金控除後）	1,669,785.52	
*受取手形（貸倒引当金控除後）	3,141,309.04	
原材料（原価以下評価，		
市場価額を超過していない）	3,628,058.18	
市場性ある有価証券（原価以下評価，		
市場価額 $1,403,687.13）	1,340,107.41	
前払税金・保険料等		108,233.38
その他有価証券（引当金控除後）		11,126.94
関係会社有価証券（引当金控除後）		215,418.50
関係会社受取手形及び売掛金（引当金控除後）		2,698,472.45
金庫株（原価）優先株10,550株，普通株600株		533,399.75
		$95,190,065.61

＊1年後満期となる受取手形 $1,799,329.34

負　　債

株式資本金		
優先株（授権株式数及び発行済株式数		
300,000株，額面1株＄100.00）		＄30,000,000.00
普通株（授権株式数及び発行済株式数		
600,000株，無額面）		30,000,000.00
流動負債		899,739.94
買掛金，未払税金，未払賃金等	＄　899,739.94	
引当金		9,739,768.90
保険引当金	＄1,500,000.00	
減価償却引当金及び分解修理・維持引当金	3,975,466.44	
普通株配当準備金	2,983,494.74	
偶発債務引当金	1,218,599.26	
従業員労働条件改善引当金	62,208.46	
利益剰余金（Earned Surplus Account）		24,550,556.77
		＄95,190,065.61

注記：Hall-Scott Motor Car Company の銀行借入金に対する保証債務＄425,000
　　　がある。

総資産の77％を占める有形固定資産の内容は不明である。

18年前の貸借対照表（335頁）に比べ，流動資産の「売掛金及び受取手形」が
「売掛金」「受取手形」「関係会社受取手形及び売掛金」の3項目に，「他社
株式・社債」が「合衆国有価証券」「市場性ある有価証券」「その他有価証券」
「関係会社有価証券」の4項目に分解表示され，そして，それぞれの項目の
カッコ書に「原価，市場価額」または「原価以下評価，市場価額を超過して
いない」，「貸倒引当金控除後」あるいは「引当金控除後」が付記された。
また，「金庫株（原価）優先株10,550株，普通株600株」と「利益剰余金」も
明示され，長期の受取手形も注記（＊）された。連邦有価証券二法成立後という
時代の要請であろう。

「連結純損失計算書」（Statement of Consolidated Net Loss）は，次頁のとお
りである。

連結純損失計算書

1935年4月30日に終了する第36期事業年度に係るすべての 　源泉からの利益（減価償却費，修繕・更新費等控除前）	\$　604,915.72
減価償却費，修繕・更新・取替費，新型・鋳型費等	2,573,429.69
当期損失	\$1,968,513.97

　そして，「連結利益剰余金計算書」(Statement of Consolidated Earned Surplus)
は，以下のとおりである。

連結利益剰余金計算書

連結利益剰余金（1934年4月30日）	\$26,519,070.74
控除：当期損失	1,968,513.97
連結利益剰余金（1935年4月30日）	\$24,550,556.77

　1935年4月期の連結純損失計算書も，1917年度と同様，「すべての源泉からの
利益」と「減価償却費，更新・取替・修繕費，新型・鋳型費等」の2項目のみ
の表示であった。
　連結利益剰余金計算書の下に掲載された監査証明書は，以下のとおりである。

Charles J. Hardy, Esq., President
American Car and Foundry Co., New York

　Dear Sir : —We have made an audit of the books and accounts of the
American Car and Foundry Company and wholly-owned subsidiaries for the
fiscal year ended April 30, 1935, and in accordance therewith, we certify that,
in our opinion, the foregoing Consolidated Statements of Income and Earned
Surplus and the Consolidated Balance Sheet are true exhibits of the results
from operations for said period, and of their condition as of April 30, 1935.

Very truly yours,

New York, June 19, 1935　　　　　　　　　　Ernest W. Bell and Company.

第9章　1910年代の製造会社の財務ディスクロージャー　341

　このように，監査人は代わったが，監査証明書の内容はほとんど同じである（337頁）。そして，すでに「監査報告書モデル」（748頁）は公表されてはいたが，ここでは依然として"we certify that, in our opinion"と"true exhibits"が使用されている。遅れている監査人である。

　そして，当社が「売上高」と「売上原価・販売費・一般管理費」「更新費・取替費・修繕費，新型・鋳型費等」「減価償却費」を示す以下のような連結損益計算書と連結利益剰余金計算書を開示したのは，創立40年目の1939年4月期報告書においてである。しかし，ここでも「売上原価」と「販売費及び一般管理費」の区分は見られなかった。

連結損益計算書

売上高（割引・値引控除後）		$ 23,853,517.17
売上原価・販売費・一般管理費・所得税		
（子会社分 $ 123,043.58）		23,453,876.53
		$　　399,640.64
更新費・取替費・修繕費，新型・鋳型等	$ 1,036,573.03	
減価償却費	1,597,318.86	2,633,891.89
営業損失		$ 2,234,251.25
その他利益：		
配当金	$　　11,635.90	
利息	594,715.54	
ロイヤリティ	81,953.66	
その他	27,981.46	716,286.56
		$ 1,517,964.69
その他費用：		
利息	$　　18,313.76	
ロイヤリティ	81,214.66	
その他	45,199.29	144,727.71
当期損失		$ 1,662,692.40

連結利益剰余金計算書

連結利益剰余金（1938年 4 月30日）	＄24,050,700.04
控除：当期損失	1,662,692.40
連結利益剰余金（1939年 4 月30日）	＄22,388,007.64

6　The American Agricultural Chemical Company

　The American Agricultural Chemical Company は1899年 4 月コネティ カット州において組織されたが，1919年 6 月30日に終了する年度の報告書は，たて21.5cm よこ43cm（Ａ 3 判のたてを 8 cm 縮小したサイズ）の大判 1 枚の用紙を二つ折りに，左手外側に社長より株主宛メッセージ，内側に貸借対照表と損益計算書，右手外側に Marwick, Mitchell, Peat & Co. の監査証明書を掲載した。

　社長は，株主に以下の事項を伝えた。

① 　資本増強のため普通株94,844株を発行，また，転換社債を普通株37,399株に転換し，普通株資本金は前年度末の＄18,430,900から当年度末＄31,655,200となった。

② 　第一次大戦後肥料業界も混乱し，特に原材料の高騰に悩まされている。原材料や製品の在庫を多く抱えており，時価を考慮して相当な額（a sufficient amount）を減額した〔金額は不明〕。

③ 　トン当たりの労務費・運賃・税金が1918年度に比し47％も増加した。

④ 　プラントは高い効率性を維持しており，多くの労働節約的な工夫がなされている。

　「子会社を含む貸借対照表」（Balance Sheet including Subsidiary Companies）は，次頁のとおりである〔ただし，子会社数は明示していない〕。

貸借対照表（1919年6月30日，子会社を含む）

資　産

資本性資産（Capital Assets）

土地・建物・機械	$16,918,681.18	
装置・浮動資産	4,369,278.50	
鉱山	19,487,800.85	
その他投資	6,411,521.15	
ブランド・トレードマーク・		
パテント・営業権等	1.00	
資本性資産合計		$　47,187,282.68

減債基金

社債償還のため	$　3,513,111.22	
控除　償還済社債	3,512,076.05	1,035.17

繰延資産

前払保険料・税金・ライセンス等	$　　379,345.60	
前払金・建設仮勘定・繰延費用等	2,351,686.31	
機械購入前払金	163,206.38	2,894,238.29

流動資産

売掛金	$26,168,066.54	
受取手形	10,217,338.27	
棚卸資産	19,514,430.45	
現金預金	2,526,184.44	
合衆国公債	2,225,000.00	
流動資産合計		60,651,019.70
		$110,733,575.84

負　債

資本性負債（Capital Liabilities）

優先株	$50,000,000.00	
控除　未発行	21,615,800.00	$28,384,200.00
普通株	$50,000,000.00	
控除　未発行	18,344,800.00	31,655,200.00
発行済株式資本金合計		$　60,039,400.00

担保付社債（Mortgage Bonds）

転換社債（5％，1928.10.1償還）	$12,000,000.00	

控除

減債基金で償還済社債	$ 3,415,000.00		
優先株への転換	1,142,000.00	4,557,000.00	
担保付社債合計			7,443,000.00

転換社債

転換社債（5％，1924.2.1償還）		$15,000,000.00	
控除　普通株への転換	$ 3,739,900.00		
控除　未発行	5,900,000.00	9,639,900.00	
転換社債合計			5,360,100.00

繰延負債

貸倒引当金・偶発債務引当金		$ 532,832.64	
減価償却引当金		1,241,126.96	
資産更新引当金		276,739.92	2,050,699.52

流動負債

買掛金・未払税金		$ 2,855,011.03	
支払手形		12,887,500.00	
支払手形（合衆国公債担保提供）		2,030,000.00	
未払運賃・割引		782,680.58	
未払社債利息		204,706.25	
流動負債合計			18,759,897.86
剰余金（1919年6月30日）			17,080,478.46
			$ 110,733,575.84

「ブランド・トレードマーク・パテント・営業権等 $ 1.00」は評価される。「繰延資産」（Deferred Assets）と「繰延負債」（Deferred Liabilities）の表示は1919年当時としては目新しく，また貸倒引当金や減価償却引当金等を繰延負債に含めていることも珍しい。この貸借対照表は良好である。

「損益計算書」（Income Account）は，以下のとおりである。

損益計算書（1919年6月30日終了年度）

剰余金（1918年6月30日）		$ 16,394,829.90
利益（子会社の利益を含み，営業費，税金（$ 2,123,836.05）控除後）	$ 8,035,854.30	

その他利益		170,274.07
利益合計		$ 8,206,128.37
控除：		
抵当権付社債利息	$ 404,001.36	
転換社債利息	380,784.34	
運送費・損失・偶発損失	968,463.06	
工場減価償却費及び		
鉱山減耗償却費	2,294,209.52	4,047,458.28
当期純利益		$ 4,158,670.09
控除：		
優先株配当金	$ 1,659,896.33	
普通株配当金	1,813,125.20	3,473,021.53
当期剰余金		685,648.56
剰余金（1919年6月30日）		$ 17,080,478.46

このように，利益（$8,035,854.30）算定プロセスはまったく示していない。そして，以下のようなデータを添付した。利益を確実に確保し安定的に配当していることをアピールするためであろう。

創立以来の利益及び配当金

1918年6月30日までの利益合計		$ 53,679,003.66
1919年6月30日終了年度利益		4,158,670.09
利益合計（1919年6月30日）		$ 57,837,673.75
控除：		
優先株配当金	$ 25,752,923.12	
普通株配当金	7,047,692.37	$ 32,800,615.49
1919年6月30日までに		
支払済配当金	7,956,579.80	40,757,195.29
剰余金（1919年6月30日）		$ 17,080,478.46

"Chartered Accountants" である Marwick, Mitchell, Peat & Co. が株主に宛てた監査証明書は，次頁のとおりである。

To the Stockholders of The American Agricultural Chemical Company :

We have made an examination of the Head Office accounts of your Company for the year ended June 30, 1919. We audited in detail the accounts of the Treasurer and verified that the transactions of the various branch offices and subsidiary companies have been incorporated in the consolidated accounts appended hereto, in accordance with the reports from these offices and companies, which have been certified as correct and in accordance with the respective books by the local managers and accounting officials.

We satisfied ourselves that the certified inventories were priced at approximate market values and not exceeding cost and that ample reserves are carried for all doubtful debts.

We examined the charges made to the capital assets and are satisfied that they represent actual capital expenditures. There has been charged against the operations of the year $2,294,209.52, which appears to be sufficient to cover maintenance and depreciation of the properties during the year.

The account "Oher Investment" includes the investment in the Charlotte Harbor & Northern Railway Company, which is owned wholly by the American Agricultural Chemical Company.

No reserves has been set up to provide for the proportion of Federal Income and Excess Profits Taxes applicable to the six months ended June 30, 1919, but the Federal Taxes assessed for the calendar year 1918 have been deducted from the earnings of the Company's fiscal year ended June 30, 1919.

Upon the above basis we certify that the annexed Consolidated Balance Sheet correctly sets forth the true financial position of the American Agricultural Chemical Company and its subsidiary companies as at June 30, 1919.

MARWICK, MITCHELL, PEAT & Co.
Chartered Accountants.

New York, August 18, 1919.

「財務部長の計算書を詳細に監査し，各地の支店や子会社の取引については それぞれの支店や子会社のマネジャーまたは会計責任者が正確であると証明 する報告書に準拠して取引を検証した」という説明はユニークである。また, 棚卸資産はおおよそ（appropriate）の市場価額によって評価され原価を超過 していないこと，すべての疑わしい債権については十分な引当金が設定されて

いること，資本的支出は妥当であること，維持費及び減価償却費は十分であることの意見を表明し，「その他投資」にはCharlotte Harbor & Northern Railway Companyへの投資が含まれていることを補足説明した。そして，1919年1月から6月までの6ヵ月間に係る法人税及び超過利得税に関する納税引当金を設定していない旨の「限定事項」を明示し，最後に，貸借対照表が真の財政状態を示していることを証明した。注意すべきは，上で紹介した簡易な損益計算書については監査証明していないということである。

　なお，当社は1939年6月30日終了年度の報告書において，以下のような前期比較形式の連結損益計算書を発表し，初めて「売上高」と「売上原価」を開示した。創立以来40年が経過していたのである。

連結損益計算書

	1939年6月度	1938年6月度
売上高（売上戻り控除）	$22,034,736.60	$23,158,277.85
控除：外部運賃・現金割引・エージェント報酬等	4,453,229.17	4,717,801.62
純売上高	$17,581,507.43	$18,440,476.23
売上原価（減価償却費，減耗償却費を除く）	13,003,193.18	13,075,301.44
販売費及び一般管理費	3,119,582.91	3,207,902.39
貸倒引当金繰入額	75,172.52	67,615.50
有形固定資産減価償却費及び鉱山減耗償却費	621,134.93	642,701.68
保険引当金繰入額	32,410.21	31,119.35
	16,851,493.75	17,024,640.36
売上に係る純利益	730,013.68	1,415,835.87
その他利益（純）	99,680.70	180,240.11
税引前純利益	829,694.38	1,596,075.98
連邦所得税繰入額	65,000.00	195,000.00
当期純利益（利益剰余金繰入額）	$　764,694.38	$　1,401,075.98

◆注 ―――――――

1　W.B. Mayr, Division Comptroller, Corporate General Accounting, The Procter & Gamble Company からの私信（1982年12月 8 日付）。

2　同上。

3　同上。

4　A.M. Romanello, Secretary Dept. of ACF Industries, Inc. からの私信（1982年12月30日付）。

第10章

1910年代中頃以降のライバル3社の財務ディスクロージャー

　本章は，1910年代中頃以降のゴム業界ライバル3社，すなわち，The Goodyear Tire & Rubber Company，The B.F. Goodrich Company，United States Rubber Company の財務ディスクロージャーと監査について検討する。

　参考までに3社の1920年度の連結売上高と総資産は，以下のとおりである（カッコ内は設立年）。

	連結売上高	連結総資産
The Goodyear Tire & Rubber Co.（1898年）	$109,092,730	$168,724,493
The B.F. Goodrich Co.（1912年）	$150,007,335	$138,910,112
United States Rubber Co.（1892年）	$256,150,130	$389,252,696

1　The Goodyear Tire & Rubber Company

(1)　1916年10月期 ～ 1919年10月期 ─ B/S 良好，P/L 未発行

　The Goodyear Tire & Rubber Company は1898年オハイオ州で設立された。1916年10月31日に終了する年度の報告書は，たて21cm よこ15cm（A5判）を1頁とする全13頁である。ただし，表紙，取締役・役員，製品，営業所の紹介に6頁を要している。

その表紙は，

THE GOODYEAR TIRE & RUBBER COMPANY
AKRON OHIO
ANNUAL REPORT OCTOBER 31ST 1918

と記している。そして，裏表紙は，

REPORT

UPON AN EXAMINATION OF THE BOOKS AND ACCOUNTS
of The Goodyear Tire & Rubber Company
by The Audit Company of New York

と記している。 つまり，「The Audit Company of New York による The Goodyear Tire & Rubber Co. の帳簿及び計算書の監査に基づく報告書」である。年次報告書の作成主体は会社であるが，独立監査済みであることを強調しているのであろう。

社長は株主に対して，当年度売上高は＄63,950,399.52，純利益は＄7,003,330.08（前年度は売上高＄36,490,651.64，純利益＄5,189,528.57）で，いずれも史上最高であること，この需要を満たす施設・装置の拡大を図るために優先株＄17,500,000を発行したこと，優先株に対し7％の現金配当を，普通株に対して12％の現金配当と100％の株式配当を実施したこと，当社の顧客口座は59,000件であるが貸倒損失は0.1％以下であることなどを報告した。

続く The Audit Co. of New York の監査証明書は，以下のとおりである〔監査証明書が貸借対照表より前に掲載されている。1916年頃にしては珍しい〕。

F.A Seiberling, Esq.,
President The Goodyear Tire & Rubber Company, Akron, Ohio.

Dear Sir:

Agreeably to your requests, we have made a general audit of the books and accounts of The Goodyear Tire & Rubber Company for the year ending October 31, 1916.

Increases to "Plant" have been carefully reviewed. The Reserve for Depreciation, amounting to $2,298,000.12, is equivalent to 29.29 per cent of the plant value of $7,846,206.90 as of October 31, 1915. Attention is called to the fact that an appraisal of the Plant and Equipment was made by the American Appraisal Co. of Milwaukee as of September 15, 1916, and adjusted to October 31, 1916, shows an excess over the book figures of $4,277,999.53, after deducting from the latter the Reserve for Depreciation. The Inventory was taken by the Company by actual count, weight or measurement, under the supervision of the Company's Factory Manager, and has been properly certified by him. It is priced at cost or under, including crude rubber, which latter commodity is priced both under cost and under the present market value.

The Current Assets have been carefully reviewed and there have been eliminated therefrom any which are doubtful of collection. These latter are included under the caption of "Suspended Assets" and full provision for non-collection is provided in the Reserve for Doubtful Accounts. This Reserve covers not only the full amount of the present known doubtful accounts, but includes, in our opinion, ample provision for possible non-collection of any accounts now considered good. Owing to the large number of Accounts Receivable, confirmations were not obtained from the various debtors.

During the year by vote of the stockholders at a meeting held May 20, 1916, the authorized Preferred Capital Stock was increased from $7,000,000.00 to $25,000,000.00, and that portion of the old Preferred Stock then outstanding was either redeemed at $120.00 per share or exchanged for the new Preferred Stock on the same basis of $120.00 per share for the old stock and $105.00 per share for the new.

During the year there was declared and paid 12 per cent in Cash Dividends on the Common Capital Stock, amounting to $1,261,332.00, a 100 per cent Stock Dividend on the Common Capital Stock, amounting to $8,427,000.00, and the usual 7 per cent Cash Dividend on the Preferred Capital Stock, amounting to $764,239.28.

The Net Income for the year amounted to $7,003,330.09. Additional credits not applicable to the operations for the current year amounted to $13,420.14. Additional charges not applicable to the current year amouned to $1,342,952.55.

There remains an unappropriated Surplus of $2,253,166.87.

The results of this audit are presented, attached hereto, in an Exhibit termed :

"BALANCE SHEET AS OF OCTOBER 31, 1916"

We certify that the accompanying Balance Sheet is a true Exhibit of the

accounts and that, in our opinion, it correctly sets forth the financial condition
of the Company as of Ocober 31, 1916.

Very truly yours,
The Audit Company of New York
A.W. Dunning, President
H.J. Lundquist, Secretary

New York, November 21, 1916

社長に宛てられた上の監査証明書を要約してみよう。

① The Audit Co. of New York はプラントの増加〔資本的支出〕について
注意深くレビューした。減価償却引当金は＄2,298,000.12で，これは1915
年10月31日現在のプラント＄7,846,206.90の29.29％に相当する。注目す
べき事実は，American Appraisal Co. of Milwaukee の鑑定（1916年9月
15日付，同年10月31日調整）によると，プラント・装置の評価額は帳簿
価額（減価償却引当金控除後）を＄4,277,997.53 上回っているということ
である。棚卸資産の実地棚卸は工場長（Factory Manager）の監督の下に
会社が実際に数量を数え計量等をして行われた〔会社側の棚卸資産の実地
棚卸に対する監査人の「立会」は行われていない〕。棚卸資産は原価または
原価以下評価であり，特に天然ゴム（crude rubber）については原価以下
かつ現在の市場価額以下評価である。

② 流動資産についても注意深くレビューし，回収の疑わしいものは流動資
産から除外した。回収の疑わしい債権は「不良債権」（Suspended Asset）
という勘定科目に集められ，全額が貸倒引当金の対象となっている。貸倒
引当金の対象には明らかな不良勘定のみならず現在は健全と思われるが
回収できない恐れのあるもの（possible non-collection）も含まれている。
貸倒引当金は十分であると判断する。売掛金の口座数は膨大なので債務者
からの確認書（confirmations）は入手しなかった。

③ 優先株の授権資本を＄7,000,000から＄25,000,000に拡大した。旧優先
株は，1株＄120で買い戻しあるいは新優先株1株＄105と交換した。

④ 普通株に対して12％の現金配当（計＄1,261,332.00）と100％の株式配当（計＄8,427,000.00），それに優先株に対して7％の現金配当（計＄764,239.28）を実施した。

⑤ 当期純利益は＄7,003,330.09〔社長報告では＄7,003,330.08〕，当期の業績に関係しない特別利益は＄13,420.14，特別費用は＄1,342,952.55である。期末現在の未処分剰余金は＄2,253,166.87である。

⑥ 監査の結果は，「1916年10月31日現在の貸借対照表」に示されている〔注記，355頁〕。我々は，貸借対照表は〔監査した〕計算書を正しく示していることを証明する。そして，我々の意見では，貸借対照表は1916年10月31日現在の財政状態を正しく示している。

①の減価償却引当金はプラント帳簿価額の29.29％に相当するという指摘は，プラントの約30％は償却済であることを強調しているのである。GEの1901年と1902年1月末終了年度に係る監査証明書にも同様な指摘が見られた（151，165頁）。また，プラント・装置の鑑定評価額が帳簿価額を＄4,277,999.53上回っていること，棚卸資産を原価または原価以下で評価したこと，特に天然ゴムについては市場価額以下で評価したことの指摘は，②の貸倒引当金の十分性についての意見とともに財務の安定性を強調しているのである。②の「売掛金の口座数は膨大なので債務者からの確認書は入手しなかった」は，1916年当時としては"ユニーク"な指摘であり評価される。③と④は社長報告に対する監査人の補足説明であり，⑤は監査人による情報提供である（689頁）。

「貸借対照表」（Balance Sheet）は見開き2頁で，左側に資産（Assets），右側に資本金及び負債（Capital and Liabilities）を示している。

1916年10月31日現在の貸借対照表

資　　産

プラント（帳簿価額）：		
不動産・建物	＄ 6,794,120.25	
機械装置・備品	5,894,935.51	＄12,689,055.76
パテント・トレードマーク・デザイン		1.00

有価証券（帳簿価額）		1,111,316.97
普通株（6,636株,		
従業員に売却するために管理者が所有）		663,600.00
役員・従業員貸付金（自社株購入のため）		1,006,378.26
棚卸資産及び流動資産：		
棚卸資産	16,943,077.00	
売掛金及び受取手形		
（貸倒引当金 $231,445.30, 両建表示）	10,013,971.20	
前渡金（エージェント・販売員等）	280,403.30	
現金預金	3,444,812.42	30,682,263.92
Goodyear Improvement Co. 及び		
Goodyear Heights Realty Co.		
に対する貸付金		2,194,592.43
不良債権（Suspended Assets,		
貸倒引当金 $237,208.49, 両建表示）		243,764.60
前払レンタル料・利息・保険料等		626,821.12
		$49,217,794.06

資本金及び負債

株式資本金（1株100.00）：		
優先株（7％累積的, 授権資本 $25,000,000.00）		$17,500,000.00
普通株（授権資本 $25,000,000.00）		17,500,000.00
		35,000,000.00
流動負債：		
支払手形	$ 6,660,000.00	
買掛金	1,889,478.13	
その他支払勘定	618,495.15	9,167,973.28
引当金：		
貸倒引当金（流動資産参照）	231,445.30	
貸倒引当金（不良資産参照）	237,208.49	
	468,653.79	
支店の棚卸資産に係る保険準備金	30,000.00	
プラント減価償却引当金	2,298,000.12	2,796,653.91
剰余金		2,253,166.87
		$49,217,794.06

注記：受取手形の割引に係る偶発債務＄1,642,160.56. The Goodyear Tire & Rubber Company, Canada の銀行借入れに対する保証＄300,000.00.

この文書は我々〔The Audit Co. of New York〕の報告書（1916年11月21日付）に依拠している。

貸借対照表の「資本金及び負債」という用語は1916年当時としては先進的である。「役員及び従業員貸付金」や「関係会社貸付金」そして「不良債権」の独立表示，「パテント・トレードマーク・デザイン」の＄1.00評価〔株式の水抜きはすでに完了している〕，4種の引当金の明示，割引手形や関係会社の借入金に対する保証に関する脚注表示を含み良好なディスクロージャーである。

しかし，損益計算書は発行されず，わずかに「売上高」（前年度比較）と「純利益」（前年度比較）が社長によって指摘されたのみである〔そして，監査人による「特別利益」と「特別費用」の指摘〕。当然，The Audit Co. of New York の監査証明書も損益計算書については一切触れていない。

1918年10月31日に終了する年度の報告書（全13頁）の表紙は，薄いブルーの色で額縁をイメージして，その中に"THE GOODYEAR TIRE & RUBBER COMPANY, AKRON OHIO"を金文字で浮かび上がらせている。表紙のタイトル，構成・内容とも，基本的には1916年度のそれを踏襲している。

社長から株主へのメッセージでは，売上高は＄131,247,382.45（1917年度は＄111,450,643.74），純利益は＄15,388,190.74（1917年度は＄14,044,216.10）で，いずれも前年度の記録を更新し史上最高であること，6,000人以上の従業員が第一次大戦に協力し43人が亡くなられたこと，戦時体制下での政府の規制により生産及び価格とも抑えられたこと，戦争の長期化を懸念して短期債務（手形借入金＄15,000,000）を返済するために優先株＄15,000,000（配当率8％，累積的）を発行したこと（株式引受人は従業員と顧客）などが報告され，戦争によりゴム産業は打撃を被っているが当社の財政は健全であると主張した。

The Audit Co. of New York の監査証明書も1916年度と同一である。

貸借対照表は，その様式，開示項目とも前年度と変わらず良好であったが，損益計算書は1918年度も発行されなかった。

1919年度の報告書も全13頁で，表紙のタイトル，構成・内容とも基本的には1916年度と同じである。社長は，まず添付した当期の報告書は The Audit Co. of New York の監査証明済みのものであることを指摘し，当年度の売上高は＄168,914,982.83（1918年度＄131,247,382.45），税引前当期純利益は＄23,277,245.29（1918年度＄15,388,190.74）であること，当期の生産高は前期の2倍以上となり，流動資産も流動負債も著しく増加したこと，事業の拡大に対処するため優先株を償却し，普通株と優先株の授権株式を各々＄100,000,000に拡大したこと，新優先株については株主及び従業員30,409人が＄41,135,900（このうち従業員17,407人が＄7,843,600.00）を引き受けたことを伝えた。そして，新たに Goodyear Tire & Rubber Co. of California（資本金＄20,000,000.00）と Pacific Cotton Mills Co.（資本金＄6,000,000.00）を設立，前者は優先株＄8,000,000，後者は優先株＄2,000,000を公募し，当社は両社の普通株合計＄5,000,000を引受けたこと，モダンなデザインのプラントが完成し，ゴムプラントはタイヤ日産7,500本，コットンプラントは週150,000ヤードの生産能力を備えたことも報告，来期も売上高，純利益とも史上最高になると結んだ。

The Audit Co. of New York の監査証明書（1919年11月25日付）は，1916年10月31日終了年度のそれと同じである（350頁）。

貸借対照表の開示項目は，資産15項目（1916年度13項目），株式資本金5項目（1916年度2項目），流動負債6項目（1916年度3項目），引当金6項目（1916年度4項目）と増加し，良好なディスクロージャーである。

しかし，損益データについては売上高と純利益を除き当年度も一切明らかにされなかった。

(2)　1920年10月期 — 会計処理に関する限定意見報告書

1920年10月期の報告書（1頁の大きさは1916年度と同じA5判）の表紙は，以下のとおりである。

The Goodyear Tire & Rubber Company

Certificate and Balance Sheet
October 31, 1920
PRICE, WATERHOUSE & CO.
54 William Street, NEW YORK

　この表紙のタイトルでは年次報告書の発行主体や貸借対照表の作成責任が Price, Waterhouse & Co. であるかのような印象を与える。極めて奇妙な表紙である。

　F.A. Seiberling 社長は，株主へのメッセージにおいて，1903年以来初めて赤字となったことを詫び，その原因について，「前半の6ヵ月間の売上高は前年同期比59%の増加で操業が需要に追いつけない状況であったが，夏頃から需要は激減，資材や製品の在庫が増大し財政状態がひっ迫（acute）した。そのため1921年2月15日を返済日とする借入手形 $28,800,000 を振り出し資金を調達，また，第一次大戦後のデフレーションにより棚卸資産価格が50%以上も下落したため監査人により評価減が実施され（inventories have been written down by auditors to adjust to that condition），剰余金では吸収できず $15,647,653.56 の欠損となった」と述べた。これまで冒頭で指摘されていた「売上高」は省略された。この売上高の省略により，明らかにされた損益データは貸借対照表の「欠損金」（deficit）のみとなった。

　また，貸借対照表に表示されている「F.A. Seiberling 社長に対する債権 $3,568,445.08」について，〔同氏が所有する〕Goodyear Athletic Field （30エーカー）と The Akron, Canton & Youngstown Railway Company の 50%の所有権（株式額面合計 $7,500,000）を会社が引き継いだため，現在は帳簿上閉鎖されている（this account has been closed）と自ら述べた。

　そして，監査人が The Audit Company of New York から Price, Waterhouse & Co. に代わった。その監査証明書は，次頁のとおりである。

Price, Waterhouse & Co.

New York, December 21, 1920

CERTIFICATE

We have examined the books and accounts of The Goodyear Tire & Rubber Company for the year ending October 31, 1920, and certify that the annexed balance sheet at that date has been properly prepared therefrom.

During the year only actual additions have been charged to property accounts with the exception of $5,000,000 added to land and buildings in accordance with an appraisal thereof by The American Appraisal Company and in our opinion sufficient provision has been made for depreciation. The deferred charges represent expenses reasonably and properly carried forward to future operations.

The investments in and advances to wholly owned companies and associated companies not wholly owned are stated at their asset values (which do not include any values for goodwill) as shown by our audit of the books of those companies at October 31, 1920.

The inventories have been certified by the responsible officials and have been valued as regards raw materials and supplies at cost or market prices whichever were lower, and the work in process and finished products at cost, such values of finished products being less than net selling prices. Sufficient reserves have been established for doubtful customers' accounts and for allowances, and we have taken all reasonable precautions to satisfy ourselves that all liabilities are included in the balance sheet. The accounts due from subsidiary foreign selling corporations are less than the net current assets of these companies. The cash has been verified either by actual count or by certificates from depositaries, and we have inspected the securities.

We have been unable to verify the value of the account due from Mr. F.A. Seiberling, President, and the deficit has been shown without making provision for the excess of the purchase price of rubber and fabric under contact over market value thereof ; as a result of our examinaton in which we have taken all reasonable precautions to satisfy ourselves as to the outstanding commitments, we find such excess to be approximately $19,000,000.00.

On this basis we certify that, in our opinion, the balance sheet has been properly drawn up to show the true financial position of The Goodyear Tire & Rubber Company as a separate company at October 31, 1920.

PRICE, WATERHOUSE & CO.

＊　　　　＊　　　　＊

　我々は，The Goodyear Tire & Rubber Company の1920年10月31日に終了する年度の帳簿及び計算書を監査した。そして，添付された貸借対照表はそれらから適正に作成されたことを証明する。

　当該年度中，実際に価値を増加させる支出（actual additions）のみが固定資産勘定に計上された。ただし，The American Appraisal Company の鑑定評価に従って＄5,000,000が土地及び建物に付加された。我々の意見では減価償却引当金は十分である。繰延費用も将来の事業年度に合理的かつ適正に配分されている費用である。

　完全子会社及び関係会社に対する投資及び債権は，我々が1920年10月31日現在のそれぞれの会社の帳簿を監査した結果の資産価値（これには営業権は含まれていない）に基づいて示されている。

　棚卸資産は責任ある役員によって証明されており，原材料及び貯蔵品は原価市場価額比較低価法によって評価され，仕掛品及び製品は原価で評価されている。製品の価値は純販売価格以下である。疑わしい顧客勘定と値引きについては十分な引当金が設定されている。我々はすべての負債が貸借対照表に含まれていることを合理的な注意を払って確かめた。子会社の海外販売会社に対する債権はこれらの会社の純流動資産額よりも少額である。現金は実査または保管者からの証明書により検証し，有価証券についても検査した。

　我々は，社長 F.A. Seiberling に対する債権については検証することができなかった。そして，当期の欠損金は，ゴム及びファブリック〔タイアを構成する織布〕に関する〔先物取引〕契約に定める購入価額が市場価額を超過する分に対する引当金を設定する以前のものである。我々は，極めて慎重な注意を払って監査した結果，超過分に係る支払義務はおよそ＄19,000,000.00であると判断する。

　このような根拠に基づいて，我々は，貸借対照表は The Goodyear Tire & Rubber Company 単体の1920年10月31日現在の真の財政状態を示すために適切に作成されていることを証明する。

　この監査証明書は，明白な「限定意見」である。第一次大戦時の法人税や超過利得税に関する当局による調査が継続中で納税引当金に係る限定意見は，すでに検討したように Republic Iron & Steel Co. の1917年度～1920年度の監査証明書にも見られたが（320頁），会計処理に関する限定意見は1920年当時としては極めて稀である。そして，当期も開示されなかった損益計算書については，その事実を含み Price, Waterhouse & Co. ですら一切触れていない。

親会社（Parent Company）である The Goodyear Tire & Rubber Company
の貸借対照表は，以下のとおりである。

貸借対照表（1920年10月31日）

資　産

固定資産：		
土地，建物，機械等	$ 57,913,143.46	
車輌	1,145,168.76	
機械装置・備品等（支店）	1,248,723.55	$ 60,307,035.77
減価償却引当金		10,787,494.40
		$ 49,519,541.37
ゴムプランテーション（スマトラ）		5,003,257.81
その他固定資産		670,687.15
パテント・デザイン・トレードマーク		1.00　　$ 55,193,487.33
繰延費用		353,326.68
国内の完全子会社への投資及び債権		13,352,158.52
関係会社への投資及び債権		21,179,529.82
外国の販売子会社への投資及び債権		4,393,217.89
棚卸資産（引当金控除後）		41,167,758.30
売掛金及び受取手形（引当金控除後）		11,116,967.83
その他受取手形・投資		1,084,212.05
現金		1,667,736.69
F.A. Seiberling 社長に対する債権		
（社長は The Akron, Canton &		
Youngstown Railway Co. の株式75,000株と		
The East Akron Land Co. の株式250株を		
担保として提供している）		3,568,445.08
		$ 153,076,840.19
欠損金（ゴム及びファブリック契約上の		
義務に基づく損失引当金設定前）		15,647,653.56
		$ 168,724,493.75

負　債

株式資本金

優先株：			
発行済		$\ 65,497,700.00	
控除―金庫株		450,000.00	
		65,047,700.00	
加算―新株式払込金		1,085,822.99	$\ 66,133,522.99
普通株：			
発行済		$\ 61,111,650.00	
控除―株式未払込金：			
従業員（15,785.50株 担保提供）	$\ 480,827.60		
F.A. & C.W. Seiberling （6,743株担保提供）	736,095.17	1,216,922.77	59,894,727.23
株式資本金合計			$\ 126,028,250.22

	保証	無保証	
支払手形：			
銀行借入金	$\ 3,218,000.00	$\ 10,221,423.68	
ブローカー	350,000.00	4,745,500.00	
商業手形その他		5,344,888.81	
	$\ 3,568,000.00	$\ 20,311,812.49	23,879,812.49
ゴム及びファブリック支払義務			4,388,686.91
買掛金（見積連邦税を含む）			12,711,168.75
偶発債務引当金			1,716,575.38

注記―債務保証及び偶発債務は約 $\ 12,000,000,
　　　損失は発生しないと予想される。

$\ 168,724,493.75

貸借対照表は，1916年度のそれ（353頁）に比し以下の点に改善が見られる。

① 固定資産（Prorerty Accounts）の勘定科目が分解され豊富になるとともに，これまで負債に計上されていた減価償却引当金が有形固定資産からの控除形式（間接法表示）となった。

② 「国内の完全子会社」（domestic subsidiary companies wholly owned），「関係会社」（associated companies not wholly owned），「外国の販売子会社」（foreign selling subsidiary companies）の3つに区分し，それぞれへの投資と債権合計を明示した。

③　貸借対照表の資産の「欠損金＄15,647,653.56」に，（ゴム及びファブリック契約上の義務に基づく損失引当金設定前）がカッコ書きされた。

④　支払手形について，「銀行借入金」,「ブローカー」,「商業手形その他」に3区分して表示した。

⑤　貸方のタイトルが「資本金及び負債」から「負債」にやや後退したが，金庫株を明示し，優先株からの控除形式とした。

⑥　普通株のうち F.A. Seiberling 社長等が担保として提供している分については，発行済資本金から控除した。

⑦　債務保証及び偶発債務約＄12,000,000.00が注記された〔ただし，負債の合計前に記されている。1916年度貸借対照表には偶発債務と保証債務の内容が明示されていた（355頁）〕。

このように，「1903年以来の欠損金」（社長報告より）の計上であり，加えて先物契約に係る損失（約＄19,000,000）も存在しているため，当社の財政状態は極めて悪化していることがうかがえる。

(3)　1921年12月期 〜 1922年12月期
― 模範的 P/L と 2 社の連結 B/S，再建後の優秀なディスクロージャー

上の1920年度報告書から予測されたごとく，The Goodyear Tire & Rubber Co. は1921年3月1日に再編された。したがって，1921年12月31日に終了する年度の報告書は同年3月1日から12月31日までの10ヵ月間の事業年度に係るものである。1頁がたて27cmよこ19cm（A4判のたて3cmよこ1.5cmを縮小したサイズ）に拡大された報告書（全10頁）は，以下のように大きく展開する。

新社長 E.G. Wilmer は，株主に次の事項を伝えた。

①　当期の純売上高（子会社分を除く）は＄82,195,550，純利益（支払利息及び特別損失控除前）は＄9,640,235，期末剰余金は＄3,620,043，現金及び合衆国証券は＄23,892,820，流動負債は＄1,371,574，流動資産と流動負債の比率は10対1である〔これらのデータは後に続く損益及び剰余金計算書と貸借対照表から読み取れるものである〕。

② 損益及び剰余金計算書に計上された「子会社への投資に係る調整
　＄1,508,820」は，主に国内及び国外子会社の棚卸資産の評価損と為替
　差損である。

③ 当社及び子会社とも銀行借入金はない。

④ タイアの生産は，1921年11月は日産13,500本（1年前は7,000本）であっ
　たが，直近の（1922年）1月は19,000本，2月は20,000本，3月は22,000
　本に達した。

そして，以下のような「損益及び剰余金計算書」（Statement of Profit and
Loss and Surplus）を1898年の創立以来初めて開示した。

損益及び剰余金計算書

純売上高（戻り・割引・運送費控除後，		
子会社及び外国支店への出荷高を含む）		＄82,195,550.49
控除：製造原価		62,351,301.28
		＄19,844,249.21
加算：その他利益		2,074,746.83
合計		＄21,918,996.04
控除：販売費及び一般管理費		12,278,760.51
残高		＄ 9,640,235.53

注記：上の売上高と利益（Sales and Profits）には
　　　　完成品の処分額＄19,622,250.36（1921.2.28.処理）
　　　　が含まれているが純利益は実現していない。

控除：支払利息：		
社債（プレミアムも含む）	＄1,714,861.86	
社債（無担保）	1,308,597.87	
借入金	506,162.68	3,529,622.41
		＄ 6,110,613.12
控除：その他費用：		
資産処分損	＄　352,732.55	
子会社への投資に係る調整	1,508,820.33	
社債発行差金及び組織再編に		
係る費用の償却	629,017.05	2,490,569.93
剰余金残高（1921年12月31日）		＄ 3,620,043.19

前頁の損益及び剰余金計算書は，子会社及び外国支店への出荷高を含む「純売上高」（Net Sales）と「製造原価」（Manufacturing Cost of Sales）それに「販売費及び一般管理費」（Selling, Administrative and General Expenses）を明示した。そして，利益処分としての「支払利息」3項目とその他費用（特別損失）3項目も表示した。模範的な計算書である。

　The Goodyear Tire & Rubber Company と主たる販売会社である The Goodyear Tire & Rubber Company, Inc. の「連結貸借対照表」（Consolidated Balance Sheet with its Principal Selling Company, The Goodyear Tire & Rubber Company, Inc.）は，これまでと同様の見開き2頁で，左頁に資産，右頁に負債を示した〔当社と主たる販売会社との2社であることを指摘した連結貸借対照表は初めてである〕。

連結貸借対照表（1921年12月31日）

資　産

固定資産：

土地，建物，機械等	\$ 57,795,403.81		
控除：減価償却引当金	11,821,116.65	\$45,974,287.16	
ゴムプランテーション（スマトラ）		6,030,661.12	
装置・備品（支店）・			
車両（減価償却後）		1,121,787.20	\$ 53,126,735.48

子会社への投資及び貸付金：

純資本性資産に対する持分	\$ 16,461,739.41	
純流動資産に対する持分	13,228,518.08	29,690,257.49

　　　注記：Goodyear Tire & Rubber Co. of
　　　　　　California の累積的優先株7％
　　　　　　（額面\$7,997,900）については
　　　　　　1920年10月1日より配当金を
　　　　　　受理している。

流動資産：

棚卸資産（1921年2月28日に調整された	
コミットメントの金額を基礎にその後の	
取得原価を加算）	\$ 32,232,777.73
売掛金及び受取手形（引当金控除後）	10,194,499.71

市場性ある有価証券：

合衆国財務省証券	$ 8,975,837.97		
銀行引受手形	493,342.05	9,469,180.02	
現金預金		14,423,639.95	66,320,097.41

その他資産：

Akron, Canton & Youngstown Railway Co.
の株式，営業権・パテント等　　　　　　　　　　　　　　　　　12,500,000.00

繰延費用：

社債発行差金	$ 5,370,983.01	
組織再編に係る費用，前払保険料等	1,447,701.96	6,818,684.97
		$ 168,455,775.35

負　　債

株式資本金：

優先株，授権株式400,000株

8 ％累積，

額面 $ 100.00	$ 40,000,000.00		
発行済292,956株	$ 29,295,600.00		
再建計画による			
追加発行	3,887,300.00		
	33,182,900.00		
控除：第三者保管	3,520,000.00	$ 29,662,900.00	

注記：1921年1月1日
より配当発生

対経営者優先株10,000株

6 ％累積，額面 $ 1.00		10,000.00

優先株，授権株式1,000,000株

7 ％累積，

額面 $ 100.00	$ 100,000,000.00	
発行済655,326株	$ 65,532,600.00	
控除：金庫株	453,000.00	65,079,600.00

注記：1921年1月1日
より配当発生

普通株―無額面株	1,000,000.00	95,752,500.00

固定債務：
　第一抵当社債20年，　8 ％
　　発行済　　　　　　　　　$ 30,000,000.00
　　控除：償還済　　　　　　　　750,000.00　　29,250,000.00
　社債10年，　8 ％　　　　　$ 30,000,000.00
　　控除：未発行　　　　　　　2,500,000.00　　27,500,000.00　　56,750,000.00
流動負債：
　買掛金及び支払手形　　　　　　　　　　$ 4,838,654.91
　未払利息等　　　　　　　　　　　　　　1,371,574.19　　6,210,229.10
引当金：
　ゴム及びファブリックに係るコミット
　　メントに基づく損失引当金　　　　　$ 1,441,398.25
　納税引当金等　　　　　　　　　　　　　4,681,604.81　　6,123,003.06
剰余金　　　　　　　　　　　　　　　　　　　　　　　　3,620,043.19
　　　　　　　　　　　　　　　　　　　　　　　　　$ 168,455,775.35

　　注記―割引手形等に係る偶発債務　　$ 495,000.00

　この連結貸借対照表は，前年の1920年度に比し以下の点に改善が見られる。
①　固定性配列法はこれまでどおりであるが，資産は「固定資産」「子会社
　　への投資及び貸付金」「流動資産」「その他資産」「繰延費用」，負債は
　　「株式資本金」「固定債務」「流動負債」「引当金」に分類された。
②　「子会社への投資及び貸付金」が「純資本性資産に対する持分」と「純流
　　動性資産に対する持分」に区分表示され明瞭になった。極めてユニークな
　　分類である。
③　棚卸資産のカッコ書きは，前年度に PW が限定事項とした「ゴム及び
　　ファブリック支払義務」を考慮した結果であろう（次頁の⑧参照）。
④　「市場性ある有価証券」が初めて登場し，「合衆国財務省証券」と「銀行
　　引受手形」に分類された。
⑤　「パテント・デザイン・トレードマーク $1.00」が，「その他資産」の
　　「Akron, Canton & Youngstown Railway Co. の株式，営業権・パテント
　　等」に含められてしまった。なお，「Akron, Canton & Youngstown
　　Railway Co. の株式」は，前社長 F.A. Seiberling が担保として提供してい

たものである（357，360頁）。

⑥　繰延費用の2項目が示された。

⑦　株式資本金の優先株についてはかなり詳細な説明的表示である。

⑧　「ゴム及びファブリックに係るコミットメントに基づく損失引当金」も明示された（前頁の③参照）。

このように，貸借対照表も良好なディスクロージャーである。

そして，この貸借対照表のいわば脚注箇所に，これまで1頁独立していた長文の監査証明書（358頁）ではなく，以下のような簡単な監査証明書が添付されている。模範的な損益計算書と改善された貸借対照表が発表されたからであろうか……。

We have examined the books and accounts of The Goodyear Tire & Rubber Company for the Ten Months ending December 31, 1921, and certify that the foregoing Balance Sheet and attached Statement of Profits and Surplus have been correctly prepared therefrom and, in our opinion, correctly show the financial position of the Company at December 31, 1921, and the results of the operations for the Ten months ending on that Date.

56 Pine Street, New York,
March 8, 1922　　　　　　　　　　　PRICE, WATERHOUSE & CO.

PWの監査証明書も，「損益及び剰余金計算書が10ヵ月間の経営成績を正確に表示している」と初めて意見表明している。

著者は先に当社の1920年度報告書の表紙の奇妙さについて指摘した（357頁）。しかしながら，この1921年度報告書における損益及び剰余金計算書と連結貸借対照表の作成及び開示は The Audit Company of New York から交代した PW のイニシアティブで行われたのかもしれない。とするならば，年次報告書の表紙の奇妙さも多少理解できなくもない。

このような優秀なディスクロージャーは翌1922年度報告書も継続した。

(4) 1923年12月期 ― 連結 3 社の P/L と「製造原価」の消失

　1923年12月31日に終了する年度の報告書において，社長 G.M. Stadelman は，「純売上高（子会社は除く）は1923年度＄106,026,109，1922年度＄102,904,107，これらの売上高にはロッキー山脈の西をテリトリーとする Goodyear Tire & Rubber Co. of California と Goodyear Tire & Rubber Co. of Canada の売上高は含まれていない。当社（Akron, Ohio）及び上の両社ならびに海外支店を含む総売上高（total combined sales）は1923年度＄127,880,082，1922年度は＄120,345,800であった」と初めてグループの総売上高について指摘した。そして，「支払利息等控除前利益」と「当期利益合計」，「剰余金」，「現金及び市場性ある有価証券」の期末残高（前年度比較），流動資産と流動負債の比率（7.4対 1），優先株の償却，固定債務の償還等について説明した。

　The Goodyear Tire & Rubber Co.（Akron）及び主たる販売会社である The Goodyear Tire & Rubber Co. Inc. と The Goodyear Tire & Rubber Export Co. の 3 社の「連結損益及び剰余金計算書」は，以下のとおりである〔前期に比し，下線会社が増加〕。

連結損益及び剰余金計算書（1923年12月31日終了年度）

総売上高（戻り・割引・運送費は除く），
　Akron, California, Canada, 外国支店合計
　　（すべてのグループ会社間売上げは除く）　＄127,880,082.25

Akron の純売上高（戻り・割引・運送費は除く，子会社及び外国支店への出荷高は含む）	＄106,026,109.99
控除―製造原価・販売費・一般管理費	95,250,572.76
	＄ 10,775,537.23
加算―子会社及び外国支店の営業純利益等	1,944,590.20
支払利息等控除前利益合計	＄ 12,720,127.43
控除―California Co. の欠損金に対する親会社負担分	641,396.84
残高	＄ 12,078,730.59

控除―支払利息：		
社債（プレミアムも含む）	$ 2,467,556.91	
無担保社債	1,903,644.99	
その他利息	39,584.74	4,410,786.64
		$ 7,667,943.95
控除―その他費用：		
社債発行差益償却	$ 1,234,469.33	
資産除却損	208,608.94	
外国為替差損	359,017.22	1,802,095.49
		$ 5,865,848.46
加算：California Co. に対する持分		641,396.84
当期利益合計		$ 6,507,245.30
加算：剰余金（1922年12月31日）		8,008,542.82
		$ 14,515,788.12
控除：優先株配当金		2,729,652.00
剰余金（1923年12月31日）		$ 11,786,136.12

　総売上高の「すべてのグループ会社間売上げは除く」（all intercompany sales excluded）の指摘，それに「California Co. の欠損金に対する親会社負担分」の明示は評価される。

　しかしながら，直近2事業年度（1921，22年度）に独立表示されていた「製造原価」（Manufacturing Cost of Sales）は，「製造原価・販売費・一般管理費」（Manufacturing cost, selling, administrative and general expenses）に含められて消失してしまった。「1923年度は終始厳しい競争であった（1923 was keenly competitive throughout.）。特に販売価格にプレッシャーが集中し，価格は継続して下落している」と社長は報告している。損益情報開示の後退のたびに登場する文言である。

　一方，The Goodyear Tire & Rubber Co.（Akron）及び主たる販売会社である The Goodyear Tire & Rubber Co. Inc. と The Goodyear Tire & Rubber Export Co. の3社の「連結貸借対照表」は，前期と同様優秀である。

(5) **1925年12月期 ― 良好なディスクロージャーをキープ**

1925年12月期の報告書の表紙のタイトルは，以下のとおりである。

THE GOODYEAR TIRE & RUBBER COMPANY
Main Offices and Factory
Akron, Ohio

―――

REPORT TO STOCKHOLDERS
YEAR ENDING DECEMBER 31, 1925

常識のタイトルに戻った。

そして，報告書は，取締役・役員名，3種類の社債の管理者・利息支払機関と6種類の株式に係る名義書換機関の紹介，取締役会議長 E.G. Wilmer による報告，連結貸借対照表と監査証明書，連結損益及び剰余金計算書，国内の支店・営業所の所在地と外国子会社支店・営業所の所在地それに製品名（タイアやゴルフボールなど）の紹介の全12頁で構成されている。

E.G. Wilmer は，以下の事項について報告した。親会社である Akron 社の1925年度純売上高（子会社を除く）は＄169,470,112，1924年度は＄115,323,173，Goodyear Tire & Rubber Co. of California と Goodyear Tire & Rubber Co. of Canada ならびに海外支店を含む総売上高は1925年度＄205,999,829，1924年度＄138,777,718，Akron 社の1925年度の税引後当期純利益は＄21,005,898，1924年度は＄12,161,540，流動資産と流動負債の比率は6.5対1であること。天然ゴムの価格下落に備えるため，前半期の利益から＄3,000,000を「原材料特別引当金」(Special Raw Material Reserve) として引き当てたこと，また，在庫のゴムと先物購入契約（原価）は1925年12月31日現在の市場価額を大幅に下回っているけれども，市場は異常なほど高い水準で変動しているので不測の事態に備えるため，同引当金を＄7,500,000まで1925年度利益処分により積み増したこと，生産高及び販売高は史上最高であり次期以降も更なる拡大が期待されること。

The Goodyear Tire & Rubber Co. 及び主たる販売会社である The Goodyear Tire & Rubber Co. Inc. と The Goodyear Tire & Rubber Export

Co. の3社の連結貸借対照表，その脚注部分の Price, Waterhouse & Co. の監査証明書は，1921年度の連結貸借対照表（364頁）と監査証明書（367頁）とほぼ同じである。

そして，3社の連結損益及び剰余金計算書は，上で指摘した「原材料特別引当金繰入額＄7,500,000」を当期純利益から控除し表示したことを除いて，1923年度と同じである（368頁）。

1923年度に消失した「製造原価」は復活していないが，全体的には良好な財務ディスクロージャーをキープした。

なお，「売上原価」（Cost of goods sold），「減価償却費」，「販売費・一般管理費」の3大費用項目を開示する以下のような損益計算書が復活するのは，なんと16年後の1938年度においてである。

連結損益及び利益剰余金計算書（1938年12月31日終了年度）

純売上高（戻り・割引・運送費・値引・ 　物品税・会社間の内部取引控除後）		＄165,928,944.45
控除：		
売上原価	＄107,889,523.18	
減価償却費	8,336,044.08	
販売費・一般管理費・連邦税	41,047,594.18	157,273,161.44
		＄　8,655,783.01
加算―その他利益		919,889.11
利息及びその他費用控除前利益		＄　9,575,672.12
控除：支払利息その他費用：		
社債等利息	＄　2,620,216.30	
社債発行差金償却	105,462.29	
関係会社未処分損失負担分	837,570.50	3,563,249.09
当期純利益（利益剰余金へ）		＄　6,012,423.03
利益剰余金（1937年12月31日）		21,421,861.78
		＄27,434,284.81
控除―		
優先株配当金	＄3,252,295.00	
普通株配当金	513,687.25	＄　3,765,982.25

社債費用：			
社債償還損	$1,995,083.28		
社債発行費	356,938.99	2,352,022.27	6,118,004.52
利益剰余金（1938年12月31日）			$ 21,316,280.29

　この1938年，当社のライバル The B.F. Goodrich Co. も奇しくも良好な損益計算書を発表した（387頁）。

　The B.F. Goodrich Company

(1) 1915年12月期（第3期）— 良好

　The B.F. Goodrich Company は1870年にオハイオ州で設立されたが，1912年5月2日ニューヨーク州法人として再編された。

　1915年12月31日に終了する第3期報告書は，たて21cm よこ18cm（A5判のよこを3cm長くしたサイズ）を1頁とする全15頁で，社長報告2頁，監査証明書1頁，連結貸借対照表2頁，連結剰余金計算書1頁，連結損益計算書1頁，全米の営業所所在地・外国支店・代理店等の紹介から構成された。

　B.G. Work 社長は，以下の事項について株主に報告した。

① 修繕・減価償却・貸倒れに係る引当金繰入額とすべての費用を控除した後の当期純利益は＄12,265,679.79である。

② 1915年度は創立以来最高の業績を達成し，純売上高は＄55,416,866.55，前年は＄41,764,008.66で32.5％の伸びである。

③ フランスの子会社が初めて利益を計上した〔金額は示していない〕。

④ 優先株7,000株の償却を決定した。

⑤ 貸借対照表が示しているように当社の財務基盤は強固で，当座資産〔net quick assets：流動資産＄31,242,022.70 － 流動負債＄4,402,642.24 ＝ ＄26,839,380.46〕は，優先株の額面価格合計〔＄28,000,000.00 － 金庫株（優先株）＄775,700.00 ＝ ＄27,224,300.00〕とほぼ同額である。

第10章　1910年代中頃以降のライバル3社の財務ディスクロージャー　373

⑥　今年度のプラント支出額〔資産計上〕は＄1,332,146.70である。

⑦　国際的に不安定な状態に対処するため，利益処分として＄1,700,000.00を偶発債務引当金に繰り入れた結果，同引当金は＄300,000.00から＄2,000,000.00となった。また，利益処分により＄100,000.00を年金引当金に繰り入れた。

続く監査人の証明書は，以下のとおりである。

CERTIFICATE OF ACCOUNTANTS

February 4, 1916

To the President and Board of Directors of
The B.F. Goodrich Company.

Dear Sirs :

We have examined the books and accounts of The B.F. Goodrich Company (a New York Corporation) and its Subsidiary Companies for the fiscal year ending December 31, 1915, and certify that the annexed Balance Sheet and relative Profit and Loss and Surplus Accounts for the period have been correctly prepared therefrom.

We verified the additions to the Plant Accounts and satisfied ourselves that they represent legitimate capital charges, that ample provision has been made for depreciation and that the investments in other Companies, etc., including the Societe Francaise B.F. Goodrich, whose books we also examined, are conservatively stated in the Balance Sheet.

We also examined the securities, verified the cash on hand and obtained certificates from the depositories in support of the funds on deposit.

We are satisfied that the valuations of the inventories of raw, partly manufactured and finished goods do not exceed cost, that the crude rubber on hand was valued at cost which was lower than market on December 31, 1915, that full provision has been made for doubtful accounts and bills receivable, that the defered charges represent expenditures properly chargeable to future operations and that due care has been exercised to include all known liabilities.

AND WE CERTIFY that in our opinion the annexed Balance Sheet is properly drawn up so as to show the true financial position of the Company on December 31, 1915, and that the relative Profit and Loss Account for the year ending that date shows the correct results from operations.

LOVEJOY, MATHER & HOUGH,
Public Accountants and Auditors.

　監査人は，The B.F. Goodrich Company と子会社の帳簿及び計算書を監査
し，添付された貸借対照表と関連する損益及び剰余金計算書はそれらの帳簿及
び計算書から正確に作成されていることを証明した。プラント勘定への支出は
正当な資本的支出であること，減価償却引当金は十分であること，また，他の
会社への投資とフランスの子会社への投資については，各社の帳簿も監査した
が，それらは貸借対照表に保守的に表示されていることに満足の意を表明した。
有価証券を監査し，手元現金も検証し，預金等については預け先から証明書を
受理した。原材料と半製品それに完成品は原価を超えていないこと，天然ゴム
については取得原価と1915年12月31日現在の市場価格と比較し低い方で評価し
たこと，回収の疑わしい売掛金と受取手形については十分な引当金が設定され
ていること，繰延費用は将来の事業が負担すべき支出であること，すべての
知られている負債が正当な注意をもってを計上されたことに満足していると
述べた。最後に貸借対照表は1915年12月31日現在の真実な財政状態を示し，
損益計算書は当該期間の経営成績を正確に示していると証明している。

　なお，当社は第1期（1912年度）より Lovejoy, Mather & Hough の監査を
導入したが（671頁），同事務所は比較的名の通った会計事務所である[1]。

　The B.F. Goodrich Co. と子会社の「連結貸借対照表」（Consolidated Balance
Sheet）は見開き2頁で，左側に資産，右側に負債を示している〔子会社数は示
していない〕。

連結貸借対照表（1915年12月31日）

資　　産

資本性資産（Capital Assets）
　不動産・建物・プラント・機械・装置
　　（減価償却引当金 $1,945,358.12 控除後）　$13,282,107.17
パテント　　　　　　　　　　　　　　　　　421,991.66
営業権　　　　　　　　　　　　　　　　57,798,000.00　$ 71,502,098.83

他の会社への投資			1,213,477.26
フランスの子会社への純投資 (1915.12.31)			2,121,139.69
金庫株 (7%累積的優先株7,757株, 額面金額)			775,700.00
流動資産			
棚卸資産		$ 22,162,826.91	
通常の売掛金			
(貸倒引当金・割引・値引控除後)		6,159,883.56	
その他売掛金		1,769,547.88	
受取手形		235,434.72	
現金預金		914,329.63	31,242,022.70
繰延費用 (前払保険料・利息・税金等)			231,793.18
			$ 107,086,231.66

負　債

株式資本金			
普通株600,000株 1株 $ 100.00		$ 60,000,000.00	
優先株300,000株			
7%累積的	$ 30,000,000.00		
控除:20,000株償却 (1915.3.18)			
(会社が合併・清算等の場合には			
優先株は1株 $ 125.00で買戻す			
ことができる)	2,000,000.00	28,000,000.00	$ 88,000,000.00
流動負債			
買掛金		$ 1,357,550.03	
その他債務		929,592.21	
支払手形		2,115,500.00	4,402,642.24
引当金			
偶発債務引当金		$ 2,000,000.00	
年金引当金		100,000.00	2,100,000.00
優先株を買戻すための引当金 (剰余金処分)			2,000,000.00
剰余金			10,583,589.42
			$ 107,086,231.66

「不動産・建物・プラント・機械・装置」に係る (減価償却引当金 $ 1,945,358.12) のカッコ書き表示は, 1915年当時としては目新しい。流動資産における 「他の会社への投資」 と「フランスの子会社への純投資」, 「通常の売掛金」と

「その他の売掛金」の区分表示,「金庫株」の表示と優先株の説明的表示も評価される。しかし,資産全体の54%を占める「営業権＄57,798,000.00」は"ラウンド"の数値でありその根拠も不明である。

「連結剰余金計算書」（Consolidated Surplus Account）と「連結損益計算書」（Consolidated Profit and Loss Account）は,以下のとおりである。

連結剰余金計算書（1915年12月31日）

剰余金（1915年1月1日）		＄ 3,177,909.63
1915年度純利益		12,265,679.79
		＄15,443,589.42
控除：		
7％累積的優先株11,000株償却	＄1,100,000.00	
偶発債務引当金繰入額	1,700,000.00	
年金引当金繰入額	100,000.00	
7％優先株配当金	1,960,000.00	4,860,000.00
		＄10,583,589.42

連結損益計算書（1915年12月31日終了年度）

純売上高		＄55,416,866.55
控除—製造費・販売費・一般管理費		42,825,908.57
営業利益		＄12,590,957.98
加算—その他利益		467,690.59
		＄13,058,648.57
控除—金庫株償却損（額面価格との差額）	＄ 11,877.55	
減価償却費	734,544.86	
支払利息等	46,546.37	792,968.78
純利益（剰余金勘定へ）		＄12,265,679.79

簡単な連結損益計算書であるが,「純売上高」と「製造費・販売費・一般管理費」「営業利益」「その他利益」「減価償却費」「支払利息等」の表示は,1915年当時としては評価される。

全体としては,良好な財務ディスクロージャーである。

第10章　1910年代中頃以降のライバル3社の財務ディスクロージャー　377

　このような様式と内容の連結貸借対照表と連結剰余金計算書それに連結損益計算書は，1919年度にも見られる〔1919年度は連結損益計算書が連結剰余金計算書より先に記載されている。妥当である〕。

(2)　1920年12月期（第8期）〜1924年12月期（第12期）
── 優良，営業権の水抜き，良質な監査証明書

　1920年12月期（第8期）報告書（1頁がたて25cmよこ20cmと拡大。A4判のたて5cmよこを1cm縮小したサイズ）において，B.G. Work社長は，売上高は＄150,000,000.00をわずかに超えたこと，税引前純利益は＄2,711,286.56，天然ゴムとファブリック（359頁）の市場価格の低下に備えるため＄8,000,000.00を剰余金処分により偶発債務引当金に繰り入れ，同引当金は期末現在＄10,000,000.00であること，優先株11,880株を償却し金庫株としたことを株主に伝えた。

　続く Lovejoy, Mather, Hough & Stagg の監査証明書は，以下のとおりである（下線は著者）。

CERTIFICATE OF ACCOUNTANTS
LOVEJOY, MATHER, HOUGH & STAGG,
Public Accountants and Auditors
123 Liberty Street, New York City.

March 3, 1921.

To the President and Board of Directors of
The B.F. Goodrich Company :
Dear Sirs :

　We have examined the books and accounts of The B.F. Goodrich Company (a New York Corporation) and its Subsidiary Companies for the fiscal year ended December 31, 1920, and certify that the annexed Balance Sheet and relative Surplus and Profit and Loss Accounts for the period are in accordance therewith, subject to the exclusion from both sides of the Balance Sheet of the value of Patents, Trade-marks and Goodwill shown by the books of the company. These accounts now include in consolidated form all companies in which The B.F. Goodrich Company owns a majority of the stock, including Societe Francaise B.F. Goodrich and B.F. Goodrich Scocieta Anonima Italiana.

We have examined the securities and verified the cash on hand and have seen certificates from the depositories in support of the funds and securities held by them.

We are satisfied that full provision has been made for Doubtful Accounts and Bills Receivable; that the valuations of the partly manufactured and finished goods and supplies do not exceed cost; that crude rubber and fabrics have been priced substantially below average cost, which prices approach the nominal market quotations existing at December 31, 1920; that the Defered Charges represent expenditures properly chargeable to future operations; and that due care has been exercised to include all known liabilities, excepting that no provision has been made for Income and War Excess Profits Taxes other than actual cash paid as per Surplus Account. The Reserve for Contingencies has been increased to a figure of $10,000,000.00 by a transfer from Surplus of $8,000,000.00, which addition is to provide for anticipated losses on raw material commitments for future delivery and covers the difference between commitment prices and prices of corresponding materilas in the inventory.

We verified the additions to the Plant Accounts and satisfied ourselves that they represent legitimate capital charges and that ample provision has been made for depreciation.

AND WE CERTIFY that in our opinion, subject to the above, the annexed Balance Sheet is properly drawn up so as to show the true financial position of the Company on December 31, 1920, and that the relative Profit and Loss Account for the year ended that date correctly shows the results from operations.

LOVEJOY, MATHER, HOUGH & STAGG
Member of The American Institute of Accountants.

第1パラグラフの下線部分の前半は,「パテント・トレードマーク＄1.00」と「営業権＄57,798,000.00」が帳簿に記載されているが, 連結貸借対照表の「無形資本性資産 ―」に記載されているように (380頁), 連結貸借対照表は有形資本性資産に基づいて会社の状態を示しているのでこれらを資産として計上せず, かつ, 営業権を評価して発行した普通株資本金も株式資本金を構成しないとして (381頁), それぞれの評価額を資産と株式資本金から除外していることを指摘しているのである。この点については連結貸借対照表にその旨表示されているので, 限定事項というよりも説明事項といえるであろう〔会社側の貸借対照表作成方針の妥当性に関する監査人の意見は見られないが, その処理を妥当と判断しているものと考える〕。

また, 第1パラグラフの下線部分の後半は, 連結財務諸表の対象は The B.F. Goodrich Co. と当社が過半数の所有権を有するすべての会社であり〔会社数は示していない〕, これには〔フランスとイタリアの子会社である〕Societe Francaise B.F. Goodrich と B.F. Goodrich Scocieta Anonima Italiana も含まれることを指摘している。本来は会社が明示すべき事項である。

第3パラグラフの下線部分は, 連結剰余金計算書で示すように実際に支払った所得税及び戦時超過利得税 (＄3,057,627.24) 以外に〔税務当局の判断によっては〕支払わなければならない税金に対する納税引当金は設定されていないこと, そして, 原材料先物購入契約に基づく価格に起因する予想される損失を補塡するために剰余金を＄8,000,000.00積み増し, 偶発債務引当金は期末現在＄10,000,000.00であることを補足説明している。最後のパラグラフの監査証明で"subject to the above"と記してしているので, 納税引当金については「限定事項」といえる。説明事項を含み良質な監査証明書である。

連結貸借対照表は, 以下のとおりである。

連結貸借対照表 (1920年12月31日)

資　　産

流動資産：

現金預金	＄ 3,058,314.68
合衆国自由公債及びカナダ戦勝国債	44,917.85
受取手形	1,071,126.67

通常の売掛金（貸倒引当金・割引等控除後）	20,172,177.69	
その他売掛金	503,964.77	
原材料・仕掛品・完成品	72,631,057.55	$ 97,481,559.21

金庫株
　　（7％累積的優先株14,186株，額面金額）　　　　　　　　　1,418,600.00
他の会社への投資及び貸付金　　　　　　　　　　　　　　　　6,153,213.68
有形資本性資産（Tangible Capital Assets）:
　不動産・建物・機械・その他装置
　　（減価償却及び陳腐化引当金
　　$8,611,998.52控除後）　　　　　　　　　　　　　　　　32,828,063.53
無形資本性資産（Intangible Capital Assets）:
　帳簿には営業権$57,798,000.00とパテント・
　トレードマーク$1.00が計上されているが，
　貸借対照表はこれらの無形資本性資産を
　考慮せず，有形資本性資産に基づいて
　会社の状態を示している。　　　　　　　　　　　　　　　　　　　—
繰延費用（前払保険料・利息・税金等）　　　　　　　　　　　1,028,675.86
　　　　　　　　　　　　　　　　　　　　　　　　　　　$138,910,112.28

負　　債

流動負債:		
支払手形	$ 29,122,955.76	
買掛金（従業員のための自社株購入		
債務$84,821.59を含む）	2,580,236.19	
その他負債	1,461,331.13	$ 33,164,523.08

借入手形（5年7％，1925.4.1償還）　　　　　　　　　　30,000,000.00

引当金:		
偶発債務引当金及び原材料先物取引に		
係る引当金	$ 10,000,000.00	
年金引当金	600,000.00	
戦時施設償却引当金	1,225,063.73	
その他発生債務		
（前受賃借料$134,597を含む）	184,561.14	12,009,624.87

株式資本金及び剰余金
　　（無形資本性資産を除く）:
　優先株7％累積的450,000株，
　　1株$100.00　　　　　　　　$45,000,000.00

控除：65,880株償却
　　　（1920年度に11,880株償却）　6,588,000.00　　$38,412,000.00

優先株 7 ％累積的100,000株,
　　 1 株 $ 100.00
　　授権株式数・未発行　　　$ 10,000,000.00

普通株
　　授権株式数―1,500,000株, 無額面株,
　　　発行済株式（1920年 1 月 1 日現在）
　　　600,000株,
　　　 1 株 $ 100.00　　　$ 60,000,000.00
　　控除―無形資本性資産の
　　　パテント・トレードマーク・
　　　営業権を除く　　　　 57,798,001.00
　　　　　　　　　　　　　$ 2,201,999.00
　　1920年度に無額面株1,400株
　　　 1 株 $ 80で発行　　　 112,000.00
　　　　　　　　　　　　　$ 2,313,999.00
　　利益剰余金　　　　　 22,706,498.92　　25,020,497.92
　　従業員新株申込金　　　　　　　　　　 303,466.41　 63,735,964.33
偶発債務：
　　従業員借入金保証
　　（従業員株式担保提供）　$ 1,036,578.24

　　　　　　　　　　　　　　　　　　　　　　　$138,910,112.28

注記：1920年10月27日に決定した普通株配当金 1 株 $ 1.50（1921年 2 月15日支払
　　　予定）は上の剰余金から控除されていない。

　このように, 1920年度連結貸借対照表は今期より採用した流動性配列法によ
り 1 頁のスペース一杯の情報を開示した。特に, 負債の「引当金」と「株式資
本金及び剰余金」についての開示は詳細である。また, 1920年当時における
「利益剰余金」（Earned Surplus）の用語の使用も先進的である。加えて, 「無形
資本性資産」について「―」を示し〔金額を記載していない〕, 「会社の帳簿には
『営業権 $ 57,798,000.00』と『パテント・トレードマーク $ 1.00』が計上され
ているが, 貸借対照表はこれらの無形資本性資産を考慮せず, 有形資本性資産

に基づいて会社の状態を示している」と説明している。そして，負債の「普通株資本金（発行済）＄60,000,000」から「営業権・パテント・トレードマーク＄57,798,001.00」を差し引き，その差額＄2,201,999.00を普通株資本金として表示している。これは，創立時の株式の水割り発行の結果としての営業権を帳簿上維持しつつ貸借対照表において水抜きを行ったということである。この説明的開示は高く評価される。

　すでに検討したように，ライバルの The Good Year Tire & Rubber Co.〔同社の1919年度売上高は＄168,914,982，The B.F. Goodrich Co. の1919年度売上高は＄141,343,419と拮抗している〕は，1920年度1,500万ドルを超える赤字会社に転落した。一方，The B.F. Goodrich Co. は，優先株7％と普通株6％の配当を実施し，偶発債務引当金＄10,000,000を備え，期末剰余金は＄22,706,498.92である。社長は「当社の財政状態は excellent である」と胸を張った。

　The B.F. Goodrich Co. と子会社の連結損益計算書及び剰余金計算書は，以下のとおりである。

連結損益計算書（1920年12月31日終了年度）

純売上高		$150,007,345.53
控除—製造費・販売費・一般管理費・		
原材料評価損を含む		142,250,719.50
		$　7,756,626.03
加算—その他利益		976,346.63
		$　8,732,972.66
控除—減価償却費	$1,939,759.84	
社債利息・借入手形利息等	3,726,707.96	
借入手形発行費用	355,218.30	$　6,021,686.10
純利益（剰余金勘定へ）		$　2,711,286.56

連結剰余金計算書（1920年12月31日）

残高（1920年1月1日）	$　41,203,046.05
加算—1920年度純利益	2,711,286.56
優先株償還差益	45,775.00
	$　43,960,107.61

控除―優先株配当金 7 ％	$2,688,840.00	
普通株配当金	3,604,200.00	
法人税・超過利得税	3,057,627.24	
年金引当金繰入額	100,000.00	
借入手形発行費償却	2,012,903.70	
外国為替差損	1,790,037.75	
原材料先物取引引当金繰入額	8,000,000.00	21,253,608.69
		$ 22,706,498.92

　連結損益計算書の「製造費・販売費・一般管理費」については分解して表示してほしいが，連結剰余金計算書は，1915年度連結剰余金計算書（376頁）に比し，「法人税・超過利得税」「借入手形発行費償却」「外国為替差損」「原材料先物取引引当金繰入額」を新たに明示した。連結貸借対照表を含み1920年当時における当社の財務ディスクロージャーは優良と評価することができよう。

　1924年12月期（第12期）報告書（1頁の大きさは1920年度と同じ）は全15頁で構成されたが，表紙，空白，取締役・役員名，国内工場支店所在地・海外支店・海外卸売業者名等で 6 頁を占めた。B.G Work 社長は，当社と子会社の当期売上高（$109,817,685.00）と前期売上高（$107,092,730.00），当期純利益（$8,822,504.00）と前期純利益（$3,025,383.00）を指摘し，前期末の銀行借入金（$8,500,000.00）を返済し現在は借入金 0 であること，引当金は十分であること，原材料の先物取引についても問題はないこと（Your Directors feel that the Company occupies a favorable position with respect to its commitments for raw materials purchased for future delivery），優先株23,760株の償却を決定しこのうち13,684株については金庫株として計上していることなどを報告した。

　Stagg, Mather & Co.（396頁注 1 ）の監査証明書（1925年 2 月14日付）は1920年度の監査証明と同様，「パテント・トレードマーク・営業権」は帳簿に記載されているが貸借対照表には「―」とされ，同時に普通株資本金から控除されていることを指摘するとともに，当年度の利益に対する法人税引当金と1924年12月31日までに実際に支払われた以外の超過利得税に対する引当金が設定されていないことを限定事項とした〔"no provision has been made for

Income Tax on profits of the current year nor for prior Excess Profits Taxes other than actual payments made to December 31, 1924")。

The B.F. Goodrich Co. と子会社の連結貸借対照表と連結損益計算書それに連結剰余金計算書は, 基本的には1920年度のそれらを踏襲した。したがって, この間 (1920年度~1924年度) も優良な財務ディスクロージャーをキープした。

(3) 1934年12月期 (第22期) — 優良なディスクロージャーをキープ

1934年12月31日に終了する年度の第22期報告書は全19頁で, その構成は, 役員名, 本店・支店と外国会社の所在地, 製品の写真等7頁, 社長から株主へのメッセージ2頁, 見開き2頁の連結貸借対照表, 連結損益計算書1頁, 監査証明書1頁である。

社長は株主に以下を伝えた。

① 1934年度の純売上高は＄103,871,717, 1933年度は＄79,293,495で31％増加した〔10年前の1924年度の連結売上高は＄109,817,685であるから, 前年に比し回復しつつも, 不況の影響を大きく受けている〕。

② 減価償却引当金繰入額と支払利息, 連邦税, 子会社の少数株主持分利益を控除した後の当期利益は＄2,534,679 (前年度は＄2,272,514), これには当期の営業に関係しない有価証券売却益や社債償還益等の特別利益＄872,666 (前年は＄2,425,678) が含まれている。通常の営業利益 (results from ordinary operations of the business) は＄1,662,013 〔＄2,534,679－＄872,666〕で前年度〔＄2,272,514－＄2,425,678＝▲＄153,164〕より業績は改善している。

③ 未実現の為替差益は利益に含めていないが, 未実現の為替損失に対しては引当金を設定している。

④ 流動資産＄57,666,556に対して流動負債は＄9,414,282で, 流動比率は6.12対1である。現金と短期の外国預金それに合衆国証券は合計＄6,570,310である。当年度中に運転資本が＄3,260,361増加した。貸借対照表の「銀行借入金及び支払手形」は外国子会社に係るものである。

⑤　棚卸資産は＄8,919,808増加したが，その要因は原材料価格の上昇，賃金の上昇，それに拡大する需要に対する完成品の増加である。

⑥　原材料と仕掛品の原材料部分それに完成品については，取得原価と1934年12月31日現在の市場価格を比較し低い方で評価した。原材料の購入に係る先物取引価格は期末の市場価格より低い金額で契約している。

連結貸借対照表には「閉鎖された銀行への預金＄243,985.72」が登場し，「偶発債務 ― 従業員の銀行借入金に対する保証＄1,036,578.24」も注記されたが，基本的には1920年度（379頁）と同じである。

連結損益計算書は，これまでの剰余金計算書も取り込み以下のとおりである。

連結損益計算書（1934年12月31日終了年度）

純売上高		＄103,871,717.95
控除―製造費，販売費，一般管理費		95,921,301.97
		＄　7,950,415.98
加算：		
社債償還益	＄　　47,227.54	
特別利益―有価証券売却益	953,651.89	
その他収益	590,779.56	1,591,658.99
		＄　9,542,074.97
控除：		
減価償却費	＄3,945,802.51	
社債利息・借入手形利息等	2,501,773.19	
外国為替差損		
（特別損失＄128,212.21控除後）	51,337.96	
納税引当金繰入額	457,000.00	6,955,913.66
		＄　2,586,161.31
控除：		
子会社少数株主持分純利益		51,481.86
当期純利益		＄　2,534,679.45

連結損益計算書の様式も1920年度（382頁）以降変わっていない。

そして，Stagg, Mather & Hough, Public Accountants の監査証明書は，以下のとおりである。

February 13, 1935

To the President and Board of Directors of
The B.F. Goodrich Company :

We have made an examination of the consolidated balance sheet of The B. F. Goodrich Company and its subsidiary companies as at December 31, 1934 and of the consolidated profit and loss account for the year 1934. In connection therewith we have examined or tested accounting records of the Company and other supporting evidence and obtained information and explanations from officers and employees of the Company ; we also made a general review of the accounting methods and of the operating and income accounts for the year, but we did not make a detailed audit of the transactions.

We are satisfied that proper provision has been made for doubtful accounts and bills receivable ; that the raw material inventories and the material content of unfinished and finished goods on hand have been valued at the lower of cost or market prices on December 31, 1934 ; that the defered charges represent expenditures properly chargeable to future operations ; and that due care has been exercised to include all known liabilities.

The investment in Hood Rubber Company, Inc. is carried in the annexed balance sheet under investments. We have not examined the accounts of that company but have been furnished with its financial statements as of August 31, 1934, the end of its fiscal year, certified by independent auditors, and with unaudited statements as at December 31, 1934, both of which indicate that your Company's equity is substantially in excess of the amount included in the annexed balance sheet.

In our opinion, based upon such examination, the accompanying balance sheet and related profit and loss account fairly present, in accordance with accepted principles of accounting consistently maintained by the Company during the year under review, its position at December 31, 1934 and the results of its operations for the year.

冒頭と最後のパラグラフは,「監査報告書モデル」に準拠している (748頁)。第2パラグラフは,これまでどおり貸倒引当金の適正性や棚卸資産の原価時価比較低価法による保守的評価,繰延費用の会計処理の妥当性,負債の計上に正当な注意が払われたことに満足の意を表しており,第3パラグラフは,投資先について一部他の独立監査人の監査証明に依拠したこと,それらの会社に対する当社持分は貸借対照表の金額を大幅に上回っていることを指摘した。

製造費と販売費及び一般管理費は依然として独立表示されていないものの,優良な財務ディスクロージャーを継続している。

そして,The B.F. Goodrich Co. は1938年12月31日に終了する第26期報告書において,初めて「売上原価」(Cost of goods sold) と「販売費及び一般管理費」(Selling, general and administrative expenses) を区分表示した連結損益計算書 (Consolidated Profit and Loss Account) を開示した。この年,ライバルの The Goodyear Tire & Rubber Co. も初めて「売上原価」を開示したことは,すでに指摘したとおりである (372頁)。

連結損益計算書 (1938年12月31日終了年度)

純売上高(割引,運送中のもの,物品税は除く)		$115,037,867.63
控除—		
売上原価	$75,025,170.39	
販売費及び一般管理費	32,271,292.00	
合計(減価償却費を除く)		107,296,462.39
		$　7,741,405.24
控除—減価償却費		4,087,420.53
		$　3,653,984.71
加算—		
社債償還益(額面額と買入価額との差)	$　　97,107.25	
為替差益(外国子会社勘定換算)	476,202.45	
特別利益(引当金戻入れ)	149,696.09	
その他利益	723,052.63	
少数株主負担子会社の損失	704.54	1,446,762.96
利息及び連邦所得税控除前利益		$　5,100,747.67

控除—

支払利息（社債，転換社債，借入手形に係るもの）	2,460,628.02
連邦所得税控除前利益	$ 2,640,119.65
控除—連邦所得税準備金繰入額	400,000.00
利益（剰余金へ）	$ 2,240,119.65

3 United States Rubber Company

(1) 1920年12月期（第30期）— 平均的開示

業界最大手の United States Rubber Company は，1892年3月に設立された（78頁）。1920年12月31日に終了する第30期報告書は，たて21.5cm よこ14.5cm のA5判を1頁とする全12頁である。取締役会メンバーや役員の紹介に続いて，取締役会議長は，当社は株主総会の前に財政状態と経営成績についての報告書を株主に送付していること，以下の計算書はグループ間の取引を相殺してあること〔この時代におけるこの指摘は評価される〕，Haskins & Sells が監査証明したことなどについて指摘した。

そして，以下のような「1920年度売上高及び利益」（Volume of Business and Profits for the Year 1920）を示した。

1920年度売上高及び利益

1920年度の純売上高は $ 256,150,130 で，前年度に比し $ 30,560,665 増加した。

純利益（Net Income，支払利息控除前，プラント減価償却費		
及び米国・カナダ・英国における法人税控除後）		$ 26,864,297
支払利息		5,643,314
当期純利益（Net Profits）		21,220,983
優先株配当金（1921.1.31予定分も含む）	5,200,000	
子会社少数株主への配当金	18,718	
合　計		5,218,718

普通株に適用される剰余金		16,002,265
普通株配当金（8％，1921.1.31予定分も含む）		6,480,000
当期剰余金		9,522,265
当期調整額加算		492,952
合　計		10,015,217
偶発債務引当金繰入額		6,000,000
剰余金残高		$ 4,015,217
期首剰余金	52,310,163	
普通株配当金（12.5％，1920.2.19）	9,000,000	
剰余金残高		43,310,163
当期剰余金（1920年12月31日現在）		$ 47,325,380

　売上高の指摘は評価できるが，純利益算定プロセスはまったく不明である。優先株配当金は当期利益処分，普通株配当金は剰余金処分については論理的である。偶発債務引当金繰入額は「棚卸資産の評価や契約等に係り今後発生するかもしれない債務に備えるため」とのことである。1920年当時としては平均を下回る損益情報の開示である。当社もそれを自覚してか，損益計算書と言わず「売上高及び利益」と称している。

　続いて，財務諸表の主要な項目について説明している。例えば，棚卸資産については原料の下落により$11,151,444の評価減を実施し以前に設定した引当金を取り崩して補填したこと，$6,000,000を引当金に繰り入れたこと〔貸借対照表上は「営業全般引当金」（General Operating Reserves）に含めているのであろう〕，主にタイアプラントの拡大のために$28,616,616を支出したこと，輸出高が前年比9.66％増加したこと，スマトラのゴムプランテーションを拡張したこと，利益共有計画（Profit and Value Sharing Plan）に基づき従業員に株主になるよう奨励していること，現在普通株株主11,878人，優先株株主17,353人，合計29,231人で1919年に比し10,192人も増加したこと，会社は「保守主義に基づく政策」（policy of the conservatism）を今後も継続することなど。

　コントローラー（Comptroller）の提示するUnited States Rubber Co.と子会社の「連結総合貸借対照表」（Cnsolidated General Balance Sheet）は，次頁のとおりである〔子会社数は明示していない〕。

連結貸借対照表（1920年12月31日）

資　産

現金	$ 14,534,846.15	
売掛金	46,329,738.62	
受取手形及び貸付金	2,760,589.82	
完成品	77,353,921.59	
原材料・貯蔵品・仕掛品	46,149,108.89	
流動資産合計		$ 187,128,205.07
従業員振出受取手形		
（従業員が自社株を購入するための資金貸付，当該株式を担保）	7,430,207.04	
U.S. Rubber Co. 普通株（役員との契約）	2,427,705.49	
有価証券（Insurance Fund が保有）	2,486,920.05	
子会社所有の有価証券	7,167,536.14	
プラント・投資・ゴムプランテーション等	177,227,137.18	
前払金・繰延資産	5,384,985.94	202,124,491.84
資産合計		$ 389,252,696.91

負債・剰余金・資本

買掛金（天然ゴム輸入に係る支払手形も含む）		$ 14,094,388.85	
未払金		3,874,158.18	
支払手形		49,405,000.00	
流動負債			$ 67,373,547.03
社債及び手形借入金			
U.S. Rubber Co. 社債1947年償還			
（$ 67,426,800, 5 %, $ 25,000,000, 6 %）		$ 92,426,800.00	
控除　保証のため預入：			
U.S.R. Co. 社債			
5 年 7 %	9,000,000.00		
U.S.R. Co. 社債			
10年7.5%	25,000,000.00	34,000,000.00	
		58,426,800.00	
U.S.R. Co. 社債 5 年 7 %, 1923.12. 1 償還		6,000,000.00	
U.S.R. Co. 社債10年7.5%, 1930年償還		20,000,000.00	
Canadian Consolidaed Rubber Co. 社債		2,600,000.00	

社債及び手形借入金合計		87,026,800.00
負債合計		$ 154,400,347.03
減価償却引当金	16,648,727.19	
営業全般引当金	8,022,615.10	
保険引当金	2,855,277.88	
納税引当金	4,093,874.53	
配当準備金	2,920,000.00	
引当金合計		$ 34,540,494.70
株式資本金―優先株	65,000,000.00	
株式資本金―普通株	81,000,000.00	
少数株主持分		
（Canadian Cons. Rubber Co. 株）	277,200.00	
株式資本金合計	$ 146,277,200.00	
子会社剰余金	6,709,275.22	
剰余金	47,325,379.96	
剰余金合計	$ 54,034,655.18	
株式資本金・剰余金合計		200,311,855.18
負債・引当金・資本金合計		$ 389,252,696.91

　貸借対照表は流動性配列法であり，「社債及び手形借入金」や「引当金」は説明的な開示である。「プラント・投資・ゴムプランテーション等177,227,137.18」が資産全体の46％も占めているが，その内容についての説明はない。1920年当時としては平均をやや上回る貸借対照表である。

　Haskins & Sells は，次のような監査証明書を発行した。

New York, March 22, 1921

　We haved audited, for the year ended December 31, 1920, the books and accounts of the United States Rubber Company and its Subsidiary Companies, excepting certain of the foreign Subsidiaries, as to which we have accepted reports of other accounting firms and of the Companies themselves, and

　We Hereby Certify that, in our opinion, the accompanying Consolidated General Balance Sheet correctly sets forth the financial condition of the Companies on December 31, 1920, and that the foregoing statement of Volume

of Business and Profits correctly shows the operations for the fiscal year
ended that date.

HASKINS & SELLS

Certified Public Accountants

　監査範囲と監査意見のみを記述する，見方によってはすっきりした監査証明書である。

　以上が株主29,231人を有する名門企業の株主宛報告書のすべての財務情報である。1920年時としては平均的財務ディスクロージャーといえるであろう。

(2)　1921年12月期（第31期）—「売上高及び利益」計算書の省略

　1921年度（第31期）報告書は，1頁の大きさがたて27.5cm よこ20cm（A4判のたて2cmよこ1cmを縮小したサイズ）と拡大され全12頁である。取締役会議長は，以下について報告した。

① 当期純売上高は＄164,706,621，これは前期に比し＄91,443,510, 35.7%も減少し，当期純利益は＄492,811に終わった。前期から繰り越された製品について＄6,113,629の評価減を実施し，このうち＄2,022,615は前年度に設定した〔営業全般〕引当金で補填し，＄4,091,014は前期損益修正損として処理した。原材料と貯蔵品については公正な市場価格（fair market prices）を基準に＄6,425,000の評価減を実施し〔営業全般〕引当金で補填した。さらに，綿製ファブリック（cotton fabrics, 359頁）についても＄6,594,031の評価減を剰余金で処理した。

② 完成品については累積的平均原価法（cumulative average cost）により評価した。期末棚卸資産＄76,942,027は期首棚卸資産＄123,503,030に比し＄46,561,003も減少した。期末棚卸資産の約66%は販売支店で保管されている。

③ 負債は合計＄40,681,798減少した。

④ 1921年12月31日現在の連結剰余金は＄30,048,439で，前期末に比し＄17,276,941減少したが，その理由は以下のとおりである。

綿製ファブリック評価減（上述）	$ 6,594,031	
製品評価減（上述）	4,091,014	10,685,045
前期修正損		5,989
前期に係る修正損合計		10,691,034
普通株配当金（1921. 4 .30）	1,620,000	
優先株配当金（1922. 1 .31予定分も含む）	5,440,000	
子会社の少数株主への配当金	18,718	7,078,718
		17,769,752
1921年度純利益		
（すべての費用と固定債務に係る費用及び		
上述した綿製ファブリック評価減と		
製品評価減合計約＄10,000,000控除後）		492,811
剰余金の減少		$17,276,941

また，議長は，棚卸資産の巨額な評価減や売上高の減少，利益の大幅のダウンにもかかわらず引当金等で処理した結果，当社は"strong financial condition"であると強調した〔The Goodyear Tire & Rubber Co.の財政破綻に伴う再編を意識しているのであろう。362頁〕。

前期に開示されていた損益計算書とは呼ばない「売上高及び利益」（388頁）は省略されてしまった。ただし，議長報告の①や④の普通株・優先株配当金，子会社少数株主への配当金等の指摘で一部補足されている。

連結貸借対照表は1920年度のそれを踏襲したが，明らかに財務ディスクロージャーには消極的である。

(3) 1922年12月期（第32期）〜 1928年12月期（第38期）
　　— 依然として損益計算書を発行せず

1922年度（第32期）報告書においても損益計算書は開示されなかった。しかし，これまで貸借対照表の負債に表示されていた「社債及び手形借入金」が「固定債務計算書」（Statement of Funded Indebtedness）として独立して添付された。次頁がそれである。

固定債務計算書（1922年12月31日）

社債 5 ％1947年償還 Series A	$ 69,000,000.00	
控除　減債基金により償還済	3,238,200.00	
	65,761,800.00	
控除　自社所有	2,000,000.00	63,761,800.00
社債7.5%，1930年 8 月 1 日償還		
（下記に示すように担保提供）	$ 20,000,000.00	
控除　減債基金により償還済	380,000.00	19,620,000.00
Canadian Consolidaed Rubber Co. 6 ％社債,		
1946年償還		2,600,000.00
合計（貸借対照表計上額）		$ 85,981,800.00

　上の社債7.5%に対し社債 Series B（1947年償還）$ 24,525,000.00を10年間担保として預け入れている。

　また，前年度まで議長報告に含まれていた「剰余金勘定」（392頁④）が「剰余金勘定計算書」（Statement of Surplus Account）として独立表示された。

剰余金勘定計算書

剰余金（1921年12月31日）			$ 30,048,439.27
1922年度純利益		$ 12,662,110.81	
固定債務利息（すべての費用,			
利息控除後当期純利益）		4,970,071.97	
		7,692,038.84	
優先株配当金（1923. 1 .31			
支払予定も含む）	5,520,000.00		
Canadian Consolidaed			
Rubber Co. の少数株主			
配当金	18,718.00	5,538,718.00	
当期剰余金			2,153,320.84
			32,201,760.11
前期以前の損益修正			103,938.76
剰余金（1922年12月31日）			$ 32,097,821.35

1923年度から1928年度までの報告書は1921年度と同じ大きさを１頁（ほぼＡ４判）とし，財務情報の開示については1921年度と大きな変化はなかったが，1929年度では1920年度のＡ５判に戻ってしまった。

　そして，1931年度（第41期）報告書において，1892年の創立以来初めて以下の「連結損益及び剰余金計算書」（Consolidated Income and Surplus）を開示した。

United States Rubber Company と子会社の

連結損益及び剰余金

純売上高（すべての割引・値引控除後）			$114,132,054.66
売上原価・販売費・一般管理費（減価償却費を除く）			108,608,460.72
営業利益			5,523,593.94
支払利息			4,892,735.72
純利益			630,858.22
プラント減価償却費			9,672,924.36
純損失			9,042,066.14
調整：棚卸資産評価損	$2,716,206.91		
外国為替差損	1,214,497.55		
有価証券評価損	101,591.14	$4,032,295.60	
控除：前期剰余金調整益		2,160,641.18	
		1,871,654.42	
閉鎖プラントに係る費用		401,357.54	
その他費用（少数株主配当金を含む）		192,475.31	
		2,465,487.27	
控除：償還社債の購入価格と額面の差益		2,034,149.04	431,338.23
期末剰余金（欠損）		$	9,473,404.37

　1932年１月20日時点の優先株主は13,799人，普通株主は12,875人，合計26,674人であった。

〔小括〕

ゴム業界大手 3 社の財務ディスクロージャーについては，The B.F. Goodrich Co. がリードした。当社の1915年度（第 3 期）の財務ディスクロージャーは良好であったが，1920年度（第 8 期）から1924年度（第12期）においては優良なレベルに到達し，以後も1934年度（第22期）までそのレベルをキープした。

また，The Goodyear Tire & Rubber Co. も1916年度から1920年度までは良好な貸借対照表を開示したが，この間，損益計算書は発行されなかった。再編された1921年度には，1898年の創立以来初めて「損益及び剰余金計算書」を開示し，優秀なディスクロージャーを実行した。これは翌1922年度も継承された。1923年度においては，前 2 年度に開示されていた「製造原価」が省略されやや後退したが，それでも良好な財務ディスクロージャーを維持した。

なお，1938年度報告書において，ライバルである B.F. Goodrich と Goodyear Tire の両社が，「売上高」と「売上原価」「販売費及び一般管理費」「減価償却費」の 4 大損益項目を示す損益計算書を発行したことも興味深い。

一方，最大手の U.S. Rubber Co. は，財務ディスクロージャーには消極的であった。貸借対照表はともかく損益計算書は発行されず，1931年度になって創立（1892年）以来初めて「連結損益及び剰余金計算書」を開示した。

◆注 ───────

1　1925年版の *Moody's Industrials* に掲載されているアメリカ企業4,070社を調査したところ，"General Auditor" として会計事務所と契約している企業は1,502社（36.9％）であった。そして，1,502社に対して320の会計事務所が関与していたが，Stagg, Mather & Co.（Lovejoy, Mather & Hough から名称変更。383頁）は12社と契約し全米第15位であった（拙著『アメリカ監査制度発達史』中央経済社，1984年，92，109頁）。

第11章

支配会社と従属会社の財務ディスクロージャー

　E.I. du Pont de Nemours & Company と General Motors Corporation は，1919年から1962年の独禁法違反判決まで43年間，「支配会社」と「従属会社」の関係にあった。本章は，両社の財務ディスクロージャーと監査について検討する。

 E.I. du Pont de Nemours & Company

(1) 1920年12月期 ― 先進的開示

　E.I. du Pont de Nemours & Company は1915年10月4日デラウェア州において組織されたが，その起源はフランス革命（1789-1799）の混乱を逃れるために1799年アメリカに亡命した Eleuthere Irenee du Pont（1771-1834）が火薬工場を設立した1802年である。

　118年目に当たる1920年12月31日に終了する年度の報告書の表紙には"established 1802"と記されているが，それは，たて20cmよこ13cmというA5判をやや縮小したサイズを1頁とする全20頁で構成されている。

　まず，Irenee du Pont 社長は，15頁にわたって以下の事項について株主に報告した。

① 連結対象会社は子会社 3 社（E.I. du Pont de Nemours & Co. of Penna., E.I. du Pont de Nemours Export Co., Rokeby Realty Co.）で，当社は 3 社の発行済株式を100％所有している〔当時ほとんどの会社は連結対象会社数を明らかにしなかったので，この情報は極めて重要であり高く評価される〕。

② 戦時契約（War Contracts）に係る対政府債権は＄26,375,692.55であるが，対政府債務を控除すると債権は＄2,013,410.18である。

③ 1919年11月財政困難に陥った General Motors（GM）を支援するため，当社が大量の GM 株を購入することにより GM の経営に参画することになった経緯について3.5頁にわたって詳細に紹介している（We take over the management and control of that corporation.）。

④ 投資有価証券には Chevrolet Motor Company（1911年11月 3 日設立）の株式が含まれているが，当社は同社の発行済株式のおよそ 3 分の 2 を所有している。また，非連結子会社の未処分利益はおよそ＄13,000,000で，これらの会社の純資産価値は当社の帳簿価額を＄50,000,000も上回っている〔この指摘もよし〕。

⑤ 原材料と完成品は原価時価比較低価法により，仕掛品は半製品の価格を基礎として評価している。

⑥ 親会社である当社と子会社及び各子会社に対する当社の株式所有率を組織図（chart）のように示している。これによると，子会社は14社，うち完全子会社は 9 社で，完全子会社である Du Pont American Industries, Inc. は General Motors Corporation の株式を29.57％も所有していることがわかる〔グループ子会社名と各社の発行済株式に対する E.I. du Pont de Nemours & Co. の所有率を示す他社に類を見ない極めて重要な資料である〕。

⑦ 1916年以降 4 年間の法人税支払額（1916年度＄15,788,286.30，1917年度＄21,596,975.64，1918年度＄12,903,919.76，1919年度＄1,373,383.27，合計＄51,662,564.07），従業員ボーナスプラン（1920年度は会社に多大な貢献をした従業員994人に普通株合計2,880株を付与），従業員株式引受けプラン（従業員にとって有利に改正した新プラン），年金プラン（15年以上勤務した従業員に付与），そして以下のような1915年から当年度までの株主数と配当率等について 4 頁を費やした〔明らかに従業員株主を意識した報告である〕。

第11章　支配会社と従属会社の財務ディスクロージャー　399

1915年12月31日 ── 株主3,890人，うち1,122人29%は従業員
1916年12月31日 ── 株主4,221人，うち1,448人34%は従業員
1917年12月31日 ── 株主5,409人，うち2,445人45%は従業員
1918年12月31日 ── 株主7,203人，うち3,221人45%は従業員
1919年12月31日 ── 株主8,137人，うち3,613人44%は従業員
1920年12月31日 ── 株主9,764人，うち3,398人35%は従業員

1915年度 ── 配当率30%，　1916年度 ── 配当率100%
1917年度 ── 配当率51%，　1918年度 ── 配当率26%
1919年度 ── 配当率18%，　1920年度 ── 配当率18%

　続いて，財務諸表に先立って取締役会及び株主に宛てられた Ernst & Ernst の監査証明書が添付された。

ERNST & ERNST
AUDITS AND SYSTEMS
TAX SERVICE
PHILADELPHIA

February 24th, 1921.

TO THE BOARD OF DIRECTORS AND STOCKHOLDERS,
E.I. DU PONT DE NEMOURS & COMPANY,
WILMINGTON, DELAWARE

We submit herewith Consolidated Balance Sheet and Profit and Loss Account for the year ended December 31, 1920 based upon our audit of your books of account and records.

The investments in various subsidiary and other outside companies are stated in the Balance Sheet as "Securities Held For Permanent Investment" and are valued as per books based upon original cost. We have reviewed the accounts of the companies, the securities covering which are included as investments.

The Assets consisting of Bank Balances, Notes and Accounts Receivable and Merchandise Inventories have been examined by us and adequate reserves have been, in our opinion, provided for doubtful items. Inventories have been reduced to the lower of cost or market values and certified to us by responsible officials.

The Liabilities stated cover all known unpaid items and the reserves appear to us to be adequate for the purpose provided.

The Net Profit for the year is after all charges for depreciation of property, losses, reserves, etc., but is before the special mark-down of inventories which has been charged against a reserve previously created for contingencies of this kind.

Subject to the foregoing and the fact that we made no inspection of the corporate minutes, WE HEREBY CERTIFY that, in our opinion, the Consolidated Balance Sheet and relative Summary of Consolidated Profit and Loss and Surplus account present a full and fair statement of the affairs of your company at the date and for the period stated.

Yours very truly,
Ernst & Ernst

*　　　*　　　*

E.I. du Pont de Nemours & Company
取締役会及び株主殿, Wilmington, Delaware

1921年 2 月24日

我々は，貴社の会計帳簿及び会計記録を監査した結果に基づく1920年12月31日に終了する年度の連結貸借対照表と連結損益計算書をここに提出する。

子会社及びその他の会社に対する投資は貸借対照表において「永久投資有価証券」として表示されているが，それらは取得原価に基づく価額である。我々は，各社の計算書と当該有価証券をレビューした。

我々は，銀行残高，受取手形及び売掛金，製品・商品の資産を監査した。そして，我々の意見によると，疑わしい項目に対して適切な引当金が設定されていることを認める（in our opinion）。棚卸資産は取得原価または市場価値のいずれか低い方の価額まで減額され，かつ責任ある役員による証明書が我々に提出された。

表示された負債はすべて確定している未払項目であり，引当金はそれぞれの目的のために適切であるように我々には思える。

当期純利益は，有形固定資産に係る減価償却費や損失，引当金繰入額等のすべての費用控除後である。しかし，棚卸資産の特別評価損はこの種の偶発事象に対処するために以前に設定された引当金で処理されたので，当期純利益からは控除されていない。

> 　上述のこと及び会社の議事録を検査していないという事実を除いて，我々は，連結貸借対照表と関連する要約連結損益及び剰余金計算書は当日現在及び当該年度の会社の状態を十分かつ適正に表示していることをここに証明する。

　ヘッディングの"AUDITS AND SYSTEMS, TAX SERVICE"の"SYSTEMS"は興味深い。Ernst & Ernst は，"Management Consulting"も主要な業務であることを主張しているのである〔1903年にクリーブランド（Cleveland）で開設された Ernst & Ernst は1925年には"ビッグ 8 "の一角を確保していた（677頁，**表17-3**）〕。

　第 1 パラグラフにより，連結貸借対照表と連結損益計算書〔要約利益及び剰余金〕は Ernst & Ernst が監査した結果に基づいて同会計事務所によって作成されたものであることがわかる。そして，棚卸資産の特別評価損を偶発債務引当金で処理したこと〔特別評価損を当期純利益に反映させなかったこと。その処理の妥当性については見解が分かれるであろう〕及び会社の議事録を検査することができなかったことを「限定事項」とする監査証明書である。

　E.I. du Pont de Nemours & Co. と子会社 3 社の連結貸借対照表は，以下のとおりである。

E.I. du Pont de Nemours & Company と E.I. du Pont de Nemours & Company of Penna., E.I. du Pont de Nemours Export Company, Rokeby Realty Company の比較貸借対照表（12月31日）

資　産	1919	1920
現金・受取手形・売掛金・原材料・完成品	$ 86,096,140.90	$ 86,634,667.22
関係会社貸付金	22,681,199.35	10,629,801.79
市場性ある有価証券	1,523,098.08	1,507,509.27
永久投資有価証券	63,536,896.87	62,811,801.68
不動産（プラントの土地は含まず）	966,707.32	1,049,174.83
製造プラント・パテント・営業権等	65,745,525.82	90,527,629.33
繰延資産	433,052.40	199,286.91
総資産	$ 240,982,620.74	$ 253,359,871.03

負　債

買掛金・支払手形（未払配当金を含む）	$ 12,218,527.82	$ 18,913,260.13
繰延負債項目・前受金	6,572,202.40	4,477,863.35
	$ 18,790,730.22	$ 23,391,123.48
関係会社債務	4,027,686.19	7,286,296.97
株式資本金：		
確定利付株（Debenture stock）	$ 60,813,950.00	$ 70,629,050.00
普通株	58,854,200.00	63,378,335.00
	$ 119,668,150.00	$ 134,007,385.00
減価償却引当金・事故引当金・		
年金等引当金	6,849,031.56	8,540,233.46
偶発債務引当金	19,905,718.36	10,475,083.85
剰余金	71,741,304.41	69,659,748.27
総負債	$ 240,982,620.74	$ 253,359,871.03

注記―永久投資有価証券＄62,811,801.68は取得原価による評価で，各社の帳簿上の純資産価額は合計＄112,8000,000である。したがって，取得原価を約＄50,000,000上回っている。

連結貸借対照表が当社と子会社3社の連結である旨をタイトルとして明示していること，また，前期との比較形式表示も1920年当時としては評価される。ただし，総資産の34％を占める「現金・受取手形・売掛金・原材料・完成品」の項目別金額や36％を占める「製造プラント・パテント・営業権等」の内容は不明である。

E.I. du Pont de Nemours & Co. と子会社3社の「要約利益及び剰余金」（Summary of Income and Profit and Loss）は，以下のとおりである。

要約利益及び剰余金

	1919	1920
純売上高	$ 105,437,932.24	$ 93,983,291.67
純利益	$ 11,620,953.05	$ 15,058,022.21
戦時諸積立金戻入益	6,206,236.33	―
不動産・有価証券等売却損	144,197.64	494,789.85
利益合計	$ 17,682,991.74	$ 14,563,232.36

控除：確定利付株配当金	3,648,822.00	3,813,424.50
残高（普通株に適用）	$ 14,034,169.74	$ 10,749,807.86
控除：普通株配当金	10,593,756.00	6,267,747.00
当期剰余金	3,440,413.74	4,482,060.86
期首剰余金	68,300,890.67	71,741,304.41
合　計	$ 71,741,304.41	$ 76,223,365.27
剰余金取崩：		
株式配当	—	4,524,135.00
確定利付株の割引発行額	—	2,039,482.00
合　計	—	6,563,617.00
期末剰余金	$ 71,741,304.41	$ 69,659,748.27

注記1―棚卸資産は1920年12月31日に再評価され，評価損＄10,342,413.43は偶発
　　　　債務引当金で処理された。

注記2―1920年度の普通株に適用可能な残高＄10,749,807.86に加えて，子会社等
　　　　に対する当社持分は＄13,000,000.00である。両者の合計＄23,749,807.86
　　　　は普通株1株当たり＄37.50に相当する。

　このように，「要約利益及び剰余金」も前期比較形式である。「純売上高」を
掲載し太い横線を引くことによってここで一端区切り，「純利益」に「戦時諸
積立金戻入益」を加算し「不動産・有価証券等売却損」を控除して「利益合計」
を表示，これから「確定利付株配当金」と「普通株配当金」を控除し「当期剰
余金」を示している。純売上高と純利益そして配当金のみの表示であり，費用
は一切示されていない。ただし，脚注の「棚卸資産評価損」と「関係会社利益
に対する持分」及び「1株当たり利益」の指摘は評価される。この年の株主
は9,764人（このうち35％を占める3,398人は従業員株主）であった。

　この1920年度報告書は，貸借対照表や要約利益及び剰余金に関して上で指摘
したような問題点は残るものの，連結範囲や親会社による子会社及び関係会社
に対する株式所有率の明示，前期比較形式の財務諸表の開示，3つの脚注
事項の指摘は先進的であり，良好なディスクロージャーといえる。

(2) 1928年12月期 ―「GM への投資」の表示，「売上高」の消失

　8年後の1928年12月31日終了年度の報告書（1頁の大きさは1920年度と同じで全25頁）において，Lammot du Pont 社長は16頁にわたって，E.I. du Pont de Nemours & Co. と子会社の概況について説明している〔財務情報についての指摘はない〕。ここでも，当社を親会社とする子会社及び関係会社と各社に対する当社の株式所有率を組織図のように示している〔1920年度に比し株式所有率50％以下の会社も表示した〕。これによると完全子会社は10社，51％以上所有子会社が4社，50％所有が5社，42.43％～49％所有が4社である。

　そして，「GM への投資」（Investment In General Motors Corporation）と名付ける項目において，次のようにいう。「1928年度に GM から受け取った配当金は＄37,929,328であり，これには同社の1927年度の利益に係る特別配当金＄9,981,220（1株＄2.50）も含まれている。本報告書発行日時点においてGM の1928年度利益は公表されていないので，GM の利益に対する当社持分は不明である。当社は1928年1月31日現在 General Motors Securities Co. の株式の70％を所有しているが，これにより，GM の発行済普通株3,937,500株を所有していることになる。これと当社が直接保有している GM 普通株54,988株を加えると合計3,992,488株となり，これは GM の普通株発行済総数の22.94％に相当する〔GM の1928年度貸借対照表によると，普通株発行総数は17,400,000株である〕。」

　続いて，Ernst & Ernst に代わる Peat, Marwick, Mitchell & Co. の以下の監査証明書が1920年度報告書と同様，財務諸表に先んじて掲載された。

E.I. du Pont de Nemours & Company,
　Wilmington, Delaware.

New York, January 26, 1929

　We have examined the books and accounts of E.I. du Pont de Nemours & Company ; its wholly owned subsidiary companies, with the exception of The Grasselli Chemical Company (Delaware), organized December 1, 1928 ; and its subsidiaries and companies directly controlled but not consolidated, for the year ending December 31st, 1928, and certify that the attached Consolidated Balance Sheet, Income and Surplus Accounts prepared therefrom, including therein the accounts of the Grasselli Chemical Company and its subsidiaries as certified to by Arther Andersen & Company, in our opinion present the consolidated financial position at December 31st, 1928, and the results of the operations for the year.

Peat, Marwick, Mitchell & Co.

　Peat, Marwick, Mitchell & Co. は，E.I. du Pont de Nemours & Co. 及び完全子会社とその子会社ならびに E.I. du Pont de Nemours & Co. が直接支配している連結対象外の会社の帳簿及び計算書を監査した〔監査対象が広範囲である〕。ただし，連結対象になっている完全子会社の The Grasselli Chemical Co. とその子会社については Arther Andersen & Co. が監査しているので監査しなかった旨報告している。

　次に，社長は，「連結貸借対照表」（Consolidated Balance Sheet）について，その対象会社は「すべての完全子会社」（all wholly owened companies）であることを指摘した。つまり，先の関係会社・株式所有率一覧表によると10社である〔1920年度は 3 社〕。

　連結貸借対照表は前期比較形式ではなく1928年度のみと後退したが，その開示項目は1920年度に比し多少改善している。例えば，1920年度貸借対照表の「現金・受取手形・売掛金・原材料・完成品」が，1928年度では「現金」，「売掛金」，「受取手形」，「棚卸資産」とそれぞれが独立表示された。

　また，投資も「永久投資有価証券」 1 項目から「GM」「非連結直接支配会社＄31,892,116.538（原価評価）」「その他有価証券＄24,395,762.06」の 3 項目となった。新たに表示された「GM」については，貸借対照表において次のように説明している。「GM 普通株＄139,737,080.00， 1 株＄35.00（E.I. du Pont de Nemours & Co. は General Motors Securities Co. に対し70％の持分を所有しているが，これは GM 普通株の3,937,500株に相当する）」。「非連結直接支配会社」（Directly Controlled Companies, not consolidated herein, at cost）の意味は必ずしも明確ではない。連結対象である「完全子会社」以外の当社株式所有率42.43％以上の会社を意味するならば13社，51％以上ならば 4 社である。

「その他有価証券」はグループ会社に対する当社の少数株主持分である。

　「製造プラント・パテント・営業権等」も「製造設備＄133,101,539.57」と「パテント・営業権等」が分離表示された。したがって，「パテント・営業権等＄25,082,391.30」の総資産（＄463,333,203.60）に占める割合は，1920年度の36％から５％に縮小した。

　1928年度の「連結損益及び剰余金計算書」（Statement of Consolidated Income and Surplus）は，以下のとおりである。

連結損益及び剰余金計算書

損益計算書

	1928	1927
営業利益		
（E.I. du Pont de Nemours & Company が直接支配している会社の利益に対する当社持分も含む）	＄ 22,873,188.50	＄ 15,742,817.70
GM への投資からの利益	37,929,327.95 (a)	28,941,597.77 (a)
その他市場性ある有価証券等からの利益	5,850,522.07 (d)	2,458,281.31
利益合計	＄ 66,653,038.52	＄ 47,142,696.78
納税引当金繰入額	2,470,898.81	1,107,881.08
固定債務利息控除前純利益	＄ 64,182,139.71	＄ 46,034,815.70
固定債務利息	84,341.88	86,983.34
純利益	＄ 64,097,797.83	＄ 45,947,832.36
確定利付株配当金	5,364,559.50	4,833,864.00
普通株に係る利益	＄ 58,733,238.33	＄ 41,113,968.36
無額面普通株１株当り利益	＄　　　21.96	＄　　　15.45

剰余金計算書

	1928	1927
期首剰余金	＄ 97,785,243.50	＄ 66,417,566.08
当期純利益	64,097,797.83	45,947,832.36
GM への投資再評価益	19,962,440.00 (b)	26,184,370.56 (b)
確定利付株101,575株発行に伴う剰余金	1,218,900.00	―
無額面株149,392株発行に係る剰余金	*22,333,834.04*	―

Canadian Industries, Limited の		
普通株再評価益	—	2,528,944.24
その他前期以前に係る調整	—	*2,528,944.24*
合 計	$160,730,547.29	$138,549,769.00
確定利付株配当金	5,364,559.50	4,833,864.00
普通株配当金		
第1四半期	16,634,717.50 (c)	13,307,545.00 (c)
第2四半期	7,984,725.00 (c)	5,323,070.00
第3四半期	14,638,680.00 (c)	9,315,384.50 (c)
第4四半期（注記）	10,397,545.89 (c)	7,984,662.00 (c)
配当金合計	$ 55,020,227.89	$ 40,764,525.50
期末剰余金	$105,710,319.40	$ 97,785,243.50

(a) この中には GM からの以下の特別配当金が含まれている。

	1928	1927
第1四半期	$9,981,220	$7,984,976
第3四半期	7,984,976	3,992,488

(b) du Pont Co. の GM 普通株への投資価値は GM の帳簿に基づいて調整されているが，1927年3月現在 $119,774,640，1928年3月現在 $139,737,080と評価された。それぞれの評価額は，GM の1926年12月31日及び1927年12月31日現在の貸借対照表の純資産価値に相応している。du Pont Co. が現在所有している 3,992,488株（額面 $25.00）は1株 $35.00（前回の評価は1株 $30.00）である。

(c) この中には普通株に対する以下の特別配当金が含まれている。

	1928	1927
第1四半期	$ 9,981,220	$ 7,984,976
第2四半期	1,330,829	—
第3四半期	7,984,976	3,992,488
第4四半期	3,370,071	1,330,829
	$ 22,667,096	$ 13,308,293

(d) この中には United States Steel Corporation の普通株114,000株の売却益 $2,286,000が含まれている。

注記：1928年11月19日現在，du Pont Co. の普通株1株につき $4.75の特別配当（1929年1月5日支払予定）が決定している。このうち1株 $1.20合計 $3,370,071は1928年度の普通株配当金に含まれているが，残りの1株 $3.55合計 $9,981,220は普通株配当金に含まれていない。また，GM が1929年1月4日に支払予定する普通株に対する特別配当金（1株 $2.50）も1928年度利益には計上していない。

損益計算書（406頁）での売上高の記載が省略された（402頁）。また，社長報告は，「グループ全体の1928年度の売上高は前年度を約11％，特に第4四半期は前年同期を約16％も上回り，結果として相当な利益（a substantial increase in earnings）をもたらした」「火薬の売上高は前年度に比し大幅に減少した」「化学薬品の販売は好調を続けている」というような抽象的な表現に終始し，金額を明らかにしなかった。これはディスクロージャーの大きな後退である。

　上で見るように，営業利益の内書に（E.I. du Pont de Nemours & Company が直接支配している会社の利益に対する当社持分も含む）とあるが，先に指摘したように，「直接支配会社」の意味は必ずしも明確ではない（405頁）。注目すべきは，GMからの配当金＄37,929,327.95が親会社と完全子会社の全営業利益＄22,873,188.50を大きく上回っているということである。

　なお，注記の配当金について，当該年度に係る分と翌年1月5日の支払予定分とを区別して会計処理している点は評価される。すでに見たように多くの企業は次期以降支払予定分も当該期間において剰余金処理・表示しているからである。

　1928年度末の普通株主は9,970人，確定利付株主は11,278人，合計21,248人であった〔645頁の**表16—1**と一致している〕。

　そして，当社が「連結損益及び剰余金計算書」（Statement of Consolidated Income and Surplus）において営業損益計算と営業外損益計算を区分し，前者において「売上高及びその他営業収益」（Sales and Other Operating Revenues），「売上原価及び営業費」（Cost of Goods Sold and Operating Charges），「販売費及び一般管理費」（Selling, General and Administrative Expenses），「減価償却引当金及び陳腐化引当金繰入額」（Provision for Depreciation and Obsolescence）を示し，後者において「市場性ある有価証券からの利益」「非連結子会社等への投資からの利益」「その他投資からの利益」「有価証券に係る損失」の4項目と「GMへの投資からの利益」（Income received from Investment in General Motors Corporation）を区分表示する以下のような前期比較形式の損益計算書と剰余金計算書を明示したのは1937年度報告書においてである。

連結損益及び剰余金計算書
損益計算書

	1937	1936
売上高（戻り・値引・海外運送費控除後）		
及びその他営業収益	$286,043,075	$260,333,220
営業費		
売上原価及び営業費	174,744,472	155,521,419
販売費及び一般管理費	39,016,557	36,624,086
減価償却引当金及び陳腐化引当金繰入額	16,305,179	15,222,225
	$230,066,208	$207,367,730
営業利益	55,976,867	52,965,490
市場性ある有価証券からの利益	289,658	203,816
非連結子会社等への投資からの利益	2,624,869	1,931,971
その他投資からの利益	4,008,827	2,711,727
有価証券に係る損失	*274,496*	*101,194*
	$ 62,625,725	$ 57,711,810
GMへの投資からの利益	36,672,635	44,004,389
	$ 99,298,360	$101,716,199
控除―社債利息	56,417	56,750
	$ 99,241,943	$101,659,449
控除―納税引当金繰入額	11,210,000	11,775,000
純利益	$ 88,031,943	$ 89,884,449
控除―確定利付株配当金	6,557,586	6,557,586
優先株配当金	1,237,500	―
普通株に適用される利益	$ 80,236,857	$ 83,326,863
非連結子会社等の未処分利益に		
対する当社持分	$ 80,420,790	$ 83,557,741
普通株発行済株式数（金庫株を除く）	11,032,724	11,049,470
1株当り利益	$ 7.29	$ 7.56

剰余金計算書

	1937	1936
期首剰余金	$226,236,595	$196,312,229
当期純利益	88,031,943	89,884,449

GMへの投資再評価益	8,500,000 (a)	14,000,000 (a)
優先株500,00株の発行に係る		
資本金勘定への振替	*1,250,000*	—
	$321,518,538	$300,196,678
確定利付株配当金	6,557,586	6,557,586
優先株配当金	1,237,500	—
普通株配当金	68,950,975	67,402,497
配当金合計	$ 76,746,061	$ 73,960,083
期末剰余金	$244,772,477	$226,236,595

(a)　du Pont Co. の GM 普通株への投資価値は過去の慣行に従って GM の帳簿に
　　基づいて調整されているが，1936年3月現在＄176,000,000（1株＄17.60），1937
　　年3月現在＄184,500,000（1株＄18.45）と評価された。それぞれの評価額は，
　　GM の1935年12月31日及び1936年12月31日現在の連結貸借対照表の純資産
　　（equity）に相応している。

　1937年度12月31日現在の普通株主は56,577人，確定利付株主は13,358人，
優先株主は7,857人，合計77,792人，普通株主56,577人のうち90％以上は100株
以下の株主，株主の約42％（約30,000人）は女性であり，従業員株主は約4,000
人である。

2　General Motors Corporation

(1)　1919年12月期 — 損益情報に問題

　General Motors Corporation は，1908年9月16日に設立された General
Motors Company を引き継ぎ，1916年10月13日にデラウェア州法人として組織
された。当社の1919年12月31日に終了する年度の報告書は，たて28cm よこ21
cm のほぼA4判を1頁とする全18頁である。

　Pierre S. du Pont を議長とする取締役会は31名で構成されていたが，その
メンバーには Irenee du Pont（E.I. du Pont de Nemours & Co. 社長）や Pierre
Lammot du Pont（E.I. du Pont de Nemours & Co. 副社長），Henery F. du Pont

（E.I. du Pont de Nemours & Co. 取締役）もおり，また，すでに指摘したように E.I. du Pont de Nemours & Co. の完全子会社である Du Pont American Industries, Inc. は General Motors Corp. の株式を29.57％（1920年当時）も所有していたことからして，明らかに GM は「デュポン家」によって支配されていたのである（398頁③）。

　当社と E.I. du Pont de Nemours & Co. の社長も兼ねる Pierre S. du Pont は，次のような情報を株主に伝えた。

①　プラントは良好な状態である。棚卸資産は原価以下で評価されているが，それに対する引当ても十分である〔金額は示していない〕。

②　乗用車・商用車，トラック，附属部品の各部門に属する21社の会社名，「投資」に含まれる関係会社（Affiliated Companies）8社の会社名〔GM のこれらの会社に対する持分等は不明である〕。

③　当期における資本の変動（優先株と普通株の増資と減資，社債の発行と償還，転換社債の普通株への転換等）

④　貸借対照表の支払手形 $6,812,318.68のうち子会社振出分は $4,070,118.68，GM による設備購入手形は $2,742,200である〔この指摘はよし〕。

⑤　買掛金 $37,846,313.36は，大部分が通常の原材料や商品の購入に係るものである。

⑥　当期と前期の運転資本（流動資産−流動負債）の比較（前期に比し $8,852,472.12増加）

⑦　有形固定資産の内訳は，以下のとおりである。

土地・プラント・装置（1918.12.31）	
減価償却引当金控除前	$ 86,881,414.51
資産評価益	
（Manufacturers' Appraisal Co. による鑑定）	29,888,896.13
資産取得	12,439,458.71
不動産・プラント・装置の拡充	47,678,697.65
土地・プラント・装置（1919.12.31）	$176,888,467.00

土地・プラント・装置を再評価し，新帳簿価額として計上〔これには Manufacturers' Appraisal Co. による鑑定書を添付している〕，新帳簿価額と旧帳簿価額との差額（資産評価益）を「営業権・パテント・著作権等」から控除している〔貸借対照表の「営業権・パテント・著作権等」（$20,323,888.81．413頁）は，前期末残高に当期支出分を加算，上の鑑定評価額を控除した結果である〕。これは，実質的には「営業権・パテント・著作権等」の有形固定資産への振替である。

元来，株式の水割りの結果として将来の利益源泉を口実に資産化された営業権やパテント等を1919年当時においては水抜きとして償却ないし利益処分することがベターとされ，すでに検討したように GE（133, 139, 170頁）や Goodyear Tire & Rubber Co.（355頁），B.F. Goodrich Co.（379頁）等はこれを実施し，貸借対照表上は備忘価額として $1.00 で評価してきた。GM は「営業権・パテント・著作権等」の資産性を再認識し有形固定資産に振り替えたのである。

⑧　GM と子会社の売上高合計は $509,676,694.80，前期は $326,044,755.95 で $183,631,938.85，56.3％も増加した〔ただし，GM のみの売上高は明らかにしていない。GM ですらその開示を拒否した〕。

⑨　戦時中に中断していた製造設備の拡張を行い，自動車の Buick 部門（$5,018,660.88），キャデラック部門（$4,937,160.81），シボレー部門（$47,420,460.19）等に投資した。

⑩　世界最大の車体製造会社 Fisher Body Corporation の多数株式（majority interest）を取得，取得価額 $27,600,000 は「関係会社投資」勘定へ，またこれに係り発行した手形（5年以上の延払い）は支払手形勘定（$21,840,000）に計上。新たに株式を取得した会社や GM Acceptance Corporation（GM ディーラーへの金融会社）の概要について説明した。

⑪　本社ビルを建設中で期末までの支出額（$4,219,313.24）を「永久投資勘定」に計上した。

⑫　GM とその子会社の従業員数（合計85,980人，前期は49,118人〔75％も増加〕）と支払った賃金総額（$104,380,000），また，従業員持家計画（低価で売却とのこと），従業員に対する株式ボーナスプラン（1918年度より実施。

従業員6,450人に対して確定利付7％14,088株と普通株（無額面）214,659株を付与），従業員貯蓄プラン（従業員の拠出額と同額をGMが負担し合計額によりGM証券を購入）等について説明した。

⑬ GMの株主は24,100人，うち6,650人〔28％〕はGM及び子会社の従業員である〔1928年度報告書によると18,214人。644頁〕。

⑭ 1920年度第1四半期の自動車販売は好調で119,779台を販売，これは前年同期よりも82,456台も増加。第1四半期の利益（税金控除後）は＄26,500,000を超えることが予想されること。

続く「要約比較連結貸借対照表」（Condensed Comparative Consolidated Balance Sheet）は，以下のとおりである。

要約比較連結貸借対照表（1919年・1918年12月31日現在）

資　産	1919年	1918年
永久資産：		
土地，プラント，装置	＄176,888,467.00	＄ 86,881,414.51
控除：減価償却引当金	23,084,824.58	10,124,973.38
	＄153,803,642.42	＄ 76,756,441.13
関係会社への投資	＄ 53,398,491.26	＄ 2,839,521.23
流動資産及び運転資産：		
現金預金	＄ 48,231,200.04	＄ 30,636,621.48
合衆国政府公債	213,218.49	28,852,018.00
市場性ある有価証券	989,448.36	172,304.86
一覧払為替手形（船荷証券付）	10,945,061.06	3,316,384.90
合衆国政府との戦時契約債権	304,334.80	7,305,626.76
受取手形（1919年＄1,776,104.31）		
及び売掛金	26,444,871.05	21,995,359.50
棚卸資産（原価以下）	128,696,651.70	91,137,512.59
流動資産及び運転資産合計	＄215,824,785.50	＄183,415,828.09
繰延費用	＄ 3,301,712.82	＄ 762,651.85
営業権・パテント・著作権等	＄ 20,323,888.81	＄ 35,714,893.43
資産合計	＄446,652,520.81	＄299,489,335.73

負　債	1919年	1918年
株式資本金：		
確定利付株（授権資本 $ 500,000,000）	$ 72,771,800.00	$ 30,756,300.00
控除：金庫株	4,432,500.00	1,581,000.00
投資者所有	$ 68,339,300.00	$ 29,175,300.00
優先株（授権資本 $ 20,000,000）	$ 16,957,000.00	$ 19,684,300.00
控除：金庫株	—	13,300.00
投資者所有	$ 16,957,000.00	$ 19,671,000.00
普通株（授権資本 $ 500,000,000）	$ 156,991,900.00	$ 151,301,100.00
控除：金庫株	3,580,900.00	3,921,200.00
投資者所有	$ 153,411,000.00	$ 147,379,900.00
投資者所有合計	$ 238,707,300.00	$ 196,226,200.00
ボーナス株	$ 7,848,570.00	—
社債	$ 150,000.00	$ 225,000.00
支払手形（Fisher Body Corp. 株購入分）	$ 21,840,000.00	—
子会社に対する少数株主持分		
株式資本金	$ 1,163,077.19	$ 2,960,400.83
剰余金	422,266.38	427,754.20
合計	$ 1,585,343.57	$ 3,388,155.03
流動負債：		
買掛金	$ 37,846,313.36	$ 18,453,316.99
支払手形	6,812,318.68	10,802,154.11
未払税金・未払賃金等	11,521,770.64	3,769,865.29
流動負債合計	$ 56,180,402.68	$ 33,025,336.39
引当金：		
優先株・確定利付株配当準備金	$ 889,882.00	$ 488,463.00
納税引当金	36,262,472.70	25,863,823.23
偶発債務引当金	4,546,652.54	3,863,420.65
合計	$ 41,699,007.24	$ 30,215,706.88
剰余金	$ 78,641,897.32	$ 36,408,937.43
負債合計	$ 446,652,520.81	$ 299,489,335.73

1919年当時における貸借対照表の前期比較形式は先進的である。また，永久資産に係る「減価償却引当金」の間接法表示，「合衆国政府公債」「市場性ある有価証券」「一覧払為替手形（船荷証券付）」「合衆国政府との戦時契約債権」の表示，発行済株式に係る「金庫株」の表示，「子会社に対する少数株主持分」における「株式資本金」と「剰余金」の区分表示等が評価される。しかし，連結会社数は不明である。

「損益計算書」（Income Account）と「剰余金計算書」（Profit and Loss Account）は，以下のとおりである。

損益計算書

	1919年度	1918年度
純利益：修繕費を含む製造費， 　　販売費・一般管理費，保険料， 　　減価償却費（1919年 $6,656,359.03）， 　　福利厚生費（従業員ボーナス株・従業員 　　投資基金・従業員持家計画等）控除後	$90,517,519.38	$35,504,576.41
控除：連邦税及び特別支出準備金繰入額	30,000,000.00	20,113,548.19
	$60,517,519.38	$15,391,028.22
GMの持分	$60,005,484.49	$14,825,530.19
優先株配当金	$ 1,032,376.00	$ 1,180,901.00
確定利付株配当金	3,180,136.60	739,566.00
	$ 4,212,512.60	$ 1,920,467.00
未分配利益	$55,792,971.89	$12,905,063.19

剰余金計算書

	1919年度	1918年度
期首剰余金	$36,408,937.43	$11,508,392.57
加算：未分配利益	$55,792,971.89	$12,905,063.19
その他調整額	3,764,529.00	23,232,791.67
	$95,966,438.32	$47,646,247.43
控除：普通株配当金 　　2月1日3％	$ 4,431,438.00	$ 2,290,150.00

5月1日3％	4,028,001.00	2,292,567.00
8月1日3％	4,215,147.00	3,446,889.00
11月1日3％	4,649,955.00	3,207,704.00
	$17,324,541.00	$11,237,310.00
12月31日現在剰余金	$78,641,897.32	$36,408,937.43

　連結売上高は社長報告で指摘されつつも，減価償却費と賃金総額（社長報告）を除く一切の費用は開示されず，純利益と配当金のみの両計算書である。支配会社 E.I. du Pont de Nemours & Co. の「要約利益及び剰余金」（402頁）とほとんど同じ様式と開示項目である。

　この後に，Manufacturers' Appraisal Co. の鑑定書，つまり，「土地・プラント・装置の価値（value）は我々の調査結果（findings）に準拠していることを証明する」，と Haskins & Sells の以下のような監査証明書が添付されている。

General Mortors Corporation, Detroit, Michigan.

　We have audited your general accounts and those of your subsidiary manufacturing companies for the year ended December 31, 1919, and, subject to our not having examined the minutes of your governing bodies,

　WE HERBY CERTIFY that, in our opinion, the accompanying Condensed Consolidated Balance Sheet, December 31, 1919, and related Summaries of Income and Profit and Loss for the year ended that date, are correct.

　New York, April 6, 1920.　　　　　　　　　　　　　　　Haskins & Sells.

　監査対象は GM 本体と子会社の製造会社である。"governing bodies"〔取締役会であろう〕の議事録については検証しなかったことを「限定事項」としている。おそらく会社がその閲覧を拒否したのであろう。そして，要約連結貸借対照表と損益計算書及び剰余金計算書の要約（Summaries）も "correct"であることを証明している。

　社長報告を含み全体としては良好なレベルに近いディスクロージャーであるが，損益情報の開示に大きな問題を残す。

(2)　1922年12月期 ― B/S は優良，「売上原価」等は拒否

1922年12月31日に終了する年度の報告書は，1919年度より10頁増加し全28頁（１頁の大きさはほぼＡ４判）で構成された。社長 Piene S. du Pont は19頁にわたって，GM の発展（総資産1918年１月１日＄133,789,704，1923年１月１日＄522,335,034〔約４倍〕，乗用車・トラックの生産実績1919年１月１日223,000台，1923年１月１日750,000台〔約3.4倍〕等），1920年度～1924年度の資金の状況，1917年に購入したトラクター部門の清算（損失合計＄63,910,810），1919年度にFisher Body Corp. の株式300,000株を取得したこと（これは同社の発行済株式の60％に相当する。412頁⑩），GM の100％子会社でディーラーへの金融会社である GM Acceptance Corp. の実績等について説明した。

また，以下のような興味あるデータも開示した。それは，通常の営業状況にある部門を「グループ１」，不調な（unsatisfactory）部門を「グループ２」とするデータである。

		グループ１	グループ２
部門数		24部門	10部門
純売上高	1920	＄　362,409,005	＄　204,911,599
	1921	208,438,291	96,048,952
	1922	296,756,778	161,713,088
純利益	1920	＄　68,525,545	＄ ▲18,336,690
	1921	22,802,537	▲15,330,938
	1922	59,078,448	11,007,517
３年間の特別償却額・			
棚卸資産調整額・清算損失		＄　36,290,020	＄　48,579,872

グループ２のうち５社を1921年中に清算した。

そして，社長は次のように強調した。

「銀行借入金はなく，運転資本（流動資産－流動負債＝＄124,196,487）でもって社債及び優先株合計額（＄109,160,000）をカバーすることができ，流動資産は保守的に評価され文字どおり換金性が高いものである。投資勘定も実質は原価を上回っており，有形固定資産の評価額は1919年以降据え置いたままで，営業権・パテント・著作権は1919年以降＄2,046,922増加してい

るが，その実質価値は大きい。財政状態は極めて強固（strength）である。」

さらに，工場所在地・関連会社一覧，エンジンの試験研究の状況，従業員数（General Motors Co.の第1期1909年から1922年まで。1922年度末75,214人），従業員持家計画（これまで1,633軒を建設，1,039軒を従業員に売却，投資額合計＄6,274,782），従業員に対する株式ボーナスプランとその実績（純利益の10%以内を基金に充て，1918年度～1922年度において確定利付7%優先株20,530株を付与），貯蓄プランとその実績（6ヵ月6%の利率，4年間で＄17,499,764の利益を従業員にもたらしたこと）等についても説明した。

最後に，社長は以下のような1918年から5年間の乗用車・商用車・トラック・トラクターの販売台数ならびに純売上高（子会社との合計，部品売上高も含む）を示し，直近2年間は価格競争で苦戦しているとしながらも，"progressive growth"を約束した。

乗用車・商用車・トラック・トラクターの販売台数		すべての生産品の純売上高	
1918	246,834	1918	$ 269,796,830
1919	391,738	1919	509,676,695
1920	393,075	1920	567,320,604
1921	214,799	1921	304,487,243
1922	456,763	1922	463,706,733

「要約比較連結貸借対照表」（Condensed Comparative Consolidated Balance Sheet）は，以下のとおりである（資産1頁，負債・引当金・資本金1頁）。

要約比較連結貸借対照表（1922年・1921年12月31日）

資　産	1922	1921
流動資産及び運転資産：		
現金預金	$ 27,872,722.92	$ 40,057,401.53
合衆国政府公債	3,950.00	5,228.04
市場性ある有価証券	29,618.10	27,009.31
一覧払為替手形（船荷証券付）	13,179,664.05	4,677,241.39
受取手形	4,455,042.33	4,794,978.99

第11章　支配会社と従属会社の財務ディスクロージャー　419

	1922	1921
売掛金（貸倒引当金 　1922 ＄1,431,143.55, 　1921 ＄1,078,772.26控除後）	15,921,934.93	17,866,071.83
棚卸資産（原価時価比較低価法）	*117,417,823.05	108,762,625.35
前払費用	1,358,404.98	1,944,988.35
流動資産及び運転資産合計	＄180,239,160.36	＄178,135,544.79
固定資産：		
関係会社への投資	＄ 57,293,864.72	＄ 56,377,031.68
GM株―金庫株	3,275,432.65	3,889,799.51
土地，プラント，施設	255,207,970.82	248,593,751.60
繰延費用	3,947,794.49	4,609,677.87
営業権・パテント・著作権等	22,370,811.06	22,438,401.22
固定資産合計	＄342,095,873.74	＄335,908,661.88
資産合計	＄522,335,034.10	＄514,044,206.67

＊需要増のため一部のプラントについては操業を停止できず実地棚卸を省略し
帳簿価額を利用したが，慎重な調査により保守的に評価されていると結論した。

負債，引当金及び資本金	1922	1921
流動負債：		
買掛金	＄ 34,812,441.20	＄ 15,640,429.41
支払手形	―	48,974,996.29
未払税金・未払賃金等	16,166,563.70	15,894,778.40
連邦税	1,650,821.93	―
未払配当金（2月1日予定）	1,133,096.23	1,043,763.07
流動負債合計	＄ 53,762,923.06	＄ 81,553,967.17
借入手形（担保提供） 　（1923満期＄100,602.12）	＄ 1,279,750.12	＄ 1,475,592.82
支払手形（Fisher Body Corp.株購入分， 　8月1日＄1,000,000.00支払予定）	1,000,000.00	4,000,000.00
	＄ 2,279,750.12	＄ 5,475,592.82
引当金：		
減価償却引当金	＄ 50,827,907.11	＄ 37,527,774.94
従業員貯蓄・投資基金	1,143,962.50	2,171,885.00
偶発債務引当金	7,016,667.35	3,139,579.72
従業員ボーナス引当金	1,344,098.70	17,630.87

前期以前に係る損失引当金	—	14,000,000.00
本社ビル建設引当金	—	2,499,261.00
引当金合計	$ 60,332,635.66	$ 59,356,131.53
株式資本金：		
確定利付株（7％）	$ 32,181,600.00	$ 26,931,600.00
確定利付株（6％）	60,801,000.00	60,801,000.00
優先株（6％）	16,183,400.00	16,183,400.00
普通株（無額面，20,557,750株		
1株$10.00）	205,577,500.00	206,456,575.25
普通株（額面$100）	700.00	7,400.00
株式資本金合計	$314,744,200.00	$310,379,975.25
子会社に対する少数株主持分	1,278,662.18	1,464,379.44
剰余金（普通株無額面1株$10.00超過分）	89,936,863.08	55,814,160.40
株式資本金及び剰余金合計	$405,959,725.26	$367,658,515.15
負債，引当金及び資本金合計	$522,335,034.10	$514,044,206.67

　この1922年度の貸借対照表は，1919年度のそれに比し以下の点に改善が見られる。

①　貸借対照表の「負債，引当金及び資本金」というタイトルは1922年当時としては斬新である〔多くは「負債」である〕。流動性配列法となり，資産も「流動資産及び運転資産」と「固定資産」の二大区分である。

②　「受取手形」と「売掛金」が個別に表示され，売掛金のカッコ書きに貸倒引当金の金額が新たに示された。ただし，貸倒引当金繰入損は損益計算書には開示されていない〔多くの会社においてそうである〕。

③　「永久資産」（Permanent Investment）から「固定資産」（Fixed Assets）に代わり，「関係会社への投資」「繰延費用」「営業権・パテント・著作権等」が固定資産に含まれ，「GM株—金庫株」が新たに登場した。

④　引当金（Reserves）が3項目から6項目に増加した。「減価償却引当金」は有形固定資産からの控除形式であったが，当期は貸方の「引当金」に含まれた。

⑤　「子会社に対する少数株主持分」が1919年度は「株式資本金」と「剰余金」に区分して表示されていたが，当期は区分されずやや後退した。

⑥　棚卸資産の脚注において，工場によっては需要増のため操業を停止でき
　ず実地棚卸を省略し帳簿棚卸によって保守的に評価した旨が指摘された。
　そして，GMと子会社の「損益計算書」（Income Account）と「剰余金計算書」
（Surplus Account）は，以下のとおりである。

損益計算書

	1922年度	1921年度
純利益：支払利息控除前， 　修繕費を含む製造費， 　販売費・一般管理費，保険料， 　減価償却費（1922年 $13,584,788.95， 1921年 $6,750,674.54）控除後	$ 66,781,613.52	$ 13,246,523.30
控除：		
従業員ボーナス引当金繰入額	$ 1,341,997.52	—
従業員貯蓄・投資基金繰入額	1,477,216.28	$ 2,174,080.00
支払利息	1,351,155.40	5,281,084.67
	$ 4,170,369.20	$ 7,455,164.67
	$ 62,611,244.32	$ 5,791,358.63
控除：		
棚卸資産評価損 　　（1922年度は通常の実務に従って 　　営業費に直接算入）	—	$ 16,603,073.25
従業員持家計画繰入額	—	5,600.00
販売価格引下げに伴うディーラー 　　への弁済基金繰入額	—	2,441,376.07
前期損益修正	$ 4,553,796.10	11,421,102.78
	$ 4,553,796.10	$ 30,471,152.10
	$ 58,057,448.22	* $ 24,679,793.47
控除：納税引当金繰入額・特別費用	6,250,000.00	—
	$ 51,807,448.22	* $ 24,679,793.47
控除：前期以前損失引当金繰入額 　　（1921.12.31設定）	—	14,000,000.00
	$ 51,807,448.22	* $ 38,679,793.47

GM 持分	$ 51,496,135.65	* $ *38,680,770.05*
確定利付株配当金（7％）	$ 1,860,936.41	$ 1,807,490.09
確定利付株配当金（6％）	3,597,570.05	3,531,515.50
優先株配当金（6％）	970,721.50	971,004.00
	$ 6,429,227.96	$ 6,310,009.59
普通株に係る利益額	$ 45,066,907.69	$ *44,990,779.64*

剰余金計算書

	1922年度	1921年度
期首剰余金		
（普通株無額面1株 $ 10.00超過分）	$ 55,814,160.46	$ 121,273,217.00
加算：有形固定資産買収に係る分	117,111.93	—
控除：普通株申込解約に係る損失	*884,200.00*	—
普通株に係る利益額	$ 45,066,907.69	* $ *44,990,779.64*
	$ 100,113,980.08	$ 76,282,437.36
控除：普通株配当金		
2月1日 1株 $ 0.25	—	$ 5,087,110.40
5月1日 1株 $ 0.25	—	$ 5,143,836.00
8月1日 1株 $ 0.25	—	$ 5,119,159.25
11月1日 1株 $ 0.25	—	$ 5,118,171.25
12月20日 1株 $ 0.50	$ 10,177,117.00	—
	$ 10,177,117.00	$ 20,468,276.90
12月31日現在剰余金		
（普通株無額面1株 $ 10.00超過分）	$ 89,936,863.08	$ 55,814,160.46

＊イタリックは欠損

　上の損益計算書で見るように，前年の1921年度においては，「純利益（支払利息控除前）」はわずかに $ 13,246,523.30であった（1919年度 $ 90,517,519.38，1918年度 $ 35,504,576.41）。その要因は，売上高が大きく減少したからである（1921年度 $ 304,487,243，1920年度 $ 567,320,604，418頁）。そして，「純利益」を上回る棚卸資産評価損（ $ 16,603,073.25）や販売価格引下げに伴うディーラーへの弁済金（ $ 2,441,376.07）等の特別損失が発生，結局，1921年度は「欠損」（ $ 38,679,793.47）であった。第一次大戦後の景気後退期であったことが当社の

第11章　支配会社と従属会社の財務ディスクロージャー　**423**

財務データからも理解できる。

　当1922年度は，売上高＄463,706,733まで回復，「純利益（支払利息控除前）」
＄66,781,613.52を確保，「従業員ボーナス引当金繰入額」も計上，前年度の
ような特別損失も発生することなく，税引後利益＄51,807,448.22を実現した。
しかし，社長報告での売上高の指摘（418頁）を除いて，純利益を算出する
プロセスは当期も明らかにしなかった。

　Haskins & Sells の監査証明書は1919年度とまったく同一の内容で〔取締役
会〕議事録を監査しなかったことを限定事項とするものであった（416頁）。

　1922年度末全株主65,665人，普通株主44,000人のうち37,000人は所有株式
100株以下，13,000人は10株以下〔いわゆる「零細株主」〕，女性株主は11,244
人で普通株主の4分の1を占めた〔1917年末の全株主は2,920人，5年間で23倍，
株式が男女間を問わず急速に広まっている〕。損益計算書に新たに登場した「従業
員ボーナス引当金繰入額」や「従業員貯蓄・投資基金繰入額」，「従業員持家
計画繰入額」，社長報告に見られる従業員福利厚生制度についての説明等は，
従業員株主や従業員社債権者を意識したものといえる。

　そして，社長は次のようにいう。「当社は2年前より一連のコミュニケー
ションを通して株主に会社内容を公開するための努力を組織的に実施している
が，従業員やGMのディーラー，仕入先3,000社，200万人のGM製品消費者
に対しても知らせるべきだと判断し，1923年1月より毎月 "business and
financial publication" を発行している。」

　ところで，GM の年次報告書は，以下で見るように年々増加している。

　1923年度（第15期）26頁，1924年度（第16期）28頁，1925年度（第17期）30頁，
1926年度（第18期）34頁。そして，フォードを抜いて首位に躍り出た1927年度
（第19期）には38頁にも達している。しかし，その構成及び内容は基本的には
1922年度報告書を踏襲し，頁数の増加は，主に乗用車・商用車グループ，
Fisher Body グループ，アクセサリー・パーツグループ，輸出・海外グループ，
不動産グループ，金融・保険・会計グループ，販売会社グループなどに属する
会社とその所在地の紹介である。

(3) 1928年12月期 — 全47頁，会社内容の開示は一級品

1928年12月31日終了年度（1908年に設立された General Motors Co. を起点とする第20期）報告書は，これまでと同じたて28cm よこ21cm のほぼ A 4 判を 1 頁とする全47頁からなる膨大なものであった。Lammot du Pont（E.I. du Pont de Nemours & Co. 社長）を議長とする32人の取締役会には，Pierre S. du Pont（E.I. du Pont de Nemours & Co. 取締役会議長），Irenee du Pont（E.I. du Pont de Nemours & Co. 取締役会副議長），Henery F. du Pont（E.I. du Pont de Nemours & Co. 取締役）が〔本書で検討対象とした1919年度より〕継続して名前を連ねている。

A.P. Sloan 社長は，21頁にわたって以下の事項について株主に報告した。

① 最近 4 年間の純利益は，以下のとおりである。

	純利益	前期増加額
1925	$ 116,016,277	$ 64,392,787
1926	186,231,182	70,214,905
1927	235,104,826	48,873,644
1928	276,468,108	41,363,282

当期純利益 $ 276,468,108（これには非連結子会社の利益に対する GM の持分も含まれている）は史上最高であること，通常の配当（1 株 $ 25）に加え特別配当を実施したこと。

② 過去 4 年間のディーラーからユーザーへの月別ならびに車種別の販売台数（1925年度合計827,056台，1926年度合計1,215,826台，1927年度合計1,554,577台，1928年度合計1,842,443台），過去 5 年間のアメリカとカナダにおける自動車生産台数に対する GM のシェア（1928年現在100台のうち40台は GM 車），過去 3 年間の GM 売上高（子会社及び関係会社の売上高を除く。1928年度は $ 1,459,762,906で前期比15%増，1927年度は前年比20%増），過去 4 年間の投資額合計とその資金源泉（投資合計 $ 425,854,930のうち $ 314,018,732は収益を源泉とする）及び主な投資先（自動車生産設備・附属設備等），過去 4 年間の海外での車両販売台数（282,157台）と売上高（卸売

価格合計＄252,152,284）等についての報告〔その発展振りを誇示している〕。

③　完全子会社のGM Acceptance Corp.（ディーラーへの金融会社），Yellow Truck & Coach Manufacturing Co.（発行済株式の50.002%所有），Ethyl Gasoline Corp.（発行済株式の50%所有）3社の業容についての説明。会社の方針である「主体的経営と調整的統制」（decentralized operations with coordinated control）に従って子会社の組織を変更したこと。

④　株式ボーナスプラン（2,513人に対して195,570株，額面＄10.00を付与），従業員貯蓄・投資プラン，グループ生命保険プラン，優先株プラン，幹部教育計画，従業員持家プランなどの概要と実績について4頁にわたって説明。

⑤　貸借対照表の「営業権及びパテント」は相対的に小額であるが〔1928年度＄43,673,475.64，総資産に対して3.5%，1927年度＄43,687,708.37，総資産に対して3.98%〕，それが有する重要性を十分に認識していること。

続く「要約連結利益」（Summary of Consolidated Income）は，以下のとおりである。

要約連結利益

	1928年度	1927年度
営業及び投資からの利益 （それらに係るすべての費用控除後， 　有形固定資産減価償却費控除前）	＄362,853,572.46	＄326,126,716.54
有形固定資産減価償却費	30,515,441.44	26,928,657.89
営業及び投資からの純利益	＄332,338,131.02	＄299,198,058.65
営業外収益（純）	9,916,560.05	2,766,642.08
純利益	＄342,254,691.07	＄301,964,700.73
控除：		
従業員ボーナス引当金繰入額	＄ 12,408,594.97	＄ 10,488,071.53
Managers Securities Co. に 　　対する債務引当金繰入額	12,408,594.97	10,488,071.53
従業員貯蓄・投資基金繰入額	10,470,074.77	7,214,661.93

株式引受計画に基づく 　従業員への特別支給	58,976.00	40,412.00
合　計	$　35,346,240.71	$　28,231,216.99
税引前純利益	$306,908,450.36	$273,733,483.74
納税引当金繰入額（米国・外国）	33,349,359.75	34,468,759.22
当期純利益	$273,559,090.61	$239,264,724.52
GM 持分	$272,344,269.93	$238,319,009.48
配当金：		
優先株 7 %	$　　9,168,577.83	$　　8,850,590.50
優先株 6 %	98,154.50	104,911.50
確定利付株 6 %	138,024.50	153,828.00
普通株に係る利益額	* $ 262,939,513.10	* $ 229,209,679.48

＊注記：各社の未処分利益に対する GM の持分は，以下のとおりである。
General Acceptance Corp.（100%），Yellow Truck & Coach Manufacturing
Co.（50.002%），Ethyl Gasoline Corp.（50%），General Exchange Insurance
Corp.（100%），Vauxhall Motors, Limited（100%）

　この前期比較形式の「要約連結利益」は，「損益及び剰余金計算書」である。
最初の「営業及び投資からの利益（それらに係るすべての費用控除後，有形固定
資産減価償却費控除前）」（PROFIT from operations and income from investments,
after all expenses incident thereto, but before providing for depreciation of real
estate, plants, and equipment）は，1922年度損益計算書では「純利益：支払利息
控除前，修繕費を含む製造費，販売費・一般管理費，保険料，減価償却費控除
後」であった。「有形固定資産減価償却費」が独立表示されたが，1922年度の
「支払利息」は消えた。そして，「従業員ボーナス引当金繰入額」と「従業員
貯蓄・投資基金繰入額」は引き続き開示され，新たに「株式引受計画に基づく
従業員への特別支給」〔少額である〕が登場した。会社が従業員の生活改善に
努力している姿勢を損益計算書の上でも示している。

　売上高について，支配会社 du Pont は1928年度報告書では明らかにならなかった
（408頁）が，当社は上の社長報告②や以下の明細表③で報告した。しかし，
両社とも「製造原価」と「販売費及び一般管理費」については開示しなかった。

「要約連結貸借対照表」(Condensed Consolidated Balance Sheet) は，固定資産に計上されている金庫株（GM株）の株式数と金額がカッコ書きで示され，また優先株の内容（資産分配と配当についての優先権）が脚注で指摘された以外は1922年度とまったく同じである（418頁）。

Haskins & Sells の監査証明書は，以下のとおりである。

General Motors Corporation
Broadway at 57th Street, New York

We have made a general examination of your accounts for the purpose of verifying the stated financial condition at December 31, 1928, and of reviewing the operations for the year ended that date, and have satisfied ourselves as to the general correctness of the accounts.

We have verified the provision for your Federal income tax liability for the year 1928, but have made no study of the existing situation with respect to tax adjustments applicable to prior years, inasmuch as you have a special department to handle such tax matters. We have not examined the minutes of your governing bodies,

WE HERBY CERTIFY that, subject to the above, the accompanying Condensed Consolidated Balance Sheet, December 31, 1928 and 1927, and related Summaries of Income and Surplus for the years ended that date, in our opinion, are correct.

New York, February 11, 1929　　　　　　　　(Signed) Haskins & Sells.

最初のパラグラフにおいて，財政状態〔貸借対照表〕の検証においては全般的な監査（general examination）を行い，営業〔損益計算書〕についてはレビュー（reviewing）を行ったという表現は，当時の貸借対照表中心の監査の実態を示している。そして，1928年度の連邦所得税引当金について検証したが，前期以前に係る税務調整については当社の特別部門が対処しているのでその状況については調査しなかったこと，及び〔取締役会の〕議事録についても監査しかったことを「限定事項」としている。

続いて，以下のような「明細表」等を添付した。

① 投資先明細表 ― 連結対象会社以外に GM が投資する 6 社と不動産
関連会社 5 社，その他会社への投資額の前期比較〔これは貸借対照表の投資
勘定の明細表としての意味をもつ〕。

② GM Acceptance Corp. の要約貸借対照表（1928年12月31日現在，資産
9 項目負債17項目の標準的様式）

③ General Motors Company が創立された第 1 期（1909年）以来1928年
度までの売上高〔1909年度 $ 29,029,875，1928年度 $ 1,459,762,906. 21年間
で50倍〕，配当可能純利益，優先株配当金，普通株配当金に利用しうる
利益額，普通株現金配当金，配当性向（平均58.39%）に関する一覧表
〔確かに継続して発展している。21年間のうち赤字は1921年度のみである〕。

④ 1921年度から1928年度まで 8 年間の車種別（8 種類）販売台数（例えば，
GM のヒット乗用車 "CHEVROLET" は，1921年度75,667台，1922年度240,390
台，1923年度464,800台，1924年度295,456台，1925年度466,485台，1926年度
620,364台，1927年度791,870台，1928年度930,935台）。

⑤ 1922年度から1928年度まで 7 年間のGMの輸出部門による海外での
販売台数と売上高（例えば，1922年度21,872台，純売上高（卸売価額）
$ 19,875,015，1928年度282,157台，純売上高（卸売価額）$ 252,152,284）

⑥ 第 1 期以来の従業員数と支払賃金（1928年度末208,981人，$ 365,352,304）

この1928年度報告書は，会社内容の開示（publicity of corporate affairs）と
いう意味において一級品である。

ところで，先に検討した E.I. du Pont de Nemours & Co. の1928年度報告書
は，GM の発行済普通株を22.94%（3,992,488株）も所有し，GM からの配当金
（$ 37,929,327.95）は同社及び完全子会社の営業利益合計 $ 22,878,188.50を
大きく上回るものであることを明らかにしていた（404, 408頁）。それは，
まさに E.I. du Pont de Nemours & Co. が GM の「大株主」であり同社を支配
しているかのごとくであった。しかし，GM の同じ1928年度の報告書はこの
大株主については一言も触れていない。資本を握られている弱みを見せたく
ないということであろうか。

そして，GMは，1948年度（第40期）報告書において初めて次のように指摘した。「E.I. du Pont de Nemours & Co. は当社の普通株の22.7%を所有している。このことは，当社はdu Pontの株主およそ95,000人によって間接的に所有されているということである（E.I. du Pont de Nemours & Co. holds 22.7% of General Motors' common stock. These holdings are, in fact, indirectly owned by about 95,000 du Pont stockholders.）。」

なお，E.I. du Pont de Nemours & Co. と GM との関係は，1962年に独禁法違反の判決を受け，du Pont が GM 株を放出するまで続いた。

そして，GMが「売上高」と「売上原価」及び「販売費・一般管理費」を開示する損益計算書を発表したのは，1941年度報告書においてである。

なお，GMの年次報告書のページ数の推移は，以下のとおりである。

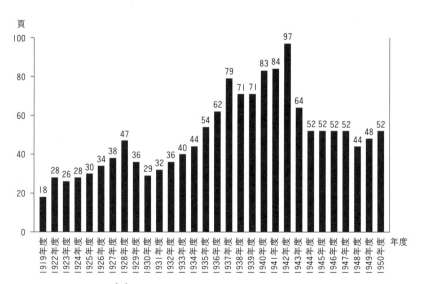

※　1942年度報告書の97頁（1頁がたて26cmよこ19cm）は，厚さ8mmというボリュームである。

第12章

Standard Oil, American Tobacco, Coca-Cola の財務ディスクロージャー

　本章は，アメリカを代表する製造会社である Standard Oil Company と The American Tobacco Company，そして新たに設立された The Coca-Cola Company の1920年代における財務ディスクロージャーと監査について検討する。

 Standard Oil Company

(1) 1920年12月期〜1924年12月期 — A3判1枚の年次報告書

　1870年に J.D. Rockefeller によって創設された Standard Oil Company は1899年ニュージャージー州において再編されたが，1920年12月31日に終了する年度の報告書は5ヵ月後の1921年5月20日に発表された。その年次報告書はたて28cm よこ43cm の大判（ほぼA3判）1枚の用紙を中折りにし，表紙に財務部長（treasurer）の株主宛メッセージ，内側左右に貸借対照表，背表紙に損益計算書を示している。

　財務部長は，1920年度の石油業界はこれまでにない好況であったこと，棚卸資産は税法に準拠して1920年12月31日現在の価格で評価しているので株主総会日時の原油価格の下落による損失については考慮していないこと，その評価損は1921年度に処理する予定であることなどについて説明した。

当社と関係会社（Affiliated Companies）の「連結貸借対照表」（Consolidated Balance Sheet）は，以下のとおりである。

連結貸借対照表（1920年12月31日）

資　産

不動産・プラント・装置			
精製部門：			
不動産	$ 10,552,858.82		
プラント・装置	72,503,120.22		
建設仮勘定	11,310,533.48		
備品等	159,445.05	$ 94,525,957.57	
マーケティング部門：			
不動産	$ 2,055,406.01		
プラント・装置	4,936,076.69		
建設仮勘定	3,247,472.16		
備品等	145,152.15	10,348,107.01	
		$104,910,064.58	
控除　プラント減価償却引当金		31,329,824.05	
不動産・プラント・装置合計		$ 73,580,240.53	
浮動施設	$ 63,166,951.54		
控除　減価償却引当金	7,427,074.27	55,739,877.27	
固定モーター施設		2,290,159.66	
貸付運搬器具		890,234.23	
鉄製樽・カン等		1,058,777.14	
その他プラント・装置		78,846.27	
事務所施設等		157,243.07	
Standard Oil Co（N.J.）計			$　133,795,378.17
不動産・プラント・装置（関係会社）			250,787,827.69
不動産・プラント・装置合計			$　384,583,205.86
投資：			
関係会社以外の株式	$ 31,673,636.82		
政府証券及び			
市場性ある投資	44,097,215.96		
採掘権・特許権等	1,274,437.97	$ 77,045,290.75	
関係会社所有株式	$ 19,896,453.01		
関係会社所有政府証券			
及び市場性ある投資	14,499,805.18	34,396,258.19	
投資合計			111,441,548.94

第12章　Standard Oil，American Tobacco，Coca-Cola の財務ディスクロージャー　433

棚卸資産（原価以下評価）：

Standard Oil Co.	$ 106,851,608.38	
関係会社	177,489,352.84	284,340,961.22

売掛金：

Standard Oil Co.	$ 206,414,354.07	
関係会社	81,744,196.70	288,158,550.77

現金：

Standard Oil Co.	$　1,473,783.12	
関係会社	32,314,545.36	33,788,328.48
資産合計		$ 1,102,312,595.27

負　　債

株式資本金：

優先株	$ 196,676,600.00	
普通株	98,338,300.00	
資本金合計		$　295,014,900.00

買掛金：

Standard Oil Co.	$　54,805,935.37	
関係会社	129,028,378.34	$ 183,834,313.71

納税引当金：

Standard Oil Co.	$　15,250,000.00	
関係会社	13,651,488.58	28,901,488.58
買掛金合計		$　212,735,802.29
船舶保険引当金		412,989.47

剰余金：

Standard Oil Co.		$ 373,082,254.40
加算　関係会社	$ 434,052,313.86	
控除 Standard Oil Co. 持分	214,987,642.71	219,064,671.15
		$ 592,146,925.55
年金引当金		2,001,977.96
剰余金合計		594,148,903.51
負債合計		$ 1,102,312,595.27

　Standard Oil Co. と関係会社を区分した表示は評価されるが，総資産11億ドルの超大企業であるから個々の項目の金額が大きく，しかも，なんらの解説もないので漠としている。

「連結損益計算書」（Consolidated Income Account）は，以下のとおりである。

連結損益計算書

Standard Oil Co.（New Jersey）

総収益：		
売上高	$ 631,127,315.64	
その他利益	1,663,139.07	$ 632,790,454.71
控除　原価及び費用：		
原価	$ 572,387,286.38	
税金	1,866,300.74	
減価償却費	6,082,463.93	580,336,051.05
		$ 52,454,403.66
その他源泉からの収益：		
船舶	$ 26,782,511.62	
受取利息	8,331,550.99	
その他	707,045.17	
	$ 35,821,107.78	
控除　一般費	8,914,746.12	26,906,361.66
		$ 79,360,765.32
加算　関係会社以外からの受取配当金		2,400,464.00
前期利益修正		4,967,821.34
		$ 86,729,050.66
控除　納税引当金繰入額	$ 15,250,000.00	
同前期修正	1,143,156.55	14,106,843.45
		$ 72,622,207.21
関係会社		
税引前利益に対する		
Standard Oil Co. 持分		$ 104,302,813.18
控除　納税引当金繰入額	$ 13,651,488.58	
同前期修正	1,187,877.50	12,463,611.08
		91,839,202.10
		$ 164,461,409.31

「売上高」と「原価及び費用」が示され，Standard Oil Co. と関係会社の損益

も区分表示されているが，この損益計算書に関する説明も一切ない。関係会社数やその業容，Standard Oil Co. と関係会社との取引，関係会社間取引，内部利益の扱いなどもまったく不明である。

1921年度報告書（全 1 頁，これも1922年 5 月15日に発表されている）において，財務部長は製品価格の著しい下落（sharp decline prices）により，当期純利益は＄33,845,930.46〔前期は＄164,461,409.31〕にとどまったことを報告した。

連結貸借対照表は前年度の様式・内容を踏襲した。

連結損益計算書は，以下のように簡略化された。

連結損益計算書

Standard Oil Co.（New Jersey）

総収益：		
売上高	＄443,444,109.66	
船舶	34,948,841.87	＄478,392,951.53
控除　原価及び費用		469,300,448.83
		＄　9,092,502.70
その他源泉からの収益：		
受取利息	＄　8,204,082.73	
その他	8,360,932.59	16,565,015.32
		＄ 25,657,518.02
控除　費用：		
税金	＄　2,351,663.61	
減価償却費	8,083,252.70	
一般費	9,461,107.50	19,896,023.81
		＄　5,761,494.21
加算　関係会社以外からの受取配当金		1,742,503.82
		＄　7,503,998.03
関係会社		
税引後利益に対する		
Standard Oil Co. 持分		＄ 26,341,932.43
		＄ 33,845,930.46

1922年度報告書（全 1 頁，1923年 5 月15日付）においては，これまでの財務部長に代わって取締役会議長 A.C. Bedford が株主報告を行った。そこでは，製品価格の引き続く低下により苦戦したが当期純利益（関係会社利益に対する当社持分を含む）＄46,242,436.11を確保したこと，連結損益計算書は部門間の取引（inter-departmental transactions）を除去したものであること〔この指摘はよい〕，優先株株主は39,384人，普通株株主は22,106人であることを伝えた。

　連結損益計算書は，以下のとおりである。

連結損益計算書

Standard Oil Co.（N.J.）

総営業収益		
（すべての部門間取引を除く）	＄328,286,826.86	
控除：原価及び営業費	305,792,577.17	＄22,494,249.69
その他源泉からの利益：		
受取利息	＄　4,709,071.15	
その他	5,695,013.37	
関係会社以外からの受取配当金	31,679.88	10,435,764.40
		＄32,930,014.09
控除：費用		
税金	＄　　862,718.16	
減価償却費	11,407,025.20	
一般費	7,772,530.10	20,042,273.46
Standard Oil Co.（N.J.）利益		＄12,887,740.63
関係会社		
加算：税引後利益に対する		
Standard Oil Co. 持分		33,354,695.48
		＄46,242,436.11

　1921年度連結損益計算書に比し，総営業収益のうち「船舶」に係る分が消えた。そして，関係会社の利益に対する持分（＄33,354,695.48）が本体の利益（＄12,887,740.63）を上回っている。

第12章　Standard Oil，American Tobacco，Coca-Cola の財務ディスクロージャー　　437

　1923年度報告書（全１頁，1924年５月15日付）において，取締役会議長は次のように株主に報告した。「当社の売上高は前年を20％上回ったが，製品価格が下落したため全業務からの利益は８％増にとどまった。ガソリン事業に係る利益は3.06％減少した。総利益のうち＄20,000,000以下，つまり36％以下が国内のオイル事業からのものであり，64％は外国の子会社やオイル事業とは関係のない分野からのものである。」

　このように，具体的な数値を示していない。そして，「前年度の処理に従ってすべての関係部門間の取引を除去した結果，1923年度の税引後利益は＄56,295,282.08，総資産は＄1,148,004,953.27，期末現在の剰余金は前年度より＄22,283,461.08増加して＄231,424,069.16，当年度に支払われた配当金は＄34,011,821であった」と指摘したが，これらはすべて開示された貸借対照表と損益計算書から読み取れるものである。

　連結貸借対照表及び連結損益計算書の開示項目とも，前年度と同一である。

　1924年度報告書（全１頁，1925年５月15日付）において，取締役会議長は次のように指摘する。

　「Standard Oil Co. の精製・販売・投資からの利益は＄20,266,952.49で，これは当社の純資産額の4.5％に相当する。子会社の利益は＄60,749,617.88で，これは子会社への投資額の11.34％に相当する。グループ全体の利益合計＄81,016,570.37は純資産＄985,535,640.78の8.22％である。」そして，「過去４年間の原油の生産過多，完成品のダブつき，価格の下落等により当社も石油業界の過度な競争（excessive competition）に巻き込まれ，過去４年間の利益は受取利息を含み合計＄56,165,673にすぎない」ことも指摘した〔1921年度＄7,503,998.03，1922年度＄12,887,740.63，1923年度＄15,506,982.02，1924年度＄20,266,952.49，４年間合計＄56,165,673。1920年度は１年間で＄72,622,207.21〕。そして，Standard Oilが〔連邦最高裁の解体命令により34の新会社に〕分割された1911年当時の株主は6,078人であったが，1925年５月には65,972人に増大したことにも触れた。

　しかし，連結貸借対照表の様式及び内容は1920年度とまったく同じであり，連結損益計算書も1922年度のそれを踏襲した。

(2) 1925年12月期 ― 全12頁，会社内容を初めて紹介

1925年12月31日に終了する年度の報告書（1926年5月15日付）は，従来の1枚の用紙に代ってたて20cm よこ18cm（A5判よりやや大きめ）を1頁とする全12頁（表紙とも）で構成された。取締役会議長 G.H. Jones と社長 W.C. Teagle は，全米のオイル産業の状況（産出高や価格の上昇等），当社の生産・輸送・精製・販売状況（Production, Transportation, Manufacturing, Marketing），子会社である7つの天然ガス会社の概況，配当金と税金，優先株主（35,627人）等の会社内容を7頁にわたって初めて紹介した。概況の説明が中心で財務報告はない。ただし，「オイルビジネスは常時変化している。減耗償却費や減価償却費，陳腐化費用を正確に決定する安定した基準はまだ存在しない（The oil business is constantly changing, no stable basis yet exists for the accurate determination of depletion, depreciation and obsolescence.）との指摘は興味深い。

Standard Oil Co. と関係会社の連結貸借対照表は，以下のとおりである。

連結貸借対照表（1925年12月31日）

資　　産

不動産・プラント・装置	$ 863,682,073.68	
控除　プラント等減価償却引当金	349,369,763.90	
		$　514,312,309.78
投資：		
連結対象会社以外の株式	$ 108,361,044.28	
政府証券及び市場性ある投資	50,753,422.54	
その他資産	5,680,232.21	164,794,699.03
棚卸資産		294,231,374.49
売掛金		384,055,958.93
現金預金		11,776,029.19
資産合計		$ 1,369,170,371.42

負　　債

株式資本金：		
優先株	$ 199,972,900.00	
普通株	514,706,025.00	
		$　714,678,925.00

第12章　Standard Oil，American Tobacco，Coca-Cola の財務ディスクロージャー　　439

買掛金	$ 275,062,077.04	
納税引当金	16,022,712.24	
保険引当金	14,181,775.21	
		305,266,564.49

剰余金―1924.12.31	$ 278,260,965.78		
控除：前期損益修正	5,873,344.86	$ 272,387,620.92	
加算：当期純利益	$ 111,231,355.01		
控除：配当金			
普通株 $ 20,395,911.00			
優先株 13,998,183.00	34,394,094.00	76,837,261.01	
剰余金：1925年12月31日			349,224,881.93
負債合計			$ 1,369,170,371.42

　従来の Standard Oil Co. と関係会社を区分した表示が消え項目ごとにまとめられてしまった。しかも，開示された項目も大幅に省略され，特に資産については1920年度28項目であったが，1925年度は上で見るようにたった8項目である。各項目の金額も大きく説明もないので，「数字の羅列」であることはこれまでと同じである。

　連結損益計算書は，以下のとおりである。

連結損益計算書（1925年度）

総営業収益	
（注記：グループ会社間取引は含むが	
すべての部門間取引は除く）	$ 1,122,682,610.90
加算：その他源泉からの利益	
（連結対象外会社からの利息・配当金を含む）	22,837,893.42
	$ 1,145,520,504.32
控除：原価，営業費及び一般費	972,693,627.48
	$　 172,826,876.84
控除：1925年度納税引当金繰入額	13,188,617.98
	$　 159,638,258.86
控除：減価償却費及び減耗償却費	48,406,903.85
連結純利益	$　 111,231,355.01

1922年度の連結損益計算書（436頁）と比較すると，その他源泉からの利益3項目（「受取利息」「その他」「関係会社以外からの受取配当金」）が1項目にまとめられ，独立表示されていた「一般費」（General Expenses）も「原価，営業費及び一般費」（Costs, Operating Charges and General Expenses）に含められてしまった。また，「関係会社の税引後利益に対するStandard Oil Co. 持分」も消滅した。連結損益計算書も極めて貧弱である。

なお，「総営業収益」の注記に「グループ会社間取引は含むがすべての部門間取引は除く」（Note: Including inter-company transactions, but excluding all inter-departmental transactions）が記載された。これまでは，「すべての部門間取引を除く」のみであったが（436頁），これによりグループ会社間の売上高は含まれ，「連結」（Consolidated）というものの，実態は「統合」損益計算書であることが明らかになった。

総営業収益11億ドルを超える巨大企業の財務ディスクロージャーに対する姿勢は消極的である。W.Z. Ripley も，「Standard Oil 集団の直近の株主宛報告書は"business condition"を知らせるという意味ではよくなっているが，貸借対照表と損益計算書は依然として伝えるべきものをほとんど伝えていない（they may tell too little of what they ought to tell.）」と批判した[1]。

(3) 1927年12月期 〜 1930年12月期 — B/S，P/L とも多少の改善

1927年12月31日終了年度の Standard Oil Co. と関係会社の連結貸借対照表は，以下のとおりである。

連結貸借対照表（1927年12月31日）

資　産

流動資産：

現金	$	42,610,586.66
市場性ある有価証券		127,153,304.04
受取手形等（引当金控除後）		4,580,229.61
売掛金（引当金控除後）		167,860,890.76
棚卸資産（原価以下）：		
石油	$228,063,518.18	

第12章 Standard Oil, American Tobacco, Coca-Cola の財務ディスクロージャー | 441

その他製品・商品	8,359,998.26		
原材料・貯蔵品	36,469,865.28	272,893,381.72	$ 615,098,392.79

永久投資：

非連結会社株式	$ 127,073,346.56	
その他有価証券	1,335,939.22	
その他資産	12,953,855.08	141,363,140.86

減債基金・特別信託基金   487,333.72

固定資産：

土地・賃借権・地役権	$ 139,477,414.91	
プラント・装置	926,178,275.57	
船舶	84,980,333.08	
	$ 1,150,636,023.56	

控除：

減価償却及び減耗償却引当金	493,991,148.47	656,644,875.09

繰延費用   13,007,506.30

資産合計 $ 1,426,601,248.76

負　債

流動負債：

支払手形等		$ 285,556.25	
買掛金		81,981,607.17	

未払金：

納税引当金	$ 8,486,327.18		
その他未払債務	7,948,562.87	16,434,890.05	$ 98,702,053.47

固定債務・長期債務：

Standard Oil Co. 社債20年5％	$ 120,000,000.00	
Humble Oil & Refining Co.		
社債10年5.5％	25,000,000.00	
Humble Oil & Refining Co.		
社債10年5％	24,239,000.00	169,239,000.00

繰延負債   2,806,619.23

その他引当金：

年金引当金	$ 7,884,586.72	
保険等引当金	19,918,000.04	27,802,586.76

少数株主資本金及び剰余金持分   119,977,582.86

株式資本金：

（授権資本 $ 750,000,000.00）	607,930,475.00

剰余金：

1926年12月31日	$ 426,790,797.08

控除：前期損益修正：		
優先株償却損	$ 29,995,935.00	
その他調整	1,490,431.45	28,505,503.55
		$ 398,285,293.53
加算：1927年度利益		40,422,857.16
		$ 438,708,150.69
控除：配当金：		
優先株	$ 3,499,525.75	
普通株	35,065,693.50	38,565,219.25
剰余金（1927年12月31日）		400,142,931.44
負債合計		$ 1,426,601,248.76

　このように，1927年度連結貸借対照表は流動性配列法となった。1925年度・26年度の連結貸借対照表に比し，中項目の「流動資産」が登場し，そこに「市場性ある有価証券」と「受取手形等」が表示され，「受取手形等」と「売掛金」については引当金控除後であることがカッコ書きされた〔ただし，貸倒引当金の金額は示されていない〕。また，棚卸資産はこれまでの1項目から「石油」「その他製品・商品」「原材料・貯蔵品」の3項目に，そしてそれぞれが「原価以下」評価であることも明示された。「固定資産」も登場し，これまでの「不動産・プラント・装置」1項目から「土地・賃借権・地役権」「プラント・装置」「船舶」の3項目となった。「減債基金・特別信託基金」と「繰延費用」も初めて掲載された。「流動負債」も示され，「支払手形等」と「未払金」も表示され，新たに「固定債務・長期債務」とそれに属する3種の社債，そして「繰延負債」も掲記された。「保険引当金」と「少数株主資本金及び剰余金持分」も登場した。平均をやや上回るまでに改善された。

　連結損益計算書は，以下のとおりである。

連結損益計算書（1927年度）

総営業収益	
（注記：グループ会社間取引は含むが	
すべての部門間取引は除く）	$ 1,256,505,071.44
営業費：	
原価，営業費及び一般費	$ 1,117,307,804.65

税金	24,118,207.22	
減価償却費，減耗償却費，除却損	74,898,680.12	1,216,324,691.99
純営業利益	$	40,180,379.45
営業外収益（純）		18,081,122.91
支払利息控除前利益	$	58,261,502.36
固定債務・長期債務に係る利息及び割引料		8,517,937.27
当期利益	$	49,743,565.09
少数株主に適用される利益		9,320,707.93
当社に帰属する利益	$	40,422,857.16

1925年度連結損益計算書（439頁）に比し，よくいえば営業損益計算と営業外損益計算を区分したフォームに改善され，新たに「固定債務・長期債務に係る利息及び割引料」と「少数株主に適用される利益」が表示された。

財務ディスクロージャーの改善は，前年のW.Z. Repleyの批判を考慮したのかもしれない（440頁）。

1928年度と1929年度報告書の連結貸借対照表と連結損益計算書の様式及び開示項目は，1927年度のそれらを踏襲した。ただし，1929年度の連結貸借対照表は，それまでの固定資産の「土地・賃借権・地役権」，「プラント・装置」，「船舶」の３項目が「不動産・プラント・装置＄1,327,879,149.38」の１項目〔総資産の75％〕にまとめられてしまった。一方で，「パテント・著作権・フランチャイズ・営業権・組織費＄44,493,169.38」が固定資産に突然登場した。

1930年度の連結貸借対照表は1929年度のそれを継承し，連結損益計算書は1927年度のそれを踏襲した。

(4) 1931年12月期 〜 1933年12月期 ― B/S のいっそうの改善

1931年12月31日終了年度の報告書（1931年５月15日付）は１頁がたて23cmよこ20cm（A４判のたてを５cm縮小したサイズ）とやや大きくなり，実質14頁で構成された。

連結貸借対照表は，以下のとおりである。

連結貸借対照表（1931年12月31日）

資　産

流動資産：

現金		$ 73,196,485.80	
市場性ある有価証券（原価評価―		206,604,533.86	

市場価額を$12,688,489.84，6.54%
上回っている。これには以下の
有価証券が含まれる。

　金庫株642,867株
　当社社債　額面$1,281,000　5％
　HOR Co. 社債　額面$3,310,000　5.5%
　HOR Co. 社債　額面$1,783,000　5％
　Beacon Oil Co. 社債　額面$772,000　6％
　CFS Co. 社債　額面$40,000 6.5%）

受取手形（引当金控除後）		9,382,377.35	
売掛金（引当金控除後）		151,537,760.61	

棚卸資産：

石油（HOR Co. を除くすべての会社。

原価時価比較低価法	$ 143,860,245.10		

Humble Oil and Refining Co.
　（原価評価，時価を10.77%
　　上回っている）

	26,497,102.79		
その他の製品商品（原価）	9,924,784.32		
原材料・貯蔵品（原価）	50,151,331.81	230,433,464.02	$ 671,154,621.64

永久投資：

非連結会社株式		$ 80,813,732.12	
その他有価証券		18,806,471.62	99,620,203.74

減債基金・特別信託基金			1,335,217.98

固定資産：

土地・賃借権・地役権	$ 329,013,765.87		
プラント・装置	1,372,103,619.54		
建設仮勘定	36,575,189.48		
船舶施設	123,332,729.04		
その他資産	24,723,257.96	$1,885,748,561.89	

控除：

減価償却引当金	$ 733,394,187.63		
減耗償却引当金	47,355,403.55		

アモチゼーション引当金	17,939,086.03		798,688,677.21	1,087,059,884.68

パテント・著作権・フランチャイズ・ 営業権・組織費	$	47,311,390.76	
控除 アモチゼーション引当金		4,460,360.32	42,851,030.44
繰延費用			16,989,409.22
資産合計			$ 1,919,010,367.70

負　債

流動負債：

支払手形等			$	5,404,703.56	
買掛金				66,261,734.20	
未払金：					
納税引当金	$	4,064,154.70			
その他未払債務		10,185,666.43		14,249,821.13	$ 85,916,258.89

固定債務・長期債務：

Standard Oil Co. 社債20年5％	$	120,000,000.00	
Humble Oil & Refining Co. 社債10年5.5%		22,761,000.00	
Humble Oil & Refining Co. 社債10年5％		20,183,000.00	
Interstate Natural Gas Co. 社債		6,388,000.00	
Agwi Petroleum Co. 社債		1,017,750.00	
Beacon Oil Co. 社債10年6％		2,148,500.00	
Colonial Filling Sta. 社債10年6.5%		720,000.00	
Victory Service Stations 社債		71,116.97	
不動産購入債務		152,650.00	173,442,016.97

繰延負債		5,266,122.17

その他引当金：

年金引当金	$	63,790,950.72	
保険引当金		25,037,492.08	
その他引当金		2,324,360.31	91,152,803.11

少数株主資本金及び剰余金持分		327,353,304.22

株式資本金：

授権資本　30,000,000株，額面 $ 25		
発行済　25,735,468株		643,386,700.00

剰余金：

剰余金：1930年12月31日

資本剰余金	$	64,262,490.53
特定目的剰余金		26,199,822.03
未処分剰余金		458,790,462.39
	$	549,252,774.95

加算：剰余金調整（純）	85,741,065.35	
	$ 634,993,840.30	
加算：1931年度利益	8,704,758.04	
	$ 643,698,598.34	
控除：配当金	51,205,436.00	
剰余金（1931年12月31日）	$ 592,493,162.34	
資本剰余金	$ 76,723,405.46	
特定目的剰余金	29,014,890.30	
未処分剰余金	486,754,866.58	592,493,162.34
負債合計		$ 1,919,010,367.70

注記：Standard Oil Export Corp. 発行の5％優先株764,935株については，当社及び Humble Oil & Refining Co., Standard Oil Co. of Louisiana, The Carter Oil Co. が配当金及び清算時の額面金額の支払いについて連帯保証している。これに従って，連帯保証人は1931年度配当金合計＄1,912,337.50を支払った。

1931年度連結貸借対照表は，1927年度（1929年度修正）に比し以下のような特徴が見られる。

① 流動資産の「市場性ある有価証券（原価評価）＄206,604,533.86」は市場価額を＄12,688,489.84，6.54％上回っていること，及び所有する金庫株と自社社債とともに4社の社債の内容が，カッコ書きされた。

② 「棚卸資産」が流動資産から独立して表示され，かつ4項目の評価基礎が明示された。特に，Humble Oil and Refining Co. の所有する石油の「原価評価，時価を10.77％上回っている」との指摘はよい。

③ 固定資産について，1929年度の「不動産・プラント・装置」1項目（443頁）が「土地・賃借権・地役権」「プラント・装置」「建設仮勘定」「船舶施設」「その他不動産」の5項目に分解され，加えて「減価償却引当金」「減耗償却引当金」「アモチゼーション引当金」の3項目が明示された。

④ 1929年度に突然登場した「パテント・著作権・フランチャイズ・営業権・組織費」（443頁）に対しても新たに「アモチゼーション引当金」が設定され，それを控除して残高を示した。

⑤ 「固定債務・長期債務」の社債が3種類から8種類に増加し，新たに「不動産購入債務」（Real Estate Purchase Obligations）も掲載された。

⑥　1927年度の「株式資本金：（授権資本＄750,000,000.00）＄607,930,475.00」が「株式資本金：授権資本30,000,000株，額面＄25，発行済25,735,468株，＄643,386,700.00」と明瞭になった。

⑦　剰余金が「資本剰余金」（Capital Surplus），「特定目的剰余金」（Appropriated Surplus），「未処分剰余金」（Unappropriated Surplus）に３区分された。

⑧　注記の連帯保証と支払配当金も評価される。

これらの特徴は，特に①②⑥⑦は第18章で検討するニューヨーク証券取引所の通知（1932年１月12日付）に応えるものであるが（743頁），貸借対照表はいっそう改善された。

連結損益計算書は，以下のとおりである。

連結損益計算書（1931年度）

総営業収益		
（注記：グループ会社間取引を含むが部門間取引は除く）		＄1,084,926,344.59
営業費：		
原価，営業費及び一般費	＄928,414,731.51	
税金	24,902,704.15	953,317,435.66
残高（Balance）		＄　131,608,908.93
営業外収益（純）		32,615,457.38
利益（支払利息，社債利息，減価償却費，減耗償却費，		
アモチゼーション，除却損，棚卸資産評価損控除前）		＄　164,224,366.31
固定債務・長期債務に係る利息及び割引料		9,360,545.42
		＄　154,863,820.89
減価償却費，減耗償却費，アモチゼーション，除却損		109,823,975.58
		＄　45,039,845.31
棚卸資産（原油及び精製品）に係る損失		24,421,834.03
当期利益		＄　20,618,011.28
少数株主持分		11,913,253.24
当社に帰属する利益		＄　8,704,758.04

「減価償却費，減耗償却費，除却損」は1927年度以降の連結損益計算書では「営業費」に表示されていたが（443頁），ここでは「固定債務・長期債務

に係る利息及び割引料」と同列の営業外費用として扱われている。その処理
及び表示方法が定まっていない。「棚卸資産（原油及び精製品）に係る損失」は
巨額なので，特別損失である。

　1932年度の連結貸借対照表においては，1931年度の市場性ある有価証券の
カッコ書きに示されていた自社株と自社社債，それにグループ会社の4種類の
社債が「永久投資」（Permanent Investments）の「その他有価証券」に移動し
〔流動資産から固定資産へ〕，また，流動資産から独立表示されていた「棚卸資産」
が流動資産に属するものとして表示された。そして，連結損益計算書において
は，従来の「減価償却費，減耗償却費，アモチゼーション，除却損」が「減価
償却費」「減耗償却費」「アモチゼーション」「除却損」の4項目独立して表示
された。

　1933年度連結貸借対照表は1931年度のそれを継承したが，棚卸資産に関して
以下が注記された。「棚卸資産の原価の決定に当っては，グループ会社間取引
に基づく利益は控除していない。そうすることは実施不可能（impracticable）
だからである。」棚卸資産のうちグループ会社間の取引に基づく在庫について
は内部利益を控除していない旨の指摘であるが，おそらくこれまでも控除して
いなかったのであろう。
　連結損益計算書は，1932年度の様式を継承し，以下のとおりである。

連結損益計算書（1933年度）

総営業収益		$ 779,766,154.45
営業費：		
原価，営業費及び一般費	$ 595,205,077.41	
税金	28,016,198.16	623,221,275.57
残高		$ 156,544,878.88
営業外収益（純）		2,058,073.93
利益（支払利息，社債利息， 　減価償却費，減耗償却費， 　アモチゼーション，除却損控除前）		$ 158,602,952.81

固定債務・長期債務に係る利息及び割引料		7,265,172.53
		$ 151,337,780.28
減価償却費	$ 96,159,997.04	
減耗償却費	6,068,556.80	
アモチゼーション	2,517,126.98	
除却損	7,230,890.63	111,976,571.45
		$ 39,361,208.83
投資者が所有する子会社優先株に 対する配当金		575,072.64
当期利益		$ 38,786,136.19
少数株主普通株持分		13,701,826.09
当社に帰属する利益		$ 25,084,310.10

注記：会社部門間及びグループ会社間取引は除去している。ただし，棚卸資産についてはグループ会社間取引に基づく利益は控除していない。

注記の「会社部門間及びグループ会社間取引は除去している」(Inter-departmental and Inter-company transactions have been excluded : Inter-company profits included in inventories have not been eliminated) は当1933年度に初めて記載されたが，注目に値する。それは，「総営業収益」(Gross Operating Income) にはこれまでは〔会社の〕部門間取引は除かれていたが，グループ会社間取引は含まれていたからである。それが1933年度はグループ会社間取引も除外したのである〔当該金額は不明〕。

(5) 1934年12月期 ― 全米を代表する優秀な年次報告書

1934年12月31日に終了する年度の報告書は1935年5月15日付である。当社の年次報告書は，1920年度以降一貫して決算日から5ヵ月と15日を経て発表されている。それは，たて23cm よこ20cm（1931年度と同じ大きさで，A4判のたて7cm よこ1cm を縮小したサイズ）を1頁とする実質15頁で，社長及び取締役会議長から株主への報告7頁，貸借対照表と損益計算書に関するコメント4頁，連結貸借対照表2頁，連結損益計算書1頁，Price, Waterhouse & Co. の監査報告書1頁から構成された。

W.C. Teagle 社長と W.S. Farish 取締役会議長は，7頁にわたって以下の事項について株主に報告した。全米の石油産業の概況（原油消費量，輸出・輸入状況，原価情報，井戸の数），当社の生産状況，パイプラインの敷設状況，天然ガスの生産状況，所有タンカー数，精製部門は赤字であること，自動車燃料・航空機燃料の販売は好調であるが競争が激しいこと，試験研究開発と商品化の状況，外国関係会社の状況（ナショナリズムの高揚と規制の強化），グループ従業員数と賃金（50,179人，前年は47,171人，国内従業員に対する総賃金は前年比＄8,600,000増加），従業員のための年金・生命保険・持株制度，1934年に支払った税金（当社負担＄37,364,614，顧客負担＄39,673,656），社債償還と新たな社債発行，株主数（134,136人），株主構成とその所有割合（例えば，77の慈善団体が1,066,647株（4.1%），47の宗教団体が12,900株（0.05%），74の教育機関が306,797株（1.2%），女性49,896人が5,022,470株（19.4%）を所有），ユニークな情報として社長の給与（＄125,000）と取締役10名の報酬（最低＄50,000，合計＄806,000）等々。

社長及び取締役会議長報告とは別に添付された「貸借対照表と損益計算書に関するコメント」（Comments on the Balance Sheet and Incme Account）は，次のような重要な情報を明らかにした。

① 冒頭，次のようにいう。「当社の監査人によって監査された当社及び子会社の帳簿及び計算書は，ニューヨーク証券取引所（NYSE）及び米証券取引委員会（SEC）の要請に応えて独立監査のレビューによって補足された（The audit of the books and accounts of the company and its subsidiaries conducted by the company's own auditors has been supplemented by an independent audit for the year under review, to comply with requirements of the New York Stock Exchanges and the Securities and Exchange Commission）.」

これは，NYSE や SEC の「権威」に従って致し方なく公認会計士監査を導入したと述べているのである。この「当社の監査人〔内部監査人〕によって監査された当社及び子会社の帳簿及び計算書は，独立監査のレビューによって補足された（supplemented）」という指摘にも，公認会計士監査を積極的には評価していない姿勢がうかがえる。

② 1934年12月31日現在，新たに Standard Oil Export Corporation と Anglo-American Oil Company Limited が連結対象となった。Standard Oil Export Corp. の普通株すべては当社の複数の子会社によって所有されている。

③ 連結範囲は当社が普通株発行済株式の50％を超える（more than 50％）株式を所有する会社及びその子会社であり，これには国内及び海外の会社が含まれる〔ただし，連結会社数は示していない〕。

④ 会社の部門間取引及び会社間取引は除外されているが，棚卸資産については会社間取引による利益は含まれている。それを除去するには不合理な費用と遅れ（unreasonable expense and delay）を伴うからである。ただし，市場価格が原価よりを低下している場合には市場価格で評価されるので利益は発生しない。

⑤ 当社の株式発行に係るプレミアムは資本剰余金で処理，子会社の株式取得価額と取得時の純資産価額との差額も資本剰余金で処理している。未処分剰余金は，株式配当を含む配当金支払後の当社及び子会社の利益の累積額である。そして，子会社の利益に対する当社持分の計算方法について説明。

⑥ 外国子会社の資産の換算基準は，原則として期末日現在の為替相場である。外国子会社の総資産と純資産の連結総資産及び連結純資産に占める割合は，前者は47％，後者は57％である。

⑦ 有形固定資産の当期取得額と除却及び売却額の明示，貸借対照表の有形固定資産の明細表（国内及び国外別の土地・プラント施設・建設仮勘定・船舶の各項目に係る金額，減価償却引当金，減価償却累計率）の添付，有形固定資産の例外的評価の事例3社の紹介，特許権・フランチャイズ・営業権は子会社の純資産額と取得金額の差額であること〔初めて指摘された〕，すべての償却資産は定額法で減価償却を行い，特許権についてのみ償却していないこと。固定資産に関する実に詳細な説明である。

⑧ 貸借対照表の「特別預金・基金」に含まれている従業員退職年金基金は，期末現在76,367,811.75，このうち＄5,044,105.81は合衆国政府及びニューヨーク州公債で市場価額は＄5,601,278.50である。

⑨ 納税引当金と偶発債務の状況（子会社の優先株配当や子会社の借入金に対する保証，子会社の従業員・役員の借入金に対する保証，子会社の割引手形の保証），当社及び子会社に係る訴訟に関する弁護士の意見（各社の総資産に比し重要な金額ではないこと）

⑩ 1934年1月1日以降「認められた会計原則」（accepted principles of accounting）に準拠して会計処理・手続を変更したこと〔「認められた会計原則」の意味は必ずしも明確ではないが，第18章で検討するような「新時代」の状況に当社は対応したのである〕。損益計算書に関する主な変更は，関係会社によっては，減価償却率を引き下げたこと，リース及び開発に係る支出を資産計上したこと，棚卸資産の評価基準を変更したことである。その結果，純利益は前年に比し約$8,000,000増加した。また，②の新たに連結対象となった2社の利益は約$2,000,000である。

⑪ 営業外収益の増加は，Anglo-American Oil Co. Ltd. を統合したこと，それに Standard Vacuum Oil Co. が初めて配当したことによる。

このように，公認会計士監査に対する姿勢は別として，連結範囲の明示，棚卸資産に係る内部利益を除去していない理由，資本剰余金処理基準，子会社利益に対する当社持分の計算方法，外国子会社の総資産や純資産が連結総資産や連結純資産に占める割合，減価償却方法，会計基準の変更とその影響額の明示，有形固定資産の明細や偶発債務の詳細な説明等は，従来の当社そして他社にも見られない極めて積極的な姿勢である。

連結貸借対照表は基本的には1931年度のそれを踏襲しているが（444頁），以下の勘定科目に変動が見られる。すなわち，流動資産及び運転資産（Current and Working Assets）の「現金（これには外国子会社の借入れに対する保証のための預金$2,500,000が含まれる）」の下線部分，それに「金庫株」（株式数）と「従業員貸付金」の登場，「長期受取手形及び長期売掛金」の個別表示，繰延費用としての「社債発行差金」と「前払費用・利息・保険料」の明示，流動負債として「1935年度購入義務」（Purchase Obligations due in 1935），固定債務として「年金財団からの借入金」と「外国為替変動引当金」が新たに記載された。ただし，「市場性ある有価証券」に含まれる株式と社債の発行会社名は省略され，有形固定資産は5項目から1項目に後退した。

連結損益計算書は，以下のとおりである。

連結損益計算書（1934年度）

総営業収益		$1,017,972,536.83
営業費：		
原価・営業費・販売費・一般費	$795,270,661.60	
税金（所得税を含む）	44,481,280.21	839,751,941.81
残高（Balance）		$　178,220,595.02
減価償却費	$　93,833,247.82	
減耗償却費	6,518,162.67	
アモチゼーション	4,623,187.90	
除却損	6,658,989.39	111,633,587.78
営業利益		$　　66,587,007.24
営業外収益（純）		18,973,269.09
子会社少数株主優先株配当金		
及び支払利息控除前利益		$　　85,560.276.33
子会社少数株主優先株配当金	$　　4,499,488.94	
支払利息：		
固定債務・長期債務に係る利息	7,058,460.51	
その他	6,120,056.20	17,678,005.65
当期純利益		$　　67,882,270.68
少数株主普通株持分		22,263,310.60
当社に帰属する利益		$　　45,618,960.08

注記：会社部門間及びグループ会社間取引は除去している。ただし，棚卸資産については，グループ会社間取引に基づく利益は控除していない。

「減価償却費」「減耗償却費」「アモチゼーション」「除却損」の 4 項目は営業費に属するものと改善されたが，依然として「原価・営業費・販売費・一般管理費」の分解はなされていない。

　加えて，次頁のような「連結剰余金計算書」（Statement of Consolidated Surplus）も開示された。

連結剰余金計算書（1934年度）

（イタリックは控除）

	資本剰余金	処分済剰余金	未処分剰余金
残高（1933年12月31日）	$113,117,402.55	$17,546,499.17	$377,182,390.81
売却株式に係るプレミアム	1,820,976.30		
Standard Oil Export Corp. を連結するための調整	*36,029,246.16*	*1,092,120.43*	*9,871,912.48*
子会社のガス会社の減価償却・減耗償却引当金の取崩			11,892,896.98
前期以前の修正：			
子会社の棚卸資産の評価損			*4,119,527.87*
投資有価証券評価損			*6,748,598.89*
貸倒引当金繰入額			*6,305,652.46*
休止プラント償却損			*14,025,582.40*
減価償却及び減耗償却引当金の増額			*5,129,257.07*
子会社過大資産取消し	*4,047,106.38*		
追徴引当金繰入額			*3,782,905.34*
年金引当金等調整	167,900.87	206,147.87	*7,813,502.28*
その他調整			*1,189,460.58*
剰余金間移動		*3,098,556.18*	3,098,556.18
上の調整に伴う			
子会社少数持分	5,195,689.72	232,338.67	5,992,516.16
	$ 80,225,616.90	$15,978,549.96	$339,179,960.76
加算—1934年度連結純利益			45,618,960.08
	$ 80,225,616.90	$15,978,549.96	$384,798,920.84
控除—Standard Oil Co. 現金配当金			31,940,882.25
残高（1934年12月31日）	$ 80,225,616.90	$15,978,549.96	$352,858,038.59

　これは，1931年度貸借対照表において3区分された剰余金，すなわち「資本剰余金」「特定目的剰余金」「未処分剰余金」の内訳表である（446頁）。極めて稀な資料である。

　そして，当社が創立以来初めて導入した外部監査人（Price, Waterhouse & Co.）の監査報告書は，以下のとおりである。

第12章　Standard Oil, American Tobacco, Coca-Cola の財務ディスクロージャー　455

Price, Waterhouse & Co.

56 Pine Street, New York,　　　　　　　　　　　　　　　May 15, 1935

To the Board of Directors of Standard Oil Company (New Jersey):

We have made an examination of the consolidated balance sheet of Standard Oil Company (New Jersey) and its subsidiary companies as at December 31, 1934, and of the statements of income and surplus for the year 1934. In connection therewith, we examined or tested accounting records of the companies and other supporting evidence in the United States, Canada, Mexico, West Indies, Central and South America, and Continental Europe, and obtained information and explanations from officers and employees of the companies ; we also made a general review of the accounting methods and of the operating and income accounts for the year, but we did not make a detailed audit of the transactions.

We have accepted the balance of the fixed (capital) asset and permanent investment accounts and relative reserves of the companies as at January 1, 1934, at the amounts shown on the books and records of the several companies, and the accounts of seven foreign companies, as examined by the respective statutory auditors : the total assets of the seven foreign companies whose accounts have been so accepted amount to less than 6% of the consolidated assets shown by the consolidated balance sheet attached.

The accounts of the subsidiary companies in Tampico, Mexico, have been examined by us, so far as their records were available, for a period of eleven months only, owing to circumstances beyond the control of the company. The figures relating to these companies which are included in the consolidation cover the eleven months' period thus examined.

In accordance with the practice followed by the company, subsidiary companies, both domestic and foreign, the common stocks of which are more than 50% owned, and their subsidiary companies which in turn are similarly more than 50% owned by them, have been included in the consolidated accounts attached.

Foreign currencies have been converted into United States dollars on the basis set forth in the Comments on the Balance Sheet and Income Account.

Intercompany profits have not been excluded form inventories (except to the extent that such profits may be eliminated from costs when inventories are reduced to a market price lower than cost), since the amount is incapable of determination without unreasonable expense and delay.

The company, with our cooperation and advice, has recently revised its chart of accounts and its accounting procedure; the new procedure became effective on January 1, 1934. As a result of the change, the accounts for the year 1934 are not strictly comparable with the accounts of previous years. The principal changes in the income account, so far as they affect comparison for the years 1933 and 1934, are referred to in the Comments on the Balance Sheet and Income Account.

In our opinion, based upon the examination indicated in the first paragraph of this report, and subject to the remarks above, the accompanying balance sheet and statements of income and surplus, and the relative Comments thereon, fairly present, in accordance with accepted principles of accounting consistently maintained by the companies during the year under review, the position of the combined companies as at December 31, 1934, and the result of operations for the year.

PRICE, WATERHOUSE & CO.

＊　　　　＊　　　　＊

Standard Oil Co.（New Jersey）取締役会殿：

1935年5月15日

　我々は，Standard Oil Co.（New Jersey）とその子会社の1934年12月31日現在の連結貸借対照表と1934年度の損益計算書及び剰余金計算書について監査を行った。それに関連して，我々は合衆国，カナダ，メキシコ，西インド諸島，中南米，そしてヨーロッパ大陸における諸会社の会計記録及びそれを裏付ける証拠を監査または試査し，かつ，会社役員及び従業員からの情報を入手し説明を受けた。我々はまた，会計方法と当該年度の営業及び損益勘定についても全体的にレビューした。しかし，取引の詳細な監査は実施しなかった。

　我々は，いくつかの会社の固定（資本性）資産と永久投資勘定，関連する引当金の残高については1934年1月1日〔期首〕現在の帳簿と記録に示されている価額を受け入れ，また外国会社7社の計算書についてはそれぞれの国の法定監査人の監査結果を受け入れた。当該7社の資産合計は連結貸借対照表の資産合計の6％以下である。

　メキシコのタンピコ（Tampico）にある子会社の計算書については，我々は記録が利用できる限り監査したが，会社の統制を超える状況により，それは11ヵ月間だけのものであった。連結計算書に含まれるこれらの会社に関連する数値は監査した11ヵ月間のものである。

　会社の採用した方針に従って，連結計算書に含まれる子会社はそれが外国であれ国内であれ，当社が発行済普通株の50％を超えて所有している会社であり，また，それぞれの子会社の子会社〔孫会社〕も同様に当該子会社が50％を超えて

第12章　Standard Oil，American Tobacco，Coca-Cola の財務ディスクロージャー　　457

所有している会社である。

　外国通貨は貸借対照表と損益計算書に関するコメントに示されている基準に従って米ドルに換算された。

　会社間取引による利益は棚卸資産からは控除されていない（ただし，棚卸資産の市場価格が取得原価を下回っている場合には内部利益は控除されている）。なぜなら，その金額を決定することは非合理的な費用と遅れを伴うからである。

　会社は，我々の協力とアドバイスにより，1934年1月1日より有効となる会計規程及び会計手続を改訂した。その結果，1934年度の計算書は厳密な意味では前年度以前のそれらとは比較できない。損益計算書における主たる変更については，1933年度と34年度を比較する際に影響がある場合に限り，貸借対照表と損益計算書に関するコメントに記されている〔452頁⑩〕。

　我々の意見によると，当報告書の最初のパラグラフで指摘した監査に基づき，そして上の所見を除いて（subject to the remarks），添付された貸借対照表と損益計算書及び剰余金計算書それに関するコメントは，認められた会計原則に継続的に準拠して，1934年12月31日現在の統合会社の状況と当該年度の経営成績を適正に表示していることを認める。

　最初と最後のパラグラフは「監査報告書モデル」に準拠している（748頁）。第2パラグラフの外国会社7社については他の監査人の監査結果に依拠したが，その7社の資産合計は連結貸借対照表の資産合計の6％以下である旨の指摘は，ニューヨーク証券取引所の要求（1933年1月31日付）に一部応えるものである（747頁②）。第3パラグラフの監査対象期間が1ヵ月不足している旨の指摘は，監査範囲の限定といえるであろう。第4パラグラフから第7パラグラフは，会社が指摘している財務諸表作成の原則（Principles Applied in the Consolidation of the Accounts Attached，451頁の③④⑥，452頁の⑩）について監査人の立場から再度説明しかつ「肯定的」意見を表明しているのである。そして，棚卸資産のうち会社間取引に基づく在庫分には内部利益が含まれていること，会計規程及び会計手続の改訂により会計処理が変更されていることを「限定事項」としている。したがって，これらの所見を除いて（subject to the remarks），財務諸表は適正であるという限定付適正意見を表明しているのである。

　それにしても，米国，カナダ，メキシコ，西インド諸島，中南米，そしてヨーロッパに及ぶグローバルな監査が1930年代前半すでに実践されていたのである。

Standard Oil Co. の1934年度報告書は全米企業を代表する優秀なものである。もっとも，時代は新時代。そして，この時，当社の株主は134,136人，このうちには77の慈善団体，47の宗教団体，74の教育機関も含まれており，当社はまさに「社会の公器」となっていた。当然といえば当然であろう。

2 The American Tobacco Company

(1) 1919年12月期 ～ 1929年12月期
―1枚の年次報告書，平均的財務ディスクロージャー

米国最大手のタバコ会社 The American Tobacco Company の1897年度の財務ディスクロージャーについては第2章で紹介し，当時の平均を上回るものであると評価した（71頁）。

当社の22年後の1919年12月31日に終了する年度の報告書は，たて24cm よこ42cm（たてを5cm縮小したＡ3判）の1枚の用紙である。そこに，財務部長から株主へのメッセージと貸借対照表が掲載された。

財務部長は紙面全体の3分の2のスペースにおいて，社債償還に伴う額面価額合計（＄120,300.00）と償還額（＄143,937.12）との差額を費用処理したこと，株式資本には変動がなく優先株と普通株は同等の議決権を有し，1920年2月14日現在の株主は8,814人であること，手形借入金のうち＄5,000,000.00を返済し残高は＄20,000,000.00であること，普通株Ｂ（無議決権株）と交換可能な仮株券（Scrip）の残高は＄12,072,720.00であること，利益計算書の受取配当金は株式の一部を所有している会社からのものであり，完全子会社の利益は全体の純利益に含まれていること〔完全子会社の利益額と子会社数は示していない〕などについて説明した。

そして，以下のような「利益計算書」（Statement of Earnings）を示した〔タイトルは示されていない〕。

第12章　Standard Oil，American Tobacco，Coca-Cola の財務ディスクロージャー　459

当社及び完全子会社の売上高は合計 $ 146,023,729.94 で
　営業費や税金を含むすべての費用控除後の純利益は …………… $ 15,922,687.24
　この純利益は売上高の約10%である。

株式一部所有会社からの配当金		2,747,821.22
その他収益		51,619.74
		$ 18,722,128.20
控除―		
社債償還損	$　　23,637.12	
支払利息（受取利息控除後）	289,486.38	313,123.50
		$ 18,409,004.70
控除―		
社債利息（額面 $ 540,900.00）	$　　32,454.00	
償還社債利息	3,760.76	
社債利息（額面 $ 1,365,300.00）	54,612.00	
手形借入金利息（$ 20,000,000.00分）	1,400,000.00	
手形借入金利息（1919.11.1返済済）	291,666.66	
仮株券利息	653,939.00	
優先株配当金（1.5%）	3,161,982.00	5,598,414.42
純利益（剰余金勘定へ）		$ 12,810,590.28
剰余金（1918年12月31日）		44,584,333.10
		$ 57,394,923.38
控除―		
普通株配当金（5 %）		8,048,480.00
剰余金（1919年12月31日）		$ 49,346,443.38

　「売上高」と「株式一部所有会社からの配当金」の表示，売上高利益率の指摘，「社債利息」等 7 項目の表示は評価されるが，1919年度においては平均的な損益情報の開示である。
　「財務諸表」〔Financial Statement，22年前の1897年度と同様「貸借対照表」とは言っていない（71頁）〕は，以下のとおりである。

財務諸表（1919年12月31日）

　　資　　産：
土地・機械装置等　　　　　　　　　　$　8,223,599.37

葉タバコ・製品等	90,611,433.88	
株式及び社債		
（合衆国自由公債額面価格合計		
＄6,308,800.00を含む）	31,475,485.04	
現金	6,801,058.67	
受取手形及び売掛金	11,419,580.74	
前払保険料・利息等	909,688.88	
関係会社債権	2,568,038.58	
ブランド・商標権・パテント・営業権	54,099,430.40	
資産合計		＄206,108,315.56
負　　債：		
株式資本金―優先株	＄52,699,700.00	
普通株	40,242,400.00	
社債6％	540,900.00	
社債4％	1,365,300.00	
手形借入金7％	20,000,000.00	
仮株券（1921.3.1満期）	12,072,720.00	

優先株配当準備金	＄790,495.50		
未払社債利息6％	8,113.50		
未払社債利息4％	22,755.00		
手形借入金未払利息	233,333.34		
仮株券未払利息	241,454.40	1,296,151.74	

支払手形及び買掛金	18,073,187.91	
合衆国自由公債引受手形	6,260,000.00	
関係会社債務	75,152.34	
広告・税金等準備金*	4,136,360.19	
負債合計		＄156,761,872.18
剰余金		＄ 49,346,443.38

＊1918年に比し減少している理由は連邦税の減少による。

　「関係会社債権」と「関係会社債務」の区分表示，「株式及び社債」の（合衆国自由公債額面価格合計＄6,308,800.00を含む）のカッコ書き，未払利息の説明的表示等は評価されるが，資産全体の44％を占める「葉タバコ・製品等」や26％を占める「ブランド・商標権・パテント・営業権＄54,099,430.40」〔1897年度は＄24,867,263.91。71頁〕については一切触れていない。平均的開示である。

第12章 Standard Oil, American Tobacco, Coca-Cola の財務ディスクロージャー　461

1920年度報告書も 1 枚の用紙であるが，たて24cm よこ56.5cm と「面積」が
25%増加した。それは，数種の社債や優先株配当金と普通株配当金に関して
やや詳細な説明が加えられたからである。仮株券保有者は1920年 6 月 1 日に
普通株 B（無議決権株）への転換を選択できたが $10,924,800が転換されたこと，
剰余金処分として普通株所有者に $38,375,400の普通株 B を付与したことの
指摘を除いては，利益計算書も財務諸表と称する貸借対照表も1919年度と同じ
様式・開示項目である。

この1920年度報告書の平均的財務ディスクロージャーは1929年度まで続く。
この間の1926年，W.Z. Ripley は，当社の 1 枚の用紙を中折りにした株主宛
報告書について「初期の状態から進歩がない（The great American Tobacco
Company has not progressed beyond the embryonic state.）」と批判した[2]。

(2)　1930年12月期 〜 1931年12月期 ― 貧弱な利益計算書

1930年度報告書は1919年度と同じ大きさの 1 枚の用紙（たて24cm よこ42cm）
に後退した〔面積25%の縮小〕。利益計算書は，以下のとおりである〔ここでも
タイトルは示されていない〕。

純利益（減価償却費や税金*を含むすべての費用控除後）		$ 43,345,370.86
控除―社債償還損		3,887.50
		$ 43,341,483.36
控除―		
社債利息 6 %	$　　11,624.34	
社債利息 4 %	35,090,00	
優先株配当金 6 %	3,161,982.00	3,208,696.34
剰余金へ振替可能額		$ 40,132,787.02
剰余金（1929年12月31日）		80,869,332.24
		$121,002,119.26
控除―普通株配当金		
3 月 1 日 1 株 $ 2.00	$ 4,687,026.00	
6 月 2 日 1 株 $ 2.00	4,687,032.00	
9 月 2 日 1 株 $ 2.00, 特別 $ 4.00	14,061,108.00	

12月1日1株＄1.25	5,858,817.50	29,293,983.50
		＄ 91,708,135.76
剰余金調整		157,536.88
剰余金合計（1930年12月31日）		＄ 91,865,672.64

　＊1930年には＄150,000,000以上の税金が合衆国政府に支払われた。

　1919年度，20年度の利益計算書に示されていた「当社及び完全子会社売上高合計」と「株式一部所有会社からの配当金」それに「その他収益」が省略されてしまった（459頁）。利益計算書はまさに「純利益と処分計算書」である。
　そして，「財務諸表」〔依然として貸借対照表とは言っていない〕において「土地・機械装置等，原価評価（減価償却及び陳腐化引当金控除後）」と示したが，減価償却及び陳腐化引当金の金額は記されていない。また，「葉タバコ・製品等」は「原価評価」であることも指摘したが，それ以外の開示項目は1919年度と同様であった。
　1931年度報告書は，1930年度報告書を踏襲した。

(3)　1932年12月期 ─ 利益計算書の多少の改善

　1932年度報告書（1920年度と同じたて24cm よこ56.5cm に復活，1枚の用紙）において，財務部長は「ニューヨーク証券取引所による報告書の統一の要請に応えて前事業年度とは幾分異なるフォームで作成している」と指摘しているが，それは，比較の観点から1932年度の利益計算書の様式に沿って修正した1931年度の利益計算書を"メモ"（Memorandum Only）として添付したからである。
　財務部長は，利益計算書は当社と国内の完全子会社の純利益を合計したものであること，当社が一部所有する株式の発行会社については配当金のみを「受取配当金」に含めていること，完全子会社ではない国内の子会社や海外の完全子会社の未処分利益（undistributed earnings）に対する当社持分は利益計算書には含めていないが，1932年12月31日現在約＄2,000,000.00と見積られることを指摘した〔下線部分は1931年2月20日付のニューヨーク証券取引所上場基準の改正に応えるものである。742頁〕。

第12章　Standard Oil, American Tobacco, Coca-Cola の財務ディスクロージャー　　463

そして，以下のような利益計算書を開示した〔ここでもタイトルはない〕。

営業利益（Operating profit,		
減価償却費（＄1,161,491.34）控除後		
連邦所得税控除前）		＄ 46,520,793.52
加算：		
受取配当金・利息		3,754,902.17
その他収益		13,248.74
合　計		＄ 50,288,944.43
控除：―		
社債償還損	＄　　1,941.63	
支払利息・割引料	96,171.15	
その他損失・費用	312,486.84	
有価証券売却損	512,293.04	922,892.66
税引前純利益		＄ 49,366,051.77
控除：―		
連邦所得税		6,098,967.83
純利益		＄ 43,267,083.94
控除：―		
累積的優先株配当金6％		3,161,982.00
残高（剰余金へ）		＄ 40,105,101.94
剰余金（1931年12月31日）		106,448,050.53
		＄146,553,152.47
控除：―		
普通株配当金		
3月1日1株＄1.25, 特別＄1.00	＄10,667,036.25	
6月1日1株＄1.25	5,926,156.25	
9月1日1株＄1.25	5,926,160.00	
12月1日1株＄1.25	5,926,182.50	28,445,535.00
剰余金（1932年12月31日）		＄118,107,617.47

　営業利益算出プロセスは依然として秘密であるが，「営業利益」表示後は，
営業外収益と営業外費用を区分して純利益を算出している。「減価償却費」
（＄1,161,491.34）のカッコ書き表示と1930年度に省略された「株式一部
所有会社からの配当金」が「受取配当金」として，また「その他収益」

（＄13,248.74）も表示された。優先株配当金は当期純利益からの処分，普通株配当金は前期からの繰越剰余金を加算した後の剰余金処分である。累積的優先株であるから，その配当に係る利益は当期純利益を源泉に，普通株配当金（＄28,445,535.00）については前期からの繰越剰余金と加算した剰余金で処分している点は「論理的」である。

創立（1890年）以来初めて名付けられた「貸借対照表」において，「土地・機械装置等，原価評価」には（減価償却引当金＄6,603,818.70控除）が（462頁），また「株式及び社債」には（主として関係会社分で永久保有）の2つがカッコ書きされた。多少の改善であるが，基本的には1919年度のそれを踏襲した。

(4)　1934年12月期 ― 創立45年にして初めての公認会計士監査

1934年度報告書もこれまでと同じ1枚の用紙である。財務部長は「連結貸借対照表と連結利益及び剰余金計算書は，The American Tobacco Co. と国内の完全子会社の連結であること」を初めて明示した〔ただし，完全子会社の数は示していない〕。

「連結利益及び剰余金計算書」（Consolidated Statement of Income and Surplus）は，以下のとおりである。

連結利益及び剰余金計算書

営業利益（減価償却費，連邦所得税， 　州フランチャイズ税， 　株式資本金税等控除前）	＄32,153,302.02
加算：―	
受取配当金（American Cigar Co.）	2,464,682.00
受取配当金（非連結会社）	978,108.76
受取配当金・利息（その他）	537,789.86
有価証券売却益	327,738.64
その他利益	60,316.22
合　計	＄ 36,521,937.50

控除：―		
社債償還損	2,773.50	
支払利息・割引料	72,771.18	
その他損失・費用	188,102.78	263,647.46
税引前純利益		36,258,290.04
控除：―		
減価償却費	1,489,734.42	
州フランチャイズ税	1,293,964.35	
連邦所得税，株式資本金税，加工税	9,390,310.94	12,174,009.71
純利益		24,084,280.33
控除：―		
前期以前に係る税金引当金繰入額		870,000.00
		23,214,280.33
控除：―		
第4四半期累積的優先株配当金6％		3,161,982.00
残高（剰余金へ）		20,052,298.33
剰余金（1933年12月31日）		108,627,694.65
		128,679,992.98
控除：―		
普通株配当金		
3月1日1株＄1.25	5,929,790.00	
6月1日1株＄1.25	5,929,798.75	
9月1日1株＄1.25	5,929,798.75	
12月1日1株＄1.25	5,929,798.25	
	23,719,186.25	
控除：―		
金庫株に対する現金配当	293,310.00	23,428,876.25
剰余金（1934年12月31日）		＄105,251,116.73

　1932年度の利益計算書と比べると，営業利益算出過程はここでも明らかにされていないが，営業外収益に属する「受取配当金」がこれまでの1項目から3項目に分解され，子会社と思われるAmerican Cigar Co.と「非連結社」からの配当金が表示された。また，「減価償却費」も初めて明示され，「前期以前に係る税金引当金繰入額」と「金庫株に対する現金配当」も登場した。

「連結貸借対照表」（Consolidated Balance Sheet）は，以下のとおりである。

連結貸借対照表（1934年12月31日）

資　産：

現金		$ 29,005,961.54
市場性ある有価証券（原価評価，時価 $ 5,466,938）		5,633,836.27
受取手形（顧客）		9,168,680.63
その他売掛金及び受取手形		1,129,717.13
葉タバコ・製品・貯蔵品等（原価評価）		121,612,398.91
関係会社受取手形・売掛金		311,206.98
流動資産合計		166,861,801.46

投資：

国内の株式一部所有子会社・		
外国の完全子会社の株式	$ 39,177,706.99*	
その他投資（Industrial Commission		
への預入れ $ 303,757.98を含む）	2,248,475.56	41,426,182.55
貸付金等		1,503,383.84
不動産・土地・機械装置等（原価評価,		
減価償却引当金 $ 11,328,432.06）		20,186,155.68
前払保険料等		538,014.73
ブランド・商標権・パテント・営業権等		54,099,430.40
＊これらの子会社に対する当社持分は		
合計 $ 40,495,768.02（無形資産 $ 3,980,863.28を含む）		
		$ 284,614,968.66

負　債：

支払手形・買掛金		$ 1,595,846.01
未払優先株配当金		790,495.50
未払社債利息		15,828.91
広告・税等引当金		6,789,087.40
対関係会社債務		123,199.83
流動負債合計		9,314,457.65
社債 6 ％（1944.10.1 償還）		131,650.00
社債 4 ％（1951.8.1 償還）		831,250.00
仮株券		7,849.00

第12章　Standard Oil, American Tobacco, Coca-Cola の財務ディスクロージャー　467

資　　本：

株式資本金：
　優先株，6％累積的，1株＄100
　　授権株式540,106株，発行済526,997株　　＄ 52,699,700.00
　普通株，1株＄25，授権株式2,000,000株
　　発行済1,609,696株（金庫株11,200株含む）　40,242,400.00
　普通株 B，1株＄25，授権株式4,000,000株
　　発行済3,134,143株（金庫株44,362株含む）　78,353,575.00
　　　　　　　　　　　　　　　　　　　　　　171,295,675.00
剰余金　　　　　　　　　　　　　　　　　　　105,251,116.73
　　　　　　　　　　　　　　　　　　　　　　276,546,791.73
控除：金庫株（原価評価）
　普通株11,200株
　普通株 B44,362株　　　　　　　　　2,217,029.72　　274,329,762.01
　　　　　　　　　　　　　　　　　　　　　　　　　＄284,614,968.66

　このように，貸借対照表は「資産」と「負債」と「資本」に分類され，流動性配列法により「流動資産」と「流動負債」が明示された。「市場性ある有価証券」の時価の指摘，子会社等に対する当社持分の注記，株式資本金のうち金庫株の明示等に時代の要請が反映されている。

　この貸借対照表の下部に以下のLybrand, Ross Bros. & Montgomery による監査報告書（1935年2月23日付）が，創立45年後にしかも法定監査開始時に初めて添付された（下線著者）。

The President and Board of Directors,
The American Tobacco Company,
111 Fifth Avenue, New York, N.Y.

　We have made an examination of the consolidated balance sheet of THE AMERICAN TOBACCO COMPANY and its wholly owned domestic subsidiaries as at December 31, 1934 and of the related statement of income and surplus for the year 1934. In connection therewith, we examined or tested accounting records of the companies and other supporting evidence and obtained information and explanations from officers and employees of the companies ; we also made a general review of the accounting methods and of the operating and income accounts for the year, but we did not make a detailed audit of the transactions. <u>Accounts of subsidiaries of The American Tobacco Company not consolidated in the accompanying statements are examined by us or other accountants.</u>

In our opinion, based upon such examination, the consolidated balance sheet and the consolidated statement of income and surplus fairly present, <u>in accordance with accepted accounting principles in the industry,</u> consistently maintained by the companies during the year under review, their consolidated position at December 31, 1934 and the result of their operations for the year.

New York, February 23, 1935.

LYBRAND, ROSS BROS. & MONTGOMERY

この監査報告書は"モデル"に準拠したものであるが（748頁），最初のパラグラフにおいて，連結対象とならなかった子会社の計算書も当該監査人または他の会計士によって監査されたことが指摘されている。また，監査人の判断基準が「産業界で認められた会計原則」（accepted accounting principles in the industry）とされているが，おそらくタバコ税に係る会計処理及び表示であろう。

そして，当社が，「純売上高（現金割引・戻り・値引控除後）」（Sales, less trade and cash discounts, returns and allowances）と「売上諸費用」（Costs of sales, selling, general and administrative expenses）を示す右頁のような「連結損益及び剰余金計算書」（Consolidated Statement of Income and Surplus）を開示したのは，1937年12月31日に終了する年度の報告書（全8頁）においてである。

連結損益及び剰余金計算書（1937年度）

純売上高（現金割引・戻り・値引控除後）	$ 242,644,514.69	
売上諸費用	211,113,292.53	
営業利益（減価償却費及び税金控除前）	31,531,222.16	
加算：		
American Cigarette and Cigar Co.		
からの配当金	1,496,868.46	
関係会社受取配当金	1,253,102.72	
その他配当金・利息	268,411.86	
その他収益	277,037.20	$ 34,826,642.40
控除：支払利息・割引料	876,432.64	
その他損失・費用・投資引当金繰入額	257,267.60	
社債償還損	1,000.00	1,134,700.24
減価償却費及び連邦税控除前利益		33,691,942.16
控除：		
減価償却費	1,191,511.44	
州フランチャイズ税及び所得税	1,275,964.44	
連邦所得税及び資本金税	4,737,062.80	7,204,538.68
洪水損失控除前利益		26,487,403.48
洪水損失		289,910.45
純利益		26,197,493.03
控除：累積的優先株配当金 6 ％		3,161,982.00
残高（剰余金勘定へ加算）		23,035,511.03
剰余金（1936年12月31日）		59,922,811.52
		82,958,322.55
控除：普通株・普通株 B 配当金		
3 月 1 日 1 株 $ 1.25	5,929,810.00	
6 月 1 日 1 株 $ 1.25	5,929,810.00	
9 月 1 日 1 株 $ 1.25	5,929,821.25	
12月 1 日 1 株 $ 1.25	5,929,825.00	
	23,719,266.25	
控除：金庫株（普通株・普通株 B）に 対する現金配当	785,080.00	22,934,186.25
剰余金（1937年12月31日）		$ 60,024,136.30

3 The Coca-Cola Company

(1) 1920年12月期（第 1 期）— 1 枚の用紙に"3 点セット"

　The Coca-Cola Company は1919年 9 月 5 日にジョージア州のアトランタで設立されたが，1920年12月31日に終了する第 1 期報告書は，右頁で見るようにA 5 判のたてを 2 cm縮小したサイズ̇ 1̇ 枚の用紙であった[3]。そこに，連結要約貸借対照表と損益計算書そして監査証明書が掲載された。

　「連結要約貸借対照表」（Consolidated Condensed Balance Sheet）は，以下のとおりである。

連結要約貸借対照表（1920年12月31日）

資　産		負　債		
流動資産：		流動負債：		
棚卸資産		支払手形・買掛金		$ 8,890,241.63
（原価時価比較低価法）	$ 6,610,557.64	未払配当金		350,000.00
その他資産	4,295,900.33	未払所得税・超過利得税		300,000.00
前払資産	88,977.90	資本勘定：		
固定資産		優先株	$10,000,000.00	
土地・建物・機械	4,250,680.97	普通株	15,010,000.00	
無形資産：		資本剰余金	4,590,000.00	
製法・トレードマーク・		剰余金	1,066,097.79	$30,666,097.79
営業権	24,960,222.58			
	$40,206,339.42			$40,206,339.42

　まさに要約̇ さ̇ れた連結貸借対照表である〔連結範囲は不明〕。「製法・トレードマーク・営業権」（Formulae, Trade-Mark and Goodwill）は資産全体の62％を占めているが，その根拠は不明である。一方，「資本剰余金」を明示している点は1920年当時としては目新しい。

図12—1　The Coca-Cola Co. の1920年度報告書

The Coca-Cola Company

COCA-COLA BUILDING　　ATLANTA, GEORGIA

CONSOLIDATED CONDENSED BALANCE SHEET AND PROFIT AND LOSS STATEMENT
DECEMBER 31, 1920

ASSETS

CURRENT ASSETS:
Inventories at cost or market
whichever was lower .... $ 6,610,557.64

OTHER BOOK AND MISCELLANEOUS
ASSETS 4,295,900.33

PREPAID VALUES 88,977.90

FIXED ASSETS
Land, Buildings and Machinery 4,250,680.97

INTANGIBLE ASSETS:
Formulae, Trade Mark and
Good will 24,960,222.58

$40,206,339.42

LIABILITIES

CURRENT LIABILITIES:
Notes and accounts payable... $ 8,890,241.63
Preferred dividend payable....... 350,000.00
Estimated Federal Income and
Excess Profits Tax................. 300,000.00

CAPITAL ACCOUNTS:
Preferred Stock Out-
standing $10,000,000.00
Common Stock Out-
standing 15,010,000.00
Capital Surplus 4,590,000.00
SURPLUS 1,066,097.79

$30,666,097.79
$40,206,339.42

PROFIT AND LOSS STATEMENT

Year ended December 31, 1920

NET SALES $32,341,428.61
LESS: Cost of operations 29,567,159.16

Profit from operations .... $ 2,774,269.45
LESS: Other deductions from income 335,103.47

Net Income .... $ 2,439,165.98
Deductions for Federal Taxes and Dividends, Net 2,136,018.36

Net amount added to surplus .... $ 303,147.62

WE HEREBY CERTIFY THAT THE ABOVE CONDENSED BALANCE SHEET HAS BEEN PREPARED FROM
OUR AUDITED REPORT FOR THE TWELVE MONTHS ENDED DECEMBER 31ST, 1920.

WOLF AND COMPANY
ACCOUNTANTS

GENERAL OFFICE, CHICAGO, ILL.

NEW YORK	MILWAUKEE	CHICAGO	OKLAHOMA CITY
PHILADELPHIA	INDIANAPOLIS	KANSAS CITY	MUSKOGEE
ATLANTA	TULSA, OKLA.	DES MOINES	FORT WORTH

また，「損益計算書」（Profit and Loss Statement）は，以下のとおりである。

損益計算書（1920年12月31日終了年度）

純売上高	$ 32,341,428.61
控除：営業費（Cost of operations）	29,567,159.16
営業利益	$ 2,774,269.45
控除：利益からの控除	335,103.47
純利益	$ 2,439,165.98
控除：連邦税及び配当金	2,136,018.36
剰余金への加算額	$ 303,147.62

損益計算書も，純売上高を明示したものの極めて簡略である。

これに対して，Wolf and Company（シカゴに本部を置きニューヨークやアトランタ他10ヵ所に事務所を開設）は，以下のような監査証明書を発行した。

We hereby certify that the above condensed Balance Sheet has been prepared from our audited report for the twelve months ended December 31st, 1920.

Wolf and Company
Accountants

Wolf and Co. は，「上の要約貸借対照表は1920年12月31日に終了する12ヵ月間の我々の監査済報告書から作成されていることを証明する」と述べ，損益計算書についてはまったく触れていない〔監査をしなかったからであろう。拒否されたのかもしれない〕。

それにしても，前頁で見るように The Coca-Cola Co. の第1期報告書は，会計士 Wolf and Co. が貸借対照表と損益計算書を作成したようにも見える。

第12章　Standard Oil, American Tobacco, Coca-Cola の財務ディスクロージャー　473

(2)　1921年12月期（第 2 期）―「売上原価」を明示

　1921年度報告書は，一転して，たて22.5cm よこ15cm（A 5 判よりやや大き
め）を 1 頁とする全24頁である。それは，会社役員・取締役と株式名義書換機
関の紹介 1 頁，社長から株主への報告 6 頁，製造工場・ボトリング工場所在地
と生産能力（日産ガロン，ケースなど，1 頁），全米の配送システムの地図 1 頁，
会社の概況 6 頁，連結損益計算書と剰余金の分析 1 頁，連結貸借対照表 2 頁，
それに監査証明書 1 頁で構成されている。

　社長は株主に以下を伝えた。

①　不景気にもかかわらず，当期純利益は棚卸資産評価損控除前でほぼ400
　万ドル，控除後で275万ドルを超えた。この275万ドルは，普通株 1 株当た
　り3.25ドルに相当する。また，当期の 1 ガロン当たりの平均利益は17.4
　セント，1920年は13.1セントであった。貸倒損失は売上高に対し0.1％
　以下である。有形固定資産に対して100万ドル以上が支出された。

②　1921年度の最大の業績は，銀行借入金を大幅に返済したことである
　〔貸借対照表で見るように1920年末＄8,409,668.64，1921年末＄2,165,750.00，
　＄6,243,918.64の減少である〕。この債務に係る利息だけでも普通株 1 株に
　つき 1 ドルの配当可能額に相当する。1921年度は，外国基金の為替損失
　＄52,298.39，支払利息＄506,057.70，訴訟関係費用＄225,703,43の 3 つ
　の特別費用が発生した。手元現金は相当減少しているが，これは売掛金
　が増大したからである。棚卸資産も前期に比し大幅に減少しているが，
　市場価格に調整〔評価減を実施〕したためである。1922年度は確実な前進
　の始まりである。

　そして，The Coca-Cola Co. とその子会社〔子会社数は明示されていない〕の
「連結損益計算書」（Consolidated Profit and Loss Statement）及び「剰余金勘定
の分析」（Analysis of Surplus Account）は，次頁のとおりである。

連結損益計算書（1921年12月31日終了年度）

売上高	$ 28,464,598.96
控除：売上原価	
（売上に係る運送費，割引・値引を含む）	21,189,706.23
総営業利益	$ 7,274,892.73
控除：販売費及び一般管理費	3,928,884.29
純営業利益	$ 3,346,008.44
控除：支払利息等	575,018.31
税引前純利益	$ 2,770,990.13
控除：納税引当金繰入額	425,000.00
純利益	$ 2,345,990.13

剰余金勘定の分析

損益計算書の利益（1921年度）	$ 2,345,990.13
控除：配当金（注記）	1,200,000.00
純利益（剰余金に加算）	$ 1,145,990.13
期首剰余金	1,062,054.77
剰余金（1921年12月31日）	$ 2,208,044.90

（注記）	配当金	1921年6月30日―優先株	$	350,000.00
		1921年10月31日―普通株		500,000.00
		1921年12月31日―優先株		350,000.00
				$ 1,200,000.00

　連結損益計算書は様式としては現代的である。すなわち，「売上高」と「売上原価」（Cost of goods sold, including freight on sales, discounts and allowances），「販売費及び一般管理費」（Expenses, selling, branch, administrative, and general）の表示と営業外費用としての「支払利息等」（Other net deductions, interest, etc.）を区分表示しているからである。

　連結損益計算書と剰余金勘定の分析を総合すると「損益及び剰余金計算書」といえるであろう。なお，期首剰余金 $ 1,062,054.77は1920年12月31日の貸借対照表の剰余金残高 $ 1,066,097.79（470頁）と一致していない。

第12章　Standard Oil，American Tobacco，Coca-Cola の財務ディスクロージャー　　475

The Coca-Cola Co. とその子会社の「連結要約比較貸借対照表」（Consolidated Condensed Comparative Balance Sheet）は，以下のとおりである。

連結要約比較貸借対照表

資　　産	1921.12.31	1920.12.31	増　加
流動資産			
現金	$　　894,808.49	$　1,967,139.23	D $1,072,330.74
政府証券	19,668.77	20,394.00	D　　　　725.23
受取手形	10,961.25	4,969.36	5,991.89
売掛金	1,704,224.53	836,368.49	867,856.04
棚卸資産	1,816,992.96	3,170,847.05	D　1,353,854.09
	$　4,446,656.00	$　5,999,718.13	D $1,553,062.13
その他資産			
砂糖契約前払金	—	$　4,017,425.10	D $4,017,425.10
受取手形―販売不動産	$　　152,541.18	150,000.00	2,541.18
受取手形―株式申込金	2,230.80	28,744.40	D　　26,513.60
その他受取手形・売掛金	127,820.50	110,126.00	17,694.50
	$　　282,592.48	$　4,306,295.50	D $4,023,703.02
永久資産			
土地	$　1,069,297.22	$　1,025,521.53	$　　43,775.69
建物	2,712,075.31	2,147,260.99	564,814.32
機械装置	1,447,042.97	1,267,200.09	179,842.88
ボトル・ケース	1,269,880.16	714,906.37	554,973.79
	$　6,498,295.66	$　5,154,888.98	$1,343,406.68
控除：減価償却引当金	731,204.58	304,884.24	D　　426,320.34
	$　5,767,091.08	$　4,850,004.74	$　917,086.34
製法・トレードマーク・			
営業権	24,966,230.09	24,960,222.58	6,007.51
繰延費用			
前払利息・保険料	47,375.24	88,977.90	D　　41,602.66
	$35,509,944.89	$40,205,218.85	D $4,695,273.96
負　　債			
流動負債			
支払手形	$　2,165,750.00	$　8,409,668.64	D $6,243,918.64
買掛金	1,024,897.77	716,679.84	308,217.93

未払費用	2,752.22	5,522.58	D	2,770.36
	$ 3,193,399.99	$ 9,131,871.06	D	$5,938,471.07
繰延負債				
不動産購入手形				
(1923-1925)	81,500.00	107,250.00	D	25,750.00
引当金				
納税引当金	427,000.00	300,000.00		127,000.00
株式資本金	25,010,000.00	25,010,000.00		—
剰余金				
払込剰余金	$ 4,590,000.00	$ 4,590,000.00		—
利益剰余金	2,208,044.90	1,066,097.79		1,141,947.11
	6,798,044.90	5,656,097.79		1,141,947.11
	$35,509,944.89	$40,205,218.85	D	$4,695,273.96

（注）　D－減少

　1921年当時における前期比較形式による流動性配列法の貸借対照表は評価される。流動資産と固定資産の区分表示，減価償却引当金の間接法表示，繰延負債の表示，払込剰余金（Paid in Surplus）と利益剰余金（Earned Surplus）の区分表示も先進的である。ただし，総資産の70％を占める「製法・トレードマーク・営業権」の根拠については当期も一切触れていない。

　監査人 Ernst & Ernst の監査証明書は，以下のとおりである。

Auditors' Certificate

We Hereby Certify :

　That we have audited the books of account and record of THE COCA-COLA COMPANY and its subsidiaries, Atlanta, Georgia, and that, based upon our examinations and information obtained, it is our opinion that annexed Consolidated Balance Sheet is drawn so as to correctly reflect the financial position of the Companies, at December 31st, 1921, and that the relative Operating and Profit and Loss and Surplus Statements are correct.

　　　　　　　　　　　　　　　　　ERNST & ERNST,
　　　　　　　　　　　　　　Public Accountants and Auditors,
Atlanta, Georgia, February 6th, 1922.

第12章　Standard Oil, American Tobacco, Coca-Cola の財務ディスクロージャー　477

第2期においては，監査人は損益計算書及び剰余金計算書について正確（correct）であると意見表明している。

The Coca-Cola Co. の1921年度報告書における財務ディスクロージャーは平均を上回るものである。

Ernst ＆ Ernst は1903年に A.C. Ernst と T.C. Ernst 兄弟がクリーブランドで設立した事務所で（401頁），この1921年度以降継続して The Coca-Cola Co. の監査人であった。1979年，Ernst ＆ Ernst は英国の Whinney, Murry & Co. と合併 Ernst & Whinney となり，さらに1989年，Ernst & Whinney は Arthur Young & Co. と合併，今日の Ernst ＆ Young（EY）となった。

ところで，合併の結果コカコーラ（Coca-Cola Co.）とペプシコ（PepsiCo Inc.）両社の監査人となった EY は，コカコーラから「コークかペプシか」の選択を迫られた。コカコーラの監査報酬は1,400万ドル（当時約17億6,000万円），ペプシコのそれは900万ドル（11億3,000万円）。EY はコークを選択した。したがって，今日まで97年間 EY は Coca-Cola Co. の監査人である。なお，ペプシコの監査人となったのは落札した KPMG である[4]。

◆注 ────

1　W.Z, Ripley, "Stop, Look, Listen!, The Shareholder's Right to Adequate Information," *The Atlantic Monthly*, Vol. CXXX Ⅷ, September 1926, p.383.

2　*Ibid*., p.382.

3　Joanna Newman, Assistant Manager, Archives Sercives of the Coca-Cola Co. からの私信（1982年12月20日付）。

4　*The Wall Street Journal*, February 27, 1990, p.A6. 拙著『闘う公認会計士─アメリカにおける150年の軌跡』中央経済社，2014年，189頁。

第13章

1920年代の製造会社の財務ディスクロージャー

本章は，ニューヨーク証券取引所上場会社である International Paper Company, International Harvester Company, National Lead Company, Allis-Chalmers Manufacturing Company, Anaconda Copper Mining Company, American Zinc, Lead and Smelting Company の1920年代から1930年代前半までの財務ディスクロージャーと監査について検討しよう。

 International Paper Company

(1) **1920年12月期（第23期）— 全38頁，財務データは貧弱**

製紙業界最大手の International Paper Company（1898年創立）の1906年度（第9期）報告書における財務ディスクロージャーついては，貸借対照表と利益計算書それに内部監査人のものと思われる監査証明書の"3点セット"を開示したものの平均を下回るものと評価した（279頁）。

当社の1920年12月31日に終了する第23期報告書は，1906年度報告書とほぼ同じ大きさのたて20cm よこ15cm（A5判のたてを1cm縮小したサイズ）を1頁とする実に全38頁から構成されていた。そのうち23頁は株主宛報告で，社長は，製紙業界や紙パック・包装紙業界の状況，当社の年間製紙生産量，人件費の上昇（1916年はトン当り＄9.73，1920年はトン当り＄22.88），従業員1人当りの

生産高の減少（1916年は82トン，1920年は68トン），工場・森林・設備・水力発電の状況等について説明した。しかし，財務データについては「相当の金額が工場資産に支出された」と指摘したのみで，数値は明らかにしなかった。

損益計算書については，1906年度の「総売上高」と「原材料費・製造費・管理費・販売費」の重要な2項目が省略され（280頁），収益は「営業利益」と「その他利益」の2項目，費用は「減価償却費」「納税引当金繰入額」「貸倒引当金繰入額」「社債利息」の4項目，「純利益」から「優先株配当金」を控除し，期末の「剰余金」の表示に終わっている。

また，貸借対照表の様式及び開示項目は14年前の1906年度のそれを踏襲したが（280頁），支払手形の保管先である Bankers Trust Company の以下のような証明書が脚注部分に掲載された。「我々は，1920年12月31日現在 International Paper Company の発行する手形＄306,687.09と子会社の振り出した手形（親会社保証）＄1,164,895.00を保管していることを証明する。」極めて珍しい記載事項である。

続く The American Audit Company（社長 F.W. Lafrentz）の監査証明書は，貸借対照表は帳簿に準拠し同社の財政状態を正確に示していることを証明し，資本的支出は妥当であること，減価償却引当金と貸倒引当金は十分であること，有価証券は保守的に評価されたことを指摘した。ただし，損益計算書については触れていない。

そして，上の個別損益計算書と個別貸借対照表と同じ様式で，連結損益計算書と連結貸借対照表を掲載したが連結範囲は示していない。

この1920年度報告書は全38頁と膨大であるものの，開示された財務データは貧弱である。

(2) 1926年12月期（第29期）― 四半期損益一覧を含み優秀

1926年度（第29期）報告書は全32頁（1頁の大きさは20年前と同じ）である。まず，社長は，11頁にわたって，当年度の生産数量，工場の操業状況，森林の取得，水力発電施設の増強と資金調達，優先株の発行（2,512人が8,060株を引き受けたこと），Continental Paper and Bag Mills Corporation への貸付金が

第13章　1920年代の製造会社の財務ディスクロージャー　481

＄10,035,350.23となったが同社は過去2年間欠損が発生しているのでその動向に注意を払っていること，後に開示した四半期損益一覧を今後も発表する予定であることなどについて報告した。

　続いて，F.W. Lafrentz & Co.の「独立監査人の証明書」が添付された。

CERTIFICATE OF INDEPENDENT AUDITORS

March 29, 1927

To the Stockholders of the International Paper Company :

Dear Sirs :

　We have examined the books of the International Paper Company for the year ending December 31, 1926.

　The figures as ascertained by our audit have been consolidated with statements of subsidiary Companies, and we certify that, in our opinion, the accompanying Consolidated Balance Sheet and Consolidated Profit and Loss Statement correctly exhibit the financial condition of the Companies and their consolidated income results for the year.

　During the period only actual expenditures for new property have been charged to Property Account, and adequate provision has been made for depreciation ; all losses for bad and doubtful accounts have been provided for.

F.W. Lafrentz & Co.,
Certified Public Accountants.

　株主のみに宛てられた監査証明書は1926年当時としては目新しい。"We certify that, in our opinion"のフレーズによって，連結貸借対照表が会社の財政状態を，連結損益計算書が経営成績を正確に表示していることを証明している。また，資本的支出の妥当性と減価償却引当金の適切性，不良及び回収の疑わしい勘定に係る損失については引当金が設定されていることを指摘している。

　International Paper Co.と子会社の「連結損益計算書」（Consolidated Profit and Loss Statement）は，次頁のとおりである。

連結損益計算書（1926年12月31日終了年度）

総利益		$ 9,834,543.22
減価償却費	$ 3,756,277.76	
固定債務に係る利息	2,802,981.85	6,559,259.61
純利益（Net Revenue）		$ 3,275,283.61
優先株配当金	2,198,471.25	
普通株配当金	750,000.00	2,948,471.25
残高		$ 326,812.36
剰余金への繰入額		74,050.00
剰余金増加		400,862.36
剰余金（1926年1月1日）		21,857,217.99
剰余金（1926年12月31日）		$ 22,258,080.35

　この連結損益計算書は，後に続く「当社と完全子会社の比較損益計算書」の要約版である。

　そして，当社と完全子会社〔子会社数は不明〕の「連結総合貸借対照表」(Consolidated General Balance Sheet) は，以下のとおりである。

連結総合貸借対照表（1926年12月31日）

資　産

資本性資産			
プラント・有形固定資産			
（減価償却等引当金控除後）		$ 113,579,687.29	
森林地		21,516,902.82	
株式及び社債（完全子会社）	$ 2,929,852.11		
その他有価証券	26,090,905.30	29,020,757.41	
電源開発のための預託金		7,325,000.00	
電源開発のための預託社債		11,125,000.00	$ 182,567,347.52
流動資産			
現金		$ 4,564,682.99	
売掛金		7,509,080.55	
受取手形		739,479.14	
棚卸資産（原価時価比較低価法）			
及び貸付金		23,311,133.69	36,124,376.37

その他資産

減債基金	$ 141,882.93	
繰延費用	2,508,584.98	
社債発行差金	9,266,913.94	11,917,381.85
		$ 230,609,105.74

負　　債

固定債務（Funded Debt）：

社債 5 ％1947年償還		$ 17,935,000.00
社債 6 ％1955年償還	$ 24,028,000.00	
控除　担保提供	2,000,000.00	22,028,000.00
借入手形 6 ％（期間1927-1936)		2,000,000.00
転換社債 6 ％1941年償還		25,000,000.00
T 関係会社社債 5 ％1930年償還		244,000.00
T 関係会社社債 6 ％1940年償還		578,500.00
R 関係会社社債 6 ％1942年償還		1,378,600.00
R 関係会社住宅ローン		429,000.00
P 関係会社社債 5 ％1927年償還		12,500.00
P 関係会社資産購入に係る債務		1,970,000.00
B 関係会社社債6.5％1940年償還		800,000.00
G 関係会社社債 5 ％1956年償還		37,500,000.00
G 関係会社社債 6 ％1940年償還		12,500,000.00
G 関係会社社債6.5％1940年償還		350,000.00	$ 122,725,600.00

流動負債

買掛金	$ 6,798,406.79	
未払配当金（優先株）	549,728.75	
未払配当金（普通株）	250,000.00	7,598,135.54

引当金（Reserves）

保険引当金	$ 1,120,788.56	
偶発債務引当金及び納税引当金	7,586,501.29	8,707,289.85

株式資本金及び剰余金

優先株（累積的 7 ％，額面 $ 100		
授権資本 $ 100,000,000）―発行済	$ 28,970,000.00	
優先株（累積的 6 ％，額面 $ 100		
授権資本 $ 25,000,000）―発行済	2,850,000.00	
普通株（無額面,		
授権資本1,000,000株）―500,000株発行	37,500,000.00	
剰余金	22,258,080.35	91,578,080.35
		$ 230,609,105.74

「固定債務」は関係会社分も含むので詳細な開示であり，「株式資本金」も説明的表示である。

そして，以下のような四半期損益一覧を発表した。

	1926年 3月期	1926年 6月期	1926年 9月期	1926年 12月期	1926年 合計
総利益	$ 1,750,396.65	$ 2,606,448.08	$ 2,616,337.26	$ 2,861,361.23	$ 9,834,543.22
控除					
減価償却費	859,407.55	966,617.78	1,073,352.25	856,900.18	3,756,277.76
支払利息	629,280.44	624,322.77	665,492.31	883,886.33	2,802,981.85
	$ 1,488,687.99	$ 1,590,940.55	$ 1,738,844.56	$ 1,740,786.51	$ 6,559,259.61
配当可能純利益	$ 261,708.66	$ 1,015,507.53	$ 877,492.70	$ 1,120,574.72	$ 3,275,283.61
純利益の処分					
優先株配当金	549,516.00	549,593.50	549,633.00	549,728.75	2,198,471.25
普通株配当金		250,000.00	250,000.00	250,000.00	750,000.00
配当金合計	$ 549,516.00	$ 799,593.50	$ 799,633.00	$ 799,728.75	$ 2,948,471.25
純利益	$ *287,807.34*	$ 215,914.03	$ 77,859.70	$ 320,845.97	$ 326,812.36
資本剰余金	64,410.00	4,380.00	1,580.00	3,680.00	74,050.00
剰余金増加	$ *223,397.34*	$ 220,294.03	$ 79,439.70	$ 324,525.97	$ 400,862.36
期首剰余金	21,857,217.99	21,633,820.65	21,854,114.68	21,933,554.38	21,857,217.99
期末剰余金	$21,633,820.65	$21,854,114.68	$21,933,554.38	$22,258,080.35	$22,258,080.35

＊ イタリック　損失

この四半期損益一覧は有用である〔1926年5月25日付のニューヨーク証券取引所からの要請に応えるものであろう。740頁〕。

当社と完全子会社の「比較損益計算書」（Comparative Earnings Statement）は，以下のとおりである。

比較損益計算書

	1926	1925
総売上高	$ 60,177,333.75	$ 51,379,070.08
控除—売上諸費用	50,342,790.53	43,166,686.39
総利益	$ 9,834,543.22	$ 8,212,383.69
控除		
減価償却費	3,756,277.76	3,404,519.14
固定債務に係る利息	2,802,981.85	2,195,969.33

納税引当金繰入額	—	61,593.78
	$ 6,559,259.61	$ 5,662,082.25
配当可能純利益（偶発債務引当金調整前）	3,275,283.61	2,550,301.44
偶発債務引当金戻入額	—	1,000,000.00
調整後純利益	$ 3,275,283.61	3,550,301.44
控除		
優先株配当金	2,198,471.25	1,979,019.75
普通株配当金	750,000.00	—
	$ 2,948,471.25	$ 1,979,019.75
配当後純利益	$ 326,812.36	$ 1,571,281.69
優先株配当率変更に係る剰余金への繰入額	74,050.00	2,140,950.00
期首剰余金	21,857,217.99	18,144,986.30
期末剰余金	$ 22,258,080.35	$ 21,857,217.99

　グループ会社の「総売上高」（Gross Sales）と「売上諸費用」（Cost of Sales）が初めて開示された。さらに，1917年度以降10年間の減価償却費と修繕費及び両者の合計の一覧表，連結貸借対照表の「プラント・有形固定資産 $113,579,687.29」の内訳（２工場別及び電力・公益等部門別帳簿価額），「その他有価証券 $26,090,905.30」の内訳（製紙・パルプ会社，電力・公益会社，合衆国・カナダ政府，その他会社に区分表示），「森林地 $21,516,902.82」の内訳（アメリカ国内とカナダ等所在地，面積，帳簿価額）も明らかにした。貸借対照表の主要項目は金額が大きいので，これらの内訳は有用である。

　このように，International Paper Co. の1926年度報告書における財務ディスクロージャーは量，質とも優秀である。

(3)　1930年12月期（第33期）— １枚の用紙，大きく後退

　ところがである。1930年度（第33期）報告書は，たて21.5cm よこ31cm（ほぼＡ４判）のたった１枚の用紙を中折りにし，表紙に社長から株主へのメッセージ，内側左右に貸借対照表，背表紙に損益計算書と監査証明書を掲載するという極めて簡易な年次報告書となってしまった。1920年度版は全38頁，1926年度版は全32頁であった。極めて大きな量的後退である。

1926年から続投している A.R. Graustein 社長は，株主に次のように報告した。「1930年度は当社（International Paper Company）が所有していた Canadian Hydro-Electric Corporation と New England Power Association の株式を International Hydro-Electric System に譲渡した年である。したがって，当年度の損益計算書は前年度以前の損益計算書とは正確には比較できない。当社は現在 International Hydro-Electric System のクラス B 株〔American Tobacco Co. の場合には無議決権株である。458頁〕の全株とその普通株式30％を所有している〔International Paper Co. は上の両社の株式を International Hydro-Electric System へ譲渡した代わりに International Hydro-Electric System の株式を取得〕。International Hydro-Electric System のクラス B 株式に係る1930年度の利益は合計 $1,711,672であるが，それは添付した当社の損益及び剰余金計算書には含まれていない。損益及び剰余金計算書に計上されている『引当金からの振替 $10,000,000』は，当社が Canadian Hydro-Electric Corp. に対して設定していた引当金を同社の株式譲渡により当社の剰余金に戻入れたものである。International Paper Co. の普通株99.8％以上，それに優先株95.4％以上は International Paper and Power Company によって所有されている。」

　つまり，International Paper Co. は International Paper and Power Co. のほぼ完全な子会社になったのである。ディスクロージャーの量的後退は，それが主因かもしれない。

　当社と子会社の「連結総合貸借対照表」（Consolidated General Balance Sheet）は，以下のとおりである。

連結総合貸借対照表（1930年12月31日）

資　　産

資本性資産			
プラント・有形固定資産			
（有形固定資産全般引当金控除後）		$211,972,889.45	
森林地		34,029,767.81	
株式及び社債（International Paper and Power Co. 及び子会社）	$23,442,214.22		
その他有価証券・投資等	16,032,436.00	39,474,650.22	$285,477,307.48

流動資産		
現金	$　4,710,041.92	
売掛金	11,967,463.28	
受取手形	1,404,125.64	
棚卸資産（原価時価比較低価法）	37,462,018.24	55,543,649.08
関係会社債権		8,044,218.32
減債基金		58,313.01
繰延費用		4,829,047.99
社債発行差金		4,978,645.33
		358,931,181.21

負　　債

固定債務		$　69,891,428.96
流動負債		
支払手形	$　19,280,000.00	
買掛金	5,845,716.03	
未払利息	1,690,436.87	
未払配当金	1,709,268.00	28,525,420.90
関係会社債務		22,691,784.91
引当金		
減価償却引当金	$　54,591,714.89	
保険引当金	1,360,238.46	
偶発債務引当金及び納税引当金	15,390,784.87	71,342,738.22
子会社株式		431,205.00
株式資本金及び剰余金		
優先株（累積的7％額面＄100		
発行済961,056株）	$　96,105,600.00	
優先株（累積的6％額面＄100		
発行済18,280株）	1,828,000.00	
普通株（無額面1,000,000株）	52,500,000.00	
剰余金	15,615,003.22	166,048,603.22
		$358,931,181.21

　脚注部分に"Examined and certified correct, in accordance with our attached certificate.　F.W. Lafrentz & Co. *Certified Public Accountant*."と掲載されている〔連結総合貸借対照表に限定した監査証明である〕。

　1926年度の連結総合貸借対照表に比し，「関係会社債権」と「関係会社債務」が対照表示され，「減価償却引当金」が初めて負債の引当金に掲記され，「支払

手形」と「子会社株式」も登場した。これらは改善点であるが，一方で1926年度には関係会社社債を含み合計15項目を明示していた「固定債務」は１項目にまとめられてしまった（固定債務，1926年度＄122,725,600.00，1930年度＄69,891,428.96）。なお，連結貸借対照表の「株式及び社債（International Paper and Power Co. 及び子会社）＄23,442,214.22」のカッコ書き表示は当社が親会社である International Paper and Power Co. の株式を所有しているように見えるが，これについては後述する F.W. Lafrentz & Co. が監査証明書において補足説明している（490頁）。この連結総合貸借対照表は1930年度としては平均を下回るものである。

「連結損益及び剰余金計算書」（Consolidated Statement of Profit and Loss and Surplus）は，以下のとおりである。

連結損益及び剰余金計算書（1930年12月31日終了年度）

純利益（その他利益も含む）		$ 10,763,986.52
控除：減価償却費	$ 3,933,180.87	
固定債務に係る利息	3,997,660.89	
社債発行差金償却	348,963.82	
納税引当金繰入額	273,000.00	8,552,805.58
残高（配当可能額）		$ 2,211,180.94
子会社優先株配当金		25,000.00
残高（剰余金へ加算）		$ 2,186,180.94
剰余金（1930年１月１日）		11,465,894.28
		$ 13,652,075.22
控除：International Paper Co. 配当金		
優先株配当金	$ 6,837,072.00	
普通株配当金	1,200,000.00	8,037,072.00
		$ 5,615,003.22
加算：引当金からの振替		10,000,000.00
剰余金（1930年12月31日）		$ 15,615,003.22

1926年度の連結損益計算書（482頁）に比し，純利益からの控除として「社債発行差金償却」と「納税引当金繰入額」が，また，剰余金の加算として「引当

金からの振替」（486頁，490頁の監査証明書）が明示されたが，さほど大きな改善ではない。問題は，当社と完全子会社の「比較損益計算書」（484頁）が省略され，「総売上高」と「売上諸費用」が消失してしまったことである。これは，財務ディスクロージャーの大きな質的後退である。

そして，添付された監査証明書は以下のとおりである。

CERTIFICATE OF INDEPENDENT AUDITORS

To the Stockholders of International Paper Company :

We have prepared the accompanying Consolidated Balance Sheet and Consolidated Statement of Profit and Loss and Surplus of the International Paper Company and its subsidiary companies, based upon our examination for the year ended December 31, 1930 of the books of International Paper Company and its subsidiaries, Continental Paper & Bag Corporation and Southern Kraft Corporation, statements of Canadian International Paper Company and subsidiaries as certified by other independent auditors and statements of minor subsidiaries as prepared by the company without verification by independent auditors. The rate of depreciation, particularly in respect to pulp and paper properties, was reduced as of July 1, 1930, pursuant to the vote of the Board of Directors.

Included at $22,400,000 in the term of "Stocks and Bonds of International Paper and Power Company and Subsidiaries," as shown on the balance sheet, are 1,000,000 shares of the Class B stock, and 12,000,000 shares, being 30%, of the common stock of International Hydro-Electric System, a part of these shares having been received for the securities of Canadian Hydro-Electric Corporation, Limited, which were turned over to International Hydro-Electric System at the time of its formation. At the time of this transaction, $12,902,123.69 was set up in a reserve account on the records of International Paper Company. Of this amount, $10,000,000 was transferred to surplus account during 1930, as appears in the accompanying consolidated statement of profit and loss and surplus.

WE CERTIFY that, based upon the above, the accompanying Consolidated Balance Sheet and Consolidated Statement of Profit and Loss and Surplus, in our opinion, correctly present the consolidated financial condition of the International Paper Company and its subsidiaries companies at December 31, 1930, and the consolidated income results for the year ended on that date.

| April 14, 1931 | F.W. Lafrentz & Co., |
| | *Certified Public Accountants* |

　最初のパラグラフは興味深い。それは，F.W. Lafrentz & Co. が International Paper Co. とその子会社の連結貸借対照表と連結損益及び剰余金計算書を作成した（prepared）と指摘しているからである。ただし，それは，F.W. Lafrentz & Co. が当社と子会社 2 社の帳簿を監査し，Canadian International Paper Co. とその子会社については他の独立監査人の監査証明書に依拠し，さらに小規模の子会社については監査人ではなく会社が作成したステートメントを参考にした結果である。減価償却率，特にパルプと紙を製造する固定資産に適用されるものについては，取締役会の決議により1930年 7 月 1 日以降は低下した率を適用している〔そのことの妥当性とそれによる影響額については指摘していない〕。

　また，連結総合貸借対照表の「International Paper and Power Co. 及び子会社の株式と社債」（＄23,442,214.22）のうち＄22,400,000は International Hydro-Electric System のクラス B 株1,000,000株と普通株12,000,000株（発行済株式総数の30%）であること，また，これらの株式の一部は Canadian Hydro-Electric Corp. の有価証券を譲渡した代わりに取得したものであること，そして，この株式譲渡に当って International Paper Co. の引当金勘定に繰り入れられていた＄12,902,123.69のうち＄10,000,000を損益及び剰余金計算書で見るように剰余金勘定へ振り替えたことを指摘した。

　最後に，監査人は連結貸借対照表が財政状態を，連結損益及び剰余金計算書は経営成績を正確に表示していることを証明している。

(4)　1931年12月期（第34期）～ 1932年12月期（第35期）
　　　 ―「総売上高」と「売上諸費用」の復活，多少の改善

　1931年度（第34期）報告書も前年と同じ 1 枚の用紙であるが，まず，当社及び子会社の「連結損益計算書」（Consolidated Profit and Loss Statement）を見よう。

第13章 1920年代の製造会社の財務ディスクロージャー 491

連結損益計算書 (1931年12月31日終了年度)

総売上高		$ 90,004,460.62
控除：売上に係る原価及び費用		
（その他利益控除後）		83,661,177.37
		$　6,343,283.25
加算：為替差益		227,807.67
総利益（その他利益を含む）		$　6,571,090.92
固定債務に係る利息	$ 4,055,732.81	
減価償却費	3,128,399.90	
社債発行費・差金償却	407,782.25	
納税引当金繰入額	100,000.00	
子会社優先株配当金	12,500.00	7,704,414.96
残高（Balance）		$　1,133,324.04
剰余金―1930年12月31日		15,615,003.22
		$ 14,481,679.18
控除：優先株配当金		1,709,268.00
剰余金―1931年12月31日		$ 12,772,411.18

　当社の累積的優先株配当金（6％及び7％）のうち1931年4月1日から同12月31日までの未払額は合計$5,127,804.00である。

　このように，「総売上高」と「売上に係る原価及び費用（その他利益控除後）」（Cost of Sales and Expenses, less Other Income）が1926年度（484頁）以来5年振りに復活した。そして，「為替差益」「社債発行費・差金償却」「子会社優先株配当金」も登場した。注記も評価される。

　一方で，社長は株主に次のように伝えている。

　「すべての利息その他費用控除後で，優先株配当金及び減価償却費控除前の連結利益残高（the balance of consolidated earnings）は$1,995,076である。優先株配当金合計$1,709,268は剰余金から支払われた。その結果，減価償却費計上前の残高は$285,808〔$1,995,076−$1,709,268〕である。減価償却費合計$3,128,400は〔この$285,808と〕剰余金$2,842,592を取り崩して計上された。」

　当期は欠損（$1,133,324.04）である。しかし，会社は「残高」（Balance）と

呼ぶ。当然のことながら，欠損は減価償却費を含むすべての費用・損失控除後の金額でなければならない。減価償却費を除く総費用は＄4,576,015.06〔7,704,414.96－3,128,399.90〕で，これを「総利益」＄6,571,090.92から控除すると，＄1,995,075.86〔小数点以下を四捨五入して＄1,995,076〕となる。なぜ社長はこの＄1,995,076を指摘するのであろうか。それは，減価償却費計上前は「利益＄1,995,076」であることを主張するためであろう。そして，減価償却費を剰余金を取り崩して計上したとする主張は，減価償却費は利益調整項目だからであろう。

連結総合貸借対照表（1931年12月31日現在）の様式及び開示項目は基本的には1930年度のそれを踏襲したが，脚注に「流動資産（合計＄56,047,204.15）を現金化することにより流動負債（合計＄27,844,396.43）の支払いが可能なので，当社の継続企業（going concern）に関しては何ら問題ない」と記している〔大不況の中での欠損なので，株主等の不安を払拭するためであろうか〕。

1932年度（第35期）報告書も1枚の用紙で構成・内容とも前年度と同じであった。売上高は前年の＄90,004,461から＄73,497,063へと大幅にダウンし，当期も欠損（＄9,591,253.27）である。「連結損益及び剰余金計算書」（Consolidated Statement of Profit and Loss and Surplus）は前期の"Balance"に代わって"Net Loss"と表示した。妥当な変更である。また，1931年度の「固定債務に係る利息」等5項目に「減耗償却費」も加えられた（491頁）。

(5) 1933年12月期（第36期）── 優良な財務ディスクロージャー

1933年12月31日に終了する第36期報告書は，社長報告，独立監査人の監査証明書，連結損益及び欠損金計算書，連結貸借対照表，その他資産明細表，それに引当金明細表全6頁で構成された。

社長は，消費は後半回復し紙・パルプの1933年度生産量は1,516,334トン（1932年度は1,320,753トン），総売上高は＄79,758,774で前年度を＄6,261,711上回ったが，減価償却費・減耗償却費を含むすべての費用控除後の当期純損失は＄4,430,528，加えて投資引当金＄1,865,080を設定したことにより剰余金は

第13章　1920年代の製造会社の財務ディスクロージャー　493

$6,295,608減少したこと，〔しかしながら〕手形借入金 $2,308,104と固定債務
$2,753,332の合計 $5,061,436の負債が減少し，流動資産 $41,080,374は流動
負債 $22,845,816（うち支払手形 $16,040,061）を大きく上回り，しかも支払
手形のうち $1,000,000は1934年2月に支払済み，$1,000,000は3月支払予定
である，と財務の安全性を強調した。

続く独立監査人の証明書（1934年4月9日付）は，以下のとおりである。

CERTIFICATE OF INDEPENDENT AUDITORS

To the Stockholders of International Paper Company :

　We have made an examination of the consolidated balance sheet of International Paper Company and its subsidiary companies as at December 31, 1933, and of the consolidated statement of income and deficit for the year 1933. In connection therewith we have examined or tested accounting records of the companies and other supporting evidence and obtained explanations and information from officers and employees of the companies ; we also made a general review of the operating and income accounts for the year but we did not make a detailed audit of all transactions.

　A charge to profit and loss account in the amount of $1,865,080 was made by a subsidiary company for the purpose of establishing on the books of the subsidiary company a reserve against its investment in the capital stock of Newsprint Bond and Share Company. No other such reserves have been established to adjust the values of other investments, but unallocated reserves have been applied against asset accounts as shown in the detail of consolidated reserves, which is appended to the attached consolidated balance sheet.

　In our opinion, based upon such examination and upon the provision for depreciation shown as determined by the management, the accompanying condensed consolidated balance sheet and condensed consolidated statement of income and deficit fairly present, in accordance with accepted principles of accounting consistently maintained by the companies during the year under review, the consolidated position at December 31, 1933, and the consolidated income result for the year.

April 9, 1934　　　　　　　　　　　　　　　　　F.W. Lafrentz & Co.,
　　　　　　　　　　　　　　　　　　　　　　Certified Public Accountants.

3つのパラグラフのうち，第1と第3は基本的には「監査報告書モデル」に準拠している（748頁）。第2パラグラフは，子会社1社が Newsprint Bond and Share Co. への投資に対して投資引当金$1,865,080を設定し同額を繰入損として計上したが，〔当社の〕他の投資に対するする引当金は設定されていないこと，しかし，引当金明細表で示している「その他の引当金」（unallocated reserves）が資産〔の減損〕に対して準備されているとの補足説明である。

「連結損益及び欠損金計算書」（Consolidated Statement of Profit and Loss and Deficit）は，以下のとおりである。

連結損益及び欠損金計算書（1933年12月31日終了年度）

総売上高		$79,758,774.41
控除：売上に係る原価及び費用		
（その他利益及び為替差益控除後）		74,155,511.04
		$ 5,603,263.37
加算：社債償還益		913,936.80
総利益（その他利益を含む）		$ 6,517,200.17
固定債務に係る利息	$ 5,656,594.22	
減価償却費	3,557,830.06	
減耗償却費	766,049.61	
社債発行費・差金償却	448,638.52	
子会社優先株配当金	12,500.00	
子会社優先株配当金（未払分）	506,116.00	10,947,728.41
当期純損失		$ 4,430,528.24
加算：追加引当金繰入損（引当金明細表参照）		1,865,080.00
		$ 6,295,608.24
剰余金（1933年1月1日）：		
International Hydro-Electric		
System 株の帳簿価額が譲渡した		
Canadian Hydro-Electric Corp. 株		
の帳簿価額を上回ることによる		
剰余金（1929年）	$10,000,000.00	
営業損失（1933.1.1）	6,818,842.09	3,181,157.91
欠損金（1933年12月31日）		$ 3,114,450.33

第13章　1920年代の製造会社の財務ディスクロージャー　495

〔注記〕　当社の累積的優先株配当金（6％及び7％）のうち1931年4月1日から
　　　　1933年12月31日までの未払額は合計＄18,801,948.00である。
　　　　　上記のすべての数値は等価取引価格であり，外国と米国との為替差異に
　　　　ついては調整していない。為替差損益については資金が実際に移動した
　　　　時点で損益を計算することが当社の方針である。

　損失についてはイタリックで表示された。2つの注記事項も評価される。
　「連結総合貸借対照表」（Consolidated General Balance Sheet）は，以下のとお
りである。

連結総合貸借対照表（1933年12月31日）

資　　産

資本性資産：		
プラント・有形固定資産・水力権・開発費（取得原価）		＄231,750,805.49
森林地		34,194,056.93
その他資産：		
電力・公益・製紙会社等に対する少数株主持分		
（引当金＄2,531,079.48控除後）	＄　4,340,708.89	
合衆国・自治体公債（担保提供，原価）	372,228.14	
International Securities Co. 及び		
子会社への貸付金		
（引当金＄5,783,345.62控除後）	787,333.30	
International Hydro-Electric System		
株式（帳簿価額）	22,400,000.00	
International Paper and Power Co.		
及び子会社株式・社債（時価）	228,550.25	28,128,820.58
合　計		＄294,073,683.00
流動資産（カナダ及び Newfoundland 銀行法		
により一部担保提供）		
現金	＄　3,395,513.59	
売掛金及び受取手形（貸倒引当金控除後）	15,197,955.15	
関係会社債権	138,953.63	
棚卸資産（原価時価比較低価法）等	23,075,951.69	41,808,374.06
繰延資産及び繰延費用：		
減債基金・特定預金	＄　279,013.83	
長期売掛金及び長期受取手形	630,887.05	
役員・従業員に対する債権	90,401.60	
前払利息・保険料・税金	567,112.25	

パルプ材（棚卸資産）減耗償却費	635,463.92	
繰延費用	645,063.07	
社債発行差金	4,042,172.14	6,890,113.86
		$ 342,772,170.92

負 債

固定債務（このうち$ 687,105.36は1934年満期）		$ 73,454,393.74
流動負債：		
支払手形（一部担保付）	$ 16,040,061.55	
買掛金	5,399,124.40	
未払利息	925,006.04	
関係会社債務（現在は支払済）	481,623.73	22,845,815.72
International Paper and Power Co. 債務		7,276,679.18
引当金：		
減価償却引当金	$ 60,595,699.48	
保険引当金	1,361,272.74	
前期以前の法人税に係る引当金	1,398,666.02	
将来の営業費に対する引当金	128,759.21	
偶発債務引当金	457,459.79	
関係会社への資産譲渡に係る引当金	15,289,236.96	
その他引当金（Unallocated reserves）	1,285,297.41	80,516,391.61
子会社優先株・普通株		11,359,741.00
株式資本金及び欠損金：		
優先株（累積的7％，額面$ 100		
発行済961,056株）	$ 96,105,600.00	
優先株（累積的6％，額面$ 100		
発行済18,280株）	1,828,000.00	
普通株（無額面，1,000,000株）	52,500,000.00	
	$ 150,433,600.00	
控除：欠損金	*3,114,450.33*	147,319,149.67

International Hydro-Electric System の
子会社が所有している以下の社債に対する
偶発債務：

　　International Paper Co. の社債$ 15,664,000
　　Ticonderoga Pulp & Paper Co. の社債$ 485,000

	$ 342,772,170.92

　連結総合貸借対照表は，1930年度以降のそれに比し「プラント・有形固定資産」に「水力権・開発費」が加わり「プラント・有形固定資産・水力権・開発

費」となり，「電力・公益・製紙会社等に対する少数株主持分」「合衆国・自治体公債」「International Securities Co. 及び子会社への貸付金」「International Hydro-Electric System 株式」が新たに表示された。そして，繰延資産に「長期売掛金及長期受取手形」と「役員・従業員に対する債権」も明示され，負債の引当金もこれまでの3項目から7項目へと増加した。

さらに，「その他資産 $28,128,820.58」の詳細な内訳表（所有株式の会社名，株式数，金額）と「引当金 $19,920,692.13」の内訳表（期首残高，当期増加及び減少の理由，期末残高）も添付された。

この1933年度報告書における財務ディスクロージャーは優良である。

(6)　1935年12月期（第38期）— 連結範囲を含む重要な注記

1935年度（第38期）報告書は，たて26cm よこ20cm というかなりの大判（A 4判のたて3.5cm よこ1cm を縮小したサイズ）を1頁とする全21頁から構成された。R.J. Cullen 社長は，次のように報告した。

①　1935年度の連結純損失は $2,840,898，前年の連結純損失は $3,009,717，売上数量は8％増加し平均単価もわずかにアップしたので売上高は前年を上回ったが，ビジネスの拡大に伴う費用の増加がそれを相殺してしまった。

②　広範囲にわたる工場の改善によりプラント勘定は $2,893,911増加した。また，多くの補助的な装置の修繕も行われたがこれまでの会計方針に従って費用処理し，修繕費は1934年に比し $657,520増加した。

③　支払手形の増加は子会社の銀行借入れに係るものである。

そして，前期と比較した固定債務の減少や運転資本の減少，流動資産と流動負債の比較〔これらは貸借対照表から読みとれるものである〕，子会社の資金調達の状況，子会社再建の進捗状況，International Paper and Power Co. が公益事業持株会社法（Public Utility Holding Company Act of 1935）の対象外となるための申請を SEC へ届け出たこと，製紙業界の状況や当社の製品生産量，子会社の販売状況等について説明した。

続いて，F.W. Lafrentz & Co. から代わった Arthur Andersen & Co. の以下の監査報告書が添付された（下線著者）。

AUDITORS' REPORT

To the Board of Directors, International Paper Company :

We have made an examination of the consolidated balance sheet of International Paper Company, a New York Corporation, and subsidiary companies as at December 31, 1935, and of the statement of consolidated profit and loss and deficit for the year 1935. In connection therewith, we examined or tested accounting records of International Paper Company and its domestic consolidated subsidiaries and other supporting evidence and obtained information and explanations from officers and employees of the companies ; we also made a general review of the accounting methods and of the operating and income accounts for the year of the companies examined by us, but we did not make a detailed audit of the transactions. In the case of the foreign subsidiary companies whose accounts were not examined by us, we are furnished with reports of other independent auditors.

In our opinion, based upon our examination and upon the reports of other independent auditors, and subject to the adequacy of the provisions for depreciation and depletion and of the reserve for prior years income taxes as determined by the management, the accompanying consolidated balance sheet and related statement of consolidated profit and loss and deficit, together with the accompanying schedules and explanatory notations forming a part thereof, fairly present, in accordance with accepted principles of accounting consistently maintained by the companies during the year under review, the consolidated financial position of the companies at December 31, 1935, and the results of their operations for the year 1935.

New York, March 30, 1936   Arthur Andersen & Co.

Arthur Andersen & Co. は，「監査報告書モデル」に準拠しつつ外国子会社の計算書については監査せず，他の独立監査人の報告書が提出されたことを指摘し，意見区分において，減価償却引当金と減耗償却引当金それに前期以前の所得に係る納税引当金の妥当性を「限定事項」とする限定付適正意見を表明した〔減価償却引当金と減耗償却引当金については500頁⑥，納税引当金については⑨を理由とする〕。

「連結損益及び欠損金計算書」（Statement of Consolidated Profit and Loss and Deficit）は，次のとおりである。

連結損益及び欠損金計算書（1935年12月31日終了年度）

総売上高及びその他利益：
総売上高（戻り・値引・割引控除後）	$94,563,321.62	
その他利益（要約参照）	1,038,312.06	$95,601,633.68

原価及び費用：
売上諸費用（Cost of sales）：
原材料費・労務費・経費等	$58,047,172.12	
修繕・維持費	6,029,840.21	
税金（所得税を除く）	1,974,672.28	
国外への運賃・配送費	12,929,259.35	
販売費及び一般管理費	6,516,467.93	
貸倒引当金繰入額	995,773.17	86,493,185.06
		$ 9,108,448.62

控除：
固定債務に係る利息	$ 3,922,763.94	
その他債務に係る利息	1,019,224.36	
社債発行差金償却	364,838.59	
減価償却費	5,057,505.27	
減耗償却費	723,015.87	
納税引当金繰入額	345,184.04	
子会社優先株配当金	12,415.00	
子会社優先株配当金（未払分）	504,400.00	11,949,347.07
当期純損失		*$ 2,840,898.45*
社債償還益		420,361.20
		$ 2,420,537.25
欠損金―1935年1月1日		*17,900,109.25*
控除：剰余金調整（「要約」参照）		658,139.40
欠損金―1935年12月31日		*$19,662,507.10*

　上で見るように，「原価及び費用」（Cost and Expenses）の6項目が充実した。減価償却費と減耗償却費は営業外費用扱いである。

そして，「その他利益＄1,038,312.06」の「要約」(Summary of Other Income) が，「受取利息＄306,674.16」「受取配当金＄60,410.83」「運送収入＄194,810.53」「仕入割引＄161,430.29」「為替差益＄191,294.64」「売上手数料＄101,535.40」「その他＄22,156.21」の7項目を明示した。

さらに，損益計算書の「剰余金調整＄658,139.40」の「要約」(Summary of Surplus Adjustments) が，「子会社欠損金修正益＄716,959.61」「その他修正益＄65,765.08」「International Paper and Power Co. への子会社株式売却損＄124,585.29」を示した。

「連結貸借対照表」(Consolidated Balance Sheet) は，基本的には1933年度のそれを踏襲している (495頁)。依然として固定性配列法である。

加えて，連結財務諸表に関する以下のような重要な事項 (Explanatory Notations) が2頁にわたって説明されている。

① 連結範囲 — 議決権の50％を超える株式を所有する会社を連結対象とする (間接所有も含む)。ただし，資産と純利益が相対的に重要でない小規模な輸出会社は除く〔連結会社数は不明〕。

② 固定債務の内容 — 発行社債の内容 (発行額，償還日，担保提供状況等)

③ 外国為替レート (1ポンド＄4.85)

④ 累積的優先株に係る未払配当金の内訳 (1931.4.15～1935.12.31)

⑤ 維持・修繕と取替に関する方針 — プラントの能力の向上をもたらさない維持・修繕については費用計上，取替に係るコストは資産計上とする。

⑥ 減価償却方針 — 1935年1月1日現在の償却資産について，各資産の見積残存期間内で実施。合衆国に提出する納税申告書の減価償却費は帳簿及び財務諸表に計上されている金額を超えていること〔つまり，申告書では税法上認められている範囲で費用計上したが，年次報告書上の減価償却費は申告書の金額より少ないこと。1931年度以降連続して欠損金だからであろうか。監査人は減価償却費が適正でないことを限定事項としている (498頁)〕。

⑦ 減耗償却方針 — パルプ材や丸太については，投資原価を基礎に当社の山林管理スタッフの調査を勘案し評価した。

⑧ 社債利息の不履行に陥った子会社 (Continental Paper & Bag Corp.) の再建計画が社債権者の88％の承認を得て1936年3月30日に実施される。

⑨　偶発債務引当金＄1,423,664.82の主たる対象は，1917年から1933年までの税務当局との見解の相違による納税の可能性や訴訟に対処するためのものである〔限定事項（498頁）〕。

⑩　附属明細表ＣとＦに表示されている有価証券の担保提供に加えて，子会社の所有する株式等が社債の担保として提供されていること。

そして，以下の附属明細表（Schedules）も掲載された。いずれも貸借対照表項目の内訳表である。

①　Schedule A「プラント・固定資産（無形資産も含む）」― 製 紙・パルプ工場，森林・施設，鉄道・運輸施設，電力発電施設，諸権利等の５項目について，取得原価，減価償却及び減耗償却引当金，帳簿価額を表示。

②　Schedule B「森林地・パルプ」― 所在地（国内・カナダ），面積，価額

③　Schedule C「投資」― 所有する株式の明細，関係会社株式，合衆国国債及び地方自治体公債，担保提供状況等

④　Schedule D「棚卸資産」― 完成品（製造原価時価比較低価法評価），原材料と補修資材（取得原価評価），工場のパルプ材（発送原価），丸太，材木（原価以下評価）の５項目の金額

⑤　Schedule E「固定債務」― 発行している９種の社債の内容（利息，発行額，当社所有額，一般の社債権者所有額）

⑥　Schedule F「手形借入金（銀行，担保付）」― 当社及び子会社３社の借入金と提供した担保の内容

⑦　Schedule G「子会社の発行する株式」― 発行済株式数，金庫株，投資者保有数と金額

⑧　Schedule H「株式資本金」― 以下のとおりである。

	授権株数	発行済株数	金庫株数	当社所有	一般株主所有	資本金
優先株（額面＄100）						
7％累積	1,000,000	961,056	211	932,114	28,731	＄ 96,084,557
6％累積	250,000	18,279	―	16,925	1,354	1,827,970
普通株（無額面）	1,000,000	1,000,000	―	998,536	1,464	52,500,000
合　計						＄150,412,527

このように，The International Paper Co. の株式は親会社の International Power and Paper Co. により圧倒的に所有されており，一般の株主は極めて少数であった。にもかかわらず，1935年度報告書における財務ディスクロージャーは極めて優秀である。

2 International Harvester Company

(1) 1920年12月期 ― P/L は貧弱，財政状態の表示は良好

International Harvester Company（1902年 8 月12日，ニュージャージー州で設立）の1907年度と1908年度報告書の財務ディスクロージャーは最高のレベルにあると評価した（293，302頁）。

1920年12月31日に終了する年度の報告書は，たて29cm よこ23cm（A 4 判のよこを 2 cm 拡大）という大判を 1 頁とする全26頁で，このうち18頁が財務諸表を含む H.F. McCormick 社長から株主への報告である。

最初に開示された「損益計算書」（Income Account）と「剰余金」（Surplus）は，以下のとおりである。

1920年度損益計算書

利益（Income：以下の項目を控除する前）		$ 23,160,074.53
控除：		
借入金利息	$ 642,328.91	
鉱石・材木減耗償却費	428,379.74	
プラント減価償却費	3,474,744.18	
特別維持費	280,468.74	
貸倒引当金繰入額	1,178,799.96	
年金基金繰入額	500,000.00	6,504,721.53
1920年度純利益（Net Profit）		$ 16,655,353.00

剰余金（1920年12月31日）

残高（1919年12月31日）			$71,645,388.97
控除：			
株式資本金への組入れ（1920年9月15日）			10,000,000.00
			$61,645,388.97
加算：			
1920年度純利益		$16,655,353.00	
控除：			
配当金			
優先株	$4,200,000		
普通株	5,750,000	9,950,000.00	6,705,353.00
剰余金（1920年12月31日）			$68,350,741.97

　このように，損益計算書は「利益」と費用6項目の表示にすぎず，売上高は史上最高であることが後に続く社長報告で指摘されつつも（1920年度$225,000,000，1919年度$212,000,000，1918年度$204,000,000），損益計算書では開示されなかった。また，1907年度，1908年度報告書で開示されていた3年間の国内・国外・製品別の売上高明細表（293，298頁）も省略され，両年度の結合損益計算書の「製造費及び運送費」と「管理費及び一般費」も削除された（293，300頁）。損益情報の大幅な後退である。

　「結合貸借対照表」（Combined Balance Sheet）は，左頁に資産，右頁に負債を示している。

結合貸借対照表（1920年12月31日）

資　産

有形固定資産：			
土地，プラント，鉱山，森林地等		$109,295,472.67	
プラント減価償却引当金		26,117,154.90	$ 83,178,317.77
繰延費用			362,700.01
基金用資産：			
火災保険基金		$ 1,258,950.00	
年金基金		2,000,000.00	3,258,950.00

流動資産：

棚卸資産：

原材料・仕掛品・完成品等　　　　　$ 131,134,796.77

受取手形及び売掛金：

ディーラー・農民		
からの手形	$ 36,940,853.76	
売掛金	23,778,877.79	
	$ 60,719,731.55	

控除：

損失引当金	3,750,417.30	56,969,314.25
投資		2,413,705.22
現金	12,291,617.13	202,809,433.37
		$ 289,609,401.15

負　債

株式資本金：

	授権資本	発行済	
優先株	$　100,000,000	$　60,000,000	
普通株	130,000,000	90,000,000	$ 150,000,000.00

買入代金債務　　　　　　　　　　　　　　　　　　　2,706,253.56

流動負債：

支払手形：

War Finance Corp.		
からの借入金	$ 4,000,000.00	
貿易引受手形	2,185,000.00	
銀行借入金	5,600,000.00	$ 11,785,000.00

未払勘定：

買掛金・未払給与・			
未払税金等	$ 30,528,464.60		
未払優先株配当金	1,050,000.00		
未払普通株配当金	1,575,000.00	33,153,464.60	44,938,464.60

引当金（特定目的剰余金）：

特別維持引当金	$　2,910,108.68
債権回収引当金	2,000,000.00
火災保険基金	7,175,313.83

年金基金	5,728,518.51	
事故基金	950,000.00	
従業員貯蓄計画基金	1,100,000.00	
偶発債務引当金	3,750,000.00	23,613,941.02
剰余金		68,350,741.97
		$ 289,609,401.15

　1907年度の結合貸借対照表（290頁）に比し，流動負債の「支払手形」が3項目となり（「War Finance Corp.からの借入金」「貿易引受手形」「銀行借入金」），引当金が7項目明示されたことにより若干の改善を見た。引当金のカッコ書き（特定目的剰余金，Appropriated Surplus）は，"ユニーク"である。

　次に，社長は，次のような事項について10頁にわたって説明した。

① 　有形固定資産 — 当期における取得資産名と金額，売却損，減価償却引当金を工場別，国内・国外別に表示する内訳表

② 　棚卸資産 — 国内・国外別棚卸資産の種類と金額についての内訳表。そして，評価基準（通常の量（normal quantity）に関しては1916年の評価額，それを超える分については1920年度末の原価時価比較低価法〔1920年後半からの不況を考慮してのことであろう〕）

③ 　運転資金（$ 157,870,968.77）＝ 流動資産（$ 202,809,433.37）－ 流動負債（$ 44,938,464.60）

④ 　オーストラリア・英国・フランス・アルゼンチン・カナダ等で所有する受取手形及び売掛金と現金有高（ドル換算額）の内訳

⑤ 　株式資本金 — 優先株及び普通株の授権資本金額と発行済資本金額の内訳，営業権やパテントに係る株式は発行していないこと。

⑥ 　流動負債9項目の残高の内訳

⑦ 　プラント減価償却引当金，維持・修繕費の工場別（国内・国外）かつ部門別の3期間比較表，特別維持引当金，貸倒引当金，債権回収引当金，火災保険基金，年金基金，事故基金，従業員貯蓄計画基金，偶発債務引当金の内容と当期繰入額及び取崩額等について4頁にわたって説明

⑧ 　従業員貯蓄計画や持株計画，従業員等に対する利益分配制度の実績

最後の 4 頁余の会社概況における財務データには，次のようなものがある。

① 純利益は1920年度＄16,655,000，1919年度＄20,011,000。純投資（総資産 － 剰余金）利益率は1920年度7.9％，1919年度9.6％〔下線部分は稀な指摘である〕。

② 現金回収率は1920年度米国87％，カナダ75％，ヨーロッパ70％，第一次大戦前 5 年間の平均現金回収率は米国とカナダ77％，ヨーロッパ45％で，回収率は高まっている〔興味ある指摘である〕。

③ グループ全体の平均従業員数は1920年度48,280人（1919年度40,480人），支払賃金総額は＄89,930,000（1919年度＄63,040,000）。

④ 棚卸資産の評価減は1920年度＄7,500,000，1919年度は＄5,400,000。

続く Haskins & Sells の監査証明書は，以下のとおりである（下線著者）。

The Board of Directors,   April 6, 1921
International Harvester Company, Chicago, Illinois.

We have audited the books, accounts and records of the International Harvester Company and of its affiliated companies in the United States and Canada, and have examined the annual reports of affiliated companies located in other countries, for the year ended December 31, 1920.

We have examined the charges to capital accounts, have verified the cash and other current assets at December 31, 1920, including the inventories of raw materials and supplies, work in process, and finished products, and have verified the Income and Profit and Loss accounts, of the companies located in the United States and Canada.

We find that the Company has valued raw materials and supplies, work in process of manufacture and finished products, generally, at 1916 prices for the portion constituting its "basic" inventory and at 1920 cost or market, whichever is lower, for the remainder.

The company has pursued a conservative policy in its charges to capital accounts, has written off all losses definitely ascertained, has given effect in the valuation of its foreign current assets to the decline in exchange rates, has set up adequate reserves for depreciation and has made provision for all known liabilities, including Federal Income and Excess Profits Taxes.

WE HEREBY CERTIFY that based on the foregoing, the Combined Balance Sheet and the Income Account submitted herewith, in our opinion, reflect the true financial condition at December 31, 1920, and the results from operations for the year.

Haskins & Sells

Haskins & Sells は，International Harvester Co. と米国とカナダにある関係会社の帳簿や計算書，諸記録を監査し，その他の国の関係会社については年次報告書を監査，また，米国とカナダにある会社については，資本的支出，現金や棚卸資産を含む流動資産と損益計算書についても検証した。会社は棚卸資産の評価について，「基本」数量（505頁②）については1916年度の価格〔第一次大戦前の価格〕により，それ以外については原価と1920年時点の時価を比較し低い方の価格により評価したが，これを認めること（find），また，会社は，資本的支出については保守的な方針を追求し，明確に確認された損失についてはすべて償却したこと，外国の流動資産については為替相場に応じて評価減を行ったこと，適切な減価償却引当金を計上していること，連邦法人税及び超過利得税を含むすべての確認された負債について引当金を設定していることも指摘した。そして，統合貸借対照表と損益計算書は1920年12月31日現在の真の財政状態と当該事業年度の結果を反映していると証明した。

このように，International Harvester Co. の1920年度報告書においては，損益情報が大幅に削除された。しかし，貸借対照表を構成する主要な項目については内訳表を添付しかつ適切に解説している。1920年度の財務ディスクロージャーとしては良好な部類に属する。

(2) 1925年12月期 ― 損益情報の消失

1925年度報告書は，1920年度と同じ大きさ（A 4 判よりやや大）を 1 頁としたが全20頁に減少した（1920年度は26頁）。このうち12頁が財務諸表を含む Alexander Legge 社長から株主への報告である（1920年度より 6 頁減少）。最初に損益計算書と剰余金，次に見開き 2 頁の貸借対照表，その後に財務諸表の主要項目についての説明という構成は変わっていない。

損益計算書と剰余金，貸借対照表の様式も1920年度を踏襲しているが，最大の問題は社長報告での売上高の指摘が消えてしまったことである。したがって，開示された損益データは，1920年度損益計算書（502頁）と同様，「以下の項目を控除する前の利益（＄28,956,967.47)」とその以下の項目である「借入金利息（＄217,041.95)」「鉱石・材木減耗償却費（＄292,896.60)」「プラント減価償却費（＄4,460,359.83)」「特別維持費（＄982,745.18)」「貸倒引当金繰入額（＄2,332,683.83)」「年金基金繰入額（＄1,500,000.00)」，その差額である「純利益（＄19,171,240.08)」のみであった。そして，維持・修繕費の工場別（国内・国外）かつ部門別の3期間比較表（505頁⑦）も消失してしまった。

このように，損益情報の開示に消極的な姿勢は一層強まった。W.Z. Ripleyは，「当社の1925年度損益計算書では稼働率や収益力（the operating ratio or the net earning power）はまったく計算できない[1]」と批判した。

Haskins & Sells の監査証明書（1926年3月12日付）は，基本的には1920年度のそれを（506頁）踏襲した。

(3) 1930年12月期 ― 大きく後退

1930年度報告書は，1頁の大きさがたて27cm よこ20cm（A4判のたて3cm よこ1cmを縮小したサイズ）とやや小型化するとともに全15頁と1920年度に比し11頁も減少した。損益計算書と剰余金計算書は，以下のとおりである。

1930年度損益計算書

総利益（Gross Earnings,		
借入金利息，減価償却費等を控除する前)		＄41,224,197.75
控除：		
借入金利息	＄ 828,052.78	
鉱石・材木減耗償却費	263,221.91	
プラント減価償却費	7,446,238.11	
特別維持費	821,337.36	
貸倒引当金繰入額	6,162,155.97	15,521,006.13
純利益（Net Profit)		＄25,703,191.62

剰余金（1930年12月31日）

残高（1929年12月31日）		$ 50,074,083.13
加算：		
1930年度純利益		25,703,191.62
		$ 75,777,274.75
控除：		
配当金		
優先株	$ 5,646,123.00	
普通株	11,023,044.45	16,669,167.45
剰余金		$ 59,108,107.30

両計算書とも，1920年度報告書とまったく同じである。

結合貸借対照表は，1920年度（503頁）に比し流動性配列法となり，「市場性ある有価証券」と「関係会社への投資」が新たに登場したが，それ以外は1920年度と同じである。

そして，505頁の有形固定資産や棚卸資産，株式資本金や流動負債に関する内訳表は省略され，会社の概況についての社長の説明も簡略かつ抽象的である。すでに紹介した1907年度，1908年度の財務ディスクロージャー（286，294頁）からは大きく後退した。

Haskins & Sells の監査証明書は，以下のとおりである（下線著者）。

The Board of Directors, February 17, 1931
International Harvester Company, Chicago, Illinois.

We have examined the accounts of the International Harvester Company, of all affiliated companies operating in the United States and Canada, and of all foreign affiliated manufacturing companies for the year ended December 31, 1930. We have also reviewed the annual reports of all other foreign affiliated companies.

We have satisfied ourselves as to the general correctness of the accounts and that the companies have pursued a conservative policy in their capital additions ; have converted their foreign current assets at prevailing exchange rates, or less ; have established ample reserves for depreciation, obsolescence, and for possible loss ; and have made provisions for all known liabilities.

The physical inventories of raw materials and supplies, work in process of manufacture, and finished products ware priced at cost or market, whichever was lower, and substantial reserves, accumulated from earnings in prior years, were deducted from the values so determined.

WE HEREBY CERTIFY, subject to the foregoing, that the accompanying Balance Sheet and Income Account, in our opinion, properly set forth the financial condition of the companies at December 31, 1930, and the results of operations for the year.

Haskins & Sells

Haskins & Sells は, International Harvester Co. と米国とカナダにあるすべての関係会社及び外国関係会社のうちすべての製造会社の計算書について監査した。また, その他の外国関係会社についてはすべて年次報告書をレビューした。そして, 計算書の全体的な正確性に満足し, 各社が資本的支出について保守的な方針を追及していること, 外国における流動資産は一般的な為替レートないしそれ以下で換算されていること, また, 減価償却・減耗償却・陳腐化と将来の損失に対しては十分な引当金が設定されており, すべての確定している債務に対する引当ても準備されていることにも納得した。棚卸資産は原価時価比較低価法により評価され, 評価損はこれまでに留保してきた相当な額の引当金を取り崩して補填した〔金額は不明〕ことも指摘している。最後に, Haskins & Sells は, 上のような状況において (subject to the foregoing), 貸借対照表と損益計算書は財政状態と経営成績を適正に (properly) に示している (set forth) ことを証明した。"subject to the foregoing" を使用しているが, 限定事項は見出せない。

そして, 1935年度報告書 (全16頁) の右頁の損益計算書において,「売上高」と「売上原価・販売費・集金費・管理費・営業費・税・為替差損・貸倒引当金繰入額」が復活した。しかし, 後者についてはほぼ「全営業費」である。

損益計算書（1935年）

売上高（合衆国，カナダ，外国を含む）		$217,583,447.31
控除：		
売上原価・販売費・集金費・管理費・		
営業費・税金・為替差損・		
貸倒引当金繰入額	$188,012,498.89	
鉱石・材木消耗償却費	850,535.80	
プラント減価償却費	7,842,363.91	
棚卸資産引当金繰入額	5,000,000.00	
海外損失引当金繰入額	4,000,000.00	205,705,398.60
純営業利益		$ 11,878,048.71
加算：		
その他利益		
受取利息	$ 7,291,415.29	
その他利益		
（その他損失 $78,586控除後）	448,774.03	7,740,189.32
1935年度純利益		$ 19,618,238.03

また，社長は売上高について以下を株主に示した。

「1935年度売上高は$217,583,000で，1934年に比し57%の増加，1929年に比し35%の減少である。

合衆国：	
トラクター(修繕部品を含む) …………………………………	$ 51,078,000
農機具（修繕部品を含む）…………………………………	50,277,000
トラック(修繕部品を含む) ………………………………	48,291,000
スチール・結束機等 ………………………………	19,082,000
合衆国合計 …………………………………	$168,728,000
海外（すべての製品）…………………………………	48,855,000
総合計 …………………………………	$217,583,000 」

3 National Lead Company

(1) 1920年12月期（第29期）― B/S は平均的，P/L は未発行

National Lead Company（1891年12月，ニュージャージー州で設立）の1899年度（第8期）報告書における財務ディスクロージャーは良好であった（75頁）。

1920年12月31日に終了する第29期株主総会に提出された報告書は，たて23cmよこ15cm（A4判のたてを2cm拡大したサイズ）を1頁とする全16頁である（ただし，取締役・役員，営業所，関係会社等の紹介に6頁を要した）。

E.J. Cornish 社長は，株主へのメッセージにおいて，まず以下の「連結貸借対照表」（Consolidated Balance Sheet）を示した。

連結貸借対照表（1920年12月31日）

資　産

プラント		$52,523,280.95	
控除　減価償却及び減耗償却引当金		9,239,587.93	$43,283,693.02
その他投資			
合衆国自由公債		$ 1,619,359.00	
保険基金のための株式及び社債		2,012,245.00	
非完全支配会社の株式及び社債		4,053,708.62	7,685,312.62
流動資産			
棚卸資産		$19,602,194.78	
現金		3,719,880.63	
売掛金	$17,643,942.12		
控除　貸倒引当金	350,095.45	17,293,846.67	
受取手形		1,752,100.75	42,368,022.83
			$93,337,028.47

負　　債

株式資本金		
優先株	$ 24,367,600.00	
普通株	20,655,400.00	$ 45,023,000.00
子会社社債		9,030,000.00
保険基金		2,013,094.54
プラント引当金		2,500,000.00
販売促進引当金		1,500,000.00
納税準備金		4,000,000.00
買掛金		4,494,432.93
支払手形		4,432,083.06
剰余金（1920年12月31日）		20,344,417.94　　$ 93,337,028.47

　「減価償却及び減耗償却引当金」の間接法表示，「その他投資」3項目の明示，売掛金に係る貸倒引当金の表示等は評価されるが，総資産の46％を占める「プラント」の内容は不明である。また，「プラント引当金 $ 2,500,000.00」や「販売促進引当金 $ 1,500,000.00」は"アバウト"の金額である。1920年当時の平均的な貸借対照表である。

　次に開示された「純利益とその処分計算書」（Statement of Net Earnings and Disposition of Same）は，以下のとおりである。

純利益とその処分計算書

剰余金（1919年12月31日）		$ 18,553,965.24
1920年度純利益（すべての費用，引当金控除後）		4,735,508.70
		$ 23,289,473.94
控除　配当金：		
優先株配当金7 ％	$ 1,705,732.00	
普通株配当金6 ％	1,239,324.00	2,945,056.00
剰余金（1920年12月31日）		$ 20,344,417.94

　そのタイトルどおりまさに「すべての費用，引当金控除後純利益」と「配当金」のみを示したにすぎず，1920年度純利益 $ 4,735,508.70の算出過程はまったく不明である。

また，前期（1919年12月31日終了年度）と今期の比較貸借対照表（資産は「プラント」「その他投資」「棚卸資産」「現金」「売掛金」「受取手形」の6項目，負債は上の貸借対照表の10項目）を添付し，各項目の増減を示した。

そして，社長は以下の事項について報告した。

① 連結貸借対照表は当社と完全子会社（株式の100％所有）の連結である。株式を一部所有する会社については「その他投資」に含めている〔報告書の末尾に完全子会社と株式を一部所有する会社合計13社名を掲載しているが，13社は区分されておらず完全子会社数は不明である〕。

② 棚卸資産を「通常の棚卸資産」（Normal Stocks）と「過剰棚卸資産」（Excess Above Normal）に分類し，棚卸資産の約80％を占める通常の棚卸資産については〔第一次大戦前の〕1914年度の価格により保守的に評価し，過剰棚卸資産については市場価額にまで評価減している〔International Harvester Co. と同様な評価方法である。505頁②〕。

③ 株主は1920年12月31日現在7,636人，前年同日7,263人で373人増加，1人当たり所有株式数59株，女性株主3,939人，女性株主1人当たり所有株式数38株である。

④ 鉛の価格が著しく変動していること，生産及び販売実績，子会社2社の概況，配当の状況等について説明。

連結貸借対照表とその前期比較表，社長による主要項目（売掛金，投資，棚卸資産，支払手形）の説明，そして事業の概況の紹介という年次報告書は，1920年当時としては平均を上回るものである。しかし，損益計算書は発行されず，損益情報については「純利益」を除き一切明らかにされていない。「当社の経営は競争者から守られなければならない」（The business of the Company must be maintained against competitors.）とはいえ，株主7,636人の会社にしては極めて閉鎖的である。

1925年度（第34期）報告書の連結貸借対照表，純利益とその処分計算書，前期比較貸借対照表も1920年度の様式を踏襲している。

第13章　1920年代の製造会社の財務ディスクロージャー　515

(2)　1930年12月期（第39期）— 創立以来初めての連結損益計算書

そして，1930年12月31日に終了する第39期報告書において，創立以来初めて
以下の「連結損益計算書」（Consolidated Earnings Statement）を開示した。

連結損益計算書（1930年12月31日終了年度）

純売上高		$76,712,337.47
売上原価		61,977,312.44
売上総利益		$14,735,025.03
その他利益		3,164,659.37
総利益		$17,899,684.40
管理費・販売費・その他費用・税金	$11,535,015.11	
減価償却費及び減耗償却費	1,689,570.84	13,224,585.95
純利益		$ 4,675,098.45

極めて簡略化されているが，「純売上高」と「売上原価」（Cost of Goods Sold），
「管理費・販売費・その他費用・税金」と「減価償却費及び減耗償却費」の4つ
の"キーワード"の金額が示された。この年，株主は9,844人であった。

(3)　1935年12月期（第44期）— 3大費用項目が1項目へ

ところが，1935年度（第44期）報告書（1920年度と同じ大きさの全16頁。うち
財務諸表を含む社長報告が9頁）の連結損益計算書においては，「売上原価」と
「管理費・販売費・その他費用・税金」そして「減価償却費及び減耗償却費」
の3大費用項目が「売上原価・税金・減価償却費・減耗償却費・その他費用」
（Cost of Goods Sold, Taxes, Depreciation and Depletion, and Other Expenses）
の1項目にまとめられてしまった〔ただし，「減価償却費及び減耗償却費
$1,534,930.90」については社長報告で指摘されている〕。したがって，開示された
損益情報は，「売上高$66,559,197.56」－「売上原価・税金・減価償却費・減耗
償却費・その他費用$63,185,313.53」＋「その他利益$1,887,505.80」＝
「当期純利益$5,261,389.83」であった。1935年度においてもである。

1936年（第45期）報告書は，創立以来初めて公認会計士による監査報告書を添付した。法定監査に入ってからすでに3年が経過していたのである。

BIETH & MacNAUGHTON

Certified Public Accountants
154 Nassau Street
New York

February 18th, 1937

National Lead Company,
111 Broadway, New York, New York.

We have made an examination of the Consolidated Balance Sheet of National Lead Company and its wholly owned domestic subsidiaries as at December 31, 1936, and the Consolidated Statements of Income and Surplus for the year 1936. In connection therewith we examined or tested accounting records of the parent company, inspected evidence on file in the main office and obtained information and explanations from officers and employees of the company. We did not examine the books and records of your branch offices and domestic subsidiaries but relied upon the financial statements prepared by your internal auditing staff and officials of your companies. We also made a general review of the accounting methods and of the operating and income accounts for the year 1936, but did not make a detailed audit of the transactions.

In our opinion, based upon such examination, the accompanying Consolidated Balance Sheet and related Statements of Income and Surplus fairly present, in accordance with accepted principles of accounting consistently maintained by the companies during the year under review, the financial position at December 31, 1936, and the result of operations for the year.

Bieth & MacNaughton

このように，第1パラグラフにおいて，支店及び国内の子会社の帳簿については監査しなかったが，National Lead Company の内部監査スタッフや責任者が作成した財務諸表に依拠した旨を指摘している。その他の記述は「監査報告書モデル」（748頁）どおりである。

Allis-Chalmers Manufacturing Company

(1) 1920年12月期 — カタチになっている損益計算書

Allis-Chalmers Manufacturing Company は，Allis-Chalmers Co.（1901年5月設立）の再建計画の下で1913年3月15日に組織された会社である。当社の1920年12月31日に終了する年度の報告書は，たて26.5cm よこ20.5cm（A4判のたてを3cm縮小したサイズ）を1頁とする全12頁である。

O.H. Falk 社長は冒頭，次のような「損益計算書」（Profit and Loss Account）を示した。

損益計算書

売上高	$ 31,516,209.30
原価（減価償却費及び開発費を含む）	24,315,809.13
工場利益	$ 7,200,400.17
販売費，管理費及び一般費	$ 3,023,272.24
製造利益	$ 4,177,127.93
加算—その他利益：	
受取利息・割引料・ロイヤリティ・コミッション等	487,120.71
利益合計	$ 4,664,248.64
控除—	
納税準備金及び偶発債務引当金繰入額	1,100,000.00
純利益（貸借対照表へ）	$ 3,564,248.64

「売上高」の明示は1920年当時としては評価される。「原価」（Cost）は「売上原価」と解することができる。それは「販売費，管理費及び一般費」が別に表示されているからである。「工場利益」（Factory Profit）は売上総利益に相当し，「製造利益」（Manufacturing Profit）は営業利益に該当する。損益計算書の様式としてはカタチになっている。

続いて，以下のような貸借対照表を示した。

貸借対照表（1920年12月31日）

資　産

固定資産（Property Account）：		
工場敷地，建物，機械装置等	$20,663,059.34	
控除―減価償却引当金	7,246,209.44	
	$13,416,849.90	
パテント・型・図形・営業権	$19,287,753.09	$32,704,602.99
流動資産及び運転資産：		
仕掛品・完成品・原材料・貯蔵品	$19,659,225.30	
売掛金及び受取手形	7,094,989.05	
合衆国債券及び市場性ある有価証券		
（時価 $2,477,559.19）	2,802,893.29	
現金預金	888,202.27	
前払保険料	41,930.30	$30,487,240.21
その他資産：		
従業員に割り当てた優先株	$ 211,861.43	
遊休土地売却契約	616,976.32	828,837.75
		$64,020,680.95

負　債

株式資本金：		
優先株	$16,500,000.00	
普通株	26,000,000.00	$42,500,000.00
流動負債：		
買掛金・未払賃金	$ 1,956,436.39	
前受金	1,669,647.88	
売買契約完遂引当金	1,416,533.99	
未払税金（1920年度連邦税を含む）	930,608.42	
追加給与引当金	78,795.27	
取得資産に係る抵当債務	4,900.00	
未払配当金		
優先株（1921.1.15予定）$288,750.00		
普通株（1921.2.15予定） 257,707.50	$ 546,457.50	$ 6,603,379.45

引当金：		
偶発債務引当金	$ 2,732,646.57	
従業員給与保証引当金	247,859.69	$ 2,980,506.26
損益勘定：		
残高（1920年1月1日）	$10,289,588.10	
加算―当期純利益	3,564,248.64	
	$13,853,836.74	
控除―優先株7％・普通株3％配当金	$ 1,917,041.50	$11,936,795.24
偶発債務（割引手形）$261,326.59		
		$64,020,680.95

「減価償却引当金」の間接法表示，「合衆国債券及び市場性ある有価証券」の時価の明示（カッコ書き），引当金4項目（売買契約完遂引当金，追加給与引当金，偶発債務引当金，従業員給与保証引当金）の表示等は評価される。最後の「偶発債務（割引手形）$261,326.59」は合計金額には含まれていない。1920年当時としては平均をやや上回る貸借対照表である。

　そして，社長は以下の事項について報告した。

①　1920年度の純利益は$3,564,248.64，前年度は$3,599,713.56である。

②　慣行に従って（as is customary），完成品，仕掛品，原材料，貯蔵品のすべての棚卸資産について完全な検証が行われ（a complete verification of all inventories），棚卸資産は原価時価比較低価法で評価した。加えて，陳腐化ないし販売不能な在庫については適正な価格まで評価減を実施した。

③　優先株については四半期ごとに1.75％，普通株については3度の四半期ごとに1％の配当を実施，配当金合計$1,917,041.50を支払った。

④　市場性ある有価証券$2,802,893.29のうち合衆国自由公債（Liberty Bonds）及び戦勝証券（Victory Notes）は$2,202,400.00，時価は$2,477,559.15である。有価証券が時価を下回っている原因は自由公債の下落にある〔1920年当時の時価表示は評価される〕。

⑤　建物・機械装置等に係る資本的支出額（capital expenditures）は$1,852,917.10で，これらは主として West Allis 工場の鋳造施設の新設や Bullock 工場の建物・施設の拡充に係るものである。

⑥ 1920年12月31日現在の純当座資産（net quick assets, 流動資産と流動負債の差額）は＄23,883,860.76，前期は＄22,062,883.31で，＄1,820,977.45増加した。

⑦ 期末の受注残は＄17,046,727.49，当年度中の受注額は＄32,696,566.90であった〔受注残と受注額の指摘はよし〕。1920年後半の不況により受注は大きな影響を受けた。

総資産の30％を占める「パテント・型・図形・営業権」については"サイレント"であるが，Allis-Chalmers Manufacturing Co. の1920年度報告書の財務ディスクロージャーは良好である。

続く Price, Waterhouse & Co. の取締役会に宛てられた監査証明書は，以下のとおりである。

PRICE, WATERHOUSE & CO.
Milwaukee

March 31, 1921.

To the Directors of the *Allis-Chalmers Manufacturing Company* :

We have examined the books and accounts of the Allis-Chalmers Manufacturing Company for the year ending December 31, 1920, and certify that the Balance Sheet as at that date and relative Profit and Loss Account are correctly prepared therefrom.

We have satisfied ourselves as to the propriety of the charges to Property Account during the year and that adequate provision has been made for depreciation. All expenditures incurred for experimental and development work have been charged off as operating expenses.

The inventories of work-in-process, manufactured stock, materials and supplies (which are certified by the responsible officials to be correct and to contain no obsolete or unsalable stock, except at appropriate values), have been valued at cost or market or estimated realizable prices, whichever were the lower.

We have verified the cash and securities by actual inspection or by certificates from the depositaries or other satisfactory evidence of ownership.

Full provision has been made for bad and doubtful debts and for all ascertainable liabilities,

第13章　1920年代の製造会社の財務ディスクロージャー　521

and

WE CERTIFY that, in our opinion, the Balance Sheet is properly drawn up so as to show the true financial position of the Company at December 31, 1920, and that relative Profit and Loss Account fairly and correctly sets forth the results of the operations for the year ending that date.

PW は Allis-Chalmers Manufacturing Co. の1920年12月31日終了年度の帳簿及び計算書を監査し，貸借対照表と損益計算書はそれらから正しく作成されていることを証明した。そして，当該年度中の固定資産へ支出は妥当であり，適切な減価償却引当金が設定されていることに満足の意を表した。また，試験研究開発に係るすべての支出は営業費処理されたこと，棚卸資産については正確でありかつ陳腐化ないし販売不能な在庫は存在しない（適切な価値で評価されているものは除く）という責任者の証明書があり，また，それらは原価と市場価額または見積実現価額のいずれか低い方で評価されていること，現金と有価証券については実査または預け先からの証明書あるいは所有権を示すその他の満足すべき証拠により検証したこと，不良及び疑わしい債権とすべての確認しうる負債に関しては十分な引当金が設定されていることを指摘した。そして，貸借対照表は1920年12月31日現在の財政状態を示すために適切に（properly）に作成され，また，損益計算書は同事業年度の経営成績を適正（fairly）かつ正確に示していることを証明している。当時の平均的な監査証明書である。

(2)　1925年12月期 ―「売上原価」の消失

1925年度報告書（全13頁）の貸借対照表と損益計算書は，前期との比較形式で表示された。しかし，損益計算書については，次頁で見るように1920年度に表示されていた「原価」（減価償却費及び開発費を含む）と「販売費，管理費及び一般費」が「売上諸費用（減価償却費，開発費，販売費，広告宣伝費，管理費を含む）」（Cost of Sales, including Depreciation, Development, Selling, Publicity and Administrative Expenses）に含められてしまった。

比較損益計算書

	1925	1924
売上高	$ 28,921,357.18	$ 27,855,523.97
売上諸費用（減価償却費，開発費，		
販売費，広告宣伝費，管理費を含む）	25,639,654.93	24,751,927.66
純営業利益	$ 3,281,702.25	$ 3,103,596.31
加算―その他収益：		
受取利息・割引料，ロイヤリティ等	689,666.18	632,504.48
総利益	$ 3,971,368.43	$ 3,736,100.79
控除―納税引当金及び偶発債務引当金繰入額	554,000.00	515,000.00
純利益	$ 3,417,368.43	$ 3,221,100.79

この比較損益計算書の様式は1933年度まで続く。

1925年末，優先株主は3,368人，普通株主は2,543人であった。

5　Anaconda Copper Mining Company

(1)　1920年12月期 ― 25年間の「混合勘定」

Anaconda Copper Mining Company の1920年度報告書は，たて27.5cm よこ20cm（A4判のたて2cm よこ1cm を縮小したサイズ）を1頁とする全15頁 であった。取締役会議長と社長は，10頁にわたって，採鉱（Mining）部門， 還元（Reduction）部門，建設部門，石炭・木材・鉄道等部門における活動状況， 鉱山の開発，機械装置の建設状況，金・銀・銅・亜鉛の生産量等について詳細 に説明している（単位は"トン"や"フィート"，"エーカー"）。しかし，財務 情報については，すべての直接費控除後の利益は $9,335,253.18，支払利息 及び減価償却費控除後の利益は $2,691,660.62，当期配当金は1株 $3.00で 合計 $6,993,750.00，貸借対照表は完全子会社も結合（combined）している こと〔完全子会社の数は示していない〕，実質的に支配している非完全子会社の 持分は「投資」に含めていることを報告したにすぎない。

そして，以下の「連結貸借対照表」（Consolidated Balance Sheet）を示した。

連結貸借対照表（1920年12月31日）

資　　産

固定資産：		
鉱山・採掘権・炭鉱・森林・水利権等	$ 118,364,459.16	
建物・機械・装置等	75,019,735.27	
他の会社への投資	15,975,377.34	209,359,571.77
流動資産：		
原材料・前払金	$ 24,050,298.44	
製品・商品	3,980,697.16	
金属仕掛品（原価）	32,536,182.89	
売掛金及び現金	24,868,981.96	85,436,160.45
		$ 294,795,732.22

負　　債

株式資本金：		
授権株式数—3,000,000株　1株 $ 50		
発行済株式数—2,331,250株		$ 116,562,500.00
子会社に対する少数株主持分		3,594,090.37
社債（1929年1月1日償還）：		
Series A，6 ％	$ 25,000,000.00	
Series B，7 ％	$ 25,000,000.00	50,000,000.00
減価償却引当金		22,310,819.88
流動負債：		
買掛金・未払賃金・未払税金等		17,574,859.53
剰余金：		
残高（1919年12月31日）	$ 62,011,125.45	
子会社剰余金	27,044,426.37	
	89,055,551.82	
当期純利益（Net Income）	2,691,660.62	
	91,747,212.44	
控除　配当金	6,993,750.00	84,753,462.44
		$ 294,795,732.22

平均を下回る貸借対照表である。

「連結損益計算書」（Consolidated Income Account）は，以下のとおりである。

連結損益計算書

費　　用

期首金属有高（仕掛品を含む）	$ 28,705,375.47
採掘費（開発費を含む）	17,943,878.52
鉱石仕入高	13,813,410.19
溶解費（鉱石の運搬費を含む）	19,248,563.22
精製及び販売費（金属の運搬費を含む）	4,963,639.08
製品製造費及び商品売上原価	5,664,682.26
管理費・税金・合衆国証券売却損	1,935,451.94
残高（Balance）	8,020,165.93
	$ 100,295,166.61
プラント等減価償却費及び陳腐化費用	$　4,300,349.22
支払利息	2,343,243.34
純利益（貸借対照表に計上）	2,691,660.62
	$　9,335,253.18

収　　益

金属売上高	$ 53,227,278.08
製品売上高及び商品売上高	7,716,975.88
受取ロイヤリティ・賃貸料	6,814,729.76
期末金属（仕掛品を含む）	32,536,182.89
	$ 100,295.166.61
残高	$　8,020,165.93
子会社からの受取配当金	1,315,087.25
	$　9,335,253.18

　連結損益計算書の様式は最初に費用1頁，次頁に収益1頁であり，1896年度と同じ「混合勘定」（mixed account）である（83頁）。25年以上にわたって混合勘定の損益計算書は珍しい。費用項目の「残高」（$8,020,165.93）は，当時の慣行に従えば「減価償却費・陳腐化費用及び支払利息控除前当期利益」を意味する。1920年当時における「売上高」と「採掘費」「鉱石仕入高」「溶解費」「精製及び販売費」「製品製造費及び商品売上原価」の表示は評価される。

そして，貸借対照表の下部に以下のような監査証明書が添付されている。

We have examined into the affairs of the Anaconda Copper Mining Company and of its Subsidiary Companies and have verified the Assets, Liabilities and Income shown above. The Net Income is after deducting all Development expenditure of the year, Depletion of Coal and Timber Lands and Depreciation of Plants and Equipment.

We hereby certify that this Balance Sheet shows the financial condition at 31st December, 1920 of the Companies as an aggregate whole and that the accompanying Income Account for the year ending 31st December, 1920 is correct as stated.

New York and Butte, April 23rd, 1921

POGSON, PELOUBET & CO.
Certified Public Accountants

純利益はすべての開発費，炭田及び森林地の減耗償却費，プラント・装置等の減価償却費控除後であることを指摘する極めて簡易な監査証明書である。Pogson, Peloubet & Co. は当時の著名な公認会計士事務所である。

この1920年度報告書は，財務ディスクロージャーという観点からは平均をやや下回るものであるが，10頁にわたる取締役会議長と社長報告を含み，会社内容の開示という意味では平均をやや上回るといえるであろう。

このような連結貸借対照表と混合勘定の連結損益計算書は1925年度報告書にも見られる。

(2) 1935年12月期 — 連結方針等の詳細な注記

1935年度報告書（全15頁）の財務諸表は，SEC に提出された Form-10K の要約版ともいえるほどの極めて詳細なもので，連結方針（当社が発行済株式総数の75%以上を所有する会社を連結），外国為替，非連結子会社に対する持分，棚卸資産・投資・有形固定資産等の評価方法，子会社間取引の除去等16件の注記も明示した。

しかしながら，以下の連結損益計算書は平均的である。

連結損益計算書（1935年12月31日終了年度）

売上高		$127,678,576.68
売上諸費用（営業費，開発費，維持・修繕費，販売費・管理費，税金を含む）		100,266,618.82
営業利益		$ 27,411,957.86
その他利益—受取利息・配当金	$ 634,144.83	
—その他利益	248,724.29	
—資産売却益	128,497.76	1,011,366.88
利益合計		$ 28,423,324.74
社債利息・その他利息	$4,044,434.87	
遊休資産に係る費用	2,403,935.88	
合衆国・外国所得税（見積り）	1,957,992.16	
社債償還損	47,045.11	8,453,408.02
		$ 19,969,916.72
減価償却費及び陳腐化損失	$8,319,457.67	
鉱山等減耗償却費	70,558.12	
社債発行差金償却	266,173.96	8,656,189.75
純利益		$ 11,313,726.97
少数株主利益		133,639.52
連結純利益		$ 11,180,087.45

6　American Zinc, Lead and Smelting Company

(1)　1920年12月期 — 貧弱な損益情報

American Zinc, Lead and Smelting Company の1920年12月31日に終了する年度の報告書は，たて27cm よこ21.5cm（A 4 判のたてを 3 cm 縮小したサイズ）を 1 頁とする上質の用紙の全 7 頁であった。取締役・役員等の紹介に続き，社長は次のように業績を紹介した。

営業損失（売上高から税金を含むすべての費用控除後）		$　92,409.20
加算：社債利息（銀行預金利息控除後）		39,625.22
損失合計		$　132,034.42
剰余金（1919年12月31日）		3,695,151.89
		$ 3,563,117.47
控除：		
優先株配当金	$ 482,037.00	
減価償却費及び減耗償却費	403,885.26	885,922.26
剰余金（1920年12月31日）		$ 2,677,195.21

　営業損失までのプロセスは不明である。また，「減価償却費及び減耗償却費」は優先株配当金と同列の利益処分扱いである。

　そして，当期損失の原因は不況による価格の下落に伴う棚卸資産（亜鉛・鉛）の大幅な評価減（原価時価比較低価法による）によること，一部の優先株配当金については支払いの延期を決定したことなどについて報告した。

　子会社との「連結貸借対照表」（Consolidated Balance Sheet）は，左頁で資産，右頁で負債を示した。

連結貸借対照表（1920年12月31日）

資　　産

有形固定資産		
1919年12月31日	$ 11,443,633.16	
1920年度加算	1,072,885.03	$ 12,516,518.19
投資		1,369,192.79
減債基金預金		5,337.05
流動資産：		
鉱石	$　　592,398.94	
亜鉛・鉛等	643,883.01	
原材料	1,021,090.13	
現金	354,944.16	
受取手形	54,238.43	
売掛金（通常分）	518,048.22	
売掛金（その他）	99,408.54	

関係会社貸付金	13,000.00	3,297,011.43
繰延費用		66,561.17
		$ 17,254,620.63

負　債

株式資本金		
優先株96,560株額面 $ 25.00		$　2,414,000.00
普通株193,120株額面 $ 25.00		4,828,000.00
		$　7,242,000.00
第一抵当社債（5 %, 10年）		
1919年12月31日現在	$　1,632,100.00	
控除：減債基金による償還	150,400.00	1,481,700.00
減価償却引当金・減耗償却引当金等		
1919年12月31日現在	$　5,065,029.05	
当期繰入額	403,885.26	
	$　5,468,914.31	
控除　当期修正損	4,713.28	5,464,201.03
流動負債：		
買掛金	$　　　258,856.71	
未払費用	6,173.75	
未払税金	31,839.76	
支払手形	82,637.14	379,507.36
保険準備基金		10,017.03
剰余金		2,677,195.21
		$ 17,254,620.63

　この貸借対照表の下部に同社のコントローラーによる以下のような監査証明が掲載されている。

　I certify that the foregoing Balance Sheet is a correct statement of the accounts of the American Zinc Lead and Smelting Company and its Subsidiary Companies as of December 1920.

　Boston, March 15, 1921　　　　　　　　　　　　H.L. Smith, Comptroller

　これがニューヨーク証券取引所上場会社の1920年度報告書のすべてである。

(2) 1930年12月期 ―「売上高」は表示されつつも……

　10年後の1930年12月31日に終了する年度の「損益及び利益剰余金計算書」
(Statement of Income and Earned Surplus Account) は，以下のとおりである。

損益及び利益剰余金計算書

売上高	$6,638,254.48	
営業利益（採掘費，製造費，販売費，		
プラント等の維持費，一般管理費及び税金控除後）		$ 550,203.40
控除―支払利息		24,060.94
		526,142.46
控除―減価償却費及び減耗償却費		335,519.79
純利益（1930年12月31日終了年度）		$ 190,622.67
利益剰余金（1929年12月31日）		1,264,503.69
		$1,455,126.36
控除―優先株配当金（1株$4.50）		361,478.25
利益剰余金（1930年12月31日）		$1,093,648.11

　このように，「売上高」が表示されたが，損益計算書のやや左側に遠慮して
掲載されている。なお，当期においては「支払利息」と「減価償却費及び減耗
償却費」は剰余金処分ではなく費用として扱われている。

　貸借対照表の開示項目は，1920年度とほぼ同一である。

　そして，以下のような Price, Waterhouse & Co. の監査証明書が添付された。

---

506 Olive Street, St. Louis
February 25, 1931.

To the Directors, American Zinc, Lead and Smelting Company :

　We have examined the books and records of the American Zinc, Lead and
Smelting Company and its subsidiary companies for the year ending December
31, 1930.

During the year only actual additions have been charged to property account, and due provision has been made for depreciation and depletion by charges against the operations for the year.

The inventories of ores, finished products, and materials and supplies, certified as to quantities and marketable condition by the company's responsible officials, have been stated at cost or market, whichever was lower. Full provision has been made for all doubtful accounts and notes receivable and for all ascertainable liabilities. The cash and securities have been verified by actual inspection or certificates obtained from the depositaries ; and

WE CERTIFY that, in our opinion, the Balance Sheet and relative Income Account have been properly prepared from the books and correctly set forth the financial position of the American Zinc, Lead and Smelting Company as at December 31, 1930, and the results of its operations for the year.

(Signed) PRICE, WATERHOUSE & CO.

有形固定資産への資本的支出の妥当性，減価償却引当金及び減耗償却引当金の適切性についての指摘，棚卸資産の数量とそれらが市場性をもつものであることについての会社責任者による証明書の入手及び棚卸資産は原価時価比較低価法で評価されていること，貸倒引当金やすべての確認しうる負債に対する引当金は十分であること，現金及び有価証券については実査または預け先からの証明書により検証したこと。そして，貸借対照表と損益計算書が財政状態と経営成績を示していることを監査証明した。

1930年度の財務ディスクロージャーとしては平均を下回るものである。

なお，当社は，1934年度の報告書において，初めて「売上高」と「売上原価」(Cost of Goods Sold) を示す右頁のような損益及び利益剰余金計算書を開示した。しかしながら，簡略である。

損益及び利益剰余金計算書（1934年12月31日終了年度）

純売上高		$ 6,429,795.34
売上原価		5,666,833.41
売上総利益		$ 762,961.93
その他利益		15,214.14
利益合計		$ 778,176.07
管理費・販売費・その他費用		302,835.55
		$ 475,340.52
減価償却費及び減耗償却費	$ 325,696.96	
納税引当金繰入額	36,223.50	361,920.46
当期純利益（1934年12月31日終了年度）		$ 113,420.06
利益剰余金（1933年12月31日）		1,495,861.73
利益剰余金（1934年12月31日）		$ 1,609,281.79

◆注 ───────

1　W.Z, Ripley, "Stop, Look, Listen! The Shareholder's Right to Adequate Information," *The Atlantic Monthly*, Vol. CXXXVIII, September 1926, p.390.

第14章
「新興会社」と「名門会社」の財務ディスクロージャー

　Caterpillar Tractor Company, Chrysler Corporation, National Steel Corporation の「新興会社」と The National Cash Register Company, Eastman Kodak Company, Pullman Incorporated, National Biscuit Company の「名門会社」は，1920年代中頃以降どのような財務ディスクロージャーを実践していたのだろうか？

Caterpillar Tractor Company

(1) 1925年12月期（第1期）～1928年12月期（第4期）
　—簡略な貸借対照表のみ，損益計算書は開示せず

　建設機械メーカー最大手の Caterpillar Tractor Company は1925年5月1日に創立されたが，同年12月31日に終了する第1期報告書は，たて21.5cm よこ15cm（A5判）を1頁とし，社長報告2頁，貸借対照表2頁，監査証明書1頁，取締役・役員等の紹介1頁の実質6頁で構成された。
　R.C. Force 社長は，次の事項を株主に報告した。
　① 当期の財務データは，最初の4ヵ月間が Caterpillar Tractor Co. の前身である The Holt Manufacturing Co.（1892年創立）と C.L. Best Tractor Co.（1910年創立）の両社の営業結果であり，その後の8ヵ月が Caterpillar

Tractor Co. の業績である。純売上高は＄20,859,841.81で，これは合併前の The Holt Manufacturing Co. と C.L. Best Tractor Co. の1924年度売上高合計を19％上回り，支払利息と税金控除前の利益は＄4,457,559.66（両社の1924年度利益は合計＄1,724,124.45），支払利息は＄143,634.27である。

② 会社創立時の1925年5月1日現在の支払手形と買掛金残高は＄5,519,989.48であったが同年12月31日までに完済し，支払期日の到来していない連邦税と当座債務（＄981,618.01）を除いて負債はなく，1926年度も資金を借入れる必要はないと考えている。

③ 創立時の資本剰余金（Capital Surplus）は＄6,194,274.17で，当時はそれが実質的な価値を有すると考えていたが，その後判明した売掛金の回収不能額や旧型の陳腐化したトラクター用の資材等を除去するために同剰余金を＄692,980.87取り崩した。8ヵ月間の営業結果の利益剰余金（Earned Surplus）は＄3,544,841.84であるが，現金配当額と納税引当金繰入額（税率12.5％）を控除して期末現在は＄2,594,968.09である。

④ Western Harvester Co.（California 州法人）を設立，旧 Holt Manufacturing Co. の刈入機（harvester）部門の設備等を譲渡したが，十分に稼働するまで運転資金の援助が必要である。

「貸借対照表」（Balance Sheet）は，以下のとおりである。

貸借対照表（1925年12月31日）

資　産

現金預金	＄1,439,527.72	
棚卸資産（原価時価比較低価法）	5,267,686.85	
受取手形及び売掛金（貸倒引当金控除後）	3,452,492.24	＄10,159,706.81
パテント	＄　275,057.74	
投資	38,890.50	
土地・建物・プラント等 ＄6,775,100.04		
控除　減価償却引当金　1,887,657.48	4,887,442.56	
繰延費用	216,781.79	5,418,172.59
		＄15,577,879.40

負　　債

買掛金（納税引当金を含む）		$	981,618.01
株式資本金：(260,000株)	$6,500,000.00		
剰余金：			
資本剰余金	$5,501,293.30		
利益剰余金	2,594,968.09	8,096,261.39	14,596,261.39
			$15,577,879.40

　極めて簡略な貸借対照表である。ただし，資本剰余金と利益剰余金の区分表示は1925年当時としては先進的である。

　最大の問題点は，損益計算書が発行されなかったことである。したがって，社長報告での純売上高，支払利息と税金控除前利益，支払利息の3項目の指摘を除いて損益情報は一切示されていない。

　以下のPrice, Waterhouse & Co.の簡易な株主宛監査証明書にも損益計算書についての意見はない。

To the Stockholders of Caterpillar Tractor Co.,

　We have examined the books of Caterpillar Tractor Co. as of December 31, 1925, and *we certify* that, in our opinion, the annexed balance sheet sets forth the true financial position at December 31, 1925.

　February 19, 1926　　　　　　　　　　PRICE, WATERHOUSE & CO.

1925年11月15日現在1,919人の株主がいたという。

1926年度（第2期）報告書（全10頁）において，社長は次のようにいう。

① 　純売上高は $20,699,102.89（1925年度は $20,859,841.81），このうち Caterpillar Tractor Co. の売上高は $19,114,003.53，Western Harvester Co. のそれは $1,585,099.36である。当期の税引前連結純利益は $5,003,094.89，前期は $4,457,559.66である。

② 　当期も銀行借入れはなく，おそらく1927年度もその必要はない。

③ Caterpillar Tractor Co. と Western Harvester Co. 両社のプラント勘定への加算（資本的支出額）は合計 $1,115,228.27，このうち Caterpillar Tractor Co. は $1,083,725.63，その内訳は，土地 $61,620.70，建物 $339,541.37，機械装置 $682,563.56，Western Harvester Co. は $31,502.64，その内訳は，建物 $13,562.68，機械装置 $17,939.96である〔①の売上高と同様，両社の金額と内訳の指摘は評価される〕。

④ American Appraisal Co. の鑑定に基づいて，Western Harvester Co. の Stockton 工場の土地・建物・機械装置を $324,784.71，Caterpillar Tractor Co. の Peoria（Illinois）工場のプラントを $1,943,619.19評価増した。

⑤ 減価償却費は $504,341.93で，このうち Caterpillar Tractor Co. は $448,443.69，Western Harvester Co. は $55,898.24である。

⑥ 支払われた配当金は合計 $1,624,976.00である。

⑦ 1925年2月に設立された子会社の Western Harvester Co. は今後期待できる。

Caterpillar Tractor Co. と Western Harvester Co. の「連結貸借対照表」（Consolidated Balance Sheet）は，以下のとおりである。

連結貸借対照表（1926年12月31日）

資　産

現金預金	$ 1,522,999.92	
市場性ある有価証券	500,000.00	
棚卸資産（原価時価比較低価法）	7,307,937.87	
受取手形及び売掛金（貸倒引当金控除後）	3,460,036.86	$12,790,974.65
パテント	$ 275,057.74	
その他投資	2,176.00	
土地・建物・プラント等 $10,955,125.95		
控除　減価償却引当金 3,188,393.15	7,766,732.80	
（American Appraisal Co. が 1923年と1926年に実施した 鑑定による）		
繰延費用	147,709.49	8,191,676.03
		$20,982,650.68

負　　債

買掛金		$\$\ 760,937.13$	
納税引当金		$705,102.18$	
資本金：(1,625,000株，無額面株)	$\$\ 8,125,000.00$		
剰余金：			
資本剰余金	$\$\ 6,084,697.20$		
利益剰余金	$5,306,914.17$	$11,391,611.37$	$19,516,611.37$
			$\$20,982,650.68$

　1925年度の貸借対照表に比し，「市場性ある有価証券」が登場し，「買掛金」と「納税引当金」が分離表示され，プラント等は鑑定の結果であることも示された。わずかな改善である。

　そして，Caterpillar Tractor Co. と Western Harvester Co. の個別貸借対照表も添付された〔開示項目は連結貸借対照表と同じである〕。

　しかし，損益計算書は今年度も発行されず，損益情報については，社長報告でのCaterpillar Tractor Co. と Western Harvester Co. 両社の純売上高，税引前純利益，減価償却費の3項目の指摘に終わっている。減価償却費が新たに指摘されたが，支払利息は消えた。

　Price, Waterhouse & Co. の監査証明書も，前期同様，損益計算書については触れていない。なお，Western Harvester Co. も監査対象となった。

　1927年度（第3期）報告書（全6頁）の社長報告においては，前期の①③④⑤（535，536頁）のうち子会社の Western Harvester Co. の売上高が$1,585,099.36から$3,180,084.37へと倍増したことの指摘を除き，Western Harvester Co. についての情報はすべて省略された。また，当社の資本的支出額とその内訳，減価償却費の指摘も省略された。その理由について，社長は「取引上の理由により（for trade reasons），貴社取締役会は Western Harvester Co. の売上高以外の数値は一切明らかにしないことを決定した」と伝えている。伝統的な「理由」である。前期に開示された Caterpillar Tractor Co. と Western Harvester Co. 両社の個別貸借対照表も省略された〔総頁数10頁から6頁への減少は，これらの省略の故である〕。

連結貸借対照表は1926年度のそれを踏襲し〔ただし，「市場性ある有価証券」は消えた。売却したものと思われる〕，損益計算書は当年度も開示されなかった。

Price, Waterhouse & Co. は，以下のような貸借対照表のみの監査証明書を株主に宛てた。

To the Stockholders of Caterpillar Tractor Co.:

We have examined the books of Caterpillar Tractor Co. and its subsidiary Western Harvester Co. as of December 31, 1927, and we certify that in our opinion the annexed balance sheet sets forth correctly the financial position at that date.

ここでは，1925年度の "balance sheet sets forth the true financial position" から "balance sheet sets forth correctly the financial position" に代わったが，特に意味をもつものではない。

1928年度（第4期）報告書（全6頁）において，社長は，当期利益は連邦税控除前＄9,295,639.42，前期は＄6,910,326.80で34％の増加，当期純売上高は＄35,071,600.82，前期は＄26,928,088.92で30％の増加であること，組織編成を行い Western Harvester Co. のすべての資産・負債と従業員を Caterpillar Tractor Co. が引き継いだこと，新たに The Russell Grader Manufacturing Co. を買収しそのための資金＄7,975,000を借入金として貸借対照表に計上しているが株主総会前の1929年2月5日に返済したこと，土地や建物，装置の取得に＄5,588,998.77を支出したこと，当期減価償却費は＄413,919.38であることを伝えた。

連結貸借対照表は1926年度のそれを踏襲し，損益計算書は当年度も開示されなかった。Price, Waterhouse & Co. の監査証明書（1929年2月4日付）も前年度とまったく同じ内容である。

(2) 1929年12月期（第 5 期）――一転好転，5 年間の B/S と P/L

　1929年12月31日に終了する第 5 期報告書（全10頁）は，これまでとは異なる展開を見せる。まず，社長は，当期売上高は＄51,812,461.63（前期は＄35,071,600.82），税引前当期純利益は＄13,059,634.25（前期＄9,295,639.42）であること，「パテント＄278,308.74」を償却し「パテント・トレードマーク・営業権等＄1.00」としたこと，"Caterpillar"トラクターの種類別定価を示し価格は年々低下していること，価格低下に伴うディーラーへの払戻金は1929年度＄699,455.16であることを報告した。

　貸借対照表（Balance Sheet）は，以下のとおりである。

貸借対照表（1929年12月31日）

資　　産

現金		＄ 1,612,660.61	
受取手形及び売掛金（貸倒引当金控除後）		13,934,354.04	
棚卸資産（原価時価比較低価法）		16,934,772.95	＄32,481,787.60
パテント・トレードマーク・営業権等		＄　　　　　 1.00	
その他投資		16,298.00	
土地・建物・プラント等	＄25,753,472.00		
控除　減価償却引当金	5,287,195.93	20,466,276.07	
繰延費用		160,832.33	20,643,407.40
			＄53,125,195.00

負　　債

買掛金		＄ 6,000,000.00	
支払手形		2,662,751.75	＄ 8,662,751.75
納税引当金			1,487,295.30
資本：			
資本金：(1,882,240株，無額面株)		＄ 9,411,200.00	
剰余金：			
資本剰余金	＄15,318,295.91		
利益剰余金	18,245,652.04	33,563,947.95	42,975,147.95
			＄53,125,195.00

次に，創立以来５年間の貸借対照表と損益計算書，５年間の剰余金計算書，５年間の配当金一覧表，５年間の新規プラント取得額を新たに開示した。

５年間の貸借対照表は，創立時の1925年５月１日と同年12月31日時点，以降1929年12月31日までの毎年度の資産と負債の推移を示している。つまり，これまでの貸借対照表で開示されていた「現金」「受取手形及び売掛金（貸倒引当金控除後）」「棚卸資産（原価時価比較低価法）」「パテント・トレードマーク・営業権等」「その他投資」「土地・建物・プラント等」「建物・プラント等減価償却引当金」「繰延費用」の資産８項目と，「支払手形」「買掛金」「納税引当金」「株式資本金」「剰余金」（資本剰余金と利益剰余金）の負債５項目の金額を一覧表として示している。設立時の総資産＄17,898,346.55は1929年12月31日末には＄53,125,195.00と約３倍に増大している。

そして，以下のような５年間比較形式の「損益計算書」（Income and Expense Statement）を初めて開示した。

損益計算書

	1925（8ヵ月間）	1926	1927	1928	1929
純売上高	$13,785,247.25	$20,699,102.89	$26,928,088.92	$35,071,600.82	$51,812,461.63
控除：原価・営業費等	9,926,496.07	15,173,002.08	19,284,894.47	24,698,609.30	37,144,395.28
利益（減価償却費・支払利息・税金控除前）	$ 3,858,751.18	$ 5,526,100.81	$ 7,643,194.45	$10,372,991.52	$14,668,066.35
減価償却費	251,024.07	504,341.93	698,734.54	869,072.14	1,263,043.47
	$ 3,607,727.11	$ 5,021,758.88	$ 6,944,459.91	$ 9,503,919.38	$13,405,022.88
支払利息	62,885.27	18,663.99	34,133.11	208,279.96	345,388.63
税引前純利益	$ 3,544,841.84	$ 5,003,094.89	$ 6,910,326.80	$ 9,295,639.42	$13,059,634.25
納税引当金繰入額	300,000.00	685,000.00	895,000.00	1,135,801.62	1,459,188.46
配当可能純利益	$ 3,244,841.84	$ 4,318,094.89	$ 6,015,326.80	$ 8,159,837.80	$11,600,445.79
発行済株式数	260,000	1,625,000	1,625,000	1,711,127	1,882,240
1株当たり税引前純利益	$ 13.63	$ 3.08	$ 4.25	$ 5.43	$ 6.94

1株当たり					
税引後純利益	$ 12.48	$ 2.66	$ 3.70	$ 4.77	$ 6.36
売上高増加（前年度対比%）		30.09	30.24	47.73	150.31
純利益増加率（%）		39.31	35.65	42.17	168.65

　この比較損益計算書については過大な評価はできない。なぜなら，ここで開示された項目，すなわち純売上高や減価償却費，税引前純利益はこれまでも社長報告で指摘されていたからである。しかしながら，「原価・営業費等」（Cost of sales, operating expenses, etc.）や「支払利息」，「納税引当金繰入額」を開示し，5年間の損益計算書を初めて示したことは「進展」といえるであろう。ただし，1929年度の独立した損益計算書は発表されていない。

　5年間の剰余金計算書は，以下のとおりである。

剰余金計算書（1925年5月1日〜1929年12月31日）

	合　計	資本剰余金	利益剰余金
1925年5月1日剰余金	$ 5,878,357.07	$ 5,878,357.07	—
1925：純利益（8ヵ月）	$ 3,244,841.84	—	$ 3,244,841.84
控除：配当金	649,873.75	—	649,873.75
控除：繰越金調整	377,063.77	377,063.77	—
1925.12.31剰余金	$ 8,096,261.39	$ 5,501,293.30	$ 2,594,968.09
1926：純利益	$ 4,318,094.89	—	$ 4,318,094.89
加算：プラント			
鑑定評価額	2,268,403.90	2,268,403.90	—
加算：税金調整	18,827.19	—	18,827.19
控除：配当金	1,624,976.00	—	1,624,976.00
控除：株式配当	1,625,000.00	1,625,000.00	—
控除：過年度修正	60,000.00	60,000.00	—
1926.12.31剰余金	$11,391,611.37	$ 6,084,697.20	$ 5,306,914.17
1927：純利益	$ 6,015,326.80	—	$ 6,015,326.80
控除：配当金	2,681,248.50	—	2,681,248.50
控除：廃棄損	113,919.87	26,290.48	87,629.39
控除：洪水損失	196,274.63	—	196,274.63
1927.12.31剰余金	$14,415,495.17	$ 6,058,406.72	$ 8,357,088.45
1928：純利益	$ 8,159,837.80	—	$ 8,159,837.80
加算：子会社増資	2,087,781.43	2,087,781.43	—

控除：配当金	4,225,000.00	—	4,225,000.00
1928.12.31剰余金	$ 20,438,114.40	$ 8,146,188.15	$ 12,291,926.25
1929：純利益	$ 11,600,445.79	—	$ 11,600,445.79
加算：増資	7,450,415.50	7,450,415.50	—
控除：配当金	5,646,720.00	—	5,646,720.00
控除：パテント償却	278,307.74	278,307.74	—
1929.12.31剰余金	$ 33,563,947.95	$ 15,318,295.91	$ 18,245,652.04

このように，1925年度から1929年度までの各年度の「純利益」「鑑定評価額」「現金配当」「株式配当」「特別損益（過年度修正，洪水損失）」「増資」「パテント償却損」「期末残高」等を，資本剰余金と利益剰余金に区分して開示している〔各項目をいずれの剰余金で処分・表示したのかを判断するのに有用であり，極めて稀な資料である〕。

5年間の配当金一覧表は，1925年度から1929年度までの各年度の四半期ごと（計18期）の株式数，支払った配当金，1株当たり配当金，1株当たり配当率を示している。

また，5年間のプラント（土地・建物・装置等）の新規取得額も以下のように示した。1925年度 $ 566,821.89，1926年度 $ 1,115,228.27，1927年度 $ 2,267,654.21，1928年度 $ 5,588,998.77，1929年度 $ 7,084,635.48。

さらに，4工場の土地と建物の面積，製造機種等について紹介し，建物・装置・棚卸資産の90％以上が保険に付されていること，1929年12月31日現在従業員は7,368人であることも報告された。

なお，Price, Waterhouse & Co. の以下のような監査証明書は，それまでの独立した1頁から貸借対照表の脚注部分に追いやられてしまった。

> We have examined the books of Caterpillar Tractor Co. as of December 31, 1929, and we certify that, in our opinion, the above balance sheet sets forth correctly the financial position at that date.

1929年度を含む5年間比較形式の損益計算書は発表されたが，監査証明は貸借対照表のみについてである。

第14章 「新興会社」と「名門会社」の財務ディスクロージャー　543

1929年11月15日現在の株主は10,820人で初めて10,000人を超えた。

1929年度報告書は良好なディスクロージャーといえる〔この1929年度報告書における財務ディスクロージャーが次年度以降のベースとなる〕。

(3)　1930年12月期（第6期）〜1936年12月期（第12期）
― 独立したP/Lは発行せず，6年間から11年間の財務情報を開示

1930年度（第6期）報告書は，B.C. Heacock 社長報告が1頁増え全11頁となったが，その構成は1929年度と同じである。

社長は，まず税引後純利益（1930年度＄8,714,801.49, 1929年度＄11,600,445.70, 1928年度＄8,159,837.80）と売上高（1930年度＄45,355,434.71, 1929年度＄51,812,461.63, 1928年度＄35,071,600.82）を指摘した〔創立以来，純利益，売上高とも前期をはるかに超える実績を達成してきた当社も，今期は不況により両者とも前期割れである。従来は前期比較のみを報告し業績の好調を誇らかにしていたが，純利益と売上高について2年前の数値を持ち出し前期よりは少なかったが一昨年より大きいと言わんばかりである〕。そして，工場再編に伴う不稼動設備の売却損（＄1,584,718.94）の資本剰余金での処分と移転費用（＄254,783.33）の利益剰余金による処分について報告した〔両者の会計処理の違いは興味深い〕。

貸借対照表（新規の開示項目は「転換社債＄10,000,000」），創立以来6年間比較形式の貸借対照表と損益計算書，創立以来6年間の剰余金計算書，創立以来6年間の配当金と1株当たり配当金と配当率，創立以来6年間のプラントの新規取得額〔これらの計算書はこれまでの5年間から6年間となった〕，4工場の土地と建物の面積，建物・装置・棚卸資産の付保状況等についての説明は前年度と同じである。1930年度の独立した損益計算書は今期も開示されていない。

Price, Waterhouse & Co. の監査証明書は（1931年1月28日付），前年度とまったく同じである。

1931年度（第7期）報告書（全10頁）の社長報告は，以下のとおりである。

① 冒頭，社長は次のようにいう。

"The excellent financial condition of your Company is shown by the balance sheet, as reported by Messrs. Price, Waterhouse & Co. as at December 31, 1931, included in this report."（下線筆者）

一方，貸借対照表の脚注部分に掲載された Price, Waterhouse & Co. の監査証明書（1932年1月22日付）は，以下のとおりである。

We have examined the books of Caterpillar Tractor Co. as of December 31, 1931, and we report that, in our opinion, the above balance sheet sets forth correctly the financial position at that date.

このように，Price, Waterhouse & Co. は，貸借対照表が1931年12月31日現在の財政状態を「正確に」（correctly）示していることについては意見表明しているが，当社の財政状態は「非常に優れている」（excellent）とは報告していない。社長の指摘はミスリードするものである。

② 流動資産対流動負債は30対1以上である。製造設備は常時最高の効率が発揮できるように十分に維持されている。純資産の1株当り帳簿価額は$20.21で，資産及び負債は以下のような状況である。

資産及び負債	帳 簿 価 額	
	合　計	1株当り
現金及び市場性ある有価証券		
－（流動負債＋納税引当金）	$ 7,451,064.62	$ 3.96
売掛金	9,778,238.23	5.19
棚卸資産	9,506,692.70	5.05
純流動資産	$ 26,735,995.55	$ 14.20
プラント	18,958,893.25	10.07
その他資産	708,078.64	0.38
	$ 46,402,967.44	$ 24.65
控除：手形借入金	8,367,000.00	4.44

第14章 「新興会社」と「名門会社」の財務ディスクロージャー | 545

純資産	$ 38,035,967.44	$ 20.21

③　1931年度の配当金は 1 株 $ 3.00 と決定した〔1930年度 1 株 $ 4.00，1929年
度 1 株 $ 3.00〕。そのため現金 $ 5,646,720 を必要とするが，当期純利益は
$ 1,361,200.27 なので不足する。しかしながら，その差額 $ 4,285,519.73
については以下で示すように当期のキャッシュ・フローでカバーすること
ができ，しかも剰余金残高も約 $ 15,000,000 である〔言うまでもなく，資産
の減少合計 $ 7,097,718.17 はキャッシュ・フローの増加，負債の減少合計
$ 2,812,198.44 はキャッシュ・フローの減少，したがって差額 $ 4,285,519.73 は
キャッシュ・フローの増加である〕。

	資産の増加	資産の減少	差　額
現金及び有価証券	$ 4,083,376.25		
売掛金		$　4,342,320.05	
棚卸資産		6,030,485.27	
プラント		576,318.70	
その他資産		231,970.40	
資産合計	$ 4,083,376.25	$ 11,181,094.42	$ 7,097,718.17
	負債の減少		
流動負債・納税引当金	$ 1,179,198.44		
転換社債の償還	1,633,000.00		2,812,198.44
合　計			$ 4,285,519.73

　　現金及び市場性ある有価証券の400万ドル以上の増加は主に売掛金と
棚卸資産の流動化が要因である。売掛金430万ドル以上の減少は回収が
順調であったこと，棚卸資産600万ドル以上の減少は在庫のダブつきを
なくすために計画的に操業したからである。プラントの減少は十分かつ
規則的な減価償却の結果でありかつ必要不可欠なもののみを取得したこと
による。そして，前年に発行した転換社債の一部 $ 1,633,000 を償還した
からである〔このキャッシュ・フローの説明は極めて稀であり興味深い〕。

④　当期売上高は $ 24,143,138.45，前期売上高は $ 45,355,434.71，当期
純利益は $ 1,361,200.27（前期は $ 8,714,801.49）である。売上高の大幅な

減少にもかかわらず利益を確保できたのはコストと営業費を現況に合わせ調整したからであるが，利益の大幅な減少要因は，売上高の減少，生産の縮小，新規機械設備のコストの上昇，陳腐化資材の増加とその評価損処理，前半期の費用の増加等である。

そして，6年間比較形式の貸借対照表（1927年度に消えた「市場性ある有価証券」が復活）と損益計算書（540頁），7年間の剰余金計算書（541頁），7年間に支払った配当金と1株当たり配当金と配当率（542頁），7年間のプラントの新規取得額等（542頁）も継続して開示された。

1932年度（第8期）報告書は全10頁で，これまで最後の頁に掲載されていた取締役・役員等の紹介が最初に移動されたことを除いて，その構成・内容に変化はない。社長の主な報告事項は，以下のとおりである。

①　1932年度は困難な年であった。売上高は＄13,258,505.27で1931年度の＄24,143,138.45に比し45％も減少した〔参考までに1929年度売上高は＄51,812,461.63，1930年度は＄45,355,434.71で，1932年度は大不況の真っ只中にある〕。

②　1932年度は＄1,616,872.96の純損失，1931年度は＄1,361,200.27の純利益〔1929年度は純利益＄11,600,445.79，1930年度は純利益＄8,714,801.49〕。損失の主たる原因は大幅な売上高の減少である。また，工場移転や多くの機械設備の新規導入に伴う諸費用の増加，価格値引きに対するディーラーへの保証（＄433,225.66）等もその一因である。

③　当年度末の純資産の1株当たり帳簿価額は＄18.66〔前年度＄20.21〕で，前年度と同様に純資産を算出する表（544頁②）を添付した。また，製造設備等に＄859,970.32が支出され，減価償却費は＄1,731,219.45である。手形借入金＄1,558,000.00を返済し，支払利息に相当する＄142,183.50の利益を確保した。幹部の給与を1933年3月1日から20％削減した。

そして，貸借対照表の「市場性ある有価証券」が「合衆国債務証券＄4,573,947.41」と「州その他自治体の公債＄401,022.33」に区分され，両者の合計＄4,974,970.70に対して「1932年12月31日現在時価＄4,939,650.00」が

付記された。若干の進展である。6年間比較形式の貸借対照表と損益計算書そして剰余金計算書は継続して開示されたが，単年度の独立した損益計算書は依然として発表されなかった。また，4工場の土地と建物の面積，製造機種等，そして付保状況に関する説明（542頁）は省略された。

　貸借対照表の脚注部分に添付された Price, Waterhouse & Co. の監査証明書（1933年1月21日付）は，以下のとおりである。

To the Board of Directors :

　We have examined the books of Caterpillar Tractor Co. as of December 31, 1932. In our opinion, the above balance sheet correctly sets forth the financial position at that date.

Price, Waterhouse & Co.

　"We report that, in our opinion, that ……" ではなく，"In our opinion, that ……" は望ましい表現である。

　1933年度（第9期）報告書（全10頁）は，その構成・内容とも前年度を踏襲した。社長は，当年度の売上高は＄14,408,002.62で前期の＄13,258,505.27を8％超上回り，利益＄302,716.54を確保したこと（前期は損失＄1,616,872.96），その要因は売上増とともにコストコントロールが功を奏したこと，純資産の1株当たり帳簿価額は＄18.70，貸借対照表が示すように現金と市場性ある有価証券の合計＄6,337,713.34はすべての負債（合計＄6,283,724.21）を超過しており財政状態は強固であること，現金の有効活用として社債を4月2日に償還する計画であること，困難な状況にあるにもかかわらず売掛金の回収は満足する状態にあり貸倒引当金も十分であること，棚卸資産在庫の最低は1933年9月30日時点の＄7,426,663.00で期末現在は＄8,804,222.24，減価償却費＄1,792,979.23を計上したことなどを報告した。

Price, Waterhouse & Co. の以下のような監査報告書（1934年1月18日付）はこれまでと同様，貸借対照表の脚注部分に掲載された（下線筆者）。

To the Board of Directors :

　We have made an examination of the balance sheet of Caterpillar Tractor Co. as at December 31, 1933 and of the statements of surplus and profit and loss for the year 1933. In connection therewith we examined or tested accounting records of the company and other supporting evidence and, although we did not make a detailed audit of the transactions, a general review was made of the accounting methods and of the profit and loss accounts for the year.

　In our opinion, based upon such examination, and upon information furnished to us, the above balance sheet and <u>accompanying surplus and profit and loss statements</u> fairly present, in accordance with accepted principles of accounting consistently followed by the company, its position at December 31, 1933, and the results of its operations for the year.

　この監査報告書の様式は「監査報告書モデル」に準拠したものであるが（748頁），下線の "accompanying surplus and profit and loss statements" とは，1929年度以来掲載されている直近6年間比較形式の損益計算書（540，543頁。それまでの "Income and Expense Statement" から1933年度より "Profit and Loss Statement" と名称変更）と6年間の剰余金計算書（surplus account）のことである（541頁）。これらの損益計算書と剰余金計算書については，PWはこれまでは意見表明を差し控えていた〔独立した計算書ではなく添付資料と位置づけていたのかもしれない〕。しかしながら，今回それらについても意見表明したことについては，過去6年間の損益計算書と剰余金計算書を監査したのかを含めPWの姿勢に問題がある。

　1934年度（第10期）報告書（全10頁）の構成及び内容も前年度と同じである。ただし，社長報告において以下のような運転資本（流動資産 − 流動負債）が示され，資金的に余裕があるので今年度も銀行借入れの必要はないと指摘した。

運転資本（1933年12月31日）		$ 22,775,406.59
加算：		
当期純利益	$ 3,651,190.42	
現金支出を伴わない費用：		
減価償却費	1,805,675.24	
固定資産売却損	111,934.99	5,568,800.65
		$ 28,344,207.24
控除：		
手形借入金返済	$ 5,090,000.00	
現金配当	2,352,849.55	
固定資産購入等	980,336.52	8,423,186.07
運転資本（1934年12月31日）		$ 19,921,021.17

また，「当社は，1932年 4 月以降プレス（the Press）を通じて毎月，売上高，利益，財政状態について関係者に発表している」とのことである。

　1935年度（第11期）報告書（全10頁）も，そして，創立以来最高の売上高（＄54,118,003.75）を達成した1936年度（第12期）報告書も，従来の構成と内容を踏襲した〔1929年度報告書（539頁）がベースである〕。すなわち，たて23cmよこ20cmを 1 頁とする全10頁で，その構成は，取締役・役員の紹介，社長から株主への報告，貸借対照表とその脚注部分に Price, Waterhouse & Co. の監査報告書，1926年度（第 2 期）以降11年間比較形式の貸借対照表と11年間比較形式の損益計算書，創立以来12年間の剰余金計算書と配当金一覧表が続いた。しかし，独立した損益計算書は1936年度になっても発表されなかった。

　1929年12月期（第 5 期）以降1936年12月期（第12期）までの財務ディスクロージャーは良好と評価できる。

　なお，1941年度報告書には，次頁のような「収益・費用・利益・配当金計算書」（Statement of Income, Expenses, Profits and Dividends）が開示されている。

1941年度収益・費用・利益・配当金計算書

顧客からの収益		
"キャタピラー"製品売上高	$ 101,957,986.70	
受取利息	145,338.82	$ 102,103,325.52
原価及び費用		
"キャタピラー"製品製造原価・配送費,		
営業費,プラント装置維持・修繕費,管理費:		
原材料等購入費	$ 58,465,817.87	
"キャタピラー"従業員賃金・給与	32,599,073.55	
減価償却費―戦時施設の特別減価償却費		
を含む	3,540,952.44	
連邦税(所得税,株式資本金税等を含む)	9,190,725.55	
借入金利息	68,023.01	
	$ 103,864,592.42	
控除:期末棚卸資産に含まれる上記費用	9,545,749.60	94,318,842.82
当期純利益		$ 7,784,482.70
配当金		3,764,480.00
剰余金の増加		$ 4,020,002.70

　この1941年12月期(第17期)の売上高は1億ドルを超え,株主は17,200人であった。

 ## Chrysler Corporation

(1) 1925年12月期(第1期)― 業界第7位の平均的財務諸表

　Chrysler CorporationはMaxwell Motor Corporationを買収して1925年6月にデラウェア州法人として組織されたが,同年12月31日に終了する第1期報告書は,たて22cm よこ14cm(ほぼA5判)を1頁とする全6頁の簡単なものであった。
　社長は株主に対し,売上高は前年(Maxwell Motor Corp.)に比し167%増加

したこと〔ただし，金額は示していない〕，連邦税引当金繰入額＄2,471,000.00
控除後の当期純利益は＄17,126,135.85で前年の約4倍であること，American
Motor Body Corp.（デトロイト工場）の買収を含み有形固定資産の取得に
＄7,902,636.35を支出したこと，優先株配当金は＄1,750,400，純流動資産は
＄28,021,131.27（流動資産合計＄38,733,218.99－流動負債合計＄10,712,087.72,
前年度は＄11,755,227.11），銀行借入金はないこと，普通株1株を4株に分割し
たこと，新車 "Chrysler Imperial 80" を発売したこと，輸出も好調で前年比
255％増であることなどを報告した。

Chrysler Corp. とその子会社の「連結貸借対照表」（Consolidated Balance
Sheet）は，以下のとおりである〔子会社数は示していない〕。

連結貸借対照表（1925年12月31日）

資　　産

流動資産		
現金預金	＄ 4,643,100.73	
市場性ある有価証券	13,391,590.01	
船荷証券	3,212,997.04	
受取手形（保証付）	1,439,436.04	
売掛金（貸倒引当金控除後）	1,233,260.45	
棚卸資産（原価時価比較低価法）	14,812,834.72	＄38,733,218.99
その他資産		
不動産・投資（引当金控除後）	＄　125,361.60	
その他受取手形等（引当金控除後）	304,674.14	430,035.74
永久資産		
土地・建物・機械類・装置	＄29,275,497.99	
控除　減価償却引当金	9,112,368.38	20,163,129.61
営業権		25,000,000.00
繰延費用（前払保険料・税金・ロイヤリティ）		1,276,113.09
		＄85,602,497.43

負　　債

流動負債		
買掛金	＄ 7,380,034.78	
未払配当金	439,662.00	

未払利息・税金等		150,195.67	
ディーラー等からの預り金		271,195.27	
連邦税引当金（見積り）		2,471,000.00	$ 10,712,087.72
社債10年5.5%			
発行済	$ 3,150,000.00		
控除　金庫社債		442,000.00	2,708,000.00
偶発債務引当金（1926.1.6 修正）			2,054,701.68
株式資本金		$ 56,259,939.96	

無額面株	優先株	普通株
発行済	218,536株	2,645,342株
Maxwell Corp.	264	66,298
金庫株	20,900	8,360
未発行	35,300	480,000
授権株式数	275,000	3,200,000

剰余金

Maxwell Motor Corp. 株			
購入のため	$ 2,090,000.00		
未処分剰余金	11,777,768.07	13,867,768.07	70,127,708.03
			$ 85,602,497.43

（注記 A）　割引手形 $ 42,447.11
（注記 B）　輸送中の原材料 $ 1,492,509.57 は資産にも負債にも含まれていない。
（注記 C）　この貸借対照表は我々〔公認会計士 Ernst & Ernst〕の「証明書」の
　　　　　　コメントに従っている。

　この流動性配列法による連結貸借対照表については，表示された項目数，棚卸資産評価方法の指摘，金庫株の資本からの控除，注記等，1920年代中頃としては平均をやや上回るものといえるであろう。ただし，「営業権 $ 25,000,000.00」の根拠は不明である。

　「連結損益要約」（Consolidated Income Summary）と「連結剰余金計算書」（Consolidated Surplus Account）は，以下のとおりである。

連結損益要約（1925年12月31日終了年度）

自動車及び部品販売総利益	$ 28,630,037.94
受取利息・仲介手数料	661,522.88

総利益		$ 29,291,560.82
控除		
管理費・エンジニアリング費・販売費・		
広告費・サービス及び一般費	$ 9,410,127.04	
支払利息	284,297.93	9,694,424.97
納税引当金繰入前利益		$ 19,597,135.85
控除：納税引当金繰入額（合衆国及びカナダ）		2,471,000.00
当期純利益		$ 17,126,135.85

連結剰余金計算書（1925年12月31日終了年度）

残高—1925年1月1日（Maxwell Motor Corp.）			$ 6,782.22
加算：1925年度純利益			
（見積連邦所得税控除後）		$ 17,126,135.85	
控除：			
Maxwell Motor Corp.			
に係る株式取得費	$ 1,514,750.00		
優先株配当金	1,750,400.00	3,265,150.00	13,860,985.85
剰余金（1925年12月31日）			$ 13,867,768.07

　このように，連結損益要約は「自動車及び部品販売総利益」算出プロセスを明らかにせず，まさに"Summary"そのものである。また，連結剰余金計算書も簡易なものである。しかし，両者を合わせた損益情報の開示は1920年代中頃においては平均的である。

　取締役会及び株主に宛てた Ernst & Ernst の監査証明書は，以下のとおりである。

ERNST & ERNST

Certified Public Accountants

Audits and Systems, Tax Service

February 6, 1926

Board of Directors and Stockholders,
Chrysler Corporation,
Detroit, Mich.

Gentlemen:

We have completed our annual audit of the books of account and records pertaining to the assets and liabilities of the CHRYSLER CORPORATION —DETROIT, and its subsidiaries at December 31, 1925, and submit herewith a Consolidated Balance Sheet together with Surplus Account and Income Summary.

In the preparation of the Consolidated Balance Sheet included herein, we have shown the number of shares of stock of the Chrysler Corporation which were outstanding and deliverable at December 31, 1925, under the Maxwell Motor Corporation Plan and Agreement dated April 15, 1925. Invested Capital at December 31, 1925, is also in accordance with, and as defined by this Plan and Agreement.

Cash funds and securities at December 31, 1925, were fully verified. Sufficient provision had, in our opinion, been made for doubtful notes and accounts. The inventories were thoroughly tested as to quantities, pricing and clerical accuracy by our representatives and we satisfied ourselves that the inventory valuation has been established, upon the basis of the lower of cost or market prices.

Additions to Permanent Assets during the year are, in our opinion, properly capitalized and sufficient provision has been made from earnings for depreciation and amortization.

Full provision has been made, as far as we could ascertain, for all known liabilities of the Company at December 31, 1925. The liability for merchandise in transit at that date, however, amounting to $1,492,509.67 has not been included in either ths assets or the liabilities. The provision for Federal Taxes is based upon rates effective under the present law.

WE HEREBY CERTIFY that, in our opinion, based upon the records examined and information obtained by us the accompanying Balance Sheet sets forth correctly the financial position of the CHRYSLER CORPORATION and its subsidiaries at December 31, 1925, and that the Consolidated Surplus Account and Income Summary are correct.

Very truly yours.

Ernst & Ernst

第14章　「新興会社」と「名門会社」の財務ディスクロージャー　　*555*

　冒頭の記述が興味深い。それは，「Ernst & Ernst は，Chrysler Corp. とその子会社の資産と負債に関連する会計帳簿及び諸記録を監査し，ここに連結貸借対照表を連結損益要約と連結剰余金要約とともに提出する」という指摘である。つまり，監査の対象は貸借対照表であり，資産と負債であると明言していることである。まさに貸借対照表監査の時代を象徴する表現である（635頁）。

　そして，第2パラグラフの "In the preparation of the Consolidated Balance Sheet included herein, we have ……" によって明らかなように，連結財務諸表は Ernst & Ernst によって作成された。これについては552頁の注記Cも参照してほしい。E&E は，資本金は Maxwell Motor Corp. との計画・同意書に基づくものであることを検証したが，設立時に計上したと思われる営業権＄25,000,000については触れていない。

　現金と有価証券については十分に検証したこと，回収の疑わしい受取手形と売掛金に係る貸倒引当金は十分であること，棚卸資産については数量と価格，その計算を徹底的にチェックしたこと，棚卸資産の評価は原価時価比較低価法に依っていること，有形固定資産の資本的支出の妥当性及び減価償却引当金と減耗償却引当金の十分性，さらに，期末現在のすべての明らかな負債に係る引当金の十分性についても満足の意を表明している。そして，購入した輸送中の原材料＄1,492,509.67についてはまだ資産にも負債にも計上していないこと〔注記B〕，納税引当金設定の率は現在の法規に依るものであることも指摘している。そして，貸借対照表は財政状態を正確に示し，連結剰余金要約と連結損益要約は正しいと証明している。

　以上が全米自動車業界第7位の第1期（1925年度）報告書である。平均的な財務ディスクロージャーといえる。

(2)　1926年12月期（第2期）— 製造ライン建設支出の費用計上

1926年度（第2期）報告書（A5判，全6頁）において，社長は次のように報告した。

　170,392台の自動車を販売し売上高で業界第5位となったこと，連邦税引当金控除後の当期純利益は＄15,448,586.84，プラント施設の効率化とコストの

削減を目指し＄8,551,768.10を支出したこと，自動車製造ライン建設に係る支出については費用計上という保守的な会計処理を継続したこと〔後述〕，純流動資産は＄28,314,772.55で昨年より＄293,641.28増加し，現金と市場性ある有価証券だけですべての負債を十分にカバーすることができること，輸出も好調で前年比10.29％増であること，過去5年間の売上高は年平均36％も拡大していること〔しかし，具体的な数値は示さなかった〕。

　連結貸借対照表と連結損益要約それに連結剰余金計算書の様式及び開示項目は前年度を踏襲した。

　Ernst & Ernst の監査証明書は，次のとおりである。

February 16, 1927

Board of Directors and Stockholders,
Chrysler Corporation,
Detroit, Mich.

Gentlemen :
　We have audited the books of account and record pertaining to the assets and liabilities of the CHRYSLER CORPORATION—DETROIT, and its subsidiaries, as of the close of business December 31, 1926, and submit herewith a Consolidated Balance Sheet at that date, and the relative Surplus Account and Income Summary for the year.

　We verified cash funds and securities at December 31, 1926, and satisfied ourselves that sufficient provision had been made for doubtful notes and accounts. We thoroughly tested the quantities, clerical accuracy and pricing of the inventories, which, in our opinion, have carefully valued on the basis of the lower of cost or market prices.

　Only actual addition to the Permanent Assets have been capitalized during the year and, in our opinion, sufficient provision has been charged against earnings for the year for depreciation and amortization.

　Full provision has been made, as far as we could determine for all known liabilities at December 31, 1926, including estimated Federal income taxes for the year. Merchandise in transit, amounting to $1,314,013.72, has however, not been included in either the assets or liabilities.

　Payments have been made to the Preferred Stock Sinking Fund Trustee in

第14章 「新興会社」と「名門会社」の財務ディスクロージャー　　557

amounts aggregating ten per cent of the dividends paid on the common stock.

WE HEREBY CERTIFY that, in our opinion, based upon the records examined and information obtained by us, the accompanying Balance Sheet sets forth correctly the financial position of the CHRYSLER CORPORATION —DETROIT, and its subsidiaries at December 31, 1926, and that the Consolidated Surplus Account and Income Summary are correct.

Very truly yours.
Ernst & Ernst

前期の監査証明書（553頁）の第2パラグラフに見られた "In the preparation of the Consolidated Balance Sheet included herein, we have ……", つまり, Ernst & Ernst が連結貸借対照表を作成した旨の指摘は省略された。また, 「普通株配当金の10％の金額が優先株償却基金の管財人に支払われた」ことが補足説明された。そして, 1926年度になっても自動車製造ライン建設に係る支出〔おそらく相当な金額であろう〕をも費用計上するという超保守主義について Ernst & Ernst は黙認している。

(3) 1927年12月期（第3期）— 業界第3位, 売上高は不明

192,083台の自動車を販売し業界第3位となった1927年度（第3期）報告書（A5判, 全6頁）において, 社長は, 税引後純利益は＄19,484,880.11, 配当金は利益の約50％に相当する＄9,633,120.16で史上最高であること, 流動資産と流動負債の比率は4.2対1, 永久資産に＄4,657,443.95が支出され, 減価償却費及び減耗償却費は合計＄6,126,637.87,〔自動車の〕ニューモデルのための支出はすべて費用計上したこと〔これも超保守主義。金額は示さず〕, 輸出高は全売上高の14.56％（1926年度10.29％, 1925年度8.28％, 1924年度5.42％）であることなどを株主に伝えた。売上高は依然として明らかにしていない。

そして, 貸借対照表の「売掛金」のカッコ書きに貸倒引当金＄138,084.05が記載された以外は, 連結貸借対照表, 連結損益要約, 連結剰余金計算書とも第1期と同様であった。Ernst & Ernst の監査証明書（1928年2月20日付）も前期とまったく同じである。

(4)　1928年12月期（第4期）─ かなりの改善，4年間の損益情報

　1928年度（第4期）報告書は，1頁の大きさがこれまでのほぼA5判から
たて27.5cm よこ19.5cm（A4判のたて・よことも約2cm 縮小したサイズ）へと，
しかも従来の全6頁から全13頁へと拡大した。

　W.P. Chrysler 社長が，1928年度は売上高においても利益においても新記録
を達成したこと，すなわち，車両の販売台数は360,399台（前年は192,083台）で
業界第3位，納税引当金控除後の純利益は＄30,991,795.20，配当金は合計
＄11,747,306.57，流動資産は＄110,516,602.65（このうち現金及び市場性ある
有価証券は＄53,269,993.15），流動負債控除後の純運転資本は＄77,843,157.95,
Dodge Brothers, Inc. を買収しその資産を Chrysler の会計方針に従って保守
的に評価したこと，"Dodge モデル"の再編に係るすべての支出を費用計上
したこと〔これも超保守主義。金額は示さず〕，優先株＄25,396,140.00を償却し
普通株450,727株を1株＄57.50で発行したこと，新プラントの建設や機械装置
の取得に＄15,820,025.99が支出され，減価償却費及び減耗償却費控除後の
永久資産は＄9,155,910.53増加したことなどを報告した。

　連結貸借対照表は，資産に「減債基金＄501,695.88（Dodge Brothers, Inc.
発行の社債償還のため）」と固定債務に「社債＄56,705,000.00（Dodge Brothers,
Inc. 発行，6％，1940年5月1日償還）」を記載したが，第1期（551頁）に比し大
きな変化はない。

　連結損益要約は，以下のように初めて「自動車・部品売上高」と「売上諸費
用」（Cost of Sales）を開示し，その差額たる「総利益」（Gross Profit）も示し
た。

連結損益要約（1928年12月31日終了年度）

自動車・部品売上高	＄315,304,817.32
売上諸費用	254,303,906.76
総利益	＄ 61,000,910.56

加算：

受取利息・仲介手数料		2,586,998.36
利益合計		$ 63,587,908.92

控除：

管理費・エンジニアリング費・販売費・		
広告費・サービス費，一般費	$ 26,833,560.30	
支払利息	1,623,590.61	28,457,150.91
納税引当金繰入前利益		$ 35,130,758.01
控除：納税引当金繰入額（合衆国及びカナダ）		4,138,962.81
当期純利益		$ 30,991,795.20

また，連結剰余金計算書は，以下のとおりである。

連結剰余金計算書（1928年12月31日終了年度）

残高―1928年1月1日			$ 28,980,721.83
加算：1928年度純利益			
（見積連邦所得税控除後）		$ 30,991,795.20	
控除：			
配当金			
普通株			
第1四半期	$ 2,037,810.00		
第2四半期	2,037,810.00		
第3四半期	3,314,565.00		
第4四半期	3,315,126.75		
	$ 10,705,311.75		
優先株			
第1四半期	$ 431,108.00		
第2四半期	431,108.00		
1928.7.1～			
1928.8.6	179,778.82		
	1,041,994.82	11,747,306.57	19,244,488.63
剰余金（1928年12月31日）			$ 48,225,210.46

続く Ernst & Ernst の監査証明書は，次頁のとおりである（下線著者）。

March 15, 1929

Board of Directors and Stockholders,
Chrysler Corporation,

Gentlemen :

We have audited the books of account and record pertaining to the assets and liabilities of CHRYSLER CORPORATION and its subsidiaries, as of the close of business December 31, 1928, and present herewith a Consolidated Balance Sheet at that date, together with the Surplus Account and Summary of Income for the year.

As of July 30, 1928, the Corporation acquired all the assets of Dodge Brothers, Inc., in consideration of the assumption of all the liabilities and the issuance of 1,253,557 shares of Common Stock. The Summary of Income included herein includes the earnings of the various Dodge properties only July 31, 1928 to December 31, 1928.

Cash funds and securities on hand at December 31, 1928 were fully verified. Sufficient provision had been made, in our opinion, for doubtful notes and accounts receivable. The inventories, taken by management, were thoroughly tested by us as to quantities, clerical accuracy and pricing, and it is our opinion that the valuations have been carefully established on the basis of the lower of cost or market prices.

We satisfied ourselves that only actual addition to the Permanent Assets have been capitalized during the year and that sufficient provision has been charged against earnings for the year for depreciation and amortization.

Full provision has been made for all known liabilities at December 31, 1928, including estimated Icome Taxes for the year.

WE HEREBY CERTIFY that, in our opinion, based upon the records examined and information obtained by us, the accompanying Balance Sheet sets forth correctly the financial position of the CHRYSLER CORPORATION and its subsidiaries at December 31, 1928, and that the Surplus Account and Income Summary are correct.

Very truly yours.
Ernst & Ernst
Certified Public Accountants

第14章 「新興会社」と「名門会社」の財務ディスクロージャー　561

1926年度の監査証明書（556頁）に，以下の補足説明が加わった。

「当社は，1928年 7 月30日，普通株1,253,557株を発行して，Dodge Brothers, Inc. のすべての資産及び負債を取得した。年次報告書の連結損益要約には1928年 7 月31日から12月31日までの Dodge Brothers, Inc. の利益が含まれている。」

そして，以下のような創立以来 4 年間の車両販売台数，純売上高〔1925年度と26年度，27年度の売上高も初めて開示〕，配当可能純利益（当期純利益），配当金等の一覧表を添付した。

	1928[*]	1927	1926	1925[**]
車両販売台数	360,399	192,083	170,392	137,668
純売上高	$315,304,817	$172,343,952	$163,390,848	$137,321,903
配当可能純利益	30,991,795	19,484,880	15,448,587	17,126,136
優先株配当金	1,041,995	1,720,758	1,725,588	1,750,400
普通株配当可能利益	$ 29,949,800	$ 17,764,122	$ 13,722,999	$ 15,375,736
普通株配当金	10,705,312	8,131,595	8,121,240	—
利益に占める配当率	37.9%	50.5%	63.7%	10.2%
再投資利益〔剰余金〕	$ 19,244,488	$ 9,632,527	$ 5,601,759	$ 15,375,736

*　　1928年 7 月31日からの Dodge Brothers の業績を含む
**　　1925年 6 月24日以前の Maxwell Motor Corporation の業績を含む

上の「利益に占める配当率」〔配当性向〕の表示は極めて珍しい。自信の表れである。

加えて， 4 年間（1925～1928）比較形式の貸借対照表（資産は「現金・市場性ある有価証券」「船荷証券」「売掛金及び受取手形」「棚卸資産」「その他資産」「永久資産」「営業権」「繰延費用」の 8 項目，負債は「流動負債」「固定債務」「偶発債務引当金等」「株式資本金（優先株，普通株）」の 4 項目）を添付している。

このように，1928年度の財務諸表ディスクロージャーはかなり改善されたが，全米自動車業界第 3 位の1928年度の報告書としては当然であり，求められるべき水準はさらに高いところにある。"トップ"を走る GM の同年度の報告書と比較してほしい（424頁）。

(5) 1929年12月期 (第5期) ― 平均を上回る

　1929年度 (第5期) 報告書 (全13頁) の構成は1928年度を踏襲し, 社長から株主へのメッセージ, 連結貸借対照表, 連結損益要約, 連結剰余金計算書, Ernst & Ernst の監査証明書, 4年間の車両販売台数・純売上高・配当可能純利益等一覧表, 4年間比較形式の貸借対照表である。

　社長は, 売上高は＄375,033,455.01 (車両・部品合計。車両販売台数450,543台), 当期純利益は＄21,902,168.25, 純流動資産合計＄71,385,178.08は固定債務を＄21,620,178.08上回ること, 現金と有価証券合計＄38,707,546.84のみで流動負債の2倍以上あり流動比率は4.77対1であること, 当期中固定債務＄10,172,000を返済し支払利息が＄585,570.00減少したこと, 固定債務合計＄49,765,000に係る利息に対して税引前当期利益は7倍以上であること, 有形固定資産に＄24,167,644.93が支出され, 減価償却費＄10,561,755.24を計上したこと, 工具と型に係る減価償却費＄9,846,908.79及び固定資産除却費＄3,838,428.10を計上したこと, 棚卸資産は原価時価比較低価法により保守的に評価されていることなどを指摘し, 財政状態は強固であると主張した。

　連結貸借対照表は1925年度 (第1期) のそれを (551頁), 連結損益要約と連結剰余金計算書それに4年間の車両販売台数・純売上高・配当可能純利益等一覧表と4年間比較連結貸借対照表は, いずれも1928年度の様式 (558, 561頁) を踏襲した。また, Ernst & Ernst の監査証明書 (1930年2月8日付) も, 1928年度と同じである (ただし, 第2パラグラフを除く。560頁)。

　全体的には平均を上回る財務ディスクロージャーである。

(6) 1935年12月期 (第11期) ― 水抜き完了, 連結範囲は不明

　1935年度 (第11期) 報告書 (全11頁) において, 社長は, 1935年度の乗用車の販売台数は前年比45％増, トラックと商用車は27％増, 輸出は55,412台の18％増であると胸を張った。連結貸借対照表と連結損益計算書 (連結損益要約から名称変更) の様式は基本的には1928年度と変わらなかったが, 連結剰余金計算書は「資本剰余金」(Capital Surplus) と「利益剰余金」(Earned Surplus) に

区分され，前者については従業員貯蓄投資基金から購入した13,461株に係る資本剰余金＄74,331.68の減少と，後者については当期純利益＄34,975,818.69と配当金＄8,664,652.25が示された。そして，創立時の営業権＄25,000,000は＄1.00と評価され水抜きが完了した。しかしながら，1935年度になっても連結範囲は明らかにされなかった。

3　National Steel Corporation

(1)　1929年12月期（第 1 期）— 全 8 頁，P/L はなし

National Steel Corporation は1929年に設立されたが，その第 1 期報告書（1929年12月31日終了年度）は，たて27.5cm よこ21.5cm のほぼ A 4 判を 1 頁とする全 8 頁であった（このうち 5 頁は取締役・役員氏名，名義書換機関，子会社，事務所所在地，製品の紹介等）。

取締役議長は，年次報告書の提出が遅れたことを詫び，当期純利益は減価償却費・減耗償却費・利息・税金等すべての費用控除後＄12,573,683.20で，これは 1 株当たり＄6.07であること〔下線部分は当時としては興味ある指摘である〕，主力工場となる Great Lake Steel Corporation（デトロイト）は遅くとも1931年度中には操業可能なので収益拡大に貢献することが期待されること，デトロイト工場の完成により製鉄生産高は全米第 5 位にランクされることなどを株主に報告した。

「連結貸借対照表」（Consolidated Balance Sheet）は，以下のとおりである。

連結貸借対照表（1929年12月31日）

資　　産

流動資産
　現金　　　　　　　　　　　　　　　　　　　　　　＄　6,855,847.40
　売掛金及び受取手形
　　対顧客（貸倒引当金控除後）＄　7,088,465.13
　　対関係会社　　　　　　　　　　483,834.38　＄　7,572,299.51

棚卸資産		$ 18,793,142.06	$ 33,221,288.97
新株払込金（1930年2月28日支払済）			5,354,570.00
その他資産（不動産契約，その他投資，貸付金等）			908,043.74
関係会社投資（鉱山会社等）			11,858,793.94
固定資産			
土地，プラント・装置，船舶等		$ 102,520,796.24	
減価償却及び減耗償却引当金		33,942,261.50	68,578,534.74
繰延費用（前払ロイヤリティ，保険料等）			907,526.93
			$ 120,828,758.32

負　債

流動負債				
買掛金				
購入代金・費用・賃金等	$ 8,734,162.34			
1年以内支払長期債務	370,833.33			
鉱山会社の株式引受未払金	313,750.00			
関係会社債務	978,067.37	$ 10,396,813.04		
未払費用（税金・費用等）		1,843,643.78	$ 12,240,456.82	
長期債務及び社債				
社債6％（Buffalo Union Furnace Co.）	$ 4,275,000.00			
社債5％（Producers Steamship Co.）	180,000.00			
建設手形（Weirton Steel Co.）	1,525,000.00			
支払手形（担保付，Weirton Coal Co.）	3,500,000.00			
	$ 9,480,000.00			
控除　支払済（1930年満期）	370,833.33	$ 9,109,166.67		
土地購入未払金		712,364.85	9,821,531.52	
引当金（偶発債務等）			2,863,141.26	
少数株主持分				
株式資本金		$ 247,366.67		
剰余金		276,341.21	523,707.88	
資本金				
無額面株				
授権資本　3,000,000株				
留保　　　　180,000株				
発行済　2,072,000株		$ 51,800,000.00		

剰余金
期首 $ 42,618,058.56
期末   961,862.28 $ 43,579,920.84   95,379,920.84
                                                                $ 120,828,758.32

注記―(a) Donner-Hanna Coke Corp. の債務に対する Donner Steel Co. との連帯保証合計
　　　　$ 1,856,452.09

　　　(b) 担保提供社債 $ 2,771,000

　　　(c) 割引手形 $ 641,908.04

　「売掛金及び受取手形」の「対顧客」と「対関係会社」の区分表示，「少数株主持分」の「株式資本金」と「剰余金」の区分表示，各勘定科目の説明的表示等，連結貸借対照表は1929年当時としては平均をやや上回るものと思われる。
　しかし，損益情報は議長報告での「当期純利益」と「1株当たり利益」以外は明らかにされていない。

(2) 1930年12月期（第2期）― 貧弱な損益情報

　翌1930年12月31日終了年度（第2期）の連結貸借対照表は開示項目が増加した。例えば，「その他資産」は前期の1項目から6項目へ，「繰延費用」は前期1項目から3項目へ，「未払費用・税金」と「引当金」も前期1項目から3項目へである。
　そして，以下のような「連結損益要約」（Consolidated Income Summary）と「連結剰余金計算書」（Consolidated Surplus Account）を開示した。

連結損益要約（1930年12月31日終了年度）

営業利益及び受取利息・配当金―
　売上原価・販売費・一般管理費・特別賠償金等控除後，
　減価償却費・減耗償却費・支払利息等控除前 $ 13,151.367.39
控除　減価償却費及び減耗償却費   2,605,284.36
                                                                    $ 10,546,083.03
控除
　支払利息，社債発行差金償却等 $ 803,839.83

納税引当金繰入額		1,048,328.15	
子会社利益の少数株主持分		2,776.38	1,854,944.36
			$ 8,691,138.67
控除　棚卸資産再評価特別引当金繰入額			275,316.35
純利益			$ 8,415,822.32

連結剰余金計算書（1930年12月31日終了年度）

資本剰余金				
残高（1930年1月1日）			$42,618,058.50	
加算：				
株式売却（1株＄25）		$ 2,922,112.50		
設立時に提供された資産の調整		27,745.61		
		$2,949,858.11		
控除：				
子会社株式購入調整	$ 19,185.00			
株式購入契約解除に係るプレミアム	8,125.00	27,310.00	2,922,548.11	$45,540,606.61
利益剰余金				
残高（1930年1月1日）			961,862.34	
加算　当期純利益		$ 8,415,822.32		
減算　配当金	$ 4,256,559.50			
控除　譲渡禁止株式に係る配当金	1,239.00			
	$ 4,255,320.50			
連結外関係会社に係る調整	5,909.82	4,261,230.32	4,154,592.00	5,116,454.34
剰余金（1930年12月31日）				$50,657,060.95

　「連結損益要約」は売上高や売上原価，販売費・一般管理費を示さず，1930年当時として極めて貧弱である。ただし，連結剰余金計算書における資本剰余金と利益剰余金の区分表示は評価される〔1年後の1932年1月12日付，ニューヨーク証券取引所株式上場委員会の基本方針参照（743頁④）〕。

　そして，当期（第2期）より導入された Ernst & Ernst の取締役会及び株主に宛てられた監査証明書は，以下のとおりである。

第14章 「新興会社」と「名門会社」の財務ディスクロージャー 567

CERTIFICATE OF AUDITORS

March 14, 1931

Board of Directors and Stockholders,
National Steel Corporation.

We have completed our examination of the accounts of the National Steel Corporation and its Subsidiaries as of December 31, 1930, and submit herewith Consolidated Balance Sheet as of that date together with summaries of income and surplus for the year then ended. The accounts of the Weirton Steel Company, a wholly owned Subsidiary, are included on the basis of the report of Main and Company, accountants.

Cash balances and securities owned have been satisfactorily accounted for. Sufficient provision has, in our opinion, been made for doubtful accounts and notes. Inventories determined by the Company and certified by responsible officials have been reviewed by us and, in our opinion, have been valued on a basis not higher than the lower of cost or market prices, with provision for elimination of all inter-company profit.

Addition to the property accounts are, in our opinion, properly capitalizable, and provision has been made for depreciation and depletion by charges against income. The corporation's interests in mining and coke companies not wholly owned are carried as investments and have not been consolidated in the accompanying statements.

Full provision has been made for all ascertained liabilities at December 31, 1930, including provision for federal income taxes. No provision has been made for the liabilities in connection with the acquisition of the Michigan Steel Corporation which was consummated on January 22, 1931.

We Hereby Certify that, in our opinion, based on the records examined and information obtained and upon the report of Main and Company as to the Weirton Steel Company, the accompanying Consolidated Balance Sheet and Income Summary set forth respectively the consolidated financial position of the National Steel Corporation and its Subsidiaries at December 31, 1930, and the net income for the year then ended.

Very truly yours,
ERNST & ERNST

Ernst & Ernst は，完全子会社 1 社については他の監査人（Main & Co.）の報告書に依拠していることを指摘している。そして，現金と有価証券については実査したこと，貸倒引当金の十分性についての意見，会社が決定し責任者が証明した棚卸資産をレビューしたこと，棚卸資産は原価時価比較低価法で評価され，すべてのグループ会社間の取引に基づく内部利益（all inter-company profit）を除去するために引当金が準備されていること〔おそらく偶発債務等引当金であろう〕，有形固定資産の資本的支出の妥当性についての意見，減価償却及び減耗償却引当金繰入額は費用処理されていること，完全子会社ではない鉱山及び石炭会社についての当社持分は投資に含めておりそれらの会社は連結対象とはなっていないこと，納税引当金を含む期末現在のすべての確認しうる負債に対する引当金が設定されていること，ただし1931年 1 月22日に完了した Michigan Steel Corp. の買収に係る負債についての引当金は設定されていないことなどを指摘した。最後に，連結貸借対照表は1930年12月31日現在の同社の財政状態を，また，連結損益要約は同日をもって終了する年度の純利益を示していることを証明している。

Ernst & Ernst は，連結貸借対照表は財政状態を示していると証明しているのに対して，連結損益要約については，それが経営成績を示しているとはいわずに純利益（net income）を示していると述べている。貧弱な連結損益要約に対する監査人の多少の良心（抵抗）をうかがうことができる。

なお，当社は1935年度（第 7 期）報告書において，初めて「売上高」と「総費用」を含む以下のような「連結損益計算書」（Consolidated Income and Expense）を開示した。

連結損益計算書

純売上高	$ 103,176,629.14
売上に係る原価及び費用（営業費，販売費，一般管理費，その他費用を含む。ただし，減価償却費及び減耗償却費は除く）	84,944,763.06
営業利益	$ 18,231,866.08

その他利益：
　受取配当金・利息・仕入割引・その他　　　　　　　　　　　　1,006,069.87
　　　　　　　　　　　　　　　　　　　　　　　　　　　　　$ 19,237,935.95
控除：
　減価償却費及び減耗償却費　　　　　　　$ 3,929,383.89
　固定債務利息
　　（償還社債に係る利息も含む）　　　　　2,220,130.73
　社債発行差金償却　　　　　　　　　　　　　　36,635.85　　　6,186,150.47
　　所得税・超過利得税控除前利益　　　　　　　　　　　　　$ 13,051,785.48
所得税・超過利得税引当金繰入額　　　　　　　　　　　　　　　1,915,333.70
　　純利益　　　　　　　　　　　　　　　　　　　　　　　　$ 11,136,451.78

 ## The National Cash Register Company

(1) 1925年12月期 ― 簡易な P/L と平均的 B/S

　The National Cash Register Company（1884年設立）は1926年にニューヨーク証券取引所に株式を上場しているが，その前年の1925年12月31日に終了する年度の報告書は，たて27cm よこ20cm の大判（A 4 判のたて 3 cm よこ 1 cm を縮小したサイズ）を 1 頁とする実質 9 頁であった。社長は株主に以下を報告した。

　当社と外国の完全子会社〔完全子会社数は明示していない〕の1925年度純利益は，修繕費・維持費・従業員への利益分配・減価償却費・納税引当金繰入額を含むすべての費用控除後 $ 6,070,820.73である。財政状態は満足する状況にある。当年度の固定資産への支出額は $ 882,063.70，減価償却費は $ 1,139,788.38，外国会社及び支店への現在の投資額は $ 7,493,765.37，流動資産は $ 32,277,650.12，流動負債は $ 5,006,698.14で両者の比率は 6 対 1 であり，期末現在支払手形はない。National Cash Register Co.（Ohio）を買収するために1926年 1 月 1 日に National Cash Register Co.（Maryland）を組織した（普通株 A 無額面1,100,000株，普通株 B 無額面400,000株を発行）。従業員利益共有計画に従って $ 2,094,048.44を従業員に分配した。

「損益計算書」（Income Account）は，以下のとおりである。

損益計算書（1925年度12月31日終了年度）

総利益（Profits and Income from all sources） （外国子会社・支店を含むすべての源泉からの利益， 減価償却費及び修繕費控除後）		\$ 9,071,629.85
加算：その他利益		238,768.41
合　計		\$ 9,310,398.26
控除：		
支払利息	\$　122,438.91	
納税引当金繰入額	773,090.18	
偶発債務引当金繰入額	250,000.00	
従業員への利益分配	2,094,048.44	\$ 3,239,577.53
当期純利益（剰余金勘定へ）		\$ 6,070,820.73

「総利益」算定プロセスを示さず，利益とその処分に係る簡易なものである。

この下に掲載された「剰余金計算書」（Statement of Surplus）は，「期首剰余金 \$ 14,469,296.85」に上の「当期純利益 \$ 6,070,820.73」を加算，その合計額から「優先株配当金 \$ 676,182.50」と「普通株配当金 \$ 675,000.00」を控除し「期末剰余金 \$ 19,188,935.08」を表示する，これも簡略なものである。

「貸借対照表」（Balance Sheet）は，以下のとおりである。

貸借対照表（1925年12月31日）

資　産

流動資産			
現金預金		\$　39,723.66	
売掛金			
割賦勘定	\$ 21,892,909.72		
その他	1,694,946.60	23,587,856.32	
エージェント残高等		1,101,151.91	
棚卸資産（原価時価比較低価法）		7,548,918.23	\$ 32,277,650.12
外国子会社・支店への投資			7,493,765.37
有形固定資産（減価償却後， American Appraisal Co. 鑑定評価額 \$ 22,091,189.60）			6,369,393.55

パテント・営業権・その他無形資産		1.00
前払費用		140,312.87
		$ 46,281,122.91

負　　債

流動負債		
買掛金・その他	$ 1,278,056.54	
エージェント残高・未払コミッション	2,150,200.76	
未払税金	1,025,506.55	
未払配当金	394,066.62	
前受金	158,867.67	$ 5,006,698.14
偶発債務引当金（貸倒損失・回収費用等）		3,424,539.69
偶発債務		
（パテントに係る訴訟が継続中であるが，		
顧問弁護士によると重大な損失には		
ならないであろうとのことである）		―
資本金及び剰余金		
優先株（7％累積的）		
授権資本 $ 20,000,000.00		
発行済資本金（98,245株		
1株 $ 100）	$ 9,824,500.00	
控除　金庫株1,635.5株	163,550.00	$ 9,660,950.00
普通株		
授権資本 $ 9,000,000.00		
発行済資本金（90,000株		
1株 $ 100）		9,000,000.00
剰余金（外国子会社分も含む）	19,188,935.08	$ 37,849,885.08
		$ 46,281,122.91

　貸借対照表は流動性配列法である。「有形固定資産（減価償却後）
$ 6,369,393.55」については，「American Appraisal Company が鑑定評価す
る "sound value" は $ 22,091,189.60」と社長も指摘している。鑑定評価額を
大幅に下回る保守的な貸借対照表計上額であることを主張しているのである。
また，「パテント・営業権・その他無形資産 $ 1.00」は水抜き後の金額である。
そして，負債の部の「偶発債務」については「パテントに係る訴訟が継続中で
あるが，顧問弁護士によると重大な損失（serious loss）にはならないであろう
とのことである」が記載されている。極めて稀なケースである。1925年当時と

しては平均的な貸借対照表である。

　また，外国子会社及び支店の結合貸借対照表を添付している〔外国子会社数は不明〕。そこでは，資産 7 項目（「現金」「市場性ある有価証券」「売掛金」「エージェント勘定・その他」「棚卸資産（会社間取引による利益控除後）」「有形固定資産（減価償却後）」「前払費用」合計＄10,296,812.81）と負債 5 項目（「買掛金」「エージェント残高・未払コミッション」「納税引当金」「前受金」「偶発債務引当金」合計＄2,803,047.44），その残高としての「外国子会社及び支店の純資産（貸借対照表価額）＄7,493,765.37」を示している。これは，上の貸借対照表の「外国子会社・支店への投資＄7,493,765.37」（570頁）の明細表でもある。

　その後に Price, Waterhouse & Co. による以下のような監査証明書が添付された。

AUDITORS' CERTIFICATE

We have examined the books and accounts of The National Cash Register Company at its head office in Dayton, Ohio, for the year ending December 31, 1925, and have had produced to us properly authenticated returns from its Foreign Subsidiary Companies and Branches, and we certify that the foregoing Balance Sheet and Relative Income Account and Statement of Surplus are correctly prepared therefrom and, in our opinion, fairly state the financial position of the Company as at December 31, 1925, and the results of the operations for the year.

Price, Waterhouse & Co.

56 Pine Street, New York
March 8, 1926

　かたちにとらわれない監査証明書である。下線部分〔著者〕の「外国子会社及び支店からの信用しうる申告書」（authenticated returns）の内容は不明だが，極めて稀有な指摘である。なお，監査意見の表明における "fairly" の使用は，1925年当時としては先進的である。

(2) 1930年12月期 ─ "シンプル" な P/L

　5年後の1930年度報告書も1925年度と同じたて27cm よこ20cm を1頁とする全8頁で，その構成も同じである。当期純利益は＄3,584,830.43，前年度は＄8,339,639.89で＄4,754,809.46もの減少，その原因は世界的な不況により売上高が前年の＄57,607,181.47から＄45,380,767.36へと大幅にダウンしたことにあると社長は報告した。

　以下の連結損益計算書と連結剰余金計算書，それに連結貸借対照表は「The National Cash Register Company と国内の子会社」の連結データであるが，国内の子会社数は不明である。

　「連結損益計算書」（Consolidated Income Account）は，以下のとおりである。

連結損益計算書（1930年度12月31日終了年度）

売上高（外国子会社及び支店の売上高を含む）	＄45,380,767.36
総利益 　（外国子会社・支店を含むすべての源泉からの利益， 　減価償却費控除前）	＄ 5,486,631.87
プラント・装置減価償却費	1,283,824.24
営業利益	＄ 4,202,807.63
加算：その他利益	16,476.69
合　計	＄ 4,219,284.32
控除：納税引当金（国内・海外）繰入額	634,453.89
当期純利益（剰余金勘定へ計上）	＄ 3,584,830.43

　このように，「売上高（外国子会社及び支店の売上高を含む）」が表示されたが，「プラント・装置減価償却費」以外の費用は一切示されず，1930年度になっても極めて"シンプル"な連結損益計算書である。

　「連結剰余金計算書」（Consolidated Statement of Surplus）は，次頁のとおりである。

連結剰余金計算書（1930年12月30日終了年度）

剰余金（1930年1月1日）		$3,273,314.47
当期純利益		3,584,830.43
合計		$6,858,144.90
控除：		
普通株A配当金	$3,570,000.00	
普通株B配当金	$ 600,000.00	$4,170,000.00
当期購入パテント等償却	39,889.57	4,209,889.57
剰余金（1930年12月31日）		$2,648,255.33

連結貸借対照表の開示項目も1925年度（570頁）と同じである。ただし，偶発債務（弁護士の意見を含む）は省略された。

また，Price, Waterhouse & Co. の監査証明書は，1925年度のそれに（572頁）「国内の子会社についても監査した」ことが追加された。

平均を下回る財務ディスクロージャーである。

そして，当社がこれまでの損益計算書の様式を変え，「売上高」と「製造費・販売費・一般管理費」等を示す以下のような「連結損益及び剰余金計算書」（Consolidated Income and Surplus Accounts）を発表したのは，なんと1945年度報告書においてである。

連結損益及び剰余金計算書（1945年及び1944年12月31日）

	1945	1944
売上高	$70,636,834	$97,639,759
受取利息・仕入割引・その他利益	719,086	708,260
	$71,355,920	$98,348,019
控除：		
製造費・販売費・一般管理費		
（減価償却費 $1,476,336（1945）		
$1,395,996（1944）を含む）	$69,029,267	$89,653,537
支払利息	72,095	171,391

納税引当金繰入額（見積り）:		
通常及び付加税	715,500	1,436,000
超過利得税	—	3,127,000
超過利得税還付請求	(1,000,000)	
外国所得税（見積り）	381,480	652,819
	$ 69,198,342	$ 95,040,747
当期利益	$ 2,157,578	$ 3,307,272
利益剰余金（1月1日）	8,852,692	7,555,420
	$ 11,010,270	$ 10,862,692
配当金―1株$1.25	2,010,000	2,010,000
利益剰余金（12月31日）	$ 9,000,270	$ 8,852,692

5 Eastman Kodak Company

Eastman Kodak Company は第一次企業合同時（1898年～1902年）の1901年10月ニュージャージー州で設立されたが，1927年12月31日に終了する第25期報告書は，たて22.5cm よこ15cm（A5判）を1頁とする全34頁からなる膨大なものであった。取締役会議長と社長が株主に宛てた1頁のメッセージでは，「結合貸借対照表」はすべての子会社を含むものであること〔子会社数は示していない〕，6％累積的優先株に対して四半期ごとに1.5％の配当を，無額面普通株に対して年8％の配当を実施したこと，当期利益は$3,335,419.41であることのみを指摘した〔これらのデータは損益計算書から読み取れるものである〕。

「結合貸借対照表」（Combined Balance Sheet）は，以下のとおりである。

結合貸借対照表（1927年12月31日）

資　　産

土地・建物・プラント・機械装置及び		
資本投資（原価，減価償却引当金控除後）		$ 52,894,556.46
すべての会社の営業権及びパテント		0.00
流動資産:		
商製品・原材料・貯蔵品	$ 28,517,344.94	

売掛金及び受取手形（引当金控除後）	10,737,134.72	
合衆国債券（市場価額＄13,681,381.89）	12,542,644.53	
市場性ある有価証券		
（市場価額＄5,383,573.15）	5,243,153.63	
現金預金	14,624,156.68	71,664,434.50
繰延費用（前払保険料，税金等）		680,465.74
		＄125,239,456.70

負　　債

株式資本金：			
授権資本：優先株100,000株 1 株＄100			
普通株2,500,000株無額面		＄10,000,000.00	
発行済：			
優先株―61,657株		＄ 6,165,700.00	
普通株―2,057,560株	＄20,575,600.00		
控除：金庫株505株	5,050.00	20,570,550.00	＄ 26,736,250.00

　　　（1927年に従業員に対して無額面株5,745株を 1 株＄10.00で発行）
　　　注記：普通株のうち28,450株は Alien Property Co. の管財人からの訴訟の対象
　　　　　　となっている。それに係る配当金は全般及び偶発債務引当金（General
　　　　　　and Contingent Reserves）に繰り入れている。

流動負債：			
買掛金（連邦税準備金を含む）		＄12,439,447.81	
未払配当金：			
優先株1.5%	＄ 92,485.50		
普通株 1 株＄1.25	2,535,756.25		
特別配当 1 株＄0.75	1,521,453.75	4,149,695.50	16,589,143.31
全般及び偶発債務引当金			7,208,585.89
剰余金			74,705,477.50
			＄125,239,456.70

　「すべての会社の営業権及びパテント＄0.00」の表示や「合衆国債券」と「市場性ある有価証券」の市場価額表示（カッコ書き），訴訟に関する注記は評価されるが，1927年当時としては平均的な貸借対照表である。
　すべての子会社との「損益及び剰余金計算書」（Statement of Profit and Loss and Surplus）は，右頁のとおりである。

第14章 「新興会社」と「名門会社」の財務ディスクロージャー 577

損益及び剰余金計算書（1927年12月31日終了年度）

1926年12月31日残高			$71,370,058.09
統合会社の税引後純利益（1927年度）		$20,142,161.41	
控除：			
優先株配当金	$　369,942.00		
普通株配当金	10,130,750.00		
特別配当金	6,078,450.00		
係争中の普通株に係る			
配当金	227,600.00	16,806,742.00	
剰余金加算額			3,335,419.41
1927年12月31日剰余金合計			$74,705,477.50

　このように，損益及び剰余金計算書といっても，「結合会社の税引後純利益（1927年度）＄20,142,161.41」の算出過程は一切示されず，当期純利益とその処分たる配当金の表示に終わっている。

　そして，貸借対照表の脚注部分に，Price, Waterhouse & Co. の以下のような監査証明書が掲載された。

We have examined the books and accounts of the Eastman Kodak Company of New Jersey and its subsidiary companies, with the exception of the American selling companies and certain foreign selling branches, for the year ending December 31, 1927, and we certify that, in our opinion, the above balance sheet and relative profit and loss and surplus account fairly set forth the financial position of the combined companies and the results of operations for the year.

　56 Pine Street, New York,
　March 29, 1928　　　　　　　　　　　　PRICE, WATERHOUSE & CO.

　財務諸表は Eastman Kodak Co. とそのすべての子会社の結合財務諸表であるが，子会社のうちアメリカにおける販売会社と外国のいくつかの販売支店については監査しなかったことの指摘である。監査範囲の限定といえるであろう。1928年当時の "fairly" の使用は評価される。

ここまでで10頁である（表紙・取締役名・空白を含む）。

その後に以下が24頁にわたって続く（本社・工場等の写真8頁を含む）。創立以来26年間の純利益・優先株及び普通株配当金・引当金繰入額・剰余金残高の一覧表〔純利益は26年間継続して前年比増，26年間毎期安定的配当，この間10年間は引当金繰入額を計上〕，26年間の配当性向のグラフ，1903年から1927年までの資産構成（有形固定資産・棚卸資産・受取手形及び売掛金・有価証券・現金と総資産の推移）と負債構成（流動負債・引当金等と総負債の推移）を示すグラフ，1914年以降1927年までの当社製品の卸売価格と全米の商製品の卸売価格のグラフ〔他社の製品価格の著しい上昇に比し当社製品価格は横ばいであることを強調〕，株主数や従業員数のグラフ，そして従業員に対する賃金政策や従業員持株制度等についての説明。

当社の年次報告書は会社内容の開示という視点からは良好であるが，売上高や主要な費用等については一切明らかにしなかった。この年，25,000人を超える株主がいた。

6 Pullman Incorporated

(1) 1878年（明治21年） 6月30日終了年度の財務諸表

Pullman Incorporated の前身は鉄道時代の1867年にイリノイ州で設立された Pullman Palace Car Company である。当社は，鉄道車両の製造と寝台車の運行業務を行っていた。

まず，1878年9月21日号の *The Commercial & Financial Chronicle* に掲載された Pullman Palace Car Co. の1878年6月30日に終了する年度の財務諸表を紹介しよう[1]。

社長 G.M. Pullman は，問題になっている不祥事（Secretary による窃盗）に係る損失は＄115,000を超えることはないこと，英国の鉄道にも同社の車両を走らせる契約が成立したことを伝え，そして，右頁のような「損益計算書」（Income Account）を発表した。

第14章 「新興会社」と「名門会社」の財務ディスクロージャー　579

損益計算書

収入（Revenue）

総収入（リース路線も含む）	$1,709,136	
寝台車連合の収益に対する当社持分	443,193	$2,152,329
パテント・ロイヤリティ		8,500
		$2,160,829

支出

営業費・法定費・税金・保険費		
（リース路線も含む）	$ 577,745	
寝台等修繕費	150,187	
寝台車連合の費用に対する当社負担分	150,645	$ 878,577
リース路線レンタル料		264,000
支払利息割引料等		16,717
社債利息	181,150	
配当金	471,056	652,206
		$1,811,500
当期剰余金（収入－支出）	$ 349,329	
最新式車両改善費	13,179	
剰余金期末残高（損益勘定へ）		336,150

過去4年間のデータは，以下のとおりである。

	収　入	費　用	利　益	利息・賃借料等	剰余金
1874-75	$2,558,647	$982,846	$1,575,801	$550,857	$1,024,944
1875-76	2,555,011	990,210	1,564,801	514,269	1,050,532
1876-77	2,570,739	985,072	1,585,667	493,579	1,092,088
1877-78	2,160,829	878,577	1,282,252	461,867	820,385

　これらのデータを整理すると，1877-78年度の利益$1,282,252は，収入
$2,160,829から費用$878,577を差し引いた残高である。利息・賃借料等
$461,867は，損益計算書の「支出」の「リース路線レンタル料$264,000」
と「支払利息割引料等$16,717」それに「社債利息$181,150」の合計である。
そして剰余金（Surplus）$820,385は，当期剰余金$349,329と配当金$471,056
の合計である。

「財務諸表」と名付ける資産及び負債一覧表は，以下のとおりである。

財務諸表（1878年7月31日）

資　　産

460車両・施設・フランチャイズ（原価）	$ 8,491,252
デトロイト工場	344,883
パテント（合衆国・外国）	164,383
事務所設備・家具（52件）	63,195
不動産（シカゴ）	22,001
寝台車連合に対する投資	2,392,937
建設・原材料・建設仮勘定	294,208
売掛金及び受取手形（純残高）	346,607
現金預金	93,699
	$ 12,213,165

負　　債

株式資本金（59,382株，額面1株$100）			$ 5,938,200
無担保社債（利子8％）：			
第2回償還日1881.5.15	$ 298,000		
第3回償還日1887.2.15	432,000		
第4回償還日1892.8.15	816,000	1,546,000	
7％社債償還日1892.8.15		603,000	
7％転換社債償還日1885.4.1		218,000	2,367,000
未払金			419,013
			$ 8,724,213
剰余金―会社資産への投資		$ 3,572,221	
車両売却損・前期に係る税金・貸倒損失		83,269	3,488,952
			$ 12,213,165

（剰余金内訳）		
保証基金	15,728	
減債基金	600,000	
損益勘定（Income account）	2,873,224	$ 3,488,952

剰余金内訳の「損益勘定」は1878年6月31日現在における未処分剰余金残高である。

第14章 「新興会社」と「名門会社」の財務ディスクロージャー 581

139年前のそして州際通商委員会が設置（1887年）される前の1878年，明治21年における財務ディスクロージャーである。

(2) 1929年12月期 〜 1931年12月期 ― 平均的

Pullman Incorporated は1927年 4 月に再編されたが，1929年12月31日に終了する年度の報告書は，たて27cm よこ21cm（Ａ4判のたてを3cm 縮小したサイズ）を1頁とする実質6頁であった。D.A. Crauford 社長は，連結損益計算書と連結貸借対照表に基づいて，当期純利益，運転資本（流動資産−流動負債）の減少，運輸部門の子会社である The Pullman Co. の収益の増加と賃金及び維持費の増加，結果として利益の減少，会社買収（Osgood Bradley Car Co. と Standard Steel Car Co.）と増資，貨車と客車の所有台数，従業員のための団体保険等について説明した。

Pullman Incorporated とすべての子会社（all subsidiaries）の「連結損益計算書」（Consolidated Income Account）は，以下のとおりである〔子会社数は明示していない。ただし，製造子会社8社名と生産能力を紹介している〕。

連結損益計算書（1928年・1929年12月31日終了年度）

	1928	1929
利益（Earnings）：		
The Pullman Company		
（すべての営業費控除後）	$ 22,477,890.31	$ 20,765,087.12
控除：減価償却費	9,993,593.44	10,338,488.09
	$ 12,484,296.87	$ 10,426,599.03
製造部門及び Pullman Railroad		
（すべての営業費控除後）	$ 4,125,509.14	$ 7,365,286.34
控除：減価償却費	1,201,663.65	1,203,394.34
	$ 2,923,845.49	$ 6,161,892.00
投資からの利益	$ 2,989,734.26	$ 3,040,652.26
総利益	$ 18,397,876.62	$ 19,629,143.29
控除：納税引当金繰入額	2,001,179.95	1,950,444.72
利益（Balance of Earnings）	$ 16,396,696.67	$ 17,678,698.57

支払配当金：

Pullman Incorporated	$13,471,018.00	$13,491,831.00
The Pullman Co. の少数株主	21,366.00	25,963.50
	$13,492,384.00	$13,517,794.50
残高（剰余金へ）	$ 2,904,312.67	$ 4,160,904.07

　このように，連結損益計算書は前期比較形式ではあるものの，運輸部門と製造部門等の利益，投資からの利益，減価償却費，納税引当金繰入額，支払配当金のみの開示である。売上高や営業費等も開示せず，見方によっては51年も前の損益計算書よりも劣るものである。

　Pullman Incorporated とすべての子会社の「連結貸借対照表」（Consolidated Balance Sheet）は，以下のとおりである。

連結貸借対照表（1929年12月31日現在）

資　　産

流動資産：			
棚卸資産（原価）		$ 20,757,411.66	
受取手形及び売掛金		9,828,403.92	
市場性ある有価証券		23,794,126.11	
現金及び合衆国証券		41,795,944.02	$ 96,175,885.71
繰延費用			281,337.16
引当金基金資産：			
年金・その他引当金			6,956,926.54
有形固定資産：			
1928.12.31現在	$331,137,973.59		
当期取得額	16,768,900.95	$347,906,874.54	
減価償却引当金：			
1928.12.31現在	$125,430,519.09		
当期繰入額	10,335,613.77	135,766,132.86	$212,140,741.68
合　計			$315,554,891.09

第14章 「新興会社」と「名門会社」の財務ディスクロージャー　583

負　　債

流動負債：
  買掛金及び賃金　　　　　　　　　　　$　20,020,045.96
  未払税金（納税準備金を含む）　　　　　　5,686,233.62　　$　25,706,279.58
その他引当金：
  年金・その他引当金　　　　　　　　　　　　　　　　　　　　7,505,346.80
株式資本金―Pullman Incorporated：
  発行済株式　　　3,373,464株 1 株 $ 50　$ 168,673,200.00
  未発行　　　　　　　　1,536株
  合計　授権資本　3,375,000株
株式資本金―The Pullman Company：
  （子会社）
  発行済株式　768株 1 株 $ 100　　　　　　76,800.00
当初剰余金（Initial Surplus）　　　　　101,095,746.43
利益剰余金：
  1928.12.31　　　　　　　　$　8,336,614.21
  当期剰余金　　　　　　　　　4,160,904.07

  1929.12.31　　　　　　　　　　　　12,497,518.28　　　282,343,264.71
  合　計　　　　　　　　　　　　　　　　　　　　　　$ 315,554,891.09

　連結貸借対照表は1930年直前としては平均的であるが，「利益剰余金」の明示は評価される。
　そして，この連結貸借対照表の脚注部分に，Arthur Young & Co. の以下の監査証明書が添付されている（下線著者）。

　We have made a general audit of the accounts and records of Pullman Incorporated for the year ended December 31, 1929, and certify that the above Consolidated Balance Sheet and the accompanying Consolidated Income Account are in accordance therewith, and are drawn up to exhibit <u>fairly</u> the financial position of the Company as at December 31, 1929, and the result from operations for the year ended that date. The Inventories have been figured at cost. Sufficient depreciation has been provided on all depreciable assets.

Chicago, Ill., March 10, 1930　　　　　　　　Arthur Young & Co.
　　　　　　　　　　　　　　　　　　　　Certified Public Accountants

Arthur Young & Co. は，Pullman Incorporated の連結貸借対照表と連結損益計算書は会計諸記録等に従っており，同社の財政状態と経営成績を適正に（fairly）に表示していることを証明し，かつ，棚卸資産は原価評価であること，すべての償却資産に対して減価償却が十分に行われていることを指摘した。1930年3月時点において"correctly"ではなく"fairly"を用いていることは注目に値する。

年次報告書の最後に，1925年以降5年間の以下のような統計データを添付している〔おそらく州際商業委員会（ICC）に提出したデータであろう〕。

所有車両，稼働車両，営業マイル，乗客収入（寝台・座席），運輸部門の収入・費用・純利益，稼働車両1台当たり平均収入，乗客1人当たり平均収入等。ここでは，連結損益計算書に示されていない運輸部門の「収入」（例えば，1929年度運輸部門収入＄83,840,812，費用＄74,655,613，純利益＄9,185,199）が注目されるが，連結損益計算書の「利益」とは連動していない。

この1929年度の財務ディスクロージャーは平均的である。

1930年度の報告書（実質6頁）も，その構成・内容は前年度とまったく同じである。新たな財務データとしては，1927年4月30日に見積った車両の耐用年数の修正に係る損失＄1,478,832.02を剰余金で処分したこと，連結貸借対照表の流動資産の「現金及び合衆国証券」が最初に表示されたこと（ただし流動性配列法ではない）のみである。また，貸借対照表の脚注部分の Arthur Young & Co. の監査証明書（1931年3月14日付）が，下線（著者）部分のように修正された。

We have examined the accounts and records of Pullman Incorporated and <u>all Subsidiaries</u> for the year ended December 31, 1930 ; and from this examination we hereby certify that the above Consolidated Balance Sheet and the accompanying Consolidated Income Accounts, in our opinion, are drawn up so as to exhibit <u>correctly</u> the financial position of the Company as at December 31, 1930, and the result from operations for the year ended that date. The Inventories have been figured at cost. Sufficient depreciation has been provided on all depreciable assets.

監査範囲がすべての子会社に拡大した。しかし，前年の1929年度監査報告書（583頁）で注目した"fairly"ではなく"correctly"に戻ってしまった。基礎となる「概念」がまだ定まっていない。

業績が悪化し配当金控除後の損益が欠損となった1931年度報告書（実質全7頁）も社長報告が1頁増え4頁となったものの，財務データの開示は1929年度とまったく同じである。Arthur Young & Co. の監査証明書も，1930年度の文言を踏襲した。

(3) 1932年12月期 〜 1934年12月期 ― 平均をやや上回る

1932年度報告書（実質全9頁）は，社長の株主宛報告が5頁となった。そこでは，当期純損失は＄3,834,724.78（前期純損失は＄2,378,632.39），運転資本（＄64,277,882.27）も前期（＄68,335,805.78）に比し減少したこと，ほぼ3分の2世紀にわたる運輸事業部門において初めて損失となったこと〔1867年の創立以来。578頁〕，製造部門も大幅な欠損を計上し，投資からの利益も前年度に比し＄381,147.18減少し当期は＄1,460,139.84であったこと，車両等の整備・改善に＄2,100,967.85を支出したこと，製造プラント・車両・遊休不動産・市場性のない有価証券・市場性ある有価証券・金庫株について評価減を実施し剰余金で処理したこと（これら6資産の評価減額を明示，合計＄23,445,015.71），子会社は規則的に減価償却を実施し来年度もこれまでと同じ率で償却予定のこと，偶発債務引当金＄2,500,000を計上したこと，外国会社の預金及び買掛金は期末現在のドルで換算したこと，従業員賃金を10％カットしたことなどが報告された。

連結貸借対照表は，「関係会社及びその他有価証券への投資＄2,881,293.75」が新たに登場したが基本的には1929年度と同じである（582頁）。

連結損益計算書も1929年度の様式・内容を踏襲した（581頁）。

そして，以下のような「連結剰余金計算書」（Consolidated Surplus Account）を初めて開示した。

連結剰余金計算書（1932年12月31日終了年度）

剰余金残高（1931年12月31日）			$112,565,684.16
1931年度有価証券評価引当金戻入			5,000,000.00
			$117,565,684.16
資産評価より		$89,637,854.77	
控除：			
償却車両再評価損	$1,560,280.90		
当期資産評価損	23,445,015.71	25,005,296.61	64,632,558.16
利益（配当後）より		27,927,829.39	
1932年度欠損金	3,834,724.78		
配当金（1932年度）			
2月15日	2,864,999.25		
5月15日	2,865,020.25		
8月15日	2,865,033.00		
11月15日	2,865,033.00		
The Pullman Co.			
少数株主への			
配当金	455.00		
偶発債務引当金	2,500,000.00	17,795,265.28	10,132,564.11
剰余金（1932.12.31.貸借対照表）			$74,765,122.27

　1932年度に資産を再評価し評価損＄25,005,296.61を計上，これに係る繰越剰余金＄89,637,854.77を＄64,632,558.16に修正した。そして，前期までの「利益」に係る剰余金＄27,927,829.39により，1932年度欠損金を処分，配当金を支払いかつ偶発債務引当金に繰入れ（合計＄17,795,265.28），その結果の残高は＄10,132,564.11である。両者の合計＄74,765,122.27が1932年度末の剰余金残高である。

　なお，「剰余金残高（1931年12月31日）＄112,565,684.16」と「資産評価＄89,637,854.77」それに「利益（配当後）＄27,927,829.39」については，前期の（1931年12月31日）貸借対照表の「剰余金」が右頁のように示している。

剰余金：

資産再評価より―

1927年4月30日の再編時	$ 75,458,785.27	
Osgood Bradley-Standard Steel Car Co. の買収（1930.3.1）	16,935,000.00	$ 92,393,785.27
控除：1930年廃棄車両再評価損	$ 1,478,832.02	
1931年廃棄車両再評価損	1,277,098.48	2,755,930.50
		$ 89,637,854.77

利益（配当後）〔未処分利益〕より―

1927年4月30日再編以前	$ 25,636,961.16	
1927.5.1～1930.12.31	14,440,733.34	
1931年度欠損金	*12,149,865.11*	27,927,829.39
		$ 117,565,684.16
控除：有価証券評価引当金繰入額		5,000,000.00
		$ 112,565,684.16

貸借対照表の脚注部分の監査証明書は，若干修正された（下線部分）。

To the President and Board of Directors, Pullman Incorporated :

We have examined the accounts and records of Pullman Incorporated and Domestic Subsidiaries for the year ended December 31, 1932, and have audit report by independent accountants of Foreign Subsidiary ; and from this examination we hereby certify that the above Consolidated Balance Sheet and the accompanying Consolidated Income Account and Consolidated Surplus Account, in our opinion, are drawn up so as to exhibit correctly the financial position of the Company as at December 31, 1932, and the result from operations for the year ended that date. The inventories have been figured at cost. Depreciation has been provided on all depreciable assets on the same basis as previous years.

Chicago, Ill., March 18, 1933

Arthur Young & Company
Certified Public Accountants

外国の子会社については他の独立会計士の監査報告書に依拠したこと，連結剰余金計算書も監査したことを明示した。そして，最終行の減価償却方法の前年度と同一方法の継続的適用の指摘に若干の進展が見られる。

1932年度報告書の財務ディスクロージャーは，平均を上回るものと評価する。

1933年度報告書も前年度までの構成・内容を踏襲している。社長は，以下の事項について株主に伝えた。前期と同じように当期も赤字（＄2,672,864.22）であったが剰余金を取り崩して1株＄3.00の配当を実施したこと，運転資本の減少は現金及び政府有価証券の減少にあり，期末棚卸資産の増加は製造子会社の業績が上向いているからであること，車両等の整備・改善に係る資本的支出合計＄1,731,098.75の内訳（試験車＄182,675.52，寝台車空調設備＄455,763.57，通常の改善費＄11,412,05，スチール車28両の整備＄814,200.00，地方事務所の改善＄67,251.32，製造設備の改善＄199,796.29），子会社の当年度減価償却費は合計＄11,964,109.09であること，ニューヨーク証券取引所株式上場委員会からの要請により「連結剰余金計算書」と「再編（1927年4月30日）から1933年12月31日までの剰余金の分析」を添付したことなど。

Pullman Incorporated とすべての子会社の連結貸借対照表は1929年度と大きな変更はない（582頁）。ただし，流動資産の「合衆国有価証券」と「市場性ある有価証券」は原価で評価されているが市場価額はそれを下回っていることが注記され〔金額は不明〕，また，「関係会社及びその他有価証券（原価評価）」と「給与補償法（Compensation Acts）による特別預金」が独立表示された。

連結損益計算書の前期比較形式と開示項目は1929年度と同じである（581頁）。

ニューヨーク証券取引所の要請に応えた剰余金関係の計算書は，以下のとおりである。

連結剰余金計算書（1933年12月31日）

剰余金残高（1932年12月31日）	＄74,765,122.27
前期以前の調整額	612,193.68
	＄75,377,315.95

控除：

当期純損失	$ 2,672,864.22	
資産除却損	223,294.67	
偶発債務引当金繰入額	500,000.00	
試験車引当金繰入額	750,000.00	
支払配当金	11,460,294.00	15,606,452.89
剰余金残高（1933年12月31日）		$ 59,770,863.06

再編（1927年4月30日）から1933年12月31日までの剰余金の分析

当初剰余金（1927年4月30日）		
再編に伴う資産再評価	$ 75,458,785.27〔587頁〕	
再編前利益（配当後）	25,636,961.16〔587頁〕	$ 101,095,746.43
資産再評価—		
Osgood Bradley-Standard Steel Car Co. 買収（1930.3.1）	16,935,000.00〔587頁〕	
利益—		
1927年5月1日～1933年12月31日	59,181,766.73	
前期以前修正益	612,193.68	76,728,960.41
		$ 177,824,706.84
控除：		
1930，31，32，33年度		
資産除却損	$ 4,539,506.07〔586，587，589頁〕	
資産評価損（1932年度）	23,445,015.71〔586頁〕	
引当金の剰余金処分—		
年金等引当金	790,000.00	
偶発債務引当金	3,000,000.00〔586，589頁〕	
試験車引当金	750,000.00〔589頁〕	
	32,524,521.78	
配当金—		
1927年5月1日～1933年12月31日	85,529,322.00	118,053,843.78
剰余金（1933年12月31日）		$ 59,770,863.06

　この「再編から1933年12月31日までの剰余金の分析」は，すでに紹介した事項を整理したものである。

連結貸借対照表の脚注部分に掲載された細かな活字の Arthur Young & Co. の監査証明書は，以下のとおりである。

To the President and Board of Directors, Pullman Incorporated:

We have made an examination of the Consolidated Balance Sheet of Pullman Incorporated (a Delaware Corporation) and Subsidiary Companies as at December 31, 1933 and of the Consolidated Income and Surplus Accounts for the year 1933. In connection therewith, we examined or tested accounting records of the Company and its domestic subsidiaries and other supporting evidence and obtained information and explanations from officers and employes of these Companies; we also made a general review of the accounting methods and of the operating and income accounts for the year, but we did not make a detailed audit of the transactions. We have had submitted to us audit report by independent accountants covering the examination of the accounts of the foreign subsidiary.

The inventories have been valued at cost. The quantities and condition of the inventories were certified to by the management and the prices and extensions tested by us.

Depreciation has been provided on all depreciable assets on the same basis as previous years.

The current assets and current liabilities of the foreign subsidiary have been converted at the rate of exchange prevailing at December 31, 1933, the credit resulting being reserved against possible future decline.

In our opinion, based upon such examination, the accompanying Consolidated Balance Sheet and Consolidated Income and Surplus Accounts coupled with the analysis of Surplus Account from date of reorganization, April 30, 1927, to December 31, 1933 fairly present, in accordance with accepted principles of accounting consistently maintained by the Companies, the consolidated financial position at December 31, 1933 and the consolidated results of operations for the year ended that date.

Chicago, Ill., March 16, 1934   Arthur Young & Company.
                                        Certified Public Accountants

第14章 「新興会社」と「名門会社」の財務ディスクロージャー　591

　最初と最後のパラグラフは「監査報告書モデル」に準拠している（748頁）。
ただし，以下の事項も指摘している。
　①　外国子会社については独立会計士の監査報告書を受理した。
　②　棚卸資産は原価で評価されている。棚卸資産の数量とその状態は経営者
　　によって証明され，その価額とその計算については Arthur Young & Co.
　　が試査した。なお，連結貸借対照表が注記している有価証券の時価が原価
　　を下回っていること（588頁）については触れていない。
　③　減価償却はすべての減価償却資産に対しこれまでと同じ基礎で実施され
　　た。
　④　外国子会社の流動資産及び流動負債は1933年12月31日現在の為替レート
　　で換算されており，為替差益については将来の下落に対し引当金が設定
　　されている。

　2期連続の赤字を脱出した1934年度報告書も，これまでの構成と様式，それ
に説明方法を踏襲した。連結貸借対照表は1929年度（582頁）をベースにして
いるが，前年度において流動資産に含まれていた「現金及び合衆国有価証券」
が当年度は「現金」と「合衆国有価証券」に分離して表示され，また，前年度
は「合衆国有価証券」と「市場性ある有価証券」については原価で評価されその
市場価額はそれらを下回っていることが金額を示さずに注記されていたが
（588頁），当年度は両有価証券の市場価額がカッコ書で示された（原価
＄2,360,254.44，市場価額＄2,158,328.17）。そして，連結剰余金計算書は1932年
度（586頁），連結損益計算書は1929年度（581頁）とまったく同じである。
　貸借対照表の脚注部分の Arthur Young & Co. の監査証明書（1935年3月13
日付）も，前年度と同じである（590頁）。

　なお，連結損益計算書の様式が次頁のように変わったのは，1937年度報告書
においてである。

連結損益計算書（1937年・1936年12月31日年度）

	1937年	1936年
利益：		
運輸事業：		
事業収益	$ 64,287,199.34	$ 58,334,825.98
事業費用	$ 48,854,614.91	$ 42,213,145.35
減価償却費	9,781,657.00	11,839,003.02
合 計	$ 58,636,271.91	$ 54,052,148.37
純営業利益	$ 5,650,927.43	$ 4,282,677.61
製造事業：		
純売上高	$ 72,261,847.44	$ 45,251,511.03
売上原価及び営業費	$ 58,890,850.43	$ 38,672,860.31
減価償却費	2,401,094.77	2,503,177.19
販売費及び管理費	1,910,787.18	1,328,035.16
合 計	$ 63,202,732.38	$ 42,504,072.66
純製造利益	$ 9,059,115.06	$ 2,747,438.37
	$ 14,710,042.49	$ 7,030,115.98
有価証券投資：		
受取利息，有価証券売却益等	$ 872,756.89	$ 1,231,023.21
控除：		
閉鎖銀行預金損失・支払利息等	85,731.56	146,124.73
Pullman Incorporated 管理費	229,338.80	284,317.23
合 計	$ 315,070.36	$ 430,441.96
純投資利益	$ 557,686.53	$ 800,581.25
総利益	$ 15,267,729.02	$ 7,830,697.23
控除：		
納税引当金繰入額	2,655,183.75	1,414,318.56
付加税引当金繰入額	336,595.24	69,271.97
利益合計（剰余金へ）	$ 12,275,950.03	$ 6,347,106.70

運輸事業における売上高に相当する「事業収益」と「事業費用」，製造事業における「純売上高」と「売上原価及び営業費」，「販売費及び管理費」が，そして営業外損益に相当する「受取利息，有価証券売却益等」と「閉鎖銀行

預金損失・支払利息等」「Pullman Incorporated 管理費」が初めて表示された。この年，株主は35,000人（このうち86%の株主が100株以下の所有），従業員は約32,000人であった。

National Biscuit Company

(1) 1931年12月期 〜 1933年12月期 ― 超貧弱

National Biscuit Companyは1898年2月ニュージャージー州で設立されたが，創立34年目の1931年12月31日に終了する年度の報告書は，13 cmの正方形というあまりにも狭い面積を1頁とする全11頁（表紙とも）であった。

最初に「連結貸借対照表」（Consolidated Balance Sheet）が掲載された。

連結貸借対照表

資　産

現金	$15,838,324.17	
合衆国国債（原価）	1,356,102.22	
ニューヨーク市債（原価）	12,313,375.00	
市場性ある有価証券（原価）	2,084,301.00	
売掛金	4,560,416.48	
原材料・貯蔵品・完成品		
（原価時価比較低価法）	7,750,107.65	
流動資産合計		$ 43,902,626.52
プラント・不動産・機械（減価償却後）		95,561,609.10
合　計		$139,464,235.62

負　債

買掛金（未払給与等を含む）	$　　770,993.30
未払配当金（1932.1.15支払予定）	4,400,366.60
国内・国外納税引当金	2,863,283.50
保険引当金及び偶発債務引当金	8,306,170.32
社債（Pacific Coast Biscuit Co.）	136,000.00

株式資本金（優先株，額面＄10，
　　授権株式数250,000，発行済株式数248,045）　　　　　　　24,804,500.00
株式資本金（普通株，額面＄10，
　　授権株式数12,000,000，発行済株式数6,286,238）　　　　 62,862,380.00
利益剰余金　　　　　　　　　　　　　　　　　　　　　　　　25,664,528.36
資本剰余金　　　　　　　　　　　　　　　　　　　　　　　　　9,656,013.54
　合　計　　　　　　　　　　　　　　　　　　　　　　＄139,464,235.62

　「利益剰余金」（Earned Surplus）と「資本剰余金」（Capital Surplus）の区分表
示は多少評価できるが〔1932年1月12日，ニューヨーク証券取引所株式上場委員会
は，両剰余金を区分表示することを基本方針とした（743頁④）。この年次報告書は，
それよりも1年前の1931年度である〕，総資産の約70％を占める「プラント・不動
産・機械（減価償却後）＄95,561,609.10」を含み何らの説明もなく，1931年度
にしては程度の低いディスクロージャーである。
　続く「連結利益及び利益剰余金」（Consolidated Income and Earned Surplus）
は，以下のとおりである。

連結利益及び利益剰余金

1931年度利益		＄25,741,254.44
控除：		
減価償却費	3,228,571.67	
納税引当金繰入額	2,773,191.49	6,001,763.16
当期純利益		＄19,739,491.28
利益剰余金（1930年12月31日）		25,262,818.48
		＄45,002,309.76
控除：		
優先株配当金	1,736,315.00	
普通株配当金	13,201,099.80	
普通株配当金（1932年1月15日予定）	4,400,366.60	＄19,337,781.40
利益剰余金（1931年12月31日）		＄25,664,528.36

　「1931年度利益」の算定プロセスは不明である。

第14章 「新興会社」と「名門会社」の財務ディスクロージャー 595

そして，R.E. Tomlinson 取締役会議長は同年度に買収した 3 社の業容を簡単に説明したが，財務情報はない。最後に取締役15人の氏名を掲載している。

これがニューヨーク証券取引所上場会社の株主宛報告書のすべてである。

このような超貧弱な年次報告書は，1932年度，33年度も続く。

あの W.Z. Ripley は，1926年 9 月号の *The Atlantic Monthly* で当社の年次報告書の貧弱さを厳しく批判している[2]。当社は一貫してディスクロージャーには消極的であったのであろう。

(2) 1934年12月期～1936年12月期 — 初めての外部監査

当社が証券取引所法成立後の1934年度に Lybrand, Ross Bros. & Montgomery の監査を初めて導入した時の連結貸借対照表は，以下のとおりである。

連結貸借対照表（1934年12月31日）

資　産

現金	$ 10,675,715.56	
合衆国国債（市場価額）	1,036,402.34	
ニューヨーク市債（市場価額）	11,920,608.75	
注記：合衆国国債とニューヨーク市債		
（額面 $ 396,500.00）を担保提供		
株式及び有価証券（市場価額）	89,801.06	
売掛金	2,383,597.24	
原材料・貯蔵品・完成品		
（原価時価比較低価法，		
棚卸資産特別引当金 $ 1,017,200.68		
で処理後）	9,750,272.54	
流動資産合計		$ 35,856,397.49
受取手形		168,147.06
対役員・従業員債権（株式申込金のため）		290,766.75
自社株（従業員へ売却のため）		361,672.07
プラント・不動産・機械・無形資産（減価償却後）		89,187,601.57
前払保険料・繰延費用		950,612.58
合　計		$ 126,815,197.52

負　　債

買掛金（未払給与等を含む）	$ 1,791,919.88	
未払配当金（1935.1.15支払予定）	3,138,576.75	
国内・国外納税引当金	2,080,647.12	
流動負債合計		$ 7,011,143.75
保険引当金及び偶発債務引当金		8,406,266.86
株式資本金（優先株，額面 $ 100， 　7％累積，授権株式数250,000， 　発行済株式数248,045）		24,804,500.00
株式資本金（普通株，額面 $ 10， 　授権株式数12,000,000， 　発行済株式数6,289,448）		62,894,480.00
利益剰余金		14,042,793.37
資本剰余金		9,656,013.54
合　計		$ 126,815,197.52

　資産の開示は1931年度が7項目，1934年度は11項目と多少改善したが，総資産の70％を占める「プラント・不動産・機械・無形資産 $ 89,187,601.57」の内訳は依然として明らかではない。負債は1931年度が9項目，1934年度は8項目とほぼ同じである。流動資産と流動負債の区分表示や有価証券の評価が「原価」から「市場価額」へ変わったのは時代の要請である。

　連結利益及び利益剰余金は，以下のとおりである。

連結利益及び利益剰余金

1934年度利益：		
営業利益	$ 15,669,696.63	
受取利息等	651,285.62	
合　計		$ 16,320,982.25
控除：		
減価償却費	$ 2,793,451.51	
国内・国外納税引当金繰入額	1,929,957.82	4,723,409.33
当期純利益		$ 11,597,572.92

利益剰余金（1933年12月31日）		20,381,456.24
有価証券再評価益		2,003,105.96
		$ 33,982,135.12
控除：		
優先株配当金	$ 1,735,699.00	
普通株配当金	15,065,066.00	
普通株配当金（1935.1.15予定）	3,138,576.75	19,939,341.75
利益剰余金（1934年12月31日）		$ 14,042,793.37

　遅ればせながら，「営業利益」や「受取利息等」が登場したが，売上高や売上原価，販売費・一般管理費等は1935年度になっても表示されていない。

　このような低度の財務ディスクロージャーに対しても，Lybrand, Ross Bros. & Montgomery は，「監査報告書モデル」に準拠した以下のような適正意見の監査証明書（1935年2月6日付）を発行している。

CERTIFICATE OF AUDITORS

The President and Board of Directors,
National Biscuit Company, New York

　We have made an examination of the consolidated balance sheet of the National Biscuit Company and its subsidiary companies as at December 31, 1934, and of the statement of consolidated income and surplus for the year 1934. In connection therewith, we examined or tested accounting records of the parent company and of its subsidiaries and other supporting evidence and obtained information and explanations from officers and employees of the companies ; we also made a general review of the accounting methods and of the operating and income accounts for the year, but we did not make a detailed audit of the transactions.

　In our opinion, based on such examination, the accompanying consolidated balance sheet and related statement of income and surplus fairly present, in accordance with accepted principles of accounting consistently maintained by the companies during the year under review, their consolidated position at December 31, 1934, and the results of their operations for the year.

　February 6th, 1935　　　　　　　　　Lybrand, Ross Bros. & Montgomery

そして，取締役会議長は，ニューヨーク10番街に建設中のビルが完成したこと，11番街のパン工場を結ぶ歩道橋が完成したこと，今年度は昨年度と同程度の売上げ（volume of business）を維持したが，原材料や人件費の値上りで利益の確保に苦心したこと，現在24州36都市にビスケットの製造工場と全米に260の販売支店を有していることなどを伝えた。

このような株主宛報告書（1頁の大きさは13cmの正方形）は1935年度と36年度も続く。

(3) 1937年12月期 — 貧弱な P/L が続く

1937年度報告書は1頁がたて22cmよこ19cm（A4判のたて8cmよこ2cmを縮小したサイズ）と他社並みの大きさとなったが実質7頁である。社長は，総売上高 $101,942,900（前期は $96,758,247）を初めて指摘し，「建物・装置に対して適切な減価償却を実施するという当社の方針を遵守している。当期の減価償却費は $2,855,530，前期は $2,704,163である」と報告した〔確かに減価償却費は貧弱な損益計算書の第1期より表示されている〕。また，プラントの取得・改善に係る支出 $1,442,000も初めて報告された。

そして，当年度から連結貸借対照表は前期比較形式で作成されたが，開示項目は1934年度とほとんど同じである（595頁）。連結利益及び利益剰余金も1934年度を踏襲（596頁），「営業利益」「その他利益」「減価償却費」「納税引当金繰入額」の4項目のみである。

このような損益計算書の4項目の表示はなんと1944年度まで続く。

そして，当社は，創立以来47年目の1945年度になって初めて「売上高」と「売上原価」を開示する以下のような損益計算書を発表した。

連結損益及び利益剰余金（1945年12月31日終了年度）

純売上高		$ 204,995,177.86
売上原価	$ 132,785,807.46	
販売費及び一般管理費	35,487,122.63	
減価償却費	3,456,440.30	
為替差損	243,536.04	
税金（所得税を除く）	4,356,302.30	176,329,208.73
営業利益		28,665,969.13
受取利息，賃貸料等		412,889.59
合　計		29,078,858.72
固定資産処分損	2,126,754.74	
納税準備金繰入額	16,443,656.10	18,570,410.84
当期純利益		10,508,447.88
利益剰余金（1944年12月31日）		9,767,354.44
戦後偶発債務引当金戻入		3,181,326.18
		23,457,128.50
優先株配当金	1,736,315.00	
普通株配当金	5,660,503.20	
普通株配当金（1946年1月15日予定）	1,886,834.40	9,283,652.60
利益剰余金（1945年12月31日）		$　14,173,475.90

◆注 ─────────

1　*The Commercial & Financial Chronicle*, September 21, 1878, p.302.

2　W.Z, Ripley, "Stop, Look, Listen!, The Shareholder's Right to Adequate Information," *The Atlantic Monthly*, Vol. CXXXVIII, September 1926, p.382.

第15章

U.S. Steel の財務ディスクロージャー

　United States Steel Corporation は1901年 2 月25日ニュージャージー州法人として組織されたが，その年次報告書が当初からアメリカにおける他のすべての製造・商業会社のそれを量的にも質的にもはるかに抜きん出て高く評価されていることは周知の事実である。

　本書で検討対象とした第 1 期から第33期までにおいて，当社の年次報告書はたて29.5cm よこ21.5cm の A 4 判を 1 頁とする以下のような総頁数であった。

第 1 期（1902年度）〜 第17期（1918年度）―55頁（表紙，取締役等の紹介 4 頁を
　　　　　　　　　　　　　　　　　　　　　　　　含む）
第18期（1919年度）〜 第23期（1924年度）―52頁（同上）
第24期（1925年度）〜 第30期（1931年度）―45頁（表紙，取締役等の紹介 4 頁を
　　　　　　　　　　　　　　　　　　　　　　　　除く）
第31期（1932年度）〜 第33期（1934年度）―34頁（同上）

　そして，年次報告書は，第 1 期以来一貫して，取締役会議長による株主への報告，財務諸表と附属明細表，構成会社・製品・プラント・船舶・鉄道の紹介の三本の柱から構成された。

(1)　第 1 期（1902年12月期）〜 第23期（1924年12月期）

　第 1 期（1902年度）から第17期（1918年度）までの報告書（全55頁）のうち，ここでは第12期（1913年12月31日終了年度）報告書を概観しよう。全体の構成は，

以下のとおりである。

pp. 1‒4 ：表紙，取締役（21名）と名各取締役の任期満了日〔これは"ユニーク"
である〕，財務委員会メンバー（9名），役員（7名），証券代行機関の紹介。
以下，29頁まで取締役会議長 Elbert H. Gary による報告が続く。

pp. 5‒6 ：「連結損益計算書」（Consolidated Income Account）の要約。

連結損益計算書（1913年12月31日終了年度）

利益合計		
（通常の維持費・修繕費約＄52,000,000を含む営業費控除後）		＄147,166,616.81
控除　子会社の社債・モーゲージ・買入代金債務に係る利息		9,985,271.98
利益（1913年度）		＄137,181,344.83
控除　減価償却費等：		
子会社減債基金繰入額	＄1,850,477.80	
減価償却費及び特別取替基金繰入額	23,972,376.13	
U.S. Steel Corp. 減債基金繰入額	6,037,798.99	31,860,652.92
純利益（Net Income, 1913年度）		＄105,320,691.91
控除：		
U.S. Steel Corp. 社債利息：		
50年，5％	＄13,183,657.48	
10‐60年，5％	9,349,033.50	
	＄22,532,690.98	
減債基金で償還した社債に係るプレミアム：		
U.S. Steel Corp. 社債	＄683,597.50	
子会社社債	99,720.26	783,317.76
		23,316,008.74
繰越残高		＄82,004,683.17
控除　棚卸資産等その他損益調整損		787,697.55
残高		＄81,216,985.62
U.S. Steel Corp. 配当金：		
優先株，7％	＄25,219,677.00	
普通株，5％	25,415,125.00	50,634,802.00
剰余金（1913年度純利益）		＄30,582,183.62
控除　資本的支出補塡剰余金繰入額		15,000,000.00
当期剰余金残高		＄15,582,183.62

当期の「利益合計」から「減価償却費等」を控除し「〔当期〕純利益」を算出，その処分として「社債利息」と「配当金（優先株及び普通株）」等を計上，その残高の「当期剰余金」を示している。

また，以下の「未処分剰余金」（Undivided Surplus of U.S. Steel Corp. and Subsidiaries Companies）の推移を示した。

未処分剰余金（1901年4月1日より）

組織時の剰余金または運転資本		$ 25,000,000.00
構成会社すべての剰余金累積額		
（1901.4.1～1912.12.31，棚卸資産のうち		
子会社間取引に係る利益は除く）	$111,716,245.27	
控除　年金基金繰入額	500,000.00	
	$111,216,245.27	
1913年度剰余金	15,582,183.62	126,798,428.89
未処分剰余金合計（1913.12.31）		$151,798,428.89

これは，当報告書 p.31 の連結総合貸借対照表の未処分剰余金（611頁）の内訳である。

p.7：前期比較の連結損益計算書 ― 開示項目は pp.5-6 と同じ。

p.8：創立年度（1901年度）から1913年度までの各期の四半期ごとの（創立年度から1908年度までは年度ごと）配当可能利益・配当金・剰余金処分（特別基金等）・期末剰余金残高・棚卸資産に含まれる子会社間取引に係る内部利益額の一覧表〔極めて詳細である〕。

加えて，1901年4月1日から1913年12月31日までの剰余金の推移（組織時残高，各期の純利益と配当金，期末剰余金残高）を示した。

p.9：グループすべての会社の通常の維持費・修繕費と特別取替費の前期比較

	1913	1912	増　加	％
通常の維持費・修繕費	$52,551,630.18	$43,853,137.13	$ 8,698,493.05	19.8
特別取替費	7,391,340.20	4,895,299.83	2,496,040.37	51.0
合　計	$59,942,970.38	$48,748,436.96	$11,194,533.42	23.0

また，上の金額を製造部門（Property），石炭・コークス部門，鉄鉱石部門，輸送部門，その他部門に分類した。

p.10：U.S. Steel Corp. の社債に係る減債基金，子会社の社債に係る減債基金，減価償却及び特別取替基金（溶鉱炉更新基金）への繰入と取崩の状況。各基金への繰入額が営業費か利益処分かも明示〔連結総合貸借対照表の固定資産から控除される「減債基金，減価償却及び取替基金＄96,873,592.21」の明細である〕。

p.11：社債管理人が保有する減債基金〔連結総合貸借対照表の「減債基金及び引当金に係る資産＄1,365,997.54」〕と償還済社債〔＄74,607,000〕の内容

pp.12-14：株式資本金（普通株・優先株の金額），社債とモーゲージ（mortgage）の現状〔連結総合貸借対照表の社債＄627,097,376.68と子会社のモーゲージ＄269,304.79の明細表〕

p.15：買入代金債務（U.S. Steel Corp. 保証）の状況〔連結総合貸借対照表の子会社買入代金債務＄9,596,504.24の明細表〕

p.16：棚卸資産（製品，半製品，原材料，貯蔵品，海外在庫，積送品等18項目）の期末残高と前期比較，増減要因，原価時価比較低価法による評価，期末棚卸資産のうち子会社間の取引に係る分については内部利益（subsidiary companies' inter-company profits）を控除していること〔これは連結総合貸借対照表の棚卸資産＄167,634,791.41の明細表であるが，下線の2項目の明示は評価される〕。

p.17：製品等33品目の生産数量（Tons）の前期比較〔金額は示していない〕

pp.18-21：グループすべての会社の当期中の資本的支出（Capital Expenditures）合計＄43,212,487.66の明細（製造18工場＄20,474,215.42，石炭・コークス部門＄1,364,433.97，鉄鉱石部門＄14,084,301.73，輸送部門＄7,144,501.15，その他部門＄145,035.39），そして，取得した資産の内容を会社・工場別に紹介した。例えばCarnegie Steel Co., 3,000-K.W. ターボ発電機等〔資本的支出額の部門別表示は評価されるが，取得した資産等についての3頁にわたる詳細な説明は平均的投資者にとっては有用性に乏しい〕。

p.22：創立（1901年4月1日）以来1913年12月31日までの資本的支出額（合計 ＄607,229,476.49）と資金調達方法（社債発行，減債基金，剰余金等）

p.23：従業員総数と賃金総額，従業員株式購入制度について。

	1913	1912
製造部門	165,277（人）	161,774（人）
石炭コークス部門	24,996	24,394
鉄鉱石部門	13,789	12,597
輸送部門	21,951	19,438
その他部門	2,893	2,822
	228,906	221,025
賃金総額	＄207,206,176	＄189,351,602

	1913	1912
1日の従業員1人当たり賃金・給料		
全従業員（管理及び販売部門を除く）	＄2.85	＄2.68
全従業員（管理及び販売部門を含む）	＄2.92	＄2.75

「1日の従業員1人当たり賃金・給料」は極めてユニークな情報である。

また，1913年度末従業員228,906人のうち46,498人が優先株42,926株，普通株47,680株を所有しているとのことである。

p.24：当期売上高は＄796,894,299.23〔同年度のGE売上高＄106,477,438.76の約7.5倍。196頁〕，前期売上高は＄745,505,515.48。売上高にはいくつかの子会社（several subsidiary companies）の売上高や子会社相互間の売上高，輸送会社による子会社及び国内顧客へのサービス収入も含まれる〔この指摘は重要であり，以下のデータも賞賛される〕。

□　製造会社，鉄鉱石会社，コークス・石炭会社の総売上高

	1913	1912	増　加
外部顧客への売上高	＄518,999,605	＄494,637,808	＄24,361,797
子会社間の売上高	211,910,441	189,257,318	22,653,123
	＄730,910,046	＄683,895,126	＄47,014,920

□　輸送会社等の売上高

輸送会社	$　57,726,430	$　53,665,603	$　4,060,827
その他会社	8,257,823	7,944,786	313,037
	65,984,253	61,610,389	4,373,864
合　計	$796,894,299	$745,505,515	$51,388,784

p.24：「貸借対照表，会計計算書及び統計」(Balance Sheet, Statements of Accounts and Statistics) に関して次のように指摘する。

　　「この報告書に含まれている会計計算書や統計等は，U.S. Steel Corp. と Tennessee Coal, Iron & Railroad Co. を含みすべての子会社を結合した結果 (combined results) である。31頁の連結総合貸借対照表は U.S. Steel Corp. といくつかの子会社 (several Subsidiary Companies) の資産及び負債の結合 (combined assets and liabilities) であり，資産及び負債は U.S. Steel Corp. が子会社の株式と The Carnegie Co. の社債を取得した時点の評価を基礎としているが，子会社間の債権・債務は相殺している (liabilities from one company to another are omitted from both liabilities and assets.)〔この指摘も重要である〕。

　　U.S. Steel Corp. と子会社の1913年12月31日終了年度の計算書は，1913年4月21日の年次株主総会で選任された Price, Waterhouse & Co. によって監査された。その監査証明書は30頁に掲載している。」

pp.25-29：事業に関する全般的説明 ─ 当期と前期の生産実績と販売実績，当期と前期の製品別国内・国外出荷数量と増減理由，期末現在の受注数〔これらのデータの単位はすべてトンである〕，グループ納税額（$13,225,882，前期より$3,385,511増加），前期と比較した棚卸資産の増加額とその要因，修繕費・維持費及び特別取替費の前期比較，資本的支出額と主な使途先，社債・モーゲージ・買入代金債務，従業員数と給与・賃金，年金基金等〔下線の項目については繰返しが目立つ〕。

　　ここまでが E.H. Gary による株主宛報告である。

p.30：Price, Waterhouse & Co. の監査証明書は，次頁のとおりである。

第15章　U.S. Steel の財務ディスクロージャー　607

CERTIFICATE OF INDEPENDENT AUDITORS

New York, March 6, 1914

To Stockholders of the United States Steel Corporation :

We have examined the books of the United States Steel Corporation and Subsidiary Companies for the year ending December 31, 1913, and certify that the Balance Sheet at that date and the Relative Income Account are correctly prepared therefrom.

During the year only actual additions and extensions have been charged to Property Account, and the provision made for depreciation and extinguishment is, in our opinion, fair and reasonable. The item of Deferred Charges to Operations represents expenditures reasonably and properly carried forward to operations in subsequent years.

The valuations of the stocks on hand, as shown by inventories certified by the responsible officials, have been carefully and accurately made at approximate cost. Full provision has been made for bad and doubtful accounts receivable and for all ascertainable liabilities.

We have verified the cash and securities by actual inspection or by certificates from the Depositaries, and are of opinion that the Marketable Bonds and Stocks included in Current Assets are worth the value at which they are stated in the Balance Sheet.

We certify that in our opinion the Balance Sheet is properly drawn up so as to show the true financial position of the Corporation and Subsidiary Companies on December 31, 1913, and that the Relative Income Account is a fair and correct statement of the net earnings for the fiscal year ending at that date.

PRICE, WATERHOUSE & CO.

Price, Waterhouse & Co. は，U.S. Steel と子会社の帳簿を監査し，貸借対照表と損益計算書は帳簿から正確に作成されていると証明した。

資本的支出は妥当であり，減価償却等引当金は適正かつ合理的（fair and reasonable）であると意見表明し（in our opinion），繰延費用は次年度以降の営業に係るもので合理的かつ妥当であるとした。

棚卸資産については会社の責任者の証明がありまた注意深くかつ正確に

適切な原価で評価されていること，不良及び回収の疑わしい売掛金とすべての確認しうる負債については十分な引当金が設定されていることも指摘した。

　現金及び有価証券については実査あるいは保管者からの証明書によって検証し，流動資産に含まれている市場性ある社債と株式の価値は貸借対照表に記載されている金額に値すると意見表明した。

　そして，貸借対照表は1913年12月31日現在の当社及び子会社の真の財政状態を適切に（properly）示し，損益計算書は当該会計年度の純利益に関する適正かつ正確な（fair and correct）計算書であると証明した。

p.31：連結総合貸借対照表（Consolidated General Balance Sheet，609頁）

p.32：固定資産明細表（Property Investment Account）及び資本的支出補塡剰余金（Appropriated Surplus to Cover Capital Expenditures）（611，612頁）

p.33：連結損益計算書（Consolidated Income Account，612頁）

p.34：要約総合損益計算書（Condensed General Profit and Loss Account，613頁）

p.35：連結資金運用表（Net Resources for the Year and the Disposition Thereof，614頁）

pp.36-37：社債明細表（55種の社債，発行会社，発行価額，減債基金管理人所有分，期末残高，償還日，利率，支払日，再募集のために保有する自社社債）〔連結総合貸借対照表の社債 $ 627,097,376.68の明細表である〕

p.38：直近 6 事業年度（1908〜1913）の月別及び四半期別連結利益（子会社の社債利息等控除前及び控除後利益）〔詳細かつ有用なデータである〕

pp.39-42：1913年度における特別取替費（p.9）$ 7,391,340.20を製造部門（$ 4,693,700.07），石炭・コークス部門（$ 654,522.57），鉄鉱石部門（$ 102,944.50），輸送部門（$ 1,926,482.38），その他部門（$ 13,690.68）に分類し，それぞれの部門を構成する子会社についてどのような取替えが行われたかを 4 頁にわたって説明〔統計資料であり平均的投資者はほとんど関心を示さないであろう〕。

pp.43-49：子会社の所有する製造プラント一覧表（子会社ごとにスチール工場，圧延工場（Rolling Mills），電線工場等が所有する製造機器等とその数量を明示）

〔7頁にわたる統計資料であり財務データはない〕

p.50：子会社の所有する鉄鉱石鉱山の地域別分布一覧表〔統計資料であり財務データはない〕

p.51：子会社の所有する石炭・コークス事業に係る資産（地域と面積，工場数）〔統計資料であり財務データはない〕

p.52：子会社の所有する水量発電，天然ガス施設，ドック等（面積，キャパシティー等）〔統計資料であり財務データはない〕

pp.53-55：子会社の鉄道会社が所有する車両数・路線名，船舶数等〔統計資料であり財務データはない〕

(2) 第12期（1913年12月期）の財務諸表

p.31から p.35における「財務諸表」は，以下のとおりである（頁数は1913年度報告書）。

(1) 連結総合貸借対照表（p.31）

連結総合貸借対照表（1913年12月31日）

資　　産

固定資産

いくつかの会社が所有し稼働している資産（詳細は p.32）　　　　$1,635,933,965.58

控除：減債基金，減価償却及び取替基金（p.10）　　$ 96,873,592.21

社債管理人所有減債基金　　　　73,561,741.64　　　170,435,333.85

$1,465,498,631.73

繰延費用

鉱業に係るロイヤリティ前払金・採掘費・未経過費用　　$ 14,455,381.02

控除：鉱業ロイヤリティ損失引当基金　　　7,000,000.00　　　7,455,381.02

投資

遊休不動産，その他有価証券，不動産モーゲージ等　　　　3,407,182.88

減債基金及び引当金に係る資産

現金性資産（社債管理人所有。管理人はこれ以外に

償還社債 $74,607,000を保有しているが，

これについては資産として扱っていない）　　$ 1,365,997.54

偶発債務用資金・その他資産　　　3,486,603.89

保険・減価償却基金資産：

有価証券（原価評価）	$21,833,607.95		
現金	6,632,659.43		
	$28,466,267.38		
控除　子会社負担分	12,851,475.00	15,614,792.38	20,467,393.81

流動資産

棚卸資産（子会社間取引に係る在庫については		
内部利益を控除，p.16）	$167,634,791.41	
売掛金	58,024,386.51	
受取手形	7,866,695.58	
エージェント残高	1,039,574.29	
市場性ある社債及び株式	2,241,275.61	
現金預金	66,951,010.42	303,757,733.82
		$1,800,586,323.26

負　債

U.S. Steel Corp. 株式資本金		
普通株	$508,302,500.00	
優先株	360,281,100.00	$　868,583,600.00
U.S. Steel Corp. 以外の者が所有する		
子会社株式（額面）		589,542.50
社債（詳細は p.14，p.36参照）		
U.S. Steel 社債50年，5％	$261,826,000.00	
U.S. Steel 社債10-60年，5％	186,572,000.00	
	$448,398,000.00	
子会社社債（U.S. Steel 保証）	105,035,000.00	
子会社社債（U.S. Steel 保証外）	73,650,402.50	
仮社債（Illinois Steel Co.）	13,974.18	627,097,376.68
子会社が建設資金調達のために発行した社債		
（社債管理人所有，資産・負債に計上せず）	$　9,750,000.00	―
子会社のモーゲージ及び買入代金債務		
モーゲージ	$　　269,304.79	
買入代金債務	9,596,504.24	9,865,809.03
流動負債		
買掛金・未払賃金	$　27,508,292.20	
従業員等からの預り金	988,481.35	
納税引当金	8,900,501.61	
未払利息	8,521,084.95	
優先株配当金（1914.2.27予定）	6,304,919.25	

普通株配当金（1914.3.30予定）	6,353,781.25	58,577,060.61
資本及び流動負債合計		$1,564,713,388.82
その他引当金		
偶発債務引当金及び営業全般引当金	$ 13,456,423.00	
年金引当金	2,500,000.00	
保険引当金	13,118,082.55	29,074,505.55
資本的支出補填剰余金（p.32参照）		55,000,000.00
U.S. Steel Corp. 及び子会社未処分剰余金		
創立時資本剰余金	$ 25,000,000.00	
未処分剰余金（1901.4.1から		
1913.12.31まで，p.6）	126,798,428.89	
剰余金合計（子会社間取引に係る在庫		
については内部利益を控除）		151,798,428.89
		$1,800,586,323.26

我々は上の貸借対照表を監査した。我々の意見では，貸借対照表は United States Steel Corporation 及び子会社の1913年12月31日現在の真の財政状態を示すために適正に（properly）作成されていることを証明する。

New York，1914年3月6日　　　　　　　　　　　PRICE, WATERHOUSE & CO.，　監査人

(2)　固定資産明細表（p.32）

固定資産明細表（1913年12月31日）

1912年12月31日残高			$1,576,226,521.81
1913年度修正			427,571.95
1913年度支出額			43,212,487.66
			$1,619,866,581.42
控除　1913年度に以下により償却：			
社債減債基金		$ 384,000.00	
減価償却及び取替基金		5,447,663.50	5,831,663.50
			$1,614,034,917.92
鉱山の採掘・開発に係る支出等：			
1912年12月31日残高		$ 23,112,436.99	
1913年度支出額	$ 2,160,251.50		
控除　1913年度営業費処理	3,373,640.83	1,213,389.33	21,899,047.65
1913年12月31日有形固定資産残高			$1,635,933,965.58

(3) 資本的支出補塡剰余金（p.32）

資本的支出補塡剰余金（1913年12月31日）

1908年1月1日以前累積額		
（各期の純利益から資本的支出補塡剰余金繰入額を控除し，		
資本的支出補塡剰余金によって固定資産を償却する）		$ 163,694,423.55
1908年1月1日以降剰余金（純利益）で処分（貸借対照表計上額）		55,000,000.00
合計		$ 218,694,423.55

(4) 連結損益計算書（p.33）

連結損益計算書（1913年12月31日終了年度）

利益合計（通常の維持費・修繕費約＄52,000,000を含む営業費控除後，p.34）			$ 147,166,616.81
控除　子会社の社債・モーゲージ・買入代金債務に係る利息			9,985,271.98
利益（1913年度）			$ 137,181,344.83
控除　減価償却費等：			
子会社減債基金繰入額		$ 1,850,477.80	
減価償却費及び特別取替基金繰入額		23,972,376.13	
U.S. Steel Corp. 減債基金繰入額		6,037,798.99	31,860,652.92
純利益（Net Income，1913年度）			$ 105,320,691.91
控除：			
U.S. Steel Corp. 社債利息：			
50年，5％		$ 13,183,657.48	
10-60年，5％		9,349,033.50	
		$ 22,532,690.98	
減債基金で償還した社債に係るプレミアム：			
U.S. Steel Corp. 社債	$ 683,597.50		
子会社社債	99,720.26	783,317.76	23,316,008.74
			$ 82,004,683.17
控除　棚卸資産等その他損益調整損			787,697.55
残高			$ 81,216,985.62
U.S. Steel Corp. 配当金			
優先株：			
No. 48　1.75%，1913. 5.29	$ 6,304,919.25		
No. 49　1.75%，1913. 8.30	6,304,919.25		
No. 50　1.75%，1913.11.29	6,304,919.25		
No. 51　1.75%，1914. 2.27（予定）	6,304,919.25	$ 25,219,677.00	

普通株：

No. 38 1.25%, 1913. 5 .29	$ 6,353,781.25		
No. 39 1.25%, 1913. 8 .30	6,353,781.25		
No. 40 1.25%, 1913.11.29	6,353,781.25		
No. 41 1.25%, 1914. 2 .27(予定)	6,353,781.25	25,415,125.00	50,634,802.00

剰余金（1913年度純利益）		$ 30,582,183.62
控除　資本的支出補塡剰余金繰入額		15,000,000.00
当期剰余金残高		$ 15,582,183.62
前期繰越剰余金（1912.12.31）	$111,716,245.27	
控除　年金引当金用処分	500,000.00	111,216,245.27
未処分剰余金（1913.12.31．創立時資本剰余金 及び棚卸資産のうち子会社間取引に係る分の 内部利益を除く）		$ 126,798,428.89

　我々の意見では，上の連結損益計算書は United States Steel Corporation 及び子会社の1913年12月31日に終了する会計年度の損益に関する適正かつ正確なステートメント（a fair and correct statement）であることを証明する。

New York，1914年3月6日　　　　　　　　　　　PRICE, WATERHOUSE & CO.，　監査人

(5)　要約総合損益計算書（p.34）

要約総合損益計算書（1913年12月31日終了年度）

総収入（Gross Receipts）			
―総売上高及び総収益（Gross Sales and Earnings, p.24）			$ 796,894,299.23
営業費等：			
製造・生産原価及び営業費，			
通常の維持費・修繕費，子会社減価償却費を含む		$636,206,365.46*	
管理費，販売費，一般費，従業員利益計画に係る			
給与補償費等を含む（運輸会社の一般費は除く）		19,587,315.29	
税金（連邦所得税1914年支払予定）		13,225,882.26	
売上割引及び支払利息		3,855,873.65	
		$672,875,436.66	
控除　下記の子会社減価償却費を控除		25,822,853.93	647,052,582.73
残高			$ 149,841,716.50
その他製造・営業に係る損益（遊休プラント費，			
受取ロイヤリティ，棚卸資産評価損益等）	$ 517,625.50		
受取レンタル料	196,401.37		714,026.87
製造・生産・営業純利益（暫定減価償却費控除前）			$ 150,555,743.37

その他利益（Other Income）

その他利益（純）	$ 296,802.22	
その他投資からの利益等	3,341,812.24	3,638,614.26
合　計		$ 154,194,357.83
控除　子会社間取引に基づく棚卸資産に係る内部利益		7,027,741.02
1913年度利益合計（p.33）		$ 147,166,616.81

支払利息

子会社の社債・モーゲージに係る利息	$ 9,660,036.77	
子会社の買入代金債務に係る利息	325,235.21	9,985,271.98
子会社暫定減価償却費控除前利益		$ 137,181,344.83
控除　減価償却費：		
子会社分	$ 25,822,853.93	
U.S. Steel Corp. 分	6,037,798.99	31,860,652.92
1913年度純利益		$ 105,320,691.91

　＊通常の維持費・修繕費約$52,000,000を含む

(6)　連結資金運用表（p.35）

連結資金運用表（1913年12月31日終了年度）

資金調達（Net Resources）

剰余金（1913年度純利益, p.33）：			
資本的支出補塡剰余金		$ 15,000,000.00	
当期剰余金残高		15,582,183.62	$ 30,582,183.62
減債基金，減価償却及び特別取替基金からの収入		$ 32,643,970.68	
溶鉱炉更新基金からの収入		2,117,574.16	
その他基金からの収入		808,656.03	
		$ 35,570,200.87	
控除：減債基金管理人への支払額	$ 8,529,812.60		
特別取替基金への繰入額	7,391,340.20		
溶鉱炉更新基金への繰入額	2,292,249.54	18,213,402.34	
上の基金勘定収入額			17,356,798.53
保険引当金，偶発債務引当金及び営業全般引当金からの収入			3,323,832.63
子会社の社債発行，モーゲージ，資金借入手形からの収入			9,833,871.82
その他収入			2,266.77
当期資金調達合計			$ 61,098,953.37

第15章　U.S. Steel の財務ディスクロージャー　615

以下の目的のための資金運用

有形固定資産取得支出額		$ 41,999,098.33	
減債基金管理人への支払	$ 9,522,261.06		
控除　減債基金からの支払は除く	8,529,812.60	992,448.46	
社債及びモーゲージ償還		8,265,366.76	
買入代金債務，支払手形，特別預金の支払		128,624.77	
ロイヤリティ・繰延費用前払		305,708.28	
その他投資当年度増加分		117,799.23	51,809,045.83
資金調達の増加（運用超過残高）			$ 　9,289,907.54

資金調達の増加内訳

流動資産増加			
棚卸資産			$ 　15,222,537.83
市場性ある有価証券			404,855.32
減価償却・保険基金投資			6,276,712.68
			$ 　21,904,105.83
以下の減少を控除：			
現金：一般勘定	$ 　202,554.00		
減価償却・保険引当金	4,792,540.30		
	$ 　4,995,094.30		
売掛金及び受取手形	9,442,946.99		
その他資産	81,339.34	14,519,380.63	
流動資産の純増加			$ 　7,384,725.20
加算：流動負債の減少			
買掛金及び賃金等	$ 　4,060,765.38		
控除　未払税金・未払利息	2,155,583.04	1,905,182.34	
運転資産の純増加合計			$ 　9,289,907.54

〔小括〕

　取締役会議長は，連結範囲について，子会社のうち「いくつかの子会社」（several Subsidiary Companies）と指摘したが，その数は示していない。

　連結総合貸借対照表は固定制配列法により，Ａ４判１頁の容量一杯に勘定科目を掲載している。そして，主要な開示項目を支える詳細なデータが議長報告や明細表によって示されている。特に，連結子会社間の債権・債務を相殺しかつ棚卸資産のうち子会社間の取引に基づく分については内部利益を控除して

いる点の指摘は高く評価される。ただし，無形資産（Intangible Assets）は表示されていない〔その指摘（約7億5,000万ドル）は1936年まで待たなければならない。1938年12月31日終了年度の報告書において「無形資産＄1.00」と表示された〕。この連結総合貸借対照表が全米を代表するものであることはいうまでもない。

612頁の(4)連結損益計算書は，「会社の利益合計＄147,166,616.81」から「子会社の社債利息等＄9,985,271.98」を控除，その残高「利益合計＄137,181,344.83」から「減価償却費等＄31,860,652.92」を控除し，「1913年度純利益＄105,320,691.91」を算出，これから「U.S. Steel の社債利息等＄81,216,985.62」と「配当金＄50,634,802.00」を処分，前期末の剰余金等を加算して「期末未処分剰余金＄126,798,428.89」を示している。この連結損益計算書の中心は，「社債利息」と「優先株配当金」それに「普通株配当金」という利益処分項目を明示することにある。

613頁の(5)要約総合損益計算書は，会社全体の「総収入 — 総売上高及び総収益＄796,894,299.23」から「製造・生産原価及び営業費＄636,206,365.46」や「管理費・販売費・一般費＄19,587,315.29」，「税金＄13,225,882.26」等を控除し「製造・生産・営業純利益＄150,555,743.37」を示し，これに「その他利益」を加算して「1913年度利益合計＄147,166,616.81」〔(4)の利益合計〕を表示，これから「子会社の支払利息」と「減価償却費」を控除して「1913年度純利益＄105,320,691.91」を算出している。

ここでは，「売上高」と「製造・生産原価及び営業費等」や「管理費・販売費・一般費等」を明示して，「1913年度利益合計」を導くプロセスを明らかにしているのである。つまり，連結損益計算書と要約総合損益計算書の関係は，掲載された順序とは逆に，本来は要約総合損益計算書が先に，連結損益計算書を後に掲載することによって，「総売上高及び総収益」から「1913年度純利益」へ，そして「社債利息」と「配当金」の利益処分も経由して，1913年12月31日現在の剰余金（連結総合貸借対照表と一致）に至るプロセスを示すことになる。

要約総合損益計算書については，総売上高及び総収益，営業費4項目，減価償却費，その他収益4項目，棚卸資産に係る内部利益控除額，支払利息2項目が明示された。特に総売上高については，子会社の売上高と子会社間の売上高も含むことが指摘され，それが「製造会社，鉄鉱石会社，コークス・石炭会社」

と「輸送会社・その他会社」に分解され，さらに「外部顧客への売上高」と「子会社間の売上高」にも区分表示された（605頁）。

しかし，費用については「製造・生産原価及び営業費」（Manufacturing and Producing Cost and Operating Expenses）と「管理費・販売費・一般費」（Administrative, Selling and General Expenses）は区分表示されているものの，それらを構成する費目については一切明らかにされていない。特に前者については約6億4,000万ドルというという巨額であるが（売上高約8億ドルの80%），その内容は不明である。維持費・修繕費や減価償却費を除く売上原価や営業費については，U.S. Steelにおいてすら秘密事項であった。

また，614頁の(6)連結資金運用表の開示は当時としては極めて斬新である。

第18期（1919年度）から第23期（1924年度）までの6事業年度の報告書は全52頁と3頁縮小したが，その内容は当初17年間とほとんど同じである。

(3) 第24期（1925年12月期）～第30期（1931年12月期）

第24期（1925年度）から第30期（1931年度）の報告書は，10頁減少し全45頁（1頁の大きさは同じ）である。ただし，これまでは表紙と取締役・会社役員等の紹介4頁が総頁数に含まれていたが，第24期以降は総頁数からは除かれたので当初の17年間に比べると実質6頁の減少である。ここでは第29期報告書について検討しよう。

第29期（1930年12月31日終了年度）報告書は，取締役会議長J.P. Morganと社長J.A. Farrellによる株主への報告がこれまでの25頁から12頁へと13頁も減少した〔取締役会議長がE.H. GaryからJ.P. Morganに交代した〕。

それは，「創立年度から当該事業年度までの各期の四半期ごとの配当可能利益や配当金等一覧表」（p. 8），「社債管理人が保有する減債基金と償還済社債の内容」（p.11），「買入代金債務の状況」（p.15），「創立以来当該事業年度までの資本的支出額と資金調達方法」（p. 22）が省略されたからである。このうち，2つの創立以来のデータについては一定の有用性をもつものの，その消失は特に重要は考えられない。なお，「社債管理人が保有する減債基金と償還済

社債の内容」については他の箇所で補充説明され，「買入代金債務の状況」については項目が存在しなくなったからである。また，「グループすべての会社の当期中の資本的支出の明細」（pp.18-21）や「事業に関する全般的説明」（pp.25-29）等については簡略化され，そして，前期比較連結損益計算書（p.7），維持費・修繕費・特別取替費の前期比較と部門別分類（p.9），社債とモーゲージの現状（pp.12-14），棚卸資産の明細表（p.16）等は，議長報告ではなく財務諸表に関する説明に移動したからである。一方，新たに買収した Oil Well Supply Company の説明（約1頁）が加わった。

　そして，議長と社長は，次のような事項について説明した。

　従業員数と賃金（1930年度211,055人，＄391,271,366，1929年度224,980人，＄420,072,851〔前年度に比し従業員は13,925人も減少している。不況の影響が大きい〕），従業員株式引受制度（1930年12月31日現在65,233人の従業員が合計126,627株を所有），年金制度（U.S. Steel and Carnegie Pension Fund により1930年度に退職した1,154人と対象者7,965人に対して合計＄4,359,445を支給，1,154人の平均年齢63.59歳，平均34.51年勤務，月額平均＄55.70），利益分配計画（Profit Sharing Plan，1921年創立，1930年度利益から＄2,187,846を2,437人に分配），事故防止（安全装置等に1930年度は＄1,164.409，1929年度は＄1,005,742を支出，従業員の事故が減少していることを主張），事故補償（Accident Relief，従業員の事故に対して1930年度＄4,5621,425，1929年度＄4,841,168を支給），従業員持家のための貸付金制度（1920年創立，1930年度192棟の建設を支援），グループ生命保険（1930年末従業員192,249人が利用，保険総額＄253,918,605），シャワー等衛生設備の設置（1930年度＄3,378,750，1929年度＄3,057,500を支出）等。これらの福利厚生制度や安全施設等の説明は，これまでの1頁から3頁に拡大している。

　また，「この報告書に含まれている会計計算書や統計等は，U.S. Steel Corp. とすべての子会社を結合した結果（combined results）である。ただし，これらの会社（affiliated companies）間取引の残高は資産及び負債から除外している。連結総合貸借対照表は U.S. Steel Corp. といくつかの子会社（several subsidiary companies）の資産及び負債の結合である」ことを指摘した。基本的にはこれまでと同じ指摘である（606頁）。

　その後に Price, Waterhouse & Co. の右頁の監査証明書が添付された。

第15章 U.S. Steel の財務ディスクロージャー | 619

AUDITORS' REPORT TO STOCKHOLDERS

New York, March 10, 1931

To Stockholders of the United States Steel Corporation :

As auditors elected at the annual meeting of stockholders held on April 21, 1930, we have made an examination of the books and accounts of the United States Steel Corporation and its subsidiary companies for the year ending December 31, 1930, and have obtained all of the information and explanations which we have required.

We certify that, in our opinion, the attached balance sheet is properly drown up so as to present a true and correct view of the financial position of the United States Steel Corporation and its subsidiary companies, and

We further certify that, in our opinion, the relative income account is a fair and correct statement of the results of operations of the United States Steel Corporation and its subsidiary companies for the year ending December 31, 1930.

PRICE, WATERHOUSE & CO.

607頁の1913年度監査証明書に比し，タイトルが「独立監査人の証明書」（CERTIFICATE OF INDEPENDENT AUDITORS）から「監査人の株主宛報告書」（AUDITORS' REPORT TO STOCKHOLDERS）に代わった。「証明書」から「報告書」への変更は望ましいが，「独立監査人」の消失は残念である。そして，1913年度の監査証明書の資本的支出の妥当性や減価償却引当金の適正性，貸倒引当金の十分性等のいわば「個別事項」についての意見は省略され，「監査範囲」と「監査証明（意見）」のみの構成である。第1パラグラフの2つの下線〔著者〕部分が追加された。貸借対照表と損益計算書について別々に監査証明しているが，〔1913年度の監査証明書と同じように〕貸借対照表については"a true and correct view of the financial position"を，損益計算書については"a fair and correct statement of the results of operations"を用いている。両者の相違は明確ではない。

続いて，連結総合貸借対照表，固定資産明細表，連結損益計算書，要約総合

損益計算書，前期比較損益計算書，連結資金運用表の財務諸表が続く。これらの財務諸表は開示項目の多少の変動を伴いながらも基本的には1913年度のそれらを継承した。

さらに，1901年4月1日から1930年12月31日までの純利益合計（社債利息等控除後）と利益剰余金合計（配当金控除後），生産実績（トンで表示），1930年12月31日現在の棚卸資産明細表（19項目の前期比較），社債明細表，社債・モーゲージの1930年度の償還状況，子会社の維持費・修繕費・特別取替費明細表，直近10事業年度（1921～1930）の月別及び四半期別連結利益等のいわば「附属明細表」も継続して開示され，また，減価償却・減耗償却・アモーチゼーション引当金明細表（期首繰越高，当期繰入額，調整額，期末残高）と維持修繕引当金明細表（3種類の引当金の期首残高，当期繰入額，当期取崩額，期末残高）が新設された。

そして，最後は，製造子会社18社名〔これらの18社が連結対象かどうかは確認できない〕と各社の製造製品名，子会社の所有する製造プラントの内容及び数量についての一覧表，鉄鉱石鉱山の地域別分布一覧表，石炭及びコークス事業に係る概要（地域と面積・工場数，水量発電・天然ガス施設・ドック等），鉄道会社の資産（所有車両・路線，所有船舶数等）が16頁にわたって掲載されたが，財務データは見出せない。

1930年度報告書は，1913年度報告書に比し，開示情報が整理されまた重複説明も省略されたので，読みやすくなった。

(4) 第31期（1932年12月期）～ 第33期（1934年12月期）

第31期（1932年度）から第33期（1934年度）の報告書は全34頁で（1頁の大きさはたて29.5cm よこ21.5cm と第1期以来同じである），当初17年間の実質51頁（表紙等を除く）に比べると17頁も削減され，また第24期（1925年度）から第30期（1931年度）までの45頁に比べると11頁の減少である。ここでは第33期（1934年12月31日終了年度）報告書を紹介しよう。その構成と内容は，以下のとおりである。

pp. 1 – 2 ：連結損益計算書の要約 — 以下のとおりである。

連結損益計算書（1934年度）

利益合計（通常の維持費・修繕費約＄53,000,000，税金，　　偶発債務引当金繰入額等すべての費用控除後）		＄35,218,359.06
減価償却費・減耗償却費・陳腐化費用		44,121,258.91
欠損金		＄ 8,902,899.85
社債及びモーゲージに係る利息：		
子会社分	＄ 5,037,601.82	
U.S. Steel Corp. 分	13,450.00	5,051,051.82
営業損失		＄13,953,951.67
関係会社分負担：		
税金	＄6,371,412.16	
減価償却費	458,049.73	
その他経費	976,480.74	7,805,942.63
		＄21,759,894.30
その他収益・費用（純）		92,114.35
配当金支払前純欠損金		＄21,667,779.95
1934年度配当金（優先株２％）		7,205,622.00
1934年度欠損金合計（未処分剰余金で補塡）		＄28,873,401.95

　1913年度報告書（602頁）に比し簡潔になった。

　また，U.S. Steel Corp. と子会社の「剰余金」（Surplus）を示した。

剰余金（1901年４月１日より）

未処分剰余金残高（1933年12月31日）	＄287,330,506.70
控除：1934年度欠損金	28,873,401.95
	＄258,457,104.75
加算：関係会社剰余金に対する　　　U.S. Steel Corp. 持分	118,523.13
未処分利益剰余金残高（1934年12月31日）	＄258,575,627.88
資本的支出として処理された目的別剰余金	270,000,000.00
利益剰余金合計（1934年12月31日）	＄528,575,627.88

p. 3 ：1934年度の営業の概況 ─ 欠損金が前期に比し縮小したこと（優先株配当金支払前純欠損金＄21,667,779，前期同欠損金＄36,501,122），その要因は完成品約100,000トンが出荷されたこと，コスト削減の効果が現れたこと，製品価格も上昇していること。生産実績と販売実績の要約（トン数），製品価格の動き，賃金の増加，前期と比較した運転資金（流動資産－流動負債：1934年度＄374,136,082，1933年度＄362,685,688，＄11,450,394増加）等〔運転資金については新設である〕。

p. 4 ：生産実績（製品種類別8項目の前期比較生産量，トン数），販売実績（国内及び国外前期比較出荷量，トン数）

p. 5 ：当期売上高は＄591,609,497，前期売上高は＄524,968,768。売上高には子会社の売上高と会社間売上高も含まれる。ただし，本報告書に含まれている最終の損益結果（final Profit and Loss results）には会社間売上に係る利益は除かれている〔これまでにはない指摘であり評価される〕。また，期末棚卸資産のうち子会社間の取引に係る分については利益（内部利益）を控除している。そして，以下のデータを開示した。

□　製造会社，鉄鉱石会社，石灰石・石炭会社の売上高

	1934	1933	増　加
国内売上高（原材料の 　会社間売上は除く）	＄354,124,236	＄322,188,709	＄31,935,527
輸出	37,244,437	26,142,912	11,101,525
外部顧客への売上高	＄391,368,673	＄348,331,621	＄43,037,052
子会社間の売上	135,868,278	118,917,647	16,950,631
	＄527,236,951	＄467,249,268	＄59,987,683

□　輸送会社等の売上高

	1934	1933	増　加
輸送会社（鉄道・運河）	＄52,647,414	＄47,793,577	＄4,853,837
その他会社	11,725,132	9,925,923	1,799,209
合　計	＄591,609,497	＄524,968,768	＄66,640,729

そして，「通常の維持費・修繕費と特別取替費」の前期比較（603頁）も引き続き開示された〔ただし，1913年度報告書には，上の金額が製造部門，石炭・コークス部門，鉄鉱石部門，輸送部門，その他部門に分類されていたが，これは省略された〕。

p. 6 ：支払った税金の明細（州税及び地方税，連邦株式資本税，所得税，超過利得税等の前期比較），新製品・新技術の開発についての若干の説明〔これは新設である〕，棚卸資産の期末残高と前期比較，原価時価比較低価法による評価，評価損の処理等。

p. 7 ：偶発債務等引当金，株式資本金，社債及びモーゲージ，子会社の少数株主持分〔下線部分は新設である〕についての簡単な説明。

p. 8 ：資本的支出額─同支出額合計＄9,777,896が1913年と同様，部門別（製造部門，コークス・石炭部門，鉄道部門等）に配賦され，その内容について会社別に説明を加えているが，これが1913年度の4頁から1頁に簡略化された〔この簡略化は評価される。それは，従来の説明は子会社が建設したプラントや機械・装置・機器等の名称と性能についてであり，通常の株主はそれほど興味をもたないと思えるからである〕。

pp. 9 -12：四半期ごとの従業員数と総賃金，従業員1人当たりの平均労働時間と1時間当たりの賃金，これらの前期比較，子会社の労働者の状況と労使関係は良好なこと，5日間労働を実践していることなど。年金支給状況（受給者1934年度12,316人，平均受給年齢61.33，平均勤務年数32.86，月額平均＄55.50，総支給額＄7,762,429，これらのデータの前期比較），従業員株式引受制度（1934年度従業員25,887人による株式の申し込みなど），利益分配計画は1930年度以降停止していること，事故防止・衛生設備等の職場環境の整備（1934年度支出額＄5,125,275，1933年度支出額＄4,066,217）により事故が減少していること，従業員持家制度（1920年度以降の実績），グループ生命保険（1934年度年金受給者を含む154,458人が対象，保険金額＄212,847,636，死者及び就労不能者1,611人に支給，補償額＄2,154,186，これらのデータの前期比較），"ガーデン・プロジェクト"と呼ぶ家庭菜園の提供等について4頁にわたって説明。最後に以下の株主データを示した。

株主数	1934.12.31	1933.12.31
株主合計	239,167（人）	235,360（人）
優先株・普通株所有者数	15,305	15,665
優先株所有者	63,211	63,047
普通株所有者	191,261	187,978

　ここまでの12頁が取締役会議長による株主宛報告であるが，これが当初の29頁（1902〜1918）から25頁（1919〜1924）へ，そして12頁へと大幅に縮小された。
p.13：貸借対照表，会計計算書及び統計について次のように指摘する。

　　「連結総合貸借対照表と会計計算書及び統計は，U. S. Steel Corp. とその子会社を結合した結果（combined results）である。ただし，これらの会社間の債権・債務は除去している。株式の多数のみを所有するいくつかの会社についてはこれまで連結対象から除外していたが，株式を一部所有する子会社も連結に含めているので整合性をとるために今期からそれらの会社も連結対象とした〔株式を多数所有する子会社すべてを連結対象とした。しかし，連結対象会社数は明示していない〕。外国子会社の純流動性資産は連結貸借対照表に含まれているが，それは1934年12月31日現在の米国での為替相場を超過していない基準で評価されている〔下線部分は新設〕」。

　　続く Price, Waterhouse & Co. の監査証明書は以下のとおりである。

AUDITORS' REPORT TO STOCKHOLDERS

New York, March 5, 1935

To the Stockholders of the United States Steel Corporation :

　As auditors elected at the annual meeting of stockholders held on April 2, 1934, we have made an examination of the consolidated balance sheet of the United States Steel Corporation and its subsidiary companies as at December 31, 1934, and of the consolidated income account, condensed general profit and loss account, and statement of surplus for the year 1934. In connection therewith, we examined or tested accounting records of the corporation and its subsidiaries and other evidence, including confirmation of cash and securities by inspection of certificates from the depositaries, and obtained information and explanations from officers and employees of the corporation and its

第15章　U.S. Steel の財務ディスクロージャー　625

subsidiaries ; we also made a general review of the accounting methods and of the operating and income accounts for the year, but we did not make a detailed audit of all transactions.

In our opinion, based upon such examination, the expenditures charged to the gross property investment during the year cover actual additions and extensions ; the provisions for depreciation and depletion have been computed under the same general plan observed in previous years and appear to be reasonable, but are subject to possible adjustment upon completion of an analysis of investment in depreciable property now in progress ; the valuations of stocks of material and supplies on hand (as shown by inventories certified by responsible officials) have been made at cost or market prices, whichever were lower ; proper provision has been made for bad and doubtful receivables and for all ascertained liabilities, and the accompanying balance sheet and related income account, condensed general profit and loss account and statement of surplus fairly present, in accordance with acceptable principles of accounting consistently maintained by the companies during the year under review, the position of the United States Steel Corporation and its subsidiary companies on December 31, 1934, and the combined results of operations for the year.

PRICE, WATERHOUSE & CO.

　　1935年3月5日付の監査報告書なので「監査報告書モデル」（748頁）に
準拠しながらも，第2パラグラフの意見区分においては，資本的支出の
妥当性や減価償却及び減耗償却引当金がこれまでと同じ方針で計算され
それは合理的と思えること，しかし，現在進行中の減価償却資産に係る
分析が完了すると〔減価償却及び減耗償却引当金の〕調整の可能性がある
こと〔「限定事項」といえるであろう〕，原材料と貯蔵品については責任ある
役員による証明があるが，それらは原価時価比較低価法で評価されている
こと，不良及び回収の疑わしい売上債権とすべての確認しうる負債につい
ては適切な引当金が設定されているという意見も合わせ表明している。
pp.14-15：連結総合貸借対照表。当初からの固定性配列法の貸借対照表には，
　　「固定資産」の次に「鉱山採掘権」（Mining Royalties）が独立表示され，
　　投資勘定に「従業員持株計画に基づく土地家屋分割売却契約に係る投資」

も区分表示された。また，「市場性ある有価証券＄54,625,722.97」について カッコ書きで時価（＄55,138,806.52）が示され，「利益剰余金」（Earned Surplus）の脚注に，「現在進行中の固定資産分析が1935年中に完了すると前期以前の減価償却費の修正が必要になり利益剰余金も変更になる」ことも指摘された。しかし，連結総合貸借対照表の様式及び開示項目等は第1期から大きな変化はない（609頁）。

p.16：固定資産明細表。これは，期首繰越高，前期修正，当期増減，減価償却・減耗償却・アモーチゼーション・維持修繕等引当金，期末残高を示している。1913年度の貸借対照表は減価償却引当金を示す間接法表示であったが，1934年度は直接法表示である。しかし，減価償却・減耗償却引当金がここで明示されているので，実質的な変更はない。なお，「貸借対照表の固定資産＄1,626,143,781.60には無形資産（Intangibles）も含まれる」と記されているが，無形資産の金額は示されていない。

p.17：要約総合損益計算書〔第1期から基本的には変更なし。613頁〕

p.18：前期比較損益計算書（四半期ごとの利益，減価償却費・減耗償却費・アモーチゼーション・陳腐化費用，社債利息，配当金等の前期比較と増減一覧表）

p.19：連結資金運用表〔第1期から基本的には変更なし。614頁〕

p.20：創立（1901年4月1日）から1934年12月31日までのU.S. Steel及び子会社が獲得した純利益合計（＄3,909,736,127,97）とその処分状況（社債利息，償還社債プレミアム，優先株及び普通株配当金，子会社の株式水割り発行分の償却，期末未処分利益剰余金）

p.21：生産実績（原材料，半製品，完成品。トン数）一覧表〔第1期から基本的には変更なし〕

pp.22-24：社債及びモーゲージ等固定債務明細表〔第1期から基本的には変更なし〕

p.25：棚卸資産明細表（18種類の棚卸資産の期末残高と前期比較，前期に比し増加している要因はサンフランシスコのTrans-Bay Bridgeの拡張工事によること，期末卸資産のうち子会社間の取引に係る分については内部利益を控除していること〔下線部分を除き第1期から基本的には変更なし〕）

p.26：維持費・修繕費及び特別更新費明細表（それぞれの費用を製造部門，石炭・

コークス部門，鉄鉱石部門，輸送部門，その他部門に分類して表示している）。
貸借対照表の「偶発債務及びその他営業引当金」の期首・繰入・取崩・
期末残高一覧表〔これは新設である〕
p.27：減価償却・減耗償却・アモーチゼーション・維持修繕等引当金明細表
〔連結総合貸借対照表の「固定資産」から直接控除された引当金（626頁の p.16）
の明細表で新設である〕
pp.28-34：主な製造子会社の製品名，製造子会社15社名，子会社の所有する
製造プラント一覧表，鉄鉱石鉱山の地域別分布一覧表，石炭及びコークス
事業に係る地域と面積・工場数，水量発電・天然ガス施設・ドック等
（面積，キャパシティ等），鉄道会社の所有車両・路線，所有船舶数等〔第１期
から基本的には変更なし。財務データはなし〕。

　1934年度報告書は当初17年間の実質51頁から34頁へと大幅に削減されたが，
財務ディスクロージャーに関しては特に後退したとはいえない。むしろ当初
30年間の年次報告書が同じ事項の繰返しや資本的支出に係る資産の技術的な
説明，プラント・工場名・工場数の紹介等について冗長であったのに対し，
これらが省略され，一方で，前期と比較した運転資金や新製品・新技術の開発，
子会社の少数株主持分については新たな説明が付され，偶発債務及びその他
営業引当金についても明細表が開示されたからである。
　そして，納税額や四半期ごとの従業員数と賃金総額，１時間当たり賃金，従
業員雇用契約が労使の協調により遵守され従業員が満足していること，退職者
に対する年金給付の状況，従業員株式引受制度（1934年12月31日現在57,489人の
従業員株主），事故防止等安全施策，従業員持家制度，グループ生命保険，貸付
金制度，従業員のための家庭菜園の提供等についての説明に４頁を費やしてい
る。納税額の大きさを強調することによって当社が社会的責任を果たしている
ことを主張し，不況下であるにもかかわらず従業員が満足する雇用契約を遵守
していることを特に従業員株主や従業員社債権者に印象づけているのである。
　それにしても，U.S. Steel においてさえ「製造・生産原価及び営業費」の
内訳は明らかにしなかった。

(5) 第38期（1939年12月期）

U.S. Steel Corp. の年次報告書は第38期（1939年度）に至り大きな変貌を遂げる。それは，報告書の宛先が従来の「株主」とともに「従業員」も加えられ，またその頁数も28頁と大幅に減少したことであり，さらにその内容が著しく変化したことである。

全体の構成は，取締役会議長によるレビュー7頁，財政状態について14頁，製造設備・鉱山等について2頁，製品と製造及び輸送会社の紹介に2頁，従業員について2頁，そしてリサーチについて1頁となっている。

取締役会議長は，1939年度の生産実績及び販売数量，当期利益，1株当たり配当金，純運転資本，税金，株主数（1939年12月31日現在217,386人）等について前期等の数値と比較しその増減要因も簡単に説明した後，次のように主張する。

「〔製鉄〕業界が本来有している最大限の生産能力を発揮するためには大衆が業界の抱える諸問題を理解することが必要であり，また経営者は大衆の正当な要求に応えなければならない。このような相互理解は当社にとって特に重要である。"good public relations" は，まず家庭（at home）からはじまるのであり，すべての従業員と経営者が協力することによって大衆のニーズを満たすことができる。」議長は，相互理解を促進するために，従来とは異なる年次報告書を発行したという。

そして，財政状態については，以下のような特徴が見える。

「当社は1939年の生活費をいかに獲得したか」（How The Corporation Earned Its Living In 1939 ?）というタイトルで，売上高から原材料費，減価償却費・減耗償却費，税金，支払利息の4つの必要経費を控除することによって従業員の賃金を算出し，その「残高」〔売上高−4つの経費−賃金〕を株主に支払った分と社内に留保した分に区分し，各項目について4頁にわたって解説している。また，創立年度（1902年度）から1939年度まで38年間の同様な項目を一覧表として開示した。

次に，期末の貸借対照表を要約し資金の運用（借方）と調達（貸方；優先株資本金，普通株資本金，社債，支払手形）を秤（はかり）にかけた図を示しながら，運用の結果としての固定資産（資本的支出額，除却・処分額，減価償却累計額，主な資産

の取得と改善の内容），棚卸資産（その評価基準と期末有高の前期比較），そして現金と売上債権について説明し，あわせて当期の売上高（前期売上高との比較，増加要因等）についても簡単に紹介している。

続く前期比較形式の連結貸借対照表は，資産17項目（1934年度19項目）負債17項目（1934年度19項目）を開示し，脚注において，連結財務諸表作成方針（Principles Applied in Consolidation and Notes）を示している。

連結損益及び剰余金計算書は，前期比較形式で営業損益計算と営業外損益計算を区分表示し，利益処分項目を1頁に簡潔にまとめている。総売上高（＄904,151,897）は「通常分」と「輸送会社分」及び「その他事業」の3部門に分類表示している。しかしながら，"Cost of Goods Sold & Operating Expenses of Transportation & Miscellaneous Operations" は＄667,109,644と巨額であるにもかかわらず，その内容はまったく不明である。続く「その他営業費＄177,089,685」（Other Operating Expenses）は，「一般管理費・販売費」「年金基金繰入額」「貸倒引当金繰入額」「税」「社会保険料」「遊休プラント費」「減価償却・減耗償却・陳腐化引当金繰入額」「施設処分・調整費」の8項目を表示し，これらを営業損益計算に含めている。

連結資金運用表も継続して開示された。

貸借対照表項目（固定資産，引当金，固定債務，維持費・減価償却費・減耗償却費・陳腐化費用）の説明は簡略化された。また，鉄鉱山，石炭・コークス，ドック，船舶，鉄道，製品名と構成会社についての紹介は4頁に縮小された。

最後に従業員に係わる賃金，事故防止施策，持家プラン，生命保険，年金制度，研究開発等についての説明を3頁に要約している。

U.S. Steel Corp. の約40年間の年次報告書の中心が財務報告であることには変わりはない。しかし，第38期（1939年度）報告書中に占める財務情報の位置づけは前37年間に比し軽く扱われている。しかし，このことをもって単純に財務ディスクロージャーの後退とはいえない。それは，SECへの年次報告書（いわゆる Form 10-K）が財務公開の手段としての役割を果たしているからである。株式の分散化に伴う素人の株主や従業員株主の増加は，彼らにも理解しうる年次報告書が求められ，また年次報告書が一般大衆や消費者への広告あるいは"パブリック・リレーションズ"（Public Relations）の手段として利用され

るとき，おのずとその内容は規定される。つまり，年次報告書は平均的読者が会社の全体像を知ることができるようなものでなくてはならないからである。そこでは，財務ディスクロージャー（financial disclosure）よりも，むしろ「会社内容の開示」（corporate-affairs disclosure）が重視されるのである。カラー写真やグラフ，図表等の利用は年次報告書に求められるやさしさ（「優しさ」と「易しさ」）の反映である。年次報告書の機能の変化をみることができる。

第16章

要約：財務ディスクロージャー

　アメリカ製造会社の1890年代以降1930年代中頃までの年次報告書における財務ディスクロージャーについて要約しよう。

 財務ディスクロージャーの特徴とその背景

　GE と他の有力な製造会社の年次報告書に見られる財務ディスクロージャーの特徴とその背景は，次のように要約することができる。
　（1）　時の経過とともに開示される財務情報は拡大した。その一因は後述するように株主の増加であろう（644頁）。

　（2）　貸借対照表は当該企業の財政状態（financial condition）をある程度把握できるような資産と負債及び資本項目を示している。
　そして，GE の最大の特徴は，貸借対照表それ自体を簡略化し一覧性をもたせるとともに，貸借対照表を構成する各項目の内容の説明に力点をおく方式を採用したことである。この報告形式は，その後の U.S. Steel Corp. や International Harvester Co., Westinghouse Electric ＆ Manufacturing Co., Bethlehem Steel Corp., Republic Iron ＆ Steel Co., Goodyear Tire ＆ Rubber Co., B.F. Goodrich Co., Coca-Cola Co. 等の良好な財務ディスクロージャーの範となったものと解することができる。

（3）　損益情報の開示には否定的あるいは極めて消極的である。損益計算書をまったく発行しない会社もかなり見られた。また，発行してもその内容は貧弱である。売上高と売上原価，販売費・一般管理費を明示している会社はほとんどなく，売上高の表示または指摘も少数で，特に売上原価や販売費の独立表示は拒否された。そして，その論理は，「損益情報の公開は競争相手を有利にし，会社が損失を被り，結局は株主に損害を与える」ということである。それ故，開示された損益計算書は営業活動本来の利益の算出過程を示すものではなく，利益処分としての社債利息や配当金を示すことによって，社債権者や株主への還元額の大きさを主張するための，また時には各種の引当金や準備金の繰入れを通しての会社の安全性を強調するための手段とさえ思えるものであった。以下，これらの点を確認しよう。

GE においても，損益情報，特に製造原価や売上原価，販売費の開示は拒否された。わずかに，120年以上も前の1895年1月31日終了年度（第3期）から1900年1月31日終了年度（第8期）までの6年間においてのみ 「売上原価」（Cost of Goods Sold）は明示されたが，それ以外の年度の報告書は，売上原価と販売費・一般管理費等を含む「売上諸費用」（Cost of Sales Billed）の表示であった。ただし，「売上諸費用」の表示でも評価される。なお，GE が年次報告書の損益計算書において「売上原価」と「販売費及び一般管理費」を独立表示するのはなんと65年後の第74期（1965年度）である。

U.S. Steel Corp. の創立年度（1902年度）から1934年度までの損益計算書は，「製造・生産原価及び営業費」（Manufacturing and Producing Cost and Operating Expenses）と 「管理費・販売費・一般費」（Administrative, Selling and General Expenses）は区分表示しているものの，それらを構成する費目については一切明らかにしなかった。特に前者については売上高に対して1913年度80％，1930年度85％，1934年度90％を占めているにもかかわらず，その内容は不明である。「維持費・修繕費」「税金」「減価償却費」「売上割引及び支払利息」を除くその他の主要な費用については，U.S. Steel においてすら秘密事項であった。

Bethlehem Steel Corp. の1911年度貸借対照表は同社の財政状態に関する“full publicity”といえるほどの最高のものであったが，売上高と売上原価の開示は拒否された（314頁）。

第16章　要約：財務ディスクロージャー　633

　Republican Iron & Steel Co. の1912年度から1920年度までの財務ディスクロージャーは優秀であったが，「売上原価」は示されなかった（320頁）。

　Goodyear Tire & Rubber Co. の1916年度から1920年度までの貸借対照表も良好であったが，損益計算書は発行されなかった（357頁）。そして，再建後の1921年度と1922年度の報告書は「純売上高」と「製造原価」及び「販売費及び一般管理費」を示す模範的損益及び剰余金計算書を発表したが，1923年度には「製造原価」と「販売費及び一般管理費」が削除された。当社が「売上原価」「販売費・一般管理費」「減価償却費」の３大費用項目を，ライバルのB.F. Goodrich Co. と同時に開示したのは連邦有価証券二法成立後の1938年度報告書においてである。

　The Procter & Gamble Co. の1920年度報告書はグループ全体の総売上高と当期純利益については指摘したが，損益計算書は開示しなかった（327頁）。当社が損益計算書を発表したのは1929年６月30日終了年度においてである。

　E.I. du Pont de Nemours & Co. の創立118年目に当たる1920年度の要約利益及び剰余金は，「純売上高」と「純利益」そして「配当金」の３項目のみの表示である（402頁）。しかも，1928年度損益計算書においては，売上高は省略されてしまった。

　National Lead Co. の1920年度純利益の算出過程はまったく不明である（513頁）。創立39年目の1930年度報告書において初めて「純売上高」「売上原価」「管理費・販売費・その他費用・税金」「減価償却費及び減耗償却費」の４つの“キーワード”を開示した。

　Caterpillar Tractor Co. は，創立年度の1925年度から1928年度までの４年間，社長報告での純売上高，税金控除前利益，支払利息または減価償却費の３項目の指摘を除いて損益データを一切示さなかった（538頁）。

　Eastman Kodak Co. の1927年度損益及び剰余金計算書は，「当期純利益」とその処分たる「配当金」の表示に終わっている（577頁）。

　General Motors Corp. の1920年度以降の報告書は会社内容の開示（publicity of corporate affairs）という意味では代表的なものであるが，1928年度になっても製造原価や販売費・一般管理費は明らかにしなかった（426頁）。

American Sugar Refining Co. が「売上高及びその他収益」と「原価及び
すべての費用」を初めて明示したのは，会社成立後47年を経過した1937年度の
簡易な損益計算書においてである（334頁）。

そして，すでに検討したように，名門 American Tobacco Co. や石油業界の
リーダーStandard Oil Co., ゴム業界最大手の U.S. Rubber Co. も，損益情報
の開示には消極的であった（461，440，395頁）。

このように，企業側が損益情報，特に売上高や売上原価の開示に強く抵抗し
ていることは，次のような事実にも見ることができる。証券取引所法（1934年）
は，SEC への届出及び報告をなす者に対してすべての情報あるいは一部の情
報を公開することに文書でもって異議を唱えることを認めている（第24条(b)）。
そして，この法の下での訴訟に関する SEC の裁定について不服申立ての審理
を定めている（第25条(a)）。1936年6月30日に終了する年度において631の SEC
登録会社が966項目について情報の公開に異議を唱えていたが，このうち最大
の項目が売上高と売上原価であった（次いで「取締役・役員等の報酬」）。そして，
1937年6月11日現在15件が審理中であったが，この15件はすべて売上高と売上
原価の開示に反対していた[1]。

また，アメリカ会計士協会（AIA: American Institute of Accountants）は，
1935年2月15日号のブレティンと同年3月号の *The Journal of Accountancy*
の論説で，SEC の要求する年次報告書（Form 10-K）における総売上高，
売上原価，売上総利益の表示に反対し，さらに販売費及び一般管理費の独立表
示にも疑問を投げかけ，上場企業は以下の3つの代替案でも許されるべきであ
ると提案している[2]。

(a) 「売上高」と「売上原価・販売費・一般管理費」を表示する方法

(b) 単にメモとして最初に売上高を示し，通常の「営業利益」からスタート
する方法

(c) 「売上総利益」からスタートし，次いで「販売費及び一般管理費」を控除
する表示方法

第16章　要約：財務ディスクロージャー　635

　これらは SEC への届出書及び SEC に提出すべき年次報告書に係る損益項目の開示についてであるが，法定監査の時代に入っても，そして会計職業団体のリーダーにおいてすら損益情報の開示についてはこのような消極的な姿勢だったのである。

　時代は貸借対照表を中心に回っていた。1909年，H.R. Hatfield は『近代会計学』（*Modern Accounting : Its Principles and Some of Its Problems*）を著したが，そこでは，複式簿記の本質を「財＝資本主持分」（Goods＝Proprietorship）または「積極財産－消極財産＝資本」とした。この理論によれば，簿記は資本主に属する財産の構成とその全体を資本主の立場で計算する手段とみられた。財産は積極財産としての資産と消極財産としての負債より構成され，その全体すなわち資産から負債を差し引いた純財産が資本すなわち資本主持分である。財産に生じた増減変化の正味差額は直ちに資本主の持分変化になるので，損益も純財産の増減として資本主に帰属される。換言すれば，損益勘定は資本主勘定に付随する内訳勘定であり，損益計算書はいわば貸借対照表の付属物と解されていたのである[3]。

　（4）　ほとんどの会社の "Consolidated Financial Statements" は，関係会社間の取引を除去した「連結財務諸表」なのか，それとも「結合財務諸表」なのかは不明である。

　ただし，International Harvester Co. は1907年12月31日終了年度の貸借対照表を "Combined Balance Sheet" と名付け，「結合貸借対照表」であることを明らかにしている（290頁）。また，Eastman Kodak Co. は，1927年度貸借対照表はすべての子会社との結合貸借対照表（Combined Balance Sheet）であること，損益及び剰余金計算書の純利益は結合会社（Combined Companies）の税引後純利益であることを明示した（575頁）。そして，U.S. Steel Corp. は，第 1 期から「連結総合貸借対照表は U.S. Steel Corp. といくつかの子会社（several Subsidiary Companies）の資産及び負債の結合（combined assets and liabilities）であること」，「子会社の債権・債務は相殺していること」を指摘した（606頁）。これらは稀なケースである。

そして，"Consolidated Financial Statements"の「連結範囲」，つまり子会社数等についても明確な指摘はほとんど見られなかった。例えば，以下のとおりである。

GEは設立当初から連結範囲（3社ないし4社の会社名）を明示していたが，1909年度（第18期）報告書はこれを省略し，以後も指摘しなかった（178頁）。そして，1947年度（第56期）に連結会計を採用，1948年度に連結会社数は13社であることを明示した（249頁）。

U.S. Steel Corp.においてさえ，創立年度から1931年度（第30期）までは，「子会社のうち数社（several Subsidiary Companies）」との指摘にとどまった（618頁）。また，1934年度（第33期）においては，「株式の多数のみを所有するいくつかの会社についてはこれまで連結対象から除外していたが，株式を一部所有する子会社も連結に含めているので整合性をとるために今期からそれらの会社も連結対象とした」とし，株式を多数所有する子会社すべてを連結対象とした（624頁）。しかし，連結対象会社数は明示しなかった。

Bethlehem Steel Corp.の1911年度財務ディスクロージャーは良好であるが，子会社5社を紹介しながらも，連結財務諸表は当社と子会社5社であるとは指摘していない（307頁）。

GMは，1919年度報告書で乗用車・商用車，トラック，附属部品の各部門に属する21社の会社名を明示したが，連結会社数については指摘していない（411頁）。以後の1922年度，1928年度の報告書においても見られない。

National Lead Co.は1920年度報告書において連結貸借対照表は当社と完全子会社（株式の100％所有）の連結であることを明示したが，完全子会社の数は明らかにしていない（514頁）。International Paper Co.の1926年度報告書も連結範囲を完全子会社と明示しながらも，連結会社数を示さなかった（482頁）。

"トップレベル"の財務ディスクロージャーを実践していたWestinghouse Electric & Manufacturing Co.は，1913年3月期の報告書において「総合貸借対照表はWestinghouse Electric & Manufacturing Co.と合衆国にある子会社との連結」と指摘し（254頁），15年後の1928年3月期の連結貸借対照表と連結

損益計算書は「Westinghouse Electric & Manufacturing Co. と完全子会社との連結」と指摘しながらも（262頁），連結対象会社数は明らかにしなかった。

Standard Oil Co. の1934年度報告書は「貸借対照表と損益計算書に関するコメント」において「連結範囲は当社が普通株発行株式の50％を超える株式を所有する会社及びその子会社であり，これには国内及び海外の会社が含まれる」と明示したが，連結会社数は示していない（451頁）。

1935年度の株主宛報告書においても，International Paper Co. は「議決権の50％を超える株式を所有する会社を連結対象とする（間接所有も含む）。ただし，資産と純利益が相対的に重要でない小規模な輸出会社は除く」と指摘し（500頁），Anaconda Copper Mining Company も連結方針として「当社が発行済株式総数の75％以上を所有する会社」と明示したが（525頁），両社とも連結会社数は示していない[4]。

一方で，E.I. du Pont de Nemours & Co. は1920年度報告書において，連結対象会社は発行済株式を100％所有する子会社3社であること，そして3社の会社名を明示した（398頁）。また，The Goodyear Tire & Rubber Co. の1921年度連結貸借対照表は「当社と主たる販売会社である The Goodyear Tire & Rubber Co. Inc. との連結」であること，さらに，1923年度連結損益及び剰余金計算書は「当社（Akron）と主たる販売会社である The Goodyear Tire & Rubber Co. Inc. 及び The Goodyear Tire & Rubber Export Co. の3社の連結」であることを明示している（364，368頁）。いずれも，比較的早い時期における稀な好例である。

そして，Westinghouse Electric & Manufacturing Co. も，1931年度報告書において「連結財務諸表に含まれるのは Westinghouse Electric & Manufacturing Co. と子会社5社及び子会社の完全子会社である。子会社5社は，Westinghouse Lamp Company, Westinghouse Electric Elevator Company, The Bryant Electric Company, Westinghouse X-Ray Company, Incorporated, Westinghouse Electric International Company である」と明示した（267頁）。

（5） いわゆる「資本的支出」を「収益的支出」として処理することが安全性の観点から支持された。

更新・改善・改良に係る支出（資本的支出）は，修繕費（収益的支出）と同等に扱われ費用処理された。これは鉄道時代の会計処理を継続していたのである。

1897年10月 9 日号の *The Commercial & Financial Chronicle* は論説で次のように主張する（32頁）。「Louisville & Nashville Railroad は〔年次報告書に示してあるとおり〕1894年 7 月 1 日に〔資産である〕建設勘定（construction account）を閉鎖し，それ以来，改善及び改良に係る支出は費用処理することを慣習（custom）としてきた。この処理は同社のみならず他の多くの鉄道会社も実施しており長い間の経験の所産である。このような安全かつ保守的な処理は会社財政を強固にし，結局は株主にも社債権者にも役立つのである。」

一方で，American Cotton Oil Co. のように，資本的支出と収益的支出を区分処理している例も見られる（55頁）。1893年 8 月31日終了年度の報告書において取締役会議長 E.D. Adams は，建物等の新設に係る支出を「永久投資」（Permanent Investment）勘定に計上し，維持・修繕に係る支出を費用処理したことを指摘した後，建設（construction）と費用（expenses）に係る処理方針について，次のように述べている。「生産能力（capacity）や生産高（output）の拡大をもたらす支出は有形固定資産または永久投資勘定に計上し，営業の便益や経済性に資するまたは生産物の品質を改善させるためのあるいは稼働設備等を第一級の状態に維持するための支出は営業費とする。」これは極めて稀なケースである。

また，更新・改善・改良に係る支出は，往々にして減価償却費に代替するものとして扱われた。例えば，1907年 2 月28日に終了する Corn Products Refining Co. の第 1 期報告書は，「減価償却費に代替する更新費及び改善費」（Additions and Betterments charged off in lieu of depreciation）を計上した（283頁）。

そして，建物の建設や設備・装置等の取得に係る支出でさえも費用処理された。例えば，1908年 4 月30日に終了する American Smelting & Refining Co. の第 9 期報告書において，社長は，「鉛・銅の精錬工場がメキシコで完成し1908年 7 月から操業を開始した。工場の全建設額は費用計上されたが，これは，過去 5 年間において当社の採用する新建設に係る統一的な慣行（universal custom）である」と述べている（303頁）。新工場の全建設額を費用計上することが過去5年間において当社の採用する統一的な慣行であるとの堂々とした主張は，当時の多くの企業の会計実践に裏付けられたものであろう。

1926年になっても，Chrysler Corp. は，「自動車製造ライン建設に係る支出については費用計上という保守的な会計処理を継続した」と指摘し，業界第3位となった1927年度報告書においても「〔自動車の〕ニューモデルのための支出はすべて費用計上した」と，そして1928年度においても“Dodge モデル”の再編に係るすべての支出を費用計上した」と株主に伝えた（556，557，558頁）。

（6）①減価償却費や減耗償却費の処理及び表示，②貸倒引当金や偶発債務引当金の設定，③棚卸資産や有価証券の評価（評価方法を含む），④営業権・パテント・ライセンス等の処理，⑤各種準備金の繰入れ及び収崩しなどは経営者の意のままであり，明らかに利益調整手段であった。これまでの検討で容易に理解しうるであろう。ここでは，①と④について要約しよう。

減価償却費や減耗償却費の処理及び表示について。例えば，GE の第3期（1895年1月31日終了年度）貸借対照表における製造プラントは＄3,900,000.00ときりのよい数値である。前期からの繰越高は＄3,941,128.98，これに建物建設＄61,124.34と機械購入＄268,079.73の合計＄329,204.07を加算し，減価償却費＄370,333.05を控除，結果として帳簿価額は＄3,900,000.00である。＄3,900,000.00を計上するために減価償却費を調整したのであろう（110頁）。このような会計処理は，少なくとも第16期（1908年1月31日終了年度）まで続いた（171頁）。GE においてすらそうであった。

また，International Harvester Co. の1907年度報告書の財務ディスクロージャーは最高のレベルにあると評価したが，1906年度と07年度の減価償却費及び減耗償却費は，ともに＄1,000,000と“アバウト”の金額であった（288頁）。

Standard Oil Co. の1925年度報告書において取締役会議長と社長は，「オイルビジネスは常時変化している。減耗償却費や減価償却費，陳腐化費用を正確に決定する安定した基準はまだ存在しない」と言い切っている（438頁）。オイルビジネスに限ったことではなかったであろう。

そして，製紙業界最大手のInternational Paper Co. の社長は，1931年度報告書において株主に次のように伝えた（491頁）。「すべての利息その他費用控除後で，優先株配当金及び減価償却費控除前の連結利益残高は＄1,995,076である。優先株配当金合計＄1,709,268は剰余金から支払われた。その結果，減価償却費計上前の残高は＄285,808〔＄1,995,076－＄1,709,268〕である。減価償却費合計＄3,128,400は剰余金＄2,842,592 を取り崩して計上された。」当期は欠損である。しかし，会社は「残高」（Balance）と呼ぶ。当然のことながら，欠損は減価償却費を含むすべての費用・損失控除後の金額でなければならない。減価償却費控除前の総費用は＄4,576,015.06，これを総利益（＄6,571,090.92）から控除すると＄1,995,075.86〔小数点以下を四捨五入して＄1,995,076〕となる。なぜ社長はこの＄1,995,076を指摘するのであろうか。それは，減価償却費計上前は「利益＄1,995,076である」ことを主張するためであろう。そして，減価償却費を剰余金を取り崩して計上したとする主張は，減価償却費は利益調整項目だからであろう。

　次に，営業権・パテント・ライセンス等の処理について。1890年代の早期に優秀な財務ディスクロージャーを実践していた American Cotton Oil Co. は，資本金と負債の合計額から実際に鑑定評価した有形固定資産と流動資産（時価）の合計額を控除することにより，その残高を「営業権・契約・リース・パテント・ブランド等」として表示した（48頁）。つまり，有形固定資産と流動資産を現金評価し，すでに発行している株式資本金と負債を比較することによって，後者が前者を超過する分（株式の水割り発行分）を「営業権・契約・リース・パテント・ブランド等」としていたのである。第2期（1891年8月31日終了年度）の「営業権・契約・リース・パテント・ブランド等＄19,104,978.59」（総資産の55％）は第11期（1900年8月31日終了年度）になっても＄17,074,124.41とさほど減少せず（償却せず），総資産の49％も占めていた（48，68頁）。

　GEは，第1期（1893年1月31日終了年度）において，設立母体である基盤会社3社の「パテント・権利・ライセンス・契約等」を合計＄8,159,264.02と評価し（98頁），それを徐々に水抜きした。つまり，第4期（1896年1月31日終了年度）において，所有する24社の株式（額面合計＄40,654,900）を1ドルで評価し（合計＄24），取得原価〔金額は不明〕との差額についてはパテント勘定を取り

崩して損失処理した（114頁）。24社の株式とパテント勘定との関係は不明である。また、第7期（1899年1月31日終了年度）には「パテント・フランチャイズ・営業権」に係る特別償却費＄4,000,000.00を、翌第8期には＄2,000,000.00を計上したが（132, 139頁）、両年度とも恣意的な処理である。そして、第15期（1907年1月31日終了年度）までに水抜きを完了した（170頁）。

International Harvester Co. の社長は、1907年度の株主総会において、「創立時のパテント・商標権等については、株式も発行せず現金も支払わなかった」と報告している（289頁）。これは、株式の水割りの結果として「パテント・商標権等」勘定が発生している他社の現状と当社は異なることを主張しているのである。

Goodyear Tire & Rubber Co. は、1916年10月期までに「パテント・トレードマーク・デザイン」を＄1.00と評価した（355頁）。そして、ライバルのB.F. Goodrich Co. も、1920年度連結貸借対照表において、会社の帳簿に記載されている「営業権＄57,798,000.00」と「パテント・トレードマーク＄1.00」の合計＄57,798,001.00を普通株資本金（発行済）＄60,000,000.00から差し引き、その差額＄2,201,999.00を普通株資本金として表示した（381頁）。

Eastman Kodak Co. も1927年度貸借対照表において、「すべての会社の営業権及びパテント＄0.00」と表示し（575頁）、Westinghouse Electric & Manufacturing Co. も1927年度報告書において、必要のなくなった連邦所得税引当金＄3,000,000を取り崩し「パテント・チャーター・フランチャイズ」の償却に充てた（262頁）〔ただし、両者の関係は不明である〕。Caterpillar Tractor Co. は1929年度（第5期）において、「パテント・トレードマーク・営業権等＄1.00」とした（539頁）。

これらの会社は、創立時の過大資本を水抜きし財政の健全化を図るために営業権・パテント・ライセンスなどを、業績を考慮して費用処理したのである。

一方、GM は、1919年度報告書において、土地・プラント・装置を再評価し、再評価額と帳簿価額との差額（資産評価益）を「営業権・パテント等」から控除している（411頁）。これは、実質的には「営業権・パテント等」の有形固定資産への振替であり、「営業権・パテント等」の資産性を再認識し有形固定資産に振り替えたのである（412頁）。

2 年次報告書の変容

(1) 従業員の賃金と福利厚生に関する情報

すでに検討したように，各社の年次報告書における財務情報の開示は時の経過とともに拡大した。と同時に，財務情報以外の情報も報告されたのである。それは，従業員の賃金と福利厚生に関する情報である。

International Harvester Co. の社長は，早くも1907年度報告書においてグループの従業員数と支払賃金総額，従業員株式ボーナスプラン等について指摘し，翌1908年度報告書においては，年金基金や新たに組織された従業員共済組合，医師の常勤等の労働環境の改善についても説明した（290，299頁）。

Bethlehem Steel Corp. の1911年度報告書は，従業員数の増加と支払給与・賃金の"アップ"を謳い，また，救済慈善協会にスタッフを派遣し寄付をして維持していること，その基金で従業員の疾病等に対して補償していることを報告した（310頁）。

GM は1919年度報告書において，GM とその子会社の従業員数と支払った賃金総額，従業員持家計画や従業員に対する株式ボーナスプラン，貯蓄プラン等について報告した（412頁）。

GE の1920年度報告書において，社長は，給与から差し引く分割払制度により12,000人の従業員が GE 発行の社債（利率7％）を購入したこと，株式についても1株から10株までの範囲で従業員の36％に相当する30,747人が購入したこと，そして，1920年12月31日現在21,461人の株主が存在し，そのうち10,626人は女性であることを指摘した（207頁）。

American Sugar Refining Co. は，1920年度報告書において，グループ各社において医療検診を実施し，労働者災害補償法の下で医療保険制度を導入していること（過去7年間の医療費の支払実績），1912年度以降採用している年金制度とその実績，1919年から実施している団体生命保険の実績（保険総額，死者への支給額），従業員株式購入計画とその実績について説明している（330頁）。

International Harvester Co. の1920年度貸借対照表は，「年金基金」「事故基金」「従業員貯蓄計画基金」の3項目を独立表示した（505頁）。

E.I du Pont de Nemours & Co. も，1920年度報告書において従業員ボーナスプラン，従業員株式引受けプラン，年金プラン，1915年度以降の配当率，全株主の35％が従業員株主であることなどの説明に4頁を費やした（398頁）。

National Lead Co. は1920年度報告書において，株主は1920年12月31日現在7,636人，1人当たり所有株式数59株，女性株主3,939人，女性株主1人当たり所有株式数38株であることを明らかにした（514頁）。

U.S. Rubber Co. も，1920年度報告書において，従業員に対し株主となるよう奨励していること，株主は普通株主11,878人，優先株主17,353人，合計29,231人で，1919年に比し10,192人も増加したことを伝えた（389頁）。

経営者によるこのような報告が1919年度から1920年度の報告書に集中して見られることは，後に指摘するこの間の株主の急増が背景にある。

GM の1922年度報告書は，損益計算書において「従業員ボーナス引当金繰入額」と「従業員貯蓄・投資基金繰入額」を表示し，貸借対照表にもこれら2つの引当金を明示した。そして，株主総数65,665人，普通株主44,000人のうち37,000人は所有株式100株以下，13,000人は10株以下，女性株主は11,244人で4分の1を占めている〔1917年末は2,920人で5年間で23倍〕と報告した（423頁）。

National Cash Register Co. も，1925年度は従業員利益共有計画に従って＄2,094,048.44を従業員に分配したこと（569頁），Eastman Kodak Co. も1927年度報告書において，株主数や従業員数のグラフ等を添付し，従業員に対する賃金政策や従業員持株制度等について説明している（578頁）。

GE の1926年度報告書は，貸借対照表に表示した「保険・従業員補償引当金」と「年金給与引当金」について解説し，株主は46,305人（半分は女性，98％は米国在住，2％は海外在住），従業員数（1926年度平均75,711人）と従業員の所得の増加（1914年度に比し118％増加，卸売物価は54％上昇），従業員のための生命保険と損害保険の実績，持家援助制度，貯蓄計画等について説明した（218頁）。

Westinghouse Electric & Manufacturing Co. も，1928年度報告書において，従業員貯蓄基金やグループ生命保険，従業員持家制度の実績，従業員数と賃金総額等について報告した（262頁）。

(2) 株主の増加

アメリカにおける株式の分布状況を初めて明らかにしたのは，H.T. Warshow（National Lead Co.）である[5]。H.T. Warshow は，全米の株主は1900年はおよそ440万人，1913年は750万人であったが，1917年から1920年までの短期間（第一次大戦中及び戦後）に急激に増加し，1917年の860万人から1920年には1,200万人へ（3年間で年平均12.0％の増加），1923年には1,440万人（1920年から1923年の3年間で年平均6.25％の増加）に達したと推定した。そして，1921年頃には株主も富裕層から中間層と低所得層へと変化したと結論している。

この間の1920年，合衆国最高裁はアイズナー対マッコンバー事件（Eisner, Internal Revenue Collector vs. Macomber）において，株式配当を課税所得としないと判決した。そこで，株式会社は株主を優遇するために株式配当や株式分割を実施し，1920年から1926年にかけては，1913年から1919年にかけてのおよそ6倍の株式配当が行われたという[6]。これも，株主増加の一因であろう。

本書で取り上げた会社の株主数の推移は，次頁の**表16－1**のとおりである。

表16－1で見るように，ほとんどの会社の株主は1917年から1920年，21年にかけて大幅に増加している。

また，General Motors の状況は，以下のとおりである[7]。

1917.12.31	2,920 人	1923.12.31	68,063 人（2,398 人）
1918.12.31	4,739（1,819 人）	1924.12.31	66,097（△1,966）
1919.12.31	18,214（13,475）	1925.12.31	50,917（△15,180）
1920.12.31	36,894（18,680）	1926.12.31	50,369（△548）
1921.12.31	66,837（29,943）	1927.12.31	66,209（15,840）
1922.12.31	65,665（△1,172）	1928.12.31	71,185（4,976）

（ ）は前年比増加数

GM においても1919年度から1921年度にかけて株主は驚異的に増加している。

第16章　要約：財務ディスクロージャー　645

| 表16—1 | 株主数の推移 |

	1900	1910	1913	1917	1920	1923	1928
American Car & Foundry	7,747	9,912	10,402	9,223	13,229	16,090	17,152
Amer. Smelting & Refining	3,398	9,464	10,459	12,244	15,237	18,583	15,040
American Sugar Refining	10,816(1901)	19,551	18,149	19,758	22,311	26,781	22,276
Eastman Kodak	2,710(1906)	3,018	3,254	—	—	11,650	—
E.I. du Pont	809(1906)	2,050	2,697	6,592	11,624	14,141	21,248
General Electric	2,900	9,486	12,271	12,950	17,338	36,008	51,882
International Paper	2,245	4,096	3,929	4,509	3,903	4,522	23,767
National Biscuit	7,000(1906)	7,769	7,869	—	10,189	14,422	—
Procter & Gamble	1,098	1,606	1,881	2,448	9,157	11,392	37,000
Standard Oil of N.J.	3,832(1901)	5,847	6,104	7,351	8,074	51,070	62,317
U.S. Rubber	3,000(1901)	3,500	12,846	17,491	20,866	34,024	26,057
U.S. Steel	54,016(1902)	94,934	123,891	131,210	176,310	179,090	154,243
Westinghouse Electric	2,000(1901)	8,500	9,347	—	20,077	35,000	—

（出典）　H.T. Warshow, "The Distribution of Corporate Ownership in the United States," *The Quarterly Journal of Economics*, November 1924, pp.15 38.

1928年については, Gardiner C. Means, "The Diffusion of Stock Ownership in the United States," *The Quarterly Journal of Economics*, August 1930, pp.561-600.

　年次報告書の財務情報の「拡大」と(1)で検討したような従業員の賃金と福利厚生に関する情報の報告は，このような状況において理解することができるのである。

3　年次報告書の「量」

　第3章で「年次報告書の作成義務が課せられていない時代における会社内容の開示はその『分量』において経営者の姿勢が問われるので，〔本書は〕実際の年次報告書の1頁の大きさと総頁数を意識して〔財務ディスクロージャーと監査について〕検討している」と指摘した（95頁）。この視点から実際の年次報告書について要約しよう。

(1) General Electric Company

GE の第 1 期（1893年 1 月期）から第43期（1934年12月期）までの年次報告書の 1 頁の大きさは，たて22cm よこ14cm（A 4 判の半分である A 5 判のたて・よこを 1 cm 拡大したサイズ）で，その総頁数については，すでに**表 6 - 1**（247頁）で紹介した。ここでは，再度，要約しておこう。

第 1 期は12頁，第 2 期と第 3 期は10頁増加し22頁，第 4 期（1896年 1 月期）は36頁となり，量・質とも GE 史上最高の財務ディスクロージャーであった。第 5 期から第19期（1910年12月期）までは26頁～32頁で推移し，この間も優良な財務公開を実践した。ところが，第20期から第34期（1925年12月期）までは12頁～16頁と大幅に縮小し，従来の売上債権や棚卸資産の評価等に関する説明は極めて簡略化された。第35期から第39期（1930年12月期）までは28頁に復活，財務情報とともに福利厚生施策等の説明が加えられた。第40期から第43期（1934年12月期）までは20頁と減少したが，財務情報の開示は改善された。

(2) U.S. Steel Corporation

U.S. Steel Corp. の年次報告書は，たて29.5cm よこ21.5cm の A 4 判を 1 頁とする以下のような総頁数であった。

第 1 期（1902年度） ～ 第17期（1918年度）― 55頁（表紙，取締役等の紹介 4 頁を含む）
第18期（1919年度） ～ 第23期（1924年度）― 52頁（同上）
第24期（1925年度） ～ 第30期（1931年度）― 45頁（表紙，取締役等の紹介 4 頁を除く）
第31期（1932年度） ～ 第33期（1934年度）― 34頁（同上）

そして，年次報告書は，第 1 期以来一貫して，取締役会議長による株主への報告，財務諸表と附属明細表，構成会社・製品・プラント・船舶・鉄道の紹介の三本の柱から構成された。

確かに，20世紀最初の30年間の年次報告書で開示された財務情報は他社を圧倒するものであった。特に， 4 つの財務諸表（609-615頁）と各種の明細表の開示，直近 6 ～10事業年度の月別及び四半期別連結利益の表示，維持費・修繕費

と特別取替費の前期比較及び部門別分類，資本的支出の部門別表示，売上高の「外部顧客への売上高」と「子会社間の売上高」の区分表示，期末棚卸資産のうち子会社間取引に係る分についての内部利益の控除等は特筆される。

しかし，当社においてさえも，連結範囲は明示されず，「製造・生産原価及び営業費」と「管理費・販売費・一般費」は区分表示されたものの，売上原価や営業費については明らかにされなかった。

(3) General Motors Corporation

General Motors Corp. の年次報告書は，たて26cm～28cm，よこ19cm～21cmのほぼＡ４判を１頁として，以下のように展開された。

1919年度 18頁	1936年度 62頁
1922年度 28頁	1937年度 79頁
1923年度 26頁	1938年度 71頁
1924年度 28頁	1939年度 71頁
1925年度 30頁	1940年度 83頁
1926年度 34頁	1941年度 84頁
1927年度 38頁（フォードを抜いて首位）	1942年度 97頁
1928年度 47頁	1943年度 64頁
1929年度 36頁	1944年度 52頁
1930年度 29頁	1945年度 52頁
1931年度 32頁	1946年度 52頁
1932年度 36頁	1947年度 52頁
1933年度 40頁	1948年度 44頁
1934年度 44頁	1949年度 48頁
1935年度 54頁	1950年度 52頁

膨大な頁数である。特に1942年度（第34期）報告書の97頁は，厚さ８mmというボリュームである。

検討した1928年度報告書（全47頁）は，会社内容の開示（publicity of corporate affairs）という意味では一級品であった。社長は売上高と車種別販売台数を報告し会社の成長を誇示したが，損益計算書は減価償却費を除き売上原価や販売費・一般管理費を開示せず不十分なものであった。

⑷ 主な特徴

⑴ 大部の年次報告書

American Sugar Refining Co. の1920年度報告書は，たて22cm よこ14cm（ほぼ A 5 判）を 1 頁とする全48頁と大部である。しかし，そのうち24頁は，砂糖の全米生産量や国別輸入量，国別の卸売価格，原料価格の推移等を示す「統計資料」と製糖業に関する法案や第一次大戦が業界に与えた影響等についての説明であり，財務ディスクロージャーという観点からは平均をやや上回る程度であった（329，334頁）。

International Paper Co. の1920年度報告書は，A 5 判のたてを 1 cm 縮小したサイズを 1 頁とする全38頁である。しかし，そのうち23頁は，製紙業界や紙パック・包装紙業界の状況，当社の年間製紙生産量，人件費の上昇，従業員 1 人当たりの生産高の減少，工場・森林・設備・水力発電の状況等に関する社長報告であり，開示された財務データは貧弱であった。しかし，1926年度報告書は全32頁で，しかも，四半期損益一覧やグループ会社の「総売上高」と「売上諸費用」も開示し，また各種の内訳表を添付し優秀な財務ディスクロージャーであった（479，485頁）。

Eastman Kodak Co. の1927年度（第25期）報告書は，A 5 判を 1 頁とする全34頁である。そのうち24頁は，創立以来26年間の純利益・配当金・引当金繰入額・剰余金の一覧表，26年間の配当性向のグラフ，1903年から1927年までの資産と負債を構成する項目を示すグラフ，1914年以降1927年までの当社製品の卸売価格と全米の商製品の卸売価格を比較したグラフ，株主数や従業員数のグラフ，世界各地の支店・工場の写真等である。貸借対照表は平均的，損益情報については「当期純利益とその処分たる配当金」の表示に終わった（575頁）。

⑵ A 4 判（たて約30cm よこ21cm）は目立つ

Westinghouse Electric & Manufacturing Co. の1912年度報告書はほぼ A 4 判を 1 頁とする全13頁，1917年度〜1926年度は全11頁，1927年度は全10頁と縮小したが財務情報開示は後退せず，1931年度〜1933年度は全23頁（連結範囲も指摘），1934年度は全19頁であった。全期間を通し優良な財務ディスク

ロージャーである（第7章）。

　International Harvester Co. の1920年度報告書は，A4判のよこを2cm拡大する大判を1頁とする全26頁で，良好な財務ディスクロージャーであった。しかし，1925年度は全20頁と後退，売上高の指摘も省略され損益情報の開示に消極的となり，1930年度報告書は全15頁と1920年度に比し11頁も減少，社長による説明も簡略化され，財務ディスクロージャーは大きく後退した（502頁）。

　National Lead Co. の1920年度報告書は，A4判のたてを2cm拡大したサイズを1頁とする全16頁で，前期比較形式の連結貸借対照表と主要項目の説明等平均を上回る財務情報を開示したが，損益については「純利益」を除き一切明らかにしなかった（512頁）。

　Allis-Chalmers Manufacturing Co. の1920年度報告書は，ほぼA4判の全12頁で財務ディスクロージャーは良好であった。しかし，1925年度（全13頁）には，1920年度に個別に表示されていた「売上原価」と「販売費・広告費・一般管理費」が「売上諸費用」に含まれてしまった（517頁）。

　Anaconda Copper Mining Co. の1920年度報告書は，ほぼA4判を1頁とする全15頁で，財務ディスクロージャーは平均をやや下回ったが，会社内容の開示という意味では平均をやや上回るものであった（522頁）。

　American Zinc, Lead and Smelting Co. 1920年度報告書は，ほぼA4判の全7頁で，全体として貧弱な情報開示であった（526頁）。

　Pullman Incorporated の1929年度から1931年度までの報告書は，A4判のたてを3cm縮小した実質6頁の平均的財務ディスクロージャー，1932年度から1934年度までは実質9頁で，連結剰余金計算書も初めて開示され，財務情報開示はやや改善された（581頁）。

　実際の年次報告書を吟味する過程で，A4判は大きく感じられた。A4判の半分であるA5判が主流であったからであろう。

(3)　A5判の全15頁以上

　Bethlehem Steel Corp. の1911年度から1921年度まで11年間の報告書は，A5判のたてを2cm拡大した上質の用紙で全23頁，良好な財務ディスクロージャーを実行していたが，売上高と売上原価等の開示は拒否された（307頁）。

Republic Iron & Steel Co. の1912年度から1920年度まで 9 年間の報告書も，A 5 判のよこを 2 cm 拡大した全24頁で，優秀な情報開示であった（315頁）。

E.I. du Pont de Nemours & Co. の1920年度報告書は，ほぼ A 5 判を 1 頁とする全20頁，前期比較形式の財務諸表とともに連結範囲や子会社等に対する当社持分を示す良好な情報開示である。1928年度は 5 頁増え全25頁であるが，損益計算書での売上高は消えた（397頁）。

ゴム業界ライバル 3 社の財務ディスクロージャーについては，The B.F. Goodrich Co. がリードした。当社の1915年度報告書は，A 5 判のよこを 3 cm 長くしたサイズを 1 頁とする全15頁で良好な情報開示である。1920年度から1924年度までの報告書は 1 頁がたて25cm よこ20cm と拡大され全15頁，1934年度は全19頁で，この間も優良な財務ディスクロージャーを実行した（372頁）。

The Goodyear Tire & Rubber Co. の1916年10月期から1919年10月期までの報告書は A 5 判を 1 頁とする全13頁で貸借対照表は良好であったが，損益計算書は発行されなかった。再編後の1921年度と1922年度の報告書（全10頁）は 1 頁がほぼ A 4 判に拡大され優秀な情報開示を実践し，1923年度には「製造原価」が省略されたが良好な財務ディスクロージャーをキープ，それは1925年度（全12頁）にも踏襲された（349頁）。

そして，United States Rubber Co. の1920年度報告書は A 5 判を 1 頁とする全12頁，1921年度から1928年度までの 8 年間は 1 頁がほぼ A 4 判と拡大され全12頁であったが，1929年度は A 5 判に戻ってしまった。財務情報開示には消極的であった（388頁）。

⑷ A 5 判の全10頁前後が平均的

International Paper Co. の1906年 6 月期の報告書は，たて19cm よこ15cm のほぼ A 5 判を 1 頁とする全12頁で平均的財務ディスクロージャー（279頁），American Smelting and Refining Co. の1908年 4 月期報告書は，ほぼ A 5 判を 1 頁とする実質10頁で，平均をやや上回る財務情報開示であった（302頁）。

American Car & Foundry Co. の1917年 4 月期から1925年 4 月期までの 9 年間の報告書は，ほぼ A 5 判の全 9 頁で平均をやや上回る財務ディスクロージャーであった（334頁）。

第16章　要約：財務ディスクロージャー　651

　1920年代中頃以降に設立された新興会社の年次報告書は10頁前後である。

　Caterpillar Tractor Co. の1925年度（第 1 期）報告書は A 5 判 1 頁する実質 6 頁，1926年度は全10頁，1927年度から1928年度までは全 6 頁で，この間損益計算書は発行されず消極的な情報開示であった。1929年度（第 5 期）から1935年度までの 7 年間は全10〜11頁で，数年間比較形式の貸借対照表と損益計算書，剰余金計算書と配当金一覧表を開示し財務ディスクロージャーは改善されたが，1936年度になっても独立した損益計算書は発行されなかった（533頁）。

　Chrysler Corp. の1925年度（第 1 期）から1927年度まで 3 年間の報告書は，ほぼ A 5 判を 1 頁とする全 6 頁で平均的財務ディスクロージャーである。1928年度は 1 頁がほぼ A 4 判に拡大されて全13頁，「自動車・部品売上高」と「売上諸費用」「総利益」を初めて表示するなど財務ディスクロージャーはかなり改善され，翌1929年度もこれを踏襲した（550頁）。

　National Steel Corp. の1929年度（第 1 期）は，ほぼ A 4 判を 1 頁とする全 8 頁で貸借対照表は平均をやや上回るものであったが，損益計算書は発行されなかった（563頁）。

　The National Cash Register Co. の1925年度報告書は，ほぼ A 4 判の実質 9 頁，貸借対照表は平均的，損益計算書は最上部に表示した「総利益」の算定プロセスを示さず，簡易なものであった。1930年度はほぼ A 4 判の全 8 頁，平均を下回る財務ディスクロージャーであった（569頁）。

(5)　1 枚の用紙から

　Corn Products Refining Co. の1907年 2 月期報告書は，ほぼ A 5 判のたった 2 頁である。社長のメッセージはなく貸借対照表と損益計算書それに監査証明書で構成されたが，財務情報は平均を下回るものであった（282頁）。

　The Procter & Gamble Co. の1913年 6 月期の報告書はたった 1 枚の用紙で，これが1919年 6 月期まで続いた（図 9 − 1，325頁）。翌1920年度報告書は A 4 判の約 4 分の 1 の大きさのたてを4.5cm 長くした超小型を 1 頁とする全 5 頁で，平均を下回る財務ディスクロージャーであった（326頁）。

　The American Agricultural Chemical Co. の1919年 6 月期の報告書は，A 3 判のたてを 8 cm 縮小した大判 1 枚であった。貸借対照表は良好であった

が，損益計算書は利益算定プロセスをまったく示さなかった（342頁）。

The American Tobacco Co. の1919年度から1934年度までの16年間の報告書は，たて24cm よこ42cm〜56.5cm の大判１枚の用紙であった。この間，1929年度までは平均的ディスクロージャー，1930年度と1931年度は貧弱な利益計算書，1932年度以降は「営業利益」と「営業外損益」を開示し多少の改善を見た（458頁）。

Standard Oil Co. の1920年度から1924年度までの５年間の報告書は，A３判１枚で巨額な数字の羅列である。1925年度から1930年度までの報告書は，A５判よりやや大きめのサイズを１頁とする全12頁ないし全15頁で構成され，会社内容を紹介し貸借対照表と損益計算書は多少の改善を見た。1931年度から1933年度までの報告書は，A４判のたてを５cm 縮小した全14頁で財務情報はいっそう開示された。同じ大きさを１頁とする1934年度報告書（全18頁）は全米を代表する優秀な年次報告書である（431頁）。

The Coca-Cola Co. の1920年12月期（第１期）の報告書は，A５判のたてを２cm 縮小した１枚の用紙である。図12—１で再確認してほしい（471頁）。翌1921年度報告書は，ほぼA５判を１頁とする全24頁で構成され，平均を上回る財務ディスクロージャーであった（473頁）。

National Biscuit Co. の1931年度から1936年度まで７年間の報告書は，13cmの正方形を１頁とする全11頁の超貧弱な年次報告書である。1930年代に入っても，低度のディスクロージャーであった（593頁）。

このように，年次報告書の頁数の多少がそのまま財務ディスクロージャーの良否を決定するものではない。おそらく，経営者は自社の「伝統」を守りながら，他社の状況やマスコミの意見等を考慮して，年次報告書における財務ディスクロージャーの「量」と「質」を決定していたのであろう。

4 会社法

すでに検討したような財務ディスクロージャーの「実態」において，株式会社を規制する各州の会社法はどのような役割を果たしていたのだろうか。

これもすでに紹介したように，多くの株式会社はニュージャージー州で設立登記されたが，同州の1896年会社法は"Annual Report"について，以下のことを定めていた[8]。

「社長及びその他１人の役員または２人の取締役が署名した以下の事項を含む報告書を，毎年，州に届け出てかつ本店に備え置かなければならない。

①会社名，②登録事務所名とその所在地，③会社の営業内容，④授権資本額（最低2,000ドル，最高制限なし）と発行済資本金額，⑤取締役及び役員の氏名・住所・任期，⑥取締役選出のための次回の年次株主総会日，⑦会社名が同州の登録事務所の入口に常時掲示され，また名義書換台帳（transfer book）と株式台帳（stock book）は株主が常時縦覧できるよう登録事務所に備えられていることの指摘。」

このように，財務情報の開示に関する規定は存在しなかった。この1896年法はほとんど変更されず，少なくとも1913年まで続いていた[9]。

したがって，同州で設立された U.S. Steel Corp. のチャーターと付随定款にも年次報告書や株主宛報告書に関する記載はなかった。第15章で検討した同社の詳細な財務公開は会社の自発的なものであった[10]。また，Standard Oil Co. のチャーター（1899年）及び付随定款（1907年当時）にも，株主宛報告書の作成や報告についての記載は一切見られなかった[11]。

ニューヨーク州会社法（1892年１月14日知事承認）は，"Annual Report"について次のように定めていた[12]。

「毎年の１月中に以下の内容の報告書を，州務長官及び主たる事務所が置かれている郡書記官事務所に届け出なければならない。

①授権資本額及び実際の資本金額とその割合，②負債の額，③資産の額。この報告書には取締役の多数による署名と社長または副社長及び財務部長（treasurer）またはセクレタリーの宣誓による証明が必要である。」

イリノイ州の1886年会社法は1919年まで続いたが，同州のすべての会社が毎年1度州務長官に報告しなければならない事項とは，「主たる事務所の所在地，役員の氏名・住所・任期，会社が定款に定めた目的を追求したこと」のみであった[13]。

デラウェア州は1899年3月一般会社法を制定した。それは，それまで最も甘い州法であったニュージャージー州よりもさらに緩和な規定を盛り込んだもので，Annual Report については，次のことを規定していたにすぎない[14]。

「あらゆる会社が毎年1月の第1火曜日以前に州に届け出なければならない報告書には以下の事項を示すこと。

(a) デラウェア州における主たる事務所所在地と当該事務所を預かるエージェントの氏名

(b) 社長，副社長，財務部長の氏名，住所及びデラウェア州に住む取締役の氏名（取締役のうち1人は必ず同州に住居を構えなければならない）

(c) 授権資本額及び発行済株式数と額面価格」

もっとも，この年次報告書は「主として課税目的のために[15]」提出させたものであるという。その後，デラウェア州法は1927年と1929年にも改正されたが，それは「ニューヨークの弁護士グループ，特に投資銀行の代表によって進められ，デラウェア州議会も実質的な議論や重要な変更もせずそのまま採択した。この手続は明らかに慣習になっている。このグループは投資銀行の立場を代表しているが，これらの法律が会社経営者に関係をもっている点については，経営者の立場も代表していた[16]。」

一方，マサチューセッツ州法は1900年当時他州に比し全般的に厳格な規定を定めていたといわれ，1886年の会社法（Chapter. 105, 106）は，「会社コミッショナー（Commissioner of Corporation）が要求する詳細さで資産及び負債の年次ステートメントを届け出ること」と定めていた[17]。

しかし，コミッショナーの要求するフォームとは，右頁のようなものであった。

資　　産	負　　債
不動産	資本金
機械装置	支払勘定
製品・商品・原材料・仕掛品	固定負債
現金・売掛債権	流動資産
パテント・トレードマーク・営業権	剰余金
その他	当期利益

　通常は資産と負債の 4 項目が示されたにすぎないという[18]。したがって，年次報告書で詳細な会社内容を公開した General Electric Co. も，マサチューセッツ州へ届け出た1901年12月31日現在の貸借対照表は，以下のような簡略なものであった（163頁参照）[19]。

貸借対照表（1901年12月31日）

資　　産		負　　債	
不動産	$　　533,959	資本金	$24,936,300
現金及び受取勘定	16,014,553	負債	1,814,607
棚卸資産	8,449,665	残高：剰余金	12,868,929
パテント	2,000,000		
その他	12,621,659		―
合　　計	$39,619,836	合　　計	$39,619,836

　また，American Sugar Refining Co. が「いつもの慣行に従って」（following its usual custom）マサチューセッツ州に届け出た1906年12月31日現在の貸借対照表は，以下のとおりである[20]。

貸借対照表（1906年12月31日）

資　　産		負　　債	
不動産等	$36,029,220	資本金	$90,000,000
現金及び売掛金	36,731,272	負債	35,359,038
砂糖，原材料等	16,035,978	準備金	14,425,900
他の会社への投資	50,988,468		
合　　計	139,784,938	合　　計	139,784,938

マサチューセッツ州のこのような簡略な貸借対照表の要求は1932年の会社法改正まで続く。

1912年の Newton Baker の調査によると，年次財務報告書（annual financial reports）を州当局に提出することを要求している州は全48州のうち12州であった。Baker はその内容については触れていないが，おそらく上のマサチューセッツ州を超えるものではなかろう。また，会社名と所在地，取締役の氏名と住所ならびに株式資本金のみというような年次報告書を要求する州は20州ということである[21]。

1936年，E.M. Dodd, Jr. は，次のようにいう[22]。

「（イリノイ州会社法においては）会社会計（corporation accounts）の公開（publicity）をもたらす規定はほとんど存在しない。…… 一般大衆または株主に対して何らかの報告をすることはまったく要求されていない。株主に対する報告という点については，このイリノイ州会社法は多数の州（majority of states）の会社法と同様である（傍点著者）。」

税収入をもたらすように工夫された会社法は，ニュージャージー州が1896年に制定して以来，この「事業[23]」がうまくいくにつれ，他州もこれを模倣し，最初にウェスト・バージニア，次にメイン，デラウェア，メリーランド，ケンタッキーと続いた。そして，マサチューセッツ州もこれにならわざるを得なかった[24]。特にデラウェア州は，ニュージャージー州に代わり"ウォールストリート"から大いに「評価」され，チャーター付与率第1位の地位を獲得したのである[25]。

そして，J.T. Flynn はいう[26]。「ニュージャージー州をはじめデラウェア州，ウェスト・バージニア州等，会社法を改正させる原動力は弁護士であった。数種の株式の発行，取締役権限の拡張，3年間の委任状の許可，各種の普通株の発行，複数の議決権を有する株式の発行，資本剰余金からの配当等々，すべての提案はプロモーターにとって都合のよいようになされた。彼らは証券の発行や財政を支配することを容易にすることを目指したのであって，"public interest"などまったく考慮しなかった。」

第16章 要約：財務ディスクロージャー **657**

5 財務諸表作成基準

(1) 『公認貸借対照表作成方法』(1918年)

1913年に発足した連邦準備制度の下で，連邦準備理事会（Federal Reserve Board）は，加盟銀行が手形を割引くかどうかを判断する際に借手企業から提出される財務諸表を統一化すること，そして財務諸表の信頼性を判断するための職業会計士の検証方法を標準化することを目指した。その作業を依頼されたアメリカ会計士協会（AIA）は，貸借対照表監査の指針となるべく『貸借対照表監査の覚書』(*Memorandum on Balance Sheet Audits*) を1916年に取りまとめた。連邦準備理事会はこれを承認し，1917年4月号の『連邦準備公報』(*Federal Reserve Bulletin*) において『統一会計』(*Uniform Accounts*) として発表した。そして翌1918年，これは『公認貸借対照表作成方法』(*Approved Methods for the Preparation of Balance Sheet Statements*) と改題され，65,000部以上も配布されたのである[27]。

『公認貸借対照表作成方法』は，いわば「財務諸表の用語，様式及び作成方法」に関する基準でありかつ監査実務指針でもあるが，次頁のような損益計算書の様式（Form for Profit and Loss Account）を提案した[28]。

そこでは，「総売上高」から「値引・戻り等」を控除し「純売上高」を計上，「期首棚卸高」に「当期純仕入高」を加算し「期末棚卸高」を控除して「売上原価」を算出，純売上高と売上原価の差額を「売上総利益」とする。これから「販売費」「一般費」「管理費」の下に元帳の勘定科目を示し，その合計額（総費用）を控除し残高を「営業損益」とする。そして，営業外損益である「その他利益」と「その他費用」を加減し「純損益」を算出する。さらに，「特別利益」と「特別損失」を開示して「当期損益」を明示するという現代的損益計算書の様式が示されたのである。しかも，3事業年度比較形式である。

19xx年x月xx日に終了する3事業年度の比較損益計算書

	19x1	19x2	19x3
総売上高………………………………………	$	$	$
控除　値引・戻り等……………………………			
純売上高…………………………………			
期首棚卸高………………………………………			
当期純仕入高……………………………………			
控除　期末棚卸高………………………………			
売上原価（Cost of sales）……………			
売上総利益…………………………………			
販売費（元帳に準拠）…………………………			
販売費合計…………………………………			
一般費（元帳に準拠）…………………………			
一般費合計………………………………			
管理費（元帳に準拠）…………………………			
管理費合計…………………………………			
総費用……………………………………			
営業利益…………………………………			
その他利益			
投資からの利益………………………………			
受取利息等……………………………………			
利益合計……………………………………			
利益からの控除			
社債利息………………………………………			
支払利息………………………………………			
控除合計……………………………………			
純損益……………………………………………			
特別利益…………………………………………			
特別損失…………………………………………			
当期損益（Profit and loss for period）			
期首剰余金………………………………………			
支払配当金………………………………………			
期末剰余金…………………………………			

また，以下のような貸借対照表の様式も提案された[29]。

貸借対照表

<table>
<tr><td colspan="2" align="center">資　産</td><td colspan="2" align="center">負　債</td></tr>
<tr><td colspan="2">現金：</td><td colspan="2">支払手形及び買掛金：</td></tr>
<tr><td></td><td>現金</td><td colspan="2">支払手形：</td></tr>
<tr><td></td><td>預金</td><td></td><td>商品・原材料等の購入に係る手形</td></tr>
<tr><td colspan="2">受取手形及び売掛金：</td><td></td><td>借入金のための手形</td></tr>
<tr><td></td><td>顧客からの受取手形</td><td></td><td>ブローカーを通して売却された手形</td></tr>
<tr><td></td><td>割引手形，裏書手形</td><td></td><td>建設のための手形</td></tr>
<tr><td></td><td>顧客に対する売掛金</td><td></td><td>株主，役員，従業員に対して振り</td></tr>
<tr><td></td><td>受取手形（期日経過後，現金価値＄）</td><td></td><td>出された手形</td></tr>
<tr><td></td><td>長期売掛金（現金価値＄）</td><td colspan="2">買掛金：</td></tr>
<tr><td></td><td>控除：</td><td></td><td>通常の買掛金</td></tr>
<tr><td></td><td>　貸倒引当金</td><td></td><td>長期買掛金</td></tr>
<tr><td></td><td>　割引・値引等引当金</td><td></td><td>株主，役員，従業員からの買掛金</td></tr>
<tr><td colspan="2">棚卸資産：</td><td colspan="2">負債（保証付）：</td></tr>
<tr><td></td><td>原材料</td><td></td><td>割引手形</td></tr>
<tr><td></td><td>仕掛品</td><td></td><td>棚卸資産担保提供債務</td></tr>
<tr><td></td><td>未成工事</td><td></td><td>有価証券担保提供債務</td></tr>
<tr><td></td><td>完成品</td><td></td><td>未払費用（利息，税金，給与等）</td></tr>
<tr><td colspan="2">その他当座資産（詳細に）：</td><td colspan="2">その他流動負債（詳細に）</td></tr>
<tr><td colspan="2">当座資産合計（投資を除く）</td><td></td><td>流動負債合計</td></tr>
<tr><td colspan="2">有価証券：</td><td colspan="2">固定負債：</td></tr>
<tr><td></td><td>市場性ある有価証券</td><td></td><td>モーゲージ（プラント）</td></tr>
<tr><td></td><td>受取手形（株主，役員，従業員発行）</td><td></td><td>モーゲージ（不動産）</td></tr>
<tr><td></td><td>株主，役員，従業員に係る証券</td><td></td><td>モーゲージ（動産）</td></tr>
<tr><td></td><td>　流動資産合計</td><td></td><td>社債</td></tr>
<tr><td colspan="2">固定資産：</td><td></td><td>その他固定負債（詳細に）</td></tr>
<tr><td></td><td>土地</td><td></td><td>負債合計</td></tr>
<tr><td></td><td>建物</td><td colspan="2">純価値（Net worth）：</td></tr>
<tr><td></td><td>機械</td><td></td><td>会社の場合</td></tr>
<tr><td></td><td>器具・装置</td><td></td><td>優先株（控除　金庫株）</td></tr>
<tr><td></td><td>型・治具</td><td></td><td>普通株（控除　金庫株）</td></tr>
<tr><td></td><td>その他固定資産（詳細に）</td><td></td><td>剰余金及び未処分利益</td></tr>
<tr><td></td><td>控除：減価償却引当金</td><td></td><td>控除—営業権（帳簿価額）</td></tr>
<tr><td></td><td>　固定資産合計</td><td></td><td>欠損金</td></tr>
<tr><td colspan="2">繰延費用：</td><td></td><td>個人の場合</td></tr>
<tr><td></td><td>前払費用（前払利息，保険料，税金等）</td><td></td><td>資本金</td></tr>
</table>

```
    その他資産                     剰余金及び未処分利益
                                    純価値合計
         資産合計                        負債及び純価値合計
```

(2) 『財務諸表の検証』（1929年）

10年後の1929年5月に発表されたのが『財務諸表の検証』（*Verification of Financial Statements*）である。これは，1918年の『公認貸借対照表作成方法』の改定版である。そこでは，以下のような貸借対照表の様式が提案された[30]。

貸借対照表

```
          資    産                        負    債
現金：                            支払手形及び買掛金：
  現金                             負債（保証付）
  預金                             棚卸資産担保提供債務
受取手形及び売掛金：                有価証券担保提供債務
  顧客からの受取手形                支払手形（保証なし）
  顧客に対する売掛金                商品・原材料等の購入に係る手形
  受取手形（期日経過後）            借入金のための手形
  長期売掛金                        ブローカーを通して売却された手形
  控除：                            建設のための手形
     貸倒引当金                     株主，役員，従業員に対して振り
     割引・値引等引当金                出された手形
棚卸資産：                        買掛金：
  原材料                            通常の買掛金
  仕掛品                            長期買掛金
  未成工事                          株主，役員，従業員からの買掛金
  完成品                          未払費用（利息，税金，給与等）
  未成工事                        その他流動負債（詳細に）
その他流動資産：                      流動負債合計
  市場性ある有価証券              固定負債：
  役員，株主，従業員に対する債権      モーゲージ（プラント）
  関係会社に対する債権                モーゲージ（不動産）
     流動資産合計                     モーゲージ（動産）
投資：                               その他固定負債（詳細に）
```

関係会社有価証券	負債合計
関係会社に対する長期債権	純価値（Net worth）：
その他（重要な項目は表示）	会社の場合
固定資産：	優先株（控除　金庫株）
土地	普通株（控除　金庫株）
建物	剰余金：
機械	資本剰余金
器具・装置	資産再評価剰余金
型・治具	利益剰余金（欠損金）
事務所家具等	個人の場合
その他固定資産（詳細に）	資本金
固定資産合計	剰余金及び未処分利益
控除　減価償却引当金，減耗償却引当金	純価値合計
繰延費用：	
前払費用（前払利息，保険料，税金等）	
その他資産（詳細に）	
資産合計	負債及び純価値合計
	偶発債務（要説明）

　1918年の『公認貸借対照表作成方法』に比し，下線部分の項目が新たに追加された。「役員，株主，従業員に対する債権」，「関係会社（affiliated Co.）に対する債権」，「関係会社有価証券」，「関係会社に対する長期債権」，「減価償却引当金，減耗償却引当金」，「資産再評価剰余金」，「利益剰余金（欠損金）」，「偶発債務（要説明）」等の登場は時代を反映するものである。

　また，『財務諸表の検証』は，「損益計算書は当該期間の営業成績（operating results）を明らかにするために作成されるべきである」，「損益計算書は比較形式とすることが望ましい」と指摘したが，提案された損益計算書は1918年版と同じであった。ただし，利益からの控除として「社債利息」「借入手形利息」とともに新たに「減価償却費」が例示された[31]。

　しかしながら，現実に発表された当時の財務諸表，特に損益計算書は多くの場合これらの2つの基準から大きく逸脱していたことはすでに検討したとおりである[32]。

◆注

1　SEC, Third Annual Report, 1937, pp.178-179.
2　AIA Bulletin No. 130, February 15, 1935, pp.3-5. *The Journal of Accountancy*, March 1935, pp.164-165.
3　青柳文司『アメリカ会計学』中央経済社，1986年，160-162頁，174頁。
4　1917年4月6日，アメリカ合衆国はドイツに対し宣戦布告，第一次大戦に突入した。その戦費調達のため10月3日に成立した1917年歳入法は，法人所得税の基本税率をそれまで2％から6％へ，超過利得税率を投下資本の8％を超える純利益に対し累進課税で20％〜60％と定めた。会社は，高率な課税を回避する手段として関係会社を利用した。このため政府は連結納税制度を導入，1918年歳入法は"inter-affiliated corporations"に対して連結納税申告書の提出を強制し，次のように定めた。

　"corporations shall be deemed to be affiliated (1) if one corporation owns directly or controls through closely affiliated interests or by a nominee or nominees substantially all the stock of the other or others, or (2) if substantially all the stock of two or more corporations is owned or controlled by the same interests."

　このように"affiliation"の定義はルーズであったが，1918年歳入法Regulation 45は「発行済議決権付株式の95％以上を所有している会社」をすべて連結することを要求した。もっとも，租税裁判では85％までダウンしている例も見られたという。

　1921年歳入法は連結納税申告制を任意としたが，一度決定した方法（個別か連結か）は原則として継続しなければならなかった。

　1924年歳入法は"affiliation"をより厳密に定義し，次のような場合には"control"が存在するとした。"(1) if one corporation owns at least 95% of the voting stock of the other or others, or (2) if at least 95% of the voting stock of two or more corporations is owned by the same interests." 1918年歳入法の"substantially all"が「95％」と具体化され，"control"は"own"と明確にされた。

　1928年歳入法では"affiliation"は以下のように洗練された。"an affiliated group means one or more chains or corporations connected through stock ownership with a common parent corporation if (1) at least 95% of stock of each of the corporation (except the common parent corporation) is owned directly by one or more of the other corporation ; and (2) the common parent corporation owns directly at least 95% of the stock of at least one of the other corporations."

　このように税法上は，所有株式95％以上が連結範囲を定める基準であった。なお，連結納税申告制度は1934年歳入法により鉄道を除いて廃止された（TNEC Monograph No. 9, "Taxation of Corporate Enterprise," GPO, 1941, pp.41-45.）。
5　H.T. Warshow, "The Distribution of Corporate Ownership in the United States," *The Quarterly Journal of Economics*, November 1924, pp.15-38. Gardiner C. Means, "The Diffusion of Stock Ownership in the United States," *The Quarterly Journal of*

第16章　要約：財務ディスクロージャー　663

Economics, August 1930, pp.561-600.

6　青柳文司，前掲書，80頁。

7　Twentieth Annual Report of General Motors Corporation, Year Ended December 31, 1928, p.37.

8　Chapter 185 § 43, Laws of 1896, New Jersey.

9　ニュージャージー州法の立案者であるニューヨークの弁護士 J.B. Dill は次のようにいう。「大衆は publicity を要求しているが，publicity には二種類ある。"Public publicity" と "Private publicity" である。前者は大衆に情報を提供すること，後者は株主に十分な情報を提供することである。Public publicity は Private publicity の論理的帰結である。株式が広く分散している大会社の場合には株主に対する情報の提供は，結局は大衆も当該情報を利用できるからである。Publicity の強制は連邦法によってなされるべきであり，州法ですべきではない」(H.W. Stoke, "Economic Influences Upon the Corporation Laws of New Jersey," *Journal of Political Economy*, Vol. XXXVIII, 1930, pp.551-579.)。

10　W.W. Cook, *A Treatise on the Law of Corporation Having a Capital Stock*, Seventh Edition, Little Brown & Co., 1913, pp.4106-4114.

11　Report of the Commissioner of Corporations, The Petroleum Industry, GPO, 1907, pp.375-380.

12　An act in relation to Stock Corporations, constituting chapter 38 of general laws, § 30, New York, *The Commercial & Financial Chronicle*, January 23, 1892, p.195. *Moody's Manual of Securities,* 1900, p.1095.

13　Roy Smith, "State Supervision Over Accounting Method," *The Journal of Accountancy*, October 1909, p.429.

14　デラウェア州法の緩和な規定は，結果的には以下のような状況をもたらした。①大会社の場合の税金はニュージャージー州の４分の３，②年間のフランチャイズ・タックスはニュージャージー州の２分の１，③株主総会及び取締役会は州外でも開催可能，④株式台帳等の正本の保管は州外でも可能，⑤株式は現金，用役，動産または不動産と引換えに発行することができ，その価値については詐害（fraud）がない場合には取締役の判断が最終的な結論となる（J.E. Smith, Delaware Corporation Law, in the *Moody's Manual of Securities, 1900*, pp.1059-1060)。

15　Industrial Commission, *Preliminary Report on Trusts And Industrial Combinations*, 1900, Digest of Evidence, p.248.

16　A.A. Berle, Jr., "Investors and the Revised Corporation Act," *Columbia Law Review*, May 1929, pp.563-564.

17　E.M. Dodd, Jr., "Statutory Developments in Business Corporation Law, 1886-1936," *Harvard Law Review*, Vol. 50, 1936, p.32.

18　John Noone, "A Study of Industrial Corporation Balance Sheets," *The Journal of Accountancy*, August 1910, p.251. T.R. Navin, *The Whitin Machine Works since 1831*, Harvard Univercity Press, 1950, p.153.

19　*The Commercial & Financial Chronicle*, April 5, 1902, p.724.

20　*The Commercial & Financial Chronicle*, February 23, 1907, p.448.

21　J.N. Baker, "The Evil of Special Privilege," *The Yale Law Review*, January 1913, p.223.

22　E.M. Dodd, Jr., *op. cit.*, p.49.

23　ニュージャージー州においては1880年から1896年の16年間に授権資本2,000万ドル以上の企業の成立は15社であったが，1897年から1904年のたった7年間に104社と急増している。1896年は854のチャーターを授与し857,000ドルのフランチャイズ収入を獲得，1906年には2,093社から合計320万ドルの税収入を得ている。そして1902年までに同州はすべての財産税を廃止しかつ州の債務をすべて返済し，1905年までに2,940,918ドルの剰余金を生み出した（Ralph Nader, Mark Green & Joel Seligman, *Taming the Giant Corporation*, W.W. Norton & Co., 1976, pp.46-47）。

24　E.M. Dodd, Jr., *op. cit.*, pp.42-43.

25　1933年1月1日現在ニューヨーク証券取引所上場会社822社の設立登記州は，以下のとおりである（B.E. Shultz, *The Securities Market — And How It Works*, Harper & Row, Publishers, p.744）。

① デラウェア州 — 235（社）(28.6%)　⑪ メイン州 — 19（社）
② ニューヨーク州 — 146 (17.7%)　⑫ ミズリー州 — 9
③ ニュージャージー州 — 97 (11.8%)　⑫ カリフォルニア州 — 9
④ ペンシルヴァニア州 — 45 (5.5%)　⑫ ウィスコンシン州 — 9
⑤ オハイオ州 — 35　⑮ コネティカット州 — 8
⑥ バージニア州 — 32　⑯ インディアナ州 — 7
⑦ メリーランド州 — 31　⑰ テキサス州 — 5
⑧ ミシガン州 — 29　⑰ ウェスト・バージニア州 — 5
⑨ イリノイ州 — 26　⑲ その他 — 33
⑩ マサチューセッツ州 — 20　⑳ 外国 — 22

26　J.T. Flynn, "Why Corporation Leave Home," *The Atlantic Monthly*, September 1932, pp.275-276.

27　拙著『アメリカ監査論 — マルチディメンショナル・アプローチ＆リスク・アプローチ』中央経済社，1994年，27頁。

28　Federal Reserve Board, *Approved Methods for the Preparation of Balance Sheet Statements*, 1918, p.24.

29　*Ibid.*, p.25.

30　Federal Reserve Board, *Verification of Financial Statements*, 1929, pp.24-25.

31　*Ibid.*, p.26.

32　財務ディスクロージャーについて，以下のような調査報告がある。

　　L.H. Sloan（Standard Statistics Co.）は，主な製造会社（Industrial Concerns）545社の1926年度と27年度の財務諸表（損益計算書，貸借対照表）を分析し，次のように報告して

いる。なお，1927年度全米企業の純利益合計額は約70億ドルであるが，この対象企業545社の純利益は合計25億ドルで3分の1に当たり，その意味で広範囲な調査といえる（L.H. Sloan, *Corporation Profits*, Harper & Brothers Publishers, 1929）。

① 545社のうち219社，つまり5社のうち2社のみが，「減価償却費」「減耗償却費」を明らかにしているにすぎない。また，両者は報告上の継続性はまったく欠けている（p.42, p.45）。

② 「総売上高」を示す年次報告書を発行した会社は235社（43.1％）。ニューヨーク証券取引所（NYSE）は新規上場申請会社に対し売上高を示すことを要求しているが，NYSE以外の取引所はルーズ（much less rigid）であり，またNYSEですらすでに上場済の企業に対しては，新たな基準を強制するパワーをもっていないことも真実である。しかし，すべての企業にそれを要求することは軽率かつ馬鹿げている。競争状態にあるような場合は，売上高の明示は株主の利益を害することになる。もっとも，そういう例外は一般に言われているよりもはるかに少ないであろう（p.62, pp.111-113）。

③ 多数の（majority）報告書は，次のような欠点を有している。
・不正確さ（inadequacy）：平均的な会社の報告書は単に不正確というよりは極めて（woefully）不正確である。それは，情報を得る権利を有している有価証券保有者にそれを提示しておらず，証券を保有すべきか処分すべきかを決定するに必要な情報を提供していない。
・財務諸表の様式の統一性の欠如：産業間の相違はもちろん，同種産業の企業間においても大きな相違がある。場合によっては同一企業の連続する2期間においてすら著しい差異（sharp difference）が見られる。
・説明の欠如：特に重要な項目における重要な変化についての説明がない。

そして，1935年に発表された20世紀財団による年次報告書の調査報告は，次のように指摘している（A.L. Bernheim & M.G. Schnider, ed, *The Securities Market—Findings and Recommendation of a Special Staff of the Twentieth Century Fund*, Twentieth Century Fund, Inc., New York, 1935, pp.580-588）。

① 減価償却費 ― 他の費用項目と一緒にされ，またたとえ個別に表示されていても適用された資産が分類されていないので何に対する減価償却費か判断できない。また，減価償却費はどのように計算されたのかについての情報もなく，純利益の妥当性を確認することができない。

② 引当金 ― 減価償却費と同じことがいえる。特に「その他目的の引当金」は総額（lump sum）で表示されている。

③ 利益の分類 ― 多くの重要な会社も営業からもたらされた利益とその他利益を区別せず，またその他利益が適正に表示されていない。さらに，特別損益，臨時損益もその他損益に含められているケースが多い。

④ 連結範囲 ― 関係者（the authorities）間でも連結範囲基準についての意見の統一がないことは事実であり，それ故，大会社間でさえも実務の統一性へのアプローチは見ら

れない。

そして，次のように結論している。

「製造会社（Industrial Companies）の報告書に含まれる情報は，往々にして極めて貧弱なので，株主にとってはほとんど役に立たない。実際多くの例において，報告書は実態（real condition）を明らかにするのでなく，隠すのに成功している。」

さらに，M.C. Kaplan と D.M. Reaugh は，全米大手70社の1930年度と1937年度の株主宛報告書を以下のように分析している（M.C. Kaplan and D.M. Reaugh, "Accounting, Reports To Stockholders, And The SEC," *The Accounting Review*, September 1939, No. 3, pp.203-236）。

大手企業70社の株主宛報告書

	1930年度	1937年度	コメント
①損益計算書を公開せず	4社	3社	ニューヨーク証券取引所や有価証券法のプレッシャーにより営業成績についてより多くの情報が公開されつつある。
②損益計算書を公開するも著者により極めて不適切なものとみなされたもの	34	17	
③売上高（総・純）の表示	37	54	
④純売上高と営業利益の表示	28	48	
⑤売上諸費用（Cost of Sales）の表示	33	47	この内容は様々で統一されていない。多くの場合，この項目に何が含まれているのかを決定することは不可能である。
（内訳）（イ）減価償却費及び販売費・一般管理費を含まない。	8	17	
（ロ）減価償却費は含むが販売費・一般管理費は除く	0	6	
（ハ）減価償却費は除くが販売費・一般管理費は含む	16	19	
（ニ）減価償却費及び販売費・一般管理費とも含む	9	5	
⑥販売費・一般管理費の表示	13	24	
⑦維持費・修繕費の表示これについての明細表を示したのは両年とも3社のみ	2	4	資本的支出と収益的支出の判断が難しい。
⑧減価償却費の表示金額は個別表示されず	22	4	減価償却費は常時利益調整機能を果たしている。
個別表示	48	66	

（内訳）　営業利益前表示	14	36	
営業利益後表示	33	28	
分割表示	1	2	
⑨固定資産の評価基礎の明示	21	43	
⑩流動資産合計を示していない会社	6	2	
⑪流動資産中の不適当な項目（金庫株，自社社債）	9	8	
⑫市場性ある有価証券の評価基礎の明示	23	48	評価方法には各種ある。
⑬棚卸資産評価基準の明示			
なし	19	5	
原価法	8	6	
低価法	39	45	
その他	4	14	
⑩剰余金勘定の表示			
“Surplus”のみ	44	8	
利益剰余金	26	57	
資本剰余金	12	30	
払込剰余金	10	5	
再評価剰余金	1	0	

　このように全体的には財務公開は量的にも質的にも改善していると評価できるが，Kaplan と Reaugh は，次のように結論している。

　「株主への報告書は極めて不正確である。重要な勘定については，投資家は推測せざるを得ない。売上高，売上諸費用，減価償却費，棚卸資産，剰余金等は一般には不適切な指摘なので，投資家は意見を形成するに当って最低の情報すら持つことができない。ここに調査した70社はアメリカの会計報告実践を代表するものであるが，それにもかかわらず株主宛報告書は，SEC 宛報告書の最低限の要求事項すら満たしていない。」

第17章
要約：職業会計士による財務諸表監査

　アメリカ製造会社の1890年代以降1930年代中頃までの年次報告書の財務諸表に対する監査の展開について要約しよう。

 年次報告書の財務諸表に対する監査の展開

　年次報告書に含まれる財務諸表に対する職業会計士による監査が1890年代から導入され1920年頃までには多くのニューヨーク証券取引所（NYSE）上場会社はそれを制度化していたという事実，そして，この頃までに今日の世界の会計産業をリードする大会計事務所が着実にその地位を固めていたという事実も，ほとんど知られていない。
　表17－1は，アメリカにおける主な製造・商業会社が初めて職業会計士による財務諸表監査を導入した年度と会計事務所名を示している。

表17－1　年次報告書の財務諸表に対する外部監査

採用年度	会 社 名	職 業 会 計 士 名
●1890年代〜1900年度		
1894	Anaconda Copper Mining Co.	Jones, Caesar & Co.
1895	Virginia-Carolina Chemical Co.	Public Accountant
〃	Ohio Falls Car Manufacturing Co.	Barrow, Wade, Guthrie & Co.

1896	Colorado Fuel & Iron Co.	Stephen Little
1897	General Electric Co.	Patterson & Corwin
〃	United States Rubber Co.	Bragg & Marine
〃	John B. Stetson Co.	Barrow, Wade, Guthrie & Co.
〃	Standard Rope & Twine Co.	The Audit Co. of New York
1898	Brooklyn Wharf & Warehouse Co.	The Audit Co. of New York
1899	The American Steel & Wire Co. of N.J.	Jones, Caesar & Co.
〃	American Car & Foundry Co.	The Audit Co. of New York
〃	General Chemical Co.	The Audit Co. of New York
〃	National Tube Co.	Jones, Caesar & Co.
〃	Republic Iron & Steel Co.	The Audit Co. of New York
〃	Rubber Goods Manufacturing Co.	Chartered Public Accountants
〃	Pressed Steel Co.	The Audit Co. of New York
1900	American Hide & Leather Co.	Jones, Caesar & Co.
〃	International Power Co.	Haskins & Sells

●1901年度～1905年度

1901	U.S. Steel Corp.	Price, Waterhouse & Co.
〃	Diamond State Steel Co.	The Audit Co. of New York
〃	Eastman Kodak Co.	Price, Waterhouse & Co.
1902	Philadelphia Co.	Haskins & Sells
〃	International Steam Pump Co.	Touche, Niven & Co.
〃	Allis-Chalmers Co.	Jones, Caesar & Co.
〃	Northern Securities Co.	The Audit Co. of New York
1903	International Mercantile Marine Co.	Price, Waterhouse & Co.
1904	The North American Co.	Jones, Caesar, Dickinson, Wilmot & Co.
〃	Amalgamated Copper Co.	Pogson, Peloubet & Co.
〃	Corn Products Co.	Pogson, Peloubet & Co.
〃	Pope Manufacturing Co.	Jones, Caesar & Co.
1905	Bethlehem Steel Corp.	Jones, Caesar, Dickinson, Wilmot & Co.
〃	Westinghouse Electric & Manufacturing Co.	Haskins & Sells

●1906年度～1910年度

1906	Corn Product Refining Co.	C.S. McCulloh
〃	Lackawanna Steel Co.	Certified Public Accountant
〃	United Bank Note Co.	Certified Public Accountant
〃	Sears, Roebuck & Co.	Deloitte, Dever, Griffiths & Co.
1907	International Harvester Co.	Haskins & Sells
〃	Schwarzchild & Sulzberger Co.	Price, Waterhouse & Co.
〃	The American Cotton Oil Co.	Price, Waterhouse & Co.
〃	New York Dock	The Audit Co. of New York

第17章　要約：職業会計士による財務諸表監査　671

1908	American Steel Foundries	Public Accountant
1909	The Goodyear Tire & Rubber Co.	The Audit Co. of New York
〃	American Ship Building Co.	Public Accountant
〃	Central Leather Co.	Price, Waterhouse & Co.
〃	International Agricultural Corp.	Ernst & Ernst
1910	E.I. du Pont de Nemours & Co.	Public Accountant
〃	Otis Elevator Co.	Gunn, Richard & Co.
〃	The May Department Stores Co.	Touche, Niven & Co.
〃	Houston Oil Co. of Texas	Price, Waterhouse & Co.

●1911年度～1915年度

1911	The Studebaker Corp.	Touche, Niven & Co.
〃	United States Mortor Co.	Price, Waterhouse & Co.
〃	Computing-Tabulating-Recording Co.	The Audit Co. of New York
〃	F.W. Woolworth Co.	The Audit Co. of New York.
1912	Union Oil Co. of California	Price, Waterhouse & Co.
〃	American Smelting and Refining Co.	Certified Public Accountant
〃	S.S. Kresge Co.	Price, Waterhouse & Co.
〃	The B.F. Goodrich Co.	Lovejoy, Mather & Hough
〃	Packard Motor Car Co.	Marwick Mitchell, Peat & Co.
〃	The Willys-Overland Co.	Certified Public Accountant
〃	American Locomotive Co.	Certified Public Accountant
〃	Hale & Kilburn Co.	Price, Waterhouse & Co.
1913	Swift & Co.	Certified Public Accountant
〃	The Mexican Petroleum Co. Ltd.	Price, Waterhouse & Co.
〃	International Shoe Co.	Marwick Mitchell, Peat & Co.
〃	Allis-Chalmers Manufacturing Co.	Price, Waterhouse & Co.
〃	Maxwell Motor Co., Inc.	West & Flint
〃	The California Petroleum Corp.	Price, Waterhouse & Co.
〃	Pabst Brewing Co.	Price, Waterhouse & Co.
〃	M. Rumely Co.	Price, Waterhouse & Co.
〃	Loose-Wiles Biscuit Co.	Chartered Accountant
〃	The Cuban-American Sugar Co.	Certified Public Accountant
1914	The American Sugar Refining Co	G.H. Church.
〃	Hart Schaffner & Marx	Price, Waterhouse & Co.
〃	The Ohio Cities Gas Co.	Certified Public Accountant
〃	Guantánamo Sugar Co.	Price, Waterhouse & Co.
1915	Remington Typewriter Co.	Price, Waterhouse & Co.
〃	Booth Fisheries Co.	Arthur Young & Co.
〃	American Bank Note Co.	Price, Waterhouse & Co.
〃	Saxon Motor Car Corp.	Chartered Accountant

1915	Calumet & Hecla Mining Co.	Certified Public Accountant

● 1916年度～1920年度

1916	Cuba Cane Sugar Corp.	Deloitte, Dever, Griffiths & Co.
〃	Jewel Tea Co., Inc.	Touche, Niven & Co.
〃	Worthington Pump & Machinery Corp.	Touche, Niven & Co.
〃	Associated Dry Goods Corp.	Lybrand, Ross Bros. & Montgomery
〃	California Packing Corp.	Price, Waterhouse & Co.
〃	The Paragon Refining Co.	Price, Waterhouse & Co.
1917	Pan American Petroleum & Transport Co.	Price, Waterhouse & Co.
〃	American Writing Paper Co.	Ernst & Ernst
〃	Phillips Petroleum Co.	Certified Public Accountant
〃	Burns Brothers	Ernst & Ernst
〃	Midvale Steel and Ordnance Co.	Arthur Young & Co.
〃	J.C. Penney Co.	Marwick, Mitchell, Peat & Co.
1918	General Motors Corp.	Haskins & Sells
〃	Superior Steel Corp.	Lybrand, Ross Bros. & Montgomery
〃	Savage Arms Corp.	Barrow, Wade, Guthrie & Co.
〃	Gillette Safety Razor Co.	Patterson, Teele & Dennis
〃	Wilson & Co.	Price, Waterhouse & Co.
〃	Chile Copper Co.	Chartered Accountant
〃	Freeport Texas Co.	C.S. McCulloh
〃	Kennecott Copper Corp.	Chartered Accountant
〃	The White Motor Co.	Ernst & Ernst
〃	The Yale & Towne Manufacturing Co.	Barrow, Wade, Guthrie & Co.
〃	American Agricultural Chemical Co.	Marwick, Mitchell, Peat & Co.
〃	Producers and Refiners Corp.	Lawrence & Lawrence
〃	International Cotton Mills Corp.	Herbert F. French & Co.
1919	American Safety Razor Corp.	Marwick, Mitchell, Peat & Co.
〃	Sinclair Consolidated Oil Corp.	Arthur Young & Co.
〃	Loft Incorporated	Lybrand, Ross Bros. & Montogomery
〃	Montgomery Ward & Co., Inc.	Arthur Young & Co.
〃	Radio Corp. of America	Certified Public Accountant
〃	International Cement Corp.	Price, Waterhouse & Co.
〃	The United Fruit Co.	Cooley & Marvin Co.
〃	Washington Air Brake Co.	Independent Auditor
〃	Kelly-Springfield Tire Co.	Touche, Niven & Co.
〃	Atlantic Gulf & West Indies Steam-Ship Lines	Arthur Young & Co.
〃	American Druggists Syndicate	Price, Waterhouse & Co.
〃	American International Corporation	Haskins & Sells
〃	Advance-Rumely Co.	Price, Waterhouse & Co.

1919	Famous Players-Lasky Corp.	Price, Waterhouse & Co.
〃	Pacific Development Corp.	Price, Waterhouse & Co.
〃	Sloss-Sheffield Steel & Iron Co.	Ernst & Ernst
〃	The Amalgamated Sugar Co.	Ernest Reckitt & Co.
〃	Manati Sugar Co.	Marwick, Mitchell & Co.
〃	Crucible Steel Co.	Price, Waterhouse & Co.
〃	The Central Texas Sugar Co.	William P. Field & Co.
〃	The Winchester Co.	Arthur Young & Co.
〃	The Fajardo Sugar Co. of Porto Rico	Lovejoy, Mather, Hough, Griffiths & Co.
〃	W.H. McElwain Co.	Harvey S. Chase & Co.
1920	The Procter & Gamble Co.	Deloitte, Dever, Griffiths & Co.
〃	The Coca-Cola Co.	Wolf and Co.
〃	Vanadium Corp. of America	Touche, Niven & Co.
〃	Otis Steel Co.	Public Accountant
〃	Gulf State Steel Co.	Chartered Accountant
〃	Punta Alegre Sugar Co.	M.W. MaClachlan
〃	Lee Rubber & Tire Corp.	Marwick, Mitchell, Peat & Co.
〃	International Motor Truck Corp.	Arthur Young & Co.
〃	American Ice Co.	Lybrand, Ross Bros. & Montgomery
〃	International Paper Co.	The American Audit Co.
〃	Craddock-Terry Co.	Ernst & Ernst
〃	The Borden Co.	Haskins & Sells

　表17－1から明らかなように，現存するアメリカ企業の中で，年次報告書の財務諸表に対し職業会計士による監査を導入した最も早い会社の一つとしてGeneral Electric Co.（GE）を挙げることができる。GE は，1898年1月31日に終了する第6期事業年度から Patterson & Corwin の監査を導入した（127頁）。そして，同社の監査人は，1906年1月期から1909年1月期までは Price, Waterhouse & Co.，1909年12月期から Marwick, Mitchell & Co.（1925年に Peat, Marwick, Mitchell & Co. と名称変更，その後 KPMG Peat Marwick），現在は KPMG である。GE に対する KPMG による2018年度財務諸表監査は110年目に当たる。

　U.S. Rubber Co.（1892年創立）も1897年度から職業会計士監査を採用し，1902年度に交代した Haskins & Sells（Deloitte, Haskins & Sells を経て現 Deloitte & Touche）から今日まで同一会計事務所が116年間も担当している。

　そして，1898年から1902年にかけての第一次企業合同運動の過程で設立され

た The American Steel & Wire Co. of New Jersey や American Car & Foundry Co., General Chemical Co., National Tube Co., Republic Iron & Steel Co., American Hide & Leather Co. 等も，第 1 期より職業会計士監査を導入している。

アメリカ最大の製鉄会社 U.S. Steel Corp. が第 1 期株主総会（1902年 2 月17日開催）においてロンドンの Price, Waterhouse & Co.（PW）を監査人として選任したことはよく知られている。PW はすでに1890年にアメリカ事務所である Jones, Caesar & Co. を設立していたが，同事務所の代表 A.L. Dickinson は自らの事務所（アメリカ）が監査人に指名されると予想していたのでこれには驚いたという[1]。そして，同じ1901年に設立された Eastman Kodak Co. も，第 1 期より PW の監査を導入した。両社とも今日まで117年にわたって PW（現 PwC：PricewaterhouseCoopers）が監査人である。

Allis-Chalmers Co. の取締役会議長は，第 1 期（1902年 4 月30日終了年度）報告書において次のように報告した[2]。「当社の会計帳簿は，勅許会計士 Jones, Caesar & Co. の監督の下に開設され，新会社へ移行された〔旧会社の〕原材料と仕掛品は彼らによって評価された。また，同会計事務所は四半期ごとに監査し，その結果を定期的に財務委員会に報告している。」

Amalgamated Copper Co. は1899年 4 月に設立され，その株式は同年11月よりニューヨーク証券取引所で活発に取引されていたが，当社は極めて秘密的で創立以来一度として公式な情報を明らかにしなかった。しかし，1905年 6 月に初めて発行された報告書には，当時の著名な会計事務所 Pogson, Peloubet & Co. が1905年 4 月に終了する 6 年間の会計監査を実施したことが記載されている[3]。

第 7 章で検討した Westinghouse Electric & Manufacturing Co. が，年次報告書において初めて Haskins & Sells の監査証明書を添付したのは，会社設立後21年目の1906年 3 月31日に終了する年度である。

農機具メーカー最大手の International Harvester Co.（現 Navistar International Corp.）の1907年度の報告書において，社長は，1902年の創立以来継続して Haskins & Sells の監査を受けていることを報告している（286，290頁）。なお，同社は2006年 4 月の会計不正事件に関連し，創立以来98年間監査人で

あった Deloitte & Touche（673頁）を解雇，KPMG と監査契約を締結した。

1906年には Sears, Roebuck & Co., 1910年には The May Department Stores Co., 1911年には F.W. Woolworth Co., 1912年には S.S. Kresge Co., 1917年には J.C. Penny Co. と，大手小売商が続いた。

E.I. du Pont de Nemours & Co. も，創立109年目（同社の起源は1802年）の1910年度より職業会計士監査を導入している[4]。なお，同社は監査人を頻繁に代える政策を採り，1910年度より20年間はほぼ毎年（2年間継続したのは3事務所のみ）監査人を代えていた[5]。しかし，1953年度より今日まで65年間 PwC が監査人である。

IBM の前身である Computing-Tabulating-Recording Co. は1911年[6]，Chrysler Corp. の前身である Maxwell Motor Co., Inc. は1913年[7]，そして19世紀末から20世紀初頭にかけて会社内容の開示に頑強に抵抗してきた The American Sugar Refining Co. も，1914年度（第24期）までには公認会計士による監査を導入している[8]。

General Motors Corp. は1908年に創立された The General Motors Co. を買収するために1916年に組織されたが，発足2年後の1918年度より Haskins & Sells の監査を導入し，今日も Deloitte & Touche で，両者の関係は100年間も継続している。1989年，Deloitte, Haskins & Sells が Touche & Ross との合併交渉において，GM の監査人であることを「売り」にしていたことはいうまでもない〔Deloitte & Touche の誕生〕[9]。

1919年に再編された The Coca-Cola Co. は第1期（1920年12月31日終了年度）から会計士監査を導入し，第2期（1921年度）より今日まで97年間 Ernst & Ernst（現 Ernst & Young）が担当している[10]。

そして，製紙業界最大手の International Paper Co. も創立23年目の1920年度より The American Audit Co. の監査を導入した（480頁）。

このような年次報告書の財務諸表に対する職業会計士監査は，1920年末までには次のように展開された。すなわち，1920年12月31日現在，ニューヨーク証券取引所に株式を上場している会社のうち *The Commercial & Financial Chronicle* の株式欄〔上場会社名，週間取引高，週間の高値・安値，年間の高値・

安値を表示〕に掲載されている「製造業その他」(Industrial & Miscellaneous)
205社を調査したところ，**表17―2**のような結果が得られた。

表17―2 職業会計士監査の導入状況

1920年12月31日まで会計士監査を導入している会社 ……………………… 96社
1920年12月31日までに会計士監査を導入していない会社 ……………… 32社
(128社)
1920年12月31日までに会計士監査を導入しているか否か確認できなかっ たが，1926年度版 *Moody's Industrials* により1925年度までには会計士 監査を導入していることが明らかな会社 ……………………………… 46社
清算，合併，会社名の変更等により確認できなかった会社 …………… 31社
(77社)
合計 205社

　上で見るように，著者が確認できた製造会社等128社中96社75％は，1920年末
までに年次報告書の財務諸表に対する職業会計士監査を導入し，確認できな
かった77社中46社も1925年度末までにはそれを採用している。この46社の中
にも1920年末までに会計士監査を採用していた会社も考えられるので，1920年
末頃までにはニューヨーク証券取引所上場会社の多くは，年次報告書の財務
諸表に対する職業会計士監査を確実に制度化していたということがいえよう。
　そして5年後の1925年12月31日には，ニューヨーク証券取引所上場会社のう
ち *The Commercial & Financial Chronicle* の株式欄に掲載されている「製造
業その他」356社のうち287社 (81%)，8割を超える会社が会計士監査を採用し
ていることが判明した。1920年よりさらに拡大していることが理解できる。

　ところで，上の287社の会計事務所別状況は，右頁の**表17―3**のとおりである
（括弧内はアメリカにおける創立年度）。
　このように，1920年代中頃までには大手会計事務所の「支配」がすでに確立
していることがわかる。特にその後のいわゆる"ビッグ8"会計事務所のうち
7大会計事務所（**表17―3**の①から⑦）は287社中233社，81％を支配していたの

表17−3　大会計事務所の状況

①	Price, Waterhouse & Co.（1890）	81社	（28.2%）
②	Ernst & Ernst（1903）	37	（12.9）
③	Arthur Young & Co.（1894）	28	（ 9.8）
④	Haskins & Sells（1895）	27	（ 9.4）
⑤	Peat, Marwick, Mitchell & Co.（1898）	25	（ 8.7）
⑥	Lybrand, Ross Bros. & Montgomery（1898）	20	（ 7.0）
⑦	Touche, Niven & Co.（1902）	15	（ 5.3）
⑧	Barrow, Wade, Guthrie & Co.（1883）	13	（ 4.5）
⑨	The Audit Co. of New York（1898）	8	（ 2.8）
⑩	Deloitte, Plender, Griffiths & Co.（1890）	7	（ 2.4）
⑩	F.W. Lafrentz（1899）	7	（ 2.4）
		268社	（93.4%）
	その他事務所	19	（ 6.6）
		287社	100%

である〔PWが"ダントツ"である〕。なお，ビッグ8の中で最も遅い1913年12月1日設立のArthur Andersen & Co.は，まだ"ビッグ10"にも入っていない。それが50年後の1970年代中頃には，ニューヨーク証券取引所上場会社1,562社うち274社（18%）を監査，ビッグ8のトップに位置するほどに躍進し[11]，その後解体するのである。アーサーアンダーセン物語については，拙著『闘う公認会計士 ― アメリカにおける150年の軌跡』（中央経済社，2014年）に詳しい。

 ## GEの監査証明書と監査証明書のひな型

(1) GEの監査証明書

GEが公認会計士Patterson & Corwinによる監査を導入したのは第6期事業年度（1898年1月31日終了年度）であった。監査証明書は年次報告書全32頁のうち3頁にわたっているが，その全文はすでに紹介した（127頁）。

Paterson & Corwin は，GE とその構成会社 3 社の 2 年間の会計監査を実施し，1898年 1 月期の連結損益計算書は営業の結果を正確に示し，連結貸借対照表は資産及び負債を正確に表示していることを証明した。次に，財務諸表には示されていない 2 年間の純利益と資産売却益，そしてそれらの処分状況（社債利息の支払，社債の購入と償還，借入金の返済）について説明した。続けて，賃金に関する支出と売上高については現在の監査手続でいう証憑突合や帳簿突合等により内部証拠を収集し，現金，預金，有価証券，受取手形については実査や第三者作成の証書と預り証により外部証拠を入手したことを指摘している。さらに，有価証券の評価や貸倒引当金の見積り，棚卸資産の評価，プラントへの資本的支出については保守的に処理されていることに満足していること，加えて，未払利息を含むすべての負債が貸借対照表に掲載されていることについても満足の意を表明した。ただし，パテント及びフランチャイズについては意見を差し控えている。実地棚卸の立会の省略についても指摘した。また，年次報告書中の第 2 副社長の財務諸表項目の説明についても同意している。

　翌第 7 期（1899年 1 月31日終了年度）の監査証明書には，新たに以下の二つの文章が挿入された（138頁）。

　貸倒れの見積りは前期以前と同じ方法に基づいているが，従来も実際の貸倒損失は貸倒見積額より少なかったので〔今期の設定額も〕十分に正当化しうる。回収は厳格に実施され，回収の結果が示すように債権は十分に管理されている。

　会社の方針は，年次報告書に示されているように，価値の減少や損失が確認された場合には直ちに償却すること，起こりうる損失に対しては期末に十分な引当てをすること，しかし，利益は売上げが実現するまでは決して計上しないことである。

　第 8 期（1900年 1 月31日終了年度）には，さらに以下の二つの文章が追加され，ますます長文となった（143頁）。

　過去数年間の各期の有価証券売却益が大きい要因は，過去の有価証券の評価が保守的であったことを示している。会社所有の株式と社債は，ロットごとの

１ドル評価分を除いて過去２年間以下のように評価された。

	1899. 1 .31	1900. 1 .31
株 式	42.95%	44.53%
社 債	63.79%	70.45%

パテント・フランチャイズ・営業権勘定は現在＄2,000,000.00であり，その内容は妥当である。

第７期と第８期の追加は会計処理に関する補足説明であり，かつ，その保守的処理を讃えているのである。

ところが，第９期（1901年１月31日終了年度）に係るPatterson, Teele & Dennisの監査証明書は，151頁で見るように従来の半分程度に縮小している。

過去３年間の監査証明書と比較すると，

① 会計帳簿や証憑書類を監査し財務諸表を検証したことについては指摘しているものの，財務諸表の正確性についての証明あるいは意見が見られない。この点は，監査機能との関連で問題である。

② 監査人が適用した監査手続，例えば，証憑突合，帳簿突合，計算突合，実査等についての指摘が省略された。そして，監査人は棚卸資産を監査したことは指摘しつつも，棚卸資産の実地棚卸の「立会」については指摘していない。おそらく立会は行われなかったのであろう。

そして，ここでも公認会計士は，会社側の資産（棚卸資産，売掛金，受取手形，有価証券，工場プラント，パテント）の評価が保守的であることに満足している。

第10期（1902年１月31日終了年度）に係るPatterson, Teele & Dennisの監査証明書も紹介した（164頁。第11期もこれを踏襲）。

第12期（1904年１月31日終了年度）のPatterson, Teele & Dennisの監査証明書は，以下のとおりである。

GE取締役会殿

1904年４月27日

我々は，General Electric Co.とEdison General Electric Co., Thomson-Houston Electric Co.の1904年１月31日に終了する年度の会計帳簿及び証憑書類

を監査し（examined），そして，ここに明らかにされている連結損益計算書と連結貸借対照表を検証した（verified）。

棚卸資産を監査した結果，実地棚卸に当たって採用された方法は健全であり，かつ，棚卸資産は注意深く評価され，最終的にはその評価に十分な引当てがなされていると判断する。

売掛金と受取手形に係る損失引当金は従来と同様な方法で設定されており，過去の経験と現在の監査からして，我々はこの引当金は十分であると信ずる。

我々は，所有株式と社債の価値を注意深く監査した結果，帳簿価額は個々の取引記録や時価以下で評価されており，安全性のマージンは十分であることに満足している。

貸借対照表の工場プラントの価値は〔前年の〕1903年１月31日現在よりも1,500,000ドル高い。これは，工場プラントの評価額の31％に相当する減価償却費を計上した後の金額である。

パテントを得るために支出され費用計上された金額は，現在の貸借対照表のパテント・フランチャイズの評価額の60％を超えている。

当社のすべての明らかな負債を貸借対照表に含めるために，従来と同様な注意が払われている。

このように，第９期に消失した連結貸借対照表と連結損益計算書に関しての監査証明は依然として見られない。

第13期（1905年１月31日終了年度）の監査証明書は，第12期の監査証明書を継承している。

第14期（1906年１月31日終了年度）から第17期（1909年１月31日終了年度）までは，Price, Waterhouse & Co. が監査人である。第14期の監査証明書は，以下のとおりである。

GE 取締役会殿

1906年４月23日

我々は General Electric Co. の帳簿を監査した。そこには，Edison General Electric Co. と Thomson-Houston Electric Co. の計算書も統合されている（incorporated）。我々は，〔年次報告書の〕28頁と29頁の貸借対照表と損益計算書は帳簿に準拠しかつ正確であることを証明する。

当該期間中，固定資産の実際の増設と拡張と取替に係る支出のみが資産に計上されていること，更新及び減価償却に対しては十分な引当てがなされていること，パテント及びパテント訴訟に係る支出はすべて費用処理されていることに我々は満足している。

原材料と貯蔵品，完成品，仕掛品については原価または原価以下で注意深く評価され（会社役員が証明している），陳腐化あるいは容易に販売できない棚卸資産については適正な引当てがなされていることに我々は満足している。

回収の疑わしい受取手形と売掛金については十分な引当金が設定されている。また，確認しうる負債（all ascertainable liabilities）はすべて計上されている。

我々は，現金預金，株式，社債については実査あるいは適切な証明書で検証した。株式及び社債の総額は，その詳細については報告書の18頁と19頁に示されているが，適正でありかつ保守的に評価されていることを認める。

我々は，関係会社（affiliated companies）の帳簿については監査したが，外国の販売会社については現地の監査人が監査しその監査証明書を受理した。我々は，30頁の関係会社の連結貸借対照表は正確であることを証明する。

Price, Waterhouse & Co. は，会計帳簿を監査し，貸借対照表と損益計算書は会計帳簿に準拠しかつ正確であることを証明した。そして，資本的支出の妥当性と十分な減価償却の実施，パテント関連支出の費用計上，棚卸資産の原価以下評価と棚卸資産の陳腐化等に対する引当て，不良債権に対する引当て，負債の網羅性等，貸借対照表の重要な項目が保守的に会計処理されていることに満足していることをもって専門家としての意見を表明している。そして，現金預金や株式，社債については実査を行いあるいは適切な証明書を入手したことを指摘し，有価証券も保守的に評価されていると判断した。また，関係会社については会計帳簿を監査し，外国の販売会社については現地の監査人の監査証明書を受理したことも指摘している。関係会社に対する監査と他の監査人の監査証明書の利用についての記述は1906年当時としては斬新である。

第15期（1907年1月31日終了年度）のPWの監査証明書（1907年5月2日付）は前期のそれに加えて，最後のパラグラフに以下が加わった。

我々の意見によると（In our opinion），ここに提出された計算書及びステートメントは1907年1月31日現在の同社の真の財政状態を示し（set forth），また，

> 同日に終了する事業年度の損益計算書は正確であることを証明する。

　1907年当時における "In our opinion" は注目に値する。

　第16期と第17期に係る監査証明書は第15期のそれを踏襲した。

　第18期（1909年12月31日終了年度）からは Marwick, Mitchell & Co. が監査人である。その監査証明書（1910年3月24日付）の全文も180頁で紹介した。

　Marwick, Mitchell & Co. は，帳簿と計算書を監査し，貸借対照表はそれらに準拠して正確に作成され会社の真の状況（the true condition of the affairs）を示していることを証明し，損益計算書も11ヵ月間の収引についての正確なステートメントであることを認めた。そして，現金と有価証券については実査あるいは受託者からの証明書により検証し，有価証券については保守的に評価されていること，受取手形と売掛金は実現可能価額であり，不良債権等については十分な引当てがなされていること，棚卸資産は原価以下で評価され，市場価値の下落や陳腐化した製品等に対する引当て，委託商品や契約に係る商品等のクレーム等に対しても十分な引当てがなされていること，工場プラントの増加は資本的支出のみであり，修理・更新・減価償却に対しても十分な引当てがなされていることに満足の意を表明した。

　この監査証明書の最大の特徴は，GE が監査を導入した第6期（1898年1月31日終了年度）以来それまでの監査人が明示してきた監査範囲，すなわち監査対象会社名を省略したことである。これは，GE が当期の報告書において連結対象会社名を省略したからであろう（178頁）。そして，Marwick, Mitchell & Co. の監査証明書も，これまでの Patterson & Corwin（Patterson, Teele & Dennis）と Price, Waterhouse & Co. と同様，安全性や保守主義の見地からの陳述である。

　第20期（1911年12月31日終了年度）に係る Marwick, Mitchell & Co. の監査証明書もすでに全文を紹介したが（190頁），この監査証明書が用語の多少の変更を伴いながらも第42期（1933年12月31日終了年度）までの23年間も継続するので再現しよう（ただし，第29期（1920年度）に係る監査証明書については後述する）。

第17章　要約：職業会計士による財務諸表監査　683

March 21, 1912

To the Board of Directors,

General Electric Company

Dear Sirs :

We have examined the books and accounts of the General Electric Company for the year ended December 31, 1911, and certify that the Condensed Profit and Loss Account and Balance Sheet appearing on pages 11-13 of this report are in accordance with the books and in our opinion correctly record the results of the Company's operations for the year and the condition of its affairs as at December 31, 1911.

We have verified the cash and securities by actual count and inspection or by certificates received from the depositaries. The stocks and bonds held have been appraised by a committee of the Board of Directors on a conservative basis. The Copper Mining Investments was also considered by this committee and the whole amount invested has been written off.

The notes and accounts receivable are included in the Balance Sheet at their realizable value, due provision having been made for possible losses through bad and doubtful debts.

Certified inventories of work in progress, merchandise, materials and supplies have been submitted to us, and we have satisfied ourselves that these inventories have been taken in a careful and conservative manner, that they have been valued at or below cost price and that ample allowance has been made for old and inactive stocks. Full provision has also been made for possible allowances or additional expenditures on recently completed contracts or on installation work in progress.

All expenditures capitalized in the factory plant accounts during the year were properly so chargeable, being in the nature of additions or improvements and full provision has been made in the accounts for repairs, renewals and depreciation.

Yours truly,

Marwick, Mitchell, Peat & Co.

*　　　　*　　　　*

GE 取締役会殿

1912年 3 月21日

我々は，General Electric Company の1911年12月31日に終了する年度の帳簿及び計算書を監査した。そして，我々は，この報告書の11-13頁に示されている

> 要約損益計算書と要約貸借対照表は帳簿に準拠していることを証明し，かつ，我々の意見によると，それらは，当該年度の会社の経営成績と1911年12月31日現在の状況を正確に記録していることを認める。
>
> 　我々は，現金と有価証券を実際に数えかつ調査しあるいは保管者からの証明書によって検証した。株式及び社債は取締役会の一委員会によって保守的な基準で評価された。鉱山投資についても同じ委員会で検討され全投資額が償却された。
>
> 　貸借対照表の受取手形及び売掛金は実現可能価額であり，不良及び回収の疑わしい債権について発生する可能性のある損失に対しては十分な引当金が設定されている。
>
> 　仕掛品，商品，原材料，貯蔵品についての証明された在庫目録が我々に提出された。我々は，実地棚卸が注意深くかつ保守的に実施されたこと，棚卸資産は原価または原価以下で評価され，古くそして回転の遅い在庫に対しては十分な引当てがなされていることに満足している。最近締結した契約や進捗中の据付工事に係る値引きや追加的支出の可能性についてもまた十分な引当金が設定されている。
>
> 　当期の工場プラント勘定へのすべての資本的支出は価値の付加または改善という点から妥当であり，かつ，修繕・更新・減価償却に関する勘定についても十分な引当金が設定されている。

　冒頭の「監査意見」については，第18期の監査証明書（180頁）が「貸借対照表は同社の真の状況（the true condition of the affairs）を示しており，損益計算書は取引の正確なステートメントである」という表現であったが，今期は「要約損益計算書と要約貸借対照表は帳簿に準拠して（in accordance with the books）いることを証明し，かつ，我々の意見によると，損益計算書は当該年度の経営成績（the results of the Company's operations）を，要約貸借対照表は1911年12月31日現在の同社の状況（conditions of affairs）を〔真のは削除〕正確に記録していることを認める」と変更された。多少の前進である。そして，現金及び有価証券の実査と有価証券の保守的評価，受取手形及び売掛金の安全性，棚卸資産の保守的評価と不良在庫や将来損失の発生に対する引当金の十分性，工場プラント勘定の資本的支出の妥当性と減価償却等の十分性についての意見はこれまでと同じである。

　なお，第29期（1920年12月31日終了年度）に係る Marwick, Mitchell & Co.（Marwick, Mitchell, Peat & Co. から名称変更）の監査証明書（211頁）は，

例外的に，以下について指摘している。

① 監査範囲として International General Electric Co., Inc. が新たに追加
されたこと。

② GE が株式所有を通じて支配している会社の計算書については監査しな
かったが，当該会社の貸借対照表が監査人に提出されたこと。

③ 会社の実地棚卸は付属品製造工場については1920年11月30日に，Lamp
工場と地方事務所については1920年12月31日に行われたこと。

④ 棚卸資産については1920年12月31日現在入手されたおおよその時価
（approximate market prices）まで評価減した後の原価時価比較低価法に
よって保守的に評価されたこと。

⑤ 偶発債務については十分な引当金が設定されていること。

第43期（1934年度）に係る Peat, Marwick, Mitchell & Co.（PMM）の監査
報告書の全文（1935年3月4日付）もすでに紹介した（239頁）。

そこでは，最初のパラグラフと最後のパラグラフは「監査報告書モデル」に
準拠している（748頁）。第2パラグラフは，現金と有価証券については実査
または預金先からの証明書と照合したこと，GE の関係会社4社については
PMM が監査し各社に監査報告書を提出したこと，関係会社1社については
他の独立監査人が監査したこと，その他の関係会社については監査しなかった
が各社の貸借対照表を入手したこと，関係会社の投資勘定の監査については
PMM の監査結果と提出された貸借対照表に依拠したがそれらは保守的に評価
されていることを指摘した。

第3・第4・第5パラグラフにおいては，売掛金及び受取手形のうち不良も
しくは回収の疑わしい債権については十分な引当金が設定され，棚卸資産につ
いては会社側の証明書が提出されたが，実地棚卸は注意深く行われ，回転の遅
いまたは陳腐化した在庫については十分な引当金が設定され，また，原価時価
比較低価法により保守的に評価されていること，締結した契約に係る将来の
割引や追加支出については引当金が設定されていること，資本的支出も適切に
処理され，修繕・更新・減価償却についての引当金も適切であることが意見
表明された。

このように，1934年度に係る PMM の監査証明書は，「監査報告書モデル」
と監査人が実施した監査手続それに「個別意見」からなる混合型のものである。
そして，上の 4 つの個別意見は1946年度まで続く。なお，第56期（1947年度）
の監査報告書は『監査基準（仮案)』に準拠して監査範囲と監査意見のみのパラ
グラフで構成され[12]，個別意見は完全に消えた。

(2) 監査証明書のひな型

連邦準備理事会（Federal Reserve Board）によって1918年に発表された
『公認貸借対照表作成方法』（*Approved Methods for the Preparation of Balance
Sheet Statements*）は，貸借対照表と監査証明書の関係について，次のように
指摘する[13]。

「貸借対照表と監査証明書は併せて（conjointly）利用されなければならな
い。…… 監査証明書は事実を正確に示し，できるだけ短くかつ簡潔でなけれ
ばならない。もし限定事項が必要な場合には，監査人はそれについて明確か
つ簡潔に述べなければならない（the certificate should be as short and concise
as possible, consistent with a correct statement of the facts, and if qualifications
are necessary the auditor must state them in clear and concise manner.)。」

そして，次のようにいう。「もし監査人が，自らの監査は完全（complete）で
ありかつ連邦準備理事会の『公認貸借対照表作成方法』の全般的な指示（General
Instructions）に準拠している，そして貸借対照表と損益計算書は正確で
（correct）あるあるいはさほど重要でない限定事項（minor qualifications）は
貸借対照表の脚注（footnotes）で十分に取り扱われている（fully covered），と
確信するならば，以下のような監査証明書が適切（proper）である。」

I have audited the accounts of Blank & Co. for the period from ···· to ····
and I certify that the above balance sheet and statement of profit and loss
have been made <u>in accordance with the plan suggested and advised by the
Federal Reserve Board</u> and in my opinion set forth the financial condition of
the firm at ···· and the results of its operations for the period.

第17章　要約：職業会計士による財務諸表監査　687

(Signed)　　A.B.C.

＊　　　　＊　　　　＊

　私は，Blank & Co. の〇年〇月〇日から〇年〇月〇日までの期間における計算書を監査した。上の貸借対照表と損益計算書は，連邦準備理事会によって提示され勧告された方針に準拠して作成されており，かつ，私の意見によれば，それらは〇年〇月〇日現在の同社の財政状態及び当該年度の経営成績を表示していることを証明する。

　この監査証明書のひな型のポイントは下線部分にある。つまり，「貸借対照表と損益計算書は，連邦準備理事会によって提案されかつ助言された方針に準拠して作成されているか」どうかである。しかし，下線部分を指摘する監査証明書は，著者の調査ではまったく見られなかった。それは，これまで検討したように，当時の財務諸表は『公認貸借対照表作成方法』で提案された「全般的な指示」や損益計算書と貸借対照表の様式（658頁）から著しく逸脱し，また，監査人も『公認貸借対照表作成方法』が提案したような監査手続を実施していなかったからであろうと考えられる。そして，監査人はそれまでの慣行に従い，また，このひな型を「御墨付」に，"I certify that …… in my opinion"を継続して使用したのである（693頁）。

　10年後の1929年に改訂された『財務諸表の検証』（*Verification of Financial Statements*）は，1918年版の損益計算書を構成する以下の項目に対する監査手続を充実させた。

　損益計算書，売上高，売上諸費用（Cost of sales），売上総利益，販売費・一般費・管理費，営業損益，その他収益，総利益，総利益からの控除項目（社債利息，支払利息，税金等），当期純利益，剰余金。

　そして，次のようにいう[14]。

　「監査証明書は事実を正確に示し，できる限り簡潔でなければならない。監査人の責任の留保（reservations）や計算書についての限定事項あるいは会社の財政状態に重要な影響を及ぼす事実についての言及は，貸借対照表と損益計算書ならびに監査証明書と併せて利用されるかたちでなされなければならない。…… 監査人は監査が適正で（adequate）かつ〔『財務諸表の検証』の〕

全般的な指示（General Instructions）に準拠していると確信するならば，以下のような監査証明書を作成することができる（may be used）。」

I have examined the accounts of ···· company for the period from ···· to ···· .
I certify that the accompanying balance sheet and statement of profit and loss, in my opinion, set forth the financial condition of the company at ···· and the results of operations for the period.

*　　　　*　　　　*

私は，ABC 会社の○年○月○日から○年○月○日までの事業年度の財務諸表を監査した。私の意見では，上の貸借対照表と損益計算書は○年○月○日現在の同社の財政状態と同期間の経営成績を示していることを証明する。

1918年の『公認貸借対照表作成方法』における「連邦準備理事会によって提案されかつ助言された方針に準拠して作成されており」という文言が省略された。提案を遵守していない当時の財務諸表の開示及び監査実践を考慮してのことであろうが，この点については監査証明書の重要な構成要件の欠落として指摘されなければならない。なぜなら，「連邦準備理事会によって提案されかつ助言された方針」は，一般に認められた監査基準が存在しない時代においては監査人の監査実務指針でありかつ意見表明の判断基準となるべきものだからである。

3 監査証明書の役割

1890年代から1932年までの40有余年間の「任意監査」の時代において，職業会計士による監査証明書の様式及び内容は多種多様であった。そして，監査証明書は次のような役割を果たしていた。

① 貸借対照表と損益計算書がそれぞれ財政状態と経営成績を示していること，特に貸借対照表が財政状態を表示していることについての監査人の証明

② 特定の勘定残高についての監査人の意見

③　年次報告書の社長報告や貸借対照表項目等の説明についての監査人による補足説明

④　年次報告書の社長報告や貸借対照表等で指摘されていないあるいは表示されていない事項についての監査人による情報提供

⑤　監査人が採用した監査手続についての説明

①と②に関して。貸借対照表が一定時点における財政状態を表示していること，そして損益計算書が一定期間の経営成績を示していることについての証明は監査人の当然の役割である。これと同時に，監査人は，現金預金の実在性，売掛金や受取手形の回収可能性，棚卸資産や有価証券の評価の適正性，設備資産等への資本的支出の妥当性，減価償却費の妥当性，準備金や引当金の十分性，負債の網羅性，そして時には繰延費用の合理性等について，主として安全性・保守主義の見地から意見（満足の意）を表明している。実務における保守主義の強さには驚くばかりであるが，一般に認められた会計原則が存在しない時代にあって「健全な会計原則」とは企業の財務体質を強固にするための会計処理・手続であり，それに準拠しているか否かが監査人の判断基準であった。

③については，年次報告書における社長報告や貸借対照表項目等の説明のうち重要なものについて監査人が補足説明しているあるいは強調しているということである。例えば，以下のような事例である。

GE の1899年 1 月期に係る監査証明書において，公認会計士 Paterson & Corwin は，「会社の方針は，年次報告書に示されているように，価値の減少や損失が確認された場合には直ちに償却すること，起こりうる損失に対しては期末に十分な引当てをすること，しかし，利益は売上げが実現するまでは決して計上しないことである（傍点著者）」と補足説明している（138頁）。

Republican Iron & Steel Co. の1912年 6 月期に係る Price, Waterhouse & Co. の監査証明書（1912年 8 月 8 日付）は，「減価償却引当金は通常の費用処理〔損益及び剰余金計算書での減価償却費及び更新引当金繰入額〕とともに剰余金処分〔特別減価償却費〕としても繰り入れられたので十分である」と補足説明した（318頁）。

B.F. Goodrich Co. の1920年度に係る Lovejoy, Mather, Hough & Stagg による監査証明書（1921年 3 月 3 日付）は，以下のように連結貸借対照表と社長

報告について補足説明している（377，379頁）。

「『パテント・トレードマーク＄1.00』と『営業権＄57,798,000.00』が帳簿に記載されているが，連結貸借対照表の『無形資本性資産―』に記載されているように，連結貸借対照表は有形資本性資産に基づいて会社の状態を示しているのでこれらを資産として計上せず，かつ，営業権を評価して発行した普通株資本金も株式資本金を構成しないとして，それぞれの評価額を資産と株式資本金から除外している。」そして，「原材料先物購入契約に基づく価格に起因する予想される損失を補塡するために剰余金を＄8,000,000積み増し，偶発債務引当金は期末現在＄10,000,000である。」

④について。監査人による情報提供は，本来は社長報告や財務諸表の本文あるいは注記において会社側が明示すべき事項を監査人が会社に代わって説明しているということである。以下のような事例を見ることができる。

GE の1898年1月期に係る Patterson & Corwin による監査証明書（1898年4月18日付）は，GE の2年間の経営成績を以下のように示している（128頁）。

「 源泉：

純利益	＄3,206,093.80
資産売却益	548,489.55
合　計	＄3,754,583.35

運用：

無担保社債利息	＄　764,583.35
無担保社債購入及び償還	2,750,000.00
エジソンビル等の抵当権 設定に係る支出金	240,000.00
合　計	＄3,754,583.35 」

また，1900年1月期に係る監査証明書も，以下を記載している（143頁）。

「過去数年間の各期の有価証券売却益が大きい要因は，過去の有価証券の評価が保守的であったことを示している。会社所有の株式と社債は，ロットごとの1ドル評価分を除いて過去2年間以下のように評価された。

	1899. 1 .31	1900. 1 .31	
株　式	42.95 %	44.53 %	
社　債	63.79 %	70.45 %	」

　Goodyear Tire & Rubber Co. の1916年10月期に係る The Audit Company of New York の監査証明書（1916年11月19日付）は，「減価償却引当金は＄2,298,000.12で，これは1915年10月31日現在のプラント＄7,846,206.90の29.29%に相当する。注目すべき事実は，American Appraisal Co. of Milwaukee の鑑定評価によると，プラント・装置は帳簿価額（減価償却引当金控除後）を＄4,277,997.53上回っているということである」，「回収の疑わしい債権は『不良債権』（"Suspended Asset"）という勘定科目に集められ，全額が貸倒引当金の対象となっている」との情報を提供した（351頁）。

　B.F. Goodrich Co. の1920年度に係る Lovejoy, Mather, Hough & Stagg の監査証明書（1921年 3 月 3 日付）は，「連結財務諸表の対象は The B.F. Goodrich Co. と当社が過半数の所有権を有するすべての会社であり，これには Societe Francaise B.F. Goodrich と B.F. Goodrich Scocieta Anonima Italiana も含まれる」と，会社側が示していない連結範囲を明示した（378頁）。

　American Sugar Refining Co. の1920年度に係る Geo. H. Church と Deloitte, Plender, Griffiths & Co. の共同監査による監査証明書（1921年 2 月21日付）は，「棚卸資産のうち販売されたが未出荷のものについては原価に修正し，また，在庫品については期末の価格に合わせて修正した」と説明した（333頁）。

　International Paper Co. の1930年度に係る F.W. Lafrentz & Co. による監査証明書（1931年 4 月14日付）は，以下の 2 つの事項に関する情報を提供している（489頁）。「減価償却率，特にパルプと紙を製造する固定資産に適用されるものについては，取締役会の決議により1930年 7 月 1 日以降は低下した率を適用している」こと，「連結総合貸借対照表の『International Paper and Power Co. 及び子会社の株式と社債』のうち＄22,400,000は，International Hydro-Electric System の Class B 株1,000,000株と普通株12,000,000株（発行済株式総数の30%）であり，これらの株式の一部は Canadian Hydro-Electric Corp. の有価証券を譲渡した代わりに取得したものである。そして，この株式譲渡

に当たって International Paper Co. の引当金勘定に繰り入れられていた
＄12,902,123.69のうち＄10,000,000を剰余金勘定へ振り替えた」こと。

　さらに，⑤のように，監査人が採用した監査手続についての説明，つまり，
現金・預金・受取手形・有価証券に対しての実査や銀行・倉庫業者等からの
証明書の入手，棚卸資産に関する会社責任者による証明書の受理等の記述は
多くの監査証明書に見られた。しかし，「売掛金及び受取手形に対する『確認』
と棚卸資産の実地棚卸に対する『立会』を実施した」との指摘はまったく
見られなかった。ただし，「実施しなかった」と指摘する例外的事例はある。

　例えば，Goodyear Tire & Rubber Co. の1916年10月期に係る The Audit
Company of New York の監査証明書（1916年11月19日付）は，「売掛金の口座
数は膨大なので，債務者からの確認書（confirmations）は入手しなかった」と
述べている（351頁）。

　また，Westinghouse Electric & Manufacturing Co. の1917年度に係る
Haskins & Sells による監査証明書（1918年 5 月13日付）は，次のように言う
（259頁）。「棚卸資産のうち，完全子会社の原材料・貯蔵品，完成部品，完成品，
仕掛品，それに親会社の Westinghouse Electric & Manufacturing Co. の工場
にある原材料・貯蔵品・完成部品・完成品（親会社分は合計約＄25,000,000）に
ついては我々の〔Haskins & Sells〕の全般的な監督の下で実地棚卸が行われ
そして原価以下で評価された。一方，生産の拡大により工場の操業を停止する
ことは実際的ではないと考え，Westinghouse Electric & Manufacturing Co.
の工場の仕掛品約＄20,000,000分については実地棚卸は行われなかったが，
この仕掛品の帳簿を注意深く検証した。帳簿記録は数年前から導入している
会計システムが有効に機能しているので経験上も信頼できる。」

　この場合，「棚卸資産の実地棚卸は我々の全般的な監督の下で行われた（the
inventories were taken under our general supervision）」との指摘も Haskins &
Sells が「立会」を行ったということではなく，会社から提出された実地棚卸
計画を Haskins & Sells が検証し了承した上で会社側による実地棚卸が行われ
たと解すべきであろう。そして，仕掛品約＄20,000,000分については実地棚卸
は行われなかったが，これを補う監査手続について説明したのである。

監査証明書の特徴

(1) 用語と宛先

ほとんどの監査証明書には，"We certify that ⋯⋯ in our opinion,"の構文と"properly"や"true"，"correct"等の用語が使用されていた。

前者の"certify"と"opinion"を含む構文については，686頁で指摘したように『公認貸借対照表作成方法』が監査証明書のひな型の中でこの構文を提案していたのである。以下に再掲しよう（下線著者）。

> "<u>I certify that</u> the above balance sheet and statement of profit and loss have been made in accordance with the plan suggested and advised by the Federal Reserve Board and <u>in my opinion</u> set forth the financial condition of the firm at ⋯⋯and the results of its operations for the period."

しかし，"I certify that ⋯⋯ in my opinion"は『公認貸借対照表作成方法』が発表された1918年以前のほとんどの監査証明書にも使用されていたことはすでに見たとおりである。

"in our opinion"や"properly"，"true"，"correct"，そしてアメリカの監査証明書で使用されたその他の"キーワード"は，明らかに英国の勅許会計士による監査証明書の影響である。そして，彼らの監査証明書は英国会社法の条文に大きく依拠していたのである。下線部分（著者）に注目しよう。

① 1879年会社法（42 & 43, Vict., c.76, August 15, 1879）（6.）

The Auditor or Auditors shall make a Report to the Members on the Accounts examined by him or them, and on every Balance Sheet laid before the Company in General Meeting during his or their tenure of office ; and in every such report shall state whether, <u>in his or their opinion</u>, the Balance Sheet referred to in the Report is a full and fair Balance Sheet, <u>properly drawn up, so as to exhibit a true and correct view of the state of the Company's affairs, as shown by the Books of the Company</u> ; such Report shall be read before the General Meeting.

② 1908年会社法〔Section 113(2)〕

The auditors shall make a report to the stockholders on the accounts examined by them, and on every balance sheet laid before the company in general meeting during their tenure of office and the report shall state—

(a) Whether or not they have obtained all the information and explanations they have required ; and

(b) Whether, in their opinion, the balance sheet referred to in the report is properly drawn up so as to exhibit a true and correct view of the state of the company's affairs according to the best of the information and the explanations given to them, and as shown by the books of the company.

一方，"We certify that" を省略して "In our opinion" による早い例は，1915年3月1日付のG.H. Church による The American Sugar Refining Co. の1914年度貸借対照表（のみ）に係る以下の監査証明書に見られる。

"*I am of the opinion that the foregoing Balance Sheet presents the true financial position of the corporation and its constituent companies on December 31, 1914.*"

また，1921年3月23日付の The American Audit Co. による International Paper Co. の1920年度財務諸表に係る監査証明書は，以下のとおりである。

"The figures as ascertained by our audit have been consolidated with statements of Subsidiary Companies, and in our opinion the Consolidated Balance Sheet and Consolidated Profit and Loss Statement correctly exhibit the financial position of the Companies and their Consolidated income results for the year."

ただし，両監査人とも "true" と "correctly" を使用している。

1931年8月号の *The Journal of Accountancy* はその論説で，「会計士は "report" すべきであり "certify" すべきでない。"I certify that in my opinion" のようなバカゲタ（foolish）な表現は廃止すべきである[15]」と主張した。

1932年には以下のように，Price, Waterhouse & Co. による Caterpillar Tractor Co. や Haskins & Sells による International Harvester Co. 等の監査証明書（下線著者）にも "We certify" の省略が見られた（544頁）。

第17章　要約：職業会計士による財務諸表監査　　695

"We have examined the books of Caterpillar Tractor Co. as of December 31, 1931, and we report that, in our opinion, the above balance sheet sets forth correctly the financial position at that date."

"Subject to the foregoing, in our opinion the accompanying Balance Sheet and Income and Surplus Accounts set forth the financial position of the companies 〔International Harvester Co.〕 at December 31, 1932, and the results of operations for the year."

そして，1934年度以降の監査報告書は，多くの場合，*Audits of Corporate Accounts*（1934年 1 月21日発行）で提示された「監査報告書モデル」（748頁）に準拠していくのである。

次に，"correct"あるいは"correctly"に代わる"fairly"の早い時期の使用は，1923年 9 月10日発行の Arthur Young & Co. による Pullman Co. の監査証明書や1928年 3 月29日発行の PW による Eastman Kodak Co. の監査証明書に見出せる（577頁）。

"We have made a general audit of the accounts and records of The Pullman Company, Chicago, for the year ending July 31, 1923, and certify that the above Balance Sheet is in accordance therewith, and is drawn up to fairly exhibit the financial position of the Company as at July 31, 1923, the investment in the Manufacturing Department as a separate business unit being carried as a net figure. The inventories have been figured at cost. Sufficient depreciation has been provided on all depreciable assets."

"*We have examined the books and accounts of the Eastman Kodak Company of New Jersey and its subsidiary companies, with the exception of the American selling companies and certain foreign selling branches, for the year ending December 31, 1927, and we certify that, in our opinion, the above balance sheet and relative profit and loss and surplus account fairly set forth the financial position of the combined companies and the results of operations for the year.*"

また，監査証明書の宛先は多くの場合取締役会または社長であるが，1930年以前において次のような例が見られる。

① 株主宛

U.S. Steel Corp. ─ Price, Waterhouse & Co.（1903年 3 月12日付）
American Agricultural Chemical Co. ─ Marwick, Mitchell, Peat & Co.
（1918年 8 月19日付，346頁）
International Paper Co. ─ E.W. Lafrentz & Co.（1921年 3 月23日付）
Caterpillar Tractor Co. ─ Price, Waterhouse & Co.（1926年 2 月19日付）
National Cash Register Co. ─ Price, Waterhouse & Co.（1931年 3 月11日付）

② 取締役会ならびに株主宛

E.I. du Pont de Nemours & Co. ─ Ernst & Ernst（1921年 2 月24日付，399頁）
American Ship Building Co. ─ Ernst & Ernst（1921年 9 月24日付）
Chrysler Corp. ─ Ernst & Ernst（1926年 2 月 6 日付，553頁）
Republic Iron & Steel Co. ─ Ernst & Ernst（1929年 2 月18日付）

(2) 財務諸表作成主体と監査主体の「未分化」

次の点も指摘しておこう。それは，監査証明書における「監査の結果に基づ
いて会計監査人が財務諸表を作成した」という記述についてである。

例えば，E.I. du Pont de Nemours & Co. の1920年度に係る Ernst & Ernst
の監査証明書（1921年 2 月24日付）は，次のように指摘している（399頁）。

We submit herewith Consolidated Balance Sheet and Profit and Loss
Account for the year ended December 31, 1920 based upon our audit of your
books of account and records.

このように，当社の連結貸借対照表と連結損益計算書は Ernst & Ernst が
監査した結果に基づいて同会計事務所によって作成されたものである。

また，Chrysler Corp. の1925年度に係る Ernst & Ernst による監査証明書
（1926年 2 月 6 日付）も，次のようにいう（554頁）。

We have completed our annual audit of the books of account and records

pertaining to the assets and liabilities of the CHRYSLER CORPORATION
—DETROIT, and its subsidiaries at December 31, 1925, and submit herewith
a Consolidated Balance Sheet together with Surplus Account and Income
Summary.

In the preparation of the Consolidated Balance Sheet included herein, we
have shown the number of shares of stock of the Chrysler Corporation which
were outstanding and deliverable at December 31, 1925, under the Maxwell
Motor Corporation Plan and Agreement dated April 15, 1925.

Ernst & Ernst が Chrysler Corp. とその子会社の会計帳簿等を監査し，連結
貸借対照表と連結剰余金計算書それに連結損益要約を作成したのである。

さらに，International Paper Co. の1930年度に係る F.W. Lafrentz & Co. に
よる監査証明書（1931年4月14日付）は，以下のとおりである（489頁）。

We have prepared the accompanying Consolidated Balance Sheet and
Consolidated Statement of Profit and Loss and Surplus of the International
Paper Company and its subsidiary companies, based upon our examination for
the year ended December 31, 1930 of the books of International Paper Com-
pany and its subsidiaries, Continental Paper & Bag Corporation and Southern
Kraft Corporation, statements of Canadian International Paper Company and
subsidiaries as certified by other independent auditors and statements of
minor subsidiaries as prepared by the company without verification by in-
dependent auditors.

F.W. Lafrentz & Co. は，International Paper Co. とその子会社の連結貸借
対照表と連結損益及び剰余金計算書を作成した（prepared）。もちろん，それ
は，同社と子会社2社の帳簿を監査し，Canadian International Paper Co. と
その子会社については他の独立監査人の監査証明書により，さらに小規模の
子会社については独立監査ではなく会社が作成したステートメントに依拠した
結果においてある。

このように，財務諸表作成主体と監査主体とがいわば「未分化」の状況が
1930年頃まで散見されるのである。この未分化は，財務諸表の作成とその監査

が法律で要求されていない時代にあって，職業会計士が自らの職域を開拓・維持・拡大するために，財務諸表作成サービスと監査サービスを同時に提供していたということである。

⑶ 「資産の実在性とその保守的評価」の位置づけ

すでに検討したように，年次報告書に含まれる財務諸表，特に貸借対照表に対する職業会計士による監査は，資産は実在しているか，資産の評価はできるだけ保守的であるか，そして，負債についてはやや付随的にすべての債務が計上されているかを目的としていた。そこで，監査人は，現金と預金，有価証券については実査あるいは受託者からの証明書を入手することによって実在性を確かめ，有価証券については保守的に評価されているか，受取手形と売掛金についても貸倒引当金を通じてその回収可能性を検討し，その他の不良債権についても十分な引当てがなされているか，棚卸資産は原価以下または原価時価比較低価法によって評価されているか，先物取引契約による購入義務に係る商品についても購入予定の原価と予想される時価とを比較し低い方の価格で評価されているか，工場プラントへの支出もむしろ費用処理されているか，修理・更新・減価償却・減耗償却に対しても十分な引当金が計上されているか，確定している債務はすべて貸借対照表の負債に計上されているかを“チェックポイント”とした〔アメリカを代表する著名な公認会計士 R.H. Montgomery は1927年10月号の *The Journal of Accountancy* において次のように回顧している。「過去において，我々は資産を過小に評価し負債を過大に評価することにプライドを持っていた。しかし，これは正しい手続ではない[16]」〕。

このように，監査人は資産の実在性とその保守的評価の検証を重点的に，そして時として負債の網羅性も検証したが，この点をアメリカ式監査と呼称される「信用貸借対照表の監査」と関連させて，銀行に提出する貸借対照表の支払能力（流動性）を検証するために，上のようなチェックポイントが採用されたとする主張がわが国の監査論の「通説」である。

しかし，資産の実在性とその保守的評価を重視し，負債の網羅性も検証する監査は，銀行のための信用監査とのみ関係をもつものではない。それは，株主

宛年次報告書の財務諸表，特に貸借対照表の監査目的でもあった。すでに十分に検討したとおりである。この点については，拙著『貸借対照表監査研究』（中央経済社，2008年）に詳しい。

5 「経営者のための監査」

　1890年代から始まった株主宛年次報告書の財務諸表に対する職業会計士監査は1920年末頃までにはニューヨーク証券取引所上場の製造会社等の75％が，1925年には8割を超える製造会社等が導入した（676頁）。量的発展は確かであった。そして，経営者はこのような監査の目的を「株主保護」と主張した。

　しかし，法律に強制されない会計士監査は経営者の完全な支配下にあり，必要とされる独立性をもつものではなかった。第1章で検討したように，鉄道会社に対する会計士監査はその典型であった。また，Republic Iron & Steel Co. の1900年6月30日に終了する第1期報告書における損益計算書と貸借対照表（88頁）には，The Audit Co. of New York による無限定の監査証明書が添付された（670頁）。しかし，同社の取締役には，The Audit Co. of New York の社長 August Belmont が名を連ねていた[17]。そして，同社は，第2期から第5期までは年次報告書を発行せず，第6期（1905年6月期）には再び The Audit Co. of New York が担当している[18]。Louisville & Nashville Railroad 事件を振り返ってほしい（33頁）。

　そして，そのような状況は20世紀に入ってからも継続し，職業会計士による監査実践は，多くの場合次のような結果にならざるを得なかった。

① 　資本的支出と収益的支出，減価償却費と減耗償却費，有価証券，棚卸資産，営業権・パテント・フランチャイズ・トレードマーク，貸倒引当金や偶発債務引当金，各種の準備金等において自由な会計操作が随所に見られたが，これらに対する会計士の意見表明の判断基準は「安全性・保守主義の原則」であり，結果としてほとんどすべてを是とした。

② 　ニューヨーク州公認会計士協会がニューヨーク証券取引所に株式を上場している829社のうち年次報告書を入手できなかった48社を除く781社

（全体の94%）の1931年度財務諸表を調査したところ，職業会計士の監査証明書を添付している会社は651社（83%），添付していない会社は130社（17%）であった〔この調査によると，外部監査の導入率はニューヨーク証券取引所上場会社全体の79%（651社÷829社）であるが，上場会社のうち多くの鉄道会社は外部監査を放棄していたので（37頁），商工業会社の導入率はさらに高まる〕。ところで，監査証明書を添付した651社のうち570社（88%）については貸借対照表と損益計算書の両者についての監査証明が見られたが，残りの81社（12%）はいずれかの財務諸表〔おそらく貸借対照表〕についての監査証明であった[19]。

この事実は，著者の調査でも指摘できる。例えば，以下のごとくである。

Goodyear Tire & Rubber Co. の1916年10月31日終了年度に係る The Audit Company of New York による監査証明書（1916年11月19日付）は，貸借対照表のみに係るものである（351頁）。損益計算書は発行されなかったからである。

American Agricultural Chemical Co. の1919年6月30日終了年度に係る Marwick, Mitchell, Peat & Co. による監査証明書（1919年8月18日付）は，貸借対照表は真の財政状態を示していることを証明したが，総利益と利益処分のみを示す簡易な損益計算書については監査証明していない〔簡易な損益計算書に監査証明していない監査人の姿勢は評価される。346頁〕。

Procter & Gamble Co. の1920年6月30日現在の貸借対照表の脚注部分に掲載された Deloitte, Plender, Griffiths & Co. の監査証明書（1920年7月29日付）は，貸借対照表に対してのみの監査証明である（327頁）。損益計算書は発行されなかったからである。

Coca-Cola Co. の第1期（1920年度）に係る Wolf and Co. による監査証明書は，「売上高」と「売上諸費用」を示す損益計算書が開示されているにもかかわらず，貸借対照表のみの監査証明である〔損益計算書に対する監査は拒否されたのであろう〕（472頁）。

Pullman Co. の1923年7月31日終了年度に係る Arthur Young & Co. の監査証明も貸借対照表についてである（695頁）。

③　監査範囲や監査手続の制約が見られた。後述するように「役員会の議事録については監査しなかった」旨の指摘も散見される。そして，受取手形と売掛金の「確認」及び棚卸資産の実地棚卸の「立会」は行われなかった（692頁）。確かに，**表17－4**が示すようにこの間の監査手続マニュアルも要求していない。マッケソン・ロビンス会社大粉飾事件の結果，1939年に発表された監査手続書（SAP: Statement on Auditing Procedure）第1号『監査手続の拡張』（*Extensions of Auditing Procedure*）において初めて確認と立会が「一般に認められた〔監査〕実務」（"generally accepted practice"）とされたのである[20]。確認や立会が実施されなかったということは，形式的にはその間の監査手続マニュアルが要求していなかった点に求められようが，根本的には経営者がそれらを禁止したという事実が指摘されなければならない[21]。もっとも立会については，棚卸資産の評価に対する監査人の責任が問われるという意味で，監査人がそれを拒否するという状況も見られた[22]。

　　ただし，Marwick, Mitchell, Peat & Co. は大型小売商 J.C. Penney Co. の1917年12月31日終了年度の監査に際して相当数の店舗における商品在庫について抜き取り検査（test check）を実施した。以下の監査証明書（1918年4月5日付）がこれを示している（下線著者）。これは，業種柄でもあるが例外である。

　　We have examined the books and accounts of the J.C. Penney Company for the purpose of verifying the assets and liabilities as at December 31, 1917, and have made a test check of the physical existence of the merchandise stock at a sufficient number of the Company's stores to satisfy ourselves as to the correctness of the inventories. We hereby certify that, in our opinion, the foregoing Balance Sheet sets forth the financial position of the Company at that date and is shown by the books.

表17－4 「確認」と「立会」

	1918 Approved Methods For the Preparation of Balance Sheet Statements	1929 Verification of Financial Statements	1936 Examination of Financial Statements by Independent Public Accountants	1939 Extensions of Auditing Procedure
受取手形及び売掛金の「確認」	"Optional"－もし時間が許しかつ顧客が反対しないならば，書面による確認の回答を入手することは得策（advisable）である。	〔左のOptionalと下線は消える。〕 確認をベストな検証と認める。そして，書面による確認の回答を入手することは得策である〔ただし，特に要求していない〕。	受取手形に対する確認をベストな検証としつつも，受取手形については適切な内部牽制システムを有している会社の場合には通常必要なものとは考えられていない。 売掛金の確認についてもベストな検証としつつも，顧客と調整した後に採った方がよい。適正な内部牽制システムを有している会社の場合は往々にして不必要と考えられている。	実施可能にして合理的である限り，そして受取手形及び売掛金の合計額が流動資産または総資産に比し重要な割合を占めている場合には，確認は一般に認められた監査手続とされなければならない。
棚卸資産の実地棚卸の「立会」	定めていない。	定めていない。	定めていない。	棚卸資産が重要な場合で実施可能にして合理的である場合には監査人は常時実地棚卸に立会い，適切な監視と質問により棚卸方法の有効性と棚卸資産の記録について会社側の主張の信頼性の程度を確かめなければならない。これは一般に認められた監査手続である。

④ 前章で企業側の損益情報の消極的な開示とこれに対する職業会計士側の消極的な姿勢について指摘したが（632頁），損益計算書に関する監査についても，公認会計士側の消極的な姿勢がうかがえる。

次章で検討するように，ニューヨーク証券取引所理事長は，1933年1月6日，同年7月1日以降，州際通商委員会の管轄下にある鉄道を除くすべての上場申請会社の直近の財務諸表に対して州法または外国で制定された法律により認められた独立会計士による監査証明が必要なこと，その監査はすべての子会社も含み，監査範囲は『財務諸表の検証』(1929年) 以下であってはならないことを要求し，さらに，会社が発行する将来の年次報告書あるいは株主宛年次報告書の財務諸表についても同様に独立会計士により監査されるべきことの同意書を提出することを求めた (746頁)。

これに対して，1933年2月14日，全米9大会計事務所は連名でニューヨーク証券取引所理事長に対し次のような書簡を宛てた[23]。

"The ordinary form of financial examination of listed companies, in so far as it relates to the verification in detail of the income account, is not, we believe, so extensive as that contemplated by the bulletin. To verify this detail would often be a task of a very considerable magnitude, particularly in the case of companies having complex accounting systems, and we question whether the expense of such a verification would be justified by the value to the investor of the results to be attained. The essential points is to guard against any substantial overstatement of income, and this can be reasonably assured by the auditor satisfying himself of the correctness of the balance-sheet at the beginning and end of the period covered by his examination and reviewing the important transactions during the year."

上場会社の損益計算書に関する通常の監査は，『財務諸表の検証』が例示しているほど広範囲には実施されていない (687頁)。それを実施することは多くの監査コストを要するので，投資家にとってメリットがあるのか疑わしい。重要なことは，利益の過大表示を防止することである。このことについては，貸借対照表の期首と期末の正確性を検証し，かつ，当該年度の重要な取引をレビューすることによって監査人は合理的な保証を提供することができるのである，と主張したのである。

貸借対照表監査の時代とはいえすでに1933年。にもかかわらず，公認会計士業界は依然として経営者に遠慮する姿勢だったのである。

このような状況〔上の①～④〕からして，職業会計士による外部監査は，一定程度「投資者保護」の役割を果たしていたとはいえ，往々にして「経営者のための監査」とならざるを得なかったのである。経営者は自ら開示する財務諸表の「信頼性」を"PR"するものとして外部監査を利用したのである。

6 監査証明書額縁説と限定付監査証明書

アメリカ公会計士協会（American Association of Public Accountants，1887年に正会員24名，準会員7名で設立された全米初の職業会計士団体，1917年に American Institute of Accountants として再編，1957年に現在の AICPA：American Institute of Certified Public Accountants と名称変更）が「限定付監査証明書」（Qualifications in Certificates）を初めて討議課題として取り上げたのは，1915年の年次大会においてであった。そこにおいて，G.O. May は，次のように述べている[24]。

「20年前には監査証明書はほとんど何らの特別な重要性を有していなかった。それは，むしろ財務という絵を引き立たせる額縁とみなされていた。〔したがって財務という絵は〕金箔がはがれ汚れている額縁で飾るよりは，額縁を付けないでそのまま飾る方が明らかによかった。だから，無限定の証明書のみが要求されたのである。」

このいわば「監査証明書額縁説」ともいえる状況を，Mayは1915年から起算して「20年前」，つまり1895年頃と述べているが，それは，今世紀に入っても厳然たる事実として存在していた。すでに十分に検討したとおりである。

職業会計士による監査が経営者の完全な支配下で行われていたにしろ，監査結果が株主宛年次報告書で公開されることによる監査人の責任は重かった。つまり，経営者の依頼する監査が法律に要求されない任意のものであれ，その監査結果が経営者の意のままに株主をミスリードするかたちで利用される場合には，監査人は契約関係のない株主に対しても職業倫理上の責任を負わなければならない。例えば，1920年4月号の *The Journal of Accountancy* は，右頁のようなケースを取り上げている[25]。

① 「当社の公会計士はボストンの著名な John, Smith & Co. であり，当社の会計帳簿は，過去 2 年間同事務所によって監査されている。」

　　この文章は，John, Smith & Co. が過去 2 年間監査しているという事実以外は何も意味していないのだが，これによって著名な John, Smith & Co. が同社の財政状態の健全性を保証しているという誤った結論を導く危険性がある。

② 「当社の会計帳簿は著名な Mark, George & Co. によって監査されている。同事務所の監査報告書によると，1920年12月31日に終了する年度の支払利息控除前純利益は100,000ドルである。」

　　純利益は支払利息控除後であるべきだが，控除後では赤字になるので控除前の黒字を示し，それをあたかも著名な Mark, George & Co. が保証しているような表現である。

①について。Caterpillar Tractor Co. の社長は，1931年度（第 7 期）報告書において，流動比率や 1 株当たり純資産の大きさを誇示し不況の中での同社の安全性を強調したが，さらに次のように述べている。「貴社の非常に優れている財政状態（excellent financial condition）はこの報告書に含まれている1931年12月31日現在の貸借対照表に示されており，それは Price, Waterhouse & Co. によって報告されている。」Price, Waterhouse & Co. は，監査証明書において当社の貸借対照表が財政状態を正確に表示していることについては証明しているが "excellent" な財政状態であるとは報告していない（544頁）。

　会計士監査が法的に要請されていない時代にあって，会計士は経営者に雇われてその支配下にあるという「現実」と他方では財務諸表に信頼性を付与することにより株主や債権者等のためにもあらねばならないという「理想」の中で，経営者に一方的に妥協することは職業専門家としての責任とプライドが許さずかつ業界の発展もありえない，という思いから現われたものが「限定付監査証明書」である。その意味で限定付監査証明書は，会計士の "プロフェッショナリズム" の発現と解することができる。

　その限定付監査証明書は以下のように1910年代以前にも稀に発行されたが，目に留まるようになるのは1920年代に入ってからである。

(1) 会計処理・手続に関する限定付監査証明書

① PW による International Mercantile Marine Co. の監査証明書（1904年6月27日付）

　「我々は会計帳簿及び勘定を監査した。減価償却引当金及び注記（Note）を除いて（subject to〜），1903年12月31日終了する12ヵ月間の損益計算書は正確であることを証明する。」

　減価償却費が計上されなかったのかあるいは不足なのかは不明であるが，船舶（合計113隻）に係わるものなので巨額と思われる。また，損益計算書の注記には，連結されるべき関係会社 2 社の営業成績（ともに当期純損失）は連結されていないが，そのうち 1 社からの配当金（＄67,025.35）は損益計算書のその他利益に含まれていることが指摘されている[26]。

② PW による The American Cotton Oil Co. の1908年 6 月30日に終了する年度に係る監査証明書（1908年11月 5 日付）[27]

　「すべての修繕及び維持に係わる支出519,652ドルは費用処理された。そして，減価償却は実施されていない。当社の役員は当期及び前期以前の〔修繕・維持に係わる〕支出が減価償却を不必要ならしめていると答えている。」

　会社役員の回答に対する PW の見解は示されていない。修繕及び維持に係る支出を減価償却費に代替するという会計実務が1908年当時かなり多くの企業に採用されていた実態を踏まえると，この PW の指摘は稀でありかつ評価される。

③ PW による Goodyear Tire ＆ Rubber Co. の監査証明書（1920年12月21日付，359頁）

　「我々は，社長 F.A. Seiberling 氏に対する債権については検証することができなかった。そして，当期の欠損金は，ゴム及びファブリックに関する〔先物取引〕契約に定める購入価額が市場価額を超過する分に対する引当金を設定する以前のものである。我々は，極めて慎重な注意を払って監査した結果，超過分に係る支払義務はおよそ＄19,000,000であると判断する。」

第17章　要約：職業会計士による財務諸表監査　707

　これは，監査範囲の制限と会計処理に関する限定事項である。後者については，当期の欠損金＄15,647,653.56に加えて，市場価額をおよそ＄19,000,000超過して購入しなければならない原材料の先物購入契約が結ばれ，それに対し何らの引当てがなされていない状況を明らかにしている。

　なお，社長は，年次報告書において「棚卸資産は監査人（auditors）によって評価減が実施され（inventories have been written down by auditors），累積剰余金では吸収できず＄15,647,653.56の欠損となった」と報告している（357頁）。PW の強い姿勢が窺える。

(2)　当局による第一次大戦時の法人税や戦時利得税が調査中で更正未定の場合の限定付監査証明書

① 　Marwick, Mitchell, Peat & Co. による American Agricultural Chemical & Co. に対する監査証明書（1919年 8 月18日付，346頁）

　「1919年 1 月から 6 月までの 6 ヵ月間に係る法人税及び超過利得税に関する納税引当金は設定されていない。」

　同様の限定事項は翌1920年度監査証明書（1920年 8 月21日付）にも見られる。

② 　PW による Republic Iron & Steel Co. に対する監査証明書（1920年 2 月10日付，320頁）

　「1917年度，18年度，19年度の戦時利得税及び法人税に関する納税引当金については法的解釈が確定していないので検証していない。したがって，当該納税引当金の正確性を除いて……」

　同様の限定事項は1920年度監査証明書（1921年 2 月15日付）にも見られる。

③ 　Lovejoy, Mather, Hough & Stagg による The B.F. Goodrich Co. に対する監査証明書（1921年 3 月 3 日付，378頁）

　「実際に支払った所得税及び戦時超過利得税以外に〔税務当局の判断によって

は〕支払わなければならない税金に対する納税引当金は設定されていないことを
除いて……」

④　Haskins & Sells による U.S. Rubber Co. に対する監査証明書（1922年 3
月29日付）

「連邦税の最終的な決定を除いて……」(subject to the final determination of
Federal Taxes)

⑤　Haskins & Sells による General Motors Corp. に対する監査証明書

1920年代連続して納税引当金の十分性については検討していないことを限定
事項としている（We have verified your provision for current Federal tax
liability, but have made no study of the reserves which you have established
as sufficient to meet any tax adjustments applicable to prior years, since the
Corporation has a special department to handle such Federal tax matters.)。

(3)　監査範囲の制限に関する限定付監査証明書

①　連結子会社や外国子会社については監査せず，当該会社については他の
会計士の報告書や年次報告書を利用したことの指摘。
　　例えば，Haskins & Sells による U.S. Rubber Co. に対する監査証明書
（1921年 3 月22日付，391頁），Lybrand, Ross Bros. & Montgomery による
American Telephone and Telegraph Co. に対する監査証明書（1925年 2
月 6 日付）。
　　また，Haskins & Sells による GM に対する監査証明書（1926年 2 月18日
付）は，外国の組立工場については決算日（1925年12月31日）までに監査が
終了せず，監査した11月25日までのデータを連結した旨の指摘も見られる。
　　Price, Waterhouse & Co. による Eastman Kodak Co. に対する監査証
明書（1928年 3 月29日付，577頁）は，子会社のうちアメリカにおける販売会
社と外国のいくつかの販売支店については監査しなかったことを指摘した。
　　そして，Peat, Marwick, Mitchell & Co. による E.I. du Pont de
Nemours　&　Co. の監査証明書（1929年 1 月26日付，404頁）は，Arthur

Andersen & Co. が監査する当社の完全子会社等の計算書は連結財務諸表に含まれているが，Peat, Marwick, Mitchell & Co. はそれらについては監査しなかったことを指摘した。

② 特定の帳簿につき監査できなかったことの指摘

Haskins & Sells によるGMの監査証明書（1920年 4 月 6 日付，416頁）は「取締役会の議事録（the minutes of your governing bodies）については監査しなかった」旨〔おそらく会社がその閲覧を拒否したのであろう〕，また，Ernst & Ernst による E.I. du Pont de Nemours & Co. の監査証明書（1921年 2 月24日付，400頁）も「会社の議事録（corporate minutes）については監査しなかった」ことが指摘されている。du Pont と GM は「支配」と「従属」の関係にある。意思を統一したのであろう。

このように，1930年以前においても勇気ある公認会計士による限定付監査証明書のいくつかの例を見ることができる。しかし，限定付適正意見報告書，特に会計処理及び手続の継続性の変更に関して，が多く見られるようになるのは SEC の「権威」を背景とする1935年以降である。本書では Arthur Andersen & Co. による International Paper Co. の1935年度財務諸表に係る「減価償却及び減耗償却引当金」を限定事項とする限定付適正意見（1936年 3 月30日付）がその一例である（498頁）。

◆注 ─────

1　C.W. DeMond, *Price, Waterhouse & Co. In America, A History of a Public Accounting Firm*, New York, 1951, p.58.

2　*The Commercial & Financial Chronicle*, May 31, 1902, pp.1144-1145.

3　*The Commercial & Financial Chronicle*, June 10, 1905, p.2370.

4　*The Commercial & Financial Chronicle*, February 25, 1911, p.533.

5　Richard Vangermeersch, *Financial Reporting Techniques In 20 Industrial Companies Since 1861*, University of Florida, Accounting Series No. 9, 1979, p.96.

6　*The Commercial & Financial Chronicle*, May 4, 1912, p.1254.

7　*The Commercial & Financial Chronicle*, October 10, 1914, p.1069,

8　*The Commercial & Financial Chronicle*, December 12, 1914, p.1757.

9　Mark Stevens, *The Big Six*, Simon & Schuster, New York, 1991, pp.199-214.

10　Joanne Newman, Assistant Manager, Archives Services of the Coca-Cola Co. からの私信（1982年12月20日付）。

11　Subcommittee on Reports, Accounting, and Management of the Committee on Government Operations, United States Senate, *The Accounting Establishment : A Staff Study*, GPO, Washington D.C., March 31, 1977, p.422.

12　AIA が1948年に提案した監査報告書のひな型は，以下のとおりである（AIA, *Audits by Certified Public Accountants — Their Nature and Significance*, 1950, p.17）。

To The ABC Company

　We have examined the balance-sheet of the ABC Company as of December 31, 1948, and the statement of income and surplus for the fiscal year then ended. Our examination was made in accordance with generally accepted auditing standards, and accordingly included such tests of the accounting records and such other auditing procedures as we considered necessary in the circumstances.

　In our opinion, the accompanying balance-sheet and statement of income and surplus present fairly the financial position of the ABC Company at December 31, 1948, and the results of its operations for the year then ended, in conformity with generally accepted accounting principles applied on a basis with that of the preceeding year.

13　Federal Reserve Board, *Approved Methods for the Preparation of Balance Sheet Statements*, 1918, pp.24-25.

14　Federal Reserve Board, *Verification of Financial Statements*, 1929, pp.23-24.

15　*The Journal of Accountancy*, Editorial, "Meaningless Forms of Language," August 1931, p.86.

16　R.H. Montgomery, "Accountant's Limitations," *The Journal of Accountancy*, October 1927, p.252.

17　*Moody's Manual of Securities, 1900*, Moody Publishing Co., New York, p.454.

18　R.H. Brook, Director of Financial Accounting, Republic Steel Corporation からの私信（1982年12月13日付）。

19　AIA Bulletin, No. 103, November 15, 1932, p.11.

20　AIA, "Extensions of Auditing Procedure," *The Journal of Accountancy*, December 1939, p.377.

21　「売上債権の確認について，会計士は通常そうすることは許されていない」（H.B. Fernald, "Accountants' Certificates," *The Journal of Accountancy*, January 1929, p.8）。

22　Arthur Andersen, "Accounting and Business Analysis for Credit Purposes," in the

Behind The Figures, 1913-1941, p.120.

23 AIA, *Audits of Corporate Accounts*, January 21, 1934, p.22.

24 G.O. May, "Qualifications in Certificates," *AIA Year Book, 1914-15*, p.93.

25 *The Journal of Accountancy*, April 1920, pp.299-300.

26 *The Commercial & Financial Chronicle*, July 9, 1904, pp.157-158.

27 *The Commercial & Financial Chronicle*, November 14, 1908, p.1304.

第18章
ニューヨーク証券取引所

　現在の世界各国の財務ディスクロージャーの展開は1934年6月6日に創設されたアメリカ証券取引委員会（SEC：U.S. Securities and Exchange Commission, 初代委員長J.P. Kennedy, J.F. Kennedy大統領の父親）に依拠するところが極めて大きいと著者は確信しているが，それ以前において，財務ディスクロージャーと監査について最も積極的であった団体として，ニューヨーク証券取引所（NYSE：New York Stock Exchange）を挙げることができる。

上場申請書における財務情報の開示 ── 1890年代前半まで

　1792年（寛政4年，松永定信が老中の時代）5月17日に24人の株式仲買人によって交わされた「スズカケ協定」(Buttonwood Agreement) を起源とし，1817年3月8日に "New York Stock & Exchange Board" として組織されたニューヨーク証券取引所は，1869年（明治2年）7月，7つの常設委員会の1つとして有価証券の上場申請を審査する「株式上場委員会」(Committee on Stock List) を設置した。そして，5人のメンバーからなる株式上場委員会は，以下のような6つの上場規則を設定したのである[1]。
　① 社債券及び株券の偽造防止のためにサンプルを提出すること。
　② 社債についての明細及び担保に付されている物的財産についての明細

③　株式の登録証書と登録機関の証明書を申請時に提出すること。

④　すべての申請には会社の状態についての十分なステートメントと役員
　　一覧表等を添付すること。もし可能ならばそれらは会社役員によって作成
　　されること（下線著者）。

⑤　基本定款や登録機関等の変更について通知すること。

⑥　申請費用（50ドル）

　ここでは④の申請会社の状態についてのステートメントが注目されるが，
B.E. Shulz によると，株式上場委員会のファイルには特に鉄道会社の申請に
係る膨大な財務情報が綴じられているとのことである[2]。第1章で検討した
年次報告書を思い出そう（718頁）。

　ところで，上場申請書が正規にファイルされ正式の連続番号が付されるよう
になったのは1884年からである（上場申請書の大きさはA4判のたてを5cm長く
した長方形の1頁ないし2頁）。

　連続番号の第1号（A-1）は，1884年6月11日付の The Chicago & Eastern
Illinois Railroad Co. の社債募集に関する申請書である。提出されたステート
メント（上の④）には，発行予定の社債の総額（$2,500,000），利率（6％），
発行日（1884年6月2日），償還日（50年後の1934年10月1日），社債利息支払日・
支払地，社債管理者の氏名，発行目的，会社設立経過，営業距離，発行済の社
債内容，担保設定状況，資本金（$3,000,000），関係会社5社に対する債務保
証（会社名，内容，金額），車両購入未払金（$1,079,651），負債及び資本金合計
額（$9,000,000），現金残高（$81,867.21），保有する有価証券額（$231,000），
そして，以下のような月別営業収入が掲載されている。

1883年 7月	$120,693.08		1884年 1月	$	125,424.52
〃 8月	158,061.21		〃 2月		107,466.65
〃 9月	158,225.96		〃 3月		111,047.84
〃 10月	145,020.83		〃 4月		110,247.49
〃 11月	149,907.78		〃 5月		115,245.95
〃 12月	140,039.76		総収入（11ヵ月合計）		$1,441,381.07

　全体的には社債の「安全性」を担保する情報が中心であり，会社の財政状態
と営業成績を把握するには不十分である。

当時の上場申請書の多くは鉄道会社の社債発行に関するものであるが，製造会社の早い例としては1886年10月16日付の The Joliet Steel Co. の申請書を見ることができる。同社の上場申請書（A-186）は，会社設立年，イリノイ州法人，会社の目的，所有車両数，役員氏名，名義書換機関，登記機関とともに，以下の財務データを開示した。

現金・預金・原材料・受取手形・売掛金	$2,212,406.70
支払手形及び買掛金	885,508.85
当座現金性資産（quick cash assets）	$1,326,897.85
プラント等固定資産評価額	2,588,412.64
社債：	
第一抵当7％，1889.6.1償還	$456,000.00
第二抵当7％，1889.6.1償還	54,000.00
	$510,000.00
資本金	$3,000,000.00
このうち発行済社債償還のためトラスティ所有	334,000.00
発行済資本金	$2,666,000.00

　数年間の現金配当率は6％以上で，現金は$750,000.00である。

　「当座現金性資産$1,326,897.85」と「プラント等固定資産評価額$2,588,412.64」が資産（合計$3,915,310.49）を構成し，「社債$510,000.00」と「発行済資本金$2,666,000.00」が負債及び資本（合計$3,176,000.00）を構成するが，両者の金額は一致していない。

　1890年にかけては，ガス，橋梁，電信・電話，電力，石炭，鉱山会社等の株式の上場申請も見られた。

　1880年代の鉄道を除く企業の上場申請書の財務データは，平均的には，資産5項目（固定資産，棚卸資産，売掛金及び受取手形，有価証券，現金・預金），負債3～4項目（資本金，社債，支払勘定）で，損益については示さず，若干の指摘もせいぜい総収益と総費用とにとどまっている。会計士監査についての指摘はまったく見られない。

1890年になるといわゆる"Industrials"の上場申請書もファイルされた（43頁）。例えば，以下のような製造会社である。

The American Tobacco Co.の上場申請書（1890年6月16日，A-894）には，当時の代表的な会計士Stephen Littleが同社のコントローラーとして，不動産・工場・パテント・営業権等（計＄22,365,353）と葉タバコ・原材料（＄2,634,647）それに現金及び現金性資産（＄1,825,000）の資産3項目と土地や固定資産による担保の提供はないこと，＄100,000以下の流動負債を除いて債務はないこと，1890年1月から6ヵ月間の純利益は約＄1,000,000であることを報告している。当社の株式は1890年代においてNYSEで最も活発に取引されていた（71頁）。

National Cordage Co.の上場申請書（1891年1月15日，A-980）は，社長とSecretaryと3人の取締役からなる委員会の調査報告として，会社の資産価値は＄12,000,000以上ですべての負債を上回っていること，構成会社のうちいくつかの会社の過去10年間の年平均利益は優先株の配当金を支払うのに十分であることを指摘したにすぎない。なお，当社は1892年10月31日終了年度の株主総会においては，「競争相手による大会社に対する攻撃が激しいので」年次報告書を発行しなかった（82頁）。

また，第2章で検討したように1890年代前半の株主宛報告書において優良な財務ディスクロージャーを実践していたThe American Cotton Oil Companyは，1891年4月14日，普通株（＄20,237,100）と優先株（＄10,198,600）それに社債（＄4,000,000）の上場をニューヨーク証券取引所へ申請した。その上場申請書（A-1047）の全文は，以下のとおりである。

ニューヨーク証券取引所上場申請書

New York, 1891年4月14日

The American Cotton Oil Companyは，1889年10月12日，トラスト証券の98％以上（合計金額）の所有者の賛成を得たThe American Cotton Oil Trust再建計画に基づきニュージャージー州法の下で設立された。

1.2％を除くすべてのトラスト証券はCentral Trust Companyによって管理されていたが，現在は当社がこれを取得し完全に所有している。

再建計画によりトラスト証券の額面額4分の3が新会社の資本金となった。

詳細は以下のとおりである。

The American Cotton Oil Trust 証券合計		$42,185,228.33
再建計画により当社所有	98.80%	$41,678,400.00
その他	1.20%	506,828.33
	100.00%	$42,185,228.33

　The American Cotton Oil Company の株式資本金は，普通株と優先株ともに1株＄100で，以下のとおりである。

株式	授権株式	未発行株式	発行済株式
普通株	$21,092,000	$ 854,900	$20,237,100
優先株	15,000,000	4,801,400	10,198,600
合計	$36,092,000	$5,656,300	$30,435,700

　発行された普通株（＄20,237,100）は優先株と同様に議決権を有し，普通株主は優先株の非累積的配当年6％の支払後に配当を受ける権利を有する（傍点著者）。

　発行された優先株（＄10,198,600）は普通株と同様に議決権を有し，優先株主は普通株主が配当を受ける前に年6％の配当を受ける権利を有する。優先株は1株＄105で買戻しされる。また，Winslow, Lanier & Co. 及び J. Kennedy Tod & Co. との社債発行に係る契約（1890年9月9日付）により，社債発行額に相当する優先株の以後の発行は制限されている。

　社債（10年債，利息8％，＄4,000,000）は1890年11月1に発行され完売された。社債は利札付額面＄1,000，利息支払日は2月1日，5月1日，8月1日，11月1日である。

　社債に係る条件は以下のとおりである。

　1．社債は通知後60日以内に110％で利息とともに償還される。

　2．発行済社債金額の80％の所有者の文書による承認なくしてはいかなる資産も担保として提供することはできない。

　3．株主は社債については一切の債務を負わない。

　社債はニュージャージー州の法規に則り発行されていることを弁護士が意見表明している。

　貸借対照表は，以下のとおりである。

貸借対照表

資　産

オイルタンク車（325両，原価）	$	258,375.00
不動産・建物・機械等（原価）		979,800.00

The American Cotton Oil Trust のトラスト証券		30,609,382.41
現金性資産		
前払金（種子・製品購入等のため）	$ 3,334,658.20	
現金	224,842.94	3,559,501.14
		$ 35,407,058.55

負　債

株式資本金（1株 $100）		
普通株	$ 20,237,100.00	
優先株	10,198,600.00	$ 30,435,700.00
無担保社債		4,000,000.00
支払手形・買掛金・未払社債利息		877,832.30
剰余金		93,526.25
		$ 35,407,058.55

　最後に，15人の取締役とその任期（3年），会社役員や名義書換機関等が紹介されている。

　そして，上場申請書には以下が添付された。

　The American Cotton Oil Trust の再建計画（1889年11月6日付），The American Cotton Oil Company of New Jersey の設立証明書（Certificate of Incorporation, 1889年10月12日付），The American Cotton Oil Company of New Jersey の年次報告書（1890年11月6日付〔45頁〕），Winslow, Lanier & Co. 及び J. Kennedy Tod & Co. との社債発行に係る契約書（1890年9月9日付），有形固定資産は担保に供されていない旨の陳述書。

　Westinghouse Electric & Manufacturing Co. の上場申請書（1892年4月4日，A-1217）に掲載された貸借対照表は以下のとおりである。1892年当時としては良好である。ただし，損益データについては一切示していない（83頁）。

貸借対照表（1892年2月29日）

資　　産

預金	$	87,460.68

受取手形		185,590.82
売掛金		1,253,774.36
原材料（労務費及び原材料費は原価）		445,322.56
リース会社への前払金		1,311,367.99
株式及び社債		3,858,516.96
不動産及び建物		412,810.77
機械器具		450,233.92
その他		176,902.70
チャーター・フランチャイズ・パテント等		4,346,717.19
		$ 12,528,697.95

負　　債

買掛金		$　199,694.07
支払手形		476,342.60
その他		24,161.72
契約上の債務及び偶発債務―		
仮株券未払配当金		194,362.00
株式申込金		79,150.00
U.S. Electric Lighting Co. 社債保証		650,000.00
株式資本金―		
優先株（70,916株）	$ 3,545,828.00	
預託株（Assenting Stock, 97,764株）	4,888,196.00	
普通株（6,023株）	301,150.00	
金庫株（25,297株）	―	8,735,174.00
剰余金		2,169,813.56
		$ 12,528,697.95

General Electric Co. の上場申請書（1892年5月31日，A-1261）には，次のような財務情報が開示されている。

GE は1892年4月15日ニューヨーク州法人として設立され，以下の3社の株式を取得した（授権資本 $ 50,000,000，うち発行済資本金額 $ 33,871,500）。Thomson-Houston Electric Co. 普通株237,235株（発行済240,000株〔99％を取得〕，額面 $ 25），優先株153,468株（発行済160,000株〔96％を取得〕，額面 $ 25），Edison General Elecrtric Co. 普通株146,442株（発行済150,000株〔98％を取得〕，額面 $ 100），Thomson-Houston International Electric Co. 普通株3,620株（発行

済4,000株〔91%を取得〕，額面＄100)，優先株1,877株（発行済2,520株〔74%を取得〕，額面＄100)〔3社の株式に対する GE の占有率は同社の第1期（1893年1月31日終了年度）報告書には示されていない。96頁〕。

　そして，上の構成会社3社の業務内容等の紹介と各社の貸借対照表を掲載した。例えば，Thomson-Houston Electric Co. (1883年1月，コネチカット州で設立）の1892年1月30日現在の「貸借対照表」(Balance Sheet) は，以下のとおりである。

貸借対照表（1892年1月30日）

資　産

売掛金	＄6,601,293.02	
控除10% (a)	660,129.30	＄5,941,163.73
受取手形	1,636,800.35	
控除7.5% (b)	122,760.03	1,514,040.32
現金		1,727,276.16
土地，原価の約70%		430,241.24
機械装置，原価の約60%		491,044.53
事務所家具等 (c)，原価＄27,334,23（償却済）		
型・設計図等 (d)		135,000.00
パテント（当期分は費用処理）		338,354.29
地方会社株式，額面価額合計の35% (e)		473,586.60
地方会社社債，額面価額合計の70% (f)		1,858,570.00
製造会社株式，原価 (g)		3,729,195.50
建設会社株式，原価 (g)		1,210,750.00
United Securities Co. 株式，原価		525,420.00
委託販売品		32,116.79
製品，工場 (h)		1,731,481.55
製品，鉄道関係		72,593.23
製品，照明関係		52,613.63
		＄20,263,447.57

負　債

株式資本金，普通株	＄6,000,000.00
株式資本金，優先株	4,000,000.00
買掛金	498,808.24

支払手形（保証付）		1,429,486.14
支払手形		587,005.23
モーゲージ		1,200.00
債務保証		200,000.00
剰余金（1891年2月1日）		6,022,533.71
当期利益	$2,760,780.25	
控除　配当金	1,236,366.00	1,524,414.25
		$20,263,447.57

　売掛金や受取手形，土地や機械装置等の帳簿価額に対する減額評価表示，そして(a)から(h)の注記においても，当社が資産評価において保守的方針を追求していることが記されている。また，上場申請書提出日前4ヵ月間の当社の売上高は$4,500,000という。

　さらに，Thomson-Houston Electric Co.については，以下の「剰余金計算書」（Statement of Surplus Account）も開示した。

剰余金計算書

剰余金（1891年2月1日）	$6,022,533.71	
当期利益（1892年1月30日終了年度）	1,524,414.25	
剰余金（1892年1月30日）		$7,546,947.96

　加えて，GEの1892年5月31日〔上場申請日〕現在の以下の「貸借対照表」（Balance Sheet）も添付している。

貸借対照表

資　産

株式，普通株―		
Edison General Elecrtric Co. 146,442株	$14,644,200	
Thomson-Houston Electric Co. 237,235株	14,234,100	
Thomson-Houston Inter. Electric Co. 3,620株	868,800	$29,747,100
株式，優先株―		
Thomson-Houston Electric Co. 153,468株	$3,836,700	
Thomson-Houston Inter. Electric Co. 1,877株	187,700	4,024,400

現金		74,785
特許税		25,000
前払費用		215
		$33,871,500

負　債

資本金―普通株	$29,847,100
―優先株	4,024,400
	$33,871,500

　このように，GE の上場申請書の財務情報は，第 3 章で検討した年次報告書と同様抜群である。

　U.S. Rubber Co. の上場申請書（1892年12月 1 日，A-1333）における会計情報は，ニューヨーク商工会議所会頭等が鑑定評価した不動産・プラント・機械装置の価額（$5,055,000），"expert accountants"の決定した売掛金及び受取手形と棚卸資産価額（$6,491,000），それに「構成会社 9 社の過去10年間の平均年利益（$959,499.49）と前年度の利益（$1,181,186.65）は，ともに発行が予定されている優先株の配当金を支払うのに十分である」との会計士の指摘にとどまっている。なお，当社の第 2 期（1894年 3 月31日終了年度）株主宛報告書には収益についての情報はなく，資産 5 項目負債 5 項目からなる簡単なステートメントが会社の状態について株主に知らされたすべてであった（78頁）。

　The Illinois Steel Co. の上場申請書（1893年 2 月15日，A-1384）は，以下の「損益計算書」（Statement of Earnings）と「要約貸借対照表」（Condensed Balance Sheet）を示している。

1892年12月31日終了年度の損益計算書

総利益		$3,265,922.73
控除　社債利息	$310,000.00	
流動負債に係わる利息	171,103.48	481,103.48
純利益		$2,784,819.25
控除　原材料償却費，プラント改善費，不良債権償却損		765,550.50
当期利益残高（発行済株式資本金に対して10.83%）		$2,019,268.75

第18章　ニューヨーク証券取引所　　723

貸借対照表（1892年12月31日）

貸　　方

株式資本金（発行済）	$ 18,650,635.00	
社債，5％	6,200,000.00	$ 24,850,635.00
支払手形	$ 3,510,704.48	
買掛金	3,956,776.20	
未払利息	156,100.00	7,623,580.68
更新・事故・偶発債務引当金		403,040.88
未払配当金（1893年3月10日4月1日支払予定）		3,452,232.54
損益（未処分剰余金）		536,331.19
		$ 36,865,820.29

借　　方

土地，建物，機械装置等原価	$ 17,801,618.49	
同支出（1892年度）	393,196.36	$ 18,194,814.85
原材料・貯蔵品	10,213,390.22	
現金	1,014,830.18	
受取手形	824,915.52	
売掛金	3,264,727.43	15,317,863.35
有価証券	$ 2,929,838.35	
その他投資	423,303.74	3,353,142.09
		$ 36,865,820.29

「当期利益残高」の（発行済株式資本金に対して10.83%）の表示は評価される。この程度でも当時の上場申請書では良好な財務ディスクロージャーである。

このように，公開された上場申請書における財務情報は，GEや上のThe Illinois Steel Co. 等いくつかの会社を除いて極めて貧弱であった。

2 上場申請書に対する会計専門家の関与 — 1895年 ～ 1902年

　製造会社の上場申請書に職業会計士の「監査報告書」が初めて掲載されたの
は，1893年1月10日付の The Michigan-Peninsular Car Co. のそれである。
当社は貨物車両の製造会社として1892年8月3日設立されたが，上場申請書
には資産9項目（うち製品と仕掛品である車輪については8工場別の表示）と負債7
項目の貸借対照表に加えて，"Earning" について次のような Barrow, Wade,
Guthrie & Co.（24頁）の監査報告書を添付した[3]。

> 　我々は，Michigan Car Co., Detroit Car Wheel Co., Michigan Forge & Iron
> Co. 及び Detroit Pipe & Foundry Co. の1891年9月30日に終了する4年9ヵ月間
> と the Peninsular Car Co. の1891年12月31日に終了する5年間の会計帳簿及び計
> 算書を監査した。これらの会社の純利益合計は，製造原価，営業費，修繕費及び
> 更新費，プラント及び機械装置の減価償却費，給与等すべて控除後4,334,295.97
> ドル，年平均902,373.33ドルである。

　そして，1895年，株式上場委員会は，新規に上場申請する会社に対して以下
の事項を要求した[4]。

　貸借対照表及びもし可能な場合には少なくとも連続する2期間の各期の営業
の結果についての信頼しうる会計専門家（responsible expert accountants）に
よる報告を上場申請書類とすること。

　損益情報については当時の実践を考慮して，もし可能な場合には連続する2
期間の営業の結果を開示してほしいというお願いであった。なお，「信頼しうる
会計専門家」とは公認会計士を意味するものではない。アメリカにおける最初
の公認会計士法は翌年の1896年にニューヨーク州において成立したからである。
　しかし，その後の上場申請書に見られた損益情報は，多くの場合1期間だけ
の「純利益」の指摘で，職業会計士による報告は見られなかった。

例えば，Newport & Cincinnati Bridge Co. の上場申請書（1896年12月5日，A-1876）の損益計算書（1896年10月31日に終了する10ヵ月）は，以下のとおりである。

損益計算書

1896年10月31日：10ヵ月間			
社債利息	$ 46,750.00	1895年12月31日残高	$ 144,677.20
費用及び税金	17,122.68	1896年10月31日－10ヵ月間	
橋梁再建設用剰余金	167,538.01	橋梁賃貸料 $ 95,833.30	
残高	13,664.30	ハイウェー料金 4,158.33	
		その他収益 406.25	
		合計	100,397.88
	$ 245,075.08		$ 245,075.08

当期純利益は $ 36,525.20である（収益 $ 100,397.88 － 社債利息 $ 46,750.00 － 費用及び税金 $ 17,122.68）である。このうち，「橋梁再建設用剰余金」に $ 22,860.81〔$ 167,538.01 － $ 144,677.20〕を繰り入れ〔結果として，「橋梁再建設用剰余金」は $ 167,538.01〕，「残高 $ 13,664.30」は未処分剰余金である。この損益計算書は"ベター"な例である。

The Glucose Sugar Refining Co. の上場申請書（1898年11月30日，A-2116）には，「当期利益は $ 1,863,157.39で，これは更新及び修繕費 $ 598,152.08控除後である」と指摘されたにすぎない。

一方で，NYSE の要請を遵守している企業も例外的に見出せる。Eastern Elevator Co.（1893年ニューヨーク州で設立）の上場申請書（1898年2月23日，A-2005）がそれである。そこには，「The Audit Company of New York は，当社の設立（1893年6月）から1897年6月5日終了年度までの帳簿を監査した」と記され，次頁のような The Audit Company of New York（33頁）の監査証明書と貸借対照表及び損益情報が開示された。

William P. Northrup, Esq.,
Secretary and Treasurer Eastern Elevator Co.,

*　　　　*　　　　*

　拝啓：貴社の要請により，我々は Eastern Elevator Co. の1893年6月5日の設立から1897年6月5日に終了する年度までの帳簿及び計算書を監査した。そして，ここに損益計算書と貸借対照表を同封する。

　下記は最近2年間の状況である。

　1897年6月5日以降4回の配当金（株式資本金に対して0.5%，合計\$20,000）と税金やモーゲージに係る利息合計\$12,848.81が支払われた。これらを支払った後の1897年10月18日現在の現金残高\$42,745.28は Third National Bank, Buffalo, New York に預金されている。

1897年10月29日
The Audit Company of New York
Per Edward T. Perine, Secretary

貸借対照表（1898年2月4日）

資　　産		負　　債	
プラント	\$1,250,000.00	株式資本金	\$1,000,000.00
現金	40,306.35	固定債務	
事務所家具	528.29	第1抵当付社債	250,000.00
		負債合計	\$1,250,000.00
		利益残高	
		（資産の負債超過分）	40,834.64
資産合計	\$1,290,834.64		\$1,290,834.64

　当社の1897年6月5日から1898年2月4日まで9ヵ月間〔nine months と記している〕の状況は，以下のとおりである。

1897年6月4日終了年度の手元現金	\$25,747.13
1897年6月5日～1898年2月4日，9ヵ月間の総収益	92,103.92
同期間の営業費	27,544.70
同期間に支払った社債利息（12ヵ月分）	15,000.00
同期間に支払った配当金	35,000.00
1898年2月4日現在現金	40,306.35

そして，1899年以降になると，合同運動（1898年～1902年）の結果新たに誕生した製造会社の上場申請書に，"responsible expert accountants"による営業の結果についての報告を見ることができる。例えば，以下のとおりである。

① U.S. Envelope Co. の上場申請書（1899年 3 月31日，A-2167）

Barrow, Wade, Guthrie & Co. が合併前の当社の構成会社10社の営業の結果は年平均利益＄428,847.97であると証明している。

② Park Steel Co. の上場申請書（1899年 3 月30日，A-2171）

社長は，「Deloitte, Dever, Griffiths & Co. が当社の前身のPark Brother & Co. の1898年 7 月31日終了年度までの10年間の平均利益は＄460,652.85であると報告している」と述べた。また，当社の帳簿は毎年会計士によって監査されているとも指摘した。

③ International Steam Pump Co. の上場申請書（1900年11月20日，A-2386）

構成会社 5 社の合併前 1 年間の利益と International Steam Pump Co. の1900年度利益が構成会社別に示され，「ともに同社の監査人によって証明されている」旨，報告されている。

合併前 1 年間の構成会社 5 社の利益は，以下のとおりである。

Henry R. Worthington	＄ 566,204.00
George F. Blake Manufacturing Co.	548,295.00
Deane Steam Pump Co.	69,575.42
Laidlaw Dunn Gordon Co.	75,784.76
Snow Steam Pump Works	54,300.00
合 計	＄1,314,159.18

International Steam Pump Co. の第 1 期（1900年 4 月 1 日終了年度）の構成会社別純利益は，以下のとおりである。

Henry R. Worthington（1900.3.31までの13ヵ月）	＄ 816,557.60
Washington Pumping Engin Co.（1899.12.31までの 1 年間）	186,275.60
George F. Blake Mfg. Co.（1900.3.31までの11ヵ月）	660,731.57
Deane Steam Pump Co.（1900.3.31までの15ヵ月）	188,689.43
Laidlaw Dunn Gordon Co.（1900.3.31までの11ヵ月）	78,456.61
Snow Steam Pump Works（1900.3.31までの15ヵ月）	118,920.61
合 計	＄2,049,631.42

上の構成会社の期間の相違による調整は監査人によって1900年3月31日
終了年度に調整され，その結果の純利益は，減価償却費＄168,152.94を
控除すると＄1,813,900.84であるという。なお，当社は1902年度より
Touche, Niven & Co. による財務諸表監査を導入している（670頁）。

④　Virginia-Carolina Chemical Co. の上場申請書(1901年3月13日, A-2449)

　「会社創立以来の収入及び支出は会計士（a Public Accountant）によって
監査されている」ことが指摘され，当該会計士の作成した2期間連続の
損益計算書と貸借対照表は以下のとおりである。なお，当社は早くも
1895年度より会計士監査を採用している（669頁）。

損益計算書

1898．6．30	未処分利益残高		$	896,451.23
1899．6．30	化学肥料販売純利益, 1898-1899	$　462,963.66		
	関係会社純利益	85,439.64		
	その他純利益	121,231.56		
	合　計	669,634.86		
	控除，配当金：			
	優先株	$311,174.00		
	普通株	173,556.00	484,730.00	
	当期未処分利益			184,904.86
1899．6．30	未処分利益残高			$1,081,356.09
1900．6．16	化学肥料販売純利益, 1899-1900	$1,095,311.15		
	関係会社純利益	367,839.26		
	その他純利益	76,098.34		
	合　計	$1,539,248.75		
	控除，配当金：			
	優先株	$554,017.42		
	普通株	267,649.16	821,666.58	717,582.17
	未処分利益加算その他利益			258,779.03
1900．6．16	未処分利益残高			$2,057,717.29

　注記：配当金　優先株年8％，普通株年4％，四半期毎支払

第18章　ニューヨーク証券取引所　729

貸借対照表

資　産（Resources）		負　債（Liabilities）	
銀行預金・支店保管現金	$　822,221.55	株式資本金優先株	$10,000,000.00
売掛金	2,046,597.83	株式資本金普通株	9,000,000.00
受取手形	4,724,714.06	支払手形	2,427,776.07
商製品	2,685,695.46	買掛金	79,912.77
関係会社に対する持分	525,522.20	FS社支払手形	92,000.00
投資	1,377,346.33	IF社支払手形	30,400.00
タグボート等	20,250.06	貸倒引当金等	50,000.00
汽船 "S.T. Morgan"	8,584,434.62	投資からの利益	524,291.91
プラント・鉱山・土地等	3,348,900.00	未処分利益	2,057,717.29
	$24,262,098.48		$24,262,098.48

⑤　The General Chemical Co. の上場申請書（1902年2月20日，A-2628）
以下の損益計算書と貸借対照表を開示した。

損益計算書（1901年度）

剰余金（1900年12月31日）		$　889,106.37
1901年度純利益		1,358,347.33
控除　配当金：優先株	$520,440.00	
普通株	293,348.00	813,788.00
		$1,433,665.70
控除　プラント等償却費		195,228.33
剰余金（1901年12月31日）		$1,238,437.37

貸借対照表（1901年12月31日現在）

資　産		負　債	
製造への投資，原価	$12,916,162.20	株式資本金―優先株	$ 9,416,000.00
他の会社への投資	2,660,760.26	同　　―普通株	7,405,500.00
製品，工場原価	1,190,047.70	買掛金	332,287.29
売上債権（以下）	1,373,017.82	未払配当金	141,240.00
対顧客売掛金　$811,230.44		剰余金	1,238,437.37
関係会社債権　472,566.01			
受取手形　　　89,221.37			

現金	372,556.39
前払税金・印紙等	20,920.29
	$ 18,533,464.66

（右側）$ 18,533,464.66

　「製造への投資」と「製品」に対する工場原価評価の指摘そして売上債権の内容表示は評価される。また，「製造への投資」には土地・プラント等$ 7,002,526.83と営業権・トレードマーク・諸契約等の無形資産$ 5,814,321.50が含まれていること，無形資産に対して普通株が発行されたが，それは1893年 1 月 1 日から1898年 7 月 1 日までの 5 年半の平均利益の10倍と評価して発行したこと〔この指摘もよし〕，各期の利益については The Audit Company of New York によって確認されかつ証明されていることも報告されている。上場申請時には499名の優先株主と233名の普通株主がいたという。なお，当社は1899年度より The Audit Company of New York による定期監査を導入していた（670頁）。

⑥　American Steel Foundries Co. の上場申請書（1902年11月 5 日，A-2715）

　「会計士が証明した構成会社 4 社の直前期の利益合計は約$ 1,167,500,他の 1 社の総利益は年間$ 96,800で正確な費用は把握できないが$ 30,000を超えてはいないので利益は$ 66,800となろう。 5 社の利益合計は$ 1,282,300〔$ 1,234,300〕である」との陳述〔これを "condensed statement of earnings" と呼んでいる〕が記載されている。

　そして，以下のような連結貸借対照表を示した。

連結貸借対照表（1902年 9 月30日）

資　　産		負　　債	
不動産，プラント，機械等	$ 28,006,846.32	株式資本金	$ 30,500,000.00
流動資産：		子会社社債	471,000.00
製品，原材料，貯蔵品		借入金，買掛金，支払手形	
（一部見積り）　$ 1,376,628.75			1,562,395.03
売掛金・受取手形　1,876,374.24		損益勘定：1902年 9 月30日に	
その他投資　　　　48,173.69		終了する 2 ヵ月間の純利益	
不動産（営業目的外）310,365.36		（減価償却費，本社費用等を除く）	
現金・現金性資産　1,228,423.80	4,839,965.84	8 月　$ 165,688.23	

本社費用前払	14,044.18	9月	161,773.08	327,461.31
	$32,860,856.34			$32,860,856.34

The Commercial & Financial Chronicle によると，当社の設立に当っては Jones, Caesar & Co. が "full investigation" したという[5]。

⑦　U.S. Shipbuilding Co. の上場申請書（1902年12月24日，A-2726）

大型合併（シェア約35%）の結果誕生した U.S. Shipbuilding Co. の上場申請書に掲載された財務諸表は，当社の貸借対照表（資産8項目，負債6項目）と構成会社7社の年次純利益のみの表示だが，主たる子会社である Bethlehem Steel Co. については，貸借対照表（資産5項目，負債3項目）とともに以下の「純利益計算書」（Statement of Net Earnings）を開示した。

純利益計算書（1902年7月31日終了年度）

	売上高	純利益
1901年8月	$　600,829.64	$　92,921.89
〃　9月	699,084.12	91,092.92
〃　10月	1,119,345.58	160,521.43
〃　11月	1,012,387.13	69,127.61
〃　12月	852,586.15	115,422.30
1902年1月	903,983.03	101,735.40
〃　2月	375,560.01	8,101.53
〃　3月	765,333.82	125,585.34
〃　4月	843,858.89	120,938.37
〃　5月	632,070.65	93,908.64
〃　6月	859,281.25	134,336.40
〃　7月	927,906.85	327,516.20
	$9,592,227.12	$1,441,208.03

加えて，U.S. Shipbuilding Co. と Bethlehem Steel Co. の1902年11月30日終了年度の3ヵ月間の「連結純利益計算書」（Consolidated Statement of the Net Earnings）も示した。

連結純利益計算書

利益		$ 1,163,022.22
控除：		
造船契約に係る利益引当金	$ 74,138.04	
未払社債利息	391,666.67	465,804.71
		$ 697,217.51
利益 $ 1,163,022.22 のうち U.S. Shipbuilding Co. 稼得分		$ 554,021.45
〃　　　　　　　Bethlehem Steel Co. 稼得分		609,000.77
		$ 1,163,022.22

　構成会社 7 社については勅許会計士 W.T. Simpson と Riddel & Common が監査している[6]。なお，Bethlehem Steel Corporation（1904年組織変更）は1905年度より Jones, Caesar, Dickinson, Wilmot & Co.（PW のアメリカ事務所）による定期監査を導入している（670頁）。

　しかしながら，このような上場申請書に見られる「信頼しうる会計専門家」（724頁）による営業の結果についての報告も，企業合同時の職業会計士による合併準備調査報告書の純利益を中心に若干の損益データを抽出し，それらを上場申請書に掲載したものと考えられ，上場申請のために会計士を利用したというケースはほとんどなかったものと思われる。むしろ奇妙な点は，合併準備に際し職業会計士を利用しておきながら，上場申請書の財務情報には会計士の関与についてまったく触れていないということである。

　例えば，以下の会社については，その合併・設立に際し会計士が活躍している[7]。しかし，その後提出された各社の上場申請書には，営業の結果に関する会計士による監査証明あるいは報告についての指摘はない。

①　American Steel & Wire Co. of New Jersey（1899年12月12日，A-2223）

　　1897年12月，J.P. Morgan & Co. は American Steel & Wire Co. of New Jersey 設立のため，構成会社14社の調査を Jones, Caesar & Co. に依頼した。この合併計画は実現しなかったが，1898年末 J. & W. Selingman & Co. の要請により，14社に加えさらに11社の線材会社が Jones, Caesar &

Co. によって調査され，1899 年 1 月 American Steel & Wire Co. of New Jersey（授権資本＄90,000,000）が設立された。

② American Bicycle Co.（1901年 2 月 6 日，A-2441）

当社は1899年 5 月12日，大手の Pope Manufacturing Co. を含む自転車部品製造会社48社の合併で設立された（授権資本＄30,000,000。シェア65%以上）。48社の純利益については勅許会計士 W.T. Simpson が調査した。

③ U.S. Steel Corp.（1901年 4 月 1 日，A-2458）

当社は J.P. Morgsn の主導により Carnegie Co., Federal Steel Co., National Tube Co., American Steel & Wire Co. of New Jersey 等を主たる構成会社として1901年 2 月25日ニュージャージー州法人として成立したが，その過程で Jones, Caesar & Co. が大きく関与した。

④ American Agricultural Chemical Co.（1901年 9 月 6 日，A-2524）

当社は「肥料合併」といわれ22社が統合し，1899年 4 月10日にコネティカット州において設立された（授権資本＄40,000,000）。これには The Audit Company of New York が参画した。

⑤ American Hide & Leather Co.（1902年 9 月 4 日，A-2684）

当社は J. & W. Selingman & Co. の主導により1899年 5 月 3 日に全米の皮革会社22社（業界生産高の75%を支配）により成立したが（授権資本＄35,000,000），The Audit Company of New York が構成会社を調査した。

⑥ Allis-Chalmers Co.（1902年11月 3 日，A-2709）

当社は1901年 5 月 7 日に設立されたが（授権資本＄40,000,000），構成会社 4 社は Jones, Caesar & Co. によって調査された。

職業会計士の証明（書）を上場申請書に含めることによって，財務情報の信頼性は高まり，同時に「外部監査」を採用することによる会社の姿勢が評価されてしかるべきであるが，その点の指摘をあえてしないということは，職業会計士に対する社会的評価が依然として低かったからであろう。

株主宛年次報告書の充実への要求
── 1895年 ～ 1925年頃まで

　すでに検討したように，1890年代における製造会社の年次報告書に見られる財務ディスクロージャーは，1890年代前半のAmerican Cotton Oil Co.や1890年代を通してのGeneral Electric Co.を除いて極めて貧弱であった。そのためNYSEは，1895年1月23日，すべての有価証券上場会社に対して次のような勧告（recommendation）を行っている[8]。

　会社は少なくとも年次株主総会の15日前までに前事業年度の営業に関する十分な報告書と収益及び費用についての完全かつ詳細なステートメントならびに期末現在の財政状態を示す貸借対照表を株主に配付しなければならない（下線著者）。

　この勧告に従って，American Cotton Oil Co.の第6期（1895年8月31日終了年度）報告書は株主総会の15日前には株主に配付された（62頁）。

　さらに1899年，新規に上場を希望する製造会社（industrial or manufacturing companies）に対して，以下のことを条件に上場を許可する「同意書」（Agreement）の提出を要求（requirement）した[9]。

　会社は少なくとも1年に1度，期間収益及び費用についての適当に詳細なステートメントならびに直近事業年度末または最近日現在の会社の状態を詳細かつ正確に示す貸借対照表を公にすること（下線著者）。

　しかし，これらの「勧告」や「要求」にもかかわらず，年次（株主宛）報告書に見られる財務ディスクロージャー，特に損益情報の開示についてはすでに検討したとおりであった。注目すべきは，1895年の勧告と1899年の要求はともに，「貸借対照表」の用語は使用しているが，下線部分については「損益計算書」と明示していないことである。

20世紀に入り，1908年3月，NYSEは，次のような財務ディスクロージャーに関する上場基準を発表した[10]。

□　新規の上場申請会社（鉄道を除く）の場合

　上場申請会社は，少なくとも1年に1度，年次株主総会において会社の資産の状況及び財政状態についての詳細なステートメント，当該事業年度に係る損益計算書，当該事業年度末の貸借対照表，そして子会社の損益計算書と貸借対照表を発表することの同意書を提出しなければならない (A)。

　加えて，1年間に係る損益計算書と期末の貸借対照表については，公認された会計士または申請会社の監査人による証明書を提出しなければならない (B)。

□　既に上場している会社の場合

　会社は少なくとも年次株主総会の15日前までに前事業年度の営業に関する十分な報告書と収益及び費用についての完全かつ詳細なステートメントならびに期末現在の財政状態を示す貸借対照表を株主に配付しなければならない。

　新規上場申請会社の場合の (A) については，すでに1899年製造会社に対して「期間収益及び費用についての適当に詳細なステートメント」と「貸借対照表」を公にすることの同意書の提出を要求していたが（734頁），今般，鉄道を除くすべての会社に対して，年次株主総会において「会社の資産の状況及び財政状態についての詳細なステートメント」，「損益計算書」，「貸借対照表」，加えて「子会社」（any subsidiary company）の損益計算書と貸借対照表を発行することの同意書を求めたのである。「損益計算書」という用語が登場した。

　また，上場申請書とともにNYSEへの届出書類として，「損益計算書と貸借対照表について公認された会計士（an authorized public accountant）による証明書の提出」を求めたが (B)，この点は注目される〔1908年3月までに公認会計士法が制定されていた州は全米13州である[11]〕。しかし，「申請会社の監査人」（the auditor of the company，内部監査人も含まれるのであろう）による証明でもこれに代わりうるとしたことは，実質的には従来と変わりなく，しかもこの (B) は

1912年の上場基準の改訂で削除されたので監査の立場からは大きな変更はなかった。

次に，上場会社に対しては，すでに1895年1月23日に「勧告」されていたものであるが（734頁），貸借対照表を含むこれらの計算書の株主への配付を一歩すすめて「要求」（requirement）したのである。

そして，翌1909年からNYSEは既上場会社に対して株主に年次報告書等を提出することの同意書を獲得することを始めたのである[12]。1916年に組織されたGeneral Motors Corporationは1917年6月30日より連結損益計算書と連結貸借対照表を半期ごとに発行することに同意した。これは，製造会社では初めてであった。その後，同年7月にはThe American Smelting and Refining Co.，翌18年4月にはCertain-Teed Products Corporation，1919年6月にはEndicott Johnson Corporationも半期報告書の発行に同意した[13]。

10年後の1919年，株式上場委員会は，「年次財務諸表は上場申請書に含まれるものと同じフォームで発行されるべきこと[14]」の同意書の提出を要求している。上場申請会社が申請時にはNYSEが許容するフォームの財務諸表を発行していても，ひとたび上場が許可されると，その後公開される財務諸表のフォームは多くの場合貧弱だったからであろう。

さらに，1921年5月には，すべての上場会社に対しても，連結損益計算書と連結貸借対照表，または親会社の個別財務諸表と子会社及び被支配会社に係る連結財務諸表を毎年1度発行しかつ株主には年次総会前少なくとも15日前までに提出しなければならないことの同意書を要求し，加えて1924年4月までには，半期または四半期の損益についてのステートメントを発行することの同意書も求めた[15]。

その結果，1923年現在，上場会社は財務諸表の公開について次頁の表18—1のようにNYSEに約束した。

| 表18—1 | NYSE 上場957社の同意書にみる報告書の発行 |

	四半期報告書	半期報告書	年次報告書	同意書なし	計
鉄道・運輸業	12	0	95	212	319
製造業・商業	128	60	145	20	353
公 益 事 業	45	0	55	41	141
石 油	23	13	7	3	46
鉱 業	17	5	29	13	64
銀行・保険他	17	1	8	8	34
計	242 社 25 %	79 社 8 %	339 社 36 %	297 社 31 %	957 社 100 %

（注） 1923年5月1日から1924年5月1日までの事業年度に係るNYSE理事長報告

　上で見るように，上場会社957社のうち「年次報告書」が339社（36%）と最大であるものの，242社（25%）は「四半期報告書」を，79社（8%）は「半期報告書」の発行を約束したのである。これは，NYSEの大きな成果である。

　なお，「同意書なし」の297社は，州際商業委員会（ICC）の管轄下にある鉄道・運輸会社212社，各州の公益委員会の管轄下にある公益事業会社41社，外国企業17社，その他27社である。その他27社は，石油1社，製造業15社，鉱業11社であるが，これらの会社はNYSEの同意書の要求以前にすでにNYSEに上場していたので，同意書の要求を拒否した。

　では，年次報告書の開示すら拒否した27社と同意書を遵守しなかった会社に対して，NYSEはいかなる措置を取り得たのであろうか。NYSEにとって最大の武器は当該会社の株式を上場廃止にすることである。しかし，歴代のNYSE理事長は異口同音に次のように主張した[16]。「同意書を拒否したりそれを遵守しなかった会社の株式を上場廃止にすることは株主の利益を守ることになるのだろうか。投資者が株式を購入するということは，いつでも取引所を通して容易に売却できるからである。上場廃止は投資者のこの機会を奪うことになる。証券取引所は会社を規制するためにあるのではなく，"free and open market"を維持するためにある。」このような考えがNYSEの基本的立場であった。したがって，罰せられるべき会社を罰することにより罰せられるべきでない

株主が損害を被ることを回避するために，そして，NYSE 上場証券の場合それを担保に銀行から資金を容易に借り入れることができるので，上場廃止は資金の借入れを不可能にすることでありそれを回避するためにも，上場廃止という手段は採ることができなかったのである。

したがって，NYSE の財務ディスクロージャー政策も，その実務への浸透にはかなりの限界を有していたのである。

 株式上場委員会の決意

1926年の初め，NYSE は，J.M.B. Hoxsey（John Minor Botts Hoxsey）を初めて常勤の（full-time salaried position）株式上場委員会補佐官（Executive Assistant）として雇用した。「NYSE 上場基準の現代の歴史は J.M.B. Hoxsey の就任に始まる[17]」とまでいわれているが，NYSE の会計・監査実践改善への決意とみることができる。

ところで，1926年8月末ハーバード大学教授 W.Z. Ripley が *The Atlantic Monthly* において大企業経営者の意のままの「不可解な」(enigmatic) 会計実践とそれに無限定の監査証明書を発行している監査実践を厳しく批判し，これらの「悪習」(abuses) を取り除くために連邦取引委員会がこの分野へ介入すべきであると主張したことについては244頁で指摘した。しかし，クーリッジ大統領は，連邦政府が企業会計に介入する権限を持っているかは疑問であると問題にしなかった。

この Ripley の "センセーショナル" な論稿に対し，George O. May は，次のような 2 つの手段で対処した。1 つは個人として，1 つは会計士業界のリーダーとしてである。

The Atlantic Monthly 9 月号が販売された 8 月26日の翌日，May は *New York Times* に手紙を宛てた（これは同誌 8 月30日号に掲載された）。そこでは，株主が自ら関係する企業の内容について十分な情報を得る権利を有しているという Ripley の主張を支持し，そして，Ripley の指摘するような会計・監査問題

が存在することを認めた。しかし，現在のアメリカの株主は英国の株主よりも全体には適正な情報を入手していること，確かに英国の監査実務は長年の経験を経ているので株主保護のためにはより有効に機能しているが，それはディスクロージャーの詳細さよりも，監査人の誠実さと能力の違いによるものであることを指摘した[18]。

翌9月，May はアトランティック・シティ（Atlantic City）で開かれたアメリカ会計士協会（AIA：American Institute of Accountants）年次大会で特別講演を行った。この講演は May 個人の Ripley に対する反論ということではなく，AIA が May を立てて会計士業界全体の立場からの反論を試みようとするものであった[19]。しかし，May は Ripley の主張に反証をあげて論駁することはせず，むしろ Ripley が会計・監査問題について大衆の興味を喚起させてくれたことに感謝しつつ，監査人の任務は取締役の作成する会計報告書が高度な基準に準拠していることを保証することであり，またこの基準について取締役に助言することであるが，これらの点に関して監査人が過去に十分な責任を果たしてきたかについては確信が持てないと述べた。そして，今や監査人がより大なる責任を果たすべき時が到来していると主張し，企業内容開示に係わる諸問題解決のため，特に会計基準の設定に関し，AIA がイニシアチブをとって NYSE，投資銀行協会，商業銀行協会等の関係機関と協力すべきことを訴えた[20]。

1927年はじめ，May の提案に沿って AIA 会長 W.H. West は，NYSE 理事長に対し財務報告改善のために両者の協力が必要である旨の書簡を宛てた。しかし，その申し出は拒絶された。この門前払い（brush-off）に失望し慣慨した AIA はその後 NYSE と連絡を絶った[21]。「Ripley の批判で燃えた会計士業界の改革の炎は1年後消えてしまった」と，*The Journal of Accountancy* は伝えている[22]。しかし，May は Hoxsey と連絡を取り続けた。

また，アメリカ投資銀行協会との接触も1927年に行われ，1928年には両者の委員会による会合も持たれた。しかし，会計士監査証明を添付した "full and frank" な情報の提供こそが投資者保護であるとする AIA の主張に対し，投資銀行協会は，会計処理・手続の多様性とそれに無限定の監査証明を与えている会計士業界を批判し監査手続の標準化を要求したため，両者の会合は平行線のまま終わった[23]。

一方，NYSE 株式上場委員会は1926年と1927年にかけて，以下のように四半期損益報告書や連結財務諸表の発行，連結会社間の取引の処理と表示，子会社に対する支配関係の明示等を要求した[24]。

1926.5.25：四半期損益計算書の発行の同意を要求，同意できない場合にはその理由を株式上場委員会に通知すること。

6.7：上場基準を改正し，持株会社に対してグループ会社相互間の取引を除去した連結財務諸表を要求

6.14：上場基準を改正し，親会社及び子会社の個別損益計算書，個別剰余金計算書，個別貸借対照表，または連結財務諸表を要求〔1921年5月の同意書の内容を上場基準化。736頁〕

6.21：上場申請書に子会社に対する支配関係の明示を要求

1927.1.：1926年度報告書を発行していない会社の上場申請を拒否

1927.1.：連結会社間での有価証券売却益を連結財務諸表で利益として計上している会社は，過去における当該処理も修正しなければ上場拒否することを決定

1927.5.19：証券会社等が発行する広告（circular）に減価償却費その他類似項目の明瞭表示を要求

1927.9.：子会社がまだ配当宣言もしないうちに親会社が子会社利益を持分に応じて当期利益として計上する方法に反対。ただし，子会社が社債や少数株主持分を有さず実質的に親会社の完全な一部である場合はこの限りではない。

1927.10.：外国会社の株式上場基準の採択

これらの要求に対し，International Paper Co. は1926年度報告書において，損益に関する四半期報告（3月期，6月期，9月期，12月期）を開示，四半期ごとの「総利益」「減価償却費」「支払利息」「配当可能純利益」「優先株配当金」「普通株配当金」「剰余金の増減」を示した（484頁）。

1927年，NYSE は Price, Waterhouse & Co. に対し会計顧問を要請，翌28年 PW は正式に就任した[25]。

そして，株式上場委員会は，1928年5月までには，上場会社が定期的に発表する財務諸表は「認められた会計原則」（accepted accounting principles）に準拠しなければならないことを会社側に理解させる決意を固めたという[26]。これは極めて重大な意思決定である。PW を会計顧問に迎えた理由は，会計士または

会社と株式上場委員会のスタッフとの間に会計処理や手続について見解の相違が生じた場合にはこの会計アドヴァイザーの意見を背景に対処しようと考えたからにほかならない。

1929年6月，株式上場委員会は1927年頃から急速に設立された投資信託会社に関する上場基準「仮案」を発表した。この中で新規に上場申請する投資信託会社に対し，財務諸表及び棚卸資産としての有価証券についてはある州またはある国の法律の下で資格を付与された会計士の監査証明を添付しなければならないと規定した[27]。これがたとえ仮案（tentative special requirements）とはいえ，NYSE の歴史において初めて法律の下で資格を与えられた会計士の監査証明を要求したという事実を見落とすわけにはいかない〔ただし，この仮案は実行されなかった〕。

また，株式上場委員会は，1929年9月当時多様な会計処理が行われていた株式配当（会社側の会計処理には8種類あり，いずれも公認会計士が証明していたという[28]）についても一定の基準を明らかにしている[29]。

5 ニューヨーク証券取引所の攻勢とその背景

1929年秋の株式恐慌は取引所をショック状態に落とし入れた。莫大な財産を失った大衆は取引所を主たる "ターゲット" として批判した。会計・報告制度を含む金融市場の改革はまさに急を要したのである。NYSE 理事会も，AIA との協力を訴える May の主張を受け入れ，J.M.B. Hoxsey が1930年9月 AIA 年次大会で講演し両者の協力委員会の設置を呼びかけることを決定した[30]。そして，その呼びかけにより AIA も直ちに May を座長とする「証券取引所との協力特別委員会」（以下，AIA 特別委員会）を設置した。

1930年から31年にかけて株式上場委員会は，以下のように投資信託会社の自己株式取得の禁止，連結基準の明示，非連結子会社に対する親会社持分の表示，減価償却方針の変更，非連結子会社との取引に対する適正な引当金の設定を要求した[31]。

1930.5.26：投資信託会社は，特別な場合を除いて，自己株式（普通株）を取得してはならない。もし取得した場合にはその事実を直ちに取引所に通知すること。

1931.2.20：上場基準を改正し，親会社と子会社（50％を超える株式を所有している会社と所有されている会社）の連結財務諸表を将来発行することの同意書を要求〔下線部分については1926年6月14日付の上場基準の連結範囲を明示。740頁〕。また，非連結子会社が存在する場合は損益計算書の脚注その他適当な箇所に非連結子会社の利益に対する親会社持分を示し，貸借対照表には脚注その他適当な箇所に非連結子会社の利益剰余金に対する親会社持分を示すこと。

1931.2.20：上場申請書に示された減価償却方針の変更を認めない。ただし，取引所に通知しかつ次期の報告書でその変更に関し注意を喚起すればこの限りではない。

　　6.1：非連結子会社とのすべての取引に関しても，健全な会計実務に準拠した適正な引当てを実施しなければならない。

このような要求に対して，例えば Westinghouse Electric & Manufacturing Co. は，1931年度連結損益及び剰余金計算書において「非連結子会社の営業損失」を独立表示し，連結貸借対照表の「投資」においても「非連結完全子会社」を明示し，かつ非連結完全子会社6社名と各社への投資額を示す明細表を添付した（269-270，272頁）。

また，The American Tobacco Co. の1932年度利益計算書は，当社と国内の完全子会社の純利益を合計したものであること，当社が一部所有する株式の発行会社については配当金のみを「受取配当金」に含めていること，完全子会社ではない国内の子会社や海外の完全子会社の未処分利益（undistributed earnings）に対する当社持分は利益計算書には含めていないが，1932年12月31日現在約$2,000,000.00と見積られることを指摘した（462頁）。

1931年4月24日，NYSE 理事長 Richard Whitney はフィラデルフィア商工会議所で講演，監査人が監査した年次報告書と異なる年次報告書の公開や経常的項目と臨時的項目の混同，恣意的な資産再評価等，投資者を混乱させるような事例を紹介しかつ批判した。そして，次のように表明した[32]。

「株式上場委員会が不健全と判断する方法を会社が採用したり，取引所との重要な同意事項に違反している場合，それらの悪習が直ちに修正されないならば，株式上場委員会は当該会社の株式を上場廃止することを公にするよう理事会に要請するであろう。そして，こういう要請がなされたならば理事会はそれに応える。」

これは，すでに指摘したように NYSE が "free and open market" を目指している以上，たとえある会社が NYSE の方針を遵守していなくとも当該会社を罰することはできないという従来からの立場の変更を意味するものであり（737頁），NYSE の財務ディスクロージャー改革に対する強固な決意の表明である。

そして，1932年1月12日，株式上場委員会は，上場会社の1931年度の株主宛報告書を検討した結果，以下の事項を「十分かつ適正な開示」（full and fair disclosure）の基本方針とすることをすべての上場会社に通知した。また，特に310社については財務諸表を改善するよう申し入れた[33]。

① 帳簿や計算書が職業会計士によって監査されている場合，監査証明書の内容を明示しなければならない。

② 普通株と優先株の授権株式数と発行済株式数を貸借対照表に開示しなければならない。

③ 自己株式と自社社債の数量及び金額を個別に明示し，その評価基礎を明らかにしなければならない。

④ 剰余金は資本剰余金と利益剰余金に区別しなければならない。もしすべての剰余金が利益剰余金ならば利益剰余金と明示しなければならない。

⑤ 前期以前に係る各種の変更による影響額は資本剰余金または利益剰余金により調整し，その旨指摘しなければならない。

⑥ 自己株式を処分した場合，その取得価額と処分価額との差額を開示しなければならない。当委員会はこの差額を資本剰余金勘定へ振り替えるべきことを勧める。しかし，この点については会計士間でも意見の相違がありそれを利益剰余金に振り替えてもよいとする意見もあるので，上場申請書と株主宛報告書において同一の会計処理を実施し，それに関して十分な開示が行われていれば当面それも容認する。

⑦　投資，棚卸資産，有形固定資産の評価基準の変更については十分に開示しなければならない。

⑧　減価償却方針の変更については十分に開示しなければならない。

⑨　「その他利益」が総利益の重要な部分を占めている場合には，その主な構成項目を開示しなければならない。

⑩　外国子会社や親会社の外国における資産，負債，収益の換算基準を明示しなければならない。

　その結果，例えば Westinghouse Electric & Manufacturing Co. の1931年度報告書は，「合衆国有価証券」と「その他市場性ある有価証券」を市場価額で評価し，固定資産の評価基準についても「1911年5月31日鑑定評価とその後の取得原価を加算」と指摘，「減価償却引当金」を独立させ間接法で表示した。そして，「剰余金」についても「1929年の普通株発行に係るプレミアムである資本剰余金を含む」と明示した（270頁）。

　また，Standard Oil Co. の1931年度の貸借対照表は，「原価評価されている市場性ある有価証券は時価を＄12,688,489.84，6.54％上回っている」ことを明示し，4項目の棚卸資産の評価基準と株式資本金に係る授権資本も表示，剰余金を資本剰余金と特定目的剰余金それに未処分剰余金の3つに区分表示した（444頁）。

　同年（1932年）3月12日，パリの宿舎で自殺したクロイゲル（Ivar Kreuger：成功した資本家として *Time*（1929年10月23日号）の表紙を飾った人）がオーナーの世界的なマッチ会社 Kreuger & Toll Co. が倒産，その直後の Price, Waterhouse & Co. の暫定調査報告書により同社の徹底した秘密主義の下での役員の横領や大規模な粉飾決算が長期間にわたって行われていたことが明らかにされた[34]。

　4月15日，Samuel Insull が率いる「インサル帝国」と称される公益企業集団（電力・ガス・水道等）の中核 Middle West Utilities Co.（1930年現在7つの第2持株会社と4つの製造会社を媒介として229社を傘下に収めていた）も倒産した[35]。経営者に対する批判が高まっていったのは当然である。

　事態は緊迫していた。株式上場委員会は，4月，鉄道を除くすべての上場申

請会社に対し，将来の年次財務諸表は州あるいは国家（some state or country）の法の下で資格を与えられた独立会計士の監査を必要とすべきこと，そして，監査人の監査証明書は監査範囲を示し限定事項があるならばそれも明示することの同意を求めることを明らかにした。しかし，これを直ちに実施するとこれまでの NYSE の方針に依拠して上場準備をしてきた会社の上場申請が遅れることになるので，将来に強制されるべき NYSE の見解として発表したのである[36]。

　このような状況において，NYSE は1932年4月までには，認められた会計原則に準拠した財務諸表とそれに対する独立会計士の監査証明という「財務ディスクロージャーの基本構造」を対外的に明確に表明したのである。そして，このような基本方針を法的に支えるものとして，NYSE は1932年6月，NYSEと上場申請会社との間の「同意書」について，それは NYSE を拘束するものではないとの見解を示した[37]。これはすでに検討したように，比較的早い時期に甘い条件の下に上場を許可された会社が当初の同意書を楯に，その後の新たな要請を拒否している現状を打破するための措置であった。

　6月2日，ニューヨーク州商工会議所は，多くの批判が経営者の勝手気ままな行為と会社内容を株主に知らせない事実に起因していることに対し，株主は独立監査人による監査を要求する権利を有していることを認め，株主と会社との信頼関係を維持するために，公開会社については独立公認会計士が株主によって選任されるべきこと，当該会計士の報告書は各取締役に提出されかつ株主の縦覧に供せられるべきこと，さらに会計士の証明書の内容は年次報告書で開示されることを付随定款で定めるべきであると決議した[38]。

　そして，アメリカ経営者協会も，会計基準を検討するための職業会計士団体との合同委員会の設置を NYSE に提案したのである[39]。

6 ニューヨーク証券取引所の画期的声明

　NYSE に対するプレッシャーの中で，株式上場委員会は AIA 特別委員会に対し，「企業の年次報告書に関して取引所が採るべき方策」を求めたのである。

これに対する AIA 側の回答が1932年9月22日付の書簡である[40]。

書簡は，会社が発行する会計報告書の意義（significance of accounts），つまりその価値（value）と避けることのできない限界（unavoidable limitations）について一般大衆を啓蒙すること，及びその会計報告書をより情報に富みかつ権威ある（more informative and authoritative）ものとすることの2つが NYSE の達成すべき主たる課題であるとした。そして，企業に対し一般に認められた会計原則の中から適切な原則を選択させること，選択した原則を継続して適用させかつ開示させることを主張したのである。加えて，一般に認められた会計原則の一例として，未実現利益の排除，資本剰余金と利益剰余金の区分，合併前の子会社の利益剰余金を合併会社の利益剰余金とすることの禁止，自己株式の表示とそれに対する配当の禁止，役員・従業員・関係会社に対する売掛金と受取手形の独立表示を提示したのである。

この書簡は，優良な会計実務を選び出しそれを一般に認められた会計原則とし，その中での企業の自由な選択と継続的な適用ならびに開示，というアメリカにおける会計基準のあり方の原型を築いたものとして「歴史的文書」といわれるものである。

そして，1933年1月6日，NYSE 理事長 Richard Whitney は，先の1932年4月の株式上場委員会の声明（744頁）どおり，次のように発表したのである[41]。

1933年7月1日以降，州際通商委員会の管轄下にある鉄道を除くすべての上場申請会社の直近の財務諸表，すなわち，貸借対照表，損益計算書，剰余金計算書（Surplus Statement）は州法または外国で制定された法律により認められた独立会計士による監査証明が必要なこと，その監査はすべての子会社も含み，監査範囲は『財務諸表の検証』（"*Verification of Financial Statements*"，660頁）以下であってはならないこと，さらに，会社が発行する将来の年次報告書あるいは株主宛年次報告書の財務諸表についても同様に独立会計士によって監査されるべきことの同意書を提出すること。

NYSE は1869年に株式上場委員会を設置，それ以来上場申請会社や上場会社に対し会社内容の十分な開示を「勧告」しあるいは「要求」してきたが，その

長い歴史の中で，国家の法律に基づく監査以前において州法等の定める独立会計士による監査証明を正式に要求したのである。これは，NYSE と職業会計士による40年以上の監査実践の勝利と位置づけることができる。

その後，New York Curb Exchange[42]，New York Produce Exchange[43]，Chicago Stock Exchange[44]，Chicago Curb Exchange[45]等も上場申請書ならびに年次報告書の財務諸表に独立会計士による監査証明を要求する声明を行った。

監査報告書モデル

1933年1月31日，NYSE 理事長は，すべての上場会社に対し，1932年度の独立監査人による監査の結果に基づく以下の情報を提供するよう要求した[46]。

① 監査範囲は『財務諸表の検証』に準拠しているか。
② すべての子会社は監査人によって監査されたか。もしそうでなければ監査されなかった子会社の重要性に関する情報（監査されなかった子会社の資産及び売上高と連結資産合計及び連結売上高合計に対する比率）ならびに当該子会社に対して監査人はどのような監査手続を実施したのかを示すこと。
③ 有効な監査にとって必要なすべての情報を監査人に提供したか。
④ 監査人は貸借対照表と損益計算書が財政状態と経営成績を適正に（fairly）表示しているかについての意見を表明しているか。
⑤ 監査人は諸勘定は会社が採用している会計システムに継続的に準拠しているかについての意見を表明しているか。
⑥ 監査人は会社の採用する会計システムは認められた会計実務（accepted accounting practices）に準拠し，特に5つの原則（746頁）が遵守されているかについての意見を表明しているか。

これを受けて NYSE 株式上場委員会は，監査人の意見は上の④⑤⑥の3つの質問事項に明確に応えるものでなければならないとし，監査報告書の様式をその方向で作成するよう AIA 特別委員会に要請した。

AIA 特別委員会は，上の3つの質問に対する回答となるような監査報告書であること，監査報告書は財務諸表についての監査人の意見の表明であるという

事実を強調すること，したがって，会計士によってサインされた文書は証明書ではなく「報告書」とすること，「我々（私）の意見によると」という言葉を使用すること，採用した監査手続を監査報告書で指摘することはそれらの適用が状況によって異なるので望ましくないこと，読者が監査範囲を過大視することのないような語句を用いることなどを考慮して，1933年12月21日，次のような監査報告書の様式を提案した[47]。

Accountants' Report

To the XYZ Company

　We have made an examination of the balance-sheet of the XYZ Company as at December 31, 1933 and of the sytatement of income and surplus for the year 1933. In connection therewith, we examined or tested accounting records of the Company and other supporting evidence and obtained information and explanations from officers and employees of the Company ; we also made a general review of the accounting methods and of the operating and income accounts for the year, but we did not make a detailed audit of the transactions.

　In our opinion, based upon such examination, the accompanying balance-sheet and related statement of income and surplus fairly present, in accordance with accepted principles of accounting consistently maintained by the Company during the year under review, its 〔financial〕 position at December 31, 1933 and the results of its operations for the year.

＊　　　＊　　　＊

会計士の報告書

XYZ 会社殿

　我々は，XYZ 会社の1933年12月31日現在の貸借対照表と同年度の損益及び剰余金計算書を監査した。この監査に当たって，我々は，会社の会計記録とそれを裏付けるその他の証拠を監査または試査し，また会社の役員や従業員から情報や説明を得た。我々は，会計方法や当年度の営業及び損益勘定についても全般的に検閲したが，取引の詳細な監査は行わなかった。

　このような監査に基づいて，我々の意見によると，上の貸借対照表と損益及び剰余金計算書は，認められた会計原則に継続的に準拠して，1933年12月31日現在の同社の〔財政〕状態と当該年度の経営成績を適正に表示している。

さらに，AIA 特別委員会は，「会計原則についてまたはその適用において前年度と重要な変更が行われた場合には，変更の事実と内容（nature）を〔監査報告書で〕指摘しなければならない」ことも勧告した。

ここに，監査範囲と監査意見の 2 つのパラグラフを基本とし，監査人が「認められた会計原則」（accepted principles of accounting）の継続的適用を判断基準として，財務諸表は財政状態と経営成績を適正に表示している（present fairly）という意見を表明する現代監査報告書の原型が誕生したのである。そして，この「監査報告書モデル」は，AIA が1934年 1 月に発行した *Audits of Corporate Accounts* において勧告されたのである。

1933年 5 月，証券法（Securities Act of 1933）が成立し，翌34年 6 月には証券取引所法（Securities Exchange Act of 1934）も制定され，法の下で提出される財務諸表に対して独立会計士（independent public or certified accountant）による監査証明が要求された。ここに，アメリカ合衆国は監査実践約50年を経て職業専門家による外部監査を法律の上で定めたのである。

◆注 ─────────

1　B.E. Shulz, *Stock Exchange Procedure*, NYSE Institute, 1936, pp.14-16.

2　*Ibid.*

3　*The Commercial & Financial Chronicle*, March 4, 1893, p.208.

4　L.H. Rappaport, "Forces Influencing Accounting : The Stock Exchanges," Conference of Accoutants, The University of Tulsa, 1963, p.35.

5　*The Commercial & Financial Chronicle*, May 31, 1902, p.1141.

6　John Moody, *The Trust About The Trusts*, Moody Publishing Co., New York, 1904, p.340.

7　拙著『アメリカ監査制度発達史』中央経済社，1984年，30-33頁。

8　H.W. Bevis, *Corpotrate Financial Reporting in a Competitive Economy*, The Macmillan Co., 1965, p.16.

9　*Ibid.*

10　Money Trust Investigation, Subcommitte of the Committee on Banking and Currency, Exhibit 30, June 13, 1912, pp.415-416.

11　拙著，前掲書，90頁。

12 NYSE, Historical Account of Relationship of New York Stock Exchange With Listed Companies As It Affects Accountants〔以下, NYSE "MEMO"〕, April 8, 1938, p.1.

13 B.E. Shulz, *op. cit.*, p.20.

14 NYSE "MEMO", p.1.

15 *Ibid*.

16 以下の3人は NYSE 理事長である。

E.H.H. Simons, "Listing Securities on The New York Stock Exchange," Committee on Publicity, NYSE, March 23, 1926, p.23. Richard Whitney, "Business honesty," AIA Bulletin No. 84, April 16, 1931, pp.3-5. C.R. Gay, "Security Markets and Business Progress," AIA 50 Anniversary, 1937, pp.167-174.

17 John Haskell, "The Growing Interdependence of the NYSE and Listed Corporations," Pittsburgh Chapter of the Controllers' Institute of America, January 25, 1937, p.4.

株式上場委員会は取引所メンバーの中から理事会 (Governing Committee) によって選任された6名からなり, 株式上場委員会事務局は, 1名の補佐官 (Executive Assistant), 1名の事務局長 (Secretary), 25名の事務局員で構成されていた (1926年当時)。上場申請書が事務局に提出されると, 事務局員である7名の審査官 (examiners of applications) はそれが上場基準等に一致しているかをチェックし, さらに財務諸表に関するスペシャリスト (事務局員) がこれを検討してコメントを付す。これを受けて補佐官が上場申請書を総合的に検討し上場許可か否かの勧告 (direct recommendation) を付して株式上場委員会に提出する。株式上場委員会は上場許可か否か, 修正かを検討しその結果を理事会に勧告し, 理事会で最終的な決定を得る (J.M.B. Hoxsey, An Address To National Association of Securities Commissinors, May 20, 1930, pp.8-9)。

このような機構からして, 上場申請書に関する実質的な最終責任者が Executive Assistant である。ここでは,「株式上場委員会補佐官」と名づけた。

18 G.O. May, "Corporate Publicity and the Auditor," *The Journal of Accountancy*, November 1926, pp.321-326. B.C. Hunt, *George O. May, Twenty-Five Years of Accounting Responsibility 1911-1936*, Scholars Book Co., 1971, pp.49-52.

19 「このような Ripley の論稿に対し, AIA は May を説いて年次大会の演説をお願いした。」T.G. Higgins, Partner of Arthur Young & Co., *Thomas G. Higgins, CPA, An Autobiography*, 1965, p.119.

20 H.F. Stabler, *George O May : A Study of Selected Contributions to Theory*, Research Monograph No. 61, 1977, College of Business Administration, Georgia State University, Atlanta, Georgia, p.4.

21 J.L. Carey, *The Rise of the Accounting Profession, 1896-1936*, AICPA, 1969, p.164.

22 *The Journal of Accountancy*, December 1927, pp.441-443.

23 *The Journal of Accountancy*, October 1928, p.285.

第18章　ニューヨーク証券取引所　751

24　NYSE, Outline of Revisions and Extensions of Listing Requirements, Agreements, and Policies of Committee on Stock List from 1926 to 1936〔以下，NYSE "Outline"〕.

25　J.L. Carey, "The CPA's Professional Heritage," Part II, Working Paper No. 5, The Academy of Accounting Historians, 1977, p.7.

26　NYSE "MEMO", p.2.

27　AIA Bulletin, December 16, 1929, No. 68, p.6.

28　J.M.B. Hoxsey, *op. cit.*, p.12.

29　Report of the Special Committee on Stock Dividends, Exhibit L, September 11, 1929.

30　J.M.B. Hoxsey, "Accounting for Investors," *The Journal of Accountancy*, October 1930, pp.251-284.

31　NYSE "Outline".

32　Richard Whitney, President of NYSE, *Business honesty*, 1931.

33　株式上場委員会補佐官 J.M.B. Hoxey からすべての上場会社宛書簡，January 12, 1932.

34　*The Commercial & Financial Chronicle*, April 9, 1932, p.2587.

35　西川純子『アメリカ企業金融の成立』東京大学出版会，昭和55年，299頁。

36　L.H. Rappaport, *op. cit.*, pp.39-40.

37　NYSE "Outline"

38　AIA Bulletin, June 15, 1932, No. 98, pp.9-11.

39　J.L. Carey, *op. cit.*, p.168.

40　AIA, *Audits of Corporate Accounts*, January 31, 1933, pp.3-12.

41　Richard Whittney, "Stock Exchange Demands Audit of Listed Companies," *The Journal of Accountancy*, February 1933, pp.81-82.

42　AIA Bulletin, January 16, 1933, No. 105, p.4.

43　AIA Bulletin, February 15, 1933, No. 106, p.7.

44　AIA Bulletin, April 20, 1933, No. 108, pp.3-4.

45　AIA Bulletin, May 5, 1933, No. 109, p.11.

46　AIA, *Audits of Corporate Accounts*, January 31, 1933, pp.13-15.

47　*Ibid.* p.29.

第19章
攻めるニューヨーク証券取引所と 守る経営者

ニューヨーク証券取引所 (NYSE) による再々の財務ディスクロージャーの改善要求にもかかわらずこれを拒否しつづけ，遂には NYSE から上場廃止の警告を受けた会社に Allied Chemical & Dye Corporation がある。

ここでは，攻めるニューヨーク証券取引所と守る Allied 社との攻防について検討しよう。

Allied 社の財務ディスクロージャー —1920年度～1932年度

Allied Chemical & Dye Corporation (以下 Allied 社) は，1920年12月17日にニューヨーク州で設立されたが，同年12月31日に終了する第1期報告書は，たて21.5cm よこ18cm (A4判の半分である A5判のよこを3cm縮小したサイズ) を1頁とする全6頁で，決算日から4ヵ月余後の翌1921年5月7日に発表された。表紙1頁，取締役・役員・株式名義書換機関の紹介1頁，取締役会議長の株主宛メッセージ1頁，連結総合貸借対照表と監査証明書2頁，連結損益計算書1頁という構成であった。

Wm.H. Nichols 取締役会議長は，次のように述べた。当社は General Chemical Company (729頁), The Solvay Process Company, Semet-Solvay Company, The Barrett Company, National Aniline & Chemical Company,

Inc. の 5 社の発行済株式（普通株及び優先株）のすべてを当社の株式と交換し組織されたこと，貸借対照表と損益計算書は 5 社の連結であること，棚卸資産は原価時価比較低価法により評価され評価損は当期費用として処理したこと，プラントの減価償却や陳腐化に対しては適正な引当金を設定していること，子会社の帳簿上の資産価額を連結貸借対照表にそのまま計上し増額していないこと，不況により業績は低迷しているが急速に回復しつつあること。

　　コントローラーが作成する見開き 2 頁の「連結総合貸借対照表」（Consolidated General Balance Sheet）は，左頁に資産を右頁に負債を示している。

Allied Chemical & Dye Corporation と子会社の連結総合貸借対照表

1920年12月31日（グループ会社間の株式所有と関係諸勘定は除く）

資　　産

有形固定資産		
土地，プラント，設備，鉱山等		$ 141,370,951.59
投資		
他の会社の社債及び株式	$ 17,808,539.39	
その他	2,177,320.92	
投資計		19,985,860.31
流動資産		
現金	$ 19,942,819.04	
市場性ある有価証券	2,699,531.34	
受取手形	4,125,455.30	
売掛金	23,267,306.38	
棚卸資産：原材料，仕掛品，		
完成品，貯蔵品等	45,602,875.09	
流動資産計		95,637,987.15
繰延費用		
前払税金，利息，保険料等	$ 　894,937.33	
その他繰延費用	471,465.32	
繰延費用計		1,366,402.65
減債基金及びその他基金資産		
現金及び有価証券		1,131,361.50
偶発資産		
社債保証による先取特権		1,967,040.00

その他資産

　パテント，製法，商標権，営業権等　　　　　　　　　　　　21,283,444.33

　　合　　計　　　　　　　　　　　　　　　　　　　　$ 282,743,047.53

負　　　債

固定負債　　　　　　　　　　　　　　　　　　　　　　$　 5,420,000.00
買入代金債務　　　　　　　　　　　　　　　　　　　　　　 620,547.34
流動負債
　支払手形　　　　　　　　　　　　$ 11,100,000.00
　買掛金　　　　　　　　　　　　　 10,027,410.48
　未払賃金　　　　　　　　　　　　　　 449,432.41
　その他契約上の債務　　　　　　　　 1,161,974.05

　　流動負債計　　　　　　　　　　　　　　　　　　　 22,738,816.94
引当金（Reserves）
　減価償却・減耗償却等引当金　　　$ 54,513,402.60
　偶発債務引当金　　　　　　　　　　 9,427,535.55
　納税引当金　　　　　　　　　　　　 2,885,577.87
　保険引当金　　　　　　　　　　　　 2,005,020.40
　貸倒引当金　　　　　　　　　　　　　 485,155.32
　未払利息引当金　　　　　　　　　　　 106,203.35
　その他　　　　　　　　　　　　　　 3,522,126.74

　　引当金計　　　　　　　　　　　　　　　　　　　　 72,945,021.83
偶発債務―社債発行保証　　　　　　　　　　　　　　　　 1,967,040.00
少数株主持分
　連結 5 社　　　　　　　　　　　　$　 4,312,412.72
　子会社　　　　　　　　　　　　　　　 326,527.95

　　少数株主持分計　　　　　　　　　　　　　　　　　　 4,638,940.67
資本金
　優先株―373,264株　　額面 $ 100　$ 37,326,400.00
　普通株―2,143,455株　　無額面
　　　　発行価額 1 株 $ 5　　　　　$ 10,717,275.00

　　資本金計　　　　　　　　　　　　　　　　　　　　 48,043,675.00
剰余金―1920年12月31日　　　　　　　　　　　　　　 126,369,005.75

　　合　　計　　　　　　　　　　　　　　　　　　　$ 282,743,047.53

連結総合貸借対照表の表題の下に指摘された「グループ会社間の株式所有と関係諸勘定は除く」（After Elimination of Inter-Company Stock Ownership and Accounts）の指摘は評価され，開示項目は1920年当時の平均を上回るものである。「偶発資産」（Contingent Assets）と「偶発債務」（Contingent Liabilities）の両建表示，「少数株主持分」（Minority Stockholders' Interests）の表示も先進的である。

この貸借対照表の下に以下のような監査証明書が添付された。

We certify that, in our opinion the above Consolidated General Balance Sheet properly presents the financial condition of the Company and its Subsidiary Companies at December 31, 1920, after the elimination on Inter -company Stock Ownership and Accounts, and showing the capital stock at the amount issued or to be issued in exchange for stock deposited and that the accompanying Condensed Statement of Income correctly states the profit from Operations and Investments for the year ended December 31, 1920.

April 20, 1921

West & Flint,
Accountants and Auditors

* * *

我々の意見によれば，上の連結総合貸借対照表は，Allied Chemical & Dye 社とその子会社の1920年12月31日現在の財政状態（連結会社の所有する関係会社株式と関係諸勘定は除く）を適切に（properly）表示し，かつ供託された株式と引換えに発行されたあるいは発行予定の株式資本金を示していることを証明する。また，添付された連結損益計算書は1920年12月31日に終了する年度の営業及び投資からの利益を正確に（correctly）示していることを証明する。

"certify" と "in our opinion"，"properly" と "correctly" の用語については，第17章で検討した（693頁）。

「要約損益計算書」（Condensed Income Account）は，右頁のとおりである。

連結 5 社とその子会社の要約損益計算書

（1920年12月31日終了年度）

総利益（Gross Income）（減価償却・陳腐化引当金繰入額， 　州税・地方税，修繕費・更新費等すべて控除後）		$29,768,751.32
原価時価比較低価法による		
棚卸資産評価損	$10,226,687.73	
有価証券売却損	798,435.12	11,025,122.85
連邦税控除前純利益		$18,743,628.47
連邦税		2,563,689.26
純利益		$16,179,939.21

　タイトルの「連結 5 社とその子会社の要約損益計算書」の傍点部分の指摘は
よい。また，「原価時価比較低価法による棚卸資産評価損」の表示も当時とし
ては評価される〔金額が大きいからであろう〕。ただし，「総利益」算定プロセス
は示されていない。

　上記が第 1 期報告書のすべてである。1920年当時の財務ディスクロージャー
としては平均的といえる。

　1921年度（第 2 期）報告書は第 1 期より約 1 ヵ月早く発表され，貸借対照表
の脚注部分に示されていた監査証明書が独立して 1 頁を構成した。実は，この
全 7 頁（表紙 1 頁を含む）の年次報告書が1948年度まで28年間も続くのである。
　取締役会議長は，棚卸資産を原価時価比較低価法により評価減したこと，
減価償却の引当ては十分であること，組織の維持に係る支出は費用処理した
こと，銀行借入金を返済し財政状態は一層強化されたこと，グループ会社に対
する少数株主持分は前年度末の＄4,638,940.67（755頁）から＄1,200,994.82へ
と減少し当期末残高は総資産の0.5％であることを報告した。しかし，連結範囲
についてはまったく触れなかった〔前期は子会社 5 社の連結であること報告した〕。
　連結総合貸借対照表の流動資産に「合衆国政府有価証券＄6,673,263.15」が
登場し，「市場性ある有価証券＄1,401,826.51」とともに表示された。第 1 期
の 7 つの引当金のうち「貸倒引当金」と「未払利息引当金」は消えたが，
資本金は優先株と普通株のそれぞれにつき授権株式数と未発行株式数を示し，

剰余金は資本剰余金と "Further Surplus" に区分表示された。多少の改善である。なお、この時点では Further Surplus の意味は不明である。

「要約損益計算書」から「連結損益計算書」(Consolidated Income Account) へと名称変更されたが、その様式と内容は第 1 期をそのまま踏襲した。

また、以下のような「剰余金計算書」(Surplus Account) が新たに加わった。

剰余金計算書

剰余金1920年12月31日	$ 126,369,005.75	
1921年度純利益	7,646,909.41	$ 134,015,915.16
合計		
配当金：		
優先株 1 株 $ 7.00	$　2,706,107.75	
普通株 1 株 $ 4.00	8,650,727.00	11,356,834.75
剰余金1921年12月31日		$ 122,659,080.41

1 頁に独立して添付された監査証明書は、以下のとおりである。

March 27, 1922

We have audited the books of the Allied Chemical & Dye Corporation and its Subsidiary Companies for the year ended December 31, 1921. Investments are carried in the Balance Sheet at cost.

We certify that, in our opinion, the accompanying Consolidated General Balance Sheet and the Consolidated Income Account properly present the financial condition of the Company and its Subsidiary Companies at December 31, 1921, and the Net Income for the year.

WEST, FLINT & Co.

*　　　　*　　　　*

我々は、Allied Chemical & Dye 社とその子会社の1921年12月31日に終了する年度の帳簿を監査した。投資は貸借対照表に原価で示されている。

我々の意見によれば、添付された連結総合貸借対照表と連結損益計算書は同社及び子会社の1921年12月31目現在の財政状態と当期の純利益を適切に (properly) 表示していることを証明する。

"properly"が前期と同様使用され，純利益に関しての"cerrectly"は省略された。

1921年度報告書は「剰余金計算書」が掲載されたものの，平均的な財務ディスクロージャーである。

1922年度（第3期）報告書において，社長は，買掛金や固定負債の返済，諸引当金の増加等により財政状態は一層健全化したこと，少数株主持分はさらに減少したことなどを指摘した。

ところが，連結損益計算書は，「前2年間の損益計算書に示していた棚卸資産評価損と有価証券売却損については，今期は比較的重要ではないので総利益に含めた（取締役会議長の株主宛報告）」結果，以下のごとくたった3項目の表示に後退した。

連結損益計算書

（1922年12月31日終了年度）

総利益（減価償却・陳腐化引当金繰入額，	
州税・地方税，修繕費・更新費等すべて控除後）	$ 17,280,368.06
連邦税	2,165,413.54
純利益	$ 15,114,954.52

そして，この「総利益」「連邦税」「純利益」の3項目の損益計算書が1934年度（第15期）まで続くのである。これが後述するようにNYSEとの衝突の原因の一つとなる。

連結総合貸借対照表と剰余金計算書は，第2期のそれらを踏襲した。

監査証明書は，以下のとおりである。

March 26, 1923

We have audited the books of the Allied Chemical & Dye Corporation and its Subsidiary Companies for the year ended December 31, 1921.

We certify that, in our opinion, the accompanying Consolidated General

Balance Sheet and the Consolidated Income Account properly present the
financial condition of the Company and its Subsidiary Companies at December
31, 1921, and the Net Income for the year.

WEST, FLINT & Co.

この「簡潔な」監査証明書が一字一句違わず1932年度まで続く。

　1923年度（第4期）報告書において，取締役会議長は，会社の財政状態と
収益は継続して改善していること，流動資産は一層増加し債務はさらに減少
したこと，偶発債務引当金を前期より増額したにもかかわらず純利益は前期を
上回ったこと，売上げも増大していることを指摘したが，具体的数値は一切
示さなかった。

　そして，貸借対照表の流動資産の「合衆国政府証券」と「その他市場性ある
有価証券」が1921年度・22年度はそれぞれ独立して表示されていたが，当年度
は「合衆国政府証券及びその他市場性ある有価証券＄43,272,036.08」〔総資産
の約15％〕にまとめられてしまった。これも，NYSEとの論争の原因となるの
である。

　1924年度（第5期）の取締役会議長報告も，固定負債と少数株主持分が貸借
対照表から除去されたことの指摘のほかは，「当社の発展は貸借対照表と損益
計算書を見てもらえば容易に理解できるので，取締役会は特別なコメントを必
要としないと信ずる」との陳述どおり，会計データは示されていない。しかし，
損益計算書の「総利益」「連邦税」「純利益」のみの表示では「当社の発展」を
理解する術はない。

　1925年度（第6期）報告書は決算日後3ヵ月以内の1926年3月31日に発行
されたが，取締役会議長は次の1点のみを報告した。「貸借対照表の資産の
うち『投資』の減少（前期末＄19,196,483.27から今期末＄6,932,797.35）は，
Steel & Tube Co. of America の清算に係る分と従来投資に含めていた関係
会社の資産と負債を連結勘定に吸収したことによるもので，後者に関して有形

固定資産が＄10,983,887.73増加した。」

　そして，従来個別に表示されていた「売掛金」と「受取手形」が当期より「売掛金及び受取手形」と後退し〔両者の合計＄17,439,500.27は，前年度とほぼ同じ金額で流動資産4項目合計＄127,423,767.11の14％〕，資本金の内訳も授権株式数と未発行株式数が省略され，第1期と同じ発行済株式数のみの表示となった。財務ディスクロージャーは確実に後退している。

　1926年度，27年度の取締役会議長報告も，会社が好調な業績をあげ工場の新設備や土地の取得，研究開発が進んでいることなどの一般的な説明に終わり，連結総合貸借対照表と連結損益計算書ともまったく変化がなかった。また，剰余金計算書における優先株と普通株の「1株当たり配当金額」が省略され，それぞれの配当金合計額のみの表示となった。

　1928年度（第9期）の社長報告は，有価証券は注釈がない限り原価で評価されていること，有価証券の売却もないこと，創立以来最大の設備投資が行われたこと〔金額は示さず〕のほかは財務情報はなく，翌29年度（第10期）の社長報告（創立以来の取締役会議長 Wm.H. Nichols に代わり社長 O.F. Weber の報告）も，「売上数量，金額とも創立以来最大である」ことを指摘しつつも売上数量，金額とも示さず，また「損益計算書と貸借対照表を前期と比較すれば，当社の継続的な発展は明白である」と謳いつつも，前期比較形式の様式ではなかった。

　1930年度（第11期）報告書において，社長は株主に以下を伝えた。

　プラントが拡張されたが，その資金調達は新証券を発行することもなく手元資金でまかなわれたこと，すべての偶発債務に対して各期の利益から十分な引当てを行うという方針を継続して遵守しているが，その偶発債務引当金は前期に比し＄6,954,606増加していること，棚卸資産は原価時価比較低価法で評価されていること，合衆国政府証券及びその他市場性ある有価証券は原価で表示され，1930年12月31日現在の時価は原価を相当上回っている（substantially in exeess of cost）こと〔金額は示さず〕，損益計算書の総利益には有価証券売却益はないこと〔NYSE が1927年1月に要求した有価証券売却益の明示を意識しての

ことか。740頁〕，1931年1月31日予定の普通株に係る第2回株式配当は正当であると判断していること，貸借対照表が証明しているように当社は今期も継続して発展したが，今後も将来の産業拡大に迅速かつ十分に対処できると取締役会は確信していること。

1931年度〔第12期〕報告書における社長の主たる報告は，次のとおりである。

「市場性ある有価証券，それは大いに当社の営業に直接あるいは間接的に関連しているが原価で評価されている。その1931年12月31日現在の時価は原価を下回っている（less than cost）。

現在の世界的経済再調整は今後も企業を困惑させるであろうことを認識し，将来の偶発債務から当社の営業及び資産を十分に保護するために剰余金から偶発債務引当金へ＄40,000,000を繰り入れることが賢明だと判断した。

棚卸資産の評価は継続して原価時価比較低価法である。

1930年に始まった商品消費の急速な減退は今期も続き，当社も大きな影響を受けているが，産業の回復とともに当社も十分な利益を上げうるであろう。」

市場性ある有価証券の時価が原価をどの程度下回っているのかについては述べていない。この点については後述する（768頁）。

1932年12月31日に終了する第13期報告書（これまでのたて21.5cmを4cm拡大したサイズの全6頁）における O.F. Weber 社長報告の全文は，以下のとおりである。

「不況は史上かつて経験したことがないほど厳しいものとなり，現在は工業，農業，商業とも極めて不安定な状態にある。不況の根本原因を根絶しかつ人々の購買力を高めるための強力な諸方策が経済的にも政治的にも採られている。基幹産業の購買力の低下は国内外とも激しい競争をもたらし，当社も多くの製品価格の下落を余儀なくされた。この下落は外国為替レートの変動と外国製品の国内でのダンピングによって一層拍車がかけられた。

今年度の貸借対照表と損益計算書は従来と同様のフォームである。それ故，報告書は，創立以来の会社の営業の記録の継続性をもたらしている（The reports thus afford a continuity of record of the Company's operations since incorporation)。

棚卸資産の評価方法は継続して原価時価比較低価法である。

合衆国政府証券及びその他市場性ある有価証券は原価で表示されている。原価と時価との差額は，資産と営業を保護するための偶発債務引当金で十分に引き当てられている。

普通株に対する現金配当は1926年以来同じ率であるが，当社の支払能力を弱めてはいない。

プラントは最高の能率が維持されている。組織の効率も減じていない。当社の強力な財政状態も弱められていない。取締役会は当社の将来を信じている。」

連結総合貸借対照表は，以下のとおりである。

連結総合貸借対照表
（1932年12月31日）

資　　産

有形固定資産		
土地，プラント，設備，鉱山等		$ 222,990,044.37
投資		
他の会社の社債及び株式	$ 12,535,809.92	
その他	156,700.21	12,692,510.13
流動資産		
現金	$ 25,883,392.78	
合衆国政府証券及び		
その他市場性ある有価証券	92,404,341.36	
売掛金及び受取手形	9,721,719.65	
棚卸資産	22,645,245.29	150,654,699.08
繰延費用		
前払税金，保険料等		892,884.71
その他資産		
パテント，製法，商標権，営業権等		21,305,942.61
合　計		$ 408,536,080.90

負　　債

流動負債
　買掛金　　　　　　　　　　　　$　1,827,846.87
　未払賃金　　　　　　　　　　　　180,906.83
　未払配当金　　　　　　　　　4,289,417.75　　$　6,298,171.45
引当金
　減価償却・減耗償却等引当金　$ 129,257,567.42
　偶発債務引当金　　　　　　　　55,887,867.30
　納税引当金　　　　　　　　　　1,731,371.86
　保険準備金　　　　　　　　　　2,269,316.42
　その引当金　　　　　　　　　　2,347,675.43　　191,493,798.43
資本金
　優先株―額面 $ 100
　　発行済392,849株　　　　　$　39,284,900.00
　普通株―無額面 1 株 $ 5
　　発行済2,401,288株　　　　　12,006,440.00　　51,291,340.00
剰余金―1932年12月31日
　資本剰余金　　　　　　　　　$　61,752,335.00
　Further Surplus　　　　　　　97,700,436.02　　159,452,771.02
　　合　計　　　　　　　　　　　　　　　　　$ 408,536,080.90

　このように，連結総合貸借対照表の様式は1920年度（第 1 期）のそれを基本
的に踏襲したが，1923年度（第 4 期）に消失した「合衆国政府証券」と「その他
市場性ある有価証券」や1925年度（第 6 期）に消失した「売掛金」と「受取
手形」の独立表示も回復していない。「パテント，製法，商標権，営業権等」
も第 1 期とほぼ同額で償却されていない（第 1 期 $ 21,283,444.33，第13期
$ 21,305,942.61）。そして，損益計算書の「総利益」「連邦税」「純利益」の 3 項
目表示も1922年度（第 3 期）より（759頁），剰余金計算書の様式も1921年度
（第 2 期）より（758頁）そのまま継続した。

2 ニューヨーク証券取引所の対処

Allied 社の普通株と優先株が初めて NYSE に上場されたのは1920年12月22日であった。その後の同社の年次報告書におけるディスクロージャーは，すでに検討したとおりである。1929年，追加株式の上場に当たって NYSE 株式上場委員会は，Allied 社に対してより情報に富む財務諸表を要求した[1]。

直前の1928年12月31日終了年度の報告書は全 7 頁（表紙 1 頁を含む）で，連結総合貸借対照表は第 1 期（754頁）の流動資産 5 項目が「現金」「合衆国有価証券及びその他市場性ある有価証券」「売掛金及び受取手形」「棚卸資産」の 4 項目に若干後退したが，当時の平均的なディスクロージャーを維持した。しかし，社長報告では財務情報の指摘はなく（761頁），連結損益計算書は「総利益」「連邦税」「純利益」の 3 項目（759頁），剰余金計算書は「期首剰余金」「1928年度利益」「配当金」「期末剰余金」の 4 項目（758頁）であった。

会社側はこれ以上の情報を提供することは国内外の競争相手を有利にし，結局は同社及び株主に損害を与えることを理由に，財務諸表は従来どおりの様式で発行すると回答した。

1929年12月31日，株式上場委員会は Allied 社に対して，投資者保護のためにこれまでの同意書を固定化することについては反対し，この間の同社の協力を得るための努力はほとんど成功しなかったという不満の意を伝えたが，上場を許可せざるを得なかった。

1 年後の1930年12月 9 日，Allied 社は株式配当に係る上場申請書を提出した。情報開示の問題が再び取り上げられたが，会社側は従来と同じ見解を繰り返し，結局は財務諸表上何らの改善もみないまま上場申請書は受理された。この点について，Allied 社が1931年 1 月 3 日に株式配当を予定していることをすでに公にしていたので，12月 9 日に提出された上場申請に係わる財務諸表については十分に議論する時間が極めて限られていた。そのため NYSE は今回もやむを得ず Allied 社の立場をそのまま受け入れたのである。

その後，Allied 社のかなりの株主から同社の年次報告書に対する不満や同社の監査人 West, Flint & Co. に対する疑問が株式上場委員会に寄せられたため，

株式上場委員会は，1932年6月23日，次のような書簡をAllied社に宛てた。

「有価証券の上場を自発的に申請する場合，企業は現在及び将来の投資者に十分な情報を提供する義務を負う。貴社の報告書は以下のような点においてこの義務を果たしていないと判断される。

連結貸借対照表は現在の情報に加えて以下の点を明らかにすべきである。

(a) 有形固定資産，合衆国政府証券，その他市場性ある有価証券ならびに棚卸資産に係る評価方法を明示すること。また，合衆国政府証券は，その他市場性ある有価証券と区別して表示しなければならない。

(b) 合衆国政府証券とその他市場性ある有価証券のそれぞれの「時価」を貸借対照表の脚注に示さなければならない。

(c) 偶発債務引当金の金額が大きいので〔1931年12月31日現在 $54,731,268，総資産 $408,049,802の13.4%〕，その目的を明示し，目的ごとに金額を明らかにすること。現状ではこれは主として通常の営業に対する偶発債務引当金なのか，有価証券価額の下落に対する引当金なのか不明である。また，当該引当金が過大に計上されているのか，適切なのかについても判断できない。

(d) 貸借対照表の剰余金のうち"Further Surplus"〔剰余金がCapital Surplus $61,752,335.10とFurther Surplus $103,416,917.50に区分表示されている〕がすべて利益剰余金ならば"Further (Earned) Surplus"と示すべきである。"Further Surplus"の意味は理解できない〔すでに指摘したように，1921年度貸借対照表において初めて登場した（758頁）〕。

(e) 連結損益計算書も不十分である〔1931年度も1923年度（第3期）と同じ3項目〕。そこには，〔投資者が〕経営の効率性について意見を述べることができる基礎となる情報は示されていない。また，将来の収益を予想する資料としてもまったく役に立たない。なぜなら，営業損益と営業外損益との区分や特別利益と特別損失の指摘もなく，さらに適切な情報も開示されていないからである。」

そして，続けていう。

「『売上高』や『売上諸費用』（Cost of Sales）を示していない損益計算書は実際役に立たない。しかし，これらの項目を要求することは，ある種の企業

にとっては『きつい』（hardship）ことかもしれないと我々は認識している。そして，貴社はこの種の企業に属してもよいとも我々は考えている。しかしながら，年次報告書に示された貴社の損益計算書は最低限の情報（minimum amount of informtion）すら示していない。

我々は，不信を抱いている株主に対して貴社が上の諸点について回答すること及び将来の報告書は上の諸点を考慮して発行することを要請する。」

加えて，株式上場委員会は，Allied社に対して四半期損益計算書かまたは四半期毎に前12ヵ月間の損益計算書を発行することを提案（suggestion）した〔四半期損益計算書の発行については1931年10月8日NYSE理事長からAllied社へ要請しているが，同社は，株主を誤導するものであると拒否している〕。

ところで，この書簡に添えられたNYSEがAllied社へ要求した連結損益計算書の様式は，以下のとおりである。

売上総利益	・・・・・
控除：一般費，管理費，販売費	・・・・・
営業純利益：減価償却費，陳腐化費用，連邦税控除前	・・・・・
控除：減価償却費及び陳腐化費用	・・・・・
営業純利益：連邦税控除前	・・・・・
受取配当金及び受取利息	・・・・・
有価証券売却損益	・・・・・
その他収益：	
（＄500,000以上の項目は別立表示）	・・・・・
合計	
控除：その他費用	・・・・・
純利益：連邦所得税控除前	・・・・・
連邦所得税	・・・・・
純利益	・・・・・

「売上高」や「売上諸費用」の開示を求めない極めて控えめな要求である。さらに，「一般費，管理費，販売費」は省略してもよい，とその後Allied社へ伝えている。

以後も NYSE と Allied 社とのやりとりが続けられたが，1933年3月17日に株式上場委員会が受理した1932年度報告書の財務諸表は，すでに検討したように何らの修正も改善もなされなかった（762頁）。NYSE は「これが同社の最終回答と判断したが "drastic action"〔上場廃止〕を避けたいと依然として希望していた」ので同社の年次株主総会が4月24日に予定されていることに顧み，何らかの明確な措置が採られることを期待して，3月28日，次のような趣旨の書簡を宛てた。

　「1931年度報告書において社長は『市場性ある有価証券は原価で評価されている。その1931年12月31日現在の時価は原価を下回っている』と指摘しているが（762頁），それが事実ならば同年度の貸借対照表の『合衆国政府証券及びその他市場性ある有価証券』の原価表示は誤っている。なぜなら，当該有価証券は指摘された価値の減少分が過大に表示されているからである。ニューヨークのある新聞（1932年4月26日号）によると，貴社所有の市場性ある有価証券の1931年12月31日の時価は原価をおよそ＄33,000,000下回っている。この有価証券が流動資産としての意味をもつのは，それが合理的な市場価値を示している場合のみである。

　また，1932年12月31日現在の貸借対照表の『合衆国政府証券及びその他市場性ある有価証券＄92,404,341.36』の原価表示（社長報告，763頁）も誤りである。継続企業はいかなる資産も時価以上に評価すべきではないということは一般に認められたルールだからである。そして，『〔有価証券の〕原価と時価との差額は偶発債務引当金で十分に引き当てられている』（763頁）というが，『合衆国政府証券及びその他市場性ある有価証券』の1932年度末の時価下落に対し偶発債務引当金がどれだけ引き当てられているのか，さらに，もしその他の流動資産の価値の減少があるならば同引当金がどれだけ引き当てられているのかについて明らかにするとともに，現在の流動資産は有価証券価額の下落分とその他流動資産の価値減少分だけ過大に表示されていることを明瞭に指摘すべきである。」

これに対し Allied 社から次のような回答（1933年4月21日付）が寄せられた。

　「我々は本月24日の株主総会において『合衆国政府証券及びその他市場性ある有価証券』の1932年12月31日現在の時価と，時価と原価との差額を補塡

第19章 攻めるニューヨーク証券取引所と守る経営者 | 769

する偶発債務引当金について陳述する予定である。しかし，この項目につい
て時価が原価より低下していたので貸借対照表の原価表示は誤導していると
の貴委員会の見解については同意することができない。我々の報告書が明白
に指摘しているように，この項目は原価で表示されかつ時価との差額は偶発
債務引当金で十分に引き当てられている。この点について意見の相違を訴え
た者は未だひとりとしていない。また，流動資産全般特に市場性ある有価証
券に適用しうる適切な会計手続については相当の差があり，国法銀行や州法
銀行ならびにその他企業の最近の公表貸借対照表を見ればわかるように，
その監督官庁である通貨監督官，連邦準備局，ニューヨーク州銀行監督監査
人も貴委員会の見解を遵守しておらず，また，ニューヨーク証券取引所上場
の多くの代表的企業も異なった処理をしている〔Allied 社のこの主張に関する
限り，すでに検討したような実情を見ると理解しうる〕。」

さて，4月24日の Allied 社の株主総会はいかなる状況であったのだろうか。
翌4月25日の *New York Times* は，次のように報じている[2]。

「昨日開かれた株主総会で株主の James W. Gerard（前ドイツ大使）は，
Allied 社の年次報告書に対する『秘密政策』（"policy of secrecy"）に反対し
た。Gerard 氏は貸借対照表と損益計算書の貧弱さを指摘し，特に損益計算
書について，利用できる情報は『総利益（減価償却・陳腐化引当金繰入額，
州税・地方税，修繕費・更新費等すべて控除後）』だけであり，損益計算書は
会社の利益の算出過程を項目別に示すべきであると要求した。また，収益
のどの部分が株式取引の結果なのか，営業上の成績はどれだけなのかを
明らかにするよう求めた。これに対し，会社側は財務諸表の表示方法を変更
する考えはないと回答，Gerard 氏はもっと多くの情報を株主へ提供して
も会社の競争相手を助けることことにはならないであろうと反論した。

さらに，貸借対照表の『合衆国政府証券及びその他市場性ある有価証券』
のどれだけが『合衆国政府証券』なのか，どれだけが『その他市場性ある
有価証券』なのか，その評価は原価なのか時価なのか，価値の下落はどの
程度なのかとの質問に対し，会社側は第1の点については回答せず，第2点
については貸借対照表の価額は原価であり時価はそれより約 $28,000,000
下回っているが，偶発債務引当金で十分に引き当てられていると答えた。

また，F.J. Emmerich 副社長兼コントローラーは『その他市場性ある有価証券』は同社と関係ある会社の株式であると答え，Gerard 氏が連結損益計算書にはどのような子会社が含まれているのか，貸借対照表の『他の会社の社債及び株式』とは何かを質したが回答は得られず，Emmerich 氏は第1四半期の純利益は予定されていた配当を満たすには足りなかったが，財政状態には心配していないと答えたのみであった。」

そして，New York Times は，「Allied 社の株式は上場廃止になるかもしれない」と伝えた。

株主総会での議事はすでに10ヵ月も前に宛てられた書簡（1932年6月23日付，766頁）に応えるものではなかった。このため株式上場委員会は，4月26日，これ以上同社と討議しても無益と判断，理事会が適切な措置をとるよう要請した。

4月27日の New York Times は，次のように報じている[3]。

「NYSE は，昨日，株式上場委員会が1929年12月10日以来 Allied Chemical & Dye 社に対しより詳細な株主宛年次報告書を発行するよう説得してきたが不調に終ったと声明。来る5月3日に特別理事会を招集，Allied 社の役員の出頭を求めるかまたは Allied 社の提出するステートメントを検討することになった。Allied 社が取引所の提案を拒否する場合，理事会がいかなる行動にでるかは明らかではないが，考えられる唯一の手段は1920年以来取引されてきた同社の株式を上場廃止にすることであろう。会計方法の問題点に関して NYSE がドラスティックな行動をとることはこれまでは一度もない。それは，何ら責めを負う必要のない株主が経営者の判断で損失を被るからである。しかし，NYSE 理事長 Richard Whitney は取引所のルールが侵された場合にはそれが直ちに回復されないならば当該企業の株式を廃止すると言明している（742頁）。」

3 Allied 社の「主張」と「告白」そして「妥協」

5月3日の特別理事会は5月24日に延期された。同日，Allied 社は1929年以来の NYSE との交渉経過や NYSE と交した同意書等について説明し，合衆国

政府証券及びその他市場性ある有価証券の時価と原価との差額についてはそれを補塡するだけの十分な引当金があることを株主総会で報告したこと，そしてその他流動資産については引当金を必要とせず，また，棚卸資産は原価時価比較低価法による評価を継続して採用していると強調した。にもかかわらず，株式上場委員会が理事会に問題を預けたことは軽率かつ誤解を招く措置であり明らかに会社ならびに株主の利益を損うものであると抗議した。さらに，会社内容の開示に関して次のように主張した。

「経営者は会社内容について時折（from time to time）株主に報告する義務を負っている。しかし同時に，会社の敵（enemies）が利用することにより会社経営に損害を及ぼすような情報を開示しない義務も株主に負っている。そして，経営者は開示しない方が株主の利益になると思われる情報とはいかなるものかを決定する権利を有している。」

しかし，次のような事実を「告白」せざるをえなかった。

「最近広まっている当社に関する根も葉もないゴシップの原因は，当社所有の市場性ある有価証券についてである。当社は化学会社というよりもむしろ投資信託会社ではないかと皮肉られている。しかし，貸借対照表が示すように当該有価証券は総資産の４分の１以下である。また，貸借対照表の『合衆国政府証券及びその他市場性ある有価証券』のうち『合衆国政府証券』は実際には存在しないのではないかと噂されてきた。しかし，事実は＄20,000,000が合衆国政府証券である。また，『その他市場性ある有価証券』は当社の利益に影響を与える投機的なものだともいわれてきた。しかし，事実は６社の有価証券であり，このうち主たるものは当社の優先株及び普通株である〔傍点著者〕。残り５社は当社と営業関係にある会社であるが，そのリストを明らかにすることは株主の利益に反すると考える。これら５社の有価証券を長年（for years）所有しており，1931年にある会社の株式については所有割合を20％以下に，また別の会社については所有割合を15％以下に減少させたが，それ以外は売却していない。これらの有価証券は近い将来現金化する予定はなくその意味では流動資産ではないが，それらは容易に現金化しうる市場性あるものという意味においては流動資産である。当社はこれまで証券市場での株式活動は行っておらず，また将来も

現在の経営陣の下では決して実施しない。」

「4月26日に株式上場委員会から理事会へ特別報告書が提出された後，当社役員と取締役会によって設けられた特別委員会は年次報告書の問題について討議した。しかし，利益についてさらに詳細に開示することは当社の株主の利益に反するとの結論に達した。この点については，当社は取引所に上場されている大部分の会社と区別されるべきであると信じる。なぜなら，当社は公益会社ではなく，また今まで1株の株式すら公募せず，その他の資本性証券も募集しておらず，借入金もない。さらに当社のような営業は過去においてもまた現在でも常に異常なほどの厳しい競争状態にある。我々の競争相手は，特に外国企業は我々のビジネスに関するあらゆる情報を入手し吟味しそれを利用している。そのことは我々にとっても同様で，競争相手の経営に関する情報はいかにわずかのものであろうともそれを利用し競争に勝とうと努めている。」

しかしながら，NYSE と Allied 社との間に達した結論は，Allied 社の将来の株主宛年次報告書において NYSE 株式上場委員会がこれまで要求していた事項，つまり，合衆国政府証券とその他市場性ある有価証券の区分表示，両者の原価と時価の指摘，その他市場性ある有価証券の内容とそれに係る偶発債務引当金の金額，Further Surplus の内容，金庫株の内容とこれに係る偶発債務引当金の金額，金庫株配当金に関する注釈，利益に含まれている重要な非経常的項目等を財務諸表かあるいは脚注に示すことになった。しかし，将来の株主宛年次報告書とは何時なのかについては，Allied 社は明示しなかった。

このため，同日（5月24日），株式上場委員会は，もし1933年8月23日までに Allied 社が適切な情報を株主に提供しかつ将来の年次報告書は株式上場委員会が納得するような方法で発行することに当取引所と同意しないならば，8月23日をもって同社の優先株及び普通株を上場廃止することを理事会に勧告した。そして，午後開かれた理事会は満場一致で株式上場委員会の勧告を採択した。5月26日，NYSE 理事長 Richard Whitney は，Allied 社社長 O.F. Weber に対してこの決定を通知している。

このような展開において Allied 社も NYSE の要求を受け入れざるを得ず，7月7日，次のような同意書に署名した。

第19章　攻めるニューヨーク証券取引所と守る経営者 773

第1条　Allied社は，本日より10日以内に1933年6月30日現在の金庫株である普通株及び優先株の数ならびに帳簿上の価額を明らかにする。

第2条　Allied社は，今後株主宛年次報告書の財務諸表かあるいは脚注において以下のことを明示する。

　　①有形固定資産は原価で評価されていること，②市場性ある有価証券は原価で評価されていること，③棚卸資産の評価基準，④合衆国政府証券の独立表示，⑤所有する有価証券のうちNYSEまたはNew York Curb Exchangeに上場されている市場性ある有価証券の独立表示，⑥合衆国政府証券の市場価額，⑦NYSEまたはNew York Curb Exchangeに上場されている市場性ある有価証券の市場価額，⑧これらの有価証券の原価と市場価額との差額を補塡するための引当金の額，⑨貸借対照表上の"Further Surplus"は当社が創立されて以来の利益額と構成会社の創立以前の利益額の合計であること，⑩金庫株である普通株と優先株の数及びそれぞれの原価，⑪金庫株に対する配当金は当社の収益に含まれていないこと，⑫受取利息及び配当金，その他重要な営業外損益項目と営業損益項目との区別表示，⑬重要な臨時的項目の表示。

第3条　重要な収益または利益項目は，まず最初に収益勘定または剰余金勘定へ貸記し，その後に引当金勘定へ貸記されるべきこと。収益または剰余金勘定を通さず引当金勘定へ直接計上してはならない。

第4条　社長報告（プレジデント・レター）において各期のプラントの除却額を示し，そのうち重要な売却については指摘する。

第5条　現行の減価償却や廃棄に関する方針を変更する場合には取引所や株主に明らかにする。

　　＜現行の方針＞

　　減価償却費は各資産に対し3％から33％の償却率を適用している。この償却率は資産の物理的耐用年数の技術的見積りに加えて経済的な諸要素も考慮している。減価償却費は営業費に算入されている。陳腐化や廃棄に係る特別費用の計上は経営者の判断において通常の状態でそのプラントを使用することが不経済であるとみなされる時に行われる。除却資産は有形固定資産勘定と減価償却引当金または陳腐化引当金の両者から控除される。

4　Allied 社の財務ディスクロージャー ― 1933年度以降

　ところで，同意書が結ばれた直後の Allied 社の1933年12月31日に終了する第14期報告書はどのようなものであったのだろうか。

　報告書はこれまでと同じ全7頁で，O.F. Weber 社長は，①当期純利益は＄14,595,521であること〔これは損益計算書を見れば自明のことである〕，②当期の有形固定資産除却額は合計＄2,765,009で，このうち＄1,439,026が偶発債務引当金で処理されたこと，③市場性ある有価証券＄70,642,880（原価評価）は流動資産から投資に移されたが，その時価は原価をおよそ＄1,000,000下回っていること，④配当金は普通株1株につき＄6.00でこれは1926年以来同額であること，⑤子会社の売上げが前年に比しおよそ25％拡大したこと，外国企業の国内市場でのダンピングが行われていること，当社の財務状態は強固であることなどを株主に伝えた。

　しかし，③の市場性ある有価証券については1933年12月31日現在の時価（＄66,171,532，連結総合貸借対照表の脚注より）は貸借対照表上の原価（＄70,642,880）を＄4,471,348も下回っているにもかかわらず，社長は年次報告書の発表日（1934年3月9日）の前日（3月8日）の時価（社長報告より）を利用して時価の低落を＄1,000,000と過小に指摘している。

　連結総合貸借対照表は，以下のとおりである。

<u>連結総合貸借対照表</u>
（1933年12月31日）
資　　産

有形固定資産		
土地，プラント，設備，鉱山等（原価）〔①〕		＄221,836,019.28
投資		
その他投資	＄12,827,704.62	
<u>市場性ある有価証券（原価）〔②⑤⑩〕</u>	70,642,880.73	83,470,585.35
流動資産		
現金	＄27,271,547.53	

合衆国政府証券（原価）〔④〕	21,263,318.13	
売掛金及び受取手形	13,743,568.16	
棚卸資産（原価時価比較低価法）〔③〕	22,878,590.35	85,157,024.17
繰延費用		
前払税金，保険料等		648,423.78
その他資産		
パテント，製法，商標権，営業権等		21,305,942.61
合　計		$ 412,417,995.19

負　　債

流動負債		
買掛金	$　2,718,493.66	
未払賃金	242,528.02	
未払配当金	4,289,417.75	$　7,250,439.43
引当金（Reserves）		
減価償却・減耗償却等引当金	$ 135,369,745.54	
投資引当金〔⑧〕	40,000,000.00	
偶発債務引当金	13,260,732.66	
納税引当金	2,556,973.00	
保険引当金	2,296,960.42	
その他	2,046,885.84	195,531,297.46
資本金		
優先株—額面 $ 100		
発行済392,849株	$　39,284,900.00	
普通株—無額面 1 株 $ 5		
発行済2,401,288株	12,006,440.00	51,291,340.00
剰余金—1932年12月31日		
資本剰余金	$　61,752,335.00	
Further Surplus〔⑨〕	96,592,583.30	158,344,918.30
合　計		$ 412,417,995.19

　市場性ある有価証券はすべて NYSE または New York Curb Exchange に上場されている〔⑤〕。これには，自社株である普通株187,189株（原価 $ 25,837,300）と優先株47,309株（原価 $ 5,640,485）も含まれている〔⑩〕。市場性ある有価証券の1933年12月31日現在の市場価額は $ 66,171,532である〔⑦〕。合衆国政府証券の1933年12月31日現在の市場価額は $ 20,394,288である〔⑥〕。

　Further Surplus のうち $ 35,685,838は創立以来の利益剰余金であり，$ 60,906,745は当社が組織された以前の子会社に蓄積されていたものである〔⑨〕。

このように，「市場性ある有価証券」が「投資」に移動しその内容と市場価額が脚注され，偶発債務引当金が「投資引当金」と「偶発債務引当金」に区分表示され，Further Surplus の内容も脚注された。つまり，同意書に準拠する進展が見られた。なお，〔　〕のマル数字は同意書第2条に応えるものである。

　そして，連結損益計算書と剰余金計算書は，以下のとおりである。

連結損益計算書

(1933年12月31日終了年度)

総利益（減価償却・陳腐化引当金繰入額，	
修繕費・更新費，州税・地方税・	
株式資本金税等すべて控除後）	$ 16,620,763.55
連邦税	2,025,242.27
純利益	$ 14,595,521.28

　総利益には受取利息及び配当金合計＄1,985,288が含まれる〔⑫〕。

剰余金計算書

剰余金1932年12月31日	$ 159,452,771.02	
1933年度純利益	14,595,521.28	$ 174,048,292.30
合計		
配当金：		
優先株	$　 2,749,943.00	
普通株	14,407,728.00	
配当金合計	$ 17,157,671.00	
控除：金庫株配当金，ただし，		
利益には計上していない〔⑪〕	1,454,297.00	15,703,374.00
剰余金1933年12月31日		$ 158,344,918.30

　連結損益計算書の様式及び開示項目は1922年度以降と変わらなかった。ただし，「総利益には受取利息及び配当金合計＄1,985,288が含まれる」が注記された〔同意書第2条⑫に対する回答〕。また，剰余金計算書も，1921年度以降の様式と開示項目は同一であったが，「金庫株に係る配当金，ただし，利益には計上していない」が追加表示された〔同意書第2条⑪に対する回答〕。

このように，NYSE と Allied 社との同意書が結ばれた直後の Allied 社の
1933年12月期の財務諸表は，同意書に沿ったものであるがそれ以上のものでは
なかった。

なお，監査証明書は以下のとおりである。

Allied Chemical & Dye Corporation,

March 8, 1934

We have made an examination of the consolidated general balance sheet of
the Allied Chemical & Dye Corporation and its subsidiary companies as at
December 31, 1933, and of the statements of consolidated income and surplus
for the year 1933. In connection therewith, we examined or tested accounting
records of the company and its subsidiary companies and other supporting
evidence and obtained information and explanations from officers and
employees of the companies ; we also made a general review of the account-
ing methods and of the operating and income accounts for the year, but we did
not make a detailed audit of the transactions.

In our opinion, based upon such examination, the accompanying consoli-
dated general balance sheet and related statements of income and surplus
fairly present, in accordance with accepted principles of accounting consis-
tently maintained by the companies during the year under review, the finan-
cial position at December 31, 1933 and the results of operations for the year.

WEST, FLINT & CO.

これは，「監査報告書モデル」そのものである（748頁）。

1934年度（第15期）報告書の構成と財務諸表の様式・開示項目は，1933年度
とまったく同じであった。

1935年度（第16期）報告書の連結総合貸借対照表において，「売掛金及び受取
手形」に対し「引当金控除後」が付記されたが，引当金の額は明らかにされて
いない。また，脚注には1933年度に登場した合衆国政府証券の時価と
Further Surplus の説明（775頁）に加えて，以下が追加された。

「当社の株式は1934年証券取引所法の下で1935年7月1日に NYSE に登録された。上の貸借対照表は基本的には SEC に届け出た様式に従っている。前期の1934年度貸借対照表の投資勘定に計上していた『市場性ある有価証券＄70,593,320』を，当期は以下のように表示した。＄16,276,185（原価）を「その他投資」に，U.S. Steel Corp. 普通株224,000株と Air Reduction Co. 90,000株合計＄22,839,350（原価）はともに NYSE に上場され1935年12月31日現在時価は＄26,074,000であるが，これらを流動資産の『市場性ある有価証券』に計上，そして，金庫株である普通株187,189株＄25,837,300（原価）と優先株47,309株＄5,640,485（原価）は資本金及び剰余金の合計額から控除する方式に改めた。当社はすべての優先株を1936年2月14日に償却した。」ベターな表示である。

　連結損益計算書は，同意書後の1933年度以来脚注に示されていた「受取配当金」と「受取利息」が「その他利益」に属するものとなり，以下のような様式となった。実質的な改善ではない。

連結損益計算書（1935年12月31日終了年度）

総利益（配当金及び利息を除く）		
減価償却・陳腐化引当金繰入額，修繕及び		
更新費，州税・地方税・株式資本金税等すべて		
控除後		＄22,336,434.37
その他利益：		
配当金	＄1,549,631.60	
利息	787,072.76	2,336,704.36
連邦所得税控除前総利益		＄24,673,138.73
連邦所得税		2,971,863.66
純利益		＄21,701,275.07

　また，1940年度において以下のように「営業からの収入」（The receipts from operations of a manufacturing enterprise come from the sale of goods to customers）が社長報告で示された。創立21年目で初めてである。

「営業からの収入 $ 177,206,545
これは以下のように処理された。
　財及び用役の購入 $ 101,637,298
　陳腐化した機械の取替   9,860,343
　賃金及び給料   33,925,742
　税金   13,664,169
　機械使用料   18,118,993
受取利息及び配当金   2,766,277
収入合計（Total Receipts） $ 179,972,822

　そして，1949年度において「売上高」（Sales and Operating Revenues）と
「売上原価・営業費・販売費・管理費，通常の減価償却費・減耗償却費
$ 12,520,497を含む」（Cost of sales and operating, selling and administrative
expenses, including normal depreciation and depletion of $12,520,497）を示す連結
損益計算書と剰余金計算書を開示した。

連結損益計算書
（1949年12月31日終了年度）

売上高及び営業収入 $ 363,743,806.65
売上原価・営業費・販売費・管理費，
　及び通常の減価償却費・減耗償却費
　（$ 12,520,497.18） $ 302,975,353.24
加速償却費   2,540,183.35
その他費用   1,980,579.34   307,496,115.93
営業総利益 $ 56,247,690.72
その他利益
　配当金 $ 3,308,146.45
　受取利息その他（純）   452,894.56   3,761,041.01
連邦所得税控除前総利益 $ 60,008,731.73
連邦所得税   22,857,754.40
純利益 $ 37,150,977.33

剰余金計算書

1948年12月31日剰余金		$ 241,986,545.00
1949年度純利益		37,150,977.33
投資・有価証券引当金取崩益	$ 10,000,000.00	
取替原価引当金繰入額	10,000,000.00	―
配当前剰余金		$ 279,137,522.33
普通株配当金	$ 24,012,880.00	
控除：金庫株に係る配当金	1,871,890.00	22,140,990.00
1949年12月31日剰余金		$ 256,996,532.33

　上の加速償却費及びその他費用合計 $ 4,520,762.69 は，連邦所得税控除の対象にはならない。その他費用 $ 1,980,579.34 はカナダの子会社の流動資産に係る為替差損 $ 480,579 と偶発債務引当金繰入額 $ 1,500,000 である。

〔小括〕

Allied Chemical & Dye Corporation の1920年度から1935年度までの16年間の年次報告書は，表紙，取締役・役員等の紹介を除くと実質 5 頁であった〔実際は創立以来1948年度（第29期）まで29年間続く〕。

　すでに検討したように，貸借対照表については平均レベルを維持しつつ，1933年度以降は NYSE との同意書に基づく有価証券や棚卸資産の評価を中心に説明や脚注が増加した。しかし，損益計算書については時代の流れに著しく遅れ，まったく進展が見られなかった。

　当社の経営者の財務ディスクロージャーに対する「秘密主義」は，単に量的側面からのみ批判されるべきではなく，質的側面からも問題にされなければならない。

　論点であった「合衆国政府証券」と「その他市場性ある有価証券」は，以下のように処理された。「合衆国政府証券」については，1920年度末には存在せず，1921年度に発生し同年度と翌1922年度は，「その他市場性ある有価証券」とともに貸借対照表に独立して表示された。しかし，1923年度は前年より $ 20,000,000 増加したにもかかわらず両者は統合され「合衆国政府証券及びその他市場性ある有価証券」となり，1931年度末には両者の有価証券

＄94,638,154.79は流動資産の62％，総資産の23％を占めるほどに拡大した。このことは損益計算書に有価証券売却益や受取配当金が示されていないこともあいまって，Allied 社は化学会社という投資信託会社であるというような不評を受ける羽目になった。事実は1931年の投資有価証券の売却 2 件以外は株式の移動はなかったのであるが，1933年 5 月24日の理事会宛の書簡の中で，「合衆国政府証券」は＄20,000,000で残り＄74,638,154.79が「その他市場性ある有価証券」であり，しかも，このうち主なものは Allied 社自身の優先株及び普通株であることを告白した（771頁）。

つまり，同社は1923年以来「合衆国政府証券」と「市場性ある有価証券」を合体させ一本で表示し，それを隠れ蓑に自社株を買い増し続けていたのである。しかし，貸借対照表には「金庫株」についての指摘はなかった。しかも，剰余金計算書で見るように発行済のすべての優先株と普通株に対して現金配当と株式配当（1929年と1930年）を実施したので，金庫株もその対象となっていたのである。

そして，「総利益」「連邦税」「純利益」の 3 項目の損益計算書は「経営者が勝手気ままに決めた額についてのステートメント[4]」以外のなにものでもなかった。

しかも，同社の監査人はこれらの会計処理・表示をことごとく「適正」とみなした。「経営者のための監査」と評せられてもやむを得ないであろう。

この NYSE と Allied 社との「対決」を通し，Allied 社が財務ディスクロージャーに頑強に抵抗する姿は，ひとり Allied 社の経営者のみならず「詳細な財務報告，特に損益情報の公開は競争相手を有利にする」ことを信念とする当時のかなり多くの経営者に共通していたものと思われる。

◆注 ─────

1　ニューヨーク証券取引所株式上場委員会と Allied Chemical & Dye Corp. との往復書簡ならびに同取引所理事会の見解等については以下を参考とした。

　　Committee on Stock List, New York Stock Exchange, Special Report of the Committee on Stock List to the Governing Committee regarding Allied Chemical &

Dye Corporation, April 26, 1933. Supplement to the Special Report of the Committee on Stock List, dated April 26, to the Governing Committee, May 29, 1933.

2 *New York Times*, April 25, 1933.

3 *New York Times*, April 27, 1933.

4 Supplement to the Special Report of the Committee on Stock List, dated April 26, to the Governing Committee, May 29, 1933, p.7.

あとがき

　1965（昭和40）年，戦後最大の倒産である山陽特殊鋼の長期にわたる粉飾決算が明らかとなり，世論はこれを見逃し虚偽証明を行った公認会計士に対してはもちろんのこと公認会計士監査制度全体に厳しい批判を浴びせました。その結果，監査法人制度が創設され，1967年監査法人第1号が誕生したのです。とはいえ，公認会計士監査に対する社会的認識は不十分でした。

　その頃，ある会社の監査に出かけました。関係会社間での土地転がしが伝票1枚で行われていたのです。売買契約書を作成するよう要請，後日，会社は契約書の青焼きのコピーを私に提出しました。数件の土地の売買契約書のコピーには，売り手の会社と買い手の関係会社の印がまったく同じ位置に同じ癖で押されているのです。怪しいな！　原本を見せてほしいと要求しました。原本は社長が保管していると会社は渋りました。なおも食い下がると，セロファン紙の上から関係者の印を押し，それをコピーしたと経理部長が打ち明けました。売買契約書に貼る数万円の収入印紙代を節約するために，1枚の収入印紙で数枚の契約書を作成していたのです。25歳の私は身震いしました。

　創業者である怪物社長に社内で偶然出会いました。自己紹介を兼ねて挨拶すると，「実地棚卸ではバスの乗車券を徹底的に監査するように」と言われました。従業員による流用が見られたのです。乗車券はオーナー社長にとっては財産ですが，監査人である私にとってはただの紙切れだったのですが……。

　監査環境と監査現場が，「輸入元」のアメリカにおける法定監査以前の会計士監査への関心を私に喚起させてくれたのです。

　本書で検討した各社の株主宛年次報告書については，留学先のチュレイン大学（ニューオーリンズ）とライス大学（ヒューストン）の図書館，夏季休暇を利用して訪れたペンシルヴァニア大学の図書館，そして，偶然立ち寄ったクリーブランド市図書館等で入手しました。特にペンシルヴァニア大学では地下の書庫への入館を許可され，豊富なそして貴重な資料にわくわくした20日

間でした。朝一番にパンと牛乳を購入し一度も図書館から出ることなく黙々とコピーしました。また，クリーブランド市図書館も，驚くほどの年次報告書を保管していました。約1週間，朝から晩までコピー機を独占しました。そして，米国国会図書館やハーバード大学 Baker Library にもお世話になり，Procter & Gamble Co. や Westinghouse Electric Corp., Goodyear Tire & Rubber Co. や Coca-Cola Co. を含む50社には直接連絡し協力を仰ぎました。

　本書の上梓に当たっては，入手した年次報告書を再度徹底的に吟味しました。あっという間の50年，半世紀でした。

　小学校に入る前，秋になると祖母に連れられて東松山の実家に行きました。バスも自転車も通らない，あたり一面黄金色の麦畑で「箕輪耕地」と呼ばれる長い一直線の田舎道を，麦わら帽子をかぶって，てくてく歩きました。もうどのくらい歩いただろう，何度も何度も後ろを振り返りながら，あの峠を越えるとアイスキャンデーを買ってもらえると頑張りました。道の角々で，お地蔵様に出会いました。新しいテーマに挑戦する時，いつも「千里の道も一歩から」を肝に銘じています。

　この『財務ディスクロージャーと会計士監査の進化』刊行まで30有余年間，市販性のない拙著の出版を支えてくださった中央経済社社長山本　継氏，取締役専務小坂井和重氏，取締役常務秋山宗一氏，そして副編集長田邉一正氏に対して心からお礼申し上げます。

　2018年5月

桜から新緑の京都にて

千代田邦夫

索　引

英数

1892年の大統領選································35
1893年の大恐慌·································35
1896年の大統領選································35
1900年頃までの製造会社の財務ディスク
　ロージャー································43
1906，07，08年頃の製造会社の財務ディ
　スクロージャー····························279
1910年代の製造会社の財務ディスクロー
　ジャー································307
1910年代中頃以降のライバル3社の財務
　ディスクロージャー··················349
1920年代の製造会社の財務ディスクロー
　ジャー································479
20世紀財団による年次報告書の調査······665
Allied Chemical & Dye Corporation ···753
Allied社の「主張」と「告白」そして
　「妥協」··································770
Allis-Chalmers Manufacturing Com-
　pany································517
American Car & Foundry Company
　································86,334
American Cotton Oil Company ······44,69
American Cotton Oil Companyの
　ニューヨーク証券取引所上場申請書···716
American Cotton Oil Trust················44
American Smelting and Refining Com-
　pany································302
American Sugar Refining Company
　································74,285,328
American Woolen Company ··············88
American Zinc, Lead and Smelting
　Company································526
Anaconda Copper Mining Company
　································83,522
Baltimore & Ohio Railroad ············14
Barrow, Wade, Guthrie & Co. ············24
Bethlehem Steel Corporation ············307
Caterpillar Tractor Company ············533

Chrysler Corporation ······················550
Combined Balance Sheet ···············635
Consolidated Financial Statements······635
Corn Products Refining Company ······282
E.I. du Pont de Nemours & Company
　································397
Eastman Kodak Company················575
Erie Railway ································28
Ernst & Ernst ······················401,477
Ernst & Young ································477
F.W. Lafrentz & Co. ······················278
Federal Steel Company ····················84
General Motors Corporation················410
GEの1901年度〜1910年度の財務ディス
　クロージャー································157
GEの1911年度〜1925年度の財務ディス
　クロージャー································185
GEの1926年度〜1934年度の財務ディス
　クロージャー································213
GEの売上原価の消失 ······················143
GEの監査証明書 ································677
GEの業績の推移（1907年度〜1917年度）
　································201
GEの公認会計士監査の導入 ···············125
GEの史上最高のディスクロージャー ···111
GEの上場申請書 ································719
GEの年次報告書の総頁数と監査人 ······247
GEの連結会計の導入 ······················249
GEの連結会社数の消失 ····················178
GEの連結会社数の明示 ····················249
GMの株主数の推移 ························644
GMの年次報告書のページ数 ···············429
Hatfield, H.R. ································635
Hoxsey, J.M.B. ································738
Industrials································43
International Harvester Company
　································286,502
International Paper Company ······279,479
John, Heins & Co. ··························29
Klynveld Main Goerdeler（KMG）······278

Klynveld Peat Marwick Goerdeler
  （KPMG）……………………278,477
L.H. Sloan による財務諸表の調査………664
Little, Stephen……………………25,26,33
Louisville & Nashville Railroad ………31
Lybrand, Ross Bros. & Montgomery …29
M.C. Kaplan と D.M. Reaugh による
  株主宛報告書の調査…………………666
Main & Company ……………………278
Marwick, Mitchell & Co. ……………179
May, G.O. ……………………………738
Moody's Industrials……………………6,396
National Biscuit Company ……………593
National Cordage Company ……………82
National Lead Company ……………75,512
National Linseed Oil Company …………72
National Starch Manufacturing Com-
  pany ………………………………82
National Steel Corporation ……………563
New York Ontario & Western Rail-
  way…………………………………24
Norfolk & Western Railroad ………26,37
Patterson & Corwin ………………28,127
Pennsylvania Railroad …………9,17,38
Pierre, Lorillard Company ………………83
Price, Waterhouse & Co. ………………175
Pullman Incorporated……………………578
Pullman Palace Car Company …………578
Republic Iron & Steel Company …88,315
Ripley, W.Z. ……………………244,738
Standard Oil Company …………………431
Standard Rope & Twine Company ……80
The American Agricultural Chemical
  Company………………………………342
The American Tobacco Company…71,458
The Atchison, Topeka and Santa Fe
  Railroad …………………………25,33
The Audit Company of New York…32,33
The B.F. Goodrich Company …………372
The Coca-Cola Company ………………470
The Commercial & Financial Chroni-
  cle ………………………………5,7,43
The Goodyear Tire & Rubber Com-

pany ……………………………349
The Hepburn Act …………………37
The Journal of Accountancy …………5
The National Cash Register Company
  ………………………………………569
The Procter & Gamble Company ……324
United States Leather Company ………79
United States Rubber Company …78,388
U.S. Steel Corporation …………………601
Westinghouse Electric & Manufactur-
  ing Company ……………………83
Westinghouse の財務ディスクロー
  ジャー……………………………251

あ 行

アメリカ会計士協会 ………………634,739
『アメリカ監査制度発達史』……………1,43
『アメリカ監査論 ― マルチディメンショ
  ナル・アプローチ＆リスク・アプロー
  チ』…………………………………2
イギリス資本のアメリカ鉄道への投資 ……8
売上高や売上原価の開示 …………………634
営業権・パテント・ライセンス等の処理
  ………………………………………640

か 行

会計士の"プロフェッショナリズム"の
  発現…………………………………705
会計処理・手続に関する限定付監査証明
  書……………………………………706
「確認」と「立会」……………………702
株式の水抜き（GM）…………………412
株式の水割り………………………………99
株主数の推移………………………………645
監査証明書額縁説 …………………………704
監査証明書の特徴 …………………………693
監査証明書のひな型 ……………………686
監査証明書の役割 …………………………688
監査証明書の用語と宛先 …………………693
監査範囲の制限に関する限定付監査証明
  書……………………………………708
監査報告書モデル …………………………747
競争の激化…64,70,73,186,201,369,537,772

経営者の「外部監査」への認識の高まり…25
経営者のための監査……………………34,699
減価償却費や減耗償却費の処理及び表示
　……………………………………………639
限定付監査証明書 ……………………………705
更新・改善・改良に係る支出 ………………638
『公認会計士 — あるプロフェッショナル
　100年の闘い』……………………………1
『公認貸借対照表作成方法』（1918年）……657

さ　行

財務諸表作成基準 ……………………………657
財務諸表作成主体と監査主体の未分化 …696
財務諸表の検証（1929年）………660,703,746
『財務ディスクロージャーと会計士監査
　の進化』……………………………………5
財務ディスクロージャーに対する会社法
　の規定 ……………………………………653
資産の実在性とその保守的評価の位置づ
　け …………………………………………698
支配会社と従属会社の財務ディスクロー
　ジャー……………………………………397
資本的支出と収益的支出 ……………………638
従業員の賃金と福利厚生に関する情報 …642
州際通商委員会の権限の強化と会計士
　監査の消滅…………………………………36
州際通商委員会の要求する財務ディスク
　ロージャー…………………………………22
修正州際通商法………………………………37
主要鉄道の外国人株主比率 …………………8
証券取引所との協力特別委員会
　（AIA特別委員会）………………………741
上場申請書に対する会計専門家の関与 …724
新興会社と名門会社の財務ディスクロー
　ジャー……………………………………533
人民党 ……………………………………34,36
スズカケ協定 …………………………………713
税法上の連結範囲 ……………………………662
攻めるニューヨーク証券取引所と守る
　経営者……………………………………753
損益情報の開示 ………………………………632

た　行

『貸借対照表監査研究』………………………3
『闘う公認会計士 — アメリカにおける
　150年の軌跡』……………………………4
鉄道会社による会計士監査導入の真の
　理由………………………………………34
鉄道会社の年次報告書に対する会計士
　監査………………………………………27
鉄道会社の粉飾決算…………………………25
鉄道会社唯一の外部監査……………………24
鉄道経営者のための会計士監査……………31
鉄道の公有公営政策………………………34,36
デラウェア州法の緩和な規定 ………………663
当局による第一次大戦時の法人税や戦時
　利得税が調査中で更正未定の場合の限
　定付監査証明書 …………………………707

な　行

日本経済新聞の「読書」………………………4
ニューヨーク州公認会計士協会による
　調査（1931年度）…………………………699
ニューヨーク証券取引所 ……………………713
ニューヨーク証券取引所株式上場委員会
　………………………………………713,750
ニューヨーク証券取引所の画期的声明 …745
ニューヨーク証券取引所の攻勢と
　その背景…………………………………741
年次報告書の頁数……………………………646
年次報告書の変容……………………………642

は　行

ビッグ8 ………………………………………29

や　行

要約：財務ディスクロージャー ……………631
要約：職業会計士による財務諸表監査 …669

ら　行

利益調整手段 …………………………………639
歴史的文書 ……………………………………746
連結対象会社の明示 …………………………637
連結納税制度 …………………………………662

〔著者紹介〕

千代田　邦夫（ちよだ　くにお）

1966年	早稲田大学第一商学部卒業
1968年	早稲田大学大学院商学研究科修士課程修了
1968年	鹿児島経済大学助手，講師，助教授（～1976年）
1976年	立命館大学経営学部助教授（～1984年）
1984年	立命館大学経営学部教授（～2006年）
2006年	立命館大学大学院経営管理研究科教授（～2009年）
2009年	熊本学園大学大学院会計専門職研究科教授（～2012年）
2012年	早稲田大学大学院会計研究科教授（～2014年）
2013年	公認会計士・監査審査会会長（～2016年）
現　在	立命館アジア太平洋大学（APU）客員教授
	経営学博士，公認会計士

1973年	チュレイン大学大学院留学（～1974年）
1981年	ライス大学客員研究員（～1982年）
1992年	アメリカン大学客員研究員（～1993年）
1998年	公認会計士試験第2次試験委員（～2000年）
2007年	公認会計士第3次試験委員（～2010年）

日経・経済図書文化賞
日本会計研究学会太田賞
日本内部監査協会青木賞
日本公認会計士協会学術賞
辻　真会計賞

＜主要著書＞

単　著：『新版会計学入門―会計・監査の基礎を学ぶ』（第5版），中央経済社，2018年
　　　　『闘う公認会計士―アメリカにおける150年の軌跡』中央経済社，2014年
　　　　『監査役に何ができるか？』（第2版），中央経済社，2013年
　　　　『現代会計監査論』（全面改訂版），税務経理協会，2009年
　　　　『会計学入門―会計・税務・監査の基礎を学ぶ』（第9版），中央経済社，2008年
　　　　『貸借対照表監査研究』中央経済社，2008年
　　　　『日本会計』李　敏校閲・李　文忠訳，上海財経大学出版社，2006年
　　　　『課長の会計道』中央経済社，2004年
　　　　『監査論の基礎』税務経理協会，1998年
　　　　『アメリカ監査論―マルチディメンショナル・アプローチ＆リスク・アプローチ』
　　　　　　中央経済社，1994年
　　　　『公認会計士―あるプロフェッショナル100年の闘い』文理閣，1987年
　　　　『アメリカ監査制度発達史』中央経済社，1984年

共　著：『会計監査と企業統治』（『体系現代会計学第7巻』）千代田邦夫・鳥羽至英編著，
　　　　　　中央経済社，2011年
　　　　『公認会計士試験制度』日本監査研究学会編，第一法規，1993年
　　　　『新監査基準・準則』日本監査研究学会編，第一法規，1992年
　　　　『監査法人』日本監査研究学会編，第一法規，1990年

共　訳：『ウォーレスの監査論―自由市場と規制市場における監査の経済的役割』千代田
　　　　　邦夫・盛田良久・百合野正博・朴　大栄・伊豫田隆俊，同文舘出版，1991年

財務ディスクロージャーと会計士監査の進化

2018年6月20日　第1版第1刷発行

著　者　千　代　田　邦　夫
発行者　山　本　　　継
発行所　㈱　中　央　経　済　社
発売元　㈱中央経済グループ
　　　　パ　ブ　リ　ッ　シ　ン　グ

〒101-0051　東京都千代田区神田神保町1-31-2
電話　03（3293）3371（編集代表）
　　　03（3293）3381（営業代表）
http://www.chuokeizai.co.jp/
印刷／昭和情報プロセス㈱
製本／誠　製　本　㈱

© 2018
Printed in Japan

＊頁の「欠落」や「順序違い」などがありましたらお取り替えいた
しますので発売元までご送付ください。（送料小社負担）

ISBN978-4-502-25051-4　C3034

JCOPY〈出版者著作権管理機構委託出版物〉本書を無断で複写複製（コピー）することは，
著作権法上の例外を除き，禁じられています。本書をコピーされる場合は事前に出版者
著作権管理機構（JCOPY）の許諾を受けてください。
JCOPY〈http://www.jcopy.or.jp　eメール：info@jcopy.or.jp　電話：03-3513-6969〉

著者渾身の著作！

アメリカ監査論
―マルチディメンショナル・アプローチ＆リスク・アプローチ

（第2版）

千代田邦夫【著】

（A5判・784頁）

貸借対照表監査研究

千代田邦夫【著】

（A5判・512頁）

闘う 公認会計士
―アメリカにおける150年の軌跡

千代田邦夫【著】

（A5判・320頁）

中央経済社